Development Competitiveness
of Urban Public Transportation
Under Behavioral Perspective

李林波 吴 兵 著

行为视角下
城市公共交通发展竞争力

同济大学 出版社
TONGJI UNIVERSITY PRESS
·上海·

内 容 提 要

城市交通向公交发展的方向回归,既是迫于交通拥挤的现实,也是先进技术和城市高度发展下对于和谐社会发展观的理性回应。多样化公交方式的出现促进了公交供给侧的巨大变革,而公交分担率的持续下降又昭示了公交竞争力的脆弱性,在这样一个机遇与挑战并存的时代,发展公共交通不仅是加大投入的问题,更是通过服务整合资源,走可持续发展道路的问题,基于这样的认识,本书提出了从出行行为的视角来解析公共交通发展的竞争力,认为公交竞争力是一个具有历史范畴的概念,与科学技术、社会心理、社会经济、城市形态、产业政策以及交通环境的变化密不可分,需要从城市不同发展阶段来进行讨论,并建构了公交出行服务链的理论与方法,从规划与管理层面对公交出行环境的重构提出了相应的策略,助力公交竞争力的提升,促进城市公共交通的可持续发展。

本书集结了作者在国家自然科学基金与上海市社科基金的资助下十余年的研究成果,大部分内容来自于作者已发表的学术论文与所指导的学生学位论文,所谈思想和理念均具有原创性,为深入理解城市公共交通发展提供了一种新的视角。

图书在版编目(CIP)数据

行为视角下城市公共交通发展竞争力 / 李林波,吴兵著. —上海:同济大学出版社,2022.12
 ISBN 978-7-5765-0491-0

Ⅰ.①行… Ⅱ.①李… ②吴… Ⅲ.①城市交通运输-竞争力-研究-中国 Ⅳ.①F572

中国版本图书馆 CIP 数据核字(2022)第 224499 号

行为视角下城市公共交通发展竞争力

李林波 吴 兵 著

责任编辑 胡晗欣　　**责任校对** 徐春莲　　**封面设计** 陈益平

出版发行	同济大学出版社　www.tongjipress.com.cn	
	(地址:上海市四平路1239号 邮编:200092 电话:021-65985622)	
经　　销	全国各地新华书店	
排　　版	南京文脉图文设计制作有限公司	
印　　刷	上海市崇明县裕安印刷厂	
开　　本	787 mm×1092 mm　1/16	
印　　张	26.25	
字　　数	655 000	
版　　次	2022年12月第1版	
印　　次	2022年12月第1次印刷	
书　　号	ISBN 978-7-5765-0491-0	
定　　价	188.00元	

本书若有印装质量问题,请向本社发行部调换　　版权所有　　侵权必究

前　言

人口与机动车的快速增长,导致城市道路交通拥堵的恶化,交通拥堵成为一个世界性的难题。

交通拥堵使得高度机动化的交通方式并没有节省人们的出行时间和精力。根据联合国估算,每年由交通拥堵导致的在汽油和时间方面浪费的总价值在 3 000 多亿美元。全球第一"堵"城——洛杉矶的司机每年因为交通拥堵而浪费的时间长达 104 个小时,在汽油和时间方面浪费的价值达到 97 亿美元,相当于每个司机每年因为洛杉矶的交通拥堵要损失 2 408 美元。通过评估,实时交通数据处理公司(INRIX)还预测到,如果洛杉矶2026 年交通拥堵没有任何改变,那么其交通拥堵路段将会达到 13 608 处,拥堵成本为 639 亿美元。目前,全世界的交通年均能耗水平占总能耗的 29.5%,略少于建筑能耗的占比 32.9%、工业能耗的占比 37.7%;汽车尾气排放成为城市空气污染的主要原因之一,北京由于交通拥堵每日多排放 CO_2 约 1.67 万吨,NO_x、颗粒物和 SO_2 共约 9.5 吨。这些问题使得公共交通作为城市交通可持续发展路径已成为共识,一个平衡的、服务社会各阶层的交通网络,是不能没有公共交通的。《马丘比丘宪章》(1977 年)就有先见性地指出:"……将来城区交通的政策显然应该是私人轿车从属于公共运输系统的发展。"

城市交通在经历了几番起伏之后,开始向公共交通发展的方向回归,这种回归在某种程度上是迫于交通拥堵的现实,但同时也是先进技术和城市高度发展下对于和谐社会发展观的一种理性回应。许多城市在城市公共交通方面进行了诸多有益的探索并取得了成功,如库里提巴的 BRT 系统、首尔的准公营制、巴黎的垄断经营及香港的专营制等。可持续发展的共识推动了一系列公交优先发展政策与技术的产生。

20 世纪 60 年代,美国开始制定专门针对公共交通的法律法规,经过了行业援助、政策改善与综合发展三个阶段的演变,发展重点从"单一性的行业关注"走向"全局性的战略关注",形成了较为完善的公共交通法律保障体系,深远地影响了美国公共交通的发展。80 年代以来,英国政府将城市交通发展重点转移到公共交通,几乎所有公共交通方式和换乘方式均能找到比较成功的案例。80 年代,新加坡政府确立了由轨道交通和公共汽车相结合的综合公共交通系统的发展方向,并在 1996 年由陆路交通管理局发布的白皮书里进一步明确了以公共交通为主导的新加坡陆路交通发展方向和目标。日本长期坚持公共交通优先发展战略,东京都区部公共交通分担率从 1978 年的 66% 提升到 2008 年的 81%。90 年代,中国提出公共交通优先发展政策,2004 年成为国家城市政策的一部分,2012 年经机构调整后,国务院再次发布优先发展公共交通的指导意见,2018 年上海公共交通日均客运量较 2008 年已增加 30%。

新的公交方式在我国不断开始出现。例如:①BRT。2004 年 12 月,北京市开通了中国

第一条 BRT 线路,随后杭州、常州、厦门、济南、大连、郑州、广州、乌鲁木齐、盐城等城市分别建成了 BRT。②中运量公交。2017 年 2 月,上海市首个中运量公交线路 71 路开通,2021 年上海临港中运量 T1 线开通。③有轨电车。2012 年开始,有轨电车在中国市场崛起。截止到 2021 年底,中国(港澳台除外)共有 21 个城市开通了有轨电车线路,在城市轨道交通中的占比也从 2012 年的 2‰ 增长到了 5.58%。④磁浮列车。2004 年 6 月上海开通第一条磁浮列车,2016 年 5 月长沙磁浮快线开通。这些公交方式的出现,极大地丰富了公交市场,为公交发展注入了新的活力。另外,新能源汽车的加入,更加促进了公共交通的可持续发展。与此同时,新的公交服务运营模式也应市场需求而涌现,如灵活型公交、定制式公交、MaaS 系统等,公共交通系统供给侧正发生着巨大的变革。

交通其实只是建立关系的纽带与媒介,其发展的焦点在于为人们美好生活提供更加便利舒适的联系方式,一旦承载起更多的经济或政治意义,事情就会变得更加复杂。1992 年国家明确将汽车工业列为国民经济支柱产业之一,并出台了一系列鼓励私人购买小汽车和不允许对私人小汽车发展设置任何限制措施的政策。由于城市人口密集,环境承载力弱,且许多大城市具有悠久而丰富的历史文化遗产和鲜明的空间布局特色,小汽车的数量迅速增加,不可避免地对城市环境产生了巨大的冲击,再加上相关城市基础设施建设与管理水平跟不上,导致城市交通问题很快爆发出来,公共交通的发展遭遇了前所未有的挑战。据公安部统计,2021 年全国新注册登记机动车达 3 674 万辆,全国机动车保有量达 3.95 亿辆,其中汽车 3.02 亿辆;机动车驾驶人达 4.81 亿人,其中汽车驾驶人 4.44 亿人。全国有 79 个城市汽车保有量超过 100 万辆,35 个城市超 200 万辆,20 个城市超 300 万辆。与此同时,城市公共汽电车 2021 年客运量较 2020 年(疫情较为严重)有所上升,但较 2019 年下降了 29.3%,总体来说,已是常规公交客运量连续第 5 年下降——从 2014 年的 781.88 亿人次降到了 2021 年的 488.97 亿人次。

值得注意的是,在常规公交客运量连年降低的趋势下,具备路权、信号优先的 BRT 客运量则同比增长了 24%。2017 年,武汉市的常规公交客运量自 2013 年以来首次出现增长,这背后是公交线网调整、公交换乘优惠政策、公交专用道使用和夜行公交运行等一系列硬件设施和软件服务的配套调整优化的成果。

在这样一个机遇和挑战并存的时代,发展公共交通不仅是加大投入的问题,更需要通过服务整合资源,满足更广泛、更多样化的出行需求。

传统公交发展理念总是想通过有限的公交资源来满足无限的出行需求,这种基于现状需求分布的发展思路,完全是一种被动适应的过程,边际效益逐渐下降,日益衰退的常规公交分担率充分说明了这一问题。不同的活动往往需要通过交通来实现时空的互换,由于活动的多样化和分散化不利于具有集约化特征的公交运输,因此公交发展的第一个理念变革应该从"被动适应"走向"主动引导",即在城市用地再开发过程中体现交通先行的理念,通过城市功能空间的"相对集聚"主动引导居民日常活动,建构集约化的公交出行环境。在公交分担率总体下降的趋势下,诸多城市 BRT 与地铁分担率的逆势增长也许暗含了这一规则,只不过"主动引导"形成的集约化环境还处于自发的状态,从自发到自觉从而形成可持续发展路径尚需进一步努力。

自 TOD 模式出现以来,中国政府开始高度重视公共交通系统与土地利用的协调,然而

前　言

本质上还是基于工程建设对于土地开发的考虑,由于忽略了对于居民活动与需求的满足,得不到现实的认可,导致国内在 TOD 建设方面成效甚微。城市交通供给侧的建设已经从基础设施向服务效率提升的方向发展,因此,公交发展的另一个理念变革必须从"工程导向"向"服务导向"转变,加强城市功能空间与交通网络关系的研究,通过资源整合构建一体化公交运营服务环境,不断满足居民出行的多样化服务需求。

创新公交发展模式已经成为一种必然。交通运输部《城市公共交通"十三五"发展纲要》明确提出:"公共交通要适应新型城镇化建设需要,发挥好导向作用,加快提升城市公交引导城市发展能力,全力推进城市公交供给侧结构性改革,创新发展各类新型服务模式,扩大公交服务的广度和深度。"其关键在于提升城市公共交通的竞争力。

对于城市公交竞争力的讨论一直很热烈,主要体现在以下三点:

一是认为公交竞争力主要体现在公交服务水平上,应该通过对公交服务水平的评价,发现公交发展存在的问题,从而提出相应的设施改善策略。目前对于公交服务水平的评价指标,主要有换乘高效性、线网密度、准点率、车辆满载率、公交站点覆盖率和非直线系数等,也建立了一些综合评价方法来反映公交的服务水平。

二是认为公交竞争力就是出行者满意度的反映,可以通过满意度的评价来提出相应的改进策略。当前满意度评价的研究主要通过引入管理学的服务质量指标对公交服务能力进行测定,并从公交服务质量指标的选取(如从方便、安全、准点、迅速、舒适和经济等方面进行考量)以及满意度评价方法(如通过开展社会满意度调查来分析居民对公交服务的满意度)两方面展开研究。

三是认为相比于小汽车而言,公共交通根本毫无竞争力。

前两种观点基本上认为公共交通在某种程度上还是有一点竞争力的,从工程角度或是服务角度来展开讨论,但主要是围绕公交来讨论公交的。竞争力总是相对于竞争对象而言的,在缺乏竞争对象的语境下来谈论竞争力,这种讨论本身就失去了意义。第三种观点则是从"灵活性"这个隐性指标的角度进行考量,认为固定时间和线路的公共交通相较于灵活的"门到门"小汽车是没有可比性的。由于评价是在对小汽车的独特优势进行考虑的条件下展开的,忽视了环境因素和需求变化的影响力,因而带有很大的片面性。

相比于小汽车而言,公共交通到底有没有竞争力呢?

公共交通竞争力是一个具有历史范畴的概念,与科学技术、社会心理、社会经济、城市形态、产业政策以及交通环境的变化密不可分,因此讨论公交竞争力首先需要从城市不同发展阶段来进行讨论,否则无异于缘木求鱼。

一般而言,在社会经济快速发展和交通相对畅通的环境下,公共交通是很难与小汽车抗衡的。特别是当小汽车成为国家支柱产业时,道路的大力建设与国家的补贴政策助长了小汽车的增加,而政府官员选择小汽车出行不仅起到了广告效应,更主要的是在基础设施建设过程中掌握了有利于小汽车发展的话语权,使得公共交通的发展变得更加艰难,这无异于夹缝中求生存。然而,随着城市交通拥堵的进一步加剧、出行约束条件的改变以及交通出行特征的变化,公共交通固有特性所表现出来的竞争力开始彰显出来,交通运行环境开始向公共交通出行有利的方向倾斜,而城市空气质量环境的恶化也在重新呼唤公共交通的振兴。此外,交通需求特征变化所引发的出行方式选择行为也在悄然地发生变革,特别是高峰期间的交通拥堵所带来的出行时间的不确定性,促使出行者向轨道公共交通方式转移,这意味着城市公共交通已经开始面临一个很重要的发展机遇。因此,"如何发展公共交通才能更好地提升公共交通竞争力"成为公交决策部门能否应对机遇挑战的重大课题。

影响公共交通竞争力的要素主要体现在作为外部因素的竞争环境和作为内部因素的服务质量方面。竞争环境很多时候是不以人的意志为转移的,只能加以有效地利用;服务质量则是公交发展过程中最能够有所作为的环节,需要给予重点关注。一般认为,提升公交服务水平是获得公交高分担率的主要方式,因此很多城市花费巨额资金来改善公交设施建设和运营管理水平,但并没有达到预期的效果,仔细分析却会发现,这些措施往往都是从管理者的角度来考虑的,并没有很好地反映出行者的"真实需求"。

显然,公共交通竞争力并不等同于公共交通服务水平。

公交服务水平的评价体现的往往是一个平均值,是对公交服务的整体评价,但是从需求层面来讲,只有能更好地满足出行者需求的服务才是有效的服务,因此能反映公交竞争力的是"有效服务水平"。

在资源条件的约束下,只有通过提升"有效服务水平"才能解决公交出行的难题,而"有效服务水平"的提升源于出行者对于公交服务的真实需求和优先秩序。对于出行者需求的研究并不陌生,一般采取意愿调查方法,认为"选择的结果由实际的选择行为和条件决定,即现象的机理本身就隐藏在选择结果里",从而根据对调查数据的解析来获得对于真实需求的了解。然而,由于行为影响的因素不仅仅有态度,还有主观规范和知觉行为控制等信念,如果不能获得影响要素间的作用机理,就不能提出有针对性的改善措施。因此,解析出行者的真实需求,力求得到关于各种属性和情境的看法、感受和态度,需要从要素作用机理层面去解析方式选择行为的动力机制,才能更好地理解出行者的真实需求和优先秩序。

公共交通竞争力也不等同于公共交通乘客满意度。

满意度的调查往往服从一个基本的假设前提,即被调查者是公交出行者。然而,公交竞争力的研究对象有四种:公交出行忠诚者;小汽车出行居多,但为潜在的公交出行者;小汽车出行忠诚者;公交出行居多,但为潜在的小汽车出行者。研究表明,公交乘客和非公交乘客对希望改善的公交服务内容具有显著差别,因此只针对公交乘客的满意度调查很难表达出出行者对公交出行的实际满意情况,也就很难得出提升公交竞争力的有效措施,从这个意义上来讲,对不同出行者需求给予充分的理解是提升公交竞争力的关键。

公交优先发展不是对公共交通方式的偏爱,不是其他交通方式给公交让路,而是给所有出行者以出路;不是限制出行者,而是通过控制交通方式总量,减少个体交通方式所占的出行比例,引导出行者理性选择出行方式,提高公共交通在整个城市交通体系中的地位。

从这个意义上来讲,传统的公交优先是以城市交通拥堵为前提的,是拥堵后被动选择的结果,被当作是一种治理拥堵的措施。由于只看到了工程性能提升所带来的交通环境的改善,这种被动适应的发展理念很快就显露出难以为继的状态。

基于行为动力分析的主动型公交优先,通过对服务对象真实需求的研究,提供具有引导性的出行环境,不仅符合城市交通社会公益性与产业性的本质,也是国家关于"效率优先,兼顾公平"原则在交通领域中的体现,将会成为公交发展竞争力的动力所在。

活动空间是居民对城市建成环境所感知到的影响其行为决策的那一部分环境,是实现其日常活动的功能场所。在人类行为空间的研究中，活动空间是理解个人行为最为主要的方面，而在移动性规划的背景下，交通规划的重点转向居民个体的出行需求，活动空间刻画则是表征居民基本移动性需求的重要方法。因此，以活动空间研究作为公交网络优化的起点，对出行行为的集聚可引导性特征进行研究，不仅能够触及出行活动的内在机制以及交通供需关系的根本，促进城市规划、交通规划、行为空间学、服务学和时间地理学等多学科的融合研究，还可以突破传统公交规划就交通论交通的局限。

因此，本书侧重于从行为分析的视角对城市公共交通的竞争力进行研究，继而提出城市公共交通出行服务链理论与服务模式，是对公交优先发展战略的一种理论探索，以期为城市公交发展的模式与路径提供理论参考。

公共交通发展的问题往往并不是内生的，而是社会问题在交通领域找到的一种释放方式，公共交通恰好担负起了这个责任。因此，解决公共交通发展的问题，不能仅仅局限于交通领域，而应该把眼光放得更高更远，从全局的角度出发，综合城市规划、社会发展、经济振兴、心理诉求等方面的内容，发现问题背后的真实原因，统筹规划，协调发展，从而把公共交通引入一个良性发展的轨道。

相逢机遇是一种幸运，把握机遇则是一种挑战！

基于行为视角对城市公共交通发展竞争力进行研究，无疑是应对公共交通发展机遇与挑战的关键切入点。

本书得到了国家自然科学基金项目（项目编号：70901057）和上海市哲学社会科学规划课题（项目编号：2017BGL029）的资助，在此向国家自然科学基金委和上海市哲学社会科学规划办公室表示诚挚的感谢！

本书成果是课题组老师和同学们一起努力的结果，白玉方、赵珊珊、吉锴、朱锐、熊婕、王玲、康琳涓、殷嘉俊、任欢、曹梦菲、郭晓凡、傅佳楠、高天爽、郝偲成等研究生积极参与了具体的研究工作，本书的主要内容是对他们研究成果的一种凝练，对于课题组成员辛勤出色的工作表示衷心的感谢！

在课题研究中，杨东援教授、李健教授、惠英教授、杨俊琴博士、吴聪博士、张天然博士、施澄博士、刘永平院长等给予了巨大支持，在与他们的交流与讨论中获益匪浅，从而让课题得以顺利实施，在此对他们的无私帮助表示衷心感谢！

由于作者水平有限，再加时间仓促，本书可能存在不少瑕疵，敬请各位读者不吝批评指正。

2022 年 4 月于同济园

目　录

前言

1 城市公共交通发展的演变 …………………………………………………… 001
  1.1 公共交通发展的时代背景 ………………………………………………… 001
    1.1.1 交通需求与时空资源的变化 ………………………………………… 001
    1.1.2 交通运行环境的变化 ………………………………………………… 002
  1.2 公共交通发展比较与借鉴 ………………………………………………… 003
    1.2.1 公共交通发展比较 …………………………………………………… 003
    1.2.2 公共交通发展借鉴 …………………………………………………… 007
  1.3 公共交通发展的基本趋势 ………………………………………………… 010
    1.3.1 上海公交的三轮改革 ………………………………………………… 010
    1.3.2 上海公交的运营现状 ………………………………………………… 012
    1.3.3 上海公交的发展趋势 ………………………………………………… 014

2 城市公共交通出行动力机制 ………………………………………………… 019
  2.1 出行行为研究发展 ………………………………………………………… 019
    2.1.1 行为模型演化：从集计模型到非集计模型 ………………………… 019
    2.1.2 研究视角转换：从物理、经济变量到认知、心理变量 …………… 021
    2.1.3 出行行为研究前景 …………………………………………………… 022
  2.2 出行心理与决策 …………………………………………………………… 023
    2.2.1 出行需求与行为 ……………………………………………………… 023
    2.2.2 心理出行时间 ………………………………………………………… 024
    2.2.3 时效心理 ……………………………………………………………… 025
    2.2.4 从众心理 ……………………………………………………………… 025
    2.2.5 出行决策 ……………………………………………………………… 026
  2.3 典型出行行为理论 ………………………………………………………… 027
    2.3.1 需求层次理论 ………………………………………………………… 027
    2.3.2 出行效用理论 ………………………………………………………… 028
    2.3.3 计划行为理论 ………………………………………………………… 029

2.4　出行行为调查方法 ·· 031
　　2.5　实证分析 ··· 034
　　　　2.5.1　出行者心理因素对公共交通发展的影响 ··· 034
　　　　2.5.2　基于计划行为理论的公共交通改善策略 ··· 038

3　城市公共交通发展竞争机制 ·· 052
　　3.1　公共交通发展竞争力内涵 ··· 052
　　　　3.1.1　竞争力概念 ··· 052
　　　　3.1.2　公共交通竞争力定义 ·· 053
　　　　3.1.3　公共交通竞争力要素 ·· 053
　　3.2　公共交通发展竞争力成因 ··· 054
　　3.3　出行特征分析 ··· 055
　　　　3.3.1　出行者属性特征 ··· 055
　　　　3.3.2　出行活动特征 ··· 056
　　　　3.3.3　交通方式服务水平 ·· 056
　　3.4　要素作用机理分析方法 ··· 057
　　　　3.4.1　结构方程模型 ··· 057
　　　　3.4.2　Logistic 回归模型 ·· 062
　　3.5　公共交通乘客忠诚度 ·· 067
　　　　3.5.1　顾客忠诚度概念 ··· 067
　　　　3.5.2　顾客忠诚度影响因素 ·· 068
　　　　3.5.3　公交乘客忠诚度定义 ·· 070
　　3.6　公共交通竞争力影响因素分析 ·· 070
　　　　3.6.1　出行者市场细分 ··· 070
　　　　3.6.2　面向既有客源的公共交通竞争力影响因素分析 ·· 072
　　　　3.6.3　常规公交运行舒适度影响因素分析 ·· 095
　　　　3.6.4　面向潜在客源的公共交通竞争力影响因素分析 ·· 099

4　城市公共交通服务模式 ··· 113
　　4.1　公共交通服务模式内涵 ··· 113
　　　　4.1.1　公交服务模式基本要素 ·· 113
　　　　4.1.2　公交服务模式模型表达 ·· 114
　　4.2　公共交通服务模式类型 ··· 115
　　　　4.2.1　按出行分布特征 ··· 115
　　　　4.2.2　按公交线路特征 ··· 116
　　4.3　公共交通服务模式优化 ··· 119

		4.3.1 公交服务目标剖析	120
		4.3.2 公交服务环境优化	123
	4.4	多层次公交网络规划设计	129
		4.4.1 基于空间-行为分析的公交市场细分	129
		4.4.2 稳定客流通道提取	143
		4.4.3 高频快线网络构建	148
		4.4.4 接续公交服务网络	160
	4.5	公共交通站点服务设计	164
		4.5.1 公交站点服务内涵	164
		4.5.2 公交站点服务水平评价	164
		4.5.3 公交站点尺寸优化方案设计	171
		4.5.4 公交站点服务信息优化方案设计	178
	4.6	多模式复合交通一体化组织与衔接设计	187
		4.6.1 多模式复合交通体系内涵	187
		4.6.2 多模式复合交通体系结构	188
		4.6.3 多模式交通组织设计理念	189
		4.6.4 轨道交通站点一体化交通组织与衔接设计	190
5	城市公共交通出行服务链		205
	5.1	服务学基本理论	206
		5.1.1 服务学基本内涵	206
		5.1.2 服务学研究方法	207
	5.2	公共交通出行服务链内涵	209
		5.2.1 服务链理论概要	209
		5.2.2 公共交通出行服务链本质	211
	5.3	公共交通出行服务链体系架构	212
		5.3.1 公交系统与外部环境的作用关系	212
		5.3.2 公交出行服务链的关键规划要素	213
		5.3.3 公交出行服务链运营服务一体化	214
	5.4	出行活动集聚性研究	215
		5.4.1 机动化带来的城市扩张	215
		5.4.2 集中化与分散化的智慧	216
		5.4.3 不同城市功能之间的关系属性	217
		5.4.4 活动集聚性实证分析	218
	5.5	多活动集聚区服务空间设计	235
		5.5.1 不同集聚区的定位及特征	235

  5.5.2 多活动集聚区设计原则 ······ 237
  5.5.3 多活动集聚区基本结构 ······ 237
  5.5.4 多活动集聚区服务范围 ······ 238
  5.5.5 活动在集聚区的时空共享 ······ 239
 5.6 无缝衔接的公共交通复合网络 ······ 242
  5.6.1 构建多层次复合公交网络 ······ 242
  5.6.2 多级公交线网与多活动集聚区的分级布设紧密联系 ······ 242
  5.6.3 完善公交网络内部衔接 ······ 243
 5.7 人性化的公共交通服务建设 ······ 244
  5.7.1 基于心理需求的公交服务认知 ······ 244
  5.7.2 基于可达性的公交服务引导 ······ 246
  5.7.3 有吸引力的公共交通服务 ······ 247

6 城市公共交通可达性评价 ······ 251
 6.1 可达性概念 ······ 251
  6.1.1 可达性定义 ······ 251
  6.1.2 可达性影响因素 ······ 252
 6.2 可达性评价方法回顾 ······ 253
  6.2.1 基于设施的可达性度量方法 ······ 253
  6.2.2 基于活动的可达性度量方法 ······ 257
  6.2.3 基于个体的可达性度量方法 ······ 260
  6.2.4 可达性评价方法比较 ······ 262
 6.3 公共交通站点可达性研究现状 ······ 263
  6.3.1 公共交通站点步行可达性研究 ······ 263
  6.3.2 公共交通网络站间可达性研究 ······ 264
 6.4 公共交通站点吸引可达性评价 ······ 265
  6.4.1 公共交通站点可达性影响因素 ······ 266
  6.4.2 公共交通站点直接吸引可达性评价 ······ 267
  6.4.3 轨道站点全域吸引可达性评价 ······ 272
 6.5 公共交通站点辐射可达性评价 ······ 275
  6.5.1 单一公交网络站点辐射可达性评价 ······ 275
  6.5.2 复合公交网络站点辐射可达性评价 ······ 279
 6.6 实证分析 ······ 290
  6.6.1 轨道站点全域吸引可达性评价 ······ 290
  6.6.2 公共交通站点直接吸引可达性评价 ······ 300
  6.6.3 单一轨道网络站点辐射可达性评价 ······ 303

        6.6.4 单一公交网络站点辐射可达性评价 ··· 311
        6.6.5 复合公交网络站点辐射可达性评价 ··· 319

7 城市公共交通感知服务评价 ··· 328
7.1 感知服务评价理论 ·· 328
        7.1.1 PZB 服务质量差距模型 ·· 328
        7.1.2 SERVQUAL 评价模型 ··· 330
        7.1.3 SERVPERF 评价模型 ·· 332
        7.1.4 期望失验理论 ·· 333
        7.1.5 顾客满意度指数模型 ··· 334
        7.1.6 KANO 模型 ··· 338
        7.1.7 重要度-满意度模型 ·· 339
        7.1.8 层次分析法 ·· 340
7.2 公共交通感知服务质量评价 ··· 341
7.3 公共交通乘客满意度评价 ·· 342
7.4 实证分析 ··· 343
        7.4.1 基于差距模型的公共交通服务感知质量评价 ··································· 343
        7.4.2 基于结构方程模型的地铁站点满意度评价 ······································· 348

8 城市公共交通发展政策 ··· 363
8.1 城市公交发展政策基本概念 ··· 364
        8.1.1 政策的基本概念 ··· 364
        8.1.2 公共交通基本属性 ·· 364
        8.1.3 公共交通发展基本定位 ··· 365
        8.1.4 公共交通发展政策定义 ··· 366
        8.1.5 公共交通政策制定原则 ··· 366
8.2 公共交通发展政策借鉴 ·· 367
        8.2.1 国外典型城市公交发展政策 ··· 367
        8.2.2 国外城市公交发展政策总结 ··· 373
        8.2.3 国内典型城市公交发展政策 ··· 374
        8.2.4 国内城市公交发展政策总结 ··· 378
8.3 城市公共交通发展管理 ·· 379
        8.3.1 政府内部间行政管理机制 ·· 379
        8.3.2 政府与市场之间的管理模式 ··· 383
        8.3.3 政府与公众之间的管理模式 ··· 386

9 城市大公共交通系统建设愿景 ··· 390
9.1 城市大公共交通系统内涵 ··· 390
9.2 城市公共交通文化体系 ··· 391
9.3 城市公共交通运输体系 ··· 394
9.3.1 公共交通运输体系特征 ··· 395
9.3.2 公共交通运输方式 ··· 395
9.3.3 公共交通基础设施 ··· 396
9.3.4 公共交通规划 ··· 397
9.3.5 公共交通管理 ··· 398
9.3.6 公共交通运营 ··· 399
9.4 城市信息交通体系 ··· 399
9.5 城市大公共交通系统构建分析 ··· 400

附录 A 公交出行者公交忠诚度调查表 ··· 402
附录 B 计划行为理论调查表（公交车调查表部分） ··· 405

1 城市公共交通发展的演变

城市公共交通指在城市范围内运行的,为出行者提供交通服务的公共运输方式,包括常规公共汽电车、BRT[①]、轨道交通、出租车、轮渡和索道等交通方式。

在新中国成立初期的计划经济模式向市场经济模式转型过程中,公共交通从单一模式逐渐演变到多层次、多模式结构,大城市公共交通逐渐形成了以轨道交通为骨干、地面公交为基础、慢行交通为延伸的多层次复合交通网络体系,结构化、网络化和系统化特征明显。社会经济的发展极大丰富了城市居民的日常活动,出行的多样化与分散化促使人们的公交出行从"单一线路出行"向"多维网络出行"转变。居民的日常活动借由不同的城市功能空间得以展开,作为居民活动载体的城市功能空间,其布局与聚合对居民活动的影响是深刻的。公交网络作为集约化的出行空间,是联系城市功能空间的纽带,有什么样的城市功能空间布局便有什么样的公共交通网络,反之,通过公共交通网络的规划来促进城市功能空间布局的完善是城市交通从被动走向主动的发轫点,因此,对公交网络、居民活动、功能空间三大要素进行一体化考虑,建构基于出行者活动需求的公共交通出行服务链,是公共交通规划建设从需求的被动响应走向主动引导的关键路径。

公共交通发展竞争力属于一种历史范畴,对公共交通发展历程的考察有利于对公共交通发展趋势做出准确的判断。常规公交作为公交系统的基础构成,是公交发展相对薄弱也是具有较大改善空间的方式。本书将从公交发展的时代背景、比较与借鉴出发,以上海市地面公共交通的变革为例对城市公共交通发展演变进行分析,可以看出,在新时代背景下,城市公共交通具有在一定的竞争环境中作为竞争主体相对于竞争对手实现竞争目标的能力。

发展有竞争力的公交,这是时代的必然和城市交通可持续发展的根本出路。

1.1 公共交通发展的时代背景

经济持续发展,技术不断进步,城市不可避免地遭受着机动化的冲击。在机动化的浪潮中,随着时代背景的变化更替,城市公共交通在经历兴起、衰败的过程后,凭借其大运量、经济、集约、环保和公平等特性,迎来了复兴发展的机遇。

1.1.1 交通需求与时空资源的变化

出行需求是公共交通得以发展的基本前提。

根据马斯洛需求层次理论,一旦某个需求层次得到满足,更高层次的需求就会出现,交

---

① BRT:bus rapid transit,快速公交系统。

通需求同样如此。在机动化未大面积普及时,出行者的出行需求集中在较低水平的"能够到达",即可达;随后机动化的发展使"能够到达"的需求得到了满足,小汽车进入快速发展的时代,出行者对出行方式的期望变成了快速、舒适、便捷与可靠等;进一步提高的生活水平也促进了交通需求的发展,越来越多的出行者认为驾车劳顿而坐车更为悠闲,需要一种更为舒适、经济、安全、环保的出行方式,自动驾驶也就开始出现了。

可以看出,新时代下的交通需求已经发生了极大的变化,传统出行理念难以适应当前的发展背景,公共交通需要采取新的发展手段,以满足出行者不断提升的多样化需求,甚至要主动进取以引导出行者的出行行为。

城市发展的困境在于时空资源的有限性。随着交通技术的不断发展,单位时间内的出行距离得到不断的增加,城市范围也因此得以不断地扩张,城市范围的半径甚至超出了半小时通勤尺度的约束,开始向一小时通勤半径空间迈进,不管怎样,人们日常的活动空间还是非常有限的。时空资源的有限性不仅体现在城市总体资源的上限约束,更主要的是机动化快速发展带来的冲击,使原本有限的道路通行空间资源开始被大量的个体出行方式所挤占,公共交通与慢行交通的时空资源开始变得愈加掣肘,随之而来的停车空间问题更是加剧了城市交通空间资源的恶化,许多慢行空间开始被无条件挤占,交通环境进一步恶化。

1.1.2 交通运行环境的变化

交通运行环境包括技术环境、社会环境、政策环境以及生态环境等。

技术环境的变化主要体现在技术方法的革新和信息化的进步上。随着数据采集技术、通信技术与计算机技术的快速发展,传统基于人工调查的公交规划开始向基于连续数据环境的精细化规划阶段迈进,由于对公交需求特征的准确把握和实时交通需求的即时获取,公交网络的规划变得更加灵活与多样;全球定位技术、无线通信技术、地理信息技术等技术的综合运用,提供了公交车辆的实时定位、线路跟踪、到站预测、电子站牌信息发布、油耗管理等功能,可以实现公交车辆运营调度的智能化,以及公交车辆运行的信息化和可视化;公交专用道搭配公交信号优先控制,为公交提高运行速度和可靠性提供了技术支持。公交车辆技术也在不断发展,新能源车辆、双开门车辆、铰接车辆及低地板车辆等的出现,不断提升乘客的出行体验。可以说,第四次工业革命正在深度改变全球产业的发展,而我们应该考虑的是,如何利用新技术为城市公共交通发展服务,最大限度地满足交通出行者的多样化出行需求。

社会环境的变化指的是社会价值观的改变和服务理念的更新。社会的进步带来了人们观念的改变,与需求的变化类似,出行者逐渐意识到公共交通的服务特性。社会消费观的变化也使出行者将自己的定位从被动接受交通服务的接受者转变为主动提出服务需求的消费者。在这样的大环境下,社会整体对于公共交通服务的要求也与之前不同。无论是社会上的舆论需求还是服务上的实际需求,都给城市公共交通的发展带来了新的挑战。

政策环境是影响公共交通发展最重要的因素,它决定了公共交通的发展方向,奠定了公共交通在整个交通系统中的地位。我国在20世纪90年代提出了公共交通优先发展政策,2004年成为国家城市政策的一部分,2005年和2006年,建设部联合有关部门先后制定出台了《关于优先发展城市公共交通的意见》和《关于优先发展城市公共交通若干经济政策的意见》等一系列关于促进公共交通快速发展的政策性文件,随后各省、自治区、直辖市也相继出台了指导公共交通优先发展的有关条例。2011年,正式发布的《国民经济和社会发展第十二个五年规划纲要》使用较多篇幅对优先发展公共交通进行详细阐述,这也是首次将优先发展城市公共交通上升为国家规划和战略。2012年机构调整后,国务院再次发布《国务院关于城市优先发展公共交通的指导意见》,在"十三五"纲要中对公交优先发展做出了具体阐述并提出指导性发展目标。当公交优先发展成为国家战略时,我们需要思考的是,在变化的政策环境下,如何发展公共交通才能更好地遵循政策导向?

生态环境是最重要也是最容易被忽视的。城市的快速发展促进了社会经济的繁荣和人们生活品质的提升,然而城市作为一个人口高度集中的集合体,高强度、高能耗的作业使生态系统遭到严重的破坏。市政发展与生态系统中的人口、环境、资源等之间的矛盾发生在城市的每一个发展领域。城市生态环境的日益恶化及人们环保意识的不断增强,都为城市公共交通的发展带来了新的时代背景。显然,公共交通在生态环保方面相对于小汽车来说是不可忽视的发展优势。这一点从表1-1中可以一窥端倪。

表1-1 不同交通工具能量消耗和废气总排放量比较

出行工具		能量消耗/[kJ·(座·km)$^{-1}$]	废气总排放量/[g·(人·km)$^{-1}$]
步行		0.04	0
自行车		0.06	0
摩托车		0.54	27.5
公共汽车	混合车道	0.12	1.0
	公交专用道	0.09	0.9
轻轨		0.05	0.7
小汽车		0.29	19.0

1.2 公共交通发展比较与借鉴

1.2.1 公共交通发展比较

系统的良好运作有赖于构成系统诸要素的健康度及其相互间的匹配协调程度,因此,对系统基本要素的横向比较,有利于弄清楚一个系统的结构状态及其要素间的基本运行情形,从而暴露出系统结构所存在的不合理性。

首尔市从2004年7月推行公交改革,对整个公交网络和运营模式进行了全面的更新,所有公交线路进行功能分类,广域、干线、支线和环线公交车的颜色分别为红色、蓝色、绿色和黄色,并按市区外围和内部出行端点进行公交小区划分和线路编号,实行按距离收费的新收费系统。改革实施一年后,中央公交专用道的公交车速度从改革前的10 km/h提高到改革后的20 km/h,公交乘客数量提升了11%,公交相关事故减少了26.9%。

公共交通是新加坡城市交通的主体,由于城市时空资源的有限,高强度用地开发与复合交通网络建设成为新加坡政府解决交通问题的基本原则,政府确立了由轨道交通(地铁和轻轨)和公共汽车相结合的综合公共交通发展方向。2013年新加坡早高峰公交占有率达到63%,且每年仍在不断提升。为了避免轨道交通和公共汽车之间不必要的竞争,新加坡采用混合经营模式,形成了两家公交运营公司——新加坡地铁有限公司(SMRT)和新加坡捷运公司(SBS Transit)。政府主导的融资模式保障了地铁作为公交的低票价福利特征,而市场化运作的定位带来了精心的商业管理,在没有政府补贴的情况下仍能实现盈利,SMRT是全球为数不多的能盈利的地铁公司。

香港的公共交通非常发达,如果乘坐地铁,跑遍全港都不用去地面或马路上,通过港铁天桥即可达到任何地方。香港的公交占有率达到90%以上,每天有1 100万人次使用各种公交工具,以上海1/3的城市道路总里程,承担了与上海相同的城市交通总流量,并实现全面盈利,创造了世界级的公交经验。城市轨道交通是香港公交的骨干,每日承担市内公交总量的30%,前往内地的旅客占总量的70%。专营巴士是香港公交的主体,每日承担市内公交总量的37%,而非专营巴士等提供辅助服务。香港公交服务全部私营,政府不直接介入,也不提供补贴等直接资助,特区政府实施宏观管理,发挥市场调节及自由竞争作用。

这三个城市的公交都非常发达,可以作为公交发展的参照标的,从路网系统、政策支持、经营模式、票价机制、信息系统和补贴机制等系统要素进行横向比较研究,探讨城市公交系统的发展方向。

1. 公交系统构成比较

新加坡通过整合土地使用和交通规划以充分提高土地利用的效率,减少网络建设的盲目性和冗余度,建立了完整有效的公共运输体系:

(1) 城市捷运系统(mass rapid transit,MRT),MRT是新加坡公交系统的主干,承担了连接主要地区间频繁交通干线上的大部分客流,保证了整个交通系统宏观运行的效率和稳定。

(2) 城市轻轨系统(light rail transit,LRT),LRT是MRT的补充和拓展,主要用于连接捷运站与主要居住区和商业区,从而实现真正的门对门交通。整个系统全自动操纵,使用无人驾驶机车,在降低成本的同时提高了运行效率。从每个轻轨车站到附近的公寓最大步行距离不超过400 m,大大降低了出行者的总体交通时间。

(3) 公共汽车系统,公共汽车系统的主要作用是承担区域内部和相邻区域间的近距离交通。所有公共汽车均采用自动公交车费卡计费,提高了运行效率,该卡同时也可用于地铁和轻轨交通。另外,公共汽车中转站用电子公告板提供公交信息服务(如下一班车的到达时间),方便乘客进行线路和交通方式选择。

(4) 出租汽车系统,出租汽车系统用于填补公共交通与私人交通间的空白,是形成完整公交系统不可或缺的部分。大约70%的出租车装置了全球定位系统,便于统一管理。

香港的公共运输系统由三部分构成:

(1) 铁路客运系统,该系统包括地下铁路、郊区铁路、轻便铁路、传统电车和山顶缆车5个部分,构成香港居民出行的主要通道。

(2) 公路客运系统,该系统包括公共巴士、公共小巴和的士3种,公共巴士又分专营巴士和非专营巴士,公共小巴又分绿色小巴和红色小巴,不同的车型运行在不同的交通线上以满足公交市场的不同需求。

(3) 轮渡系统,轮渡是来往港岛和九龙之间以及市区与离岛之间的海上交通工具。

2. 公交网络结构比较

首尔市的公交网络系统在 2004 年改编成由干线路线(外城—中心城市、中心城市—副中心城市、副中心城市—副中心城市之间的直接连接)、支线(地区之内的循环)和连接干线公交站和地铁站的补给线组成。干线公交用直线化的中央公共汽车专用车道连接汉城①外城和中心城市,确保迅速性和准时性,支线公交循环在地区交通圈的主要需求发生地点,补给线负责干线公交和地铁的连接与换乘,整个网络中主干线和支线层次分明,与轨道交通的衔接也是长短相济。

香港同样实行了主干线和支线的公交协调运营政策,并且在常规公交和大运量公交之间有着真正无缝的连接。我国内地的城市道路建设近年来取得了飞速进步,已建道路里程达到了 43.2 万 km。然而,各城市的公交网络结构不清晰,层次并不分明,除常规公交与轨道交通功能区分明显外,常规公交内部基本无层次可言。

3. 政策支持比较研究

公共交通无疑是城市交通发展的终极所在。然而,要优先发展公交,让公交占据城市交通的主体,特别是让在发展中的城市来完成这个转变并非易事。公共交通的发展离不开政府强有力的支持,政府的决策将起到决定性的作用。

1996 年首尔市小汽车专用道路占道路总面积的 84.3%,而且运行车辆中有 79%是单独出行的。2004 年首尔政府在进行公交改革时表示:到 2006 年,首尔市公交系统的客运率将提高到 70%,而私家车客运率将由目前的 30%左右降低到 18.7%。为了实现这个目标,公交车的道路占有率要从当前的 11%提高到 96.8%,小汽车的道路占有率要从当前的 84.3%降低到 0.9%,在经历了几轮公交改革后,这些目标最终得以实现。

新加坡通过交通需求管理限制私人汽车和中心商业区(central business district,CBD)道路资源的使用,促使出行人选择公共交通系统,从而达到节约资源、提高效率的目的。其主要手段是采用车辆配额制(vehicle quota system,VQS)、拥车证(certificate of entitlement,COE)制度和电子道路收费系统(electronic road pricing system,ERP)。

香港则实施公共交通整体政策和专项政策,以调节和控制私家车的增长,最主要的措施是"停车难"和"高油价"。我国内地各城市在限制小汽车方面已经采取了一定的措施,包括上海"拍牌"、北京"摇号"政策等。然而,已存的大部分政策主要面向小汽车拥有的限制,对于小汽车的使用限制举措仍然不足,这也就导致了道路资源的过度浪费,不可避免地上演着"公共用地的悲剧"。

4. 经营模式比较研究

首尔市采用公交准公营制,政府在保留私营公交公司的同时增加了对公交运营线路、运营时刻表、票价和整个公交组织方式的控制,使首尔的公共交通变成"半官方的运营系统"。它是以市民服务竞争为主的运营方式,虽然公司的经营权在私人,但公交的路线是由公共的

---

① 汉城为首尔的旧称,2005 年 1 月 19 日,时任市长李明博正式宣布"서울"的中文译名改为首尔,并通知中国政府。

需求来决定的。同时,公交准公营制的车费是统一收取的,而收益分配则按照运行业绩来确定,因此公交公司间不存在过多的竞争,就能解决乱开车、超速和无故通过车站等问题。

新加坡的经营方式则是完全垄断式的经营,这种经营方式可以避免市场冲击全岛完整的公交系统网络,维系整个公交系统的服务水平,这与它作为城市国家的特征有关。1973年,新加坡政府将11家公交公司合并为1家,又新成立1家,形成两家有序竞争的格局,这对于实现便宜票价和提高服务质量有显著的效果。

香港实行的是以专线经营为主体、非专营线和小巴为补充的经营模式。专线经营是指政府通过授予或招标的法律程序,准许某个企业获得一定线路或区域内的独家经营公交的专利权,并通过专营合同或协议的方式,明确政府和企业之间各自义务和权利的一种经营管理方式。我国内地城市的公交经营模式主要是以国有为主,例如:上海在经过多次改革后,建立了国有主导的产权制度,基本由国有企业进行经营;北京的地面公交由两家国有企业运营。虽然公交线路交叉导致恶性竞争的问题被改善了,但是对于下属分公司的激励机制设计仍有待完善。

5. 票价机制比较研究

公共交通作为社会生产的第一道工序,关系到社会的民生和福利,其票价也就变得非常敏感。

首尔市采用公交统费制,其特点是换乘免费和按出行距离进行收费,比如:若交通工具之间有换乘但出行总距离在10 km以内,只收基本费用;若总距离超过10 km,则每超出5 km加收100韩元。

新加坡的票价体制包含了多种形式,主要有单一票制、按里程计费制、巴士通票制和换乘折扣制。

香港的票价主要是按里程计费制和换乘折扣制。上海常规公交票价实行的主要是单一票制,一般来说市区线路单一票价多为2元,也存在多级票价线路,郊区跨区线路则一般为分段票制,按里程计费,持公交卡换乘可享优惠。

首尔市、新加坡和中国香港的票价机制的一个明显特征是换乘折扣和按里程收费,这就大大提高了公交服务的公平性,体现了公交系统的一体化特点,特别是对于通勤交通乘客和需要换乘的乘客而言更是如此,从而大大刺激了公交的吸引量,也为公交的实载率做出了贡献。

6. 信息系统比较研究

现代公共交通得以快速发展的一个重要原因在于电子信息技术的支持。首尔市采用公共交通信息管理系统,将公交运营与信息服务合为一体。通过在公共汽车上安装GPS,获取车辆的行驶状况和位置,以实现对公交车辆的监控,便于指挥中心对公交运营的调度和管理,同时便于乘客及时获取准确的公交信息,合理安排出行。另外,首尔的公交优先信号系统(transit signal priority, TSP)能够在公交车辆通过交叉口时主动或被动地延长放行时间和减少等待时间,提高公交运行速度。

香港广泛应用高新科技来提高道路利用效率,并注意各种交通工具的换乘,如"八达通"卡的应用。"八达通"卡问世之初主要用于地铁,后来迅速普及至大巴、小巴、电车和轮渡,并可在一些超市和商场使用,同时充值方便,可让乘客一卡在手,走遍全城。我国内地城市的公交信息系统虽起步较晚,但发展快,目前大部分城市均已使用了智能公交系统,基于全球定位技术、无线通信技术和地理信息技术等技术的综合运用,提供公交车辆的定位、线路跟踪、到站预测、电子站牌信息发布和油耗管理等功能,实现公交车辆运营调度的智能化、公交车辆运行的信息化和可视化。

7. 补贴机制比较研究

城市公交补贴机制是政府支持公交发展的重要组成部分,但公交企业的双重属性使得政府面临着"怎么补"及"补多少"的问题。首尔市的策略是应用公交统费制,所有线路的收入和分配由私营公交公司共同组建的委员会来统一管理,公交公司与政府签订运营合同,政府据实际运行情况给予一定补贴:由于 IC 卡折扣引起的收入损失,首尔市政府会给予一定数量或全额补偿;由于换乘乘客的费用折扣引起的收入损失,首尔市政府会给予全额补偿。

新加坡则是把城市公交作为优先扶持的重点项目大力发展,尤其是对于公交投资与运营初期亏损阶段普遍给予财政和政策优惠。

香港对于公交企业没有直接补贴,但巴士用柴油免税,企业购买巴士亦可减税,并在运营其他许多方面也有政策扶持。我国内地城市在补贴上也投入了大量的资金,如燃油补贴、购车补贴和税费减免等,但国企属性下难以抑制的高成本运营,导致预期效果并没有得到实现。

公共交通乃是民生福利的事业,其公益性远大于其经济性,因而在各个城市中,公交补贴是一件被政府相当重视的事情,并相应建立了补贴的长效机制。香港尽管没有直接的资金补贴,但相应的政策倾斜和有效的运营机制也足以表明政府对于公交补贴是有所大作为的。此外,据调查,世界上许多国家都长期对公交企业进行补贴,法国、德国、瑞典的补贴占成本的 30%,而比利时、意大利、荷兰则占到了 75%。

1.2.2 公共交通发展借鉴

目前我国大部分城市公共交通系统发展主要存在以下问题:

(1) 线网布局结构不合理、线路太长、重复率高、便捷性差和配车调度等企业营运管理不合理,导致营运效率低于个体交通。

(2) 公交服务水平低下,除内部原因外,不完善的道路网络、低通行能力和低运作水平的道路交通综合体系以及混合交通严重阻碍了公共交通的运行和发展。

(3) 公交场站分布不合理,交通枢纽与城市组团之间缺乏换乘场站,居住区内部及市中心人流聚集区的公交首末站不够,高峰时间靠经过线路疏散人流的作用不大,同时车辆维修补给站场的设置往往不合理。

(4) 对于交通出行链的关注过度,而没有注意到如何在出行过程中找到一些出行任务的问题及解决方法。

(5) 公交发展规模、公交设施建设及公交运营管理之间相互冲突、秩序紊乱的现象时有发生,公交规划往往因为部门利益的冲突落不到实处。

(6) 公交发展的模式不能适应潜在出行需求的发展,而现实的背景又不能提供有力的革新支撑,从而导致公交的发展无法突破现有的瓶颈以进入一个良性发展的阶段。

(7) 公交发展过程中民众参与程度太低。

以上问题初看起来都是单点触发的，似乎只要逐一加以投入便可解决，可是一旦深入细究，便会发现任何一个问题的出现都不是单方面的。比如，公交发展的规模似乎是车辆投入太少，然而一旦增加车辆，就会发现站场、线路和服务水平等方面又出现了问题。政府在城市交通建设方面的每一次投入似乎都将引发一些新的问题。一个深层次的原因在于建设的时序和重点缺乏统筹规划。为了摆脱被动应付的局面，必须从系统的角度对公共交通的发展进行规划和指导，才能产生最根本、直接的效益。

对上述公共交通发展进行比较分析，我国城市公共交通发展有以下7个可借鉴之处。

(1) 借鉴一：公交企业的市场定位要鲜明准确。

公益性是城市公共交通企业的固有定位，这一点任何时候都应该保持不变。公交的市场性只应体现在作为市场主体在经营过程中如何发挥自己的主观能动性以获取更大的效率而已。把公交企业完全推向市场是一种不负责任的行为，唯有在既有社会条件下，以社会服务为主体，以市场行为为补充才能反映公共交通的实际情况。因此，在城市公交发展模式的政策设计方面，应该特别注意公共交通的这种双重属性。

(2) 借鉴二：建立开放式的公交规划运作体制。

公交规划是关乎全民的公共政策，其运作模式必须体现出开放性。无论是新加坡、中国香港还是首尔市等公交发达城市，在这一点上都是力行的典范。如新加坡建立以乘客需求为导向的决策系统来不断改善公交的运行状况；香港有专门的交通咨询委员会和完善的交通影响评估制度；首尔市在进行公交改善时通过设立"公交改善市民委员会"以体现出规划的开放性和以民为本的理念。"公交改善市民委员会"由专家和利害当事方一起参加，调整各种利害关系，制订以市民为主的改善方案。如在2004年的公交改善计划中，针对改善方案，公交改善市民委员会和汉城市市政开发研究院在2003年12月和2004年5月分别召开了听证会听取各方意见，通过10次说服调和了关系户和公交行业，最终确定了公共交通体系改善方案。由是观之，公交问题实乃在公交之外，其最基本、最紧要之处乃是有一个科学合理的规划作为支撑基础，首尔市、新加坡和中国香港都是世界人口和车辆密度最高的城市之一，却能保持道路交通畅通，这自然与其开放式的公交运作体制分不开。

(3) 借鉴三：建立结构清晰、层次分明、协调统一的公共交通网络体系。

复杂系统的有效运转在于结构的优良，纵观新加坡、中国香港和首尔市的公交运营体系，它们都有一个结构清晰、层次分明、功能具体、协调统一的公共交通网络。如新加坡以MRT为主干，贯穿东西南北，公共汽车则作为MRT的集散方式进行布设，共同奠定了良好的网络基础；香港的公交系统由公路、铁路和轮渡三部分组成，公路客运系统又按功能分为专营巴士、非专营巴士、绿色小巴和红色小巴，它们各就其位，各司其职，共同构成一个统一的公交运输体系。发展中城市的公共交通往往存在一个很大的问题就是公交网络的结构无序性，因而当城市发展到一定阶段时，这种无序性便开始造成资源的浪费和效率的低下，并逐渐暴露出一种先天惰性而转变成城市发展的瓶颈。

(4) 借鉴四：建设健全的法律法规，营造一个公平竞争的法律环境。

交通法规是管理交通的法律依据和主要手段，发展中国家目前城市化进程很快，但一般都还缺少一个完善的法律环境，如我国目前能遵循的法律只有《中华人民共和国道路城市规划法》和《中华人民共和国道路交通安全法》,还没有一个完整的"公共交通法",特别是在公交市场里,已有的合同也很难遵守,政府签约出去的线路到期后一般都无法按合同收回[1],这对于公交发展来说实在是一个软肋。规矩既失,何以谈公平与秩序,"劣币驱逐良币"的现象也就不可避免地时有发生。因此,通过政府来营造一个和谐公平的法律环境对于公交的发展来说是极为重要的。

系统观是从事城市公共交通规划的基本视野,通过对城市公交发展的背景、现状和需求的深刻把握,结合城市经济社会发展的态势,对有限的城市空间资源和时间资源进行最优化利用,利用集成整合的系统思想,把分散的私人交通、个体交通和集团交通以公共交通为核心有机地统一起来,利用技术的、经济的、政策的力量来构建一个健康的交通环境应该成为城市公交规划的基本思路。这样,由于有着对现状及需求深刻的把握,城市公共交通系统的构建必能以最小的代价从整体上最大化满足城市发展的需要,这也许是解决城市公交发展问题的基本方向和必然出路。

(5) 借鉴五:实行公共交通优先战略及整体运输政策,严格限制小车的出行。

繁荣的经济和高密度的人口,需要有高效的运输体系来支撑,为此香港特区政府基于以下三项原则制定运输政策:①改善运输基础设施;②扩展和改善公共交通服务;③管理道路的使用。其目的在于:改善客货运的流通,如调整私家车拥有税,以确保私家车增长率控制在道路系统可以应付的水平;提高燃油税,鼓励驾驶人员有效使用车辆以达到政府保护环境的目标;继续以配额形式限制巴士及小巴数量的增加;通过卖地计划及私人发展,新建修车场等。

同样,新加坡也采取了强有力的手段来推行公交优先发展政策,如采取电子道路收费系统(ERP)、新增车辆年度配额制度(VQS)和拥车证(COE)制度等。ERP系统实施后,每天进入控制区的交通流量减少了20%～24%,行车时速明显提高,管理者可监测全国范围内的交通状况,并通过道路布局图标注出拥堵和事故路段。首尔市则通过大幅提升公交车的道路占有率、压缩小汽车的道路占有率来促进公交发展,抑制小汽车的出行。

(6) 借鉴六:建立先进的公交信息系统,提供高效敏捷的公交服务。

新加坡推出的公共交通资讯系统,开创了亚洲公交车信息系统的先河。有了这个系统,控制中心能够根据即时的信息和历史交通情况的数据,更准确地预测出每辆公交车到站的时间,并展示在公交站的视屏上。

首尔市采用公交综合管理系统对公交车进行运营信息管理(bus management systems, BMS)。BMS是在公交车上安装GPS和无线收发器,收集公交车的运行状况,向市民提供汽车位置、运行状况、配车状况和预定到达时间等信息;同时向公交公司提供丰富的信息,使公交公司确保公交车的准时性,并利用这些信息调整公交路线和配车间隔等。

(7) 借鉴七:因地制宜,发展快速公交系统。

据国外有关部门对全世界26个城市的快速公交系统的调查统计,80%的系统拥有各种形式的专用车道和专用道路,67%的系统建有特殊的平面上、下车车站,40%的系统采用有特色的公交车辆,33%的系统采用智能交通信息系统,14%的系统建有车外售票设施。从以上数据可以看出,国外快速公交系统所包含的内容差别较大,这也反映了不同地区根据需求和资源状况,会采用不同的发展快速公交方式。

1.3 公共交通发展的基本趋势

无论轨道交通如何发展,常规公交终将扮演基础地位的角色,常规公交的发展是城市公共交通发展最为关键的一环,将会主导城市交通的可持续发展。由于上海公交的发展经历了我国公交发展的基本历程,如以具体场景为依据,对于公交发展趋势的判断可以给出更为清晰的构想。因此,这里以上海常规公交为例,对公交发展趋势做出基本解读。

1.3.1 上海公交的三轮改革

从1996年至今,上海公共汽电车行业先后经历三次改革[2]。1996年"票制、体制、机制"三制改革,使公共交通实现从计划经济向市场经济的历史性转变;2001年深化完善改革,理顺内部体制,建立公益性扶持政策,促进行业的发展;2009年进一步深化改革,强化国有指导,优化经营格局,提升公交服务水平。

1. 1996年上海市第一轮公交改革

20世纪80年代以来,上海公交企业为保障市民出行和城市经济发展做出了很大贡献。但由于缺乏与社会主义市场经济相适应的经营机制,企业缺乏活力,亏损逐年增加,市民"乘车难"的矛盾日益突出。这些问题的出现,除了是由于上海城区扩大、人口增长和社会经济迅速发展等客观因素外,与公交原有的体制、票制和机制不合理也有直接关系,主要反映在:①实行垄断经营,缺乏竞争压力;②价格背离价值,亏损逐年增加;③补贴和核算机制不合理,企业缺乏挖掘潜能的积极性。在这样的情况下,公交改革逐渐被提上日程。经过半年的酝酿,上海市首轮公交改革方案日趋成熟。1995年12月1日,以"票制、体制、机制"改革为主要内容的公交改革方案正式出台。其中,票制改革主要是取消月票,统一实行普票;体制改革包括撤销公交总公司,划小核算单位,按照政企分开的原则强化对公交的行业管理;机制改革主要是改革补贴机制,改"用了算"为"算了用"。1996年1月1日开始推行改革,并很快取得成效[3,4],主要体现在:

一是亏损局面得到扭转。1987年开始,上海公交出现亏损直到1995年,政府对公交的补贴达到8亿元/年;实行改革后,1996年当年便减亏5亿多元,直接财政补贴从8亿元减少到1.64亿元。1998年底,公交基本实现减亏持平目标。

二是服务面貌改观。1996—1998年,新辟延伸线路168条,线路总数近1 100条。更新车辆3 000多辆,车辆总数发展到1.5万辆,比改革前增加一倍多。

三是劳动生产率提高30%。在市政府给予定额、定期专项补贴的支持下,分流2万余名富余人员,人车比从原来的8.4∶1下降到5∶1左右。

2. 2001年上海市第二轮公交改革

进入21世纪后,面对新的发展要求,上海公交面临新的任务和挑战:①上海城市产业和布局结构的调整,要求进一步优化公交资源配置;②社会经济发展和人民生活水平提高,要求公交服务从"数量增加型"进一步转向"质量提高型";③轨道交通的快速发展,带来城市公共客运内部的深刻变化,要求公交加快与轨道交通的衔接配套;④适应社会主义市场经济的发展,要求改进政府对公交管理的方式。

同时,公交自身发展中还面临众多复杂的深层次问题和一些比较突出的困难:①服务水平同社会经济发展需求相比仍有较大差距;②企业数量过多,市场过度分割,常规公交、专线公交存在双轨制;③企业总体经营困难,职工收入明显低于全市平均水平。混乱的公交市场导致公交发展处于缓慢阶段。

为了解决这些问题,2001年上海市进行了第二轮公交改革,修正了第一轮改革中所凸显的各类社会矛盾,重新将公交行业的公益性提到了首位,并再次以城市公交统筹管理为总体架构,以一区一骨干为构建目标,理顺公交企业的内部体制,主要措施包括:①转变政府职能,完善行业管理;②理顺内部体制机制,推进企业整合;③加快技术升级,提高服务水平;④建立扶持政策,改善公交经营环境。引入股份制的经营机制,巴士集团和大众集团对公交企业进行重组,使上海公共交通走向了行业公益性与运作市场化相结合的发展道路。2001年,车辆和线路总数达到了几年来的峰值,分别为18 083辆和991条,多年来困扰上海市民"乘车难"的矛盾得到了根本缓解。这个阶段内随着轨道交通线路逐步投入运营,运营网络逐步形成,公共汽电车线网的规划也从数量增加转向优化调整,重点是减少市区一些重叠线路,增设新建住宅区、郊区新城线路以及与轨道交通的接驳线路,线网布局日趋合理;进一步推进公共汽电车线网与轨道交通网络的衔接配套,实施两网融合,方便市民换乘。同时上海公交开始从规范服务向品牌服务迈进,涌现出49路等35条公交品牌线路,做到服务内容和标准与时俱进,服务态度和面貌不断改变。

3. 2009年上海市第三轮公交改革

随着上海经济社会快速发展和市民生活水平不断提高,以及举办2010年中国上海世博会的特殊要求,公交发展又面临新的问题和挑战,主要包括以下五点:①轨道交通和城市建设的跨越式发展,公交线路的配套、调整尚显滞后;②偏远地区和城乡接合部地区群众的出行问题尚未从根本上解决,行业服务和保障能力有待进一步提升;③行业监管和规范制约尚不够到位,对公交扶持的长效机制尚不完善,政府支持的力度有待进一步加大;④公交企业数量尽管已经减少,但从总体看仍显偏多,企业经营成本不断增加,负债率居高不下;⑤部分公交企业片面追求投资回报,一线职工收入偏低,司售岗位缺乏吸引力,企业经营和管理方向有待进一步明晰。

上海第三轮公交改革于2009年3月正式启动,这次改革依托世博会的举办,以满足世博会交通需求为切入点,进一步优化上海市公交的基础建设和运营管理,提高公交的服务水平[5]。改革内容主要包括五方面:①深化体制改革,完善市场经营格局;②提升服务能级,全面提高供应水平;③强调公交公益性,以人为本;④强化政府监管,规范市场行为;⑤加强企业管理,充分调动职工积极性。经过本轮改革,国有企业主导的产权制度基本确立,至2010年末,全市共有线路经营权资质的独立核算公交企业35家,其中国有企业数量占比近70%,基本奠定国有企业在整个公交运行体系中的基础地位。区域经营的市场格局基本形成,在2010年世博会开始前,形成"浦西、浦东、一区一骨干"的经营格局。公交营运服务水平稳步提升,2010年全市公共交通日均客运量达769万人次,较改革前有所增长。公交服务均衡性、便捷性、经济性和安全环保性明显提高,为世博期间的交通运行提供良好保障。公交线网不断优化,2009年全市新辟、调整公交线路282条,其中新辟社区公交线路25条;2010年为配合世博交通保障需要,新辟、调整公交线路425条,线网优化调整力度前所未有,公交线网逐步实现与轨道交通有机衔接。至2010年末,全市公交营运线路达1 165条,较2008年净增107条。车辆质量明显提升,全市有14 820辆公交车安装使用车载智能化系统,1 538辆各类新能源汽车在世博会期间集中开展示范运行。出行成本下降,自2009年4月推出"两覆盖一延长"扩大优惠换乘措施后["两覆盖"是指将优惠换乘范围覆盖到包括郊区线路在内的所有公交线路(不包括旅游线和机场线)和包括非空调车在内的所有公交车辆;"一延长"是指换乘优惠时间由目前的1.5 h延长至2 h],市民公交出行每乘次票价呈现回落态势,2010年公交每乘次平均票价为1.97元,较2008年下降了0.22元。同时政府监管得到加强,扶持力度加大,职工收入明显提高,权益得到保障。

上海市地面公交努力为市民群众提供便捷、安全、经济、可靠的出行条件,在市委和市政府的领导下,在行业主管部门和区(县)政府的推动下,在公交企业的积极配合下经历了三次改革,在40多年的建设和改善中,地面公交的发展取得了显著的成果。

1.3.2 上海公交的运营现状

从中国各大城市公共汽电车与轨道交通的运营车辆数和客运总量情况来看,上海市在公共汽电车运营车辆数、客运总量方面分别位居全国第二与第四,在轨道交通运营里程数、客运总量方面位居全国第一。

1. 公交基础设施现状

在基础设施建设方面,截至2020年底,上海市公共汽电车运营线路2 155条,总运营长度达2.478万km,全市建成公共汽电车站点25 958个,中心城内500 m半径覆盖率92%,内环内500 m半径全覆盖。轨道交通运营线路总长达到729.2 km,轨道站点周边公交服务得到加强,全市74%的轨道站点周边50 m半径范围内有公交线路服务,88%的轨道站点周边100 m半径范围内有公交线路服务。全市公共汽电车数量已超过17 000辆,空调车辆占100%,各类型的节能环保型公交车达到7 766辆,其中新能源公交车达到5 774辆。

截至2020年底,公交专用道已建成508.5 km(含有轨电车),总体呈"方格网+射线"的布局形态。目前西藏路、延安路、奉浦快线已设置公交信号优先。为进一步丰富专用道形式、提高专用路权的使用效率,相关部门探索推进合乘车道的研究。

2. 公交运营效率现状

在运营效率方面,常规公交车速逐年提高,2020年全市公交专用道上早、晚高峰公交车辆平均运行车速分别为17.6 km/h和16.8 km/h。2017年中心城全天骨干路网公交平均车速达到16.1 km/h,早高峰为12.9 km/h。在安全方面,2018年公共交通车均事故率为0.37,万车死亡率为22.4人,安全态势良好。

地面公交不断推进信息化基础设施建设,目前已经实现了全市公交行业车载智能终端的全覆盖及全市中心城区公交线路首末站RFID基站全覆盖,电子站杆和站点电子墨水屏持续推进应用。加快综合交通App建设,公交App覆盖线路达到1 275条,有效提升了市民出行智能化水平。并且已实现公交乘车二维码,提升了出行支付的多样性和便捷性。另外,地面公共交通以智能化调度系统建设为核心,实现了中心城区公交线路的集群调度常态化管理。

3. 公交客流现状

近年来,地面公交的客运总量在持续下降,但整体公共交通的客运量呈上升趋势(图1-1)。2018年公共汽电车和轨道交通的日出行量达到约1 600万乘次,其中公共汽电车客流量约600万乘次。

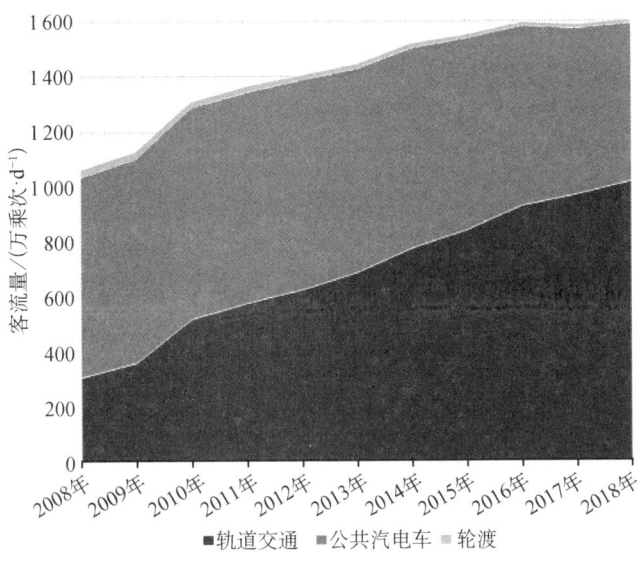

图1-1 上海市公共交通客运量变化

客流下降的原因,一方面是轨道交通线网不断完善,作为城市公共交通系统的主干,逐步承担了主要的公共出行客流,公共汽电车的吸引力下降;另一方面是从人口和小汽车拥有量的变化(图1-2)可以看出,人口不断增长,同时私人小汽车的拥有量在2012年后迅速增长,10年来私人小汽车的拥有量增加了1倍(图1-3),而运营公交车辆数只增加了10%,个人机动化出行比例的增加也分担了公交汽电车的客流量,这也说明通过优先发展公共交通来抑制小汽车过快发展的效果并不明显,公共汽电车在与小汽车的竞争中并没有优势。伴随着共享经济出现的网约车、共享单车等也对常规公交客流造成了巨大冲击。

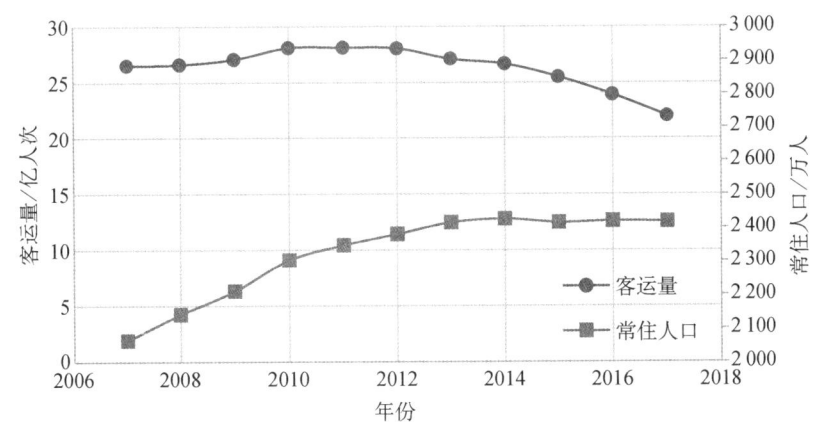

图1-2 2007—2017年地面公交客运量与常住人口变化

(数据来源:上海统计年鉴)

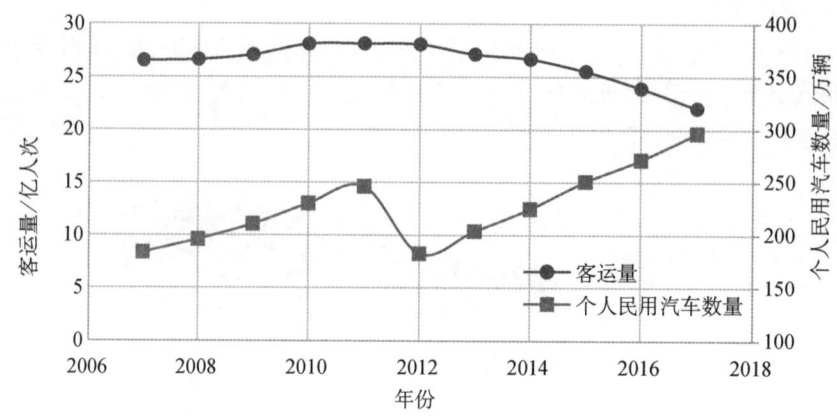

图 1-3 2007—2017年地面公交客运量与个人民用汽车数量变化

(数据来源：上海统计年鉴)

1.3.3 上海公交的发展趋势

对于公交发展趋势的判断，主要是基于对历史的审视、现状的了解和未来的信心。公共交通作为一种运输方式，不仅仅是一种技术工程，更是在其运营过程中承载了太多的社会责任和民生希望。系统的分散性只能靠系统的层次性来解决，而无序的涌现只能靠有序的引导才能趋于合理，因此，对于公共交通发展趋势的考量，需要从不同的角度进行分析。

1. 公交发展的功能定位

（1）内圈层（轨道交通趋向成熟阶段）。

轨道交通承担大部分客流，是中长距离客运交通的主体，常规公交作为轨道交通的补充和延伸，以接驳和中短距离出行为主。因此，对内圈层地面公交的优化需要注意三点：一是发挥公交灵活性，为中短距离提供服务；二是对于轨道运力不足区域，利用公交快线，依托专用道网络，弥补运力不足；三是对于热点片区，强化微循环线路覆盖，延伸地铁服务。在线路调整的过程中，原则上不新增线路，通过合并、取消、调整走向等方法降低重复，避免相互竞争。

（2）外圈层（轨道交通集中发展阶段）。

轨道交通承担主要客流走廊功能，形成公共交通的骨架网络，常规公交仍为主体地位。因此，对外圈层地面公交的优化需要注意两点：一是在轨道交通覆盖空白区充分发挥优势，在次一级的客运走廊中提供高质量的公交服务；二是以轨道交通和公交快、干线为骨架线，加强枢纽与居住区客源点之间的公交联系，为辐射状的走廊骨架线集散客流。在线路调整的过程中，主要通过新增、走向调整、截短及大站快车等方法加强公交覆盖，搭建骨架线网络，提升服务效率。

2. 公交发展的基本趋势

（1）公共交通运营模式的转变。

社会经济的发展，衍生出多样化与分散化的出行需求，基于行为视角理解乘客的现实需求，把握影响乘客出行的关键要素，对公交市场需求进行细分，发展多样化运营模式是公

发展面临的重要挑战,需要从以下几个方面进行理解:

① 常规公交灵活化。结合线路客流、服务功能的需要,灵活配置多样化的公交车型和运营模式。对于走廊干线需配置大容量公交车辆,微循环线和低客流区域多采用小容量公交车辆;针对客流分布、人群特征,灵活运用高峰线、长短线、灵活线(不设固定站)以及定时线(平峰、客流密度较小的区域)的模式,满足多元化的出行需求。

② 品质公交定制化。利用手机大数据、互联网定位数据、城市交通综合大调查等数据,深入挖掘市民出行时空特征,从车型运用(车辆小型化)、线路设置、服务时间等方面有针对性地提供定制公交服务,如通勤线、校园线、旅游专线、单位通勤专线、枢纽专线以及需求响应公交等。重点应对地铁拥挤区间的职住时空特征进行挖掘,为"公交+地铁"出行乘客匹配直达线路,缓解高峰时段的地铁压力。

③ 多重资源融合发展。针对商务、旅游等出行目的人群,注重与商旅平台的合作,打造集商务、旅游、交通出行为一体的"一站式"出行服务,拓展定制公交服务范围。

④ 公交的发展一定要面向居民生活的需求,借助城市更新的契机,通过与城市功能空间的耦合,对活动进行集聚引导,构建集约化的公交出行服务网络。

(2) 公共交通出行模式的转变。

出行目的的多样化与信息技术的发展,促使公交出行开始从"线路出行"向"网络出行"方向转变,即出行不再是从起点到终点的单一交通事件,而是通过对公交网络、居民活动、功能空间的整体考量,构建"主干+接驳"网络,促进"轨道+常规公交+慢行交通"网络融合是公共交通可持续发展的关键。

"主干+接驳"的公交体系结构,鼓励乘客根据不同层次的公交出行需求选择不同的公共交通方式,尤其是对于长距离的公交出行鼓励通过换乘来完成整个出行链。虽然这种结构可能增加了出行的换乘次数,但是减少了整个公交系统供给的需求,比如,假设有 3 对出行的起终点,若每个起终点之间都提供直达的公交服务,则需要 9 条服务线路,但是若采用换乘的模式,则只需要 6 条服务线路,且起终点越多,效益越明显。同时,这种"主干+接驳"的模式,能够充分发挥不同公共交通方式的运营效率,使得整个公共交通系统能够以最少的供给提供最为有效的公交服务,从而达到公交系统整体经济效益最优。

在"主干+接驳"的模式下,长距离、组团中心之间的联系可以通过轨道等主干交通方式解决,围绕组团中心、枢纽站点,可以布设更多的接驳线路,服务更多组团中心外围区域,提高这些外围区域的公交可达性。同时接驳线路运营距离相对较短,运营也更加灵活,可以提供更加人性化的公交服务和更加密集的发车频率,从而提高整个公共交通系统的服务水平。

(3) 公共交通换乘理念的转变。

一般而言,出行面临的最大问题是出行连续性是否能够得到保障,因为换乘意味着体力消耗、时间消耗和可靠性消耗,这对于出行者来说,很难凭着绿色出行的情怀去补偿这种消耗,因此,当出行目的多样化和信息技术的发展促使公共交通出行从"线路出行"向"网络出行"转变时,公共交通的换乘就变成了提升公共交通竞争力的核心要素。

轨道网络与地面公交两网开始得到不断融合。轨道交通站点出入口 50 m、100 m 半径范围内有公交线路服务比例分别达到 74%、88%,新建轨道交通站点周边 50 m 范围内公交线路配套实现 100% 全覆盖。2021 年上海市地面公交和轨道交通方式间的换乘量约达

120万乘次/d。

换乘衔接已然成为公共交通竞争力提升的核心要素,这个意识的形成将会不断促进换乘衔接的进步。然而,还有一个理念的转变对于换乘衔接的发展尤为重要,那就是好的换乘衔接不仅可以弥补出行连续性不足带来的困境,加强乘客的换乘体验,更为重要的是基于换乘的网络规划设计能使换乘不再是一种体力的比拼与时间的消耗,反而是出行效率可靠性与便捷性的基本保障,如果换乘的精细化设计能够达到这样的效果,公交的竞争力将会得到质的飞跃,这也将从根本上改变公交网络优化的传统理念,促进公交向更高、更快、更强的方向发展。

(4) 中运量公交是大都市城市客运交通的重要组成部分。

根据《城市公共交通分类标准》(CJJ/T 114—2007),从系统运能方面划分,城市公共交通系统可以划分为大运量轨道交通、中运量公交和小运量常规公交。高峰小时单向运送能力常规公交约为0.5万人次,城市轨道交通则达到3万～5万人次,中运量公交为0.5万～3万人次。常规公交与城市轨道交通之间的运能差距明显,且在上海市目前轨道交通复合型走廊中,高峰时段轨道交通满载率超过90%的走廊接近50%,部分走廊的地面公交高峰高断面客流量和轨道交通满载率均较高,表现为高峰时段轨道交通拥挤,且地面公交走廊客流压力较大,在"主干+接驳"的模式之外,中运量公交开始成为新的交通发展需求。目前,国内对中运量公交没有明确的定义,业内普遍认为中运量公交是介于常规公交与大运量轨道交通之间的公共交通系统,包括市郊铁路、BRT系统、有轨电车和单轨系统等。

中运量公共交通的功能定位主要有三种:骨干型、加密型和旅游特色型。其中,骨干型主要作为特大城市郊区新城内部骨干公交系统和中小城市第一层骨干公交系统;加密型主要作为大城市中心城区第二层公交系统;旅游特色型主要用于景观要求较高的区域特色线路。

特大城市的发展过程必然伴随着城市人口的增加和城市面积的扩张,而特大城市郊区新城建设是分散城市中心压力、疏导人口均匀分配的重要方式。特大城市郊区新城的城市规模及人口数量一般与普通中小城市类似。在城市规划上,郊区新城作为特大城市的扩展和延伸;在交通规划上,郊区新城内需要有对特大城市中心城区骨干交通的补充延伸,客流需求既要保障新城内部的客流运输,又要满足与城市中心的客流往来互通。

(5) 公共交通服务竞争力的周期性科学评价。

随着优先发展公共交通政策的推进,各大城市均在对公共交通的规划、设计和管理方面进行优化改善,但在具体评价方面仍有所不足。一方面是虽然国家出台了宏观层面的评价标准,但由于区域发展差异等原因,各城市公共交通发展阶段不同、水平不一,仍然难以客观评价各城市公共交通发展水平,并实现各城市自身发展纵向对比及城市间横向对比分析,从而推进公交优先战略的落地实施。另一方面是随着人们生活水平和精神需求的提高,出行者在乘坐轨道交通的同时也对其产生了一定的心理期望,但面向乘客的微观评价体系仍有所缺失。从乘客角度出发,对公共交通服务水平进行评价,能够根据评价结果回溯到具体问题进行相应的改善,才是评价的真正目的。因此,建立一个面向服务的完善的公交服务质量和满意度评价体系,对公交规划网络与运营服务进行周期性评价,是保持公交竞争力和提升服务品质的必要手段。

(6) 基于用地制度变革的公交枢纽站点综合开发。

由于实践经验不足,在站点开发过程中会存在各种问题,这会导致交通功能和城市其他功能分离。城市公交未能获得外部性带来的增值收益,促使政府寻求更为合理的枢纽站点综合开发模式。

目前国内枢纽站点的综合开发还处于探索阶段,相关政策支持力度不足,不同部门间的政策没有联动修改,卡在"最后一公里",存在三个需要重点关注的问题:

① 尚未出台相关法律法规,规范综合开发的开展和实施,枢纽站点综合开发基本采取一事一议的方式。

② 现有规划设计体系并未明确综合开发相关事宜,针对是否综合开发、综合开发功能和指标等问题,缺少针对性、实操性的指标和办法。

③ 土地政策方面,相关法律法规规定公共交通枢纽站点通过划拨获得土地使用权,不能进行商业性开发,公共交通企业即便进行上盖开发,受土地性质所限,开发后也无法进入市场。

在解决上述问题的过程中,相关政策或规划给予的方向有着强大的权威性和不可替代性,只有政府才能改变当前制度和法律层面存在的问题,所以目前各地区政府也在积极地寻求解决方式,相关政策和规划的制定和实施势在必行。

2012年12月,国务院出台《国务院关于城市优先发展公共交通的指导意见》,鼓励和支持公共交通用地的地上、地下空间按照市场化原则实施土地综合开发利用,收益用于弥补建设和运营亏损。2016年,交通运输部关于印发《城市公共交通"十三五"发展纲要》的通知中也提出,要健全公共交通用地综合开发政策落实机制,细化城市公交用地综合开发政策,优先满足和节约集约利用城市公交用地。综合枢纽开发相关政策的不断提出,说明无论对于公交枢纽、轨道交通枢纽,还是铁路枢纽来说,其综合开发已经成为刻不容缓的事实,枢纽站点综合开发作为一种可持续的绿色开发模式,不仅能够提高土地利用率,还能够促进枢纽站点与城市功能空间融合,利用枢纽站点的可达性优势为各种经济活动创造有机联系。

(7) MaaS平台是公共交通发展的新起点。

基于当前公共交通基础设施建设已比较完善,但客运量仍呈下降趋势的情况,注重出行者感受,从"服务"的角度提升公共交通吸引力将是未来公共交通的发展和改革方向。

近年来,伴随着交通技术的进步和出行需求的变化,以德国、芬兰等为代表的一些欧洲国家已经开始转变交通服务理念,提出将"个人拥有交通工具"转向鼓励用户将"出行作为服务"进行消费,在这种趋势下,私家车将不再是家庭出行的必需品,从而在减缓机动车保有量快速增长势头的同时,给用户提供高质量的交通服务。在此背景下形成的"出行即服务"(mobility as a service,MaaS)这一交通理念代表了通过提升交通服务水平以改善出行者体验为目标,如减少"门到门"出行时间、增加换乘连接可靠性等,从而改善服务的可达性、多样性的发展趋势[6]。

MaaS理念下的公共交通系统将提供"门到门"出行全过程无缝衔接的解决方案,从而使未来交通系统不再是多个独立系统的简单拼合,而是致力于改善出行全过程的出行链服务。MaaS系统将交通工具、基础设施与交通信息数据整合在统一的出行平台上,用户通过一键预约与一次支付就可以使用"门到门"全过程出行服务,而无须关注出行过程中的细节[6],并可结合乘客满意度评价等手段,不断从乘客角度改善公共交通的服务水平,提升公共交通发展竞争力。

本章参考文献

［1］李林波,陈川.城市公交市场准入与退出机制研究[J].城市公共交通,2006(4):37-40.

［2］上海地方志编纂委员会.上海市志·交通运输分志·城市公共交通卷[M].上海:上海交通大学出版社,2018.

［3］上海市综合交通调查领导小组办公室,上海市城市综合交通规划研究所.'97上海综合交通发展年度报告[J].交通与运输,1998(5):4-9.

［4］上海市城市综合交通规划研究所.'98上海综合交通发展年度报告[J].交通与运输,1999(6):13-17.

［5］上海公交全面回归国有控股[J].综合运输,2009(4):90.

［6］胡峰,黄伟.基于"出行即服务"理念的城市公共交通系统变革[J].规划师,2018,34(11):101-107.

2 城市公共交通出行动力机制

吸引更多的乘客选择公共交通工具而不是私家车出行,是缓解城市交通拥堵的关键举措,也是城市交通走向可持续发展的必然路径。

影响交通方式选择行为的因素有很多,通过对出行者的价值取向、态度、习惯、信任、约束、环境关注以及行为等变量的相互作用关系进行解析,对出行方式选择的动力机制进行探索,可以揭示人们在公交出行选择方面存在的关键问题,为提升公交服务水平与完善设施提供科学的决策依据,这种利用出行行为理论进行出行方式选择的动力归因,是公交发展进行服务转型的关键举措。

2.1 出行行为研究发展

2.1.1 行为模型演化:从集计模型到非集计模型

对出行方式选择行为的研究,最初是为了在交通规划过程中对出行需求进行预测,确定出行方式的分担率,从而提出更符合居民出行特征和需求的交通方式配给比率,合理分配道路设施等资源。

早期研究者主要从集计的角度研究出行方式选择。以交通需求预测的"四阶段法"为代表,通常以交通小区为分析单位,对居民出行调查数据作统计处理,得出一些平均意义上的变量值,然后进行相应的目标分析。为方便计算,实际的交通规划过程通常也会根据调查数据,基于不同出行方式所需的时间之差或时间之比来绘制交通方式转移曲线,同时假设未来的交通方式划分标准保持不变,进而根据这些转移曲线来划分未来的交通方式。

随着集计模型的推广应用,其内部的缺陷也不断地暴露出来。突出表现在将数据进行集计处理时,由于没有考虑属性数据与出行特征的关系,数据本身所包含的内容,如出行者个体的相关信息(如性别、年龄、收入、职业、教育程度等)和交通方式的属性信息(如出行费用、时间、舒适程度等)都有可能因为集计的处理方式而丢失,使得这些重要的因素并不能在交通方式划分中起到影响作用,从而导致分析结果偏离实际状态较远。到1975年,Domencich等[1]对集计模型的缺陷给出了扼要表述:集计模型淡化了出行与活动之间的连接性;缺少对人的行为特征更微观的解析;不能完整地反映由出行引发的其他潜在活动行为。

针对集计模型的缺陷,研究者提出基于个体研究的非集计模型。非集计模型是以单个样本的特征数据为单位建立起来的概率模型。非集计模型的建立主要基于随机效用理论,假设出行者在进行出行方式选择时以追求自身"效用"最大为目标,由此提出两点重要假设:

一是出行者是交通行为决策过程中的最基本单位；二是出行者会从所有可行方案中选择效用最大的一个。与集计模型相比，非集计模型具有效率高、成本低及可移植性强等特点，在一定程度上克服了集计模型掩盖出行者个性特征的缺陷。

具有代表性的非集计概率论模型主要有 Logit 模型和 Probit 模型，前者假设效用随机项间相互独立且同服从极值分布，后者则假设服从正态分布。由于 Logit 模型结构简单，应用也更加广泛。多项 Logit 模型在应用中的主要问题是它的 IIA(independence of irrelevant alternatives)特性，即非相关选择方案相互独立特性，这往往会高估类似性较高的选择枝被选择的概率，而低估类似性较低的选择枝被选择的概率。为了克服这些缺陷，研究人员不断改进非集计模型，其中一些代表模型如表 2-1 所示[2-6]。

表 2-1 非集计模型的演化

随机效用项假设	模型	作者（年份）	特征
极值分布（Logit 模型）	多项 Logit 模型（multi-nomial Logit, MNL）	McFadden（1973）	各枝效用独立同 Gumbel 分布，IIA 特性，数值可解性
	嵌入式 Logit 模型（nested Logit, NL）	Williams（1977）	相关选项分为一组，主观判断易偏离客观实际
	BCD 模型（box-cox Dogit）	Gaudry, Dagenias（1979）	各枝效用同 Gumbel 分布，非 IIA 特性，基本选择项与自由选择项，数值可解性
	配对 Logit 模型（paired combinatorial Logit, PCL）	Chu C.（1989/1998）	选择项两两相互配对
	交叉分层 Logit 模型（cross-nested Logit, CNL）	Vovsha（1998）	选择项配对但分配比例不同
	通用分层 Logit 模型（generalized nested Logit, GNL）	Koppelman（2000）	PCL 与 CNL 的有机组合
	混合 Logit 模型（mixed Logit, ML）	McFadden（2000/2003）	参数具有随机性，选择项相关，极大似然估计求解
	空间交叉 Logit 模型（spatial crossed Logit, SCL）	Bhat（2004）	考虑空间分布的概率模型
	递归 Logit 模型（recursive Logit, RL）	Fosgerau（2013）	参数服从随机分布，解决动态路径选择问题
	分层递归 Logit 模型（nested recursive Logit, NRL）	Mai（2015）	参数服从随机分布，解决动态路径选择问题
正态分布（Probit 模型）	多项 Probit 模型（multi-nomial Probit, MNP）	Daganzo（1979）	选择项可相关，随机效用项相关且服从正态分布，计算机模拟求解
	混合 Probit 模型（mixed Probit）	McFadden（2000/2003）	参数具有随机性，选择项相关，极大似然估计求解

近些年来，一些学者将判别分析模型(discriminant analysis)应用到交通出行研究上。判别分析选择模型最初是基于分类的目的，与 Logit 和 Probit 模型不同的是，判别分析选择模型不是一种基于概率理论的模型，而是一种决定论型的模型[7]。

2.1.2 研究视角转换：从物理、经济变量到认知、心理变量

随着社会学和心理学的发展，人们逐渐意识到出行方式选择行为是一种决策行为，应该从认知、心理和行为的角度进行研究，为此做了许多有益的探索。Barff 等[8]在对出行方式选择模型进行综述时全面分析了影响出行方式选择行为的各种因素，包括出行特性、出行方式特性和出行者特性三个方面，建议出行方式选择行为的研究除了从物理和经济角度进行考虑外，还应考虑出行者的认知和心理因素。

当前基于认知和心理对出行方式选择行为的研究，主要有两种观点：一种观点认为行为意向决定出行方式选择行为，另一种观点是习惯(偏好)决定出行方式选择行为。

理性行为理论认为意向决定行为，其中意向又受到态度和主观规范的影响。Ajzen[9]于1985年在理性行为理论的基础上又增加了知觉行为控制变量，认为意向同时受到态度、主观规范和知觉行为控制等的影响，进而提出了在社会心理学中占重要地位的计划行为理论。

Bamberg 等[10,11]通过一些人为的干预(如对刚搬入该地的人给予免费公交票并提供相应信息)，研究人群在干预前后出行方式选择的变化差异，利用结构方程模型对计划行为理论调查数据进行分析，发现人为的干预通过影响出行者的态度、主观规范和知觉行为控制，间接影响了居民的出行方式选择行为。此时，过去的行为和习惯对出行方式选择并没有起到什么作用，而对新搬入居民出行方式进行干预的效果非常明显(仍然是给予免费公交票并提供相应信息)，公交使用率大增，这表明住宅搬迁是影响和改变居民出行态度和方式的良好契机。值得注意的是，Thøgersen[12]发现对于有车族而言，当前的态度并不那么重要，反而是过去的行为和习惯对此有较大影响，而无车族的出行方式选择行为受当前态度和知觉行为控制变量的影响较大，因此有车族比无车族更不容易改变出行方式。Choocharukul 等[13]同样发现了心理因素(道德责任和出行态度)对于交通方式选择的影响在出行者未来居住选择的决策中起着至关重要的作用。这一点在 Eriksson 等[14]的研究中得到了一致的看法，更为具体的是，他们认为主观规范只是对小汽车选择意向有显著影响，而描述性规范(来自出行者同事或伙伴的行为影响)对公交车和自行车选择意向有显著影响。Li 等[15]进一步将主观规范分解为指令性规范(来自对出行者重要的人或社会团体的意见影响)和描述性规范，利用上海通勤数据发现计划行为理论能够很好地解释公共交通选择行为，在影响出行者选择意向的因素中，态度起着决定性的作用，而指令性规范相对于描述性规范对出行者的意向有着更加直接的影响。

习惯决定出行方式选择行为也是研究的热点。Fujii 等[16]认为当不可抗力措施改变了人们的出行方式以后，习惯对出行方式依然存在选择性影响。Garvill 等[17]通过实验研究了态度与方式选择行为、习惯与方式选择行为的关系，发现习惯性强的人比习惯性弱的人对方式的改变更敏感。Eriksson 等[18]通过研究进一步发现通过弱化小汽车使用与小汽车习惯强度之间的关系并加强小汽车使用与个人主观规范的关系，对出行方式选择行为进行干预是有意义的，尤其对那些有着较强的小汽车出行习惯和主观规范的出行者来说，效果更加明

显。Friedrichsmeier等[19]对两种关于习惯的理论(一是认为习惯是情景诱因和实际行为二者间的联系,二是认为习惯是应用于不同场景的脚本)进行了比较,认为习惯的主要组成元素是环境的稳定性和行为的频繁度,而且一旦出行者习惯于某种交通方式,便不会轻易做出改变,从这个意义上来讲,对于一些特定的对习惯依赖性强的行为,习惯对将来的行为具有较好的解释力。

也有研究从认知和行为的角度入手研究居民的出行选择决策。柯友华等[20]分析了出行决策的思维过程,将出行决策分为长期决策和短期决策,长期决策过程形成固定的出行偏好,而这种偏好又受到当地社会环境和以往出行习惯的影响。这种决策思维模式似乎得到了黄树森等[21]的确认,他们发现上班、上学等刚性出行由于其相对固定的出行路径和每日的反复,出行者会选择习惯性的交通方式,而购物、探亲访友等柔性出行由于其不定期、多路线等多样性,出行者对交通方式的选择会考虑更多因素,例如会比较不同交通方式的费用、设施水平、服务等,根据个体的不同,任何一方面的因素变化都有可能导致出行者的出行方式选择行为发生变化。总体而言,习惯直接作用于出行的短期决策(或柔性出行),随着短期决策的经验累积,人们对出行进行评价,从而影响该偏好的忠诚度,最终又作用于长期决策(或刚性出行)。

最新的研究则是通过引入与认知、行为密切相关的新理论或新变量对出行选择模型进行改进。罗清玉等[22]分析了出行方式选择模型的特点,讨论了前景理论在行为分析中的应用,构建了基于前景理论的出行方式选择模型,并应用实例验证其有效性。张薇等[23]则运用基于前景理论的出行方式选择模型分析了行程时间与出行费用对出行方式选择的影响,对出行行为进行了预测。景鹏等[24]先构建了能够预测心理潜变量的多指标多原因模型,并将模型计算值作为解释自变量引入传统Logit模型中形成混合选择模型,结果证明混合选择模型比传统不带潜变量的选择模型对实证数据具有更高的拟合度。

2.1.3　出行行为研究前景

从心理和行为角度研究出行方式选择行为,旨在从根本上了解居民出行选择不同交通方式的原因,从理解出行的本质上为交通需求管理和公交优先政策制定提供依据,以确定合理的交通发展目标模式,并逐步干预和引导居民对可持续交通出行方式的选择。当前从行为科学角度认识出行选择行为是一个热点话题,但总结起来仍存在一些问题,这也是今后需要重点研究的方向:

(1) 大多数模型都试图以"今天"的态度来解释"今天"的行为。然而,"今天"的态度并不能够指导人们认识态度是如何变化的,人们需要知道的是一种选择态度最初是什么时候、如何形成的,它和习惯之间是什么关系。

(2) 对人的态度、心理、习惯和行为进行模拟实验和模型仿真是一种很好的思路,直观且说服力强,但有些实验在相似的条件下却得出了相反的结论,让人怀疑这些实验结果的可靠性、实验条件是否真实合理等。因此,如何设计科学合理的模拟实验,将心理学、行为学与新科技、智能化联系起来,从而对出行方式选择行为进行更本质、更有说服力的研究也是一个迫切问题。

(3) 从态度和行为角度研究出行方式选择行为时,应该考虑对居民进行分类,如相关研究都表明有车与无车是一个重要的区别,然而现阶段的很多研究一开始都没有进行类似的区分,这种缺乏针对性的研究,其科学性也会大打折扣。

(4) 现在的研究多关注于态度与出行选择行为的关系,而较少考虑主观规范和知觉行为控制因素,计划行为理论在其他领域已经有了很多应用,在交通上的应用还有待进一步开发。

(5) 同非集计模型遇到的问题一样,如何将基于行为的研究应用到实际的交通量预测以及对居民出行方式选择行为进行干预也是一个问题。

2.2 出行心理与决策

随着先进公交技术和管理方案的不断应用,公交服务水平在得到逐步改善的同时,公交乘客出行比例却没有得到应有的提高,相反,在某种程度上甚至还有一种下降的趋势。2014年上海地面公交客运量开始呈现下降趋势,2017年整体公共交通客运量首次出现降低,原因是多方面的,最主要的是公交方式相比个体交通而言,对居民出行的吸引力在减弱。不同交通方式吸引力的差异不仅与各种方式之间的技术指标、服务水平和机动灵活性等因素有关,还与出行者的出行行为、出行心理及社会经济特征等因素密不可分。

城市公共交通的服务对象是人,因此公交发展不仅仅是一个技术问题,更是一个关于人的服务问题。为了增强公交的吸引力,技术固然重要,但"以人为本"的思想更应得到集中的体现:公交站点的合理设置、候车亭的优化设计、车辆的良好性能、乘车的优质服务以及换乘的便利通道等,都应从人的心理特征出发寻求改善方案,服务于人的便捷、舒适、灵活性等需求,须知交通的本质在于人的流动而不是车的流动。

2.2.1 出行需求与行为

心理学指出,需求是决定人行为的基础。人的一般行为规律表现为:需求决定动机,动机产生行为,行为指向目标。当一种目标完成时,需求得到满足,于是又会产生新的需求、动机和行为,争取实现新的目标。

人的需求是行为的内在动力,是人心理活动过程的反映,而人的心理活动离不开一定的能作为基本动力,这种能叫做心理能,又称"力比多(libido)"。心理能的集聚就是需求形成的过程,这种能量在达到一定程度时就必须得以释放,经由外界环境的结合而产生相应的行为。

心理学家科特·勒温对于人类行为做过如下定义,表示了个人与环境交互作用的结果,具体公式如下:

$$B = f(P, E) \tag{2-1}$$

式中,B 为人类的行为;P 为内在心理因素;E 为外界环境因素。

人类正常的心理结构包含三个层面:无意识、前意识和意识。无意识处于深层,意识处于表层,前意识则是表层的储存库。前意识是无意识和意识的过渡领域。无意识进入意识领域必须经过前意识领域,借助于意识的某种合目的的形式才有可能得以实现。在人的正常心理结构中,人的无意识、前意识和意识始终处于一个相互渗透、相互融合的流动变化之中,共同组成一个协调且相互平衡的动态心理结构整体,因而具有常态的性质。

无意识和前意识又被称为潜意识。潜意识是一切心理过程的基础,是心理的实质。潜意识影响着人的一言一行,是人类行为的动力,这种动力性被称作原发性过程。意识是潜意识发展的产物。

出行需求由出行者心理能产生,为满足出行者心理内部的潜意识需要,人们会根据自身及外界环境条件,选择一种具体的实现过程来完成出行行为。出行行为是出行者为了实现一定的日常活动,从起点到目的地移动的过程,其具体实现过程主要体现在交通方式的选择上。

几乎所有的交通出行者,多是从自我方便的角度来理解交通和选择交通方式的,其目的无非是省时省力,减少在途时间和体力消耗。人们对理想交通方式的基本要求是自由、快速和舒适。所谓自由,是指其交通运动不受限制,可以凭个人意志来决定走向,这是个体交通所具有的特点,自行车、小汽车和步行就是自由交通的典型方式;所谓快速,是指在最短的时间内到达目的地,出行方式和出行路线都可以根据自己的条件选择;所谓舒适,是指人们在出行中到达目的地时的体力消耗最少。因为对交通方式有这种理想要求,人们在出行时就会对各种交通方式进行权衡,以获取最大的心理满足为决策的依据。一般来说,出行者在选取某种交通方式时,总会在费用和时间中进行权衡,要么以费用获取时间,要么以时间赢得费用。同时,环境因素也会对交通方式的选择产生相当重要的影响,当对某种交通方式的效益舒适性表现出一定的期望后,如果这种期望值一时不能满足自己的需求并超过一定限度时,出行者就会愿意付出额外代价来谋求另外的交通方式以平衡自己的心理[25]。

基于这样的认识,有学者开始从心理层面对出行行为进行研究。Van Vugt 等[26]、Van Lange 等[27]通过研究发现社会价值观、对他人的信任等心理因素可以影响出行方式选择行为。Garvill[28]发现由小汽车引发的环境问题以及对环境问题的忧虑也是影响出行方式选择的重要因素。Fujii 等[17]认为习惯、动机、出行者心理需求等方面对公交使用行为有较大影响。也有用计划行为理论进行研究的,如 Yuko Heath 等[29]分析了 U-Pass 实施后大学生公交出行行为的变化。Bamberg 等[11, 16]对出行方式选择行为进行了一系列研究,如过去的行为、习惯和理性行为如何影响选择,居住地变迁是否有利于改变人们的出行行为等。

2.2.2 心理出行时间

出行方式的选择往往取决于出行者的瞬间心理出行时间。心理出行时间是一个相对概念,它指的并不是一次出行所花费的绝对时间,而是在实际出行环境中,出行者在采取某种交通方式时所感知到的出行时间,这种感知与出行者的出行目的、心理惯性、性格特征和出行环境等因素有关。比如,在条件糟糕的候车环境下候车,原本是 2 min 的候车时间也许会让人感觉像等了 7.2 min 甚至更多,那么在以后的交通方式选择问题上,乘客会以 7.2 min 来考虑候车时间,而不是 2 min。从候车与步行的心理角度进行考虑,如果把一个有座乘客乘车时间定为 1.0,则在同一时间范围内站立乘客的感觉乘车时间就是 1.25～1.55,步行到车站或目的地的感觉时间就是 2.1,在车站内候车的感觉时间就是 3.6[30]。从这个意义上来讲,影响公交出行的实质因素在某种程度上是公交出行时间超出了出行者能承受的心理出行时间。

2.2.3 时效心理

通常认为,出行需求的产生源于社会活动,是一种非本源性需求,即出行本身往往不是目的,而是以最终活动为目的,是一种派生需求(derived demand)[31]。出行也经常被称为"出行活动",但它与主要活动相比,是处于次要地位的。行为假设学说指出,出行者在次要活动方面做出的选择决策是以主要活动方面做出的决策为条件。因此,出行相对于最终的活动目的来说是一种不得不付出的代价。霍曼斯在社会心理学中提出的社会交换理论认为,个人在社会活动中总是希望以最小的代价来换取最大的报酬,所以人对于主要活动以外的派生活动,如出行,总是希望花最少的时间、精力和金钱达到最佳的效用。

在个人时间价值越来越高的当今社会,快捷成为出行者对出行有关活动所提出的一个重要要求。缩短在途出行时间,快速到达目的地,不仅可以节约时间,相对延长花在主要活动上的时间,同时还能够减少出行中的体力消耗和在途疲劳。

缩短出行时间的办法有两种,分别是缩短空间距离和加快行程速度。对于公共交通来说,与之对应的是缩短 OD① 对的空间距离、提高公共交通区间运行速度、减少换乘次数和换乘衔接距离等方式。事实上缩短 OD 对的空间距离是缩短出行时间最根本的解决之道,它与城市规划有着密切联系。

这种对出行距离尽量要短的需求,使得混合土地利用和城市集约化发展成为众望所归,在我国现阶段人多路少的情境下,为降低道路交通不同方向上的不均匀系数,协调各时间段的车流量,同时提高居民出行活动的效益,更应该格外注重这一点,尽可能缩短居民活动地点之间的距离。

总之,经济性心理使得出行者期望最大限度地减少每日出行的距离或次数,最大限度地提高活动时间所占的比例,这是活动聚集性产生的内在原因。

2.2.4 从众心理

个人的决策在复杂的社会生活中经常受到别的个体或者团体的影响,从众是其中最主要的影响方式之一。所谓从众心理(conformist mentality),即指个人受到外界人群行为的影响,而在自己的知觉、判断、认知上表现出符合公众舆论或大多数人的行为方式。

Deutsch 等[32]认为从众行为的产生有两个原因:一个是信息化的社会影响(informational social influence),另一个是规范性的社会影响(normative social influence)。前者的原因是人们有确认真实情况的需要,而他人的行为通常能提供十分重要的信息,人们把他人视为指导行为的信息来源,从而顺应其行为,最终导致个人接受而不只是公开顺从。后者的原因是人们有渴望被接受的需要,希望获得其他人的赞同,并避免其他人的反对,通过改变自己的行为方式以获得社会的接纳,最终个人私下并不一定接纳,却表现出公开顺从群体的信念和

---

① OD 是指起止点。"O"源于 origin,指出行的出发地点;"D"源于 destination,指出行的目的地。

行为。

生活中人们在选择活动场所时往往受到从众心理的影响,如喜欢送孩子到广有口碑的学校上学,乐意多跑些路程去大品牌、高时尚的购物娱乐中心消费,等等。人们获取信息往往需要依靠他人,尤其是大样本的群体都这么做的时候,个人会认为采取此种行为是最真实可靠的,同时也是最为社会所接纳的。

这种从众心理和行为,在日常活动方面,表现为广告效应、聚集经济效应和跟风效应等,不同类型的商家自发聚合在一起,形成具有一定规模的功能复合型的场所或建筑集合体,往往对消费者有着更大的吸引力,吸引他们将之作为日后长期固定的活动场所。

总之,出行者的这种从众心理,对具有不同功能的活动场所或建筑提出了整合的要求,促进了城市商业综合体的出现,同时对公共交通的可达性和服务准则也提出了更高的要求。

2.2.5 出行决策

出行决策是出行者为实现一定的目标,按照一定的价值准则,对可能的各个行动方案进行分析判断,从中选择满意方案的过程。出行者做出的决策是基于对出行行为结果的估计,这依赖于出行者的认知能力和心理活动。

出行者做出的决策分为确定型决策、风险型决策和不确定决策。出行者面对决策问题时只能产生一个确定的结果,那么就可以根据完全确定的情况,选择满意的方案或最优行动,即确定型决策,决策准则为收益最大;风险型决策是出行者根据不同的自然状态发生的概率进行的决策,有一定的随机性;不确定决策是基于出行者对面临的交通状况的不了解,决策结果完全出于主观随意性。

根据不同的决策类型寻求相对应的出行行为,可分为三个层次:知识层次的行为、规则层次的行为和反射层次的行为。

行为的层次与决策类型一一对应:反射层次的行为发生在外界刺激与以前的经验一致时,出行者按照以往经验做出反应,做出的决策为确定型决策;规则层次行为是在交通环境比较复杂时,出行者在对出行环境估计的基础上决定行为过程,由于做出的决策不确定,可能发生不当行为,故属于风险型决策;知识层次行为是在出行者处于不熟悉的交通系统中时,借助其他资讯决定行动方式,对应的决策类型为不确定决策。

具体行为层次划分如图 2-1 所示[33]。

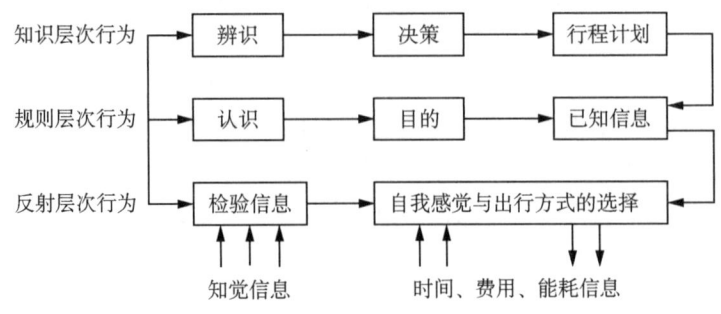

图 2-1 出行者行为层次

出行者出行行为发生的基本流程如下：首先，出行者面临不同的日常活动会产生不同的出行需求；其次，不同的出行需求在一定的交通环境下会产生不同的出行心理，从而导致出行行为和出行选择的差异。

优先发展公共交通已经成为一种共识。然而，纵观以提高公交分担率为目的的公交规划和政策制定，往往只是从人口、经济、土地使用等宏观指标层面进行考虑，而忽略了出行者心理需求等微观因素的影响。由于没有很好地反映服务对象的真实需求，公交的发展也就一直受到不同程度的制约。对于公交服务而言，服务提供者需要了解在不同的日常活动中出行者的不同需求，以及不同出行需求在一定交通环境下所产生的出行心理。对于习惯性乘坐公交的出行者，提供者需要优化完善现有的公交服务，改进目前的服务模式；对于身处不熟悉的交通环境中的出行者，提供者需要引导出行者选择乘坐公共交通，从而提高公共交通的吸引力。由于态度、意向等心理变量可以在一定程度上解释和预测行为，因此明确态度等心理因素在出行决策中的重要作用，理解出行者方式选择行为背后的动力机制，对于真正认识出行者对于公交服务的真实需求具有重要价值，也是从本质上协调交通系统各要素之间的动态和谐关系，最终实现交通系统安全、效率、便捷、环保与和谐的关键。

2.3 典型出行行为理论

2.3.1 需求层次理论

马斯洛需求层次理论，亦称"基本需求层次理论"，由美国心理学家亚伯拉罕·马斯洛于1943年在《人类激励理论》中提出。

马斯洛把需求分成生理需求、安全需求、社会需求、尊重需求和自我实现需求五类，依次由较低到较高层次排列，如图2-2所示。

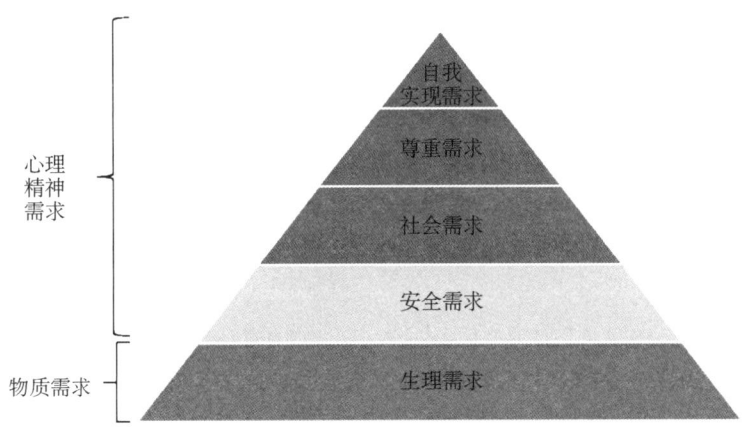

图2-2 马斯洛需求理论图示

（1）生理需求。这是人类维持自身生存的最基本要求，包括对空气、水、食物、睡眠及生理平衡等的需求，是推动人们行动最首要的动力，只有这些最基本的需要满足维持生存所必需的程度后，其他的需要才能成为新的激励因素，此时，这些已相对满足的需要也就不再成为激励因素了。

(2) 安全需求。该层次的需求主要指对人身安全、健康保障、资源所有性、财产所有性、道德保障及家庭安全等的需求。马斯洛认为，整个有机体有一个追求安全的机制，人的感受器官、效应器官、智能和其他能量主要是寻求安全的工具，甚至可以把科学和人生观都看成满足安全需求的一部分。

(3) 社会需求。这一层次的需求主要包括人际的交往、感情的交流等。感情上的需要比生理上的需要来得细致，它和一个人的生理特征、经历、教育和宗教信仰都有关系。

(4) 尊重需求。该层次的需求包括自我尊重、信心、成就、对他人尊重和被他人尊重的需求。人们都希望自己的个人能力和成就得到社会的承认。马斯洛认为，尊重需要得到满足，能使人对自己充满信心，对社会满腔热情，体验到自己活着的用处和价值。

(5) 自我实现需求。道德、创造力、自觉性、公正度等都属于这个层次的需求。这是最高层次的需求，它是实现个人理想、抱负、发挥个人能力到最大程度，达到自我实现境界，自觉性提高，善于独立处事，要求不受打扰的独处，完成与自己能力相称的一切事情的需求。

以上的需求是激励人们行为的主要因素，一旦一种需求得到满足，就会有另一种需求取而代之。人们的行为是复杂的，需要多种需求同时作用，而其他各种需求都是在这五类基本需求基础上发展起来的。安全需求、社会需求、尊重需求和自我实现需求属于心理层面的需求，位于较高层次，人们各种心理活动的产生都基于这些基本的心理需求，在心理的激励下实施各种行为。

2.3.2 出行效用理论

效用理论是研究消费者如何在各种商品和劳务之间分配他们的收入，以达到满足程度的最大化，又称为消费者行为理论(theory of consumer behavior)，或是优先理论。

消费者行为是指消费者受需求动机的影响而做出购买决定、修改购买方案、完成购买过程的行为。考察消费者行为，主要有两种分析方法：一种是以基数效用论为基础的边际效用分析；另一种是以序数效用论为基础的无差异曲线分析。

基数效用是指按 1，2，3，…基数来衡量效用的大小，这是一种按绝对数衡量效用的方法。尽管基数效用论的倡导者们对效用基数度量以及由此产生的效用大小在不同消费者之间比较的问题有所察觉，也反对将效用值的衡量与对享乐的心理感受衡量混为一谈，但大都相信效用是一种心理上的客观存在，认可效用体现着心理感觉的数量效应。序数效用是指按第一、第二、第三等序数来反映效用的序数或等级，这是一种按偏好程度进行顺序排列的方法。

交通方式作为一种有偿服务，与消费者相同，出行者在选择公交服务时也相当于一个商品购买的过程，需要权衡各种交通方式服务的优劣，并决定选择何种交通方式出行，在这个过程中出行者与消费者拥有同样的心理活动和行为模式。

随机效用理论是消费者行为学的重要理论之一，它指出消费者在购买某种商品时主要看重的是这件商品的效用，选择商品时采用效用最大化的原则。效用反映了消费者选择的偏好，效用值是不确定的，是一种随机变量，由与偏好的关系派生出来。

效用函数是表现决策者偏好结构的实值函数，定义如下：

设 S 表示某个给定的集合，$x,y \in S$，如果决策者在 S 上的偏好结构完全取决于实值函

数 $u(y)$ 的大小，则：

(1) $x=y$，即决策者认为 x 与 y 无差异，当且仅当 $u(x)=u(y)$ 时；

(2) $x>y$，即决策者认为 x 好于 y，当且仅当 $u(x)>u(y)$ 时。

则定义 S 上的数值函数 $u(y)$ 为决策者的效用函数。

随机效用理论通常将效用函数 U 分为随机变化（random component，概率项）V 和非随机变化（deterministic component，固定项）ε 两大部分，并且假设它们之间呈线性关系，那么出行者 n 选择方案 i 的效用为 U_{in}，则

$$U_{in}=V_{in}+\varepsilon_{in} \tag{2-2}$$

式中，V_{in} 为出行者 n 选择方案 i 的效用函数中的概率项；ε_{in} 为出行者 n 选择方案 i 的效用函数中的固定项。

消费者在消费选择时，总希望其购买的商品组合达到效用最大，即达到最高的满足水平。而消费者的购买水平有限，效用最大化问题即在消费者购买力限制下商品购买组合最大效用实现的问题。出行者也试图从出行选择中寻求效用最大的出行方案。

根据上述理论，假设某出行者 n 选择方案的集合为 A_n，其中方案 i 的效用为 U_{in}，则出行者 n 选择方案 i 的条件为

$$U_{in}>U_{jn}, i\neq j, j\in A_n \tag{2-3}$$

根据效用最大化理论，出行者 n 选择方案 i 的概率 P_{in} 可以写成如下形式：

$$\begin{aligned}P_{in}&=P(U_{in}>U_{jn}; i\neq j, j\in A_n)\\&=P(V_{in}+\varepsilon_{in}>V_{jn}+\varepsilon_{jn}; i\neq j, j\in A_n)\end{aligned} \tag{2-4}$$

其中，$0\leqslant P_{in}\leqslant 1$，$\sum_{i\in A_n}P_{in}=1$。

2.3.3　计划行为理论

计划行为理论（theory of planning behavior，TPB）由 Ajzen 于 1985 年在理性行为理论（theory of reasoned action，TRA）的基础上增加了知觉行为控制变量而提出来，已被成功应用于多个行为领域，并且绝大多数研究证实了它能显著提高研究对行为的解释力与预测力，成为社会心理学中流行的态度行为关系理论。TPB 认为人的行为是经过深思熟虑的计划的结果，可以从信息加工的角度，以期望价值理论为出发点解释个体行为决策过程。由于理性行为理论假设个体行为的发生都能够由个人的意志所控制，忽略了核心使用者所做的伦理道德决定和个人特点，实际上，个人对行为意志的控制往往受到许多其他因素的干扰，而大大地降低了理性行为理论中对个人行为的解释力，因此，Ajzen[9]便将理性行为理论加以延伸，增加了第三个变量：知觉行为控制，提出了计划行为理论，期望能够对个人行为的预测及解释更具适当性。

计划行为理论认为行为意向是影响行为最直接的因素。行为意向就是想要或者打算执行某种特定行为的心理倾向，它与真实行为之间有一定的关系，所有可能影响行为的因素都是经由行为意向间接影响行为的表现，而行为意向又受行为态度、主观规范和知觉行为控制这三个变量的复合影响。对一种行为的态度是该行为的表现被积极或消极评价的程度；主

观规范是指个体在决策是否执行某特定行为时感知到的社会压力,它反映的是重要他人或团体对个体行为决策的影响;知觉行为控制是指个体感知到执行某特定行为容易或困难的程度,它反映的是个体对促进或阻碍执行行为因素的知觉,并且某些实际行为也能直接被知觉行为控制所解释,当知觉行为控制转化为实际的行为控制以后,则可以跳过意向而直接作用于行为。三大变量共同作用于行为意向,然而解释力度各有不同,这与不同行为本身的特质以及测量研究方法均有关系。

计划行为理论结构模型对各种变量的关系进行了描述,如图2-3所示。

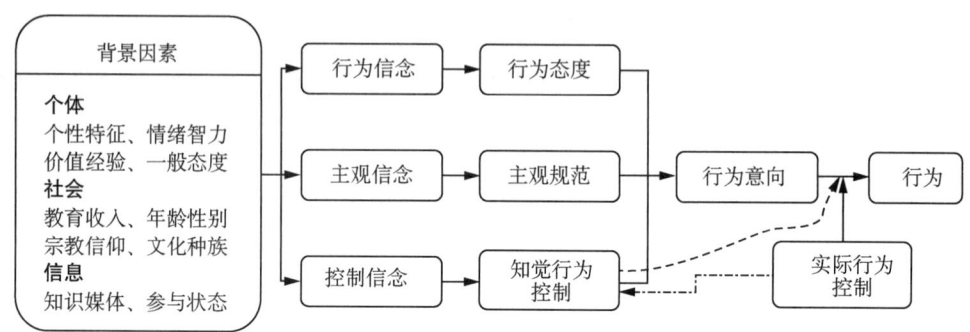

图2-3 计划行为理论结构模型

(1) 行为(behavior)。

行为是指个人在给定环境下针对特定目标所采取的可观测的明确反应,是行为意向与知觉行为控制变量的函数,知觉行为控制变量起到调和行为意向对行为的影响作用,并在知觉行为控制较强时,行为意向能够产生相应的行为。

(2) 行为意向(behavior intention,BI)。

行为意向是指个人准备执行某项特定行为的表征,是行为的前置变量,反映了个人对某一项特定行为的执行意愿,它与真实的行为之间有一定的关系,但并非完全对应,是态度、主观规范和知觉行为控制变量的函数。

(3) 行为态度(attitude toward the behavior,AB)。

行为态度是指个人对执行某特定行为喜爱或不喜爱程度的评估(情感判断),或是对执行该项行为所抱持的正面或负面价值的感觉程度(价值判断)。根据价值期望理论,态度由一系列可以获得的行为信念所决定,而行为信念是对行为能够产生特定结果的主观概率判断。一个人针对任何行为都可以拥有大量有关行为可能结果的信念,但在一定的环境下,只有少部分信念可以实现,这就构成了态度。因此,行为信念包括两部分:一是行为结果发生的可能性,即行为信念的强度(strength of each belief,b);二是行为结果的评估(evaluation of the outcome,e)。行为强度和结果评估共同决定行为态度。

$$A \propto \sum b_i e_i \tag{2-5}$$

(4) 主观规范(subject norm,SN)。

主观规范是指个体在决策是否执行某特定行为时感知到的社会压力,即在预测他人的行为时,那些对个人的行为决策具有影响力的个体或团体对于个人是否采取某项特定行为所发挥的影响作用大小。它反映的是重要他人或团体对个体行为决策的影响。与态度的期望价值理论类似,主观规范受规范信念(normative belief,n)和顺从动机(motivation to comply,m)的影响。规范信念是指个体预期到重要他人或团体对其是否应该执行某特定行为的期望;顺从动机是指个体顺从重要他人或团体对其所抱期望的意向。

$$SN \propto \sum n_i m_i \qquad (2-6)$$

(5) 知觉行为控制(perceived behavior control,PBC)。

知觉行为控制是指个体感知到执行某特定行为容易或困难的程度,它反映的是个体对促进或阻碍执行行为因素的知觉。知觉行为控制的组成成分也可用态度的期望价值理论类推,它包括控制信念(control beliefs,c)和知觉强度(perceived power,p)。控制信念是指个体知觉到的可能促进和阻碍执行行为的因素,知觉强度则是指个体知觉到这些因素对行为的影响程度。

$$PBC \propto \sum c_i p_i \qquad (2-7)$$

2002年,Ajzen[34]针对过去行为对后继行为的余效影响(residual effects)进行了调查研究,发现余效影响确实存在,但不能够由此得出习惯化行为(habituation)的结论。有证据显示,当行为意向与具体行为和谐一致的时候,余效影响是微弱的,而且,当行为意向非常强烈、个人预想现实可靠,且已制订了执行行为意向的具体方案时,余效影响将会消失。如旅游行业的一个研究项目证明,过去的旅行经验对未来旅游活动的影响,只发生于外部环境保持相对稳定的时候。因此,TPB帮助解释了为什么有着大量信息的广告战常不灵验,如此的广告宣传只能够提高消费者关于产品的知识,却无助于大幅度改变消费者行为,只有那些致力于改变消费者态度和对标准的感知,以及控制消费者购买行为变化的广告,才会产生较好的广告效果。同样,在公交规划与管理方面,那些将重点放在解释公交合理性、环保性与先进性的项目(意在知识转变)也不可能使得出行者自行从小汽车转到公交车上来,相反,应该关注于出行者的行为态度、主观性标准以及知觉行为控制认知,从而采取相应的政策与策略使出行者产生内在的出行方式变革意向。

2.4 出行行为调查方法

出行行为调查方法的基本特点是研究人的态度、意愿和行为,是心理学在交通上的应用,以揭示交通出行者的真实行为。

目前的出行行为调查方法主要是RP/SP(revealed preference/stated preference)调查。对已发生的选择行为称为RP调查,对未发生、假设情境下的选择行为称为SP调查,至于影响因素的探索等不属于选择行为,不应属于SP调查。RP/SP调查方法的潜在条件是认为"选择的结果由实际的选择行为和条件决定,即现象的机理本身就隐藏在选择结果里",SP调查的原理结构如图2-4所示。然而,研究表明,对于行为影响的因素不仅仅有态度,还有主观规范和知觉行为控制信念,由于不可观测因素无法获知,因此所获得的结果只能表明选择行为是什么,却不能解释为什么这样,而这也就成了RP/SP调查分析的局限[35]。

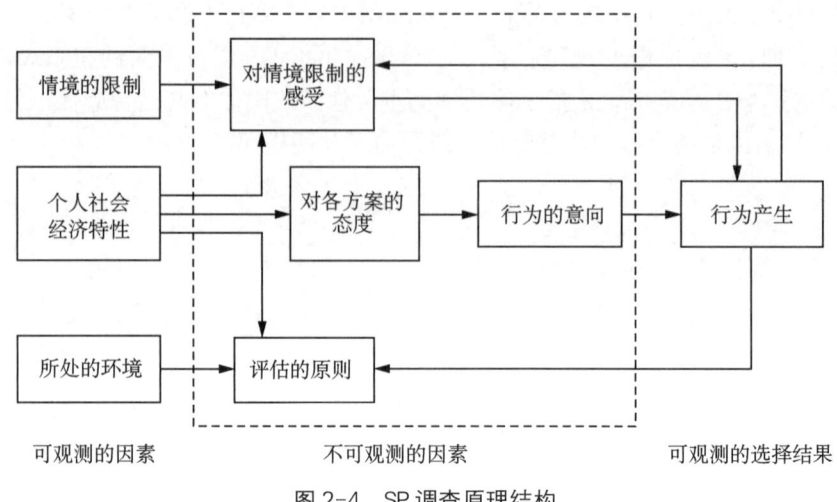

图 2-4 SP 调查原理结构

为了窥探到"黑匣子"里去,TPB 为出行者需求分析提供了较好的理论基础。根据计划行为理论,设计出基于行为动力机制解析的出行方式选择行为分析模式(图 2-5),然后结合公交问题对 TPB 调查选项、调查原则、调查问卷设计等问题进行探讨,以此来解析出行者的真实需求,力求得到被调查者关于各种属性和情境的看法、感受和态度,从而能够从本质上解释人的出行方式选择行为。

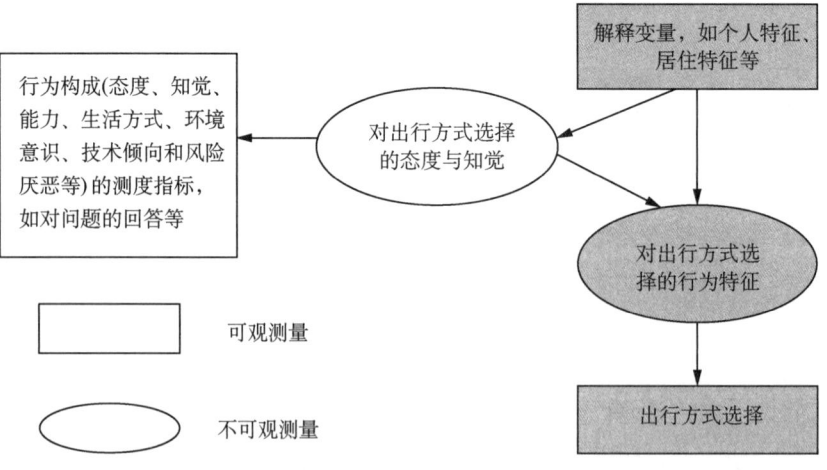

图 2-5 基于行为动力机制解析的出行方式选择行为分析模式

进行 TPB 调查需要遵循一致性原则(principle of compatibility),即所测量的意向、态度、主观规范和知觉行为控制应是特定行为的意向、态度、主观规范和知觉控制,并且所测量的行为应与真实条件下发生的行为一致。Ajzen 认为不遵守一致性原则会犯评估不一致的错误,容易混淆或低估变量之间的关系。

鉴于一致性原则对研究结果的重要性,计划行为理论要求研究者在测量前对所研究的行为进行严格定义。在计划行为理论中,行为指个体在特定时间与环境内对特定目标做出的外显的可观测的反应,因此研究中行为的操作性定义应包括对象(target)、行动(action)、环境(context)和时间(time)四个元素,简称行为的 TACT 元素[36]。定义 TACT 元素有些人为随意性,研究者可以依据研究目的具体定义每个元素,也可集合一个或多个元素增强行为的一般性。不论是具体的还是宽泛的定义,研究者必须保证行为意向、态度、主观规范和知觉行为控制都具有相同的行为元素,确保所研究的行为一致。

引出突显信念(eliciting salient bliefs)是整个研究中最重要的一环,这与突显信念在计划行为理论中所占的重要地位密切相关。计划行为理论认为突显信念是行为态度、主观规范和知觉行为控制的认知与情感基础。突显信念不仅可以解释个体为何拥有不同的行为态度、主观规范和知觉行为控制,而且还可以为制订行为干预措施提供有价值的信息。

不少研究者在应用计划行为理论研究时,人为地选择或者从前人的研究中挑选问卷项目,尽管这些做法也能发现一些有趣的结果,但研究测量的信效度都较差,常常低估变量之间的关系,降低理论的解释力[37]。因此要获得准确可信的研究结果必须引出突显信念。引出突显信念的方法是选取有代表性的研究样本,通过三类开放性问题:目标行为有哪些益处和害处、哪些个人或团体会影响目标行为的发生、哪些因素会促进或阻碍目标行为的发生,分别获得有关行为结果、规范及控制的信念,然后对收集到的信念进行编码和内容分析,用出现频率较高的信念组成突显信念模式(modal salientbeliefs)。突显信念模式是正式研究问卷项目的信息来源。

为帮助研究者更好地应用计划行为理论,Ajzen 设计出了一套计划行为理论研究的一般问卷模式供研究者们参考。一般问卷包含整体的直接测量和基于信念的测量,所有测量项目均采用利克特等级评分法,其中态度的直接测量使用语义区分法。

在编制 TPB 的直接测量项目时要注意吸纳近些年的研究经验,态度的项目内容应包含工具性态度和情感性态度;主观规范的项目内容包括指令性规范和描述性规范;知觉行为控制的项目内容包括自我效能感和控制力。

TPB 调查和 SP 调查的具体差别如表 2-2 所示,TPB 调查方法的实际应用表明计划行为理论在公交领域的应用是非常有效的。

表 2-2 SP 调查与 TPB 调查的区别与联系

分项比较	SP 调查	TPB 调查
理论基础	基于理性行为和效用最大化理论	基于期望价值理论
问题形式	选择、排序、打分、匹配(对于若干种不同方案)	打分(对于直接测量变量和间接测量变量)
处理问题	处理的是在假设条件下多个方案中选择一个的问题,对于任意方案,它包含了方案本身的特征,如两种出行方案:小汽车和公交车,各自的特征分别为时间和费用,有了选择结果矩阵和时间费用矩阵,就能够对模型进行标定,从而预测出行方式分担率	处理的是对于一个行为是选择做还是不做的问题(是 0-1 问题),感兴趣的是被调查者是否会做一件事情以及为什么会做这件事,并根据解释力度进行行为干涉的介入研究
结果处理	对各种效用进行模型标定,并根据效用值做出选择判断	给某一行为打分,根据分值高低判断会不会做这件事

2.5 实证分析

2.5.1 出行者心理因素对公共交通发展的影响

在我国,城市居民出行的一般交通方式有公共交通(包括出租车)、自行车(包括摩托车与助力车)、步行方式和私人小汽车等。随着经济不断增长和居民收入的提高,私人汽车和出租车的出行量也在不断上升,但主要的出行还是体现在大运量公交车和自行车上,为了分析心理因素在居民出行交通方式选择上的影响,选用具有代表性的两种交通方式作为定量分析对象。

1. 出行时间构成

居民出行时间(T)是指居民出行活动时,从出发地到目的地所花的时间,为便于讨论,把利用公共交通的出行时间称为公交时间($T_{公交}$),它由以下几部分组成:

$$T_{公交} = t_{步1} + t_{候} + t_{车} + t_{步2} \tag{2-8}$$

式中,$t_{步1}$为乘客从出发地步行到公共交通上车站的时间(min),$t_{步1} = L_{步1}/V_{步}$,$L_{步1}$为该段步行的距离,它与公共交通路线系统的布局有关;$t_{步2}$为乘客从下车站步行到目的地的时间(min),$t_{步2} = L_{步2}/V_{步}$;$t_{候}$为乘客在停靠站上的候车时间以及在中途换乘所花费的时间(min),它平均为行车间隔时间($t_{间}$)之半;$t_{车}$为乘客在车内所花的时间(min),它的大小决定于乘客乘车的距离($L_{车}$)和车辆的运送速度($V_{送}$)。

$t_{步1}$、$t_{步2}$和$t_{候}$三者,在交通时间中都是非乘在车内的时间,最好它能小一些,一般希望能在15 min内。

2. 合理的公交转换距离

自行车作为个体交通出行方式,具有便捷性和灵活性,在近距离的交通出行中具有优势。在正常情况下,即使公共交通运营良好,在一定交通层次范围内,其本身的局限性依然不能与自行车抗衡。以公交出行和自行车出行的时耗作比较,按较高的公交服务水平计算:公交站点覆盖面积按300 m步行半径计;公交行车速度高峰时间按15 km/h计,平峰时间按20 km/h计,出行距离在6 km时的出行时耗比较变量值见表2-3。

表2-3 出行距离在6 km时公交与自行车时耗比较

	要素						时耗	
					$V_{送}$		$T_{公} = 2L_{步}/V_{步} + t_{候} + L_{车}/V_{车}$	
公交	$t_{候}$	$L_{步}$	$L_{车}$	$V_{步}$	高峰	平峰	高峰	平峰
	3.5	0.3	5.4	4	15	20	34.1	28.7
自行车	$t_{存取}$		$L_{自}$		$V_{自}$		$T_{自} = t_{存取} + L_{自}/V_{自}$	
	0.5		6		12		30.5	

注:表中t的单位为min,L的单位为km,V的单位为km/h。

应用多元方程计算自行车和公交出行距离与时耗的相互转移值,即两种出行方式等距离、等时耗的临界值。计算方程如下:

$$L_自 = (T_自 - t_{存取})V_自 \tag{2-9}$$

$$L_公 = (T_公 - 2L_步/V_步 - t_候)V_车 + 2L_步 \tag{2-10}$$

$$L_自 = L_公, \quad T_自 = T_公 \tag{2-11}$$

取公交平均行车速度为 18 km/h,联立式(2-9)、式(2-10)和式(2-11)计算,两种出行方式的距离、时耗转移值分别为 6 km 和 30.5 min。这就表明,在 0~6 km 范围内,自行车交通相对公共交通有着一种特定优势,公共交通如果不能在服务水平上上层次,那么这一部分交通流必然会分散到自行车交通上。

上面的计算仅仅是从客观角度对两种交通方式的时耗进行了分析,实际上现实中的时耗并非如此,若在条件糟糕的候车环境中候车,原本 2 min 的候车时间也许会让人感觉等了 7.2 min 甚至更多,那么在以后的交通方式选择问题上,出行者会以 7.2 min 来考虑候车时间而不是 2 min。从候车与步行的心理角度进行考虑,如果把一个有座乘客的乘车时间定为 1.0,则在同一时间范围内站立乘客的感觉乘车时间就是 1.25~1.55,步行到车站或目的地乘客的感觉时间就是 2.1,在车站内候车乘客的感觉时间就是 3.6[5]。那么,若把这一心理感觉时间附加到式(2-9)、式(2-10)和式(2-11)中进行计算,将会发现上述两种出行方式的距离、时耗转移值达到了 8.8 km 和 44.6 min。

3. 公交优先于出行者心理对出行方式影响的对比分析

在利用公共交通作为出行方式的过程中,出行者一般会受到步行、候车、换乘、车上站立等条件的影响,这些条件的好坏会直接关系到出行者的心理状态,最直接的影响是在出行者的心理上造成时间上的相对错位,不好的条件总会让人觉得时间延长了。为了更为直接地说明问题而不失一般性,本书仅从乘客找不到位置而站立这一方面所引起的心理时间延长与公交优先对公共交通的选择影响进行对比分析。

在上海居民出行调查统计中,相同出行距离条件下,公交与自行车的出行时耗与方式比例见表 2-4[6]。上海的公交状况相当拥挤,从实际调查的数据看,在时耗为 42.8 min 时,公交和自行车的比例为 49∶51,这一点与考虑心理因素后计算得出的两种交通方式的距离时耗转移值很是吻合,这一转移趋势表明心理因素对交通方式的选择有着显著的影响。而且从调查结果看,出行时耗在 30~45 min 的区域是公交与自行车方式竞争激烈的区域。

表 2-4 上海居民出行中公交与自行车的出行时耗与比例关系

实际距离/km	1.4	2.8	4.2	5.7	7.1	8.5	9.9	11.3	12.7	14.1	15.6	17	18.4	19.8
公交上班时间比重	0.24	0.35	0.42	0.46	0.50	0.53	0.56	0.58	0.60	0.62	0.63	0.65	0.66	0.67
公交时耗 $t_{公交}$/min	23	32	40	48.7	56.3	63.7	70.8	77.8	84.5	91.3	98.4	104.9	111.3	117.7
自行车时耗 $t_{自行车}$/min	10.5	21	31.5	42.8	53.3	63.8	74.3	84.8	92	105.7	117	127.5	138	148.5
$t_{公交}/t_{自行车}$	2.19	1.52	1.27	1.14	1.06	1.00	0.95	0.92	0.92	0.85	0.84	0.82	0.81	0.79
公交/自行车	34/66	29/71	43/57	49/51	64/36	57/43	69/31	72/28	80/20	81/19	69/31	85/15	93/7	98/2

在分析公交与自行车两种方式的竞争关系时,不妨假定选择公交与自行车的总量不变,使用集结的 Logit 模型对公交优先和引入心理影响因素后的两种划分比例进行对比分析。为简化条件,心理因素主要考虑乘车站立的情况,分析时取 1.3。这里的出行费用为出行时耗 $t_{公交}$ 和 $t_{自行车}$,则公交的方式比例 $P_{公交}$ 为

$$P_{公交} = \frac{1}{1+\exp[-\lambda(t_{自行车}+\partial \cdot t_{公交})]} \qquad (2-12)$$

$$P_{自行车} = 1 - P_{公交} \qquad (2-13)$$

式中,$P_{公交}$ 为公交在出行中承担的比例;$P_{自行车}$ 为自行车在出行中承担的比例;λ,∂ 为参数。

使用表 2-4 中的数据对模型中的参数进行标定,计算公式如下:

$$\ln[P_{公交}/(1-P_{公交})] = \lambda(t_{自行车}-t_{公交}) + \lambda\partial \qquad (2-14)$$

得参数值 $\lambda=0.084,\partial=4.3$,式(2-14)中的 $P_{公交}/(1-P_{公交})$ 与 $t_{自行车}-t_{公交}$ 的相关系数值为 0.93,达到 95% 的置信度,说明模型与实际的交通方式选择情形相当接近。由模型计算的结果见表 2-5,由结果绘制的曲线如图 2-6 所示。

表 2-5 公交优先于心理因素对交通方式选择的影响比较

实际距离/km	1.4	2.8	4.2	5.7	7.1	8.5	9.9	11.3	12.7	14.1	15.6	17	18.4	19.8
公交车时耗/min	23	32	40	48.7	56.3	63.7	70.8	77.8	84.5	91.3	98.4	104.9	111.3	117.7
自行车时耗/min	10.5	21	31.5	42.8	53.3	63.8	74.3	84.8	92	105.7	117	127.5	138	148.5
心理时耗/min	1.7	3.4	5.0	6.7	8.4	10.1	11.9	13.5	15.2	17.0	18.6	20.5	22.0	23.7
公交优先后时耗/min	21.7	29.2	35.8	43.0	49.2	55.2	60.9	66.5	71.8	77.2	82.8	87.9	92.9	97.9
公交心理总时耗/min	23.4	32.6	40.8	49.7	57.6	65.3	72.8	80.0	87.0	94.2	101.4	108.4	114.9	121.6
实际 $P_{公交}$/%	34	29	43	49	64	57	69	72	80	81	69	85	93	98
计算 $P_{公交}$/%	33	36	41	47	53	59	66	72	73	83	87	91	93	95
优先后 $P_{公交}$/%	36	42	50	59	67	75	82	87	89	94	96	98	98	99
引入心理因素后 $P_{公交}$/%	33	35	40	45	50	56	62	68	69	79	84	88	91	93

从出行时耗来看,公交优先技术实施后,准时性、快捷性和舒适性的提高使得公交方式所占出行比例明显上升,尤其在 3~11 km 的出行中,公交比例几乎都上升了 10%,但是在仅仅考虑到过于拥挤而使乘车人不得不站立这一因素时,公交优先所取得的成果就被完全抵消了,可见交通心理因素在交通方式选择方面有着何等重要的作用。如果要在未来几年内使公交发展跨上新的台阶,技术发展固然重要,更迫切的问题还在于如何正确地了解出行者的真实需求,如为公众提供更加便捷舒适的服务,布置修建宜人合理的换乘站、舒适方便

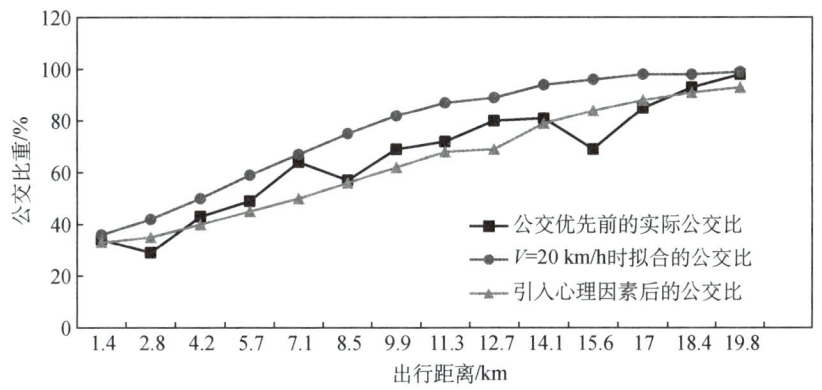

图 2-6　公交优先与心理因素对交通方式比例引起的变化

的步行环境和自行车停车场,提高公交的舒适性和准时性,等等,有什么东西能比满足人的心理需求更能使人乐于接受的呢?

以上仅仅对公交与自行车进行了比较,实际情况要复杂得多。经济的增长、技术的提高,使得无论是公交车还是出租车,抑或是私人小汽车,都在快速增长,舒适性不断得到提高,自行车也有许多被自助车所代替,这种情况下,不同交通方式的时耗和距离转移值也会发生相应变化,但是,心理因素对交通方式选择的影响在本质上是一样的,经济水平和人们价值观的提升,使得人们对交通环境的要求也相应地提高,引起人们心理好恶的标准也跟着提高,其对交通方式的选择影响依然深刻。

4. 城市公交发展的策略建议

从以上分析可知,影响公共交通吸引力的因素主要有两点:一是公交发展的技术水平,二是公众选择公交方式出行的心理状况。一直以来,人们对公交技术设备水平表现了极大的关注,技术设备水平高固然可以提高公交运行的服务水平,但技术设备好并不等于服务好,更何况目前还没有足够的资金来把技术设备水平提高到一个崭新的高度。因而,此时更应该把目光适当地移往公众出行的心理状态上,看看人们到底需要什么样的服务,怎么样的服务才能更好地满足他们的出行心理需求,从而极大地缩短自行车与公交或者公交与小汽车时耗和距离的转移值,有效地提高城市交通的运营效率。公众出行心理主要与交通方式的技术指标、服务水平、机动灵活性、环境因素和公众本身的社会经济特征、行为方式及价值取向有关,因而对于公共交通的发展,更需从以下方面进行考虑。

(1) 时效心理。

出行者总希望能够获得准时快捷的服务,目前的公交在这方面做得很不够,因而大力发展大运量公共交通、建设公交快速通道实为必要,这不仅可以极大地满足人们对时效方面的心理要求,同时大运量公交的乘坐环境比一般公交更加舒适,能有效吸引出行者的光顾。只是发展大运量公交一定要立足国情,逐渐发展,而不能追求高新特,为发展大运量交通而发展大运量交通。

(2) 便利心理。

出行者总希望能够获得更加方便的换乘条件,如果交通指示不清晰简洁,换乘要东拐西扭等,势必不能很好地服务乘客。建立合理的枢纽站,为出行者提供方便的换乘条件变得迫在眉睫;同时要学会营造一种艺术氛围,使本来枯燥的空间变得细腻一些;甚至还可以增设一些媒体以悦耳目,使本来枯燥的出行变得不再乏味;等等。

(3) 实惠心理。

公众的要求总是从自身的条件出发,谁都想以最少的代价获得最大的收益,因而进行公众调查,从公众的实际出发实为公交发展的良策。例如,公众要求的并不是豪华大巴而是价钱便宜的普通大巴,是良好的服务,是朴素干净的环境,是和谐的公众关系,而这些都是公交管理者无需付出很大代价就可以改善的,并在极大程度上满足了人们追求实惠的心理。

(4) 愉悦心理。

焦急等待是一件很让人心烦的事情,如果能够改进停靠站设施以满足乘客的基本需求,在停靠站设置避雨遮阳设施,增设一些艺术图案、幽默画报和信息指示,使候车时的心理时间降到低点,不再那么无聊和心焦,非常有必要。

(5) 就近原则。

无论做什么人们都希望能够就近解决所有问题而无需来往奔波,对于城市交通来说,如果能够建设合理的居住、生活、服务、通信和工作环境,让人们少出门或不出门就能解决生活工作的需要,这样不仅能很好地满足人们的需求,也能极大地减少社会总出行量。

(6) 大众心理。

依赖政府政策在全社会培养良好的价值观,让公众认识到利用公交出行是一种良好的美德而不是一种平民身份的表现,从而有效地把小汽车用户吸引到公交上来,倡导公交优先的大众心理。

2.5.2 基于计划行为理论的公共交通改善策略

为了获得公共交通出行中出行者心理因素对公交选择的影响情况,从而比较准确地预测公共交通出行的潜在规模,并制定科学有效的公交发展政策,这里拟采用计划行为理论(TPB)来探究隐藏在公共交通出行行为背后的心理因素与出行行为之间的关系。

近年来,对社会规范的分析越来越受到出行行为研究部门等的关注。Páez 等[38]分析了社会情况下的个人行为,个人在社交网络中的地位或排名可能会鼓励或阻碍产生不同行为。Dugundji 等[39]通过更加关注社会和空间依赖对旅行行为的影响,为交通分析的范围扩展奠定了基础。研究人员 Ajzen[18]、Conner 等[40]以及 Trafimow 等[41]指出,主观规范与意愿的关系很弱,尤其是与态度的关系。这些发现似乎与中国文化背景下对决策本质的普遍认知相矛盾。在中国文化背景下,社会影响(规范)往往被认为是重要的,有时甚至比个人考虑(态度和感知的行为控制)更重要。关于私家车的使用,研究发现社会规范在人们的决策过程中起着至关重要的作用。有些人可能并不总是出于需要开车,而是出于选择[42]。汽车不仅仅是一种交通工具,其他动机包括感觉、权力、自由、地位和优越感,似乎对汽车使用行为有实质性的影响[43]。此外,人们认为汽车带来的好处还包括增强了社会需求属性,如威望、能力、技能和男子气概[44]。所有这些发现都表明,社会规范在影响游客行为方面发挥了重要作用,似乎与中国的社会环境相一致,中国人对自己的社会环境和价值观非常敏感。

Li 等[45]在国内为数不多的行为研究中发现,社会规范对当地居民的模式选择行为有着深刻的影响,有必要运用可靠的行为理论如 TPB,对实地调查数据进行分析,以探讨该理论对解析中国广泛存在的认知是否有用,因此,本书将重点探讨社会规范在我国的影响,以城市规划为背景,研究中国上海等大都市的交通方式选择行为。在未来的研究中,中国特殊的文化背景也许是重要的,将被考虑在社会规范分析中。

另外,一些研究人员[46,47]表明,这种感知规范对行为意向的影响是在人们在同样的环境中对其他人有强烈认同的时候。对于那些对相关行为参照群体没有强烈认同的人来说,行为选择的个人决定因素的影响强于感知规范的影响。因此,Terry 等[48]认为社会规范应该使用社会认同和自我分类理论进行重新界定。事实上,TPB 通过衡量遵守的动机以及衡量规范性信念对这一点进行了考虑。这再次表明,从行为分析的角度探讨城市规划对公共交通发展的推动作用是适宜的。

此外,为了正确认识社会规范在意向预测中的作用,Cialdini 等[49]指出,社会规范应分为禁令性规范和描述性规范。了解哪种规范真正影响目标人群的意向和实际行为是很重要的。禁令性规范被认为反映了与大多数人赞同或反对的行为相关的社会压力,而描述性规范描述了大多数其他人所做的事情。动机是如果期望大多数人,尤其是那些有相同或类似情况的人,都在做这件事,那么这件事可能是值得做的。因此,对给定行为的估计可能有助于减少关于哪些行为是最合适的不确定性。关于区分禁令和描述性规范以及它们在预测意图方面的作用,实证结果存在一些争议[50],本书讨论了区分这两种规范的必要性。

1. 模型变量的确定

自 Ajzen 提出 TPB 是可扩展的,一些研究人员增加了新的预测因子来提高原来 TPB 的解释力[51-53]。本书将一般 TPB 变量,包括意愿、态度(A)、禁令规范(In)、PBC 引入模型。特别是引入描述性规范(DNs)来补充构成社会规范的强制性规范。所有变量的定义和测量方法如表 2-6 所示。

表 2-6 定义和变量类型的测量方法

变量类型	变量	测量方法	问题
因变量	公共交通工具使用行为	直接测量	在过去 6 个月中,使用公共交通(PT)完成中长距离出行的频率,从"从未(0%)"至"几乎总是(90%~100%)"分为 5 个等级,分配 1~5
	意向	直接测量	受访者是否打算使用公共交通工具,从"不太可能"至"很可能"分配 1~5
自变量	态度(A)	直接测量	态度 1:受访者是否认为公共交通是好用的,从"极坏"至"极好",分配 1~5 态度 2:受访者是否认为公共交通是有用的,从"几乎没用"至"很有用",分配 1~5
		间接测量	对经常提到的使用 PT 的利弊的具体评价,即 TPB 中与态度相关的行为信念

(续表)

变量类型	变量	测量方法	问题
自变量	禁令规范（IN）	直接测量	对受访者很重要的人是否支持他/她乘坐PT,从"非常不支持"至"非常支持",分配1~5
		间接测量	不同人群的具体影响,TPB中被称为规范信念
	描述性规范（DN）	直接测量	受访者大多数同事或同学乘坐PT的频率,从"很少"至"几乎总是",分配1~5
	知觉行为控制（PBC）	直接测量	对受访者来说乘坐PT是否容易,从"非常困难"至"非常容易",分配1~5
		间接测量	使用PT的具体困难,即TPB中的控制信念

2. 问卷设计与调查

TPB调查问卷主要包括5个部分。

第1部分收集有关公共交通的使用信息,包括中长距离出行最常用的交通方式、日常出行的主要目的、可用的交通方式和使用公共交通的频率。这部分也包括关于直接测量的问题,即公共交通使用的意向、态度、主观规范和可感知的行为控制。

第2部分考察行为信念的优点和结果评估,包括受访者如何看待时间灵活性、准时性、总体费用、便利性、速度、舒适性、安全性、隐私性和公共交通的拥挤程度。受访者是否认为乘坐公共交通时出行时间被有效利用,公共交通是否比其他交通方式造成的疲劳更少,以及他们是否认为公共交通有助于保护环境。每个行为信念问题的选项遵循Likert五级量表,从"完全不同意"到"完全同意",同时,受访者被要求使用Likert五级量表来评估每个信念的结果,从"不重要"到"非常重要"。

第3部分探讨控制信念和控制因素的权重。控制信念包括受访者是否居住在一个公共交通服务方便的社区,受访者是否熟悉附近的公共交通路线及班次,公交站点或地铁站点是否容易识别,公共交通的运营班次是否能满足受访者的需要,往返公交站点之间的步行距离长或短,以及是否需要多次转乘。控制因素的权重通过询问获得,如果前面描述的情况之一发生,它是否影响受访者使用公共交通的能力来衡量。

第4部分探讨禁令规范信念及其遵从动机。其中描述性规范信念在第1部分中进行了讨论。强制性规范信念包括来自家庭、朋友和国家政策的约束或鼓励。

第5部分调查受访者的社会人口特征,包括性别、年龄、教育水平、收入、家庭结构、职业、汽车拥有量和驾照状况。

调查主要针对上海市公交的主要用户,包括学生、企业员工、家政人员等。采用在线和现场随机抽样的方式,共回收问卷411份,在剔除无效问卷后,最终获得有效问卷393份,有效率达到95.6%,其中男性与女性的比例为0.51∶0.49,年龄主要在18~25岁(约58%),职业主要是大学生/研究生(约50%)和企业员工(包括店长、收银员等)(约22%)。根据TPB的要求及统计分析,样本数目足够[34,54]。

3. 出行者心理因素对于公交选择的影响分析

(1) 变量相关性分析。

变量之间的相关性结果如表2-7所示。在0.001的显著性水平上,公共交通使用行为与意向呈正相关($r=0.345$),意向与态度1、态度2、IN、DN 或知觉行为控制呈正相关(r 分别为 0.667、0.555、0.526、0.412、0.367)。值得注意的是,态度1(情感判断为好或坏)与意向的相关性大于态度2(价值判断为有用与否),与态度和行为的关系相反,这意味着出行选择行为更依赖于实际适用性而非偏好。同样,DN 与行为的相关性比 IN 更强。DN 与意向的相关程度小于与 IN 的相关程度。因此,在预测公共交通规模时,不能忽视社会价值观和客观条件的影响。

表 2-7 测量变量的描述性统计 Pearson 相关性(r)

变量	描述性统计		相关矩阵					
	均值	标准差	1	2	3	4	5	6
公共交通使用频率	3.49	0.990	—	—	—	—	—	—
意向(I)	3.57	0.915	0.345	—	—	—	—	—
态度1(好或坏)	3.56	0.840	0.233	0.667	—	—	—	—
态度2(有用或无用)	3.97	0.780	0.483	0.555	0.468	—	—	—
禁令规范(IN)	3.52	0.674	0.236	0.526	0.472	0.445	—	—
描述性规范(DN)	3.57	0.770	0.308	0.412	0.274	0.439	0.396	—
知觉行为控制(PBC)	3.84	0.754	0.227	0.367	0.273	0.405	0.285	0.270

注:所有值的相关性在 $P<0.001$(双尾)显著。

直接测量变量(即态度、主观规范和感知行为控制)与间接测量变量(即与某些直接测量变量对应的几个信念)的相关性结果如表 2-8 所示。结果表明信念变量的重要性和相对重要性,并确定了应采取的相应措施,以提高公共交通服务的公平性。

表 2-8 直接测量变量和对应的间接测量变量(信念变量)的相关性分析

直接测量变量	间接测量变量(信念变量)	Pearson 相关性	P 值	样本量 N
态度	灵活性	0.333[a]	0.000	392
	准时性	0.401[a]	0.000	389
	成本	−0.011	0.883	391
	便捷性	0.349[a]	0.000	390
	自由	0.333[a]	0.000	390
	放松	0.414[a]	0.000	389
	速度	0.467[a]	0.000	391
	舒适性	0.313[a]	0.000	390
	安全性	0.297[a]	0.000	390
	隐私性	0.051	0.319	390
	拥挤程度	0.120[b]	0.017	390
	环境保护	0.176[a]	0.000	389

续表

直接测量变量	间接测量变量(信念变量)	Pearson 相关性	P 值	样本量 N
知觉行为控制	路线	0.344[a]	0.000	392
	公交站点分布	0.253[a]	0.000	392
	地铁站点分布	0.133[a]	0.008	392
	公交行车计划	0.102[b]	0.043	392
	公交站点可达性	0.174[a]	0.001	392
	换乘服务	0.098	0.051	392
禁令规范	家庭的支持	0.223[a]	0.000	393
	朋友的支持	0.312[a]	0.000	393
	国家政策	0.142[a]	0.005	393

注：[a] 相关性在 0.001 显著性水平(双尾)显著；
[b] 相关性在 0.05 显著性水平(双尾)显著。

(2) 模型设定与比较。

由于所有变量都是有序的，因此本研究适用有序回归模型，并采用有序 Logistic 回归模型进行分析，模型结果如表 2-9 所示。因变量是公共交通使用频率，自变量包括意向、态度、IN、DN 和 PBC。模型拟合指数(McFadden pseudo R^2)为 0.184，行为模型不显著，公共交通使用行为明显不能被本书的其他变量回归，这一结果与以往的 TPB 研究有一定的矛盾，即前述各自变量对行为有显著的预测能力。进一步分析表明，出行者在使用公共交通方面的实际行为并不总是来自他们的意向，而是来自对乘坐公共交通的好处和成本的客观评估；另外，处于相似情况下其他人的选择也会对出行者的行为有很大的影响，而自变量中态度 2(公共交通是否有用)和 DN 是两个重要的预测因子，因此，最终的行为模型只包含态度 2 和 DN。

表 2-9 公交使用行为有序 Logistic 回归模型估计结果

	变量	系数	标准误差	Wald	P 值
阈值	行为＝1	−7.560	0.745	25.840	0.000
	行为＝2	−4.201	0.547	0.962	0.000
	行为＝3	−2.518	0.527	1.740	0.000
	行为＝4	−0.157	0.503	42.779	0.755
位置	意向＝1	−0.787	0.851	0.247	0.355
	意向＝2	−1.086	0.608	3.565	0.074
	意向＝3	−0.402	0.496	4.119	0.418
	意向＝4	−0.239	0.414	3.203	0.563
	意向＝5[a]	—	—	—	—
	态度 1＝1	1.267	0.881	0.011	0.150
	态度 1＝2	0.525	0.609	0.354	0.389

(续表)

	变量	系数	标准误差	Wald	P 值
位置	态度 1=3	−0.229	0.487	1.734	0.638
	态度 1=4	0.069	0.412	1.518	0.867
	态度 1=5[a]	—	—	—	—
	态度 2=1	1.599	2.534	—	0.528
	态度 2=2	−2.307	0.835	1.052	0.006
	态度 2=3	−2.619	0.395	1.376	0.000
	态度 2=4	−1.140	0.291	0.595	0.000
	态度 2=5[a]	—	—	—	—
	DN=1	−6.306	1.644	9.182	0.000
	DN=2	−1.058	0.602	3.838	0.079
	DN=3	−0.956	0.509	5.651	0.061
	DN=4	−0.874	0.475	2.282	0.066
	DN=5[a]	—	—	—	—
	IN=1	1.431	1.568	0.046	0.361
	IN=2	1.331	0.617	1.843	0.031
	IN=3	−0.030	0.225	0.258	0.893
	IN=4	0.749	0.541	1.921	0.166
	IN=5[a]	—	—	—	—
	PBC=1	−1.228	1.098	1.252	0.263
	PBC=2	−0.201	0.568	0.073	0.723
	PBC=3	0.172	0.367	10.165	0.640
	PBC=4	0.029	0.307	7.396	0.925
	PBC=5[a]	—	—	—	—
	单截距模型中的 −2 对数似然				817.231
	最终模型中的 −2 对数似然				761.225
	McFadden pseudo R^2				0.184
	Cox and Snell pseudo R^2				0.133

注：McFadden pseudo $R^2=0.184$。
[a] 参照类。

在意向模型中，利用 TPB 中描述的各种解释变量组合对有序 Logistic 回归模型进行估计，并对变量显著性和类别聚集性进行假设检验。分析结果表明，McFadden pseudo R^2 为 0.361 时可以较好地用其他变量对意向变量进行建模。表 2-10 列出了最佳估计结果。因变量是乘坐公共交通的意向，自变量包括意向、态度、IN 和 PBC。值得注意的是，将所有阈值统计显著性较低的变量(0.10 显著性水平)从模型中去除,而在最终模型规范中保留至少一个估计值为 0.05 显著性水平的变量。显然,DN 变量不符合显著性要求,被回归模型所拒绝。所有有效变量的 Wald 值均大于 3.81,说明这些变量对因变量有显著影响。似然比由 783.066 降至 418.729,卡方显著性检验结果为 0.000,说明自变量能较好地解释因变量。

表 2-10 公交使用意向有序 Logistic 回归模型估计结果

变量		系数	标准误差	Wald	P 值	95%置信区间	
						下限	上限
阈值	意向=1	−12.825	0.988	168.591	0.000	−14.761	−10.889
	意向=2	−10.111	0.883	131.211	0.000	−11.841	−8.381
	意向=3	−7.274	0.836	75.663	0.000	−8.914	−5.635
	意向=4	−2.757	0.705	15.293	0.000	−4.139	−1.375
位置	态度 1=1	−5.211	0.911	32.733	0.000	−6.996	−3.426
	态度 1=2	−5.172	0.664	60.757	0.000	−6.472	−3.871
	态度 1=3	−3.982	0.551	52.294	0.000	−5.062	−2.903
	态度 1=4	−1.801	0.486	13.726	0.000	−2.754	−0.848
	态度 1=5[a]	—	—	—	—	—	—
	态度 2=2	−2.464	0.713	11.949	0.001	−3.861	−1.067
	态度 2=3	−1.923	0.429	20.126	0.000	−2.764	−1.083
	态度 2=4	−1.192	0.336	12.574	0.000	−1.851	−0.533
	态度 2=5[a]	—	—	—	—	—	—
	IN=1	−6.001	2.036	8.687	0.003	−9.992	−2.010
	IN=2	−2.566	0.943	7.406	0.007	−4.414	−0.718
	IN=3	−2.556	0.716	12.732	0.000	−3.960	−1.152
	IN=4	−1.895	0.674	7.893	0.005	−3.217	−0.573
	IN=5[a]	—	—	—	—	—	—
	PBC=2	−2.639	0.589	20.101	0.000	−3.793	−1.485
	PBC=3	−1.291	0.419	9.472	0.002	−2.113	−0.469
	PBC=4	−0.747	0358	4.347	0.037	−1.450	−0.045
	PBC=5[a]	—	—	—	—	—	—
单截距模型中的 −2 对数似然							786.002
最终模型中的 −2 对数似然							418.729
McFadden pseudo R^2							0.361
Cox and Snell pseudo R^2							0.605

注:[a] 参照类。

4. 问卷的进一步分类分析

在上述分析的基础上，进一步考虑被调查者的个人属性，分为拥有私家车和未拥有私家车两部分人群，进行公交使用意向的分类分析。

(1) 没有私家车的人群。

问卷中没有私家车人群的样本数为282。在这些调查人员中，男、女占比分别为51%和49%，受访者年龄主要为18～25岁，占总人数的58%，职业主要为大学生和企业员工。这些人能够有效代表城市公共交通的主要使用者[55]。

对公共交通使用行为和意向进行回归分析，发现它们之间存在显著的正相关关系。公共交通使用意图与态度（A）、禁令规范（IN）、描述性规范（DN）和知觉行为控制（PBC）有关。因此，TPB 可以用于预测公共交通选择行为。将意图作为因变量，其他因素作为自变量构造有序 Logistic 回归模型，结果表明 A 和 IN 变量很重要，但是 DN 和 PBC 尚未进入模型。这些变量具体如何影响意向的结果如表 2-11 所示。

表 2-11 没有私家车人群的公共交通使用意向有序 Logistic 回归模型估计结果

变量		系数	标准误差	Wald	df	P 值	95%置信区间	
							下限	上限
阈值	意向=1	−13.688	1.081	160.464	1	0.000	−15.805	−11.570
	意向=2	−10.981	0.987	123.792	1	0.000	−12.915	−9.046
	意向=3	−8.125	0.946	73.754	1	0.000	−9.979	−6.271
	意向=4	−3.537	0.825	18.371	1	0.000	−5.155	−1.920
位置	态度=1	−5.830	0.911	40.913	1	0.000	−7.616	−4.043
	态度=2	−5.735	0.679	71.440	1	0.000	−7.065	−4.405
	态度=3	−4.526	0.571	62.744	1	0.000	−5.646	−3.406
	态度=4	−2.118	0.505	17.612	1	0.000	−3.108	−1.129
	态度=5	0^a	—	—	0	—	—	—
	IN=1	−6.795	2.109	10.377	1	0.001	−10.930	−2.661
	IN=2	−3.107	1.026	9.164	1	0.002	−5.119	−1.095
	IN=3	−3.163	0.806	15.416	1	0.000	−4.743	−1.584
	IN=4	−2.701	0.772	12.223	1	0.005	−4.215	−1.187
	IN=5	0^a	—	—	0	—	—	—
	DN=1	−2.533	1.294	3.840	1	0.150	−5.069	0.004
	DN=2	−0.643	0.696	0.854	1	0.356	−2.007	0.721
	DN=3	−0.210	0.610	0.118	1	0.731	−1.406	0.986
	DN=4	0.126	0.576	0.048	1	0.827	−1.002	1.254
	DN=5	0^a	—	—	0	—	—	—

(续表)

变量		系数	标准误差	Wald	df	P 值	95%置信区间	
							下限	上限
位置	PBC=1	1.373	1.250	1.206	1	0.272	−1.077	3.822
	PBC=2	−0.303	0.719	0.177	1	0.674	−1.713	1.107
	PBC=3	−0.275	0.396	0.484	1	0.487	−1.050	0.500
	PBC=4	0.009	0.252	0.001	1	0.971	−0.485	0.503
	PBC=5	0[a]	—	—	0	—	—	—

注：Logit。[a] 此参数设置为零，因为它是冗余的。

从表中可以看出,态度(A)在意向中起着最重要的作用。这意味着对于那些没有私家车的人,态度的改善可以显著增加他们使用公共交通工具的意愿。禁令规范(IN)对意向也有很大的影响,这与以往一些研究结果存在区别,之前的研究将社会规范视为预测行为的最弱因素[56],这可能与我国的集体主义文化有关。在选择公共交通工具时,个人对社会压力的感知非常重要,表明人们的出行方式选择不是简单的个人行为,而是一种受他人影响的行为。另外,结果显示 DN 对意向的影响很小,这与先前的假设不一致,意味着人们在实际行为中几乎没有跟随他人的倾向。

(2) 拥有私家车的人群。

人们普遍认为,拥有私家车的人在选择出行方式时更具灵活性,因此有必要针对拥有私家车的人群进行进一步分析。

从这部分被调查人员中,共收集了 111 个有效问卷。首先,研究这些人选择公共交通工具的意图,结果表明,这些人对公共交通工具的总体态度是乐观的。因此,公共交通发展的目标不仅应着重于为没有私家车的人提供便利,还应为那些有私家车的人提供足够的吸引力。其次,本部分还通过使用有序回归分析模型对 A、IN、DN 和 PBC 进行意向回归分析。表 2-12 中的结果表明,在模型中只有态度(A)具有显著意义,表明态度是增强意图的关键因素。因此,如何改变拥有私家车人群对公共交通的态度,是促使这些潜在的用户成为真正的公共交通乘客的关键问题,也是提高公共交通相比于私家车竞争力的最关键因素。同时,上海拥有私家车的人使用公共交通工具的行为和意图受主观态度的影响更大,而不是客观条件的简单约束,这与上一部分的结果有所不同。

表 2-12　有私家车人群的公共交通使用意向有序 Logistic 回归模型估计结果

变量		系数	标准误差	Wald	df	P 值	95%置信区间	
							下限	上限
阈值	意向=1	−17.130	2.570	44.431	1	0.000	−22.166	−12.093
	意向=2	−13.361	2.350	32.329	1	0.000	−17.967	−8.755
	意向=3	−10.379	2.251	21.254	1	0.000	−14.792	−5.967
	意向=4	−4.303	1.798	5.724	1	0.017	−7.828	−0.778

(续表)

变量		系数	标准误差	Wald	df	P 值	95%置信区间	
							下限	上限
位置	态度=1	−9.604	2.001	23.029	1	0.000	−13.527	−5.682
	态度=2	−8.748	1.778	24.202	1	0.000	−12.233	−5.262
	态度=3	−6.503	1.562	17.332	1	0.000	−9.564	−3.441
	态度=4	−4.965	1.461	7.363	1	0.007	−6.829	−1.101
	态度=5	0[a]	—	—	0	—	—	—
	IN=1	−23.412	0.000	—	1	—	−23.412	−23.412
	IN=2	−2.881	2.544	1.282	1	0.258	−7.867	2.106
	IN=3	−1.205	1.891	0.406	1	0.524	−4.912	2.502
	IN=4	−0.456	1.780	0.066	1	0.798	−3.946	3.033
	IN=5	0[a]	—	—	0	—	—	—
	DN=1	0[a]	—	—	0	—	—	—
	DN=2	−2.980	1.930	2.383	1	0.123	−6.763	0.804
	DN=3	−1.801	1.789	1.014	1	0.314	−5.307	1.705
	DN=4	−1.756	1.701	1.066	1	0.302	−5.090	1.577
	DN=5	0[a]	—	—	0	—	—	—
	PBC=2	4.432	1.797	6.081	1	0.114	0.909	7.955
	PBC=3	−0.803	0.873	0.845	1	0.358	−2.514	0.909
	PBC=4	0.286	0.526	0.297	1	0.586	−0.744	1.316
	PBC=5	0[a]	—	—	0	—	—	—

注：Logit。[a] 此参数设置为零，因为它是冗余的。

5. 城市公交改善策略

以上分析结果表明，TPB 可以用于预测上海市的公共交通选择行为。从描述性统计可知（表 2-11、表 2-12），态度（A）、禁令规范（IN）和知觉行为控制（PBC）对意向具有显著的预测作用。对于所有调查者来说，态度是最有力的预测因素（$r1=0.667$，$r2=0.555$），与 IN 和 PBC 相比，态度的重要作用似乎与以往的大多数研究一致[57]。分类分析的结果也表明，无论是否拥有私家车，态度均是影响其选择公共交通出行的重要因素。这表明，出行者态度的改善可以显著提高他们使用公共交通工具的意愿，城市公交改善策略可以从改善出行和候车环境的舒适度等入手。

对于影响公共交通使用态度的信念，态度和行为信念的相关分析（表 2-8）显示，速度（$r=0.467$）、准时性（$r=0.401$）和便利性（$r=0.25\sim0.349$）与态度 1（对公共交通的好坏评价）更相关；因此，提高公共交通的准时性、便利性和整体出行速度是提高公共交通竞争力的第一要务。相比之下，成本、隐私性、拥挤程度和环境保护目前与出行者的态度没有密切关系,在提高公共交通吸引力方面可以被视为次要的优先事项。

如前所述,禁令规范(IN)通常被发现是预测行为最弱的因素[58,59]。然而本书发现,对于总体调查者来说,IN 对公共交通使用行为或意图有很大的影响,特别是从前面讨论的相关系数分析来看,DN 对行为的影响比 IN 更直接,但是变量 DN 没有像 IN 一样进入意向回归模型,这意味着,尽管受到家人和朋友的影响,但人们还是倾向于跟随他人的实际行为。就公共交通系统而言,乘坐公共交通出行不同于简单的购买行为,而是综合考虑社会价值观、个人环境和心理因素的结果。通过对信念进行更深入的分析发现,家人和朋友的意见对出行意向有显著影响,而国家政策则没有引导作用。但是对于拥有私家车的人群来说,IN 的显著性并不是很大,在某种程度上,结果可以表明由于服务质量低下以及对乘客真实需求的了解不足,即使公交规划已尝试满足诸如线路密度和车站设计之类的硬件目标,当前的公共交通系统也无法吸引更多的拥车客户。

中国传统文化强调寻求与自然的和谐,以及一个人对家庭和宗族的责任[60]。当社会认同发挥作用时,中国人通常会在心理上与之靠拢,并在行为上与他人保持一致。因此,为了吸引潜在的没有私家车的人群乘坐公共交通工具,提倡一种健康的乘坐公共交通工具的社会认同是改善城市公交的策略之一。通过国家的政策或知名企业的引导指导居民选择公共交通,公共交通竞争力可以大大提高。此外,改变一些有影响力的人对公交车的态度以也将有利于使周围的人受到名人效应的影响而选择公共交通。这种推断在类似于中国文化的文化中也被认为是有效的。

对于总体人群,PBC 变量在一定程度上解释了本书研究中意向的变化,它对意向的影响比对行为的影响更为显著。此外,基于控制信念分析,路线($r=0.344$)和公交车站分布($r=0.253$)对交通方式选择有显著影响,应被视为提高公共交通竞争力的目标。这说明在我国,公交网络的规划和建设仍然十分重要,规划部门应给予更多的重视。

本章参考文献

[1] Domencich T A, McFadden D. Urban travel demand-a behavioral analysis[R]. Wokingham(Berkshire United Kingdom): Transport and Road Research Laboratory, 1975.

[2] Carrasco J A, de Dios Ortúzar J. Review and assessment of the nested logit model[J]. Transport Reviews, 2002, 22(2): 197-218.

[3] Bhat C R, Guo J. A mixed spatially correlated logit model: Formulation and application to residential choice modeling[J]. Transportation Research Part B: Methodological, 2004, 38(2): 147-168.

[4] Fosgerau M, Frejinger E, Karlstrom A. A link based network route choice model with unrestricted choice set[J]. Transportation Research Part B: Methodological, 2013, 56: 70-80.

[5] Mai T, Fosgerau M, Frejinger E. A nested recursive logit model for route choice analysis[J]. Transportation Research Part B: Methodological, 2015, 75: 100-112.

[6] Chu C. A paired combinatorial logit model for travel demand analysis[C]//Transport Policy, Management and Technology Towards 2001: Selected Proceedings of the Fifth World Conference on Transport Research. 1989, 4.

[7] 关宏志.非集计模型:交通行为分析的工具[M].北京:人民交通出版社,2004.

[8] Barff R, Mackay D, Olshavsky R W. A selective review of travel-mode choice models. Journal of Consumer Research, 1982, 8(4): 370-80.

[9] Ajzen I. The theory of planned behavior[J]. Organizational Behavior and Human Decision Processes, 1991, 50(2): 179-211.

[10] Bamberg S, Rölle D, Weber C. Does habitual car use not lead to more resistance to change of travel mode?[J]. Transportation, 2003, 30(1): 97-108.

[11] Bamberg S. Is a residential relocation a good opportunity to change people's travel behavior? Results from a theory-driven intervention study[J]. Environment and Behavior, 2006, 38(6): 820-840.

[12] Thøgersen J. Understanding repetitive travel mode choices in a stable context: A panel study approach [J]. Transportation Research Part A: Policy and Practice, 2006, 40(8): 621-638.

[13] Choocharukul K, Van H T, Fujii S. Psychological effects of travel behavior on preference of residential location choice[J]. Transportation Research Part A: Policy and Practice, 2008, 42(1): 116-124.

[14] Eriksson L, Forward S E. Is the intention to travel in a pro-environmental manner and the intention to use the car determined by different factors?[J]. Transportation Research Part D: Transport and Environment, 2011, 16(5): 372-376.

[15] Li L, Xiong J, Chen A, et al. Key strategies for improving public transportation based on planned behavior theory: Case study in Shanghai, China[J]. Journal of Urban Planning and Development, 2014, 141(2): 04014019.

[16] Fujii S, Gärling T. Development of script-based travel mode choice after forced change[J]. Transportation Research Part F: Traffic Psychology and Behaviour, 2003, 6(2): 117-124.

[17] Garvill J, Marell A, Nordlund A. Effects of increased awareness on choice of travel mode[J]. Transportation, 2003, 30(1): 63-79.

[18] Eriksson L, Garvill J, Nordlund A M. Interrupting habitual car use: The importance of car habit strength and moral motivation for personal car use reduction[J]. Transportation Research Part F: Traffic Psychology and Behaviour, 2008, 11(1): 10-23.

[19] Friedrichsmeier T, Matthies E, Klöckner C A. Explaining stability in travel mode choice: An empirical comparison of two concepts of habit[J]. Transportation Research Part F: Traffic Psychology and Behaviour, 2013, 16: 1-13.

[20] 柯友华,云美萍.城市出行选择行为机理研究[J].交通运输工程与信息学报,2007,5(2):95-102.

[21] 黄树森,宋瑞,陶媛.大城市居民出行方式选择行为及影响因素研究——以北京市为例[J].交通标准化,2008(9):124-128.

[22] 罗清玉,吴文静,贾洪飞,等.基于前景理论的居民出行方式选择分析[J].交通信息与安全,2012,30(2):37-40.

[23] 张薇,何瑞春.基于前景理论的居民出行方式选择[J].计算机应用,2014,34(3):749-753.

[24] 景鹏,隽志才,查奇芬.考虑心理潜变量的出行方式选择行为模型[J].中国公路学报,2014,27(11):84-92.

[25] 李林波,吴兵.出行者心理对公共交通发展的影响[J].重庆交通学院学报,2004,23(13):94-103.

[26] Van Vugt M, Van Lange P A M, Meertens R M, et al. How a structural solution to a real-world social dilemma failed: A field experiment on the first carpool lane in Europe[J]. Social Psychology Quarterly, 1996, 59(4): 364-374.

[27] Van Lange P A M, Van Vugt M, Meertens R M, A social dilemma analysis of commuting

preferences: The roles of social value orientation and trust[J]. Journal of Applied Social Psychology, 1998, 28(9): 796-820.

[28] Garvill J. Choice of transportation mode: Factors influencing drivers' willingness to reduce personal car use and support car regulations[J]. Resolving Social Dilemmas: Dynamic, Structural, and Intergroup Aspects, 1999: 263-279.

[29] Heath Y, Gifford R. Extending the theory of planned behavior: Predicting the use of public transportation[J]. Journal of Applied Social Psychology, 2002, 32(10): 2154-2189.

[30] 陈光庭.城市交通对策研究——外国首都及大城市的经验[M].北京:北京科学技术出版社,1989.

[31] 丁威.基于活动的城市居民出行前选择行为研究[D].上海:同济大学,2007.

[32] Deutsch M, Gerard H B. A study of normative and informational social influences upon individual judgment[J]. Journal of Abnormal Social Psychology, 1955, 51: 629-636.

[33] 郭寒英.基于出行者生理心理的城市客运交通出行行为研究[D].成都:西南交通大学,2007.

[34] Ajzen I. Constructing a TpB questionnaire: Conceptual and methodological considerations[J/OL]. (2002-09-01).http://www.people.umass.edu/aizen/pdf/tpb.measurement.pdf.

[35] Zhao S S, Li L B. Analyzing the behavior of public transport use based on the theory of planned behavior: How much does attitude explain the behavior? [C]. ICCTP, 2011: 425-435.

[36] Forward S E. The theory of planned behaviour: The role of descriptive norms andpast behaviour in the prediction of drivers' intentions to violate[J]. Transportation Research Part F, 2009, 12: 198-207.

[37] Olivier D, Sébastian R, Laurent B. The theory of planned behavior as mediator of the effect of parental supervision: A study of intentions to violate driving rules in a representative sample of adolescents[J]. Journal of Safety Research, 2007, 38: 447-452.

[38] Páez A, Scott D M, Volz E. A discrete-choice approach to modeling social influence on individual decision making[J]. Environment and Planning B, 2008, 35(6): 1055-1069.

[39] Dugundji E, Páez A, Arentze T. Social networks, choices, mobility, and travel[J]. Environment and Planning B, 2008, 35(6): 956-960.

[40] Conner M, McMillan M. Interaction effects in the theory of planned behavior: Studying cannabis use [J]. British Journal of Socical Psychology, 1999, 38(2): 195-222.

[41] Trafimow D, Finlay K. The importance of subjective norms for a minority of people: Between-subjects and within-subjects analyses[J]. Personality and Social Psychology Bulletin, 1996, 22(8): 820-828.

[42] Handy S, Weston L, Mokhtarian P L. Driving by choice or necessity? [J]. Transportation Research Part A, 2005, 39(2): 183-203.

[43] Steg L. Car use: Lust and must. Instrumental, symbolic and affective motives for car use[J]. Transportation Research Part A: Policy and Practice, 2005, 39(2): 147-162.

[44] Hiscock R, Macintyre S, Kearns A, et al. Means of transport and ontological security: Do cars provide psycho-social benefits to their users? [J]. Transportation Research Part D, 2002, 7(2): 119-135.

[45] Li L, Yang D, Xiong W. Building the large public traffic system[J]. Urban Planning Forum, 2005,158 (4): 72-75.

[46] Trafimow D, Finlay K. The importance of subjective norms for a minority of people: Between-subjects and within-subjects analyses[J]. Personality and Social Psychology Bulletin, 1996, 22(8): 820-828.

[47] Sheeran P, Orbell S. Augmenting the theory of planned behavior: Roles of anticipated regret and descriptive norms[J]. Journal of Applied Social Psychology, 1999, 29(10): 2107-2142.

[48] Terry D J, Hogg M A. Group norms and the attitude behavior relationship: A role for group identification[J]. Personality and Social Psychology Bulletin, 1996, 22(8): 776-793.

[49] Cialdini R, Reno R, Kallgren C A. A focus theory of normative conduct: Recycling the concept of norms to reduce littering in public places[J]. Journal of Personality Social Psychology, 1990, 58(6): 1015-1026.

[50] Zelalem F, Kraft P. Expanding the theory of planned behaviour: The role of social norms and group identification[J]. Journal of Health Psychology, 2002, 7(1): 33-43.

[51] Heath Y, Gifford R. Extending the theory of planned behavior: Predicting the use of public transportation[J]. Journal of Applied Social Psychology, 2002, 32(10): 2154-2189.

[52] Conner M, Armitage C J. Extending the theory of planned behavior: A review and avenues for further research[J]. Journal of Applied Social Psychology, 1998, 28(15): 1429-1464.

[53] Parker D, Manstead A S R, Stradling S G. Extending the theory of planned behaviour: The role of personal norm[J]. British Journal of Social Psychology, 1995, 34(2): 127-137.

[54] Francis J J, Eccles M P, Johnston M, et al. Constructing questionnaires based on the theory of planned behaviour: A manual for health services researchers[J]. Centre for Health Services Research, University of Newcastle, Newcastle upon Tyne, U.K., 2004.

[55] 吉锴,李林波,吴兵.出行者特征要素对公交服务模式的影响分析[J].交通科技,2011(4):96-99.

[56] Lugoe W, Rise J. Predicting intended condom use among tanzanian students using the theory of planned behavior[J]. Journal of Health Psychology, 1999, 4(4): 497-506.

[57] Conner M, McMillan M. Interaction effects in the theory of planned behavior: Studying cannabis use [J]. British Journal of Social Psychology, 1999, 38(2): 195-222.

[58] Wilson D, Zenda A, McMaster J, et al. Factors predicting Zimbabwean students' intention to use condoms[J]. Psychology Health, 1992, 7(2): 99-114.

[59] Lugoe W, Rise J. Predicting intended condom use among Tanzanian students using the theory of planned behavior[J]. Journal of Health Psychology, 1999, 4(4): 497-506.

[60] Yi C. A comparative study on cultural values embodied in Chinese and American auto advertisements [D]. Harbin: Harbin Institute of Technology, 2010.

3 城市公共交通发展竞争机制

公共交通发展竞争力影响因素有外在因素和内在因素。外在因素主要体现在科技、经济、人口、文化、产业、能源、环境以及公交政策等,内在因素则主要表现为公交的基础设施建设与服务水平。外因通过内因影响公交的发展,内因又反作用于外因促进公交的进步,正是这种相互影响的作用不断推动公交的演变。因此,从出行行为视角来探讨公交服务的满意度,从而追溯影响公共交通竞争力的显著性要素,并制定行之有效的应对策略,以促进公交服务水平的改善,是提高公共交通竞争力的关键路径。

3.1 公共交通发展竞争力内涵

3.1.1 竞争力概念

竞争,并逐为竞,对辩为争,是互相争胜的意思。竞争理论大师乔治·斯蒂格勒在《新帕尔格雷夫经济学辞典》中写道:竞争系个人(或集团或国家)间的角逐;凡两方或多方力图取得并非各方均能获得的某种东西时,就会竞争。

竞争力的概念是竞争主体与竞争对手在市场竞争过程中产生的,泛指在自由竞争条件下,致使一个个体或社会实体竞争制胜的能力。对竞争力的研究最早始于实业界和政府,不同的研究者根据自己的理解对竞争力的定义各不相同。瑞士洛桑国际管理学院(International Institute for Management Development,IMD)[1]认为竞争力是一个国家或一个公司在世界市场上均衡地生产出比其他竞争对手更多财富的能力,是竞争力资产与竞争力过程的统一,即竞争力=竞争力资产×竞争力过程,其中,资产是固有的(自然资源)或创造的(基础设施),过程是指将资产转化为经济结果(如通过制造)。李显君[2]认为竞争力是竞争主体在竞争过程中对竞争目标实现的能力,如厂商获得顾客的能力、占有和控制市场的能力。陈琳霞[3]将竞争力看作是两个或者两个以上竞争主体在追求一个或多个竞争对象的过程中所表现出来的力量。

虽然至今为止对竞争力的概念还没有形成一个统一的、权威的定义,但不同的文字表述却表达了共同的竞争力要素:竞争主体、竞争目标、竞争对手和竞争结果。从竞争主体自身来看,竞争力是他某种能力的表现,这种能力可能是盈利能力,也可能是组织能力,还有可能是销售能力等;从竞争过程来看,竞争力是竞争主体发挥自己能力,将自己能力变成实际收益的一个过程,也是对竞争对象的吸引力;从竞争结果来看,竞争力最终是要反映在其获得的收益的大小上,是一种获取收益的能力或收益水平[4]。

从构成竞争力的四要素出发,可以将竞争力定义如下:

在一定的竞争环境中竞争主体相对于竞争对手对竞争目标实现的能力。

3.1.2 公共交通竞争力定义

公共交通作为一种准公共产品,具有其公益性的一面,也具有其市场性的特征,更主要的是,从行业发展的角度来看,公交具有一种天然垄断性,因此公共交通的竞争并不是公交公司之间的竞争,而是公交与替代者小汽车之间的竞争。

竞争力是一个抽象的概念,单纯研究它并没有意义,因为任何竞争力都是以竞争主体为载体的。从微观到宏观,竞争力可分为产品竞争力、企业竞争力、产业竞争力、区域竞争力和国家竞争力。

城市居民日常活动的出行方式可分为步行、非机动车、摩托车、私人小汽车和公共交通五大类,若将不同的出行方式看作是一种特殊的产品——出行服务,那么出行方式间的竞争便可认为是产品之间的竞争。

公共交通作为出行方式的一种,可以看作是一种特殊的产品,提供出行服务,因此公共交通可认为是一种特殊的产品竞争力,是一种随竞争变化而又通过竞争来体现的能力,主要表现为相对性和动态性。

相对性要求与之竞争的对象具有可比性。竞争总是表现为竞争主体与竞争对手之间的作用关系,相互间应该具有一定的抗衡性,如果实力悬殊则难以构成竞争关系。对于公共交通来说,从交通性能和运营环境等方面进行考虑,其竞争对手是小汽车而不是自行车,更不会是步行。

动态性表明公交竞争力从属于历史范畴,在社会环境发展变化的影响下不断变化:在社会经济发展水平较低时,受经济条件制约,公共交通无疑处于绝对的主体地位;随着经济条件的改善,社会开始进入家庭小汽车消费时代,同时受到攀比消费观念的影响,小汽车的竞争力开始得到提升并处于相当强势的地位。公共交通和小汽车在各自所能提供的出行服务质量的不断变化中进行着博弈,竞争力体现的不仅仅是公交和小汽车现状的比拼结果,而且还预示着二者未来的发展趋势。

基于这样的理解,将公共交通竞争力定义如下:

在一定的交通环境下,与其他满足可比性的交通出行方式相比,公共交通所具有的吸引出行者选择其出行的能力。

公交竞争力表现为人们对公共交通的认同力,即公共交通与其他交通方式相比在吸引居民出行量方面所具有竞争的能力。公共交通与其他交通方式竞争的焦点,在于满足乘客出行需求的程度。因此,提升公交竞争力的关键在于一方面通过对出行者真实需求的了解来认识公交发展所存在的问题,另一方面通过对与其他交通方式的优劣比较来分析公交发展的潜在力量,从而获得具体而有针对性的策略,改善服务环境,提升服务水平。

3.1.3 公共交通竞争力要素

1. 竞争主体——公共交通

公共交通竞争力的主体是公共交通,是公共交通与其他交通方式的竞争。广义的公共交通包括公共汽电车、BRT、轨道交通、出租车、轮渡和索道等。在关于公共交通竞争力的研究过程中,公共交通特指中、大容量的公交汽电车和城市轨道交通,而不包括出租车,因为出租车的服务特性更加类似于私人小汽车,是一种低容量的公共交通方式。

2. 竞争目标——机动化出行者

公共交通的价值主要体现在能够尽量充分地被使用交通工具的出行者所利用,公共交通的竞争目标在于吸引更多的机动化出行者。小汽车是非集约式的交通方式,对道路资源和空气污染构成巨大的压力,因此,如何将更多的出行者从小汽车吸引到公共交通上来,是公共交通发展面临的最大挑战。

3. 竞争对手——小汽车

不同出行方式的适宜出行距离不同,非机动化的交通工具多用于中短距离的出行,机动化的交通工具多用于中长距离的出行。为保证竞争可比性,公共交通的竞争对手首先排除步行、自行车等非机动化的交通方式;其次,在多种机动化的出行方式中,私人小汽车出行量不断的攀升加速了城市交通环境的恶化,占用了更多的道路资源。因此,在讨论公共交通竞争力时,仅将公共交通的竞争对手限制为小汽车,而不考虑其他机动化的出行方式(如摩托车)和非机动化出行方式。

4. 竞争结果——出行分担率

公共交通有无竞争力或其竞争力的大小最终表现为出行者对交通工具的选择结果,即公共交通出行分担率上。出行者选择公交出行,即认为公交具有竞争力;反之,则认为公交没有竞争力。

3.2 公共交通发展竞争力成因

对于市场经济中普通的商业产品,其竞争力的影响因素主要包括技术、管理、产品本身的成本及价格、其他产品的价格、产品质量、产品的差异性、产品的品牌形象、产品满足消费者的程度、营销、政府对产品进口或出口的相关政策等。然而,公共交通作为一种出行服务产品,具有公益性、计划性等一些区别于完全市场经济下的商业产品的特性。鉴于产品本身的特殊性,其竞争力影响因素并不能完全地对应于上述每一个因素,因此,这里将上述因素归为竞争资产(产品本身的成本及价格、其他产品的价格、产品质量、产品的差异性、产品的品牌形象、产品满足消费者的程度、营销)和竞争环境(管理、政府对产品制定的相关政策)两大类,并从这两方面对公共交通竞争力的影响因素进行分析。

作为一种特殊的产品竞争力,公共交通竞争力的大小受到竞争资产和竞争环境的共同影响,其中竞争资产包括竞争主体的资产和竞争对手的资产两个方面。

公共交通竞争力的竞争环境主要是指城市或国家的交通发展战略、交通政策、社会经济的发展水平。公益特性突出的公共交通企业运营具有明显的非自主性,出行方式的竞争过程并不是完全的市场运作,具有浓重的计划色彩,因此竞争结果受到交通政策的严重影响。居民的生活水平与社会经济的发展水平保持一致,生活水平的提高一定程度上增加了小汽车拥有量和使用数量,从而对公共交通的使用造成威胁。因此,社会经济的发展水平也是影响公交竞争力的重要竞争环境。

公共交通竞争力的竞争资产是指出行方式的服务质量,包括竞争主体——公共交通的服务质量和竞争对手——小汽车的服务质量两方面,其中,公交服务质量对公交竞争力有着正向作用,而小汽车服务质量则对公共交通竞争力有着负向影响。

从事物发展的内外影响因素的角度来看,竞争环境可认为是影响竞争力的客观因素,即外因,而竞争资产则可相应地看作主观因素,即内因。事物的外因总是通过内因起作用,经济水平和交通发展策略影响了并在一定程度上决定了交通方式的服务质量:在国家大力发展公共交通的环境下,各级政府积极增加公共交通建设的财政投入,公共交通软硬件设施服务水平得到提高,同时通过各种途径(设置牌照发放障碍、提升停车费、控制停车位)对小汽车的使用进行不同程度的抑制,小汽车的服务水平受到限制。竞争环境和竞争资产对公共交通竞争力的作用关系如图3-1所示。

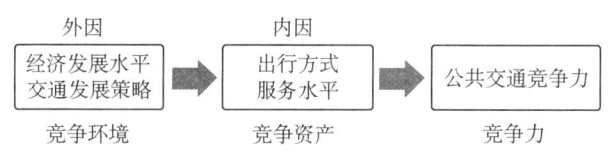

图3-1 公共交通竞争力成因

3.3 出行特征分析

出行特征与需求不仅决定了公共交通服务标准的制定,也影响着公共交通服务环境的完善,对出行特征要素的分析是理解出行行为的要点。

传统上,将影响出行者出行方式选择因素的出行特性分为出行者特性、出行活动特性和交通设施特性三方面。

出行者特性分为出行者属性特征和出行活动特征,出行者属性特征主要有性别、年龄、职业、收入水平,出行活动特征主要为出行目的、出行时耗、出行频率;交通设施特性则主要体现在交通方式的服务水平上。

3.3.1 出行者属性特征

人是交通方式选择的主体,交通方式的选择理所当然受到出行者社会经济属性的直接影响,具体包括职业、性别、年龄、收入和家庭汽车保有量等。David[5]指出方式选择首先受到人们所在环境因素(指出行者的社会经济属性、家庭组成及出行活动特性)的影响,其次才受到交通方式的服务质量的影响。

一般而言,业务员、推销员的汽车使用率较高,女性较男性的公共交通方式的利用率高,老人、小孩偏好于公共交通,高收入者的汽车利用率较高,低收入者则多选择公共交通。值得注意的是,在所有的出行者属性中,"家庭汽车保有量"对交通方式的选择有着非常显著的影响:法国里昂2001年的出行统计年报的有关数据表明,家庭中不拥有小汽车的个人使用公共交通的比率要比家庭中有小汽车的个人高出4倍,而且要比那些家庭中拥有2辆小汽车及以上的个人高出10倍之多。岳芳[6]针对上班出行,定量分析家庭小汽车数量发生变化时,出行者对交通方式选择概率的变化情况,结果发现,当小汽车数量增加10%和20%时,小汽车分担率则分别提高了10.77%和25.03%。

由此可见,人们在出行活动中是否有可利用的小汽车直接关系到可选出行方式的种类,国外相当多的研究都以"是否拥有小汽车"来界定研究的人群[7,8]。在国内目前的公交服务水平和出行者社会价值观下,"有无可利用的小汽车"可以说从根本上决定了出行者对交通工具的选择。因此,在对非小汽车出行方式选择影响因素进行分析时,为了获得更加公正的结果,应该将"有无可利用的小汽车"这一先决条件排除,那么在研究中一般需要进行研究对象的市场细分。

3.3.2 出行活动特征

出行活动特性包括出行目的、出行距离和出行时间特性等。

不同目的的出行对出行的需求不同,不同的出行需求直接影响到其对交通工具的选择;交通工具各自的适应出行距离不同,公共交通、小汽车等机动化的交通方式适用于中长距离的出行,而自行车、步行等慢行交通方式则适用于短距离的出行;出行时间特性是指鉴于人们的活动是以一天为一个周期,在某一时刻,人们具有类似交通目的的出行集中的倾向性质,并且不易改变。

在该类影响因素中,出行目的的影响作用可以说是尤为突出,这主要是由于不同的出行目的对出行的需求不同,同一因素对不同目的的出行影响程度也就不同。为突出公交服务质量因素的作用,应对不同目的的出行分别研究。由于通勤出行是最主要的城市日常出行,提高公共交通在通勤出行中的市场份额,会在很大程度上提高公交整体的竞争力,因此,很多学者仅仅针对通勤/上学进行研究[6, 9-13]。

陈团生[10]针对通勤出行建立多项Logit选择模型,分析出行者的公交、小汽车和自行车出行选择行为,研究变量同时包括了出行者特性(性别、年龄、是否持有驾照、是否持有月票、家庭月交通费、家庭月收入、家庭小汽车数量、家庭自行车数量)和出行活动特性(出行距离)两方面,结果发现只有出行距离这一出行活动特性变量对三种方式选择行为都有明显的影响作用。岳芳[6]发现出行距离、上班途中链接的非上班活动情况这两个出行活动本身的特性对上班出行方式选择有显著的影响。陈何妹[12]建立影响小汽车出行方式选择的短期指标体系和长期指标体系,其中的短期指标体系主要指出行活动特性,包括了出行耗时、出行费用、出行目的、出行距离、出行时间和天气情况等,结果发现出行目的、出行距离和出行时间的影响显著,而出行者对出行费用和天气情况则考虑较少。包佳佳[13]将出行距离、出行目的与出行者的社会经济属性一起归为影响出行方式选择的外在因素,指出外在因素导致了出行者对内在因素感知的差异,从而间接影响了出行者的方式选择。

3.3.3 交通方式服务水平

除却乘客个人属性和家庭属性等因素,交通方式本身属性中的费用、准时、快捷、安全和舒适等因素一般被认为是影响出行方式选择的主要因素。相当多的研究者针对其中的一种或几种因素进行了详细的探讨,其中很多研究的目的在于了解出行者对公共交通服务水平的评价和期望,寻求提高公共交通分担率的有效途径。

Bilbao 等[14]对西班牙毕尔巴鄂的大学生出行方式选择进行调查,发现与出行费用的变化相比,公共交通服务质量的提高更能增加学生选择公共交通的概率。马俊来[15]指出时耗、费用、舒适度和出行习惯是影响出行方式选择的 4 个最根本的内在因素。徐永能等[16]将影响居民出行的各种因素统一归结为反映城市客运交通方式服务水平的 6 个指标:安全、经济、方便、舒适、快速和准点,以此作为居民出行方式选择满意准则模型的模糊评判因素。包佳佳[13]统计了蚌埠市居民出行方式选择原因的调查结果,得出结论:是否节省费用、是否节省时间以及是否舒适是该城市居民出行中首要考虑的几个因素。赵路敏[17]针对上班出行和购物出行,以北京市 2005 年居民出行调查数据为基础,分析停车收费对出行方式选择的影响,结果表明,结合公交服务水平的改善,停车收费将很大程度地影响居民出行方式的选择,此外,适当减少非经营性停车位和提高计时收费的比例能更好地引导小汽车向公共交通转移。

目前国内在交通方式服务水平方面的研究往往缺少对人群的细分,某些因素"一票否决式"的作用往往掩盖了其他因素的作用,研究的可靠性有待提高,因此,在研究过程中结合人群细分,可以在一定程度上排除其他干扰因素,公平公正地讨论各因素的影响程度。

3.4 要素作用机理分析方法

3.4.1 结构方程模型

结构方程模型(structural equation modelling, SEM)是从揭示潜变量-潜变量(latent variable)和潜变量-显变量(manifest variable)关系的理论上开发的,在已有因果理论基础上,用与之相应的线性方程系统来表示该因果关系的一种统计分析技术,其目的在于探索事物间的因果关系,并将这种关系用因果模式、路径图等形式加以表述,计算结果可以理解为以下三种方法的乘积:验证性因子分析(confirmatory factor analysis, CFA)、通径分析(path analysis)和回归分析中的参数估计。

SEM 建模技术能够使用潜变量来获取个体潜在的感知,并对理论因果模型中的各种关系提供描述性的信息。结构方程模型是验证性因子模型和(潜变量)因果模型的结合,验证性因子模型用来描述潜变量与显变量之间的测量关系,称为测量模型(measurement model),可以确认变量组的存在,但不能描述变量之间的关系。因果模型是描述潜变量之间的因果关系,称为结构模型(structure model),可以进行通径分析,并决定变量间关系的显著性。其中,表示潜变量间关系的结构模型通常是研究的重点,所以整体分析也就称为结构方程模型。

SEM 模型的基本思想是通过已有的专业理论对所研究的变量集间的关系提出一种理论模型,并把这种理论模型用通径图来表示,显现变量间的因果方向,再把这种通径图用 SEM 模型技术语言转化为反映变量间关系的线性方程组系统,计算观察变量的协方差阵的估计量。因此,在结构方程模型中,潜在变量的概念与内涵是基于理论推导的,且潜在变量与观察变量的关系是在数据收集完成之前先提出假设性的概念,然后透过实际数据,分析对比假设模型与观察到的数据之间的差异性,决定研究对于潜在变量所提出的假设性看法是否恰当。因此,不论是变量因果关系的证明或是假设模型结构的确认,均有赖于事前研究变量的性质与内容的厘清,并寻求统计上的验证来确认。

SEM模型作为新一代的统计分析方法,实现了对传统统计方法的四大转变:

(1) 从对单变量及显变量的研究到对多变量及潜变量的研究。

结构方程模型首先从研究的实际问题出发来构建初始模型,模型中可包括众多变量,能够直接观测、度量的变量称为显变量,显变量又分为外生显变量和内生显变量,前者是内生潜变量的观测值,后者是外生潜变量的观测值;不能准确、直接测量但与显变量密切联系的变量称为潜变量,潜变量又分为外生潜变量和内生潜变量,前者是假设的因,后者是假设的果。自身的变化由结构模型外部的其他因素所决定的变量称为外生变量(exogenous variable),外生变量影响系统且不具有测量误差;由外生变量和其他变量来解释的变量称为内生变量(endogenous variable),内生变量受系统影响且具有测量误差。

(2) 从单纯意义的数值拟合到复合意义数据结构的拟合。

传统统计方法的拟合(线性拟合、平面拟合和多维空间拟合),追求的是尽量缩小样本每一项记录的拟合值与观测值之间的差异。结构方程模型中的拟合,则是追求尽量缩小样本的方差和协方差与模型估计中的方差和协方差之间的差异。

(3) 从纯量分析到对估计参数实际意义的判断。

结构方程模型可以对初始模型进行修正,判别所估计的参数与理论或实际意义是否相符。模型的修正提示为验证与改善初始模型从量的方面提供了依据,只要新增的参数(通径系数)具有明确的实际意义,改造后的模型就更趋完善,但是如果新增的通径系数得不到理论和经验支持,那么无论数据拟合得多么理想,也只能放弃,这为定性与定量分析的结合提供了有效的手段。

(4) 从单一统计方法应用到多种统计方法的综合应用。

结构方程模型涉及四种统计方法,即因子分析、通径分析、相关分析和回归分析,有的将某种统计结果作为其预处理的原始数据,有的用各种统计方法获得不同的结果,并将这些结果整合在一个完整的研究框架中。

SEM的模组化应用策略有三个层次:第一是单纯的验证,就是针对单一的先验模型,评估其适切性,称为验证性研究;第二是模型的产生,其程序是先设定一个起始模型,再与实际观察数据进行比较,之后再进行必要的修正,反复进行估计的程序以得到最佳拟合效果,称为产生型研究;第三是替代模型的竞争比较,以决定何者最能反映真实资料,称为竞争型研究。

SEM模型的构建通常要经过5个步骤:①模型设定,主要包括测量模型和结构模型的建立;②模型识别;③参数估计,主要是在样本数据下对模型的拟合度进行检验,以获得较好的参数值;④模型评价,主要根据模型的拟合度情况对模型进行修正;⑤模型修正。

1. 模型设定

(1) 测量模型。

测量模型用来反映潜变量与显变量之间的关系,通过测量模型可由显变量定义潜变量,

其方程称为测量方程(measurement equation),通常写成如下形式:

$$y = \Lambda_y \eta + \varepsilon \tag{3-1}$$

$$x = \Lambda_x \xi + \sigma \tag{3-2}$$

式中,η 为内生潜变量(潜在因变量)矩阵;ξ 为外生潜变量(潜在自变量)矩阵;y 为内生观测指标组成的向量(内生显变量),即 η 的测量变量矩阵;x 为外生观测指标(外生显变量)组成的向量,即 ξ 的测量变量矩阵;Λ_y 为测量系数矩阵,表示内生潜变量(潜在因变量)矩阵 η 和其测量变量 y 之间的关系,是指内生指标在内生潜变量上的因子负荷矩阵;Λ_x 为测量系数矩阵,表示外生潜变量(潜在自变量)矩阵 ξ 和其测量变量 x 之间的关系,是指外生指标在外生潜变量上的因子负荷矩阵;ε 为内生指标 y 的测量误差,即测量方程(3-1)的残差矩阵;σ 为外生指标 x 的测量误差,即测量方程(3-2)的残差矩阵。

(2) 结构模型。

结构模型用来描述外生潜变量和内生潜变量之间的因果关系,这种关系以图形的形式表达出来,称为路径图,其方程称为结构方程(structural equation),通常写成如下形式:

$$\eta = B\eta + \Gamma\xi + \zeta \tag{3-3}$$

式中,B 为结构系数矩阵,表示结构模型中潜在因变量矩阵 η 的构成因素之间的关系,即内生潜变量之间的关系;Γ 为结构系数矩阵,表示结构模型中潜在自变量矩阵 ξ 对潜在因变量矩阵 η 的影响,即外生潜变量对内生潜变量的影响;ζ 为结构方程的残差项(残差矩阵)。

其他意义同前。

2. 模型识别

在对测量模型、结构模型进行估计之前,应保证结构方程模型是可识别的,即需要考虑模型中的每一个未知参数是否能由观测数据得到唯一解,即进行模型识别。

根据方程及未知参数的个数,模型可以划分为识别不足结构模型、恰好识别结构模型和过渡识别结构模型。对于结构方程模型来说,只有恰好识别和过度识别的结构方程模型才能够进行分析。满足恰好识别和过渡识别的条件可以表示如下:

$$\lambda \leqslant \frac{n(n+1)}{2} \tag{3-4}$$

式中,λ 为待估参数个数;n 为显变量个数。

在确定结构方程模型满足恰好识别或过度识别条件之后,需要分别检查测量模型和结构模型的可识别性。

对于测量模型,可识别的条件如下:

(1) 若只有一个潜变量,要求该潜变量应至少有三个非零载荷的显变量,且误差不相关。

(2) 若有两个或更多的潜变量,且每个潜变量有三个或更多的指标时,要求测量指标误差不相关,每个指标只负载在一个潜变量,潜变量之间允许共变。

(3) 若有两个或更多的潜变量,且每个潜变量只有两个指标时,要求测量误差不相关,每个指标只负载在一个潜变量,潜变量之间的协方差非零。

对于结构模型,最好的识别条件是:结构系数矩阵为零,即没有任何潜在因变量能彼此预测。若结构系数矩阵不为零,则是否可识别应视具体情况而定。

3. 参数估计

结构方程模型估计根据显变量的方差和协方差,追求尽量缩小样本协方差矩阵与由模型估计出的协方差矩阵之间的差异。其中,模型所隐含的协方差矩阵与样本协方差矩阵的"差距"是模型参数的函数,称为拟合函数(fit function)。

设模型所隐含的协方差矩阵为 $\sum(\boldsymbol{\theta})$,样本的协方差矩阵为 $\boldsymbol{S}$,则可以将拟合函数记为 $F(\boldsymbol{S},\sum(\boldsymbol{\theta}))$。根据不同拟合函数的定义,可以得到多种模型拟合或参数估计的方法,较常用的是极大似然法(maximum likelihood estimation,MLE)。理论上,使用极大似然法拟合需要假设指标向量 x 服从多维正态分布,同时样本数据还需要满足:存在线性关系、无峰度值和偏度值以及数据测量应保证定距或定比尺度等假设。但是也有研究认为极大似然估计在一般场合也是稳健估计,即正态分布条件不满足时,极大似然估计的结论也仍然是可信的。

4. 模型评价

结构方程是基于样本数据来评估研究者所提出的理论模型是否可接受的一种统计分析工具,对构建模型的可接受程度的评价主要从以下三个方面进行:基本拟合标准、整体模型拟合度和模型内在结构拟合度。

(1) 基本拟合标准。基本拟合标准用来检验模型的误差以及是否存在误输入等问题。主要包括四个方面:①不能出现负的测量误差;②测量误差必须达到显著水平;③因子载荷必须介于 0.5~0.95;④不能有很大的标准误差。

(2) 整体模型拟合度。整体模型拟合度用来评价模型与数据的拟合程度。主要包括三类:①绝对拟合指数,确定模型可以预测协方差阵和相关矩阵的程度;②增值拟合指数,衡量理论模型与虚无模型的比较结果;③简约拟合指数,评价模型的简约程度。

McDonald 等[18]宣称并没有一个特定的权威为 SEM 的拟合度提供实践准则。从 1973 年 Tucker 等提出的第一个指数 TLI 至 1996 年 Marsh 等提出的 NTLI,在文献上正式发表、有名字的指数有 40 多个。1994 年 Marsh 等人发现 RMR 对误设模型敏感,但受样本数 N 的系统影响,建议不要使用它[19]。Hu 等[20]经过文献分析和模拟研究,推荐联合使用 SRMR 和 TLI(即 NNFI)、IFI、CFI、AGFI、Mc、RMSEA 中的任意一个来共同检验模型的拟合效果;温忠麟等[19]进一步通过模拟实验,对上述 7 个指数进行分析比较,最后建议使用 NNFI(>0.9)、CFI(>0.9)、NC(1~3)和 RMSEA(<0.08)4 个指数。基于以上分析,这里将 NC、RMSEA、NNFI 和 CFI 列为检验指数,同时保留简约指数 PNFI、PGFI 和比较常用的 SRMR。

各类指数都有多种指标综合反映,各指标的评判标准如表 3-1 所示。

表 3-1　整体模型适配度的评价指标及其评价标准

类别	名称	判断标准
绝对拟合指数	NC	1＜NC＜3,适配较好；NC＞5,需要修正
	RMSEA	＜0.05,适配良好；＜0.08,可以接受
	SRMR	＜0.08 以下,越小越好
增值拟合指数	NNFI	＞0.90 以上,越接近 1 越好
	CFI	＞0.90 以上,越接近 1 越好
简约拟合指数	PNFI	＞0.50 以上
	PGFI	＞0.50 以上

（3）模型内在结构适配度。该指标用来评价模型内估计参数的显著程度、各指标及潜在变量的信度等,主要包括测量模型的内在适配度评价和结构模型的内在适配度评价。

① 测量模型的内在适配度评价。

测量模型的内在适配度评价是检验测量指标(显变量)是否足以反映其相对应的潜在变量,即了解潜在建构的效度和信度。

● 模型的效度检验。效度指标反映指标变量对于其想要测量的潜在变量的实际测量程度,主要通过潜在变量和其指标变量间的路径(因素负荷量)的显著性衡量。若因素负荷量达到显著($P＜0.05$,t 的绝对值大于 1.96),则表示测量具有较好的效度。

● 模型的信度检验。信度反映测量的一致性,又包括个别观察变量的项目信度和测量模型的组合信度。

个别观察变量的项目信度等于其标准化系数的平方 R^2（R^2 值表示指标变量的方差能被其对应的潜在变量解释的程度,无法解释的部分即测量误差）,当 R^2 大于 0.5,即标准化系数等于或大于 0.71 时,表示信度良好。

组合信度指标用来评价一组潜在变量的测量指标的一致性程度,即所有测量指标分享该因素概念的程度,组合信度越高,表示测量指标间有较高的内在关联。组合信度通过内部一致性指标 Cronbach α 系数衡量,一般当 Cronbach α＞0.7 时说明组合信度良好。

② 结构模型的内在适配度评价。

结构模型的内在适配度评价可以检验理论建构阶段所界定的因果关系是否成立,关注的焦点在于不同的外生潜变量与内生潜变量间的路径关系是否获得支持。它包括以下三方面的评估：

● 潜在变量间的路径系数所代表的参数符号应与原假设符号相同。

● 对假设模型提供重要信息的所有路径系数的参数估计值应达到统计上的显著水平,即显著性检验的 t 值的绝对值应大于 1.96。

● 每一个结构方程式中的多元相关的平方 R^2 应达到显著水平,R^2 值介于 0～1,R^2 值越大表示内生潜变量被外生潜变量解释的变异量越高,也即假设理论变量的解释力也越高,结构模型具有较佳的信度和效度。

需要说明的是,适配度指标是评价假设的路径分析模型图与搜集的数据是否相互适配,而不是说明路径分析模型图的好坏,一个适配度完全符合评价标准的模型不一定保证是个有用的模型,只能说明研究者假设的模型图比较符合实际数据的情况。

5. 模型修正

模型的修正是对于最初的理论假设模型中存在的缺陷和不足进行改进,以获取更具价值的模型。通常有两种方法对模型进行改进:改变测量模型和限制某些参数取值。改变测量模型主要通过增加新的结构参数或设定某些误差项相关来实现;限制某些参数取值主要通过将模型中不显著的参数值限定为 0 或取其他值,对模型进行改进。

模型修正的目的在于探索建立既能够从统计角度很好地拟合数据,又能够使每个参数都得到合理解释的理论模型,因此,模型的修正应当既满足数据拟合的需要,又满足理论构建的需要。模型拟合程度的改进不应仅仅追求统计方面的考虑,而应积极改进有意义的、能够合理解释的参数,尽量使模型的修正具有理论依据,避免建立拟合很好但结果完全没有实际意义的模型。

3.4.2 Logistic 回归模型

Logistic 回归分析在非线性回归分析中的应用最为广泛,对应的模型即 Logistic 模型。就概念而言,虽然有的文献根据自变量是否为连续变量将模型划分为 Logistic 回归和 Logit 模型,但有时为了方便,人们将 Logistic 回归模型叫做 Logit 模型,更通常的是,人们将 Logistic 回归、Logistic 模型、Logistic 回归模型及 Logit 模型的称谓相互通用,来指同一个模型,为简便起见,本书统称为"Logistic 回归模型"。

根据反应变量的类型,Logistic 回归模型存在不同的形式和扩展:若反应变量的类型为名义测量(nominal measure)所获得的分类数据,使用二项 Logistic 回归模型(binary logistic model)或多项 Logistic 回归模型(multinomial logistic model);若反应变量的类型为序次测量(ordinal measure)所获得的定序数据,即多分类反应变量之间存在序次关系,则应使用累积 Logistic 回归模型(cumulative logistic model)。

1. 模型结构

Logistic 回归模型的理论基础是 MNL 模型,是目前许多软件中为了方便各选项之间进行比较和提高运算效率而采用的一种基于 MNL 模块的计算方法。

该模型源于 Logistic 函数,Logistic 函数定义为 $P = \dfrac{1}{1+e^{-x}}$,具有 S 形分布特征,函数曲线如图 3-2 所示。

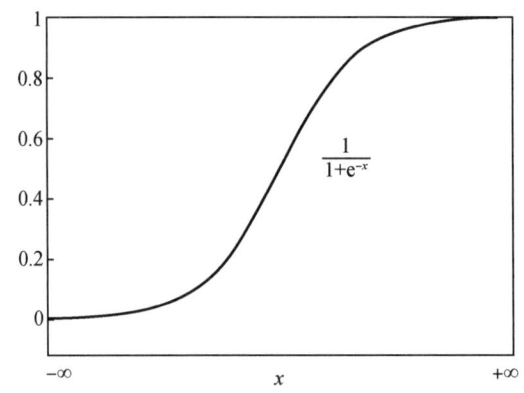

图 3-2 Logistic 函数曲线

先从 Logistic 函数用于二分类因变量分析得到二项 Logistic 回归模型的过程入手,进而延伸到多项和累积 Logistic 回归模型。

假设有一个理论上存在的连续反应变量 y^* 代表事件发生的可能性,其值域为负无穷到正无穷,该变量的值跨越一个临界点 c,便导致事件发生,于是有:当 $y^* > c$ 时,$y_i = 1$;否则,$y_i = 0$。这里,y_i 是实际观测到的反映变量,$y_i = 1$ 表示事件发生,$y_i = 0$ 表示事件未发生。

假设反映变量 y^* 和自变量 x_k 之间存在一种线性关系,即

$$y^* = \beta_0 + \sum_{k=1}^{k} \beta_k x_k + \varepsilon \tag{3-5}$$

式中,ε 为误差项。则有

$$P(y_i = 1 \mid x_i) = P\left(\beta_0 + \sum_{k=1}^{k} \beta_k x_k + \varepsilon > 0\right) = P\left[\varepsilon > -\left(\beta_0 + \sum_{k=1}^{k} \beta_k x_k\right)\right] \tag{3-6}$$

当误差项 ε 服从 Logistic 分布时,便得到 Logistic 回归模型。利用 Logistic 分布的对称性可将上述公式改写为

$$P(y_i = 1 \mid x_i) = P\left(\varepsilon \leqslant \beta_0 + \sum_{k=1}^{k} \beta_k x_k\right) = F\left(\beta_0 + \sum_{k=1}^{k} \beta_k x_k\right) \tag{3-7}$$

式中,F 为 ε 的累积分布函数。可以看出,$P(y_i = 1 \mid x_i)$ 就是 ε 取值为 $\beta_0 + \sum_{k=1}^{k} \beta_k x_k$ 时的累积分布函数,记 P_1 为事件发生的条件概率 $P(y_i = 1 \mid x_i)$,则有

$$P_1 = \frac{1}{1 + \mathrm{e}^{-\left(\beta_0 + \sum_{k=1}^{k} \beta_k x_k\right)}} \tag{3-8}$$

事件发生概率与事件不发生概率之比为

$$\frac{P_1}{1 - P_1} = \mathrm{e}^{\beta_0 + \sum_{k=1}^{k} \beta_k x_k} \tag{3-9}$$

这个比被称为事件的发生比 $odds$,将其两边取自然对数,得到如下一个线性函数:

$$\ln\left(\frac{P_1}{1 - P_1}\right) = \beta_0 + \sum_{k=1}^{k} \beta_k x_k \tag{3-10}$$

以上转换即将 Logistic 函数作自然对数转换,成为 Logit 形式,也称作 y 的 Logit,即 Logit(y),Logit(y) 对于其参数是线性的,并且依赖于 x 的取值,至此便得到二项 Logistic 回归模型。

累积 Logistic 回归模型实质上是二项 Logistic 回归模型的拓展,此时反映变量 y 的取值有多种情况,设为 J 种($J > 2$),相应的便有 $J - 1$ 个门槛(threshold)或分界点(cut point)将各相邻类别分开,即

如果 $y^* \leqslant \mu_1$,则 $y = 1$;

如果 $\mu_1 \leqslant y^* \leqslant \mu_2$,则 $y = 2$;

……

如果 $\mu_j - 1 \leqslant y^*$，则 $y = J$。

事件 $j(j = 1, 2, 3, \cdots, J)$ 在给定 x 值下发生的累积概率可以按式(3-11)表示：

$$P_j = P(y \leqslant j \mid x) = P(y^* \leqslant \mu_j)$$
$$= F\left[\mu_j - \left(\beta_0 + \sum_{k=1}^{k} \beta_k x_k\right)\right] \quad (3\text{-}11)$$
$$= \frac{1}{1 + e^{\{-[\mu_j - (\beta_0 + \sum_{k=1}^{k} \beta_k x_k)]\}}}$$

则事件发生比为

$$odds = \frac{p(y \leqslant j \mid x)}{1 - p(y \leqslant j \mid x)} = e^{\left[\mu_j - (\beta_0 + \sum_{k=1}^{k} \beta_k x_k)\right]} \quad (3\text{-}12)$$

对 $odds$ 取自然对数，得到 y 的 Logit：

$$\ln \frac{p(y \leqslant j \mid x)}{1 - p(y \leqslant j \mid x)} = \mu_j - \left(\beta_0 + \sum_{k=1}^{k} \beta_k x_k\right) = \beta_{0j} - \sum_{k=1}^{k} \beta_k x_k, \ j = 1, 2, \cdots, J \quad (3\text{-}13)$$

式(3-13)即累积 Logistic 回归模型的一般形式，共包含以下 $J - 1$ 个 Logit 函数：

$$\left. \begin{aligned} \ln\left(\frac{p_1}{p_2 + p_3 + \cdots + p_j}\right) &= \beta_{01} + \sum_{k=1}^{k} \beta_k x_k \\ \ln\left(\frac{p_1 + p_2}{p_3 + p_4 + \cdots + p_j}\right) &= \beta_{02} + \sum_{k=1}^{k} \beta_k x_k \\ &\cdots \cdots \\ \ln\left(\frac{p_1 + p_2 + \cdots + p_{j-1}}{p_j}\right) &= \beta_{0(j-1)} + \sum_{k=1}^{k} \beta_k x_k \end{aligned} \right\} \quad (3\text{-}14)$$

式中，x_k 为自变量，k 代表自变量的个数；$\beta_1, \beta_2, \cdots, \beta_k$ 为回归系数；p_j 为第 j 类事件发生的概率。

根据以上公式，在累积 Logistic 回归模型中，Logit 是按反应变量的类别顺序定义的，因此事件发生比是通过该发生比分子中的事件概率的依次累积而形成，也即累积 Logistic 回归模型自变量的估计系数是该自变量对累积 Logit $\left[\text{亦即对数发生比} \ln \frac{p(y \leqslant j \mid x)}{1 - p(y \leqslant j \mid x)}\right]$ 的作用。

可以看出，累积 Logistic 回归模型对 $J - 1$ 个 Logistic 函数中的每个 Logit 各有一个不同的 β_{0k} 估计，然而对所有的累积 Logit，变量 x_k 却有一个相同的 β_k 估计，因为其假设条件为解释变量的作用独立于所有累积 Logit 的门槛。在这一假设条件下，对于连续解释变量 x_k 而言，不同累积对数发生比的回归线相互平行，只是截距参数有所差别。这被称为成比例发生假设条件，因此累积 Logistic 回归模型也被称为比例发生比模型。

运行累积 Logistic 回归模型首先需要对"比例性"假设条件进行统计检验（共线性假

设)。如果这一条件被拒绝,便说明解释变量 x_k 对不同的 Logit 有不同的 β_k,这表明累积 Logistic 回归模型不适用,需要用其他模型来进行资料分析。

在 Logistic 回归模型中,所有回归系数都是标准化的系数,所有解释变量和反应变量的关系都是以同样的单位(标准差)测量的。所以,虽然原始变量是以不同尺度测量的,但各解释变量对反应变量的作用却具有可比性。

2. 参数估计

累积 Logistic 回归模型参数估计方法为最大似然估计法(maximum likelihood estimation,MLE):构造似然函数(likelihood function)将观测数据的概率表述为未知模型参数的函数,而模型参数的最大似然估计就是选择能够使这一函数值达到最大的参数估计值。

设抽样的样本容量为 n,n_j 是样本中 $y=j$ 的个数,设 $P(y=1|x)=P_1$,$P(y=2|x)=P_2$,$P(y=3|x)=P_3$,$\cdots$,$P(y=j|x)=P_j$,其似然函数的表达式可以表示为 $L(\theta)=P_1^{n_1} \cdot P_2^{n_2} \cdot P_3^{n_3} \cdot \cdots \cdot P_j^{n_j}$,通过求得似然函数 $L(\theta)$ 的最大值求得极大似然估计量。

由于似然函数 $L(\theta)$ 最大化的实际过程非常困难,通常通过求得似然函数的自然对数变换式 $\ln L(\theta)$ 最大来实现使 $L(\theta)$ 取得最大值。通过对待估参数求偏导数并令其为 0,分别求得待估参数的估计值。根据某一类别的概率及模型标定的结果,可以对模型系数所反映的规律进行解释。

3. 模型评价

对模型进行参数估计后,需要对模型如何有效地描述反映变量及模型匹配观测数据的程度进行评价,主要使用的检验方法及检验指标如下:

(1) 共线性检验。

共线性检验是通过拟合不限定系数相等的模型(general model),将该模型的似然值和当前限定系数相等的模型(null hypothesis)加以比较,进行似然比检验。当共线性检验结果统计性不显著时,说明使用累积 Logistic 回归模型对数据进行分析是适当的。

(2) Logistic 回归系数的显著性检验。

回归系数的显著性检验是检验自变量 x_k 是否对反映变量有显著性的作用,通常使用 Wald 检验,Wald 统计量是偏回归系数与自由度的函数,服从卡方分布,计算公式为:$Wald = \left(\dfrac{\beta_k}{S_{\beta_k}}\right)^2$,其中,$\beta_k$ 是自变量 x_k 所对应的参数的估计值,S_{β_k} 为系数估计值 β_k 的标准误差。

决策规则为:如果 Wald 在 $\alpha=0.05$ 水平下的 χ^2 值大于 3.84,则拒绝零假设,认为自变量 x_k 对反映变量有显著的影响。

(3) 似然比检验。

似然比检验用来检验截距模型与所建模型之间的差别,即以截距模型作为标准,比较在加入其他自变量后新的模型与数据的拟合水平是否有显著提高,其中截距模型是指删除所有自变量只剩截距系数的模型。定义截距模型为 L_0,作为参照模型,同时定义饱和模型为 L_x,则二者比率 L_0/L_x 称为似然比,可以证明 $-2\ln(L_0/L_x)$ 近似服从 χ^2,因此可以对 χ^2 变化量进行检验以确定自变量作用的显著程度,若卡方显著性检验结果小于 0.000,表明模型包含的自变量对因变量有显著的解释能力。

(4) 预测准确性检验。

对 Logistic 回归模型的另一种评价是模型的预测准确性,常用的评价指标为类 R^2 指标 (Analogous R^2)。线性回归中 R^2 可以描述因变量的变动中由模型的自变量所解释的百分比,虽然 Logistic 回归模型中没有相应的统计指标,但是在模型似然值对数的基础上,可以为 Logistic 回归模型计算某种类似 R^2 的指标(类 R^2 指标)。类 R^2 指标可以被理解为模型因变量变异中被解释的部分,是无量纲的量,不依赖于模型中使用的测量单位,有渐进独立于样本规模的性质。经常用到的类 R^2 指标包括下列几种:

McFadden 提出的评估离散选择模型拟合优度的指标: $R^2 = 1 - \dfrac{L_x}{L_0}$;

Cox 和 Snell 提出的确定系数一般形式: $R^2 = 1 - \left(\dfrac{L_0}{L_x}\right)^{\frac{2}{n}}$;

Nagelkerke 提出的调整类确定系数: $R^2_{adj} = \dfrac{R^2}{R^2_{\max}}$。

其中,L_x 与 L_0 分别表示所设模型和零假设模型各自的似然值,n 为样本量。

4. 参数解释

如果模型的拟合精度通过检验,便可以利用回归系数对研究对象进行解释。和线性回归系数一样,Logistic 回归模型的回归系数也可以解释为对应影响因素改变一个单位所导致的因变量的变化。

当模型的回归系数为正值且统计性显著时,意味着在保持其他变量不变的条件下,对数事件发生比{即 $\ln[P_i/(1-P_i)]$}随对应影响因素值的增加而增加;反之,一个显著的负回归系数代表在保持其他变量不变的条件下,对数事件发生比随对应影响因素值的增加而减少;如果系数的统计性不显著,说明对应自变量对反映变量的作用在统计上与 0 无差异。

(1) 事件发生比和发生比率。

利用事件的发生比或发生比率,通过标定的参数,可以定量地分析当某个或多个变量变化时,对个体的出行选择行为产生的影响。

将 Logistic 回归模型等式两侧取自然指数得到事件发生频率与不发生频率之比,此即事件发生比 (odds)。这样,x_k 对对数发生比的作用 β_k 便可转换为 x_k 对事件发生比的作用 e^{β_k}。如对于第 i 种事件:

$$odds = \frac{P_n(i)}{1-P_n(i)} = \exp(\alpha_1 + \beta_1 x_1 + \cdots + \beta_k x_k) = e^{\alpha_1} e^{\beta_1 x_1} \cdots e^{\beta_k x_k} \quad (3\text{-}15)$$

将对数发生比转换为事件发生比,则各影响因素之间的作用不再是加法关系,而是乘法关系。因此,比较两组发生比的方法不是通过减法,而是通过除法得到发生比率(odds ratio, OR),如式(3-16)所示:

$$OR = \frac{\dfrac{P_{k+1}}{1-P_{k+1}}}{\dfrac{P_k}{1-P_k}} = \frac{e^{\mu_j} \cdot e^{\beta_0} \cdot e^{\beta_1 x_1} \cdots e^{\beta_k (x_k+1)}}{e^{\mu_j} \cdot e^{\beta_0} \cdot e^{\beta_1 x_1} \cdots e^{\beta_k x_k}} = e^{\beta_k} \quad (3\text{-}16)$$

在 Logistic 回归中应用发生比率来理解自变量对事件概率的作用是最好的方法,解释如下:

当 $\beta_k > 0$ 时,$e^{\beta_k} > 1$,表明自变量 x_k 对事件概率有正向的作用(影响因素 x_k 每增加一个单位时,发生 z 比会相应增加);

当 $\beta_k < 0$ 时,$e^{\beta_k} < 1$,表明自变量 x_k 对事件概率有负向的作用(影响因素 x_k 每增加一个单位时,发生比会相应减少);

当 $\beta_k = 0$ 时,$e^{\beta_k} = 1$,表明自变量 x_k 对事件概率无作用(影响因素 x_k 增加或者减少对发生比没有影响)。

(2) 回归系数对选择概率的解释。

影响因素对事件发生概率也有影响,通过求偏导的形式,推导影响因素对事件发生概率的影响。

$$\begin{aligned}\frac{\partial P(y=1\mid x)}{\partial x_k} &= \frac{\partial \{\exp(\alpha + \sum \beta_k x_k)/[1+\exp(\alpha + \sum \beta_k x_k)]\}}{\partial x_k} \\ &= \frac{\beta_k \exp(\alpha + \sum \beta_k x_k)}{[1+\exp(\alpha + \sum \beta_k x_k)]^2} \\ &= \beta_k \frac{\exp(\alpha + \sum \beta_k x_k)}{1+\exp(\alpha + \sum \beta_k x_k)} \cdot \frac{1}{1+\exp(\alpha + \sum \beta_k x_k)} \\ &= \beta_k P(1-P) \end{aligned} \quad (3-17)$$

式中,P 为对应 x_k 的事件发生概率。

上述的推导结果表明,显著变量 x_k 对事件发生概率的作用,就等于该显著变量的回归系数值与 $P(1-P)$ 的乘积。由于 $P(1-P) > 0$,则显著变量的影响方向由 β_k 决定,而影响幅度由该变量的回归系数 β_k 和发生概率 P 共同决定。

3.5 公共交通乘客忠诚度

3.5.1 顾客忠诚度概念

顾客忠诚度是在市场营销中研究较多的一个概念,用以衡量顾客对某一商品或服务的依赖程度。

20 世纪 50 年代,Brown 和 Cunningham 率先对顾客忠诚进行了实证研究[21]。起初的研究集中在行为忠诚这一单一维度上[22],后来不断有学者认识到仅从行为角度出发考虑顾客忠诚度有不足之处,于是,对顾客忠诚度的研究逐步从单维度发展到态度和行为两个层面[23, 24],而近年来,又有研究人员指出顾客忠诚度的形成是一个从心理到行为的复杂过程,建议从认知、情感、意向、行为多维度进行研究[25]。

国内外很多学者从各自不同的角度对顾客忠诚度作出了不同的定义,比较典型的有:Oliver[25]认为顾客忠诚就是对偏爱产品或服务的深度承诺,在未来一贯地重复购买并因此而产生的对同一品牌或同一品牌系列产品、服务重复购买行为,而不会因市场情景的变化和竞争性营销力量的影响产生转移行为。马学清[26]认为顾客忠诚度是指在感情上有一定的偏爱,重复购买同一品牌的产品和服务,积极为企业做宣传和推荐,并且不易受外界特别是竞争品牌的信息诱惑。

3.5.2 顾客忠诚度影响因素

从顾客忠诚的概念中可以总结出其主要的影响因素包括服务质量、顾客满意度以及转移障碍,其中转移障碍又包括转移成本、相互关系、替代者的吸引力。

1. 服务质量

服务质量是产品生产的服务或服务业满足规定或潜在要求(或需要)的特征和特性的总和。特性是用以区分不同类别的产品或服务的概念,特征则是用以区分同类服务中不同规格、档次、品位的概念。服务质量分为客观服务质量、预期服务质量和感知服务质量。客观服务质量更多地反映出公交基础设施建设的水平;预期服务质量是顾客对服务企业所提供服务能否满足自身需求的一种预期;感知服务质量是顾客对服务企业所提供服务满足自身需求的实际感知水平。

服务质量对顾客忠诚既有直接的作用,也有间接的影响:Zeithaml 等[27]在实证研究中发现,服务质量与顾客忠诚正向相关;Reichheld 等[28]认为优质的服务可以直接提升顾客忠诚感;Cronin 等[29]发现服务质量除了会直接影响顾客行为意向外,也会通过中介变量(服务价值)间接对其产生影响;韩小芸等[30]指出服务质量通过顾客满意度这一中介变量间接影响顾客的推荐和重复购买行为。

从出行行为视角分析,服务质量一般主要讨论公交的感知服务质量,是从乘客角度反映的乘客在出行过程中对公交服务满足出行需求的感知的整体指标。

2. 顾客满意度

顾客满意度这一概念在 1965 年由 Carsozo 首先提出并应用于营销学研究上,他认为顾客满意度是顾客将期望服务质量与实际感知服务质量对比后的一种心理感觉程度[31],之后这个领域也开始被众多学者研究与关注。我国《质量管理体系 基础和术语》(GB/T 19000—2016)将顾客满意度定义为"顾客对其要求已被满足程度的感受",其中"要求"指"明示的、通常隐含的或必须履行的需求或期望"。

由于缺少普适性的定义,随着所研究角度或评价对象的不同,顾客满意度的定义也会在一定的范围内调整。界定的主要方式有两种:一种是以范畴来界定,可以分为特定交易观点和累积观点;另一种是以性质来界定,可以分为认知视角和情感视角。

特定交易型满意度是指顾客在特定环境下,对于使用特定产品所获得的价值程度的一种即时情绪性反应,是对某一次特定交易消费行为的后评价;累积型满意度(又称整体满意度)是指顾客长期使用某产品或服务消费的全部经验而累积的整体评价[32]。认知视角的满意是顾客将实际从产品或服务中所获得的认知表现与事前对产品或服务表现的期望作比较的认知过程评价,此时,期望与经验有直接关系,若产品或服务实际表现超过期望则产生满意,反之则产生不满意;感情视角的满意认为满意来自接受服务时的主观感觉或是情绪。目前,基于情感视角和认知视角的满意度研究成为主流的观点,这些代表性的研究观点如表 3-2 所示。总的来说,顾客满意度可以衡量顾客对产品或服务的主观认知感受水平,是从客户角度对产品或服务的综合评估。

表 3-2 顾客满意定义的研究观点

研究视角	研究者	满意度研究观点
情感视角	Woodruff 等[33]	一种来自消费经验的情感反应
	Westbrook 等[34]	顾客主观的积极评价所产生的满意感,或消极评价所产生的不满意感
	Oliver[24]	顾客对消费过程的一种情感反应,是消费过程中所存在的各种感觉的集合
	Oliver[25]	顾客根据快乐或不快乐的标准所感知的一种消费结果
	Shankar 等[35]	顾客对服务感知后快乐程度的表现
认知视角	Howard 等[36]	消费者对于其所付出的代价与获得回报合理程度的认知
	Hunt 等[37]	顾客对消费或服务体验的一种评估过程
	Hempel[38]	顾客所预期的产品价值实现与实际情况的意志程度
	Churchill 等[39]	顾客比较回报和付出成本后对整个购买与使用过程的评价
	Tes 等[40]	顾客的预期和认知价值之间感知差距的一种评价反映
	Fornell[41]	消费者在购买产品后的全面评估
	Parasuraman 等[42]	是以服务质量或产品质量及价格为自变量的一种函数
	Halstead[43]	产品或服务与预期标准比较后的一种反映
	Kolter 等[44]	对产品特性或服务效果的感知与内心期望比较后的感觉

很多研究证实顾客满意度和顾客忠诚具有正向关系:Carsozo[31]从营销角度提出"顾客满意会带动重复购买行为";Kolter 等[44]指出,顾客满意程度越高,购买就越多,对公司和对其品牌的忠诚就越持久;Oliver 等[45]学者的研究结果表明,顾客满意和顾客忠诚之间呈 S 形曲线关系,即顾客满意度达到一定水平以后,忠诚度会迅速提高;柯涛[46]认为顾客满意是促成顾客忠诚的一个必要条件,顾客获得连续不断的满意消费经历后,才可能由满意顾客变为忠诚顾客。

3. 转移障碍

转换障碍是指使顾客在转换供应商时变得困难的任何因素,主要包括三个方面:转换成本(在转换供应商时顾客感知的时间、财务和精力成本)、相互关系(顾客与雇员之间形成的强的私人关系)以及替代者的吸引力(市场上是否存在可供选择的替代者)。

由于转换成本的存在,顾客终结当前的关系,先前的投资就会受到损失,于是就被迫维持当前与供应商之间的关系(即使顾客对这种关系不满意),因此转换成本对顾客忠诚度有着正向作用[47]。袁金奎[48]从营销学的角度分析相互的私人关系对顾客忠诚度的影响,认为相互的私人关系将使顾客和他们的供应商联系得更加紧密,尤其是当建立了长期的关系后,顾客从中获得的社会利益将超出对核心服务的满意,也就是说,如果顾客获得了社会利益,即使对核心服务不是完全满意,那么也不会有太大的影响。因此,相互关系对顾客忠诚度有着正向作用；替代者的吸引力越大，顾客关系维持越难，替代者吸引力越小，顾客关系维持越容易，因此替代品的吸引力对顾客忠诚度有着负向作用。

3.5.3 公交乘客忠诚度定义

若将公共交通看作是一种服务，公交乘客则是接受服务的顾客，乘客持续乘坐公交便认为是顾客对服务具有忠诚度，因此将顾客忠诚度的概念引入公交出行行为的研究中具有充分的理论依据。

Scott 等[49]以芝加哥公交署 2008 年出行者公共交通满意度的调查数据为基础资料，采用回归分析方法从出行者特性、出行活动特性和公共交通服务质量三个方面分析公共交通出行忠诚度的影响因素，对"乘客对公交的忠诚度"这一因变量的测量通过"乘客对公交服务的满意度""乘客愿意继续乘坐公交的意愿""乘客向他人推荐乘坐公交的意愿"三个问题综合反映，最终得出结论：在出行者特性因素中，只有"年龄"影响显著；在出行活动特性中，"出行是否有过不愉快的经历""出行方式是否可以自由选择""公交出行频率"影响显著；而公交服务质量的各属性对公交忠诚度都有显著的影响。William 等[50]提出的"公交乘客再购买意愿"也可以看作是"公交乘客忠诚度"的另一种表述方式，他认为影响乘客再次乘坐公交的意愿是乘客的感知价值和其他交通方式的吸引力两方面共同作用的结果。乘客的感知价值是指乘客的感知收益和感知费用之差，感知收益主要通过感知的服务质量反映，感知费用不仅包括票价这种直接的金钱因素，同时还包括时间费用、心理费用等一些非金钱度量的因素，只有当乘客的感知收益大于感知费用时，乘客才会再次乘坐公交出行；同时其他方式的吸引力对乘客再次乘坐公交的意愿有着显著的负面影响。

总体而言，目前顾客忠诚度被广泛应用于营销领域中，对其概念、影响因素和测量模型都有比较成熟的结论，但是还鲜有学者将其应用到出行服务当中，仅有的几项研究也没有提出明确的概念。

综合国外学者对顾客忠诚度概念的不同表述，从态度和行为两方面对公交乘客忠诚度进行定义：

乘客在感情上对公交方式有一定的偏爱，在行为上重复公交出行、积极为公交出行方式做宣传和推荐，并且不易受到外界特别是其他竞争出行方式的诱惑。

3.6 公共交通竞争力影响因素分析

3.6.1 出行者市场细分

根据不同的交通环境和多样化的出行需求，各种公共交通方式表现出一种相互促进与补充的作用，然而，在讨论公共交通竞争力的时候，主要还是基于城市交通发展应该遵循"紧凑""多样""低排""舒适"的思路，力求通过集约化交通模式来定位城市交通的可持续发展路径。因此，公共交通竞争力讨论过程中所谈论的公共交通方式是指大运量公共交通，而非小运量的出租车(常规出租车、网约出租车)。

出行者是公共交通和小汽车竞争的对象。不同类型出行者的特性和经历使得不同出行者对于同一交通方式服务水平的感知会存在很大的差异,如果不加以区分而作为统一样本进行分析,往往会造成某些具有"一票否决式"作用的因素掩盖其他因素,从而造成研究结论出现偏差。因此,根据出行者市场细分的情况,在对公共交通竞争力影响因素进行分析的过程中,从公共交通的角度将出行者分为既有客源和潜在客源两个客户群体来进行研究。提高公共交通竞争力不仅需要努力维持已有乘客,而且还应尽力发展新的乘客,前者需要加强公共交通出行者的忠诚度,后者则需要力求通过提升公共交通核心竞争力来改变小汽车出行者的出行方式。

1. 公共交通的既有客源

"既有客源"是指目前主要乘坐公交出行的人群。目前而言,公共交通对该类人群来说是具备一定的竞争力的,但他们以后是否会继续乘坐公共交通出行,对乘坐公共交通的忠诚度如何,这将直接影响未来公共交通的竞争力。

据西方营销学者的研究和企业的实践经验,吸引一名新客户所耗费的时间、金钱和资源等成本,大概相当于保持一名现有客户的5倍[52]。另有相关研究表明,当出行者形成了一定的出行习惯后,再对其进行改变需要外界付出较大的时间、金钱等多方面的代价。因此,相比于增加新的公交乘客来说,公共交通在争夺市场份额时必须首先考虑如何维系已有的乘客关系,减少既有客源的流失。提高既有客源的公共交通忠诚度也就意味着提高了公共交通的竞争力,进而可以将面向"既有客源"的公共交通竞争力影响因素研究转变为对公共交通乘客忠诚度影响因素的研究。

现有关于乘客忠诚度的文献中,大部分是探索忠诚度与服务质量之间的关系,或者就公交服务质量本身的测量来研究其可以改善的地方,在引入竞争力概念后,针对既有客源不仅需要关注公交本身的服务质量,更要关注其竞争对手的服务水平以及方式转换成本的问题,这样对于公交面临的现状就能解析得更加清晰,所提出的对策也更具有针对性。

根据公共交通乘客忠诚度的定义,对其影响因素的分析主要从两个层面、四个基本点进行展开(图3-3):第一层面,坚持公交出行的因素,包括公交服务质量和公交满意度;第二层面,转变出行方式的因素,包括转移成本和替代出行方式吸引力。

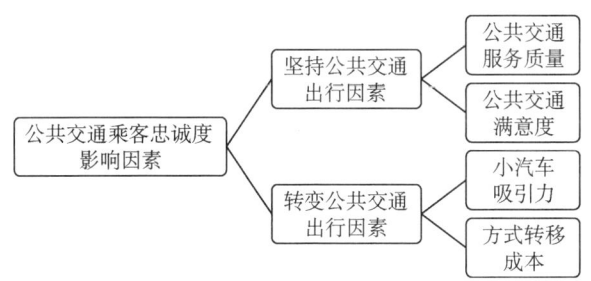

图3-3 公共交通乘客忠诚度影响因素结构

2. 公共交通的潜在客源

"潜在客源"是指目前出行不乘坐公共交通而偏好小汽车的人群。目前,公共交通对于该类人群不具备竞争力,但他们以后是否会考虑转乘公共交通,是否有可能成为公共交通的常用人群,这直接关系到公共交通出行分担比(图3-4)能否出现转机。

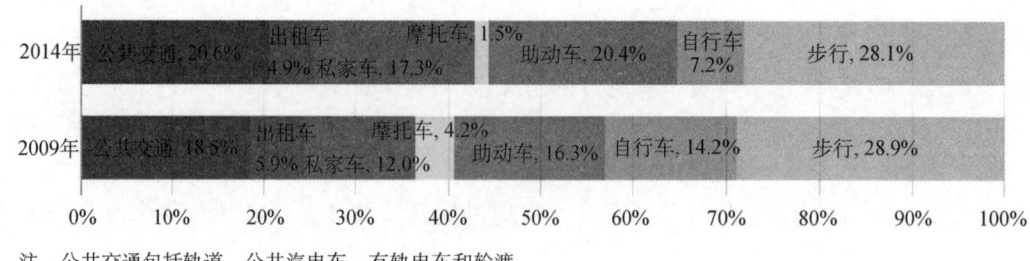

注：公共交通包括轨道、公共汽电车、有轨电车和轮渡。

图3-4 上海综合交通大调查公共交通分担比

目前,小汽车出行量在城市中所占的比例逐年增加,私人小汽车是公共交通增加市场份额的主要障碍,公共交通竞争力的提高必然意味着小汽车出行率的下降。一般来说,小汽车出行者至少有两种交通工具(小汽车和公共交通)可供选择,他们具备出行选择的自主权,对两种交通方式的服务质量有着最真实的感受,掌握影响其公共交通出行意愿的主要因素,可以更加全面地认识公共交通服务存在的缺陷,据此制定的公共交通服务质量改善措施更加具有针对性,有助于公共交通竞争力的提高。因此,可以将面向"潜在客源"的公共交通竞争力影响因素的研究转变为对其公共交通出行意愿影响因素的研究。

影响出行方式选择的主要因素包括三个方面:出行者特性、出行活动特性以及交通方式服务水平。考虑到通勤交通在出行目的中的比例,以及公共交通竞争对手乃是小汽车,因此在研究面向"潜在客源"的公共交通竞争力时,可排除前两类因素的影响,重点考虑交通方式服务水平的因素,即小汽车与公交车的服务质量对公交竞争力的影响。

3.6.2 面向既有客源的公共交通竞争力影响因素分析

公共交通出行者是维系既有公共交通出行关系、保持现有公共交通分担率的关键人群。作为公共交通的"既有客源",其继续公共交通出行的意愿,或者说对公共交通的忠诚度反映了公共交通在该类人群中具有的竞争力,因此,可以将面向"既有客源"的公共交通竞争力影响因素研究转变为对公共交通乘客忠诚度影响因素的研究。

顾客忠诚度是顾客对某一商品的再购买意愿和行为,受到商品质量以及顾客自身特性的影响,因此,公共交通乘客忠诚度会受到三方面的影响:公共交通服务质量、小汽车对出行者的吸引力以及出行者进行方式变化所需的成本。

以公交服务质量、小汽车吸引力、转移成本、乘客满意度以及乘客忠诚度作为潜变量,构建模型,量化各变量对乘客忠诚度的作用程度。潜变量需要通过多项指标进行测量,其中"服务质量"的测量指标通过以下两步获得:①以 PZB[①] 服务质量量表——SERVQUAL 量表为基础,同时考虑公交实际情况,构建公交服务质量测量表;②采用因子分析方法将众多的服务质量指标归为少量因子,作为反映"服务质量"的指标。

由于研究涉及了 5 个潜变量(因变量),既要分析各潜变量之间的因果关系(路径分析),同时还需要分析每个潜变量与其对应的测量指标之间的因子负荷关系(因素分析),因此本

---

① PZB 是指提出服务品质概念模式的英国剑桥大学的三位教授:Parasuraman、Zeithaml 和 Berry。

章采用集"因素分析"与"路径分析"于一体的结构方程模型分析方法构建所需模型(简称SEM模型)。

1. 定义变量及选择测量指标

5个潜变量分别为乘客忠诚度(customer loyalty，CL)、乘客满意度(customer satisfaction，CS)、公交服务质量 SERV、小汽车吸引力(car attraction，CA)、转移成本(switching cost，SC)，研究的显变量即为各潜变量的测量指标，通过量表形式展现。目前，许多学者已经针对上述潜变量的测量指标进行了大量的研究和测度，所以研究的量表主要在借鉴已有研究成果的基础上加以综合而成。

(1) 公交服务质量 SERV。

公交服务质量反映了乘客对公交性能的一种感知，是从乘客角度反映的乘客对公交服务的感知的整体指标。可以将公交服务质量定义为：在整个公交出行过程中，乘客对所享受到的各项公交服务的评价的综合反映。

1988年，PZB 提出了服务质量的5个维度：有形性(tangible)、可靠性(reliability)、响应性(responsiveness)、保证性(assurance)和移情性(empathy)，并开发了包含22项测量指标的 SERVQUAL 量表。研究以此量表为基础，结合公共交通的实际特点，最终确定反映公交服务质量的27项测量指标，如表 3-3 所示。

表 3-3 公交服务质量测量量表

编号	题 项
T1	乘坐公共汽车/地铁时所需的换乘时间
T2	乘坐公共汽车/地铁时所需的等车时间
T3	乘坐公共汽车/地铁时所需的车内时间
T4	乘坐公共汽车/地铁时所需的到站时间
T5	公共汽车/地铁的车内设施、环境
T6	公共汽车站台/地铁站台设施
T7	公共汽车/地铁的行车平稳性
T8	司乘人员的服务态度
T9	公共汽车/地铁时的到站准时性
T10	公共汽车/地铁时的报站准确性
T11	变化的运营线路或运营时间是否能够及时通知公众
T12	公交线路的查询系统是否能够保持正常，信息及时更新
T13	公交公司对乘客的意见是否能够及时给出答复
T14	售票员、司机、站台服务人员是否耐心解答乘客的询问
T15	公共汽车/地铁内的治安情况
T16	公共汽车/地铁的运行安全性
T17	站台安全性

(续表)

编号	题 项
T18	天气情况对公共汽车/地铁服务质量的影响
T19	公交票价是否合理
T20	公交的换乘优惠措施是否有效
T21	上下班乘坐公共汽车/地铁所支出的费用高低
T22	乘坐公共汽车/地铁时换乘便利性
T23	公共汽车/地铁的车内、站台的信息配备
T24	公共汽车/地铁的运营时间
T25	乘坐公共汽车/地铁时,是否可以读书看报
T26	乘坐公共汽车/地铁时,是否可以打电话、聊天
T27	乘坐公共汽车/地铁时,是否能够得到很好的休息

在结构方程模型建立之前,对 27 项测量指标进行因子分析,用降维处理后的几项因子代替原 27 项测量指标作为模型中服务质量的显变量,以减少模型复杂度。

(2) 乘客满意度 CS。

满意度是一种消费态度的特定形式,反映消费者在经历服务后喜欢或不喜欢的程度。可以将乘客满意度定义为:基于实际的出行感受,乘客对公共交通提供的服务的整体评价。

对该变量的测量借鉴了 Spreng 等[53]的方法,共设计了如下 3 个题目:

CS1:总的来说,我对公交出行很满意。

CS2:总的来说,公交提供的服务与自己的最初期望很相符。

CS3:采用公交出行,我得到了自己想要的服务。

(3) 乘客忠诚度 CL。

顾客忠诚度表现为其购买某种产品或服务的强烈意愿,以及在这种意愿驱使下发生的重复购买行为。可以将乘客忠诚度定义为:乘客在感情上对公交方式有一定的偏爱,在行为上重复公交出行、积极为公交出行方式做宣传和推荐,并且不易受到外界特别是其他竞争出行方式的诱惑。

对该变量的测量参考了韩小芸等[54]的研究,分别从乘客的态度忠诚和行为忠诚两个方面考虑,共设计了如下 6 个题目:

CL1:我愿意采用公交出行。

CL2:我愿意推荐他人使用公交。

CL3:即便有其他的交通方式供我选择,公交仍然是我的首选。

CL4:我准备长期地采用公交出行。

CL5:我会向他人推荐公交出行。

CL6:相比于其他出行方式,我更加喜欢乘坐公交。

(4) 出行方式转移成本 SC。

转移成本为顾客在转换供应商时的可感知风险,也就是顾客感知的潜在损失,包括时间、心理、金钱等多个方面。将公交乘客的出行方式转移成本定义为:公交乘客在由公共交通出行转向小汽车出行时,所承受的心理上和经济上的损失。

对该变量的测量主要从金钱成本和心理成本两方面考虑,共设计了如下 5 个题目:

SC1:对我来说,购买小汽车的费用很高。

SC2:对我来说,小汽车的使用费用很高,如燃油费、停车费等。

SC3:要适应小汽车出行,将会花费我较大的时间和精力。

SC4:我担心从公交到小汽车的转变,会打乱我原有的日常生活安排。

SC5:我担心小汽车出行其实没有自己想象中那么方便,可能会有意想不到的情况发生。

(5) 小汽车吸引力 CA。

替代者的吸引力主要是从替代者的数量、名声、形象和服务质量方面来考虑的。本书主要考虑公共交通与小汽车交通的竞争,因此替代者主要指小汽车出行。对小汽车吸引力定义为:公交乘客对小汽车出行服务质量的评价及使用小汽车出行的意愿。

对该变量的测量参考了 Ping[55]和严浩仁[56]的研究,共设计了如下 4 个题目:

CA1:我非常希望可以使用小汽车。

CA2:与公交出行相比,小汽车可以给我提供更高质量的出行服务。

CA3:我很喜欢开车,喜欢驾车的感觉。

CA4:驾驶或者乘坐小汽车能够给我带来巨大的成就感。

2. 变量关系假设及概念模型构建

不仅公交服务质量、乘客满意度、转移成本、替代出行方式的吸引力对乘客忠诚度有着直接的作用,各因素之间也存在相互的影响作用,因此,本书根据对文献成果的梳理提出公交乘客忠诚度影响因素模型的相关假设。

(1) 公交服务质量和乘客满意度的相互作用。

在服务经济学领域中,关于服务质量和满意度之间是否存在相互作用及作用方向一直处于争论之中,并主要形成了以下 3 种观点:①服务质量与顾客满意之间存在相关关系,并且服务质量是顾客满意的前因变量[57,58];②服务质量与顾客满意之间存在相关关系,并且顾客满意是服务质量的前因变量[59,60];③服务质量与顾客满意之间不存在相关关系[61,62]。然而,结合国内的消费文化发现,国内消费者大多在亲身体验后才会对服务进行满意与否的评价,即符合服务质量影响满意度的观点,因此提出如下假设:

H1:公交服务质量对乘客满意度有显著的正向作用。

(2) 公交服务质量和小汽车吸引力的相互作用。

出行者通过比较可供选择交通方式服务质量的优劣,进而决定采用何种方式出行。因此,某种交通方式服务质量的变化对出行者选择其他交通方式的意愿有着直接的影响,公共交通服务质量的提高会降低出行者选择其他交通方式的意愿,因此提出如下假设:

H2:公交服务质量对小汽车吸引力有显著的负向作用。

(3) 公交服务质量和转移成本的相互作用。

出行者改变出行方式(尤其是由乘坐公交改为小汽车出行)不仅需要金钱的支出,而且还需要承担因出行习惯改变而引起的心理不适。公交服务质量越高,出行者越喜欢乘坐公交出行,心理上对公共交通的依赖会越强烈,那么出行方式变化引起的心理不适也会越强

烈,即公交服务质量的提高会增加转移成本,因此提出如下假设:

H3:公交服务质量对转移成本有显著的正向作用。

(4)公交服务质量和乘客忠诚度的相互作用。

很多研究表明服务质量与忠诚度之间有着正向相关关系,如:Reichheld 等[63]指出优质的服务可以提升顾客忠诚感;Zeithaml 等[64]证实优质的服务可以使顾客在价格上涨的情况下继续保持忠诚;韦福祥[65]在一项研究中验证了顾客感知服务质量与顾客推荐意图和重购意愿呈正相关,因此提出如下假设:

H4:公交服务质量对乘客忠诚度有显著的正向作用。

(5)乘客满意度和乘客忠诚度的相互作用。

消费市场中大量实证研究表明,顾客满意和顾客重复购买意向之间存在积极的关系[66],乘客对公交服务的满意度提升将会减少其改变出行方式的意愿,坚定乘客选择再次乘坐公交出行,因此提出如下假设:

H5:乘客满意度对乘客忠诚度有显著的正向作用。

(6)转移成本和乘客忠诚度的相互作用。

学者们在对转换成本理论的研究中,基本上肯定了转换成本在顾客保留中的积极作用,转换成本会让消费者在转换供应商时花费更多成本,或造成转换行为的困难。出行者在改变出行方式时需要付出的成本越大,越有利于维持现有的出行方式不变,因此提出如下假设:

H6:转移成本对乘客忠诚度有显著的正向作用。

(7)小汽车吸引力和乘客忠诚度的相互作用。

Jones 等[67]研究证明,当替代者吸引力较弱时,消费者的再购买意愿会上升,而当替代者吸引力增加时,再购买的意愿会随之减弱。出行者对使用小汽车出行的意愿越强烈,即小汽车出行的吸引力越大,越容易改变其现有的出行方式,因此提出如下假设:

H7:小汽车吸引力对乘客忠诚度有显著的负向作用。

将上述假设整理进行汇总,如表 3-4 所示。

表 3-4 潜变量关系研究假设

编号	假设	预期符号
H1	公交服务质量对乘客满意度有显著的正向作用	＋
H2	公交服务质量对小汽车吸引力有显著的负向作用	－
H3	公交服务质量对转移成本有显著的正向作用	＋
H4	公交服务质量对乘客忠诚度有显著的正向作用	＋
H5	乘客满意度对乘客忠诚度有显著的正向作用	＋
H6	转换成本对乘客忠诚度有显著的正向作用	＋
H7	小汽车吸引力对乘客忠诚度有显著的负向作用	－

以乘客忠诚和乘客满意度作为内生潜变量,公交服务质量、转移成本和替代出行方式吸引力作为外生潜变量,构建本研究的概念模型,如图 3-5 所示。外在潜变量之间的相

互用作关系用"双向箭头弧线"表示,外生潜变量对内生潜变量的作用则以"单向箭头直线"表示。

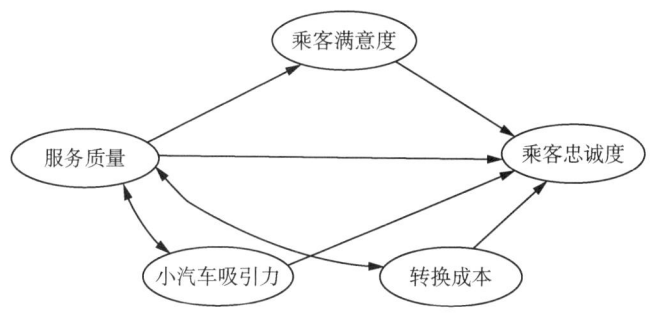

图 3-5 公交乘客忠诚度概念模型

实际应用中,将上述概念模型输入分析软件,结合实际调查数据,便可得到各因素对乘客忠诚度的作用程度,进而提取主要的影响因素。

3. 数据背景与问卷调查

(1) 调查设计与实施。

调查问卷设计的主要工作包括确定调查对象、设计实验方案、设计问卷形式、斟酌问卷语句用词及编排问卷项目等。

研究严格遵循问卷设计的可靠性、顺序性及简明性原则,设计过程中对问卷的内容、编排和用词进行探讨与修正,在初步确定问卷内容之后,进行问卷小规模预调查,进一步对测量项目进行修改、增添、删除,同时通过与乘客访谈的方式,进一步修正与改善研究问卷中可能不恰当的问法或用语,最终形成正式研究问卷。

问卷主要包括两部分内容:出行者出行意愿调查和出行者社会经济属性调查。其中,出行意愿调查包括了公交服务质量评价(T1~T27)、公交服务满意度(CS1~CS3)、公交乘客忠诚度(CL1~CL6)、小汽车吸引力(CA1~CA4)和转移成本(SC1~SC5)5个方面的内容,共计45道问题,社会经济属性的调查主要包括性别、年龄、职业、收入等9个问题。详细问卷见附录 A。

正式调查于 2011 年 10 月 29 日和 2011 年 10 月 30 日在上海市进行,采用街头访问、现场填写的形式,调查员随机发放问卷,并向被调查者介绍调查概况,定时回收问卷。本次调查对象限定为乘坐公交(包括公共汽车和地铁)上班的人群,且调查题目较多(完成一份问卷需要 5 min 左右),为保证调查样本的有效性,同时确保调查对象有足够的时间填写问卷,调查地点主要选择地铁或公共汽车内。本次调查共发放问卷 450 份,回收问卷 450 份,对回收的问卷进行整体筛选,剔除填写不清、错填、漏填、关键信息自相矛盾的问卷,最终获得有效问卷 337 份,有效回收率为 74.89%。

对于在不同情况下的最低样本量,比较常见的建议是要求样本数应至少为测试指标数目的 10 倍[68],本章研究共包括因子分析和结构方程模型的建立两部分,测试指标数分别为 27 和 25,所需的最低样本量分别为 270 和 250,因此,本次调查的有效样本量已达到要求。

(2) 样本基本情况统计。

对有效问卷进行统计分析,得到样本量的社会经济属性统计情况如表 3-5 所示。调查结果显示:调查对象男女比例较为接近,男性为 52.86%,女性为 47.14%,基本符合城市居民出行的性别比例;调查对象的年龄分布中 18～40 岁的比例高达 89.72%,基本符合城市通勤出行人群的年龄分布特征;调查对象的平均月收入分布中 2 000～4 000 元所占比例最高,为 36.34%,其次是 4 000～6 000 元,为 27.85%,基本符合目前公交出行者的收入为中等及中等偏下的特征;此外,调查对象的教育程度集中在大专及以上,占比为 80.64%,职业分布以企业员工所占比例最多,为 40.85%。

综上所述,本调查获得的样本对象在性别、年龄、职业、受教育程度以及月平均收入等基本的社会经济特征上的分布上符合城市公交上班人群的出行特征,比较符合现实情况,样本的分布满足随机抽样调查的要求,研究具有普遍的应用意义。

表 3-5 调查样本的社会经济资料统计

项目	类别	样本量	频率/%
性别	男	199	52.79
	女	140	47.21
年龄	17 岁以下	6	1.59
	18～25 岁	194	51.46
	26～40 岁	148	39.26
	41～54 岁	23	6.10
	55～60 岁	3	0.80
	60 岁以上	3	0.80
教育程度	初中及以下	9	2.39
	高中	35	9.28
	中专	29	7.69
	大专	105	27.85
	本科	135	35.81
	研究生及以上	64	16.98
平均月收入	2 000 元以下	37	9.81
	2 000～4 000 元	137	36.34
	4 000～6 000 元	105	27.85
	6 000～10 000 元	79	20.95
	10 000 元以上	19	5.04
职业	外来务工人员	63	16.71
	企业管理人员	39	10.34

(续表)

项目	类别	样本量	频率/%
职业	企业员工	154	40.85
	教师	10	2.65
	行政办公人员	21	5.57
	个体商人	8	2.12
	其他	82	21.75
是否有驾照	有	171	45.36
	无	206	54.64
未来两年是否有购车计划	是	165	43.77
	否	212	56.23
出行时间	0~30 min	179	47.48
	30~60 min	124	32.89
	大于60 min	74	19.63
主要交通方式	地面常规公交	233	61.87
	轨道交通	143	38.12

观察调查对象的驾照拥有情况及购车计划的统计结果发现,拥有驾照出行者的比例为45.36%,在未来两年内计划购车的出行者比例为43.77%,说明从客观上来看,将有越来越多的出行者具备小汽车出行的条件,公共交通面临的压力不断增加。

4. 问卷信度和效度检验

为了确保所设计的问卷质量,通过问卷的信度和效度检验来对问卷及题目项的适当性进行评价。

(1) 问卷信度检验。

问卷信度(reliability)指测量结果(数据)稳定性或一致性的程度。一致性主要反映的是测验内部题目之间的关系,考察测验的各个题目是否测量了相同的内容或特质;稳定性是指用一种测量工具(譬如同一份问卷)对同一群受试者进行不同时间上的重复测量结果间的可靠系数,如果问卷设计合理,重复测量的结果间应该高度相关。

信度检验的方法主要包括再测信度、复本信度和内在一致性信度。本书没有进行多次重复测量,所以采用反映内部一致性的指标来测量数据的信度,即使用Cronbach α 系数来检验问卷的内在一致性信度,同时使用CITC(corrected item-total correlation)指标来净化测量项目。检验所依据的标准是:若Cronbach α 系数大于0.7,说明信度较好;若某题项的CITC值大于0.3,则应该保留该题项,若某题项的CITC值小于0.3,且删除该项后,可以提升整个维度的Cronbach α 值(即可以提升整体信度),则应该删除该题项。利用SPSS17.0

分析各指标的 CITC 及各维度的 Cronbach α 系数,其结果如表 3-6 所示。

表 3-6 CITC 与 Cronbach α 检验值

维度	测量指标（题目项）	均值	标准差	CITC	测度项删除后 α 值	Cronbach α
乘客忠诚度	CL1	3.84	1.331	0.580	0.856	0.865
	CL2	3.68	1.293	0.667	0.841	
	CL3	3.36	1.453	0.685	0.838	
	CL4	3.48	1.412	0.671	0.840	
	CL5	3.45	1.260	0.688	0.838	
	CL6	3.44	1.326	0.673	0.840	
满意度	CS1	3.27	1.081	0.718	0.778	0.845
	CS2	3.11	1.086	0.748	0.749	
	CS3	3.11	1.092	0.670	0.824	
小汽车吸引力	CA1	2.97	1.318	0.701	0.757	0.826
	CA2	3.00	1.268	0.617	0.796	
	CA3	3.08	1.329	0.636	0.788	
	CA4	2.67	1.298	0.652	0.780	
转移成本	SC1	3.12	1.247	0.462	0.675	0.715
	SC2	3.52	1.273	0.547	0.640	
	SC3	3.07	1.276	0.601	0.616	
	SC4	2.75	1.202	0.334	0.723	
	SC5	3.39	1.216	0.440	0.684	
服务质量	T1	2.98	1.147	0.559	0.922	原始 α:0.927 最终 α:0.931
	T2	2.98	1.210	0.555	0.922	
	T3	3.13	1.103	0.590	0.922	
	T4	3.20	1.253	0.397	0.925	
	T5	3.26	1.118	0.648	0.921	
	T6	3.18	1.163	0.563	0.922	
	T7	3.23	1.109	0.668	0.921	
	T8	3.25	1.064	0.636	0.921	
	T9	3.26	1.105	0.620	0.921	
	T10	3.49	1.115	0.576	0.922	
	T11	3.21	1.237	0.619	0.921	
	T12	3.16	1.134	0.606	0.922	

(续表)

维度	测量指标（题目项）	均值	标准差	CITC	测度项删除后 α 值	Cronbach α
服务质量	T13	2.87	1.146	0.558	0.922	原始 α：0.927 最终 α：0.931
	T14	3.17	1.124	0.505	0.923	
	T15	2.81	1.129	0.456	0.924	
	T16	3.02	1.083	0.648	0.921	
	T17	3.45	1.060	0.621	0.921	
	T18	3.21	1.277	0.640	0.921	
	T19	2.76	1.353	0.558	0.922	
	T20	3.11	1.236	0.490	0.923	
	T21	2.93	1.281	−0.014	0.931	
	T22	3.30	1.043	0.617	0.922	
	T23	3.25	1.099	0.576	0.922	
	T24	3.09	1.121	0.562	0.922	
	T25	2.99	1.203	0.525	0.923	
	T26	2.95	1.247	0.448	0.924	
	T27	2.84	1.148	0.479	0.923	

从表3-6可以看出，研究所涉及的5个潜变量的Cronbach α系数均大于0.7，说明各变量的测量指标都具有较好的内在一致性，信度较好。"乘客忠诚度""乘客满意度""小汽车吸引力"及"转移成本"4个变量所有的测量项目的CITC指标都大于0.30，符合不删除标准，因此保留所有的测量项目。"服务质量"变量的T21测量项目的CITC指标小于0.30，且删除后Cronbach α值增大，因此删除题项T21，保留其他的测量项目。

(2) 问卷效度检验。

问卷效度(validity)反映了问卷能够正确测量出所要研究问题的特质的程度。问卷的效度检验一般从内容效度和结构效度两个方面进行说明。

结构效度(structure validity)也称构想效度、建构效度或理论效度，是指问卷反映概念和命题内部结构的程度，也就是说如果问卷调查结果能够测量其理论特征，使调查结果与理论预期一致，就认为数据是具有结构效度的。它一般是通过比较测量结果与理论假设来检验的。确定结构效度的基本步骤是：首先，从某一理论出发，提出关于特质的假设；其次，设计和编制问卷并实施调查；最后，采用相关分析或因子分析等方法对调查的结果进行分析，验证其与理论假设的相符程度。

结构效度一般可以采用以下方法来实现：

(1) 通过模型系数评价结构效度。如果模型假设的潜变量之间的关系以及潜变量与可测变量之间的关系合理,非标准化系数应当具有显著的统计意义。特别是,通过标准化系数可以比较不同指标间的效度。

(2) 通过相关系数来评价结构效度。如果在理论模型中潜变量之间存在相关关系,可以通过潜变量的相关系数来评价结构效度;显著的相关系数说明理论模型假设成立,具有较好的结构效度。

(3) 先构建理论模型,通过验证性因子分析的模型拟合情况来对量表结构效度进行考评,因此,数据的效度检验就转化为结构方程模型评价中的模型拟合指数评价,如果理论模型与数据拟合较好,结构效度就较好。

内容效度(content validity)也称表面效度或是逻辑效度,指所设计的题项能否代表所要测量的内容或主题,即测量目标与测量内容之间的适合性与相符性,常采用逻辑分析与统计分析相结合的方法进行评价。逻辑分析一般由研究者或专家评判所选选题项是否"看上去"符合测量的目的和要求;统计分析一般采用探索性因子分析(exploratory factor analysis)。

探索性因子分析是由 Charles Spearman 在 1904 年首次提出,它是将具有错综复杂关系的变量(或样品)综合成数量较少的几个因子,以再现原始变量与因子之间的相互关系,属于多元分析中处理降维的一种统计方法。探索性因子分析法一般以主成分分析的形式来提高问卷的可靠性,并定义相应的潜变量因子,主要使用相关矩阵来实现。为了确定潜变量因子数目,采用正交旋转法,规定特征值大于或等于 1 的潜变量因子才能被纳入考虑[69,70]。

调查主要分两个部分,一是居民出行意愿调查,二是公共交通服务质量调查。因此,问卷的效度分析也分两部分进行检验。

(1) 问卷一 效度检验:居民出行意愿调查问卷效度检验。

在进行分析以前,必须先进行因子分析适合性的评估,以判断所获得的资料是否适合进行因子分析。检验的方法主要有 KMO 样本测度(Kaiser-Meyer-Olkin measure of sarnpling adequacy)和巴特莱球体检验(Bartlett test of sphericity)。判断标准为:当 KMO 值大于 0.5,巴特莱球体检验的显著性概率<0.01 时,表明适合做因子分析。

如表 3-7 所示,研究样本的 KMO 值为 0.793,Bartlett 球体检验的显著性概率为 0.000,说明适合做因子分析。

表 3-7 KMO 和 Bartlett 的检验

取样足够度的 KMO 度量		0.793
Bartlett 球体检验	近似卡方	2796.270
	自由度 df	153
	显著性概率 Sig.	0.000

使用主成分分析法,以特征值 1 为标准截取数据,并用方差最大化正交旋转,得到如表 3-8 所示的分析结果。

表 3-8 探索性因子分析旋转矩阵[a]

题项	因子			
	1	2	3	4
CL2	0.780	−0.039	0.096	0.099
CL5	0.774	−0.065	0.029	0.170
CL3	0.747	−0.074	0.012	0.189
CL4	0.742	−0.183	0.101	0.121
CL1	0.741	0.032	0.112	0.004
CL6	0.719	−0.106	−0.017	0.293
CA1	−0.125	0.840	−0.002	−0.043
CA3	−0.034	0.790	−0.031	0.035
CA4	−0.131	0.782	0.010	0.078
CA2	−0.040	0.768	0.049	−0.093
SC3	0.077	−0.140	0.793	0.084
SC2	0.159	0.267	0.729	−0.099
SC1	−0.048	0.270	0.685	−0.074
SC5	0.264	−0.129	0.625	−0.002
SC4	−0.096	−0.143	0.551	0.241
CS2	0.206	−0.039	0.050	0.854
CS1	0.222	−0.009	0.016	0.840
CS3	0.217	0.045	0.042	0.804

注:萃取方法为主成分分析;旋转方法为具有 Kaiser 标准化的正交旋转法。
[a] 旋转在 6 次迭代后收敛。

经过探索性因子分析,共提取 4 个特征值大于 1 的因子,累计解释方差变动为 62.135%,各题项均能反映到预先设定的维度上,且在单一因子上的载荷均大于 0.500,不存在跨因子载荷(cross-loading),因此说明问卷具有较好的收敛效度(convergent validity)与区别效度(discriminate validity),说明问卷的设置是合理的。

(2) 问卷二 效度检验:服务质量测量指标的因子分析。

根据上节信度检验的结果,在删除 T21 之后,对剩余的 26 个测量项目进行探索性因子分析。如表 3-9 所示,样本的 KMO 值为 0.923,大于 0.500,且 Bartlett 球体检验的显著性概率为 0.000,说明适合做因子分析。

表 3-9 服务质量因子 KMO 和 Bartlett 的检验

取样足够度的 KMO 度量		0.923
Bartlett 球体检验	近似卡方	4 263.891
	自由度 df	300
	显著性概率 Sig.	0.000

以主成分分析法萃取共同因子,同时使用最大方差旋转法(varimax rotation)进行正交旋转,以便于共同因子的识别和命名。在第一次因子分析中,测量项目 T18 在第一个和第二个因子中差别仅为 0.014,说明该测量项的区别效度不佳,应删除该项,最终还剩 25 个测量项目。然后进行第二次因子分析,结果如表 3-10 所示。

表 3-10 探索性因子分析旋转成分矩阵[a]

题项编号	因子						
	1	2	3	4	5	6	7
T10	0.740	0.075	0.336	0.022	0.112	0.133	−0.077
T9	0.689	0.233	0.225	0.115	0.071	0.091	0.115
T6	0.659	0.195	−0.027	0.273	0.107	0.028	0.223
T8	0.650	0.235	0.232	0.113	0.113	0.152	0.128
T7	0.618	0.244	0.101	0.262	0.135	0.217	0.157
T5	0.495	0.362	0.081	0.328	0.155	0.056	0.242
T17	0.449	−0.049	0.164	0.388	0.130	0.263	0.414
T1	0.248	0.739	0.218	0.090	0.146	0.065	−0.034
T2	0.234	0.738	0.163	0.058	0.153	0.123	0.046
T3	0.249	0.691	0.045	0.268	0.101	0.224	0.045
T4	0.067	0.633	0.109	0.182	−0.070	0.019	0.220
T13	0.110	0.156	0.811	0.141	0.062	0.148	0.157
T12	0.321	0.129	0.731	0.165	0.158	0.073	0.001
T14	0.069	0.144	0.647	0.210	−0.058	0.136	0.383
T11	0.399	0.199	0.605	0.073	0.183	0.088	0.073
T23	0.199	0.134	0.244	0.776	0.164	0.061	0.010
T24	0.174	0.199	0.107	0.700	0.174	0.157	0.117
T22	0.222	0.310	0.165	0.647	0.251	0.135	−0.034
T26	0.114	0.015	0.158	0.164	0.823	0.098	−0.002
T27	0.133	0.127	0.031	0.121	0.767	0.028	0.297
T25	0.146	0.133	0.052	0.211	0.751	0.198	0.114
T20	0.136	0.099	0.127	0.202	0.136	0.792	0.093
T19	0.231	0.214	0.186	0.066	0.144	0.746	0.076
T15	0.175	0.134	0.186	−0.069	0.278	0.028	0.779
T16	0.311	0.156	0.290	0.208	0.162	0.238	0.548
Cronbach α	0.854	0.783	0.817	0.790	0.799	0.658	0.732

注:萃取方法为主成分分析;旋转方法为具有 Kaiser 标准化的正交旋转法。
[a] 旋转在 7 次迭代后收敛。

从表 3-10 处理结果来看,测量公交服务质量的 25 个题项被归于 7 个因子,除了 T5 和 T17 的因子负荷略低于 0.5 之外,其余题项在各自因子上的载荷分布均大于临界值 0.5,说明问卷在服务质量测量方面具有较高的建构效度。7 个因子维度的 Cronbach α 值依序为 0.854、0.783、0.817、0.790、0.654 及 0.732,除了第 6 个因子的 Cronbach α 值略小于 0.7 外,其余因子的 Cronbach α 值都在 0.7 以上,总体上认为提取的因子有较佳的信度。

如表 3-11 所示,7 个因子可以解释总体方差的 67.011%,同时题项萃取的特征值基本达到 1.0 以上,说明提取的 7 个因子能够较好地解释、代表原来的 25 项测量指标,用这 7 项因子代替 25 个题项进行进一步的分析是较合理的。

表 3-11 提取因子解释的总变异量(解释的总方差)

成分	初始特征值			提取平方和负荷量萃取			旋转平方和负荷量		
	合计	方差/%	累积/%	合计	方差/%	累积/%	合计	方差/%	累积/%
1	9.342	37.367	37.367	9.342	37.367	37.367	3.539	14.155	14.155
2	1.702	6.809	44.176	1.702	6.809	44.176	2.702	10.809	24.964
3	1.515	6.059	50.236	1.515	6.059	50.236	2.624	10.497	35.461
4	1.177	4.709	54.944	1.177	4.709	54.944	2.330	9.320	44.781
5	1.113	4.452	59.396	1.113	4.452	59.396	2.320	9.280	54.061
6	0.970	3.881	63.277	0.970	3.881	63.277	1.629	6.517	60.577
7	0.934	3.734	67.011	0.934	3.734	67.011	1.608	6.434	67.011

注:萃取法为主成分分析法。

根据各因子包含题项涉及的内容对各因子进行命名,具体分析如下:

(1)因子一:舒适性。

此因子包括 6 个题项,如表 3-12 所示。从直观上感觉,T5、T6、T7、T8 反映的内容为传统意义上的乘车舒适,而 T9、T10 更多地体现公共交通服务的准时性。但是深入分析发现,车辆到站准时会减少乘客等车的焦虑,报站及时准确可以帮助乘客随时了解行程并做好下车准备,这些直接关系着乘客出行过程的心情,进而影响到乘客乘车的心理舒适。所以,综合来看,本书中的"舒适性"同时包括了传统概念上的身体舒适和拓展意义上的心理舒适两方面。

表 3-12 舒适性因子指标

	题 项	因子负荷
T10	公共汽车/地铁报站是否及时、准确	0.740
T9	公共汽车/地铁到站是否准时	0.689
T6	站点设施配置是否完备,等车是否舒适	0.659
T8	司乘人员服务态度是否到位	0.650
T7	行车是否平稳	0.618
T5	公共汽车/地铁的车内设施是否完善,环境是否良好,温度是否适宜	0.495

(2) 因子二:时效性。

此因子包括 4 个题项,如表 3-13 所示。可以看出,这 4 个题项涉及乘客对出行时间的感知,包括车内时间(乘车)和车外时间(换乘、等车、到达站点)。因此,可将此因子命名为公交服务质量的"时效性"。

表 3-13 时效性因子指标

	题　　项	因子负荷
T1	换乘时间	0.739
T2	等车时间	0.738
T3	车内时间	0.691
T4	从出发地点到站点的时间	0.633

(3) 因子三:可靠性。

此因子包括 4 个题项,如表 3-14 所示。可以看出,这 4 个题项涉及乘客出行的服务信息通畅、可靠,包括公交服务人员与乘客的直接交流以及公交信息系统的运作两方面。因此,可将此因子命名为公交服务质量的"可靠性"。

表 3-14 可靠性因子指标

	题　　项	因子负荷
T13	公交公司对乘客的意见是否能够及时答复	0.811
T12	公交线路的查询系统是否能够保持正常,信息是否能及时更新	0.731
T14	售票员、司机、站台服务人员是否能耐心解答乘客的询问	0.647
T11	变化的运营线路或运营时间是否能够及时通知公众	0.605

(4) 因子四:便捷性。

此因子包括 3 个题项,如表 3-15 所示。可以看出,这 3 个题项涉及乘客的出行便捷,如充足的站点信息可以帮助乘客合理地安排出行线路,便捷的换乘设施可以减少乘客不必要的绕行,灵活的运营时间可以满足乘客各时段的出行需求。因此,可将该因子命名为公交服务质量的"便捷性"。

表 3-15 便捷性因子指标

	题　　项	因子负荷
T23	车内、站台提供的信息是否满足需求	0.776
T24	公共汽车/地铁的运营时间是否符合需求	0.700
T22	换乘是否方便	0.647

(5) 因子五:自由性。

此因子包括 3 个题项,如表 3-16 所示。可以看出,这 3 个题项涉及乘客出行的活动自由和精神放松,与开车时需要精神高度集中、不能随意打电话和聊天等限制相比,乘坐公共汽车则不受此类约束,甚至可以很好地得到休息。因此,可将此因子命名为公交服务质量的"自由性"。

表 3-16 自由性因子指标

题项		因子负荷
T26	是否可以自由地打电话、与朋友聊天	0.823
T27	是否可以精神放松,得到很好的休息	0.767
T25	是否可以读书看报	0.751

(6) 因子六:经济性。

此因子包括 2 个题项,如表 3-17 所示。可以看出,这 2 个题项涉及乘客的出行费用,因此,可将此因子命名为公交服务质量的"经济性"。

表 3-17 经济性因子指标

题项		因子负荷
T20	公交的换乘优惠是否有吸引力	0.792
T19	公交票价是否合理	0.746

(7) 因子七:安全性。

此因子包括 3 个题项,如表 3-18 所示。可以看出,这 3 个题项涉及乘客的出行安全,包括了车内和站台的人身财产安全,因此,可将此因子命名为公交服务质量的"安全性"。

表 3-18 安全性因子指标

题项		因子负荷
T15	公共汽车/地铁内的治安是否良好	0.779
T16	公共汽车/地铁的运行是否安全	0.548
T17	站台等车是否安全	0.414

在之后进行的公交乘客忠诚度结构方程模型的建立过程中,将采用因子分析所得的 7 个因子替代原始的 25 项测量指标作为服务质量这一潜在变量的外显变量进行建模。

5. 乘客忠诚度影响因素 SEM 模型的建立

(1) 路径图的建立。

基于以上对调查数据的初步处理结果,最终确定各变量的度量指标。

乘客忠诚度包含 CL1、CL2、CL3、CL4、CL5 和 CL6 六个指标;

乘客满意度包含 CS1、CS2 和 CS3 三个指标;

小汽车吸引力包含 CA1、CA2、CA3 和 CA4 四个指标;

转移成本包含 SC1、SC2、SC3、SC4 和 SC5 五个指标;

服务质量时效性包含 T1、T2、T3 和 T4 四个指标;

服务质量舒适性包含 T5、T6、T7、T8、T9 和 T10 六个指标；
服务质量可靠性包含 T11、T12、T13 和 T14 四个指标；
服务质量安全性包含 T15、T16 和 T17 三个指标；
服务质量经济性包含 T19、T20 两个指标；
服务质量便捷性包含 T22、T23 和 T24 三个指标；
服务质量自由性包含 T25、T26 和 T27 三个指标。

至此，可将本研究的理论模型具体转化为结构方程模型的路径图，如图 3-6 所示，其中潜变量以椭圆形表示，显变量以长方形表示。

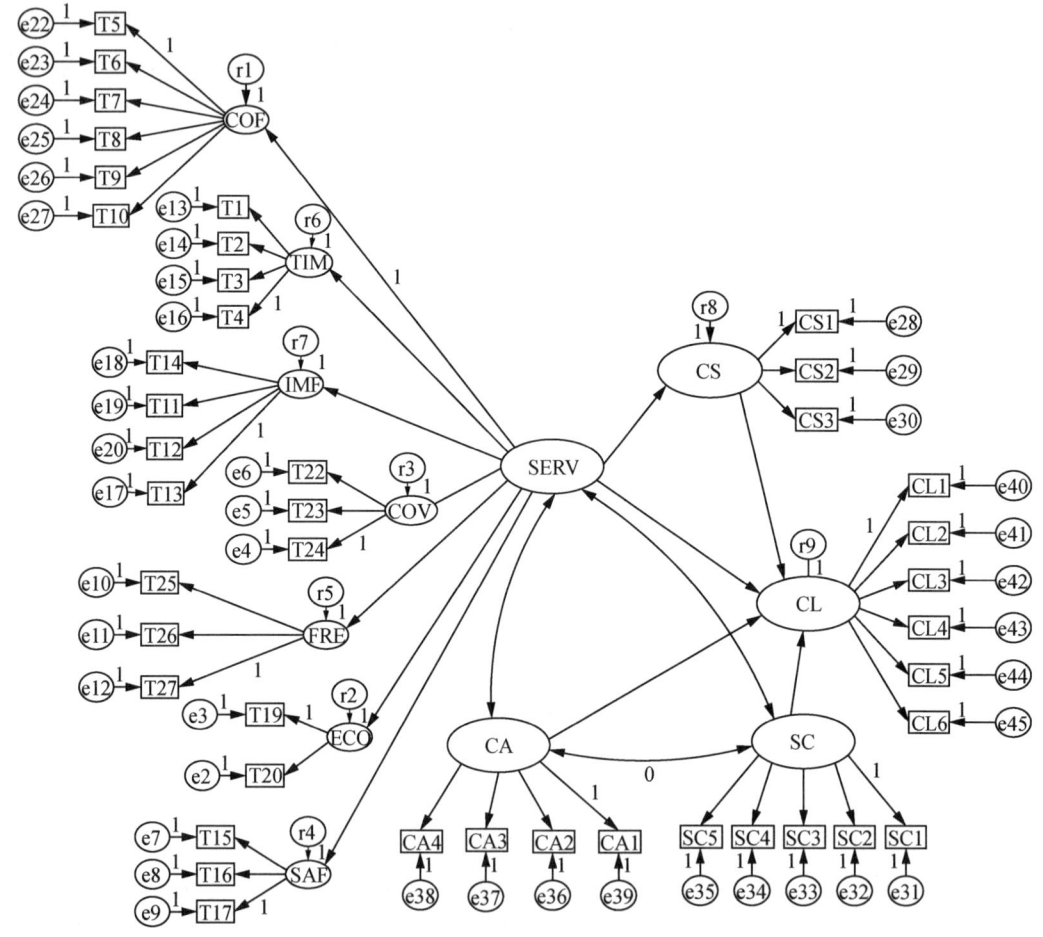

图 3-6　结构方程模型初始路径图

（2）模型识别。

首先检验模型整体可识别性。本研究的待估参数共计 100 个，测量变量的数目为 43 个，模型中待估参数数目少于测量变量中方差和协方差的总数，满足模型过度识别的条件，初步认为可进行拟合分析。

然后分别检验测量模型和结构模型的可识别性。模型中每个潜变量均由 2 个以上的非零载荷且误差不相关的显变量作为观测指标，每个指标只负载在一个潜变量，潜变量之间的协方差非零,满足测量模型识别的条件;对于结构模型,结构系数矩阵不为零,且潜变量为递归关系,满足结构模型识别的条件。

综上所述,研究模型具有可识别性,理论模型中的参数能够被估计,且具有唯一的估计值。

(3) 模型初步估计及评价。

研究模型满足可识别条件,便可以进行模型的估计。以前面所建立的模型路径图为基础,构建结构方程输入模型,使用 AMOS24.0 分析软件对模型进行初步估计,数据输出结果如表 3-19 所示。

模型评价首先要考虑模型结果中估计出的参数是否具有统计意义,需要对路径系数或载荷系数进行统计显著性检验,这类似于回归分析中的参数显著性检验,原假设中系数等于 0。Amos 提供了一种简单的方法,叫做 CR(critical ratio)。CR 值是一个 Z 统计量,由参数估计值与其标准差之比构成(表 3-19 中第 4 列),使用者可以根据 P 值进行路径系数/载荷系数的统计显著性检验。比如,"服务质量(SERV)"对"乘客满意度(CS)"的路径系数为 0.867,其 CR 值为 10.588,相应的 P 值小于 0.05,则可认为这个路径系数在 95% 的置信度下与 0 存在显著性差异。

表 3-19 潜变量的相关系数估计结果

路径关系	估计值	标准差	CR 值	P 值
SERV<-->CA	-0.023	0.046	-0.489	0.635
SERV<-->SC	0.132	0.036	3.688	***
CS<--- SERV	0.867	0.082	10.588	***
CL<--- SERV	0.264	0.101	2.601	0.009
CL<--- CS	0.262	0.082	3.177	0.001
CL<--- CA	-0.171	0.043	-4.026	***
CL<--- SC	0.149	0.069	2.144	0.032
COF<--- SERV	1.000	—	—	—
TIM<--- SERV	0.680	0.086	7.926	***
IMF<--- SERV	0.951	0.088	10.797	***
COV<--- SERV	0.848	0.086	9.836	***
FRE<--- SERV	0.714	0.083	8.563	***
ECO<--- SERV	1.031	0.108	9.538	***
SAF<--- SERV	0.891	0.086	10.336	***

注:"***"表示 0.01 水平上显著。

模型的拟合指数如表 3-20 所示。模型的绝对拟合指数和增值拟合指数都没有达到标准要求,说明初始模型拟合程度不好,需要修正。

表 3-20 初步模型拟合指数

类别	名称	指标值	判断标准
绝对拟合指数	NC	2.028	1<NC<3,适配较好;NC>5,需要修正
	RMSEA	0.052	<0.05,适配良好;<0.08,可以接受
	SRMA	0.823	<0.08 以下,越小越好
增值拟合指数	NNFI	0.788	>0.90 以上,越接近 1 越好
	CFI	0.879	>0.90 以上,越接近 1 越好
简约拟合指数	PNFI	0.739	>0.50 以上
	PGFI	0.736	>0.50 以上

(4) 模型修正。

模型评价的结果表明模型需要进行修正以改进初始模型的拟合程度。对初始模型的修正可以从改变测量模型(释放误差相关性,即设定误差相关)和限制参数取值两方面进行。AMOS 会输出相应的修正指数 MI(modification indices),但实际修正时并不能单纯从统计的角度拟合数据,而应当从理论及实践的角度,对模型中存在的缺陷和不足进行改进,使得每一个参数都能得到符合实际的解释,以获取更具价值的模型。

① 首先考虑增加误差相关项。表 3-21 为在现实意义的基础上,同时依据修正指标得出的应该增加的相关关系。从表中数据可以看出,增加 CL2 与"乘客忠诚度"因子的其他指标的误差相关性都会有效减少卡方值,提升模型拟合度,这一方面说明 CL2 与其他指标都有很强的相关关系,另一方面也说明该指标代表的意义可以通过其余指标反映出来。由于增加 CL2 与其他 5 项指标的相关关系会增加模型的复杂度,因此在对 CL 因子的解释程度不造成影响的前提下考虑删除 CL2。

表 3-21 模型修正指标

路径关系	MI	Par Change
r3<-->r5	9.203	0.082
e42<-->e45	21.099	0.232
e41<-->e45	21.277	−0.219
e41<-->e44	35.786	0.269
e41<-->e43	10.087	−0.163
e41<-->e42	11.298	−0.174

(续表)

路径关系	MI	Par Change
e40<-->e41	52.166	0.394
e37<-->e38	9.815	0.160
e36<-->e37	7.682	−0.141
e33<-->e35	11.572	0.193
e33<-->e34	21.862	0.281
e32<-->e34	18.402	−0.259
e26<-->e27	24.482	0.184
e23<-->e22	13.322	0.142

② 其次，进一步通过将模型中不显著的参数值限定为 0 对模型进行改进。根据模型所有未知参数的估计值和显著性水平（t 检验值），发现模型中服务质量对小汽车吸引力的作用显著，参数的估计值不显著表明该参数对应的假设在统计意义上不成立，或该参数所对应的测量指标不能很好地反映潜变量，因此将该参数设定为 0。

经过上述修正后对模型重新进行拟合，模型拟合指数如表 3-22 所示。各项拟合指标均满足合理值，即修正后模型的具有统计意义，同时模型的建立是基于顾客忠诚度以及公交出行相关理论，具有现实理论意义，因此认为该模型为本书得出的最终模型。

表 3-22 修正后模型拟合指数

类别	名称	指标值	判断标准
绝对拟合指数	NC	1.768	1<NC<3,适配较好；NC>5,需要修正
	RMSEA	0.046	<0.05,适配良好；<0.08,可以接受
	SRMR	0.06	<0.08 以下
增值拟合指数	NNFI	0.904	>0.90 以上
	CFI	0.911	>0.90 以上
简约拟合指数	PNFI	0.750	>0.50 以上
	PGFI	0.752	>0.50 以上

模型参数标定结果如图 3-7 所示，其中，蓝色显示的路径关系是在初始模型基础上增添的显变量之间的相关关系，CL2 被黑色阴影覆盖表示删除 CL2 与 CL 之间的路径。模型反映了各潜变量之间、潜变量与显变量之间的相关、因果关系及程度，解释了公交服务质量、乘客满意度、小汽车吸引力、转移成本对公交乘客忠诚度的影响。主要路径关系如表 3-23 所示。

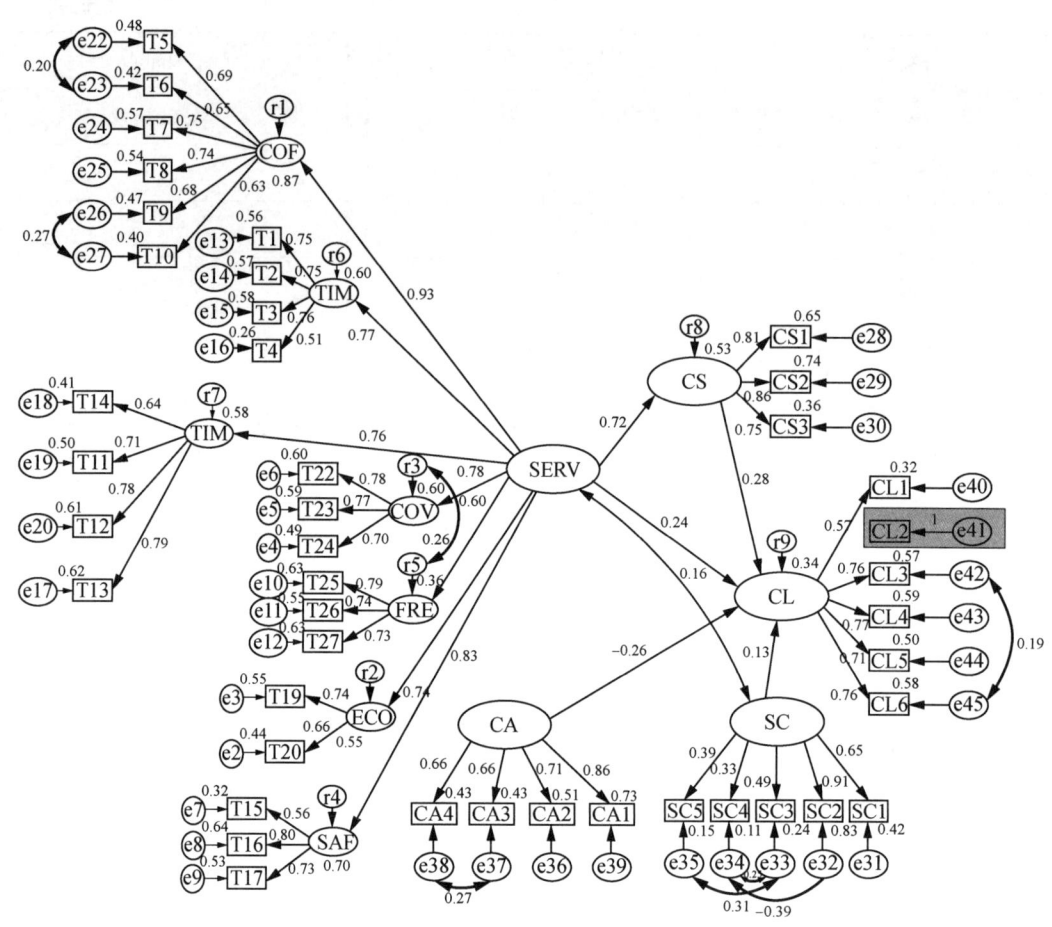

图 3-7　最终模型标定结果

（注：① 粗线表征了在初始模型上的附加路径；② CL2 这个因子被剔除且被阴影覆盖。）

表 3-23　结构方程模型参数估计的主要路径关系

路径关系	估计值	标准差	CR 值	P 值	标准化估计值
SERV<-->SC	0.094	0.037	2.568	0.010	0.161
CS<--- SERV	0.870	0.083	10.536	***	0.725
CL<--- SERV	0.248	0.095	2.597	0.009	0.238
CL<--- CS	0.243	0.079	3.077	0.002	0.285
CL<--- CA	−0.175	0.039	−4.458	***	−0.261
CL<--- SC	0.125	0.053	2.360	0.018	0.134
COF<--- SERV	1.000	—	—	—	0.934
TIM<--- SERV	0.680	0.086	7.894	***	0.774
IMF<--- SERV	0.951	0.089	10.661	***	0.764
COV<--- SERV	0.870	0.086	9.707	***	0.775

(续表)

路径关系	估计值	标准差	CR 值	P 值	标准化估计值
FRE<--- SERV	0.686	0.083	8.267	***	0.596
ECO<--- SERV	1.029	0.109	9.454	***	0.744
SAF<--- SERV	0.885	0.087	10.191	***	0.834

注：1. CR 值为非标准化估计量与标准误差的比值，z 统计量提供估计参数的统计显著性。
   2. P 值是概率的一种类型。*** 表示参数估计的 P 值低于 0.001。
   3. 标准化估计值表示一个因素与另一个因素之间的影响程度。

（5）假设检验及效应分析。

根据模型估计的路径系数输出值，可以对本研究所提出的理论研究假设进行验证，各个假设检验的结果如表 3-24 所示。

表 3-24 研究结果假设检验结果

编号	假设	结果
H1	公交服务质量对乘客满意度有显著的正向作用	支持
H2	公交服务质量对小汽车吸引力有显著的负向作用	不支持
H3	公交服务质量对转移成本有显著的正向作用	支持
H4	公交服务质量对乘客忠诚度有显著的正向作用	支持
H5	乘客满意度对乘客忠诚度有显著的正向作用	支持
H6	转换成本对乘客忠诚度有显著的正向作用	支持
H7	替代出行方式吸引力对乘客忠诚度有显著的负向作用	支持

一个变量对另一变量的作用是直接效应（direct effect）和间接效应（indirect effect）之和。直接效应是指由原因变量（外生变量或内生变量）到结果变量（内生变量）的直接影响，用原因变量到结果变量的路径系数来衡量直接效应的大小；间接效应是指原因变量通过影响一个或多个中介变量，而对结果变量的间接影响用所经过路径系数的乘积表示。本书主要考察外生变量对内生潜变量"乘客忠诚度"的作用关系，总结模型输出结果，得出的作用效果如表 3-25 所示。

表 3-25 潜变量效应关系

外生潜变量	内生潜变量	
	满意度	乘客忠诚度
服务质量	0.725^a 0^b 0.725^c	0.238^a 0.207^b 0.445^c
小汽车吸引力		-0.261^a 0^b -0.261^c

(续表)

外生潜变量	内生潜变量	
	满意度	乘客忠诚度
转移成本		0.134[a] 0[b] 0.134[c]

注：[a] 直接效应；[b] 间接效应；[c] 总效应。

6. 模型结果分析

(1) 服务质量因子分析。

服务质量测量模型的各因子荷载情况如表3-26所示。

表3-26 服务质量因子荷载

内容	舒适	安全	便捷	时效	可靠	经济	自由
因子荷载	0.934	0.834	0.775	0.774	0.764	0.744	0.596

"舒适性"因子的负荷远高于其他因子，说明舒适性水平很大程度上决定了公交服务质量的水平。本研究中的舒适性包括两方面的含义：一是传统的身体感知舒适，如车内是否拥挤、行车是否平稳，以及车内的空气状况反映了乘客在车内的舒适感知，而是否提供了人性化的站台候车设施则影响到乘客在车外的舒适感知；二是乘客的心理舒适，如车辆准时到站会大大降低乘客的等车焦虑，及时告知即将到站的站名能够便于乘客随时了解行程。因此，公交服务舒适性的提高应能兼顾以上软、硬两方面。

"安全性"是任何出行工具都必须应有的最基本保障，因此"安全性"因子的荷载紧随"舒适性"之后，为0.834。"时效性"和"便捷性"也是出行者较重视的出行服务，且二者还具有很强的相关性。改善公交服务的便捷性以及提高公交服务的时效性是相辅相成的，如：方便的公交换乘一般也会缩短公交换乘时间，同样，到达公交站点的时间越短意味着从出发地点到达公交站点越方便。

"可靠性"主要是指公交信息的提供是否全面，更新是否及时以及乘务人员与乘客之间的沟通是否通畅，由于通勤出行者对日常的公交出行线路、站点信息比较了解，上述服务的好坏不会对乘客顺利完成出行造成直接影响，因此该因子的荷载相对较小，为0.765。

"经济性"和"自由性"的因子荷载处于最后，这说明出行者认为目前公交通勤费用较为合理，同时鉴于通勤出行需求的特点，出行者对更高层次的出行服务(如是否能够活动自如、是否能够置办其他事务等)要求不高，更注重的还是舒适性、安全性、时效性、便捷性等出行的基本服务方面。

(2) 乘客忠诚度影响因素分析。

比较服务质量、小汽车吸引力和转移成本三个因素对乘客忠诚度的作用程度。由表3-25可知，服务质量的总效应远远高于其他两个因素的总效应，小汽车吸引力的影响程度又高于转移成本。由此得出结论：公交服务水平的不断提高是维持既有公交乘客关系的最关键因素；出行者对小汽车的喜爱或对小汽车出行的偏好会在一定程度上促使他们放弃公交出行；虽然转换交通方式需要付出一定的费用，但是无论是金钱上的还是心理上的转移成本对乘客忠诚度的影响程度都是有限的。

(3) 公交竞争力因素总结。

综上所述,面向小汽车出行者,公交竞争力的影响因素总结如下。

将服务水平看作公交系统内部的影响因素,将小汽车吸引力和转移成本看作公交系统外部的影响因素,通过比较发现,公交系统内、外部的影响因素作用强度接近(内部为0.441,外部为0.391),这反映了竞争力同时受到竞争资产和竞争环境影响的特点。因此,维系既有乘客的公交出行关系不仅要从正面努力提高公交服务质量,尤其是重视公交服务舒适性、安全性、便捷性、时效性、可靠性的改善,同时还应考虑侧面因素的影响,如通过加强对小汽车运行环境的控制、增加小汽车使用成本等方式降低小汽车的吸引力,增加交通方式转移成本。

3.6.3 常规公交运行舒适度影响因素分析

从既有客源的公共交通竞争力影响因素分析可以发现,维系既有乘客的公交出行关系,改善公交出行服务的舒适性是第一要素。评价常规公交服务质量的一个重要内容是舒适度[71,72],主要涵盖了候车、运行(乘车)过程中乘客对常规公交所提供舒适度的主观感觉,即包括候车舒适度和运行舒适度,而乘客在出行过程中,一般乘车时间比候车时间长,故运行舒适度是服务质量的重要评价指标。

国内外很多学者提出了不同的常规公交运行舒适度影响因素,其中王炜等[73]提出城市公共交通系统服务水平评价指标体系中运行舒适度包括平均载客率、加速度变化率、通风性、温度和车内噪声这5个因素;Laura等[74]认为影响运行舒适度的因素有拥挤、座位舒适性、空调情况和车内噪声;高桂凤等[75]认为运行舒适度的评价指标为公交车满载率和公交车座位率,总体来说,这些文献所提舒适度影响因素基本上是一致的,但运行舒适度各影响因素的相应权值是多少并没有相关的分析研究。

公交服务质量对乘客满意度有显著的正向作用,从表3-26可以进一步发现,"舒适性"因子的负荷远高于其他因子,说明舒适性水平很大程度上决定了公交服务质量的水平。这里将从乘客感知的角度,基于乘客满意度的调查,采用5级李克特量表来进行常规公交运行舒适度评价。

问卷调查主要针对乘客个人基本属性、公交运行属性等进行,通过分析、统计、回归,得到重要性因素排序和多元线性回归方程,并进一步提出不同承载率(乘客数量除以座位数)情况下,最能影响常规公交运行舒适度的3个因素及其相应权值。

1. 调查内容与方法

(1) 调查内容。

乘客的个人基本属性影响其对公交运行舒适度的判定。黄婷[76]选取乘客性别、年龄、职业、此次乘车目的作为乘客的基本属性,但实际上除了个人固定特征外,并没有反映出外在约束的影响,彭晓伟等[77]进一步选取了性别、年龄、职业、乘车目的、乘车频率、收入状况这6个乘客属性,其中乘车频率与收入状况确实能够反映出乘客对于公交的依赖特征,但作为乘客身体状况对公交运行乘车环境直接反应的晕车频率并没有提及,可能在调查上会产生分析上的结构性误差,故在本调查中以性别、年龄、职业、收入状况、乘车目的和晕车频率作为乘客个人基本属性。

影响因素的差异是乘客对公交运行舒适度评定不同的根本原因,结合相关文献中提到的因素和预调查的结果,选取拥挤、清洁、空气质量、行车平稳性、车内噪声和服务态度这6个因素作为常规公交运行舒适度的可能影响因素。

重要性排序调查旨在分析乘客在所有乘车经历(包括有座位和无座位情况)中运行舒适度的影响因素。因每位乘客均有座位和无座位乘车的经历,此项调查可以作为承载率大于1时乘客的运行舒适度影响因素分析依据。

(2) 问卷设计。

问卷共14题,其中6题关于乘客个人基本属性,6题针对公交运行舒适度影响因素,1题关于运行舒适度评价,1题为重要性因素排序。

乘客性别、年龄、职业、收入状况、乘车目的这5个属性,采用分段选择或属性选择形式,乘客的晕车频率,采用选择形式,备选答案为从不、极少、偶尔、经常和每次。

重要性因素排序中,乘客对以上提出的6个影响因素,根据乘客认为单个因素对运行舒适度的影响程度筛选出3个因素并进行排序。

拥挤、清洁、空气质量、行车平稳性、车内噪声、服务态度和运行舒适度评价共7个问题,采用5级李克特量表选择形式,备选答案为非常满意、比较满意、中立、不满意和极不满意,并依次赋分值为1～5分。

(3) 调查对象与方法。

调查时间为2011年12月23日和24日(工作日)13:00—16:30,调查过程中随机抽取了24辆上海公交车进行调查,其中涉及陆安专线、北安线、嘉江专线、845路、95路区间、58路和860路共7条公交线路。

为保证问卷的有效性,确认调查对象在填写调查问卷时已充分感知公交车运行各因素与舒适度,发放调查问卷时,刻意在问询后随机选取了在车内至少已坐5 min的乘客。调查共发放问卷147份,最后回收有效问卷120份,问卷有效回收率为81.6%,同时利用SPSS17.0分析变量间的内部一致性系数——Cronbach α,计算结果为0.815,可信度非常好。

2. 基本数据统计

(1) 乘客基本属性。

被调查对象中以女性居多,占62%;年龄主要集中在18～54岁,占92%;各种职业均有分布,其中企业员工比例最高,占32%;平均月收入偏低,小于4 000元的乘客占76%,大于4 000元的比例随收入增加而降低;出行目的多样,但娱乐所占比重最大,达40%;乘客晕车频率较低,从不晕车和极少晕车的情况占76%。被调查对象个人基本属性详细统计结果如表3-27所示。

表3-27 被调查乘客属性($N=120$)

个人基本属性	详细统计结果
1. 性别	男(38%),女(62%)
2. 年龄	17岁以下(3%),18～25岁(40%),26～40岁(38%),41～54岁(15%),55～60岁(4%),60岁以上(1%)

(续表)

个人基本属性	详细统计结果
3. 职业	外来务工人员(17%),行政办公人员(8%),企业普通员工(32%),农民(7%),企业管理人员(7%),个体商人(9%),离退休人员(4%),教师(4%),学生(9%),其他(4%)
4. 平均月收入	2 000元及以下(28%),2 001~4 000元(48%),4 001~6 000元(13%),6 001~1 000元(7%),大于10 000元(4%)
5. 出行目的	上下班(38%),上下学(9%),娱乐(40%),探亲访友(7%),其他(6%)
6. 晕车频率	从不(53%),极少(23%),偶尔(22%),经常(2%),每次(1%)

(2) 描述性统计分析。

所有乘客对运行舒适度及影响因素满意度的平均值、方差和变异系数如表3-28所示,反映乘客的平均满意度和离散趋势。

由表3-28可以看出,乘客对拥挤、空气质量、车内噪声这3个因素的满意度都大于3,对运行舒适度、行车平稳性、清洁和服务态度的满意度略小于3。整体而言,乘客对公交各属性和运行舒适度的满意度基本上处于中立,标准差和变异系数较大,分别在0.9和0.3左右波动,代表不同乘客对运行舒适度和各因素的满意度差异大。

表3-28 描述性统计($N=120$)

变量	均值	标准差	变异系数
运行舒适度	2.86	0.833	0.291
拥挤	3.28	1.045	0.319
行车平稳性	2.93	0.950	0.324
清洁	2.70	0.866	0.320
空气质量	3.15	0.967	0.307
车内噪声	3.29	0.920	0.280
服务态度	2.81	0.929	0.331

3. 承载力大于1时的重要性因素排序

重要性因素排序调查是乘客基于乘车历史,对影响其运行舒适度的各公交运行属性重要性的感性认识,是从相对重要性出发的。本调查得出的是影响每个乘客运行舒适度的前3个因素排序,故将剩下的3个因素排在第4位。

(1) 因素出现频率。

假设该频率F_{ij}^k,表示第k个顾客把第i个因素排在第j位,那么第i个因素出现在第j位的频率f_{ij},即

$$f_{ij}=\frac{\sum_{k=1}^{120}F_{ij}^k}{N} \tag{3-18}$$

式中,N为总的样本数($N=120$)。

利用公式(3-18)，可以计算出所调查的乘客所关心的因素在某一排序位置上的频率，如表 3-29 所示。

表 3-29 i 因素出现在 j 位的频率

因素		拥挤	行车平稳性	清洁	空气质量	车内噪声	服务态度
排第 j 位	1	0.63	0.2	0.07	0.04	0.01	0.06
	2	0.11	0.43	0.25	0.12	0.04	0.06
	3	0.07	0.13	0.28	0.24	0.20	0.08
	4	0.20	0.24	0.41	0.60	0.75	0.80

(2) 因素排序值。

频率仅是对因素在某一排序状态出现的定性描述，表现出其绝对位置，没有因素排序本身的定量描述，因此需要引进一个描述量化状态的值，称为排序值。每个因素的排序值 $\omega(F_i)$ 可以公式(3-19)计算：

$$\omega(F_i) = \sum_{j=1}^{4} f_{ij} \times (n+1-j) \tag{3-19}$$

式中，f_{ij} 为第 i 个因素出现在第 j 位的频率；n 为总位数($n=4$)。

上述排序值反映了各个因素在乘客心中的重要性排序，这是一种绝对重要性，而且排序值越大则重要性越强。

根据公式(3-19)计算得出，各因素重要性的排序值如表 3-30 所示。可以看出，当承载率大于 1 时，最能影响公交运行舒适度的前 3 个因素排序依次为拥挤、行车平稳性和清洁，进行归一化处理后，其权值分别为 0.41、0.33 和 0.26。

表 3-30 重要性因素排序

因素	拥挤	行车平稳性	清洁	空气质量	车内噪声	服务态度
排序值	3.19	2.59	2.00	1.60	1.31	1.38

4. 承载率小于 1 时的回归模型

(1) 乘客属性对运行舒适度的显著性影响分析。

为验证不同属性的乘客对运行舒适度是否存在显著差异，利用 SPSS17.0 进行方差分析，结果如表 3-31 所示，可以看出，P 值均大于 0.05，表明乘客个人基本属性均不会对运行舒适度产生显著影响。也许由于乘坐公交的乘客绝大部分都对公交线路很熟悉，不会因本身属性的不同而对公交运行能够提供的服务产生不同期望，故对运行舒适度评价无显著差异。

表 3-31 显著性分析

乘客个人基本属性	性别	年龄	职业	平均月收入	出行目的	晕车频率
P 值	0.325	0.952	0.242	0.678	0.634	0.995

(2) 回归模型。

李克特量表有 5 个及以上的级别,将满意度作为连续变量,不会产生很大的统计学误差[78],故在分析中,直接利用 SPSS 进行多元线性回归。回归过程中,考虑各因素对运行舒适度的显著关系以及实际情况,将平稳性、空气质量、服务态度剔除后,得出模型如下:

$$\left.\begin{array}{l} y = 0.603 + 0.288X_1 + 0.271X_2 + 0.199X_3 \\ R^2 = 0.419, \bar{R}^2 = 0.404 \end{array}\right\} \quad (3\text{-}20)$$

式中,y 为运行舒适度;x_1 为清洁;x_2 为车内噪声;x_3 为行车平稳性。

对个人行为的解释中,$\bar{R}^2$ 在 0.2~0.5 是常见的,故回归得出线性回归模型,其拟合是满足要求的。由式(3-20)可以得出:当承载率小于或等于 1 时,公交运行舒适度影响因素为清洁、车内噪声和行车平稳性,进行归一化处理后,权值分别为 0.38、0.36 和 0.26。

5. 结果分析

建立在乘客乘车经历基础上的重要性因素排序表明,当承载率大于 1 时,拥挤、行车平稳性和清洁相对其他因素更能影响运行舒适度,相应权值分别为 0.41、0.33 和 0.26。当公交车内拥挤时,乘客的个人空间得不到保证会产生心理抵触,同时站立乘客因精神长期紧张和集中将导致劳累,有座位乘客处在公交空间的较低位置,会因拥挤而有压抑的感觉,所以乘客将拥挤作为最能影响运行舒适度的因素。行车平稳性的影响表现在当公交运行不平稳,急速刹车或加速时,将导致车内所有乘客需紧握扶手或椅子以防摔倒与碰撞,并且乘客会认为司机技术或车性能不好,安全得不到保障,故将行车平稳性作为影响运行舒适度的很重要因素。清洁情况关系到乘客的健康,影响乘客乘车心情,是乘客关心的重要因素。

建立在有座位的乘客调查基础上的回归分析模型表明,当承载率小于或等于 1 时,乘客会考虑更高层次的需求,最能影响乘客运行舒适度的因素依次为清洁、车内噪声和行车平稳性,相应权值分别为 0.38、0.36 和 0.26。车内清洁情况与乘客触觉、视觉和嗅觉有紧密联系,有座位乘客与车内设施的接触更多,观察更仔细,故车内清洁情况对运行舒适度的影响最大。车内噪声将使乘客不能集中精力做其他悠闲的事情,容易导致心烦,对运行舒适度的影响很大。行车平稳性与安全有关,也是影响有座位乘客运行舒适度的重要因素。

6. 结语

针对乘客个人基本属性、公交运行属性,采用问卷调查,通过分析、统计、回归,得到舒适度的重要性因素排序和多元线性回归方程。分析出不同承载率下,常规公交运行舒适度的 3 个主要影响因素及其相应权值:承载率大于 1 时,拥挤、平稳性和清洁成为影响运行舒适度的主要因素,相应权值分别为 0.41、0.33 和 0.26;承载率小于或等于 1 时,清洁、车内噪声和行车平稳性成为影响运行舒适度的重要评价指标,相应权值分别为 0.38、0.36 和 0.26。由于调查不便,未能对车内站立乘客进行直接调查,其运行舒适度影响因素只能通过重要性因素排序来进行侧面了解;同时调查季节为初冬,车内空调未开,空气流通,空气质量对运行舒适度没有显著影响,但在车内空气不流通的季节,可能分析结果会不同。

3.6.4 面向潜在客源的公共交通竞争力影响因素分析

小汽车出行者是公共交通吸引新客源、提升出行分担率的主要目标人群,是公共交通必须重点发展的"潜在客源",因此,该类出行者的公共交通出行意愿反映了公共交通对其的吸引力,即公共交通在小汽车出行者中具有的竞争力。小汽车出行者至少有两种交通工具供其选择,即小汽车和公共交通,在出行前比较可选交通工具的服务质量,选择能够提供较优出行服务的方式。因此,在服务质量的多项因子中,具有明显质量差异的因子影响了出行方式的选择结果,也由此影响了出行者的公交出行意愿。

由于仅包含"公交出行意愿"这1个因变量,研究的主要目的在于量化多个自变量对该因变量的影响程度,因此,单独的"回归分析"便可满足研究的要求。

回归分析有线性和非线性之分,其中,线性回归模型(linear regression model)要求反应变量必须是连续的,非线性回归模型(如判别分析、Probit 分析、Logistic 回归分析和对数线性模型等)可解决分类反应变量(行为、态度、偏好、决策和意愿等)的问题。

这里主要研究小汽车出行者的公共交通出行意愿影响因素,以公共交通出行意愿作为因变量,并设置为五分类序次变量:非常不愿意、不愿意、一般、愿意和非常愿意,因此选择累积 Logistic 回归模型建立理论模型。

1. 定义变量

(1) 因变量。

研究模型的因变量为公共交通出行意愿,是指平常小汽车出行者对于使用公共交通的态度,是对出行者心理的考察。小汽车出行者目前主要的出行方式是小汽车,其选择公共交通出行是一种假设情形,为更加真实、全面地反映出行者心理,对其进行公共交通出行意愿的调查应通过不同角度的问题综合反映。如表 3-32 所示,通过以下 4 个问题进行测量,每个问题的意愿选择项都分为 5 个等级。

表 3-32 公交出行意愿测量量表

编号	题 项
Y1	是否能够接受乘坐公共交通去上班
Y2	是否愿意乘坐公共交通上班
Y3	是否考虑过乘坐公共交通上班
Y4	乘坐公共交通上班的难易程度如何

(2) 自变量。

研究模型的自变量为竞争交通方式的服务质量,具体来说就是公共交通和小汽车的服务质量。面向既有客源的公共交通竞争力影响因素分析中对服务质量进行因子分析的结果,将服务质量的影响要素分为"舒适性""时效性""可靠性""便捷性""经济性""安全性"和"自由性"7 个因子,分别从这 7 个方面对公共交通和小汽车的服务质量进行测量。影响小汽车出行者选择公共交通出行意愿的主要因素就是那些服务质量在两种交通方式中存在明显差异的因子,也是研究的主要分析因素,由此得到模型的自变量。

有些因子意义直观,便于理解,可直接测量,而有些因子的意义相对抽象或包括多个方面,对于这类因子可通过多道题目综合测量。研究制定的自变量测量量表如表 3-33 所示,每个问题的意愿选择项都分为 5 个等级。

表 3-33 服务质量测量量表

因子	编号	题 项	
舒适性	T1	出行是否舒适 小汽车	公交车
时效性	T2	对出行时间是否满意	
可靠性	T31	实际出行时间与预计时间是否相近	
	T32	是否常遇到意外事件干扰出行	线路信息更新是否及时、准确
便捷性	T41	从停车库到目的地是否方便	到达公交站点是否方便
	T42	是否能很方便地找到停车位	中途换乘是否方便
	T43		对公交的运营时间是否满意
	T44	是否可以灵活地掌握出发时刻	
自由性	T5	出行过程是否轻松、活动随意	
经济性	T6	对出行费用是否满意	
安全性	T71	出行过程中人身是否安全	
	T72	出行过程中财产是否安全	

2. 构建理论模型

公共交通和小汽车服务质量水平的测量是由同一位出行者在问卷上顺序作答得到的，属于配对样本，因此采用配对样本的 t 检验进行服务质量因子差异性分析。选出具有显著差异的因子作为回归分析的自变量，以 x_k 表示。本书中的实际观测反应变量 y 为小汽车出行者公交出行意愿，有 5 种类别，相应取值为 $y=1$，$y=2$，…，$y=5$，分别表示公交出行意愿为"非常不愿意""不愿意""一般""愿意"和"非常愿意"5 个等级，由此得到研究模型，共包括如下 4 个 Logit 函数：

$$\left.\begin{aligned}
\ln\left(\frac{p_1}{p_2+p_3+p_4+p_5}\right) &= \beta_{01} + \sum_{k=1}^{K}\beta_k x_k \\
\ln\left(\frac{p_1+p_2}{p_3+p_4+p_5}\right) &= \beta_{02} + \sum_{k=1}^{K}\beta_k x_k \\
\ln\left(\frac{p_1+p_2+p_3}{p_4+p_5}\right) &= \beta_{03} + \sum_{k=1}^{K}\beta_k x_k \\
\ln\left(\frac{p_1+p_2+p_3+p_4}{p_5}\right) &= \beta_{04} + \sum_{k=1}^{K}\beta_k x_k
\end{aligned}\right\} \quad (3-21)$$

式中，x_k 为自变量，K 为自变量的个数；β_k 为回归系数；p_j 为第 j 类公交出行意愿的概率，且有 $p_1+p_2+p_3+p_4+p_5=1$。

根据建立的模型分析因素影响程度。首先进行定性判断：若回归系数 β_k 为正，且统计显著，则说明变量 x_k 对公交出行意愿有显著的正向影响作用；若回归系数 β_k 为负，且统计显著，则说明变量 x_k 对公交出行意愿有显著的正向影响作用；若回归系数 β_k 统计不显著，则说明变量 x_k 对公交出行意愿没有显著的影响作用。其次进行定量分析：采用发生比率定量解释影响因素的作用程度,各自变量对应的事件发生比率$OR_k=e^{\beta_k}$表示自变量x_k增加一个单位时,出行者公交出行意愿的发生比所变化的倍数。

3. 问卷设计与样本概况

(1) 调查设计及实施。

问卷内容包括四部分:①小汽车服务质量调查(C1~C72);②出行者公共交通出行意愿调查(Y1~Y4);③公共交通服务质量调查(B1~B72);④出行者基本信息调查。详细问卷见附录B。

正式调查于2012年1月5日—2012年1月8日在上海市进行,采用街头访问、现场填写的形式,调查员随机发放问卷,并向被调查者介绍调查概况,定时回收问卷。本次调查对象为开车去上班的人群,完成一份问卷需要3 min左右,为保证调查样本的有效性,同时确保调查对象有足够的时间填写问卷,调查地点主要选择单位、商场、娱乐场所的地下车库附近。本次调查共发放问卷460份,回收问卷460份,对回收的问卷进行整体筛选,剔除填写不清、错填、漏填和关键信息自相矛盾的问卷,最终获得有效问卷405份,有效回收率为88.04%。

研究共有12个测试指标,最少需要120个样本量,因此此次调查具有充足的有效样本量。

(2) 样本基本情况统计。

对有效问卷进行统计分析,得到样本量的社会经济属性统计情况如表3-34所示。调查结果显示:调查对象男女比例较为接近,男性为50.86%,女性为49.14%,基本符合城市居民出行的性别比例;调查对象以企业管理人员所占比例最多,为52.10%,70.12%的平均月收入在6 000元以上,由此可见,小汽车出行者的社会地位和个人收入的平均水平都远高于公共交通出行者。

综上所述,调查获得的样本对象的社会经济特征分布符合城市小汽车上班人群的出行特征,样本的分布满足随机抽样调查的要求,研究具有普遍的应用意义。

表3-34 调查样本的社会经济资料统计

项目	类别	样本量	频率/%
性别	男	206	50.86
	女	199	49.14
年龄	18~25岁	99	24.44
	26~40岁	235	58.02
	41~54岁	65	16.05
	55岁以上	6	1.48
教育程度	初中及以下	9	2.22
	高中	19	4.69
	中专	32	7.90
	大专	106	26.17
	本科	152	37.53
	研究生及以上	87	21.48

(续表)

项目	类别	样本量	频率/%
平均月收入	2 000 元以下	17	4.20
	2 000~4 000 元	42	10.37
	4 000~6 000 元	62	15.31
	6 000~10 000 元	177	43.70
	10 000 元以上	107	26.42
职业	外来务工人员	13	3.21
	企业管理人员	211	52.10
	企业员工	39	9.63
	教师	28	6.91
	行政办公人员	15	3.70
	个体商人	24	5.93
	其他	75	18.52
家庭拥有小汽车数量	1 辆	322	79.51
	1 辆以上	83	20.49
出行时间	0~30 min	192	47.41
	30~60 min	165	40.74
	大于 1 h	36	8.89
可替代出行方式	常规地面公交	135	34.57
	轨道交通	265	65.43

通过对家庭拥有小汽车数量情况的调查发现,小汽车数量在 1 辆以上的家庭比例已到达 20.49%,可见居民的生活水平正在逐步地从是否拥有小汽车提高到拥有多辆小汽车的阶段,城市的交通压力也将随之大大增加。

4. 问卷信度检验

对调查问卷的信度进行检验。利用 SPSS17.0 分析各题项的 CITC 及相应的 Cronbach α 系数,其结果如表 3-35 所示。

表 3-35 CITC 与 Cronbach α 检验值

维度	测量指标（题项）	均值	标准差	CITC	测度项删除后 α 值	Cronbach α
小汽车出行服务质量	C1	3.67	1.129	0.478	0.586	
	C2	3.30	1.295	0.459	0.584	
	C31	3.45	1.115	0.493	0.584	
	C32	3.20	2.269	0.079	0.697	

(续表)

维度	测量指标（题项）	均值	标准差	CITC	测度项删除后 α 值	Cronbach α
小汽车出行服务质量	C41	3.53	1.252	0.447	0.587	0.688
	C42	3.08	1.307	0.433	0.588	
	C44	3.51	1.258	0.459	0.585	
	C5	2.46	1.201	0.149	0.640	
	C6	2.92	1.220	0.321	0.611	
	C71	3.14	1.390	0.121	0.648	
	C72	2.52	1.380	0.119	0.648	
公交出行服务质量	B1	2.75	1.134	0.443	0.708	0.751
	B2	2.93	1.185	0.609	0.687	
	B31	3.37	1.104	0.523	0.699	
	B32	2.28	1.125	0.301	0.724	
	B41	3.46	1.165	0.448	0.707	
	B42	3.54	1.172	0.520	0.698	
	B43	3.04	1.151	0.534	0.697	
	B44	3.17	1.854	0.358	0.725	
	B5	3.40	1.189	0.371	0.716	
	B6	3.25	1.228	0.443	0.707	
	B71	2.67	1.348	0.337	0.729	
	B72	2.85	1.330	0.332	0.729	
公交出行意愿	Y1	4.08	0.795	0.774	0.844	0.890
	Y2	3.79	0.845	0.789	0.836	
	Y3	3.75	1.078	0.722	0.870	
	Y4	3.65	0.912	0.739	0.852	

从表 3-35 可以看出,"小汽车出行服务质量"的 Cronbach α 系数略低于 0.7,为 0.688,"公交服务质量""公交出行意愿"及"出行需求"的 Cronbach α 系数均大于 0.7,说明测量指标具有较好的内在一致性,信度较好。题项 C32 的 CICT 指标小于 0.30,且删除后 α 值增大,因此在后面的模型分析中删除该项,其余题项均保留。

以上对于问卷信度的检验结果说明问卷的设置是合理的。

5. 出行方式服务质量因子差异性检验

调查得到的对小汽车出行服务质量和公交出行服务质量的评价是由同一被访问者在问卷上顺序测量的,属于配对样本,因此,可采用配对样本的 t 检验方法(paired sample test)对小汽车和公交车两种出行方式服务质量因子进行差异性检验。配对样本 t 检验实际上是先求出每对测量值之差值,对差值变量求均值,检验配对变量均值之间差异是否显著。其检验假设的实质是差值变量的均值与零均值之间差异的显著性,如果差值均值与零均值无显著性差异,说明配对变量均值之间差异不显著,反之则说明配对变量均值差异显著。检验结果如表3-36所示。

表3-36 出行方式服务质量因子差异性检验

服务质量因子	差距水平			
$N=405$	均值	标准差	t值	显著性
舒适性	0.923	1.632	11.384	0.000
时效性	0.375	1.882	4.013	0.000
可靠性	0.502	1.459	6.929	0.000
便捷性	0.069	1.293	1.073	0.284
经济性	−0.936	1.600	−11.770	0.000
自由性	−0.334	1.822	−3.686	0.000
安全性	0.070	1.393	1.017	0.310

由表3-36可知,除了便捷性和安全性的显著性水平大于0.001(分别为0.284和0.310)外,其余因子的显著性水平均小于0.001,说明在小汽车出行者看来,小汽车和公交车的服务质量在便捷性和安全性方面差别不大;"经济性"和"自由性"这两个因子差距水平为负值,说明小汽车出行在此方面的服务水平低于公共交通。因此,在构建Logistic回归模型时,选择服务质量有明显差异的"舒适性""时效性""可靠性""经济性"及"自由性"为模型的自变量因子。

6. 公交出行意愿影响因素Logistic回归模型的建立

(1) 参数估计。

根据表3-36的研究结论,"舒适性""时效性""可靠性""经济性"及"自由性"为公共交通和小汽车具有明显差异的服务质量因子,将小汽车和公共交通各自的服务质量因子得分作为模型的自变量,依次记为 X_{C1}、X_{C2}、X_{C3}、X_{C5}、X_{C6}、X_{B1}、X_{B2}、X_{B3}、X_{B5}、X_{B6},将出行者的公共交通出行意愿作为模型因变量,建立累积Logistic回归模型。使用极大似然法借助SPSS17.0估计模型参数,得到的参数估计结果如表3-37所示。

表3-37 模型参数估计结果

变量		β_k	S.E.	Wald	Sig.	Exp(β_k)
常数项	β_{01}	−3.643	0.698	27.251	0.000	
	β_{02}	−2.374	0.610	15.154	0.000	
	β_{03}	−0.101	0.579	0.030	0.862	
	β_{04}	2.490	0.593	17.619	0.000	

(续表)

变量			β_k	S.E.	Wald	Sig.	Exp(β_k)
自变量	舒适性	X_{C1}	−0.368	0.106	12.094	0.001	0.692
		X_{B1}	0.433	0.105	16.848	0.000	1.541
	时效性	X_{C2}	0.039	0.091	0.183	0.669	1.039
		X_{B2}	0.191	0.115	2.754	0.097	1.210
	可靠性	X_{C3}	−0.059	0.081	0.521	0.470	0.943
		X_{B3}	0.437	0.143	9.310	0.002	1.548
	自由性	X_{C5}	0.068	0.084	0.646	0.422	1.070
		X_{B5}	0.108	0.089	1.490	0.222	1.114
	经济性	X_{C6}	−0.247	0.087	8.151	0.004	0.781
		X_{B6}	−0.089	0.091	0.949	0.330	0.915

(2) 模型评价。

① 共线性检验。

表 3-38 模型 χ^2 检验

模型	−2 对数似然值	卡方	df	显著性
假零设	860.292	—	—	—
广义	827.170	62.980	30	0.016

共线性检验结果显示，χ^2 的统计性不显著（χ^2=827.170，df=30，Sig.=0.016），因此使用累积 Logistic 回归模型对数据进行分析是适当的。

② Wald 检验。

由表 3-37 可知，"时效性"和"自由性"这两类因子的 Wald 值小于 α=0.05 的 χ^2 临界值 3.84，且重要度 Sig.大于显著性水平 0.05，变量作用不显著；小汽车出行可靠性和公交出行经济性这两个自变量的显著性水平也大于 0.05，但由于相对应的公交出行可靠性和小汽车出行经济性两变量已经达到显著性水平，因此在具体分析时仍然认为可靠性和经济性对出行者的公交出行意愿影响显著；其余变量的显著性水平均不超过 0.001，对因变量作用显著。

③ 似然比检验。

表 3-39 似然比检验

模型	−2 对数似然值	卡方	df	显著性
仅截距	967.782	—	—	—
所建模型	864.435	103.347	10	0.000

似然比检验结果显示，自由度 df=10 的似然比统计量 χ^2=103.347，所建模型与截距模型相比，$-2\ln(L_0/L_x)$ 从 967.782 下降到 864.435，$-2\ln(L_0/L_x)>\chi^2$，卡方显著性检验结

果为 0.000,表明模型包含的自变量对因变量有显著的解释能力。

④ 预测准确性检验。

通过计算得到 Mcfadden、Cox 和 Snen、Nagelkerke 这三种类扩确定系数分别为 0.107、0.226、0.248,类对确定系数值基本满足要求,反映出模型预测的准确性较高。

(3) 模型结果分析。

① 出行方式服务质量差异性分析。

小汽车出行者认为小汽车和公共交通在出行的"便捷性"和"安全性"这两方面提供的服务质量相近。依照传统观念,公共交通出行直达性不佳、换乘不便,且最后一公里出行困难,而小汽车出行在时间和路线的选择上都相对自由,公共交通的便捷性应明显不如小汽车出行,但是调查结果显示,小汽车出行者并不认为小汽车在此方面存在很明显的优越性。分析其主要原因在于停车困难问题日益突出,停车位难找、停车地点距离目的地较远等问题已经严重影响了小汽车的出行服务质量。

"经济性"和"舒适性"在小汽车出行者对这两种出行方式服务质量的评价中差异最为明显,分别为-0.936 和 0.923,小汽车出行费用远高于公交出行,公共交通在经济方面优于小汽车,而个体出行方式在满足出行者对舒适性的需求方面具有明显的优势,小汽车出行舒适性优于公共交通。

出行服务"可靠性"也具有比较明显的差异,为 0.502,小汽车优于公共交通。小汽车出行者对出行时间、路线具有绝对的自主权,可以事先做好充足的准备应对突发事件,因此整个出行可在计划内完成,出行可靠性较佳。而如果乘坐公共交通,首先,出发时刻必须依赖于公交车的到站时间,其次,途中遭遇突发状况时不能任意改变行驶线路,因此,公交出行的应急性较差,出行计划会受到途中意外交通状况的干扰,出行可靠性相对较差。

"时效性"和"自由性"的差异分别为 0.375 和-0.334,小汽车出行具有时间上的优势,而公共交通出行则可以使出行者在途中活动相对自由,比如可以读书看报,可以轻松地与人聊天、接打电话等,而小汽车出行者则必须集中精力驾驶车辆,肢体活动受限。

② 公交出行意愿影响因素分析。

"时效性"和"自由性"对小汽车出行者的公交出行意愿影响不显著,这主要是由于:就"时效性"而言,虽然公交出行时间长于小汽车出行时间,但是小汽车出行者认为乘坐公交所需的时间仍然可以满足需求,因此出行时效性并没有显著地影响他们的公交出行意愿;就"自由性"而言,虽然乘坐公交车比自驾车有较自由的活动空间,但是由于出行者对在通勤出行中是否可以自由活动并不看重,因此公共交通在此方面所具有的优势并没有吸引出行者的显著作用。

"舒适性""可靠性""经济性"对小汽车出行者的公交出行意愿影响显著,如表 3-40 所示。具体分析如下。

表 3-40 影响显著之自变量作用程度分析

自变量		β_k	$\text{Exp}(\beta_k)$
舒适性	X_{C1}	-0.368	0.692
	X_{B1}	0.433	1.541

(续表)

自变量		β_k	$\text{Exp}(\beta_k)$
可靠性	X_{C3}	−0.059	0.943
	X_{B3}	0.437	1.548
经济性	X_{C6}	−0.247	0.781
	X_{B6}	−0.089	0.915

首先，从定性的角度进行分析。小汽车舒适性和经济性的系数为负，表示对公交出行意愿有显著的负向作用，即小汽车舒适性和经济性的提高会显著地降低出行者公交出行意愿；公共交通舒适性和可靠性的系数为正，表示对公交出行意愿有显著的正向作用，即提高公交服务的舒适性和可靠性会显著地提高出行者的公交出行意愿。

其次，从定量的角度进行分析。根据表对模型参数的计算结果，得到各自变量对应的发生比率 e^{β_k}，表示随着各因子的作用每增加1个单位时，出行者公交出行意愿的发生比所发生变化的倍数。其中，"可靠性"和"舒适性"的作用最为显著，当公交服务可靠性和舒适性提高1个单位时，公交出行意愿发生比可分别为原来的1.548倍和1.541倍；而小汽车服务质量在舒适性和经济性方面每增加1倍，出行者的公交出行意愿则会相应地变化为之前的0.692倍和0.781倍。

③ 公交竞争力影响因素总结。

公共交通和小汽车出行在"便捷性"和"安全性"方面的服务差异不明显，而在其余服务差异明显的各项因子中，"舒适性""可靠性""经济性"是显著影响其公交出行意愿的因子，此三项即为公交竞争力的主要影响因素。其中，小汽车出行在"舒适性"和"可靠性"方面明显优于公共交通，而公共交通出行的优势则集中表现在"经济性"上。因此，针对该类出行者，提高公共交通的竞争力不仅应注意努力缩小公共交通在出行舒适和出行可靠性方面与小汽车交通的差距，同时可采用制定更加合理的公交票价、增加小汽车出行成本等措施进一步突出公共交通在经济性方面的优势。

本章参考文献

[1] International Institute for Management Development. The World Competitiveness Yearbook[R]. Switzerland：1997.

[2] 李显君.国富之源：企业竞争力[M].北京：企业管理出版社，2002.

[3] 陈琳霞.上海城区竞争力研究[D].上海：复旦大学管理学院，2004.

[4] 倪鹏飞.中国城市竞争力报告[M].北京：社会科学出版社，2003.

[5] David T Hartgen. Attitudinal and situational variables influencing urban mode choice：Some empirical findings[J]. Transportation，1974(3)：377-392.

[6] 岳芳.上班出行行为特征研究[D].北京：北京交通大学，2007.

[7] Maria V J, Tobias H, Per J. The effects of attitudes and personality traits on mode choice[J]. Transportation Research Part A，2006(40)：507-525.

[8] Raquel E, Juan de Dios Ortúzar, Concepción Román. Understanding suburban travel demand：Flexible

modeling with revealed and stated choice data[J]. Transportation Research Part A, 2007(41): 899-912.

[9] Ian F, Roger H, Patricia S. Switching commuters from car to public transit: A micro modeling approach[J]. Journal of Economic Psychology, 1983(3): 333-345.

[10] 陈团生.通勤者出行行为特征与分析方法研究[D].北京:北京交通大学,2007.

[11] Lars E, Margareta F, Tommy G. Stated reasons for educing work-commute by car[J]. Transportation Research Part F, 2008(11): 427-433.

[12] 陈何妹.广州市小汽车出行特征及其影响因素研究[D].广东:中山大学,2008.

[13] 包佳佳.城市居民出行方式选择影响因素研究[D].南京:东南大学,2009.

[14] Bilbao U J, Fernández S A. The influence of quality and price on the demand for urban transport: The case of university students[J]. Transportation Research Part A, 2004(38): 607-614.

[15] 马俊来.城市道路交通设施空间资源优化研究[D].南京:东南大学,2006.

[16] 徐永能,李旭宏,朱彦东,等.城市居民出行方式选择的满意准则模型[J].交通与计算机,2005,23(4):54-57.

[17] 赵路敏.停车收费对出行方式选择的影响研究[D].北京:北京交通大学,2007.

[18] Roderick P M, Moon-Ho R H. Principles and practice in reporting structural equation analyses[J]. Psychological Methods, 2002, 7(1): 64-82.

[19] Wen Z, Hau K, Herbert W M. Structural equation model testing: cutoff criteria for goodness of fit indices and chi-square test[J]. Acta Psychologica Sinica, 2004, 36(2): 186-194.

[20] Hu L, Bentler P M. Fit indices in covariance structure modeling: Sensitivity to under parameterized model misspecification[J]. Psychological Methods,1998, 3: 424-453.

[21] 孙文婷.服务质量、顾客满意与顾客忠诚关系实证研究——以南京地区便利店为例[D].南京:南京理工大学,2009.

[22] Newman J W, Richard A, Werbel. Multivariate analysis of brand loyalty for major household appliances[J]. Journal of Marketing Research, 1973, 10(4): 404-409.

[23] Dick A S, Kunal B. Customer loyalty: Toward an integrated conceptual framework[J]. Journal of the Academy of Marketing Science, 1994, 22(2): 99-114.

[24] Oliver R L. Satisfaction: A behavioral perspective on the consumer[J]. Asia Pacific Journal of Management, 1997, 2(2): 285-286.

[25] Oliver R L. Whence consumer loyalty?[J]. Journal of Marketing, 1999, 34(63): 33-44.

[26] 马学清.实施营销整合培育高价值顾客的忠诚[J].江苏商论,2003(4):114-115.

[27] Zeithaml V A, Berry L L, Parasuraman A V. The behavioral consequences of service quality[J]. Journal of Marketing, 1996, 60(2): 31-46.

[28] Reichheld F F, Sasser W E J. Zero Defection: quality comes to service[J]. Harvard Business Review, 1990,68(5): 105-111.

[29] Cronin J J, Brady M K, Hult G T M. Assessing the effects of quality, value and customer satisfaction on customer behavior intentions in service environment[J]. Journal of Retailing, 2000, 76(2): 193-218.

[30] 韩小芸,汪纯孝.服务性企业顾客满意感与忠诚感关系[M].北京:清华大学出版社,2003.

[31] Carsozo R N. An experimental study of consumer effort, expectations and satisfactions[J]. Journal of Marketing Research, 1965, 2: 244-249.

[32] Anderson E W, Fornell C, Lehmann D R. Customer satisfaction, market share, and profitability: Findings from Sweden[J]. Journal of Marketing, 1994, 58(3): 53-66.

[33] Woodruff R B, Cadotte E R, Jenkins R L. Modeling consumer satisfaction processes using experience-based norms[J]. Journal of Marketing Research, 1983, 20(3): 296-304.

[34] Westbrook R A, Oliver R L. The dimensionality of consumption emotion patterns and consumer satisfaction[J]. Journal of Consumer Research, 1991, 18(1): 84-91.

[35] Shankar V, Smith A K, Rangaswamy A. Customer satisfaction and loyalty in online and offline environments[J]. International Journal of Research in Marketing, 2003, 20(2): 153-175.

[36] Howard J A, Sheth J N. The Theory of Buyer Behavior[M]. New York: Wiley, 1969.

[37] Hunt K. Conceptualization and Measurement of Consumer Satisfaction and Dissatisfaction[M]. Cambriadge, M A: Marketing Science Institute, 1979.

[38] Hempel D J. Consumer satisfaction with the home buying process: Conceptualization and measurement[J]. Marketing Science Institute, 1977, 6: 7-21.

[39] Churchill Jr G A, Surprenant C. An investigation into the determinants of customer satisfaction[J]. Journal of Marketing Research, 1982: 491-504.

[40] Tse D K, Wilton P C. Models of consumer satisfaction formation: An extension[J]. Journal of Marketing Research, 1988, 25(2): 204-212.

[41] Fornell C. A national customer satisfaction barometer: The Swedish experience.[J]. Chinese Journal of Management, 2005, 56(1): 6-21.

[42] Paeasuraman A, Zeithaml V A, Berry L L. Alternative scales for measurinf service quality: A comparative assessment based on psychometric and diagnostic criteria[J]. Journal of Retailing, 1994(70): 201.

[43] Halstead D. The use of comparison standards in customer satisfaction research and management: A review and proposed typology[J]. Journal of Marketing Theory and Practice, 1999, 7(3): 13-26.

[44] Kotler P, Armstrong G. Marketing: An Introduction[M]. New York: Prentice-Hall, 1997.

[45] Oliva T A, Oliver R T, Macmillan, et al. A catastrophe model for developing service satisfaction strategies[J]. Journal of Marketing, 1992(3): 83-95.

[46] 柯涛.顾客满意与顾客忠诚的不相关研究[J].商业时代,2006(15):24-25.

[47] Jones M A, Mothersbaugh D L, Betty S E. Switching barriers and repurchase intentions in services[J]. Journal of Retailing, 2000, 76(2): 259-272.

[48] 袁金魁.顾客满意度和转移障碍对顾客忠诚度影响的实证研究[D].长沙:湖南大学,2005.

[49] Scott A F, Sriraj P S, Eric W W, et al.Customer loyalty and the CTA bus: Results from the 2008 CTA customer satisfaction survey[C]//TRB 2011 Annual Meeting, Washington D.C., 2011.

[50] William J, Kai-Chieh H. Application of perceived value model to identify factors affecting passengers' repurchase intentions on city bus: A case of the Taipei metropolitan area[J]. Transportation, 2003(30): 307-327.

[51] 中国城市轨道交通协会.城市轨道交通2018年度统计和分析报告[J].城市轨道交通,2019,38(4):18-36.

[52] Reichheld F F, Aspinall K. Building high-loyalty business system[J]. Journal of Retail Banking, 1993, 15(4): 21-30.

[53] Spreng R A, Mackoy R D. An empirical examination of a model of perceived service quality and

satisfaction[J]. Journal of Retailing, 1996, 72(2): 201-214.

[54] 韩小芸,汪纯孝.服务性企业顾客满意感与忠诚感关系[M].北京:清华大学出版社,2003.

[55] Richard A S, Robert D M. An empirical examination of a model of perceived service quality and satisfaction[J]. Journal of Retailing, 1996, 72(2): 201-214.

[56] Yan H Y. The influence factors of customer loyalty and its mechanism of action[D]. Hang Zhou: Zhejiang University, 2004.

[57] Parasuraman A, Zeithaml V A, Berry L L. SERVQUAL: A multiple-item scale for measuring consumer perceptions of service quality[J]. Journal of Retailing, 1988, 64(1): 12-40.

[58] 孙莹,杜建刚,李文忠.基于网络购物的服务质量与顾客满意及忠诚度研究[J].统计与决策,2011(1):95-97.

[59] Bolton R N, Drew J H. A multistage model of customers' assessments of service quality and value[J]. Consumer Research, 1991, 17(4): 375-384.

[60] Bitner M J, Booms B H, Mohr L A. Critical service encounters: The employee's viewpoint[J]. Journal of Marketing, 1994, 58(4): 95-106.

[61] Cronin Jr J J, Taylor S A. Measuring service quality: a reexamination and extension.[J]. Journal of Marketing, 1992, 56(3): 55-68.

[62] Brady M K, Cronin Jr J J, Brand R R. Performance-only measurement of service quality: A replication and extension[J]. Business Research. 2002, 55(1): 17-31.

[63] Reichheld F F, Sasser W E Jr. Zero defection: Quality comes to service[J]. Harvard Business Review, 1990, 68(5): 105-111.

[64] Zeithaml V A, Berry L L, Parasuraman A. The behavioral consequences of service quality[J]. Journal of Marketing, 1996, 60(2): 31-46.

[65] 韦福祥.服务质量评价与管理[M].北京:人民邮电出版社,2005.

[66] 侯文霞.基于结构方程模型(SEM)的顾客忠诚度研究:以快速消费品行业为例[D].青岛:中国石油大学(华东),2009.

[67] Jones M A, Mothersbaugh D L, Betty S E. Switching barriers and repurchase intentions in services[J]. Journal of Retailing, 2000, 76(2): 259-272.

[68] 侯杰泰,温忠麟,成子娟,等.结构方程模型及其应用[M].北京:教育科学出版社,2004:126.

[69] Kuo C W, Tang M L. Relationships among service quality, corporate image, customer satisfaction, and behavioral intention for the elderly in high speed rail services[J]. Journal of Advanced Transportation, 2013, 47(5): 512-525.

[70] Eboli L, Mazzulla G. Service quality attributes affecting customer satisfaction for bus transit[J]. Journal of Public Transportation 2007, 10(3): 21-34.

[71] 杨晓光,安健,刘好德,等.公交运行服务质量评价指标体系探讨[J].交通运输系统工程与信息,2010(8):13-21.

[72] Todd L. Valuing transit service quality improvements[J]. Journal of Public Transportation, 2008, 11(2): 43-64.

[73] 王炜,杨新苗,陈学武.城市公共交通系统规划方法与管理技术[M].北京:科学出版社,2002:158-160.

[74] Laura E, Gabriella M. A methodology for evaluating transit service quality based on subjective and objective measures from the passenger's point of view[J]. Transport Policy, 2011(18): 172-181.

[75] 高桂凤,魏华,严宝杰.城市公交服务质量可靠性评价研究[J].武汉理工大学学报(交通科学与工程

版),2007(1):140-143.

[76] 黄婷.基于人性化理念的公交服务质量综合评价模型研究[D].重庆:重庆交通大学,2009.

[77] 彭晓伟,胡子祥.城市公交服务质量乘客评价的实证研究[J].西南交通大学学报:社会科学版,2007,8(5):12-16.

[78] Yu X. Structural Equation Models for ordinal variables[J]. Sociological Methods and Research,1989,17(4):325-352.

4 城市公共交通服务模式

公共交通是一种出行服务，属于社会公共服务范畴，以乘客的感受、需求和体验为基础。采用服务学的知识进行公共交通服务模式的架构，是围绕乘客出行特征与规律，通过交通资源整合响应公交服务需求的方案设计，包括应用服务模型解析公共交通的系统组成、服务过程、顾客与公交服务的交互作用，应用服务管理方法进行公共交通服务模式优化，基于空间行为分析创新公交网络与站点的规划设计，以及应用服务工程方法进行多模式复合交通一体化组织与衔接设计等。

4.1 公共交通服务模式内涵

依据服务学理论，服务模式在服务周期中位于底层位置，是构建服务模型和服务系统的基础，它定义一项服务的业务与价值目标，识别参与服务的各个参与者的类型（顾客、提供者、使能者），在多参与者之间制定价值分配机制并进行价值协同生产，形成多参与者之间的控制流、信息流与价值流。典型的服务模式有服务聚合模式、服务外包模式、众包模式、服务虚拟化模式以及面向双边资源整合的服务模式。

4.1.1 公交服务模式基本要素

公交服务是指出行者选择城市公共客运方式出行时所接受到的各种服务的总称。公交服务不仅包括了公交车辆的运输服务，还包括了诸如公交信息的提供、公交工作人员的协助、公交运营时刻的优化以及公交站点周边购物设施等服务，具有系统性的特点，涵盖了三个相互关联的主体：乘客、公交运营者和城市功能空间。

公共交通在服务大众时遵循一定的模式，但是目前国内外对于"公交服务模式"还没有明确的定义，需要通过相关概念的解读和借鉴理解其内涵。

公共交通发展模式是指从政府财力和可持续发展等角度提出适合城市发展的公共交通发展策略、途径与机制等的统称，包括公交体制、公交线网结构、公交运营及监管、公交补贴及票价等方面。

罗伯特·瑟夫洛[1]提出公交服务方式包括非常规公共交通、公共汽车、有轨电车和轻轨、重轨和地铁、通勤和郊区铁路等，提出可以结合车辆类型、乘客运送能力和运营环境三个方面理解该定义。

狄宝才[2]在借鉴国内外公交发展经验后提出了可供我国大城市规划及选择的公交结构基本模式：以地铁或轻轨为骨干、常规公交为主体并发挥集散作用的结构模式；以快速公交为主体和骨干、常规公交发挥集散作用的结构模式；快速公交、轨道交通、常规公交较为均衡、协调发展的模式；城市公交系统中只有常规公交的单一结构模式。

陈小鸿[3]提出交通模式一般指在用地布局、人口密度、经济水平以及社会环境等特定条件下形成的交通方式结构，即各种交通方式所承担出行量的分配比例。在此基础上，进一步提出公交模式包括辅助公交、常规公交、无轨电车、有轨电车、个人快速公交、轻轨、BRT、地铁和市郊铁路等。

张超[4]认为公共交通服务体系由5个部分组成：设备子系统、信息子系统、人员子系统、运营管理子系统及延伸服务子系统，提出了常规公共交通的服务方式特征包括：①公共汽车按规定线路以及线路网运行服务；②公共汽车按规定站点运行服务；③公共汽车按规定时间运营服务；④公共汽车按规定票价运营服务。

综上所述，对公交的认知出现了非常多的概念，如发展模式、服务方式、服务体系、交通模式以及公交结构基本模式等，总体来说，基本上还是对公交方式类型与结构的另一种说法，研究多集中于公交服务的某一方面，而缺乏一个概念能够全面、系统地阐述公共交通服务体系内部的作用机制。尽管也涉及了公交发展模式与公交服务体系，也只是针对公交发展的路径或是服务体系的构成，并没有反映公交服务这种范式，也就不能兼顾出行者对于公交服务品质的要求。

公交服务模式概念既包括交通运输的属性，又属于服务学的范畴。简单地说，出行者在选择公交出行的过程中所接受到的所有公交服务组合起来就形成了一种公交服务模式。

从这个意义上讲，公交服务模式的建立涉及公交运营者对出行者公交需求特征与规律的洞察、公交服务与乘客之间的交互关系的研判、公交服务目标的制定以及公交服务资源的编排与协同等。

4.1.2 公交服务模式模型表达

服务学中的"四维度模型"可以为公交服务模式的模型表达提供借鉴。四维度模型可以用于通过编排、设计甚至创新公交服务，构建完善的公交服务模式。公交服务模式是公共交通在公交出行者出行全过程所提供的服务组合，是一个集合概念，因此，不仅应当涵盖公交服务目标、公交服务环境、公交出行者和公交服务技术这4个维度，更要包括各个维度之间的相互作用关系，如图4-1所示。

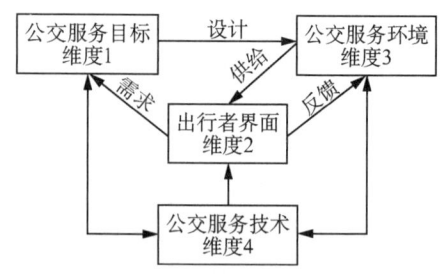

图4-1 公交服务模式四维度模型

1. 维度1：公共交通服务目标

公共交通服务目标即公交服务所要达到的标准。公共交通服务目标包含4个一级指标：舒适性、便捷性、可靠性和安全性。其中，舒适性通过拥挤度、服务出行者的设施条件、公交车辆行驶的平稳性来反映；便捷性则考察公交服务时间、服务覆盖率、线路衔接是否符合要求；可靠性分别从线路和信息两方面考量；安全性是指乘客在享受公交服务时是否能保证人身和财产的安全。具体的指标分类如表4-1所示。

表 4-1 公共交通服务目标

舒适性			便捷性			可靠性	安全性
拥挤度	服务设施条件	车辆平稳性	服务时间	服务覆盖率	线路衔接	线路信息可靠性	乘客人身财产安全

2. 维度 2：出行者界面

出行者界面不仅包括了已经选择公交出行的实际乘客，也包括现阶段选择其他出行方式出行的潜在乘客。出行者特征与需求是制定公交服务模式时应当重点考虑的内容。

出行者特征不仅包括其社会经济属性，如年龄、性别、经济收入等，还包括出行者的出行特征，如出行强度、出行时间等。公共交通服务提供者应当注重与出行者的交流和沟通，通过出行者的特性洞察其真实的需求，不断改进现有公交服务；此外，还需要了解潜在乘客特性，争取扩大服务领域，制定具有竞争力的公共交通服务。

3. 维度 3：公共交通服务环境

公共交通服务环境是连接公共交通服务目标和出行者之间的媒介，主要包括公交候车环境、乘车环境和运行环境。出行者通过公共交通服务环境感知公共交通服务质量，而公交服务目标则充分体现在公交服务环境上。

候车环境指的是公共交通站点为乘客提供候车服务的设施，包括公共交通站台、站牌、信息板和停车换乘设施等。乘车环境包含为乘客乘车时提供的服务设施，如乘车空间、公共交通车辆设施、车辆行驶线路图和车厢卫生环境等，以及司机的驾驶水平和售票员服务态度等。运行环境指的是为公共交通车辆运行提供服务的交通设施，包括公共交通网络、公共交通专用车道、高承载率车辆车道和公共交通专用相位等。

4. 维度 4：技术

技术并不是公共交通服务模式的一个必要维度，而是一个可选维度。然而，不能否认技术的重要性，技术的进步会引发公共交通服务的变革，如 ITS 技术、云技术以及先进的管理调度技术的运用，一方面会提高公共交通服务的标准，改进公共交通服务设施，另一方面也会激发出行者对于公共交通服务提出更高的要求，改变其出行需求。

公共交通服务模式是上述 4 个维度的特定组合，而不同维度间的"关联"是 4 个维度得以充分发挥作用的途径，也是公交服务模式不断完善的表现。出行者需求决定了公共交通服务目标的制订；而服务目标有助于公共交通服务环境的设计，为出行者提供有效的公共交通服务；同时出行者在使用公共交通的过程中对公共交通服务提出反馈意见，通过技术变革与公共交通服务标准细部调整，不断改进公共交通服务环境以提高乘客对于公共交通服务的满意度。可以发现，出行者在公交服务模式 4 个维度中处于关键地位，当然，只有通过4 个维度的发展以及维度间的相互关联与作用，公交服务模式才能不断被有效实施与创新。

4.2 公共交通服务模式类型

4.2.1 按出行分布特征

公交作为集约化出行方式，受出行分布的影响比较大。对于出行分布较为集中的区域，通过提供短距离一次性到达的出行线路,可以避免不必要的公交换乘和接驳,形成适应性的公交服务模式;对于出行分布较为分散的区域,由于公交运输的灵活性不够,需要往往通过便捷的公交接驳和换乘引导公交出行者到达目的地,形成引导性的公交服务模式。

1. 适应出行轨迹的服务模式

出行者容易形成具有一定偏好的生活方式和固定的出行习惯,对于中心城区或新城内部的居民而言,由于出行范围较为集中,可以通过调整公共交通来提供良好的服务环境,建立适应性的公交服务模式。适应性模式的优点在于减少出行者换乘次数,公交出行时间可预估;同时避免了由于换乘信息不明而引发的公交误乘。选择此模式的公交出行者会特别在意站台公交站牌信息服务和公交车内环境。公交站牌信息应当提供线路的首末班车时间、发车间隔及途经站名等信息,尤其是命名途经站时需要注意选择站点周围标志性建筑、路名或者景点,方便出行者识别。公交车内应当有完善的扶手、座位、报站 LED 屏等设施,公交司乘人员服务态度热情周到,准确告知到站信息。

然而,适应性公交服务模式服务范围较小,只是针对特定的公交出行者。为了优化公交服务,可以通过增加公交线路的绕行距离和线网密度来服务广大中心城区的出行者,随之带来的是昂贵的公交服务建设和运营成本。同时,此服务模式下的公交线路重复系数较高,造成多线路公交车辆载客率较低,浪费资源。

2. 引导出行轨迹的服务模式

基于服务更广大范围出行者的目的,引导性公交服务模式通过衔接多种公交方式,力求平衡出行者的时间效益和公共交通的服务效益,适用于中长距离的出行。由于新城土地开发分散,居民居住地围绕特定的组团中心零星分布,设置直达公交线路十分困难,通过引导出行者的出行轨迹,将零星分布的居民吸引至枢纽站点,运用大运量、高速的公共交通完成出行是比较合理的模式选择。引导性模式运用大运量、高速的公交方式(如地铁、轻轨、BRT等)作为干线连接枢纽站,通过设置常规公交线路接驳,实现从目的站到目的地的位移。

引导性服务模式的优点在于整合了公共交通服务资源,体现低碳环保的理念,是未来公交服务发展的趋势。然而,涉及多项公交服务难免使得该模式的便捷性和可靠性降低,各种公交方式之间衔接的时间浪费和换乘时接受服务的间断性会令众多公交出行者望而却步,因此,在公交出行从"线路出行"向"网络出行"转变的过程中,做好公交的衔接服务是引导性服务模式走向成功的关键,有三个方面需要重点关注:①出行者多为长距离出行,乘车时间较长,提升公交车厢内环境舒适性尤为重要;②接驳交通运营时刻应当和干线公交整合,真正实现到达目的地的高效性;③换乘通道设计距离要短,换乘信息要完善,以减少换乘的时间损耗。

4.2.2 按公交线路特征

公交线路特征的不同导致了公交出行者所接受到的服务不同,因此对应着不同的公交服务模式。根据公交线路的分类,公交服务模式也对应可分为固定线路型、需求响应型、灵活型[5]以及基于 MaaS 的一键规划出行。

1. 固定线路型公交

固定线路型公交指的是在一定区域内按照固定的线路、站点和规定的时间进行公交运营的模式,具有"定点、定线、定时、定价"的特征。

按照规划类别,固定线路型公交可以分为骨干线路、区域线路和接驳线路等。骨干线路指的是在城市主要客运通道上提供快速可靠的公交服务的公交线路;区域线路是指连通区域内部节点的地面公交线路,承担中短距离的出行,保障公共交通出行便利;驳运线为地面公交骨干线路和轨道交通提供接驳服务,将零星客流进行收集并驳运到最近的区域公交枢纽或轨道交通站。

另一种依托于常规公交和轨道交通的城市公共交通网络,规划服务于城市居住小区和周围商业网点与公交、轨道交通换乘点之间客流的公共交通称为城市微循环公交。城市微循环公交是相对于城市轨道交通及城市常规公交提出的运作于居民公共交通出行线路衔接段的小型公交线路[6]。为了充分发挥城市公交网络完备功能,解决出行"最后一公里"问题,学者们对于社区微循环线路的设计与运营也逐渐展开了分析[7,8],旨在通过社区微循环公交线路路径优化理论和方法的研究,构建符合实际需求的社区微循环公交线路,吸引城市居民出行转向公共交通,实现真正意义上的公交优先。

2. 需求响应型公交

常规公交定点、定线、定时发车的特征,适用于出行需求集中且较大的情况。随着人们出行要求的提高,集约式的常规公交模式已经不能够很好地满足出行需求。如何满足居民个性化、高品质的公交出行需求,提高公交对乘客的吸引力,是目前公交运营企业思考的问题。在这种情况下,"按需定制、快速直达"的公交服务模式进入市场,这种服务的主要特点是,通过网络预约集中有共同出行需求的群体,提供公交合乘服务,以更好地满足出行,相比常规公交,这种服务通过对相似需求进行集约的方式,让乘客避免不必要的停站、绕行和拥挤,称为"需求响应型公交"。

需求响应型公交在欧美国家已有长足的发展,通常情况下没有固定的线路和时刻表。而在国内现有的研究中,根据不同服务特性,需求响应公交服务可以分为定制公交、校园公交和专车服务等不同类型。定制公交侧重于提供一定频率的、线路相对固定的出行服务,有较稳定、足量的客流,通常具有"定人、定点、定时、定价、定车"的特点;校园公交侧重于解决"多对一"的定制出行问题;而专车服务主要提供"一对一"的特定出行服务,主要面对"门到门"的服务需求[9]。总体来说,需求响应型公交相对于常规线路公交,具有高效、便捷、灵活、舒适及经济等优势。

3. 灵活型公交

为了将固定线路型公交的经济性与需求响应型公交的灵活性优势进一步发挥,20世纪60年代,结合了两种公交特点的灵活型公交服务经营模式被提出,并且从70年代开始在欧美国家出现。灵活型公交系统泛指兼具固定线路型公交和需求响应型公交特性的混合公交运营模式,公交车辆既可以按固定路线行驶或在固定站点停靠,也可以通过变更路线或者停靠站点为乘客提供个性化的出行服务。目前,国外的灵活型公交系统案例有很多,包括美国的"Merrill-Go-Round""Call-n-Ride""Hampton Roads Transit(HRT)""Omni Link

Service",芬兰 Leppavirta 地区的灵活型公交系统,瑞典 Plustrafik 地区的动态公交服务等。近年来,我国也出现了一些灵活型公交案例,比如深圳滴滴优点公司运营的 U+动态小巴,它没有固定站点和线路,完全根据乘客需求动态生成线路,可以实现按需叫车,根据乘客需求设定起止点,利用大数据智能分析规划线路,无需换乘,便捷直达目的地,以较低的费用实现打车一般的出行体验。

2004 年,交通拥堵缓解计划(Traffic Congestion Relief Program,TCRP)调查报告首次将灵活型公交服务系统分为如下 6 种主要类型:线路可偏移公交服务、车站可偏移公交服务、需求响应接驳公交服务、需求响应车站公交服务、区段灵活公交服务和区域灵活公交服务[10]。

(1) 线路可偏移公交服务:车辆沿着基准线路行驶,当出现临时需求时,车辆可在任意两个车站之间允许的松弛时间内偏离基准线路响应临时需求。

(2) 车站可偏移公交服务:系统存在基准车站而没有基准线路,在特定服务范围内,可以依据乘客实际需求,在任何地点提供上下客需求响应服务。任意上下客地点和固定车站之间的线路都不固定,行车路线方案完全根据实际的需求分布确定。

(3) 需求响应接驳公交服务:公共汽车在换乘枢纽延伸的区域内提供需求响应型公交服务,线路的起终点连接到一个或多个换乘枢纽,可以较好地解决"最后一公里"出行问题。

(4) 需求响应车站公交服务:沿基准线路行驶,当需求响应型站点存在需求时,车辆可偏离基准线路提供服务,但之后必须返回基准线路继续行驶。

(5) 区段灵活公交服务:车辆主要按照固定线路公交模式运行,但在部分服务区段为乘客提供需求响应型服务。

(6) 区域灵活公交服务:车辆在服务区域内提供需求响应型服务,仅在线路的首、末站设定固定站点。

这 6 种类型的运行规则存在差异,灵活程度也有所不同,按照灵活性从小到大排序依次为:站点需求响应服务、部分线路可变服务、可变线路服务、可变站点服务、区域线路服务和需求响应接驳服务。

灵活型公交系统的价值可以归纳为以下几点:

(1) 成本效益更优。结合了固定线路公交的低成本与需求响应型公交灵活性的双重优势,营运机构通过较低的成本投入即可实现与小汽车出行相竞争的、灵活的、门到门的公交服务,从而进一步提升公交出行分担率。

(2) 服务品质更佳。该系统可以作为固定线路公交的重要补充,为人口密度较低的新建城区等特定地区提供需求响应型服务,从而健全多层次、差别化的公交服务体系,并进一步提升公交系统的服务品质。

(3) 受惠人群更广。通过个性化、门到门的需求响应型服务为包括残障人士在内的特殊人群提供更便利、安全、舒适的公交出行服务,以进一步扩大系统的服务受惠人群。

4. MaaS 出行平台

出行即服务(MaaS)作为一种新的运输服务理念,在深刻理解公众出行需求的基础上,将各种运输方式整合在统一的服务体系中,充分利用大数据决策,最优调配资源,最大限度满足不同出行需求,形成一体化的出行服务生态。MaaS 的基本特征是以统一的信息服务平台来提供出行规划、查询、预定、支付、清分及评价等服务,尽可能减少公众对私人小汽车系统的依赖。MaaS 代表了出行方式的一种转变：从个人拥有出行工具到将出行作为一种服务来进行消费。

MaaS 平台基于公共交通智能调度、个人习惯分析和绿色出行优先等，整体提升公众公共交通出行满意度。

（1）公共交通出行服务接口。

地面公交服务。地面公交不仅是单一的常规公交线路，还包括日班、夜班、社区地铁接驳线、高峰快线、商务专线、节假日专线及旅游观光线等多种响应型公交服务形式。多种公交运行方式通过运行时间接驳协同、运量运力协同，实现干支线协同与快普线协同。通过预约公交服务，乘客可体验"发起需求、订购座位、在线支付"一站式服务。地面公交接口提供运营时间表、提供价格信息和提供站点位置。

轨道交通服务。轨道交通作为大运量、快速准时、集约高效的公共交通方式，弥补了地面公交运量短缺的短板。轨道交通接口提供运营时间表、提供价格信息和提供站点位置。

出租车/网约车服务。出租车/网约车接口结合用户定位信息，可提供价格信息、车辆信息、预订信息、车辆类型方面的信息（如对电动车辆的奖励信息）以及特殊服务的相关信息（如泊车服务）。

（2）个人交通出行服务接口。

共享单车服务。共享单车灵活性强、排放低、支出少，能减少拥堵和能源消耗，有利于解决公共交通"最后一公里"衔接问题，支持多种交通方式换乘。系统与共享单车平台对接，共享单车接口提供价格信息、停放点位置、可用车辆信息，以及健康信息（如热量消耗、排放减少信息）等。

共享汽车服务。共享汽车可满足多人次出行，对于出行舒适度及效率要求较高的用户，共享汽车接口提供注册的要求、价格信息、车辆信息、预订信息、车辆停放点与可用车辆信息、可持续方面的信息（如对电动车辆的奖励信息）以及特殊服务的相关信息（如单向服务）等。

智能停车服务。用户选择共享汽车自驾新能源车辆服务时，为用户提供停靠点车位信息（如停车场位置、数量、规模、空余停车位及是否有人工服务）；若停靠点车位已满且无人工服务，则在出行服务预订时提示用户。

（3）运营方式与运营组织。

运营主体。运营主体应该是本地成立的出行即服务运营公司。根据实际情况，也可以委托给当地公交公司运营。

合作方。合作方包括本地出行服务运营商、互联网公司和城市间客运公司等。本地出行服务运营商一般包括公交公司、出租公司和汽车租赁公司等；互联网公司的范围更为广，如滴滴打车、嘀嗒打车等网约车公司，去哪儿、携程等出行和旅游服务公司，以及拼多多、大众点评等电商；城市间客运公司主要指一些长途客运公司等。

4.3 公共交通服务模式优化

出行者不同的公交需求由不同的公交服务目标反映，针对不同的公交服务目标设计的公交服务策略也不相同。舒适性的目标常定量为"每位站立乘客的占地面积"或"每平方米可容许站立的乘客数",有学者设计舒适性的公交服务时提出在公交线路的最大乘客断面上,公交车辆可供站立面积内站立的乘客不超过 6 人/m^2,具体数据可通过随车调查或车外定点调查获得[11]。便捷性影响出行者选择公交服务的行为,便捷性的目标量化指标有很多,如行车速度、换乘时间和候车时间等。可靠性的目标常定量为常用时刻表和发车间隔准点率,在进行可靠性的公交服务策略设计时遵循以下准则:每条线路 90% 的车次起点始发的时间误差在 2 min 内;85% 车次在路段中发车时间的误差在 3 min 内;每条线路 90% 的车次准点到达时间误差在 3 min 内[11]。安全性目标通过行车责任事故间隔里程、行车违章间隔里程、车内犯罪率等指标量化,在具体服务设计时应予以重点考虑[12]。

对于通勤出行者而言,公共交通服务的便捷性是影响选择公交服务的关键服务目标[13],而从规划层面来解析公交服务模式,主要还是从出行分布特征的角度来进行考虑,因此,这里将基于便捷性的目标对适应性服务模式和引导式服务模型进行分析,以起到以点带面的作用。

4.3.1 公交服务目标剖析

便捷性目标旨在利用最小时间完成最大位移。对于固定起讫点的通勤出行者而言,出行位移是固定值,因此便捷性可以表示为出行时间的最小化。通勤出行者的出行时间大致可以表示为步行时间、候车时间和在途时间的总和。

针对适应性和引导性这两种不同服务模式的特点,出行者的出行时间构成也不相同。选择适应出行轨迹服务模式的出行者的出行时间可以表示为

$$t_{总} = t_{步行1} + t_{候车} + t_{途中} + t_{步行2} \tag{4-1}$$

式中,$t_{步行1}$ 为由起点前往公交站点的步行时间;$t_{候车}$ 为等候公交车辆花费的时间;$t_{途中}$ 为乘坐公交车辆到达目的站花费的时间;$t_{步行2}$ 为由目的站前往目的地的步行时间。

选择引导出行轨迹服务模式的出行者增加了换乘的过程,因此出行时间增加了换乘公交方式的步行时间及等待换乘车辆时间,这两者统一记作换乘时间。出行时间 $t_{总}$ 表示为

$$t_{总} = t_{步行1} + t_{候车} + t_{途中} + t_{换乘} + t_{步行2} \tag{4-2}$$

式中,$t_{途中}$ 为乘坐公交车辆到达目的站选择多种公交方式的总和;$t_{换乘}$ 为换乘其他公交方式花费的时间,包括换乘步行时间和候车时间。

图 4-2 通过对比的方式描述了选择两种服务模式的出行流程。显然,适应出行轨迹的服务模式避免了换乘所带来的时间损耗,但是由于线路绕行较多,车辆行驶速度较慢,在途时间较长;引导出行轨迹的服务模式需要换乘到快速公共交通方式,换乘时间有损耗,但是快速公交的速度较快,反而会减少在途时间。不同服务模式的通勤出行者出行时间与位移的函数图可以由图 4-3 和图 4-4 表示。

(1) 适应出行轨迹的服务模式便捷性目标分析。

首先,利用函数表示出行各阶段的时间。

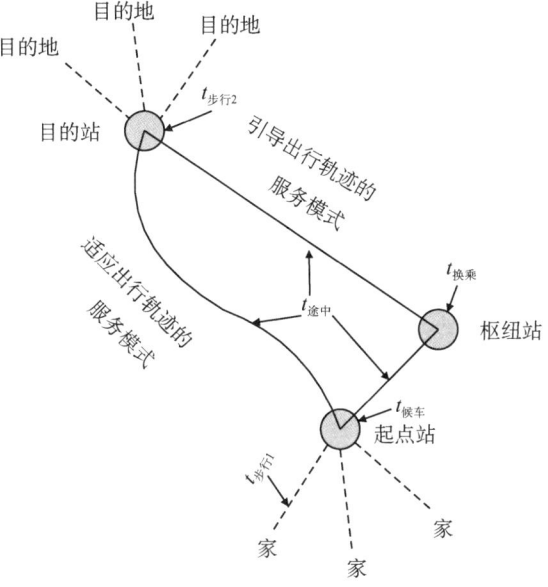

图 4-2　两种服务模式的出行时间表示

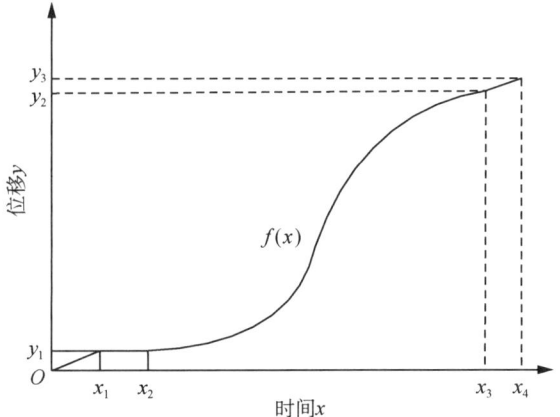

图 4-3　适应出行轨迹的服务模式时空函数关系

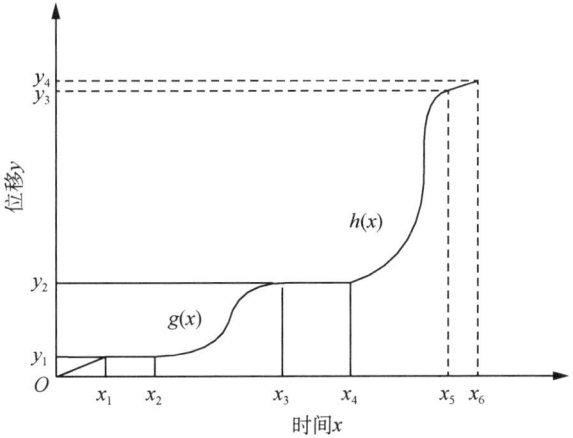

图 4-4　引导出行轨迹的服务模式时空函数关系

$$t_{步行1}=x_1; \quad t_{候车}=x_2-x_1; \quad t_{途中}=x_3-x_2; \quad t_{步行2}=x_4-x_3 \tag{4-3}$$

式中，y_1 代表公交车出发站点；y_2 代表公交车目的站；y_3 代表出行者的目的地。

其次，该图像的函数关系式可以表示为

$$F(x)=\begin{cases} kx, & 0 \leqslant x \leqslant x_1, x_3 < x \leqslant x_4 \\ y_1, & x_1 < x \leqslant x_2 \\ f(x), & x_2 < x \leqslant x_3 \end{cases} \tag{4-4}$$

最后，由函数图像可以看出，当 $x \in [0, x_1]$ 时，函数因变量和自变量为线性关系：$y=kx$，直线的斜率为出行者的行走速度。这一段图像代表了出行者由家出发前往公交站点的过程。由于出行者的行走速度一般是固定值，因此减少步行时间就需要缩短步行距离，公交站点靠近居民生活区。

当 $x \in (x_1, x_2]$ 时，函数图像为一条与 x 轴平行的直线 $y=y_1$，随着自变量 x 的增加，函数因变量 y 没有变化，这代表了出行者在公交站点候车的过程，提高公交车辆的到达率可以减少候车时间。

当 $x \in (x_2, x_3]$ 时，函数图像为一条曲线 $y=f(x)$，函数的一阶导数代表了公交车辆的行程速度，即 $v=\dfrac{\mathrm{d}f(x)}{\mathrm{d}x}$。减少在途时间的方法是提高车辆的行程速度。

当 $x \in (x_3, x_4]$ 时，与第一段函数相同，这一段函数也是呈线性关系，缩短步行时间的方法即缩短步行距离。

综上所述，对于适应出行轨迹的服务模式而言，实现便捷性目标应当从缩短步行距离、提高车辆到达率和提高车辆行程速度三个方面设计改善策略。

(2) 引导出行轨迹的服务模式便捷性目标分析。

首先，利用函数表示出行各阶段的时间。

$$\left.\begin{aligned} & t_{步行1}=x_1; \quad t_{候车}=x_2-x_1; \quad t_{途中}=(x_3+x_5)-(x_2+x_4); \\ & t_{换乘}=x_4-x_3; \quad t_{步行2}=x_6-x_5 \end{aligned}\right\} \tag{4-5}$$

式中，y_1 代表公交车出发站点；y_2 代表公交车枢纽站；y_3 代表公交车目的站；y_4 代表出行者出行目的地。

其次，该图像的函数关系式可以表示为

$$F(x)=\begin{cases} kx, & 0 \leqslant x \leqslant x_1, x_5 \leqslant x \leqslant x_6 \\ y_1, & x_1 < x \leqslant x_2 \\ g(x), & x_2 < x \leqslant x_3 \\ y_2, & x_3 < x \leqslant x_4 \\ h(x), & x_4 < x \leqslant x_5 \end{cases} \tag{4-6}$$

最后，引导出行轨迹的服务模式在出行者步行阶段和候车阶段与适应性服务模式相似，即当 $x \in [0, x_3] \cup (x_4, x_6]$ 时，函数呈线性关系，缩短步行时间的方法即缩短步行距离。

当 $x \in (x_5, x_6]$ 时，函数图像为一条平行于 x 轴的直线：$y=y_2$。说明随着时间的增加,出行者没有产生位移。实际上,在这个阶段中出行者由于换乘产生了一定的位移,但是这个距离相交于整个出行过程的位移而言可以忽略不计。在这个阶段减少换乘时间要从两个方面入手:一方面,通过缩短换乘距离或者提高设计畅通的换乘通道,减少换乘步行时间;另一方面,通过优化公交运营路线,减少换乘候车时间。

综上所述,与适应性服务模式相似,引导出行轨迹的服务模式也需要从缩短步行距离、提高车辆到达率和提高车辆行程速度三个方面设计改善策略。除此之外,引导出行轨迹的服务模式特别需要从缩短换乘衔接时间方面优化服务环境。

4.3.2 公交服务环境优化

公交服务模式的现实效用主要体现在公交服务环境上,公交服务环境主要包括公交候车环境、公交乘车环境和公交运行环境三个方面,主要由公交服务的设施、信息、人员以及公交运营管理等要素构成。

1. 公交服务模型构建

(1) 公交服务要素构成。

公交服务环境是连接出行者和公交服务目标的媒介,更是公交服务模式的微观表现。公交三大服务环境的内容应当从公交服务设施、公交服务人员、公交信息和公交运营管理4个方面进行规定,如表4-2所示。

表4-2 公交服务环境组成

内容	候车环境	乘车环境	运行环境
公交服务设施	公交站点、换乘通道、慢行设施、候车座椅、遮雨棚、信息设备和停车场等	公交车辆类型及保养情况,座椅、扶手、空调设备、车载信息设备,车厢拥挤程度、车厢卫生状况等	轨道、普通车道、多层次公交网络、公交专用车道、高承载率车辆车道和公交专用相位等
公交服务人员	站内工作人员	公交车司乘人员	
公交信息	路线信息、换乘信息和突发事件信息	车辆行驶信息、突发事件信息和其他信息	道路条件信息、交通状况信息和突发事件信息等
公交运营管理	接驳公交、时刻表优化、行人流组织和换乘管理等		行车计划安排、时刻表编制和司售人员排班

服务蓝图法中服务人员分为前台员工和后台员工,其中前台员工是直接与顾客接触的、为顾客提供实际服务的人员;后台员工是居于幕后,为前台员工服务提供支持的雇员。公共交通服务也可以参照相应的分类方法,分为公交前台服务和公交后台服务两类。

公交前台服务是出行者出行过程中接触到的服务内容,包括了公交服务设施、公交服务人员和公交信息。公交后台服务与前台服务对立,是出行者无法接触到的服务内容,但是后台服务是前台服务高质量完成的基础和支持,主要指公交运营管理服务。

公交服务设施主要是公共交通中的硬件部分,由公交线路、公交车辆和公交站点组成。

公交服务人员包括直接公交服务人员和间接公交服务人员。直接公交服务人员主要指与出行者接触的公交车辆司机、售票员及其他工作人员等,作为服务的实践者,是服务实施效果的最重要因素，应当具备高水平的业务能力，如车辆驾驶平稳、快速、到站信息播报准确、站点秩序井井有条，等等，同时，作为公交服务体系中唯一可以和出行者交流的部分，还应当保持良好的服务态度。间接公交服务人员是指与出行者间接接触的公交管理者与调度人员等，主要负责实现公交服务运营，作为运营管理的部分考虑。

公交信息主要为出行者提供告知的义务，引导出行者的出行线路，提高出行者的出行效率。公交信息包括静态信息和动态信息两类（表4-3），静态信息主要为出行者出行前的决策提供依据，出行者接触得最多，用于制订出行计划。动态信息是出行者在出行过程中接触到的实时发布信息，比如道路交通状况信息、突发事件信息等，出行者根据动态信息调整自己的出行计划。

表4-3 公交信息构成

分类		内容
静态信息	公交线路信息	运营时间、途经站点、发车间隔、票价和时刻表等
	公交站点信息	换乘通道、换乘线路信息和周边场所信息等
动态信息	交通状况信息	道路拥挤情况
	公交运行信息	公交车内自动发布的线路信息、到站时间、换乘信息、车辆运行位置和行程时间预测等
	突发事件信息	交通管制信息、天气信息和特殊事件信息等
	其他	车载移动电视信息等

公交运营管理是指公共交通各种作业技术、方法和管理制度等，包括了时刻表编制、行车计划编制和司售人员排班[14]，属于软件部分，主要保证公交线路运能合理分配、线路运行顺畅、不同线路间相互协调以及优化运行效率。

（2）公交服务蓝图设计。

设计服务蓝图首先要明确出行者的公交出行过程，主要分为乘车前、乘车中和乘车后三个环节。出行前的行为包括了查询出行信息、前往公交车站和等候公交车辆；出行中的行为包括了乘坐公交车辆与到达目的站，如果需要换乘，还应当包括到达换乘站、等候换乘车辆和乘坐换乘车辆的环节；出行后主要指出行者离开公共交通运输工具后的过程，指从公交目的站到达目的地。

其次，应从公交出行体验的角度进行服务审查，如出行者出行前需要有相关的公交信息发布，方便查阅；前往公交车站时，需要公交接驳车辆或者良好的慢行设施；等候公交车辆时，需要完善的公交线路信息，包括途经站信息、首末车时间、发车间隔及到达此站的时间等；在乘坐车辆的过程中，公交乘客需要公交司乘人员态度良好的服务、到站信息的发布、公交车辆干净清洁及扶手座位等设施的完好等；换乘过程中，公交出行者需要便捷的换乘通道、清晰易懂的换乘信息；最终到达目的站时，公交出行者同样需要有接驳车或者完善的慢行设施。

再次，寻找公交服务提供者需要的技术支持，如公交公司需要完善相关的信息发布技术、培训公交服务人员以及一系列便捷性的服务策略设计。

最后，将公交出行者、服务提供者和技术支持相连，构成有形的服务展示，形成模型。

本书制定的服务蓝图基于便捷性的公交服务目标，所提供的公交服务围绕缩短步行距离、提高车辆到达率、提高行程速度和缩短换乘衔接时间4个方面,最终绘制的服务蓝图如图 4-5 所示。图中虚线代表待设计的服务策略,反映通勤出行者的公交需求,服务策略的最终优化目标为总行程时间最少。

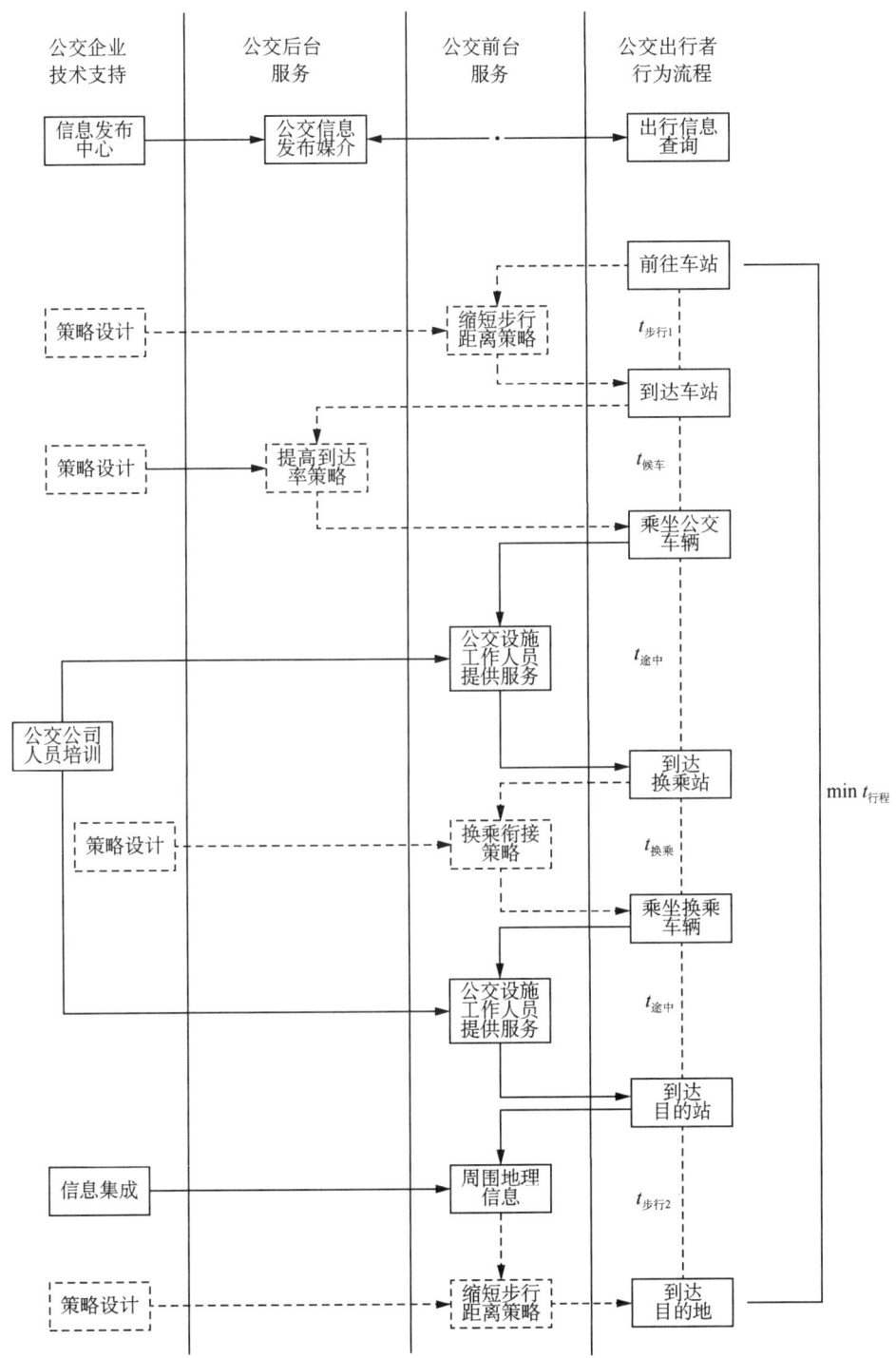

图 4-5 公交服务蓝图设计

2. 公交服务优化策略

通勤出行者由家出发,到达最终目的地,整个过程形成了一条完整的公交出行链,完全经历了由公交候车环境、公交乘车环境以及公交运行环境所构成的公交服务环境,具体示意如图 4-6 所示。基于便捷性服务目标,从公交出行链角度出发,公交服务环境可以从以下 4 个方面进行优化。

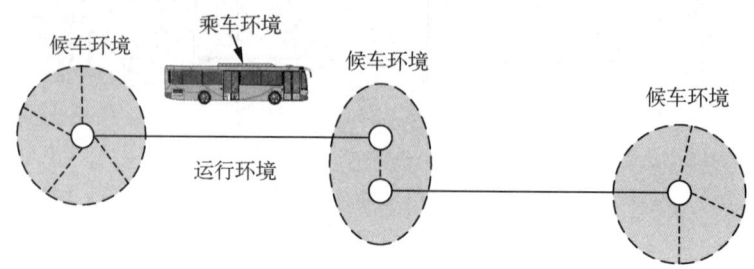

图 4-6 公交服务环境示意

(1) 缩短步行距离。

缩短公交站点步行距离属于公交候车环境的优化。国外针对缩短公交站点步行距离的研究有很多,其中 Farewell 等[15]指出,人们认为步行出行没有乘车出行方便,并提出将公交站点的步行距离设置为 400 m。Ceder 等[16]给出了乘车出行和步行出行的便捷性比率,如旧金山为 6∶2,意味着旧金山出行者认为步行在便捷性上要比乘车出行小 1/3。我国也普遍认为公交服务的覆盖半径为 500 m。

从交通管理的层面,可以通过优化公交站点的衔接来缩短步行距离,一般采取的改善策略有设置公交接驳车辆,如社区公交车;设计慢行通道。公交接驳车辆可以采用小型的公交车,采取固定线路短距离运营,覆盖的范围为枢纽站所辐射的周边社区,不同时段的发车频率可以调整,方便出行者到达目的站;也可以采用需求响应型小型公交车,即运行线路不固定,发车频率不固定,根据出行者需要实现"点到点"的运输服务。设计慢行通道可以在前往公交站点的途经路段设计慢行交通专用车道,在居民区和公交车站点设计公共自行车租用设备和停车场,方便出行者选用自行车换乘公交。

从公交规划的层面,公交站点步行距离过长的根源在于公交站点位置布设得不合理,需要在选定候选站点的基础上,根据公交线路走向、出行者客流方向及道路条件等因素对候选站点进一步筛选,最终确定最优站点。优化公交站点的问题可以看作运筹学中的"m 中心"问题,即预设一定的距离,确定整个路网中公交站点的最少数量和最佳位置,使得出行者步行距离都在预设范围之内。

(2) 提高车辆到达率。

这个层面的策略是为了降低出行者的候车时间而提出的。提高车辆的到达率,最直接的方法就是减少发车间隔,增加发车频率。然而,一方面,由于公交企业的成本和设施资源有限,不可能所有线路的发车频率都很高,无法满足所有出行者的需求;另一方面,高峰时段道路交通条件较复杂,公交车辆遭遇拥堵,发车频率再高也无法实现高到达率。

实际上,出行者到达公交站点的时间并不是随机分布的,他们一般受到公交车辆到站时间的影响,提前一段时间到达。当等候车辆的时间超过他们所预想的程度时,就会认为候车时间较长。因此,应当提高到站车辆的准点性,这就需要改善公交运行环境。

独立路权可以有效提高准时性。独立路权的方式有完全独立和部分独立两种,完全独立路权是指由于物理隔离其他车辆无法进入公交车辆使用道路,形式有轨道、公交车专用道路和BRT道路;部分独立路权是指公交车辆专用道路与其他道路没有物理隔离,当没有公交车辆通过时其他车辆可以使用,形式有公交车专用车道、HOV[①]车道、公交车专用街和公交车专用进口道。

完全独立路权的形式适用于快速、大运量公交方式,能满足高承载率车辆的利益,而且占用城市道路资源较少,在城市内部多为地下形式,在城市周边区多用高架;部分独立路权的形式适用于常规公交方式,占用一部分城市道路资源,需要加强道路交通监管,防止违章占道现象发生。通过路权独立,公交车辆在拥堵的交通条件下也可以保证准点到站,从而提高了公交车辆到达率。

(3) 提高车辆行程速度。

公交的行程车速是指公交车辆行驶路程与行程时间之比,行程时间包括了车辆行驶时间和延误时间。提高车辆行程车速的直接方法是选用快速公交车辆、改善行车环境。

快速公交车辆类型有轻轨、地铁、郊区铁路和BRT(表4-4),它们速度较快,而且全部是独立路权,延误较小,大大减少出行者在途时间。

表4-4　快速公交车辆平均行驶速度　　　　　　　　单位:km/h

车辆类型	轻轨	地铁	郊区铁路	BRT
平均速度	30~40	30~40	45~65	30~40

对于常规公交而言,提高车辆行程速度需要借助公交运营管理的方式:一种就是采用部分独立路权;另一种就是优化公交路径,采用区间车、大站快车等方式改变公交线路运行轨迹。区间车是公交车辆放弃原有的线路,选择客流量较集中的区间运行,行驶线路长度减短。大站快车是车辆放弃在固定线路上行驶,而采用最短路径到达客流量较集中的目的站点。优化公交路径可以有效减少公交线路的绕行,车辆实现最短路径出行,提高行程速度。

此外,公交优先措施,如交叉口信号优先,以及公交专用相位也可以减少公交延误,提高行程速度。

(4) 缩短换乘时间。

影响换乘时间的因素有换乘通道的设计和等候换乘车辆的时间。设计换乘通道时应当区别轨道交通与常规公交换乘、轨道交通之间换乘以及常规公交之间换乘。

轨道交通与常规公交换乘。整合轨道交通和常规公交站点,设计专用的换乘通道。换乘客流量较大的站点可以设计换乘大厅,保证步行时间不大于5 min。同时换乘通道设计应当满足服务水平要求,具体标准见表4-5。

---

① HOV:high-occupancy vehicle lane,共乘车道。

表 4-5 换乘步行通道的服务水平[5]

服务水平	行人占据空间/($m^2 \cdot 人^{-1}$)	期望行人流量和步行速度		饱和度 V/C 比
		平均步行速度 S/($m \cdot min^{-1}$)	单位宽度的行人流量 V/(人·$m^{-1} \cdot min^{-1}$)	
A	≥3.3	79	0～23	0.0～0.3
B	2.3～3.3	76	23～33	0.3～0.4
C	1.4～2.3	73	33～49	0.4～0.6
D	0.9～1.4	69	49～66	0.6～0.8
E	0.5～0.9	46	66～82	0.8～1.0
F	<0.5	<46	可变	可变

轨道交通之间换乘。轨道交通之间的换乘多采用不出站的站内换乘形式。平行线路实现同站台换乘；相交线路采用不同平面的方式,通道设计为斜坡,一方面可防止拥挤发生踩踏事件,另一方面可通过适当增加步行距离以实现分流,避免客流集中到达。服务设施方面要保证通道宽敞,防止过度拥挤而导致步行速度缓慢；可以设置平面自动扶梯,提高行人速度。

常规公交之间换乘。常规公交之间的换乘应当保证换乘步行时间不超过 10 min。不同线路常规公交站点设计距离不宜过长,优化途经的慢行设施；对于过街换乘的站点,可以考虑在信号配时上方便出行者换乘；完善交通标志标线,合理组织换乘人流。

优化换乘候车时间关键在于换乘方式之间协同调度[17]。公交企业通过设计公交车辆运行时刻表,将不同线路的公交运行时刻整合起来,以到达同一站点的不同线路同时到达为目标。

基于上述分析,以便捷性为目标的公交服务环境改善策略可以总结如图 4-7 所示。当

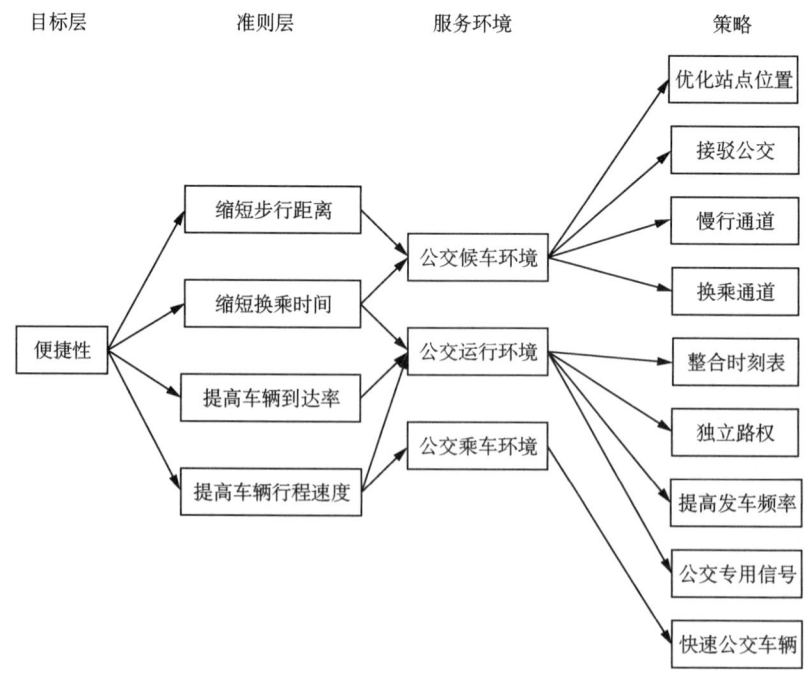

图 4-7 公交服务环境优化策略

然,为了提升公交发展的竞争力,还需要从舒适性、可靠性和安全性的角度分别进行优化,限于篇幅,这里就不再展开分析。

4.4 多层次公交网络规划设计

4.4.1 基于空间-行为分析的公交市场细分

合理的公交服务网络优化可以在有限的资源条件下提高公交运营效率、改善公交服务水平。现今优化方法的出发点多是根据已知客流 OD,以工程性指标如成本最小、时间最小等为优化目标,集中于优化模型构建与模型算法的拓展。然而,不同的出行者在选择公共交通服务时存在异质性,日常活动空间也不尽相同,优化设计对策应该以满足差别化的出行需求为出发点,并着力于提升出行的效能,因此,公交市场细分就是做好面向居民出行需求的公交服务网络优化的前提。

市场细分最初都运用在消费品市场,是指企业将顾客购买行为和消费需求等作为细分标准,将消费者分成相应的研究群体,其中的每个群体即一个子市场。同个群体内存在明显的共性,不同群体间则差别显著。引申到交通领域,公交市场细分即根据乘客出行的某些指标变量对乘客群体进行划分。公交市场细分的目的在于不仅可以更好地分析居民利用公交出行的特征和异质性,了解每个子市场的类型,也有利于具有稳定公交出行规律的乘客的识别和提取。

每位乘客都是多维数据空间中的一个点,包含着两大类特征变量,即空间维度内的位置特征变量和非空间维度内的行为特征变量。现有公交市场细分方法主要有两种:一种是单纯从非空间维度的特征变量入手,划分得到的各子市场之间没有空间可达性,因而只能从宏观的角度提出公交服务网络优化的改善建议;另一种是考虑了空间和非空间两个维度的特征变量,但聚类效果不佳或者方法较为繁杂、限制条件多,不具有适用性。

基于空间-行为分析的公交市场细分(图4-8),是从空间与行为两个维度出发,在若干个有限空间乘客集体中划分出具有相似活动行为的群体,归纳出一种扩展性较强、可解释性良好的公交市场细分方法。

1. 基于 Geohash 算法的空间范围内乘客搜索

Geohash 算法是由 Gustavo Niemeyer 提出的一种地理编码技术[18],能够将二维的经纬度数据编码成一维的字符串数据,最初运用在 geohash.org 服务网站上用以提供全球范围内任意区域的编码标识,其核心思想如下。

(1) 核心思想一:分别对经度和纬度进行逼近编码。

① 地球空间的经度范围为[-180°, 180°],将其二分为[-180°, 0°)和[0°, 180°],左半部分空间设定为编码0,右半部分空间设定为编码1。

② 继续对划分好的空间进行二分,即将[-180°, 0°)部分二分为[-180°, -90°)和[-90°, 180°),分别设定为编码 0 和编码 1;将[0°, 180°]部分二分为[0°, 90°)和[90°, 180°],也分别设定为编码 0 和编码 1。

③ 同理依次递归逼近,直到达到所需精度为止。

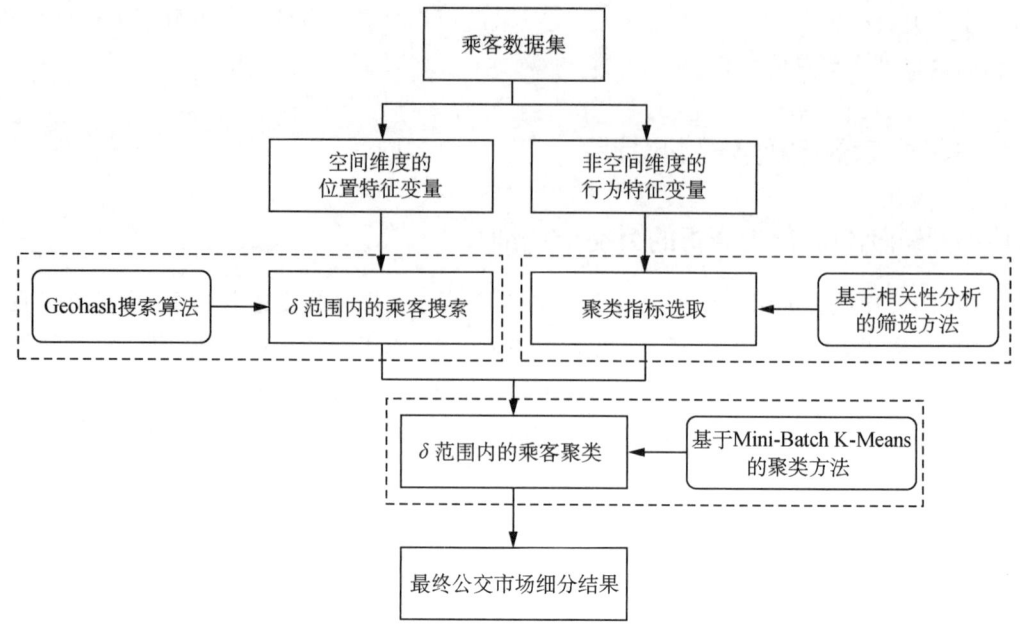

图 4-8 基于空间-行为分析的公交市场细分思路

④ 地球空间的纬度范围为[−90°,90°],按照对经度的逼近编码原则,对纬度依次递归逼近,直到达到所需精度为止。

(2) 核心思想二:对二进制编码进行组码和转码。

① 将经度的二进制编码作为偶数位,纬度的二进制编码作为奇数位,组合成新的二进制字符串。例如,经度的二进制编码为1100101,纬度的二进制编码为1001011,则组合后的新字符串为11100001100111。

② 压缩新的二进制字符串,利用 Base32 对其转码(Base36 的转码规则对大小写太敏感),获得最后的 Geohash 字符串,见表 4-6。

表 4-6 Base32 转码表

二进制	00000	00001	00010	00011	00100	00101	00110	00111
十进制	0	1	2	3	4	5	6	7
Base32	0	1	2	3	4	5	6	7
二进制	01000	01001	01010	01011	01100	01101	01110	01111
十进制	8	9	10	11	12	13	14	15
Base32	8	9	b	c	d	e	f	g
二进制	10000	10001	10010	10011	10100	10101	10110	10111
十进制	16	17	18	19	20	21	22	23
Base32	h	j	k	m	n	p	q	r
二进制	11000	11001	11010	11011	11100	11101	11110	11111
十进制	24	25	26	27	28	29	30	31
Base32	s	t	u	v	w	x	y	z

Geohash 算法利用递归二分和 Base32 编码的形式将二维的经纬度坐标转换成了一维的字符串。一方面,在空间位置搜索时,可以直接通过一维的 Geohash 编码列来进行查询,大大提高了操作效率;另一方面,相较于 R-tree、KD-tree、Quad-tree 等其他树结构类型的空间位置搜索算法,Geohash 算法比复杂的树结构分裂与合并更具简洁性。

乘客的空间位置遍布在全市各个地方,研究的数据量大且疏密有别,运用 Geohash 算法可以快速地搜索出附近 δ 范围内的所有乘客,便于为下一步的聚类提供良好的基础。由于乘客在公交出行上,家是频繁出现在乘客出行链上的节点,且多为第一个和最后一个节点,即基于家的行程多为高频行程,因此,在空间维度上以乘客家的位置为划分依据。

根据现有的数据情况和 Geohash 算法原理,空间范围内乘客搜索步骤如下所示:

(1) 推断乘客家的位置。

由于无法直接获取每位乘客家的位置,因此需要根据已处理完成的一周出行数据进行推断。提取乘客 $n(n=1,2,3,\cdots,N)$ 每天的第一个上车站点经纬度,并形成集合 $\emptyset[lon_n^m, lat_n^m](m=1,2,3,\cdots,M,M$ 为该乘客一周内出行天数),将集合中出现频次最高的经纬度位置,即某站点位置近似作为乘客 n 家的位置。

(2) 排序与编码。

将所有乘客家的位置按照出现频次从高到低地排序,优先以高频次的经纬度为中心进行 δ 范围内的搜索。与此同时,将家的位置从二维的经纬度转码成一维的 Geohash 字符串。

(3) 基于 Geohash 算法的近邻搜索。

如图 4-9 所示,Geohash 的编码填充方式呈"Z"字形,亦称 Peano 空间填充曲线。由于拥有相同编码前缀的 Geohash 字符串拥有共同的父块,因此相同前缀越长,则表示两个点在空间越邻近。例如"wsk50z1f"距离"wsk50x2e"较近,距离"wsh69e1f"较远。

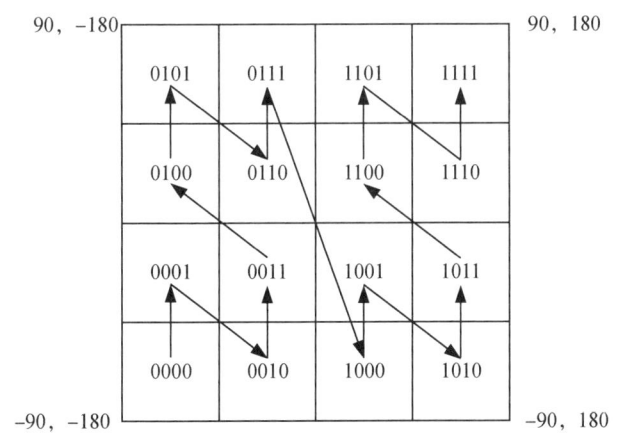

图 4-9　Peano 空间填充曲线

然而在 Geohash 编码的过程中,可能会出现距离很近的两个点却划分于两个单元格的情况,如图 4-10 所示。因此在搜索时,共需要搜索 9 个单元格,以此得到最终满足 δ 需求的所有空间近邻点。例如图 4-10 中,搜索到的中心点在 δ 为半径的范围内的乘客,这些乘客家的位置编码是前缀同样为"wsk50z"的部分乘客,以及前缀为"wsk52b""wsk530""wsk51p"的部分乘客。其中,编码长度及其对应的搜索精度如表 4-7 所示,编码长度越长,表示精度越高。

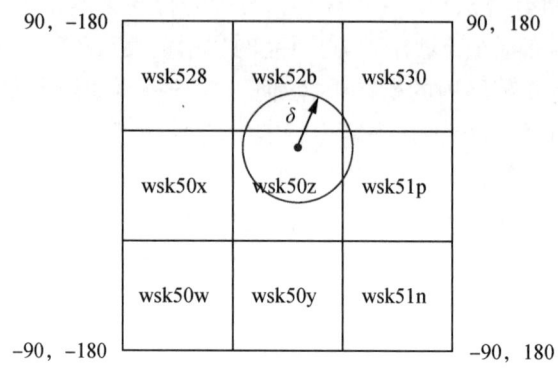

图 4-10 单元格搜索示意

表 4-7 编码长度及其对应的搜索精度表

Geohash 编码长度	1	2	3	4	5	6	7
经度误差	±23	±5.6	±0.7	±0.18	±0.022	±0.005 5	±0.000 68
纬度误差	±23	±2.8	±0.7	±0.087	±0.022	±0.002 7	±0.000 68
距离误差/km	±2 500	±630	±78	±20	±2.4	±0.61	±0.076

(4) 得到最终的细分区域。

根据所有乘客家的位置的出现频次,优先以高频次的经纬度为中心进行半径为 δ 范围内的搜索,最终得到若干个半径为 δ 的圆形细分区域,为接下来对每个细分区域内的乘客进行聚类做好基础。

在近邻乘客的搜索过程中,会出现以下两类乘客搜索重复的情况:如图 4-11(a)所示,两个搜索中心 A 和 B 之间的距离 $D(A,B) \leqslant \delta$;如图 4-11(b)所示,两个搜索中心 A 和 B 之间的距离 $\delta < D(A,B) \leqslant 2\delta$。因此,做出如下假定。

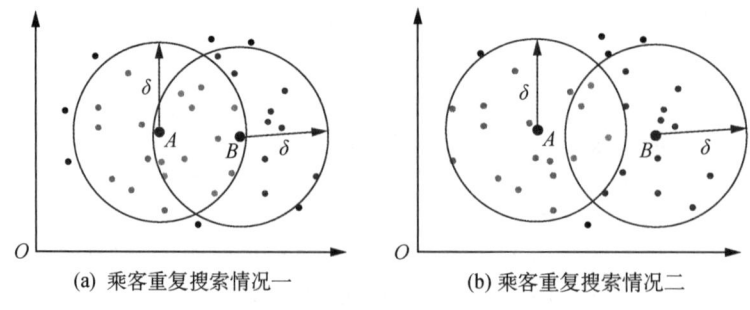

(a) 乘客重复搜索情况一   (b) 乘客重复搜索情况二

图 4-11 乘客重复搜索情况

假定一：若出现情况一，且A点为优先搜索的中心点（即A点的乘客数较B点多），B点的乘客会首先划分到A点的δ半径范围内，则放弃以B点为中心的再次搜索。

假定二：若出现情况二，且A点为优先搜索的中心点（即A点的乘客数较B点多），B点的乘客虽然不会划分到A点的δ半径范围内，但二者有部分搜索重复区域，则在以B点为中心进行搜索时，不搜索已经被以A点为中心搜索过的乘客，即只搜索图4-11(b)中浅灰色点的乘客。

2. 基于Mini-Batch K-Means算法的乘客聚类

Mini-Batch K-Means算法是基于传统K-Means算法的一种变种算法，其核心思想是采用Mini-Batch(小批量)的数据子集来减小计算时间，是在大数据处理的情况下应运而生的。

Mini-Batch K-Means算法引入了Mini-Batch的概念，很大程度上加快了聚类算法的效率。在深度学习中，Mini-Batch应用广泛。一方面是因为Mini-Batch会提升模型的训练速度，例如在求解某个模型的参数时，若样本规模非常大，采用梯度下降法完成一轮迭代会非常消耗时间，而先将样本划分成若干个等量的子集(Mini-Batch)，再对每个子集进行梯度下降就会在很大程度上提高运算效率；另一方面是因为Mini-batch在训练过程中引入了随机性，结果会较为客观。同理，Mini-Batch K-Means算法在计算与聚类中心点的距离时，并不是将所有非中心点的数据点纳入计算，而是随机抽取Mini-Batch大小的数据子集进行算法训练，大大缩短了运算时间。

利用Geohash算法在空间范围内进行乘客搜索，可以获得若干个半径为δ的圆形细分区域，即认为每个区域内的乘客具有空间近邻性，因此对其聚类得到的结果是空间上相近且行为上相似的乘客类别，可以为具体实施层面上的公交线路优化提供基础。具体的操作步骤如下：

(1) 聚类指标筛选。

首先根据推断完成的乘客一周内的公交出行数据，归纳出能表征乘客出行行为的基础指标，同时结合现有文献提出的部分创新性指标，共同构成聚类的初始指标集。然后采用基于相关性分析的筛选方法进行指标筛选，在确定使用的相关性系数时可以采用K-S检验(Kolmogorov-Smirnov test)来判断。单样本K-S检验是用来辨别一组数据的观测分布情况是不是切合某种理论分布，其原假设H_0：总体X服从某种一维连续分布F，检验统计量为

$$Z=\sqrt{n}\max_i(\mid F_n(x_{i-1})-F(x_i)\mid,\mid F_n(x_i)-F(x_i)\mid) \tag{4-7}$$

当H_0为真时，检验统计量Z依分布收敛于Kolmogorov分布，即当样本取自一维连续分布F时，有

$$Z\xrightarrow{d} K=\sup_x\mid B(F(x))\mid \tag{4-8}$$

(2) 基于Mini-Batch K-Means算法的聚类。

对每个半径为δ的圆形细分区域内的乘客采用Mini-Batch K-Means算法进行聚类。

在 Python 的 scikit-klearn 机器学习库中,需要调整的聚类参数有:类别个数 n_cluster,Mini-Batch 的大小 Batch_size,随机生成聚类中心点的状态条件 Random_state。原则上,选取评价分数最高的结果作为最终的聚类结果,但为保证合理性,同时引入误差平方和(sum of the squared errors,SSE)指标进行辅助判断。

聚类簇数 k 值越大,则表明原样本的划分越细致,每个簇的聚合程度也会越高,SSE 值会相应减小。一般来说,聚类结果的 SSE 值不宜过大。若聚类得到的最优簇数 k 值较小,则会出现评价分数最高但 SSE 值也较大的情况。原因在于虽然评价方法考虑了簇的凝聚度和分离度,即凝聚度越好,分离度越高,聚类效果越优,但是二者之间的相对程度无法有效限制,可能会导致虽然结果是最优的,但 SSE 值却较大。因此当聚类最优结果的簇数 k 值为调参范围的最小值时,应重新进行聚类操作,选择评价分数次优的结果作为最终的聚类结果。

3. 实例分析

利用厦门市常规公交和 BRT 在 2017 年 12 月 4 日(周一)至 2017 年 12 月 10 日(周日)的相关数据,进行基于空间-行为分析的公交市场细分。

(1) 基于 Geohash 算法的乘客搜索。

将所有乘客家的位置(以公交站点经纬度代替)按照出现频次从高到低进行排序,为保证乘客搜索的有效性,同时减少重复搜索,根据实际数据情况选取频数大于 2 000 人的位置为搜索中心进行范围搜索。

在搜索半径 δ 的选择上,由于目前厦门市公共交通"500 m 站点覆盖率"已达到 83%,因此,作为在出行起点范围内的乘客搜索,结合站点覆盖半径选取 $\delta=500$ m,保证在该范围内的乘客聚类结果更加细致、有效,能提取出相似出行规律,为接下来的线路优化提供坚实基础。根据前文提出的搜索原则,得到的搜索结果如表 4-8 所示。其中,人数大于 2 000 人的家的位置共 133 个,依据搜索重复情况,去除搜索人数为 0 的情况,划分得到的细分区域共 88 个。

表 4-8 基于 Geohash 算法的厦门市乘客搜索结果

区域编码	家的位置	人数	重复情况	搜索人数	区域编码	家的位置	人数	重复情况	搜索人数
0	厦门北站	15 700	—	15 700	9	双十中学站	8 872	—	15 968
1	前埔枢纽站	14 516	—	30 697	10	卧龙晓城站	8 342	—	18 255
2	火车站	11 484	—	23 570	11	文灶站	8 190	—	20 746
3	嘉庚体育馆站	11 472	—	13 608	12	思北站	7 495	—	13 121
4	蔡塘站	11 252	—	19 217	13	二市站	5 983	—	13 496
5	县后站(机场)	11 189	—	13 503	14	马垅	5 924	—	6 761
6	金山站	10 437	—	13 503	15	诚毅学院站	5 766	—	7 904
7	洪文站	9 090	—	15 669	16	华侨大学站	5 576	—	7 654
8	市政务服务中心站	8 889	—	12 991	17	莲坂站	5 384	情况二	13 053
					18	公路征费中心	5 288	—	11 097

(续表)

区域编码	家的位置	人数	重复情况	搜索人数	区域编码	家的位置	人数	重复情况	搜索人数
19	岳阳小区	4 993	—	6 022	49	莲坂北	3 244	情况一	0
20	开禾路站	4 940	情况二	11 955	50	海裕路	3 174	—	8 552
21	台贸中心	4 858	—	16 462	51	报业大厦	3 169	情况一	0
22	古地石社	4 659	—	4 867	52	西林云顶	3 139	情况一	0
23	武警支队	4 519	—	6 362	53	第一码头站	3 116	情况二	4 244
24	开禾路口	4 472	情况一	0	54	商检	3 056	—	6 120
25	斗西路站	4 385	情况二	6 356	55	泰和花园	3 040	情况一	0
26	厦大西村	4 381	—	13 145	56	华林	3 004	情况一	0
27	塘边	4 301	情况二	6 762	57	同安枢纽站	2 990	—	3 089
28	厦大南门(南普陀)	4 247	情况一	0	58	绿家园小区	2 936	情况二	6 011
					59	国贸金融中心	2 934	—	4 472
29	文灶	4 227	—	0	60	中科院站	2 880	—	2 971
30	厦大学生公寓	4 119	—	5 259	61	蔡塘学校	2 864	情况二	2 864
31	忠仑	4 039	情况一	0	62	文屏山庄	2 851	—	5 324
32	SM城市广场	4 030	情况二	4 411	63	东芳山庄站	2 827	情况二	5 920
33	龙山桥站	3 991	情况二	8 545	64	潘宅	2 814	情况一	0
34	禾山街道	3 851	情况一	0	65	金山	2 804	—	
35	殿前	3 834	—	4 102	66	洪塘头	2 769	—	2 768
36	工商旅游学校	3 760	—	5 419	67	中医院	2 766	情况二	4 871
37	大生里	3 684	—	9 554	68	金榜公园	2 748	—	
38	蔡塘广场	3 657	情况一	0	69	濠头	2 730	情况二	4 991
39	厦大医院	3 642	情况一	0	70	前埔南区	2 718	情况一	0
40	太薇花园	3 586	情况二	7 985	71	莲岳路北	2 702	—	
41	赤坡山	3 563	情况二	5 259	72	麦德龙	2 672	情况一	
42	霞梧路口	3 466	情况二	6 009	73	东芳山庄	2 661	情况二	0
43	吕厝	3 433	—	16 013	74	软件园	2 624	—	4 536
44	滨南中山医院	3 338	情况二	7 328	75	梧村车站	2 617	情况一	
45	将军祠	3 319	情况二	4 170	76	祥店	2 613	情况一	
46	卧龙晓城	3 296	—	0	77	红星美凯龙总站	2 584	—	8 621
47	仙岳花园	3 266	情况二	6 578					
48	长虹路	3 262	情况一	0	78	城南站	2 573	—	3 834

(续表)

区域编码	家的位置	人数	重复情况	搜索人数	区域编码	家的位置	人数	重复情况	搜索人数
79	思北路口	2 560	情况一	0	108	高崎火车站（中埔）	2 243	—	2 951
80	安兜	2 546	—	4 368
81	霞梧	2 543	情况一	0	109	湖边花园北	2 231	情况二	4 260
82	高崎	2 528	—	3 038	110	殿前村口	2 225	情况一	0
83	特区纪念馆	2 511	—	5 665	111	兴港花园	2 220	—	3 580
84	海沧建行	2 493	情况一	0	112	枋湖客运中心	2 218	—	4 981
85	莲前	2 491	情况一	0	113	太薇山庄	2 213	情况二	2 934
86	东渡	2 479	情况一	0	114	孙厝路口	2 212	情况二	4 805
87	龙山桥	2 476	情况二	0	115	北大生物园	2 187	情况二	3 275
88	文屏	2 473	情况一	0	116	太古宿舍	2 179	情况二	2 407
89	集美区政府	2 454	—	4 657	117	第一医院	2 177	情况二	6 080
90	康乐	2 444	情况二	7 445	118	非矿	2 172	情况一	0
91	江头市场	2 430	情况一	0	119	薛岭	2 157	情况二	4 680
92	莲花路口东	2 413	情况二	6 758	120	国贸新城	2 157	情况一	0
93	石头皮山	2 401	情况二	4 972	121	滨海新城西柯站	2 137	—	2 440
94	厦港公交场站	2 376	情况一	0
95	海沧医院	2 373	情况一	0	122	五通泥金公交场站	2 125		5 255
96	卧龙西路口	2 371	情况一	0
97	保税区	2 369	情况二	3 979	123	钟宅村口	2 117	情况一	0
98	明发新城	2 368	情况二	4 864	124	莲花三村	2 100	情况一	0
99	洪塘	2 347	—	4 057	125	瑞景商业广场	2 097	情况一	0
100	金枫园	2 345	情况二	3 705	126	妇幼保健院	2 095	情况二	6 256
101	海沧房产	2 343	情况二	5 834	127	翔云一路 T3 候机楼	2 086	情况二	2 269
102	华侨博物院	2 324	情况一	0
103	厦大翔安校区	2 317	—	2 317	128	文塔	2 060	情况一	0
104	轮渡公交场站	2 304	情况二	3 324	129	禹州新村	2 040	情况一	0
105	林后	2 295	—	5 370	130	官浔站	2 028	—	2 028
106	吕厝北	2 287	情况一	0	131	枋湖西路	2 015	情况一	0
107	天地花园	2 246	情况二	3 958	132	海滨大厦	2 005	情况二	2 047

(2) 聚类指标选取。

① 聚类初始指标集。

参考现有文献考虑的研究指标和已知数据可推断出的聚类指标,结合获取公共交通稳定出行乘客的目标,选取出以下 7 个基础的聚类指标集。

V_1:有效出行次数。即每位乘客推断出一次出行的上车站点和下车站点的完整出行次数。

V_2:非家访问站点数。根据每位乘客有效出行起讫点的数据,计算访问站点(活动点)数量 N。默认每位乘客都有一个从家的出发点,则非家访问站点数量为 $N-1$[19]。

V_3:出行空间均衡度。根据乘客到达每个访问站点的频率,融入信息熵的理念,运用出行空间均衡度来判断每位乘客一段时间的公交出行规律[19]:

$$A = -\sum_{i=1}^{s}\left(\frac{1}{M}\sum_{m=1}^{M}a_i\right)\cdot\log_2\left(\frac{1}{M}\sum_{m=1}^{M}a_i\right) \tag{4-9}$$

$$a_i = \begin{cases} 0, & \text{在第 } m \text{ 天未到达访问站点 } i \\ 1, & \text{在第 } m \text{ 天到达访问站点 } i \text{ 至少 1 次} \end{cases}$$

式中,i 为第 i 个访问站点;s 为统计天数内访问站点的总数;M 为出行总天数。A 值越小,反映空间均衡度越高,出行的起终点(访问的站点)越稳定。

V_4:出行随机度。即在每位乘客的有效出行中,只出现一次的完整出行占所有完整出行的比例。若比例越高,则表明该乘客出行的随机性越大;反之则随机性越小,行程越稳定。

V_5:出行频率。即每位乘客一周内存在出行的天数占总天数的比例,可反映出个体乘客通过公共交通出行的频繁度和依赖性。

V_6:换乘频率。即在每位乘客的有效出行中,出现换乘的出行占所有完整出行的比例。

V_7:高频出行占比。即在每位乘客的有效出行中,最高频出行链占所有完整出行的比例:

$$R = \frac{B_{\max}}{B} \tag{4-10}$$

式中,$B_{\max}$ 为最高频出行的次数;B 为所有有效完整出行次数。

② 聚类初始指标间相关性分析。

首先对每个指标数据进行单样本的 K-S 检验,结果如表 4-9 所示。其中指标 $V_1 \sim V_7$ 的显著性 P 值=0.00<0.05,则拒绝原假设,即总体 X 不服从某种一维连续分布 F,因此采用 Spearman 相关性系数作为分析依据。

表 4-9 各指标的 K-S 检验

指标	V_1	V_2	V_3	V_4	V_5	V_6	V_7
K-S 值	0.914	0.841	0.500	0.500	0.557	0.500	0.527
P 值	0.00	0.00	0.00	0.00	0.00	0.00	0.00

根据 Spearman 相关性系数的计算公式,计算得到在显著性小于 0.05 的情况下各指标间 Spearman 相关性系数,如表 4-10 所示,相关性热力图如图 4-12 所示。

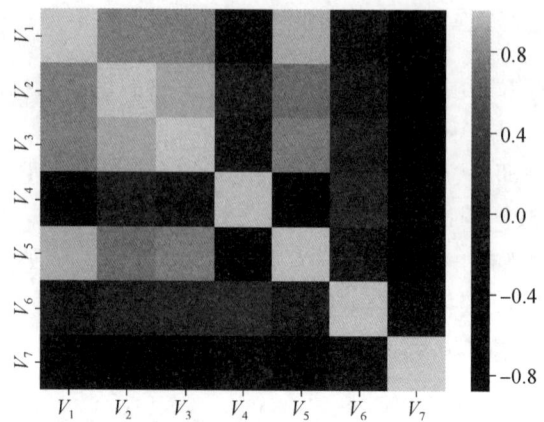

图 4-12 各指标间 Spearman 相关性系数热力图

表 4-10 各指标间 Spearman 相关性系数

指标	V_1	V_2	V_3	V_4	V_5	V_6	V_7
V_1	1	0.786 161	0.779 694	−0.357 39	<u>0.941 224</u>	0.003 526	−0.602 36
V_2	0.786 161	1	<u>0.920 085</u>	0.135 265	0.707 245	0.154 549	−0.879 08
V_3	0.779 694	<u>0.920 085</u>	1	−0.000 77	0.776 209	0.201 491	−0.781 46
V_4	−0.357 39	0.135 265	−0.000 77	1	−0.370 66	0.272 769	−0.348 96
V_5	<u>0.941 224</u>	0.707 245	0.776 209	−0.370 66	1	0.109 819	−0.500 3
V_6	0.003 526	0.154 549	0.201 491	0.272 769	0.109 819	1	−0.159 25
V_7	−0.602 36	−0.879 08	−0.781 46	−0.348 96	−0.500 3	−0.159 25	1

由表 4-10 可知，指标 V_1 和 V_5 间的相关性系数为 0.941 224＞0.8，属于高度相关，根据筛选规则，我们认为 V_5（出行频率）相较于 V_1（有效出行次数）更能表征乘客日均的公共交通出行习惯和依赖性，因此删除指标 V_1，保留指标 V_5。同理，指标 V_2 和 V_3 间的相关性系数为 0.920 085＞0.8，同样属于高度相关，根据筛选规则，可以认为 V_3（出行空间均衡度）相较于 V_2（非家访问站点数）更全面体现了乘客每日的出行规律，为挖掘稳定出行的乘客具有更大贡献，因此删除指标 V_2，保留指标 V_3。

在删除指标 V_1 和 V_2 后，未发现与 2 个以上指标存在中度相关的指标，因此最后得到的聚类指标集为｛出行空间均衡度，出行行为随机度，出行频率，换乘频率，高频出行占比｝，共 5 个。

（3）基于 Mini-Batch K-Means 算法的乘客聚类。

根据确定的聚类指标，采用 Mini-Batch K-Means 聚类算法依次对每个细分区域内的乘客进行聚类。在 Python 的 scikit-klearn 机器学习库中，选取 Mini-Batch K-Means 算法参数调整范围：①聚类簇数不宜过多，最大值取聚类指标个数的 2 倍，即 $k_{max}=10$，$k_{min}=3$；②Mini-Batch 的大小 Batch_size 取值范围为［50，150］，间隔为 25；③随机生成聚类中心点的状态条件 Random_state 的取值范围为[0，100]，间隔为 10。

选择以"县后站"为中心的细分区域进行乘客聚类分析示例，累计乘客数为 13 503 人，县后站编码为 5，设定其所在区域为区域 5。

由于"出行空间均衡度"数据范围未分布在[0，1]之间，因此首先要对其作归一化处理。然后在不同的参数下，对区域 5 内所有乘客进行聚类操作，根据公式计算得到聚类效果评价分数和 SSE 值，并绘制曲线如图 4-13 所示。

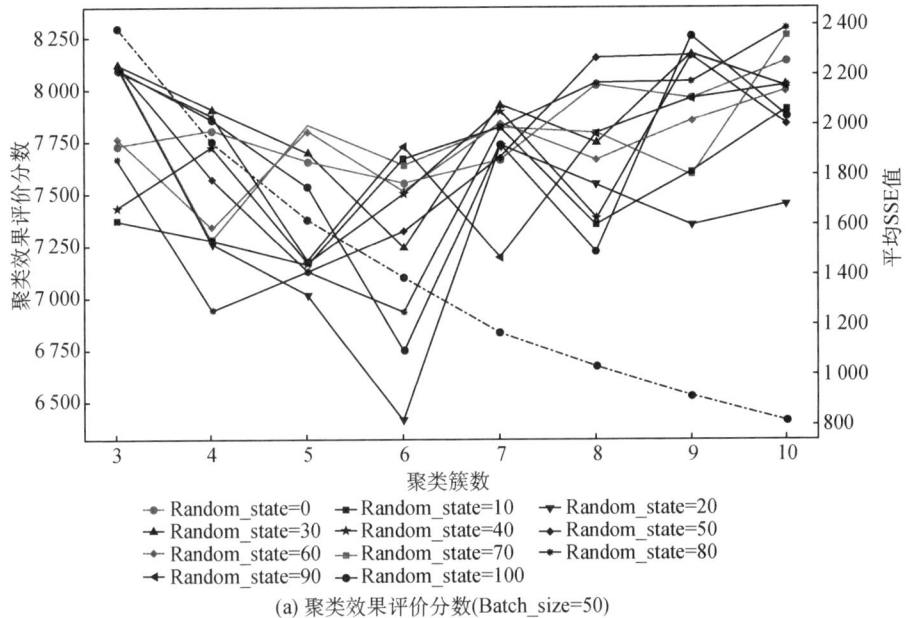

(a) 聚类效果评价分数(Batch_size=50)

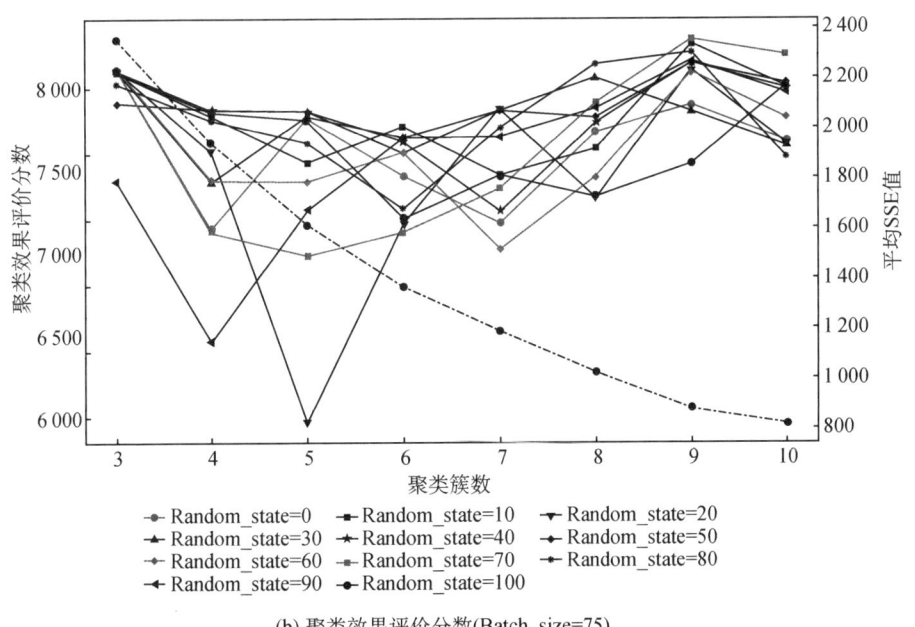

(b) 聚类效果评价分数(Batch_size=75)

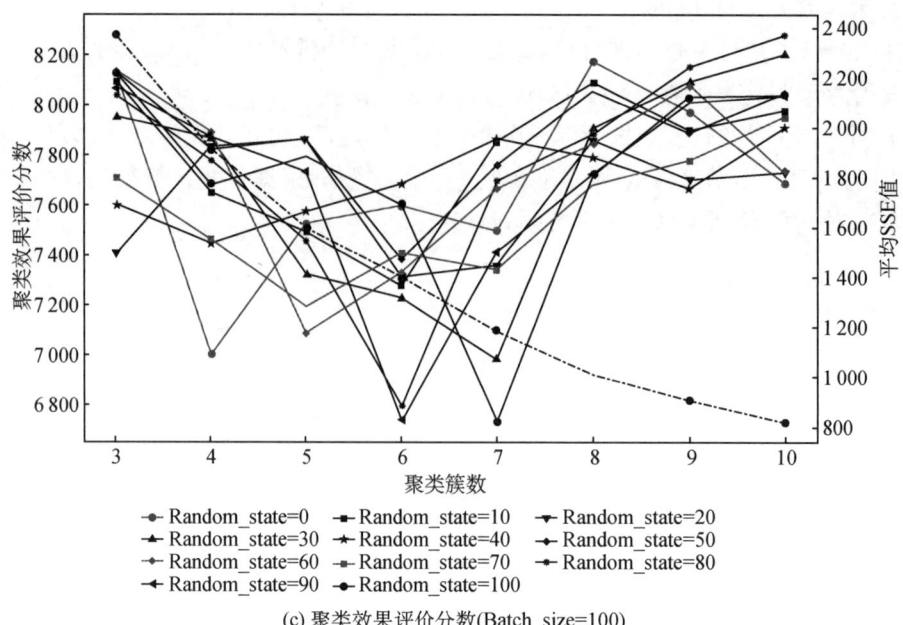

(c) 聚类效果评价分数(Batch_size=100)

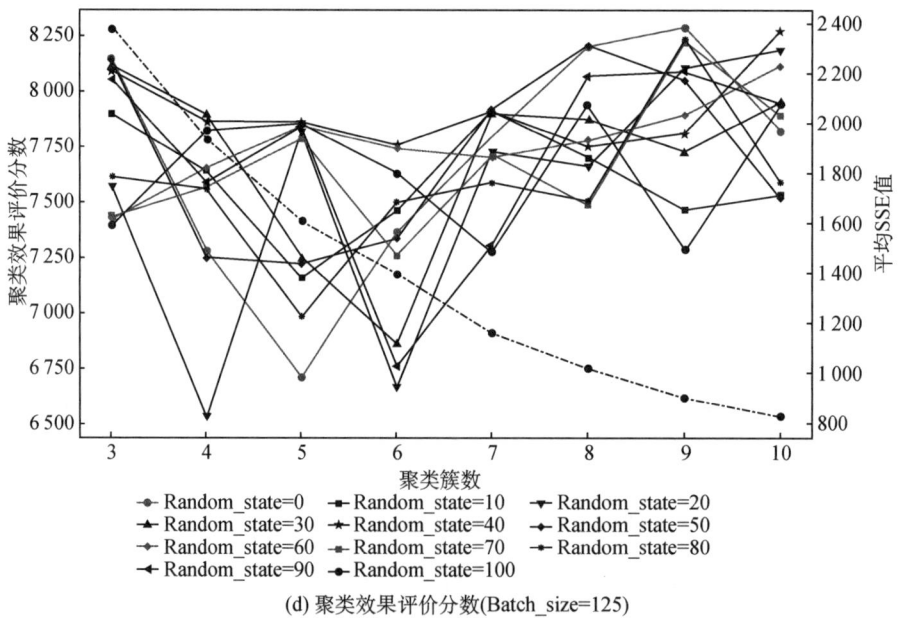

(d) 聚类效果评价分数(Batch_size=125)

图 4-13 区域 5 内所有乘客聚类效果评价

从图 4-13 中可以看到,在 Batch_size 较大时(如 Batch_size=125),在不同的随机状态条件下,聚类效果好坏的波动较大;而在 Batch_size 较适中时(如 Batch_size=75),在不同的随机状态条件下,聚类效果好坏的波动较小。经分析发现聚类最优的参数为:聚类簇数 $k=9$,Batch_size=75,Random_state=70,此时的评价分数=8 298.68,而且平均 SSE 值较小,表示每个簇的聚合情况良好,因此将其作为最终的聚类结果,每个聚类子市场的样本数如表 4-11 所示。

4 城市公共交通服务模式

表 4-11 区域 5 内各公交出行子市场样本人数

市场	子市场 5-1	子市场 5-2	子市场 5-3	子市场 5-4	子市场 5-5
样本人数	2 132	1 813	1 563	723	1 466
市场	子市场 5-6	子市场 5-7	子市场 5-8	子市场 5-9	
样本人数	1 750	1 607	1 586	863	

采用聚类划分后每个簇的均值,得到区域 5 内每个公交出行子市场的出行行为特征如表 4-12 所示,各子市场之间具有相异的出行行为特征,区分效果良好。同时,追溯至每个子市场乘客的具体刷卡行程,也明显体现出各市场内的乘客出行共性很强,细分结果具有合理性,可作为进一步公交线路优化的基础。

表 4-12 区域 5 内公交出行子市场结果

细分市场	出行空间均衡度	出行行为随机度	出行频率	换乘频率	高频出行占比
子市场 5-1	0.048 6	0.997 5	0.236 0	0.113 4	0.374 2
子市场 5-2	0.059 6	0.343 2	0.394 3	0.100 7	0.536 6
子市场 5-3	0.000 0	1.000 0	0.142 9	0.050 3	1.000 0
子市场 5-4	0.064 1	0.228 4	0.655 6	0.777 7	0.550 0
子市场 5-5	0.000 3	0.002 4	0.217 0	0.044 6	0.997 0
子市场 5-6	0.021 3	0.073 0	0.824 3	0.044 8	0.865 6
子市场 5-7	0.179 4	0.751 4	0.636 5	0.314 1	0.230 3
子市场 5-8	0.104 8	0.300 7	0.843 3	0.162 2	0.422 5
子市场 5-9	0.035 2	0.990 5	0.225 5	0.732 0	0.533 6

子市场 5-3 的乘客出行空间均衡度为 0,根据该指标的定义和计算方法,值越小,反映空间均衡度越高,出行的起终点(访问的站点)越稳定,因此每天的行程应该是固定和规律的,但是出行行为随机度却是 1,由此可以推断该子市场的乘客一周内仅刷了一次卡。

子市场 5-5 的乘客出行空间均衡度、行为随机度和高频出行占比符合固定出行的规律,但是出行频率非常低,不具有"普通的公交出行者"的特征。

子市场 5-7 的乘客具有所有子市场乘客中最低的出行空间均衡度和较高的行为随机度,同时高频出行占比也很低,由此可以推断乘客每次出行不固定,没有明显的规律,虽然出行频率非常高,但只能认定为是"普通的公交出行者",而非"稳定的公交出行者"。

子市场 5-1、5-2、5-9 的乘客具有的共同特征是出行频率均不高,因此可以推断为"随机的公交出行者"。

子市场 5-4、5-6、5-8 的乘客满足通过公共交通固定出行的规律,仅在换乘频率上有所差异,因此认定为是"稳定的公交出行者",可以用于稳定客流通道选取的下一步操作。

同区域 5 的分析类似,对所划分的 88 个区域内的乘客进行聚类,每个区域内会得到相应最优的子市场个数,如表 4-13 所示。与此同时,各区域子市场内乘客相异的出行行为特征,也为后续的公共交通稳定客流通道的选取提供了坚实的基础。

表4-13 不同区域内划分的子市场个数

区域中心	人数	子市场数	区域中心	人数	子市场数	区域中心	人数	子市场数
厦门北站	15 700	6	殿前	4 102	5	康乐	7 445	5
前埔枢纽站	30 697	4	工商旅游学校	5 419	4	莲花路口东	6 758	5
火车站	23 570	9	大生里	9 554	4	石头皮山	4 972	5
嘉庚体育馆站	13 608	10	太薇花园	7 985	5	保税区	3 979	4
蔡塘站	19 217	9	赤坡山	5 259	8	明发新城	4 864	4
县后站(机场)	13 503	9	霞梧路口	6 009	5	洪塘	4 057	9
金山站	13 503	9	吕厝	16 013	5	金枫园	3 705	6
洪文站	15 669	4	滨南中山医院	7 328	5	海沧房产	5 834	5
市政务服务中心站	12 991	10	将军祠	4 170	9	厦大翔安校区	2 317	7
双十中学站	15 968	9	仙岳花园	6 578	5	轮渡公交场站	3 324	4
卧龙晓城站	18 255	4	海裕路	8 552	5	林后	5 370	6
文灶站	20 746	4	第一码头站	4 244	7	天地花园	3 958	5
思北站	13 121	10	商检	6 120	5	高崎火车站（中埔）	2 951	7
二市站	13 496	4	同安枢纽站	3 089	9	湖边花园北	4 260	6
马垅	6 761	7	绿家园小区	6 011	4	兴港花园	3 580	5
诚毅学院站	7 904	9	国贸金融中心	4 472	6	杏湖客运中心	4 981	4
华侨大学站	7 654	8	中科院站	2 971	4	太薇山庄	2 934	5
莲坂站	13 053	4	蔡塘学校	2 864	7	孙厝路口	4 805	4
公路征费中心	11 097	5	文屏山庄	5 324	7	北大生物园	3 275	5
岳阳小区	6 022	5	东芳山庄站	5 920	4	太古宿舍	2 407	9
开禾路站	11 955	10	洪塘头	2 768	7	第一医院	6 080	5
台贸中心	16 462	7	中医院	4 871	9	薛岭	4 680	5
古地石社	4 867	7	濠头	4 991	6	滨海新城西柯站	2 440	9
武警支队	6 362	5	软件园	4 536	8	五通泥金公交场站	5 255	4
斗西路站	6 356	4	红星美凯龙总站	8 621	6	妇幼保健院	6 256	10
厦大西村	13 145	4	城南站	3 834	10	翔云一路T3候机楼	2 269	4
塘边	6 762	5	安兜	4 368	5	官浔站	2 028	10
厦大学生公寓	5 259	4	高崎	3 038	7	海滨大厦	2 047	4
SM城市广场	4 411	4	特区纪念馆	5 665	5			
龙山桥站	8 545	4	集美区政府	4 657	4			

4.4.2 稳定客流通道提取

1. 稳定客流通道定义

从狭义上来说,客流通道是组成各客运车站基础设备的重要部分,包括过街天桥、人行或自动阶梯、地下通道、站点检票口等,是客运车站客流集散的通道,主要特点是存在大量的客流集中出现和集中消失,同时在空间和时间维度上,流经不同客流通道的客流具有整体分散、局部集聚的明显特征[20]。从广义上来说,客流通道是连接主要城市客流源、供大量客流交换的狭长地带,可承担不同公共交通方式的运输,这与客流走廊类似,但客流走廊概念更广,一般为存在多种运输方式、通达性优良且交通流量巨大的骨干性功能通道[21]。

根据客流通道的特性,结合研究方向和内容,本书中的稳定客流通道是指具有相似(相近)出行起讫点和相同流向的公共交通客流,且在一段较长时间内客流需求不会轻易发生变化的通道。

2. 稳定客流通道等级划分

城市客流走廊一般按照断面单向高峰小时客流量的大小进行等级划分,单位为人次/h。与其不同的是,本书的稳定客流通道是根据服务的单位人数进行等级划分的,即某条客流通道中有多少乘客是在一段较长时间内经常在相似的起讫点间发生位移,单位为人。

客流走廊的着重点在于走廊断面的通过人数,而稳定客流通道要求人群具有相似的出行行程,即人群出行起讫点、方向与通道完全叠合,因此基于稳定客流通道的公交资源整合可以更好地服务于具有固定出行规律的乘客。根据其定义和特点,结合日后用于运营的车辆核载人数和日发车次数,提出稳定客流通道的划分等级如表4-14所示。

表4-14 稳定客流通道划分等级

稳定客流通道等级	稳定高频出行的人数
一级	大于500人
二级	300~500人
三级	150~300人

3. 稳定客流通道选取原则

目前,在城市客流走廊选取上的方法主要有基于经验的判断法、出行期望图法、两步聚类识别法、基于蜘蛛网分配技术的期望线网法以及以用地为导向的判定法等[22,23],但这些城市客流走廊选取方法的理念多通过以交通小区为单位进行选取,识别出的结果较为粗放,而且仅仅关注了OD对流量,并未考虑独立乘客个体的出行特征。在本书中,由于定义和研究目标的差异,稳定客流通道是通过对乘客一周的公交数据进行分析,根据判断独立个体间相似活动起讫点来选取的,具有稳定性和精确性的特点,这与传统的城市客流走廊识别方法存在很大的不同,因此提出选取的基本原则如下:

(1) 稳定性。

保证该通道中的乘客于一段时间内经常在相似的起讫点间发生位移,即该客流通道的起讫点与乘客乘坐公共交通的高频出行起讫点在一定范围内相吻合。

(2) 集聚性。

连接城市主要客流源的稳定客流通道,在空间范围内具有集聚特性,有利于公共交通资源整合并提供更好的服务。根据稳定客流通道的划分等级,达到阈值要求后才能被选取为稳定客流通道。

(3) 相似性。

稳定客流通道的起讫点并不是以某两个公共交通站点作为唯一的起点和讫点,而是将某个范围内的所有站点整合,统一作为通道的起点或讫点。因此,该通道内的稳定客流是具有相似(相近)起讫点的高频出行乘客,为接下来的高频快线网络布设提供了良好的依据。

4. 稳定客流通道选取流程

根据稳定客流通道的定义提出相应的稳定客流通道选取流程如下:

(1) 提取具有稳定出行规律的乘客。在第 4.4.1 节中,基于空间-行为分析对公交市场进行了细分,获得了每个半径为 δ 区域内的乘客行为特征聚类结果,划分了相应的子市场,且子市场之间特征区别明显。在此基础之上,根据各子市场的细分特征提取出通过公共交通进行固定、规律出行的乘客,即出行频率高、同一出行行程出现频次高的乘客,一般为通勤人员、具有固定行程的人员等。

(2) 识别高频出行。在提取完具有稳定出行规律的乘客后,识别出每位乘客的高频出行起讫点。由于初始的乘客空间搜索是以其家的经纬度为依据,而极少部分乘客的高频出行并未在家和目的地之间移动。因此,需要依次判断起点或讫点是否为该乘客家的位置,保留判断为真的乘客,剔除判断为假的乘客。

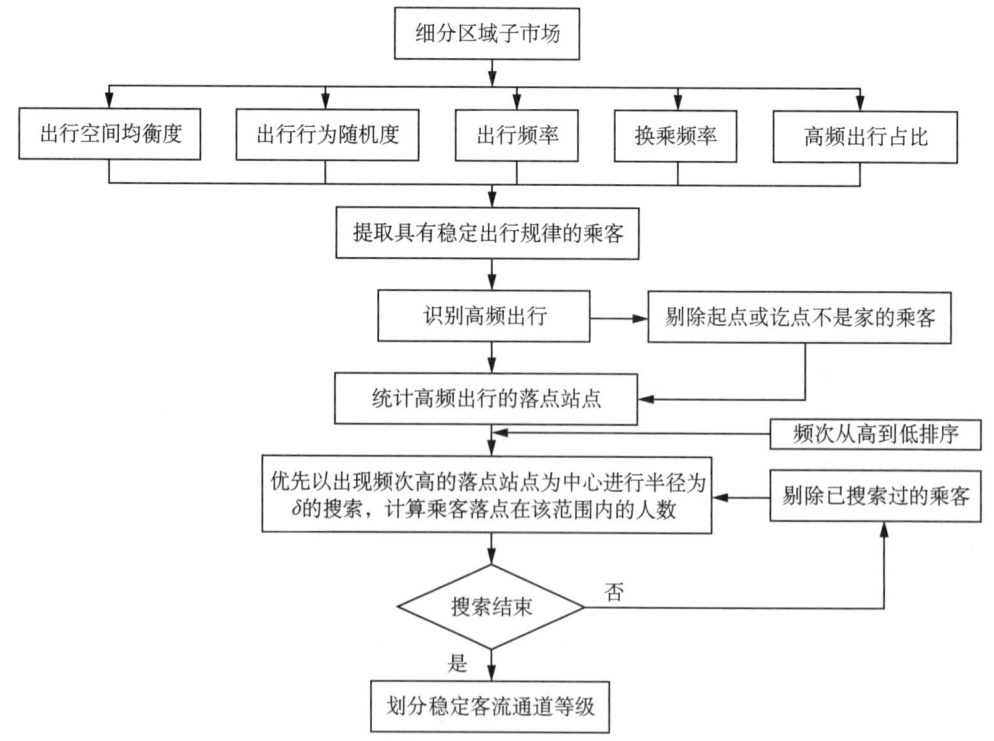

图 4-14 稳定客流通道选取流程

(3) 选取稳定客流通道。由步骤(2)可知,在保留的乘客集中,其高频出行都是以家为起点或讫点。同时已知在每个细分区域中,乘客的家都在半径为 δ 的范围内,具有空间近邻性,因此通过搜索同样具有空间集聚且客流集聚的乘客落点(出行的另一个端点),则可以识别出相应的稳定客流通道。

步骤一:统计该细分区域乘客集中的落点站点数据,按照出现频次从高到低排序。

步骤二:优先以出现频次高的落点站点为中心进行半径为 δ 的搜索,计算乘客落点在该范围内的人数。已搜索过的乘客不再纳入下一次的搜索,如此循环。

步骤三:根据每个 δ 范围内的乘客数,依据等级划分原则选取各等级的稳定客流通道。

5. 实例分析

研究仍以第 4.4.1 节中选取的细分区域的乘客为示例,以"县后站"为中心的区域 5,累计乘客数为 13 503 人。

(1) 区域 5 的稳定客流通道选取。

为方便每个细分区域对具有稳定出行规律的乘客提取,根据其各指标数值归纳的提取原则如下:首先选取出行频率大于 0.5 的子市场,该部分的乘客基本为"普通的公交出行者";然后剔除其中出行空间均衡度最小(即数值最大)且行为随机度最大的子市场,剔除部分基本为没有固定出行规律的乘客;最后验证保留的子市场各指标间的逻辑合理性,识别完成后的乘客即"稳定的公交出行者"。

区域 5 中具有稳定出行规律的乘客共 4 059 人,识别出每位乘客的高频出行起讫点,对家的位置不在该起点或讫点中的乘客予以剔除,最后纳入分析的共 3 845 人。统计得到这些乘客的落点位置如表 4-15 所示,为方便表示,仅展示人数在 5 人及以上的站点。

表 4-15 区域 5 内稳定出行乘客的落点位置

站点名称	人数	站点名称	人数	站点名称	人数	站点名称	人数
嘉庚体育馆站	286	龙山桥站	32	蔡店站	12	集美区政府	6
蔡塘站	285	中科院站	28	保税区	11	城南	6
莲坂站	183	凤林站	26	莲花路口东	11	五缘大桥	6
前埔枢纽站	170	滨海新城西柯站	24	红星美凯龙总站	11	林后	6
火车站	164	SM 城市广场	22	软件园东二门	11	岳阳小区	6
金山站	160	大学城站	20	洪塘	10	金榜公园	6
市政务服务中心	159	双十中学站	20	后田站	10	高林西公交场站	6
诚毅学院站	141	殿前	19	软件园	10	枋湖西路	6
二市站	131	安兜	19	五缘湾公交场站	10	明发园	5
洪文站	123	软件园三期	18	机场路口	9	梅阳花园	5
思北站	121	第三医院站	18	吕厝	9	钟宅西三里	5
文灶站	115	田厝站	18	市民广场	9	前埔	5
T4 候机楼站	78	公交场站	17	岭兜佳园	9	厦大医院	5

(续表)

站点名称	人数	站点名称	人数	站点名称	人数	站点名称	人数
卧龙晓城站	69	东坡站	17	厦大艺术学院	9	湖边	5
塘边	62	华侨大学站	16	四口圳站	9	灵玲马戏城	5
开禾路站	60	东亭站	16	观音山商务区	8	泥金	5
斗西路站	52	产业园站	16	大生里	8	祥店	5
东芳山庄站一	42	马垅	16	南山	8	大唐中心	5
工业集中区站	40	国贸新城	15	海湾公园	7	杏北路	5
厦门北站	39	城南站	15	产业研究院	7	一中	5
第一码头站	38	厦大南门	15	东宅站	7	禾山路	5
官浔站	37	开禾路口	15	长浩路口	7	濠头	5
轻工食品园站	32	莲坂外图书城	12	第一医院	6	太古宿舍	5
潘涂站	32	同安枢纽站	12	仓里	6		

优先以出现频次高的落点位置为中心进行半径为 δ 的搜索,计算乘客落点在该范围内的人数。取 $\delta=1\,000\,\text{m}$,该距离约为居民极限步行距离,依据等级划分原则,选取得到各级稳定客流通道如表 4-16 所示。

表 4-16　以区域 5 为起点的稳定客流通道

通道等级	总人数	落点站点	人数	通道等级	总人数	落点站点	人数
二级	401	莲坂站	183	三级	288	嘉庚体育馆站	286
		火车站	164			嘉庚体育馆	1
		龙山桥站	32			嘉庚公交场站	1
		莲坂外图书城	12		241	思北站	121
		龙山桥	2			开禾路站	60
		莲坂北	2			第一码头站	38
		莲坂国贸	2			开禾路口	15
		湖光路	1			中华城	4
		梧村汽车站	1			第一码头	2
		梧村车站	1			brt 第一码头	1
		金枫园	1		197	二市站	131
三级	290	蔡塘站	285			斗西路站	52
		蔡塘广场	4			一中	5
		北大生物园	1			滨南中山医院	2

(续表)

通道等级	总人数	落点站点	人数	通道等级	总人数	落点站点	人数
三级	197	非矿	2	三级	170	瑞景商业广场	3
		一七四医院	1			洪文二路口	1
		公园东路	1			东芳山庄	1
		阳鸿新城	1		169	金山站	160
		中山公园	1			湖边	5
		公园东门	1			前坑	3
	188	前埔枢纽站	170			金山小区	1
		国贸新城	15			市政务服务中心站	159
		石村	1		169	钟宅西三里	5
		店上	1			枋湖发展中心	2
		前埔南区	1			市行政服务中心	2
	170	洪文站	123			下忠	1
		东芳山庄站一	42				

(2) 所有区域的稳定客流通道选取。

一级通道(人数小于100人的落点不予列出)如表4-17所示。在线网优化过程中,可以将所有乘客都集聚到区域中心站点,即人数最多的站点,通过公交资源的集约化配置,以提高服务的便捷性、高效性和集约性。

表4-17 乘客落点在1 000 m范围内的一级通道

家所在区域编码	总人数	落点站点	人数	家所在区域编码	总人数	落点站点	人数
11	1 230	开禾路站	182	30	675	厦大西村	513
		轮渡公交场站	181	4	642	双十中学站	608
		思北站	156	1	631	二市站	332
		眼科医院	133			非矿	103
		开禾路口	105	4	615	火车站	300
1	1 068	思北站	365			莲坂站	211
		开禾路站	243	6	572	思北站	249
		斗西路站	183			开禾路站	134
1	731	火车站	318	11	572	中山公园	152
		莲坂站	290	21	560	新丰三路口	239
10	723	思北站	224			马垅	190
		开禾路站	148	4	539	县后站(机场)	537

(续表)

家所在区域编码	总人数	落点站点	人数	家所在区域编码	总人数	落点站点	人数
7	711	思北站	234	4	526	思北站	251
		开禾路站	167			开禾路站	126
		斗西路站	126	3	516	县后站(机场)	508

4.4.3 高频快线网络构建

1. 模型构建

客流通道是连接城市主要客流源、供大量客流交换的载体，而在第 4.4.2 节中识别出的稳定客流通道更是兼顾乘客出行空间邻近性、出行行为同质性和规律性等关键特点，因此，在稳定客流通道起讫点间设立直达的高频快线是满足乘客便捷、快速出行需求，提高公共交通服务质量，增强乘客忠诚度的有效方法。本节研究如何连接各个等级的稳定客流通道，布设直达的高频快线网络，以弥补现有公交服务网络存在的不足，即缺乏集散便利的、具有针对性和精确性服务的线路。与此同时，高频快线服务的站点默认为稳定客流通道起点范围和讫点范围的中心站点，即进行范围搜索的中心点。基于以上考虑，提出如下优化模型和约束条件：

(1) 假设所有的公交车辆都以标准的运营速度和载客量运行，为保证每条线路的集约性和高效性，力求单位线路的稳定客流总人数越大越好，以此建立如下优化模型，目标函数为

$$Z = \max \frac{\sum_{(i,j) \in N_S} Q_{ij}^g}{num(L)}, g \in G \quad (4-11)$$

式中，N_S 为所有等级稳定客流通道的起讫点(搜索区域内的中心点)集合；(i,j) 为稳定客流通道集合中起点 i 和讫点 j 之间的有向弧；Q_{ij}^g 为第 g 等级稳定客流通道起点 i 和讫点 j 之间发生高频位移的人数；$num(L)$ 为规划的高频快线线路条数；G 为稳定客流通道的等级集合，即 1、2、3 共三级。

(2) 限定任意高频快线线路只经过稳定客流通道的起点车站和讫点车站，以保证每段通道内的乘客能高效、快捷地完成出行目的。

$$l_{s,t}(S_{l_{s,t}}) \in N_S, \forall l_{s,t} \in L \quad (4-12)$$

式中，$l_{s,t}$ 为第 l 条高频快线线路，起点站点为 s，讫点站点为 t；$S_{l_{s,t}}$ 为第 l 条高频快线线路服务公交站点总数；L 为高频快线线路的集合；$l_{s,t} \in L$ 为第 l 条高频快线线路。

(3) 限定任意高频快线线路的运营长度，应满足：

$$D_{\min} \leqslant D(l_{s,t}) \leqslant D_{\max}, \forall l_{s,t} \in L \quad (4-13)$$

式中，$D_{\min}$、$D_{\max}$ 分别为高频快线线路长度的限定下限值和上限值；$D(l_{s,t})$ 为第 l 条高频快

线线路的长度。

(4) 由于每条客流通道的起点区域是乘客家的位置,识别出来的通道起点和讫点之间是具有方向性的,因此在规划高频快线线路时,为保证客流的同向性,需要考虑有向弧的特性,即需要满足通道 A 起点(家)—通道 A 终点(目的地)/通道 B 起点(家)—通道 B 终点(目的地)/通道 C 起点(家)—通道 C 终点(目的地)。当然公交车辆也可以反向运营,只是在不同的时间段的发车频次不同而已,约束如下:

$$l_{s,t}[\forall(m, m+1)] \in N_S \tag{4-14}$$

式中,$l_{s,t}[\forall(m, m+1)]$ 为第 l 条高频快线线路的任意两个前、后站点。

(5) 限定每条稳定客流通道最多只能经过一次,表示为

$$\delta_{ij}^g \leqslant 1, \forall(i, j) \in N_S; g \in G \tag{4-15}$$

式中,δ_{ij}^g 为第 g 等级稳定客流通道。

(6) 限定每条高频快线线路最多只能经过某站点一次,表示为

$$N(l_{s,t}) \leqslant 1, \forall l_{s,t} \in L \tag{4-16}$$

式中,$N(l_{s,t})$ 为第 l 条高频快线线路服务的某个公交站点。

(7) 为保证每条高频快线线路的高效性,限定三级稳定客流通道不准单独成为一条高频快线线路,但可以和其他三级客流通道或者更高等级的客流通道相连成高频快线线路,表示为

$$l_{s,t}\left(\sum Q_{ij}^g\right) \geqslant \max(Q^3), g \in G \tag{4-17}$$

式中,$\max(Q^3)$ 为三级稳定客流通道的人数最大值。

(8) 为保证服务于更多的稳定客流人数,在满足约束条件式(4-12)~式(4-17)的前提下,限定高频快线网络尽量服务于更多的稳定客流通道。

2. 遗传算法求解

由于本书的优化模型限制较多,传统的遗传算法在染色体编码方式、交叉和变异等方面的经典操作方法不再适用,因此设计了一种改进的遗传算法来求解目标函数的最优解。

(1) 染色体编码方式。

常见的染色体编码方式有:①二进制编码,由 0 和 1 两种碱基排列生成一条染色体,类似于计算机内采用的计算形式,简单易懂但是数值不连续,可能二进制编码上略微变动但表现的实际解值却浮动很大。②实数/浮点数编码,直接用实数作为碱基连接成染色体,不需要存在解码的过程,相较于二进制编码是连续的,但也容易陷入局部最优。③符号编码,即利用无数值化的符号作为碱基排列成染色体,在特殊的场合可以利用。

在求解目标函数的过程中,采用实数中的自然数进行编码,并定义如下编码规则:$1 \sim n$ 的自然数代表每条稳定客流通道的起点站点或讫点站点,即规划的高频快线线路服务的站点;0 代表每条高频快线线路的分隔字符;将所有的线路由自然数编码后拼接成一整条染色体,就是一个解向量。

例如 Route1 为 (2, 11, 8, 6)，Route2 为 (3, 1, 5, 9, 13)，Route3 为 (10, 7, 15, 12)，将其连接后代表高频快线线路集合的染色体为 (0, 2, 11, 8, 6, 0, 3, 1, 5, 9, 13, 0, 10, 7, 15, 12, 0)，然后在计算目标函数值或输出结果时再将染色体逆向解码即可。

(2) 选择算子。

采用锦标赛选择方式来模拟生物进化过程中大自然对其的选择操作，相较于另一种流行的轮盘赌方法，更容易保存种群多样性而趋向于搜索到全局最优解，且收敛速度更快。锦标赛选择方式是在上一代种群中随机抽取 N 个个体，再从中挑选出适应度最强的个体保留下来，循环操作 k 次后进入育种种群，具体操作过程如图 4-15 所示。

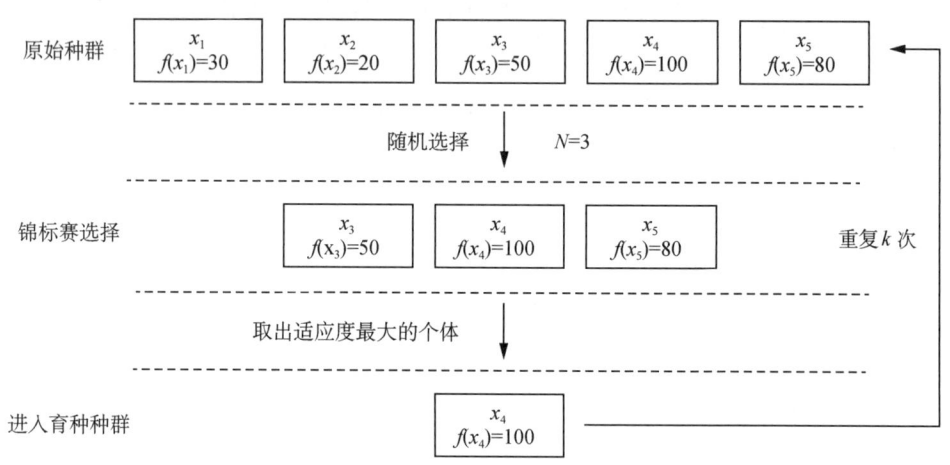

图 4-15　锦标赛选择方式流程

(3) 交叉算子。

常见的交叉方式有：①单点交叉，将两条父代染色体从同一个位置点切开，把两条尾部基因段互相交换。②两点交叉，将两条父代染色体从两个相同位置点切开，将该两个位置点之间的基因片段相互交换。③均匀交换，产生一个父染色体长度的随机数序列，若随机数小于翻转概率 P，则将两条父代染色体对应位置的基因相互交换。④混合交叉、有序交叉、部分匹配交叉等，随编码方式和应用场景的不同而不同。

本书为适应多条在稳定客流通道内运营的高频快线线路选择问题，提出了以下改进交叉算子：

(a) 从 1 号父代染色体中随机抽取一段基因片段 G (以 0 相隔)，即某一条高频快线线路，将该基因片段作为子代染色体的前置基因片段。

(b) 剔除基因片段 G 已经编码过的稳定客流通道，将剩余通道集合中的起点按 2 号父代染色体中出现的顺序排列成序列 S。

(c) 以序列 S 中节点的出现顺序依次搜索满足约束条件的高频快线线路，成为子代染色体的后置基因片段，并和前置基因片段共同组合成新的子代染色体。

(d) 将步骤 (c) 重复操作 k 次，计算这 k 个子代染色体的适应度值，将适应度最强的作为最终的子代染色体。

交叉操作流程如图 4-16 所示。

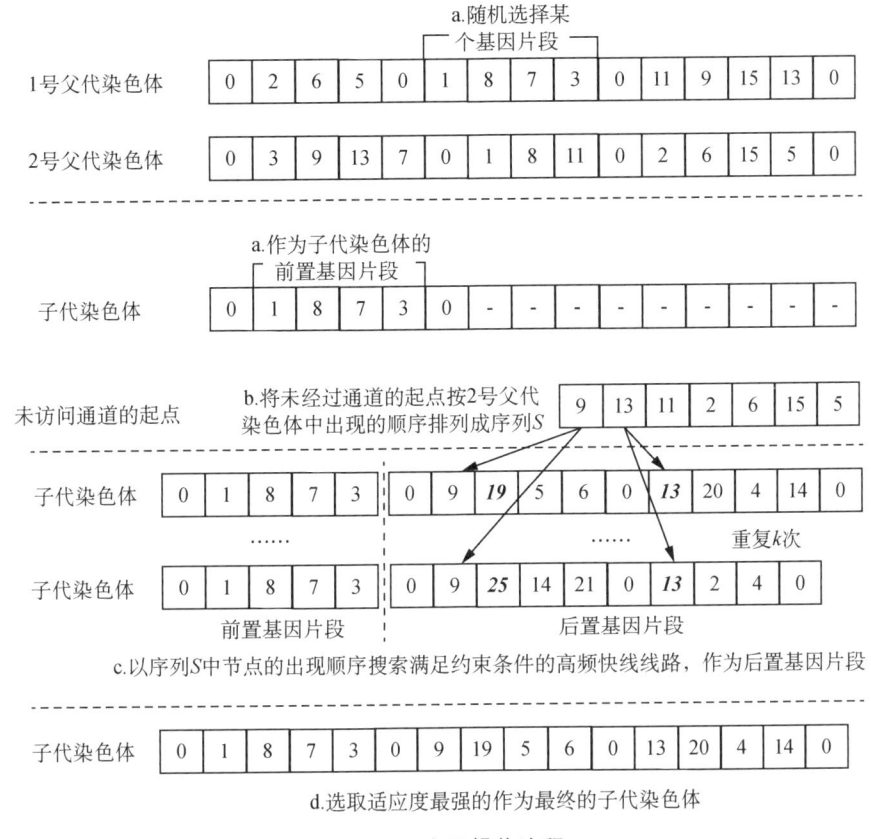

图 4-16 交叉操作流程

(4) 变异算子。

常见的变异方式有：①高斯突变，按照一定概率使个体染色体的每一个基因产生突变，变异后的基因值为 (μ,σ) 的高斯分布随机数。②乱序突变，将个体染色体的基因序列打乱，然后使每一个基因以不同的概率变异。③位翻转突变，设定某变异概率，将任意一个基因根据该概率取非值。

然而上述经典的变异操作在有向稳定客流通道的问题上并不适用，因为突变后的基因值可能并不存在相应的连通通道，就算存在也可能已经被访问过，不满足每条稳定客流通道最多只能经过一次的约束条件。因此提出了改进的变异算子，具体操作如下：

(a) 从某条染色体中随机抽取一段基因片段 G（以 0 相隔）使其发生变异操作，即某一条高频快线线路。

(b) 由于优化模型有线路长度等条件的约束，有部分稳定客流通道会存在没有被选取的情况，因此可以从其中（包括基因片段 G 所编译的稳定客流通道）按照选取条件和流程再搜索出一条新的高频快线线路，编码后替代成为基因片段 G 的变异后片段。

(c) 将步骤(b)重复操作 k 次，计算这 k 次染色体变异后的适应度值，将适应度最强的作为最终的变异后染色体。

变异操作流程如图 4-17 所示。

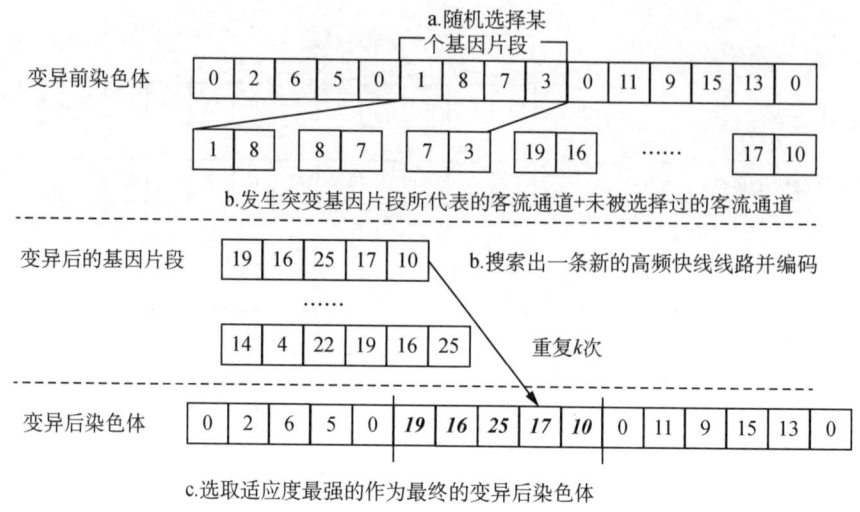

图 4-17 变异操作流程

(5) 收敛性判断。

当遗传算法的育种循环满足收敛条件时，循环结束，如下所示：

$$\frac{|\max f^n - \max f^{n-1}|}{\max f^{n-1}} \leqslant \sigma \tag{4-18}$$

3. 实例分析

以第 4.4.2 节识别得到的厦门市稳定客流通道为例，规划高频快线在各条稳定客流通道间的运行路径。前文中已划分得到 88 个起点细分区域，并通过通道选取得到了若干个讫点区域，由于讫点范围不一定包含在起点的细分区域中，因此共统计得到 106 个区域中心站点，重新对这些站点进行编号如表 4-18 所示，以编号表示的通道及人数如表 4-19 所示，三个等级的稳定客流通道共 211 条。

表 4-18 通道起点范围和讫点范围的中心站点新编号

站点名称	编号	站点名称	编号	站点名称	编号	站点名称	编号
文灶站	1	莲坂站	10	五通泥金公交场站	19	塘边	28
前埔枢纽站	2	双十中学站	11	诚毅学院站	20	第一医院	29
卧龙晓城	3	公路征费中心	12	火车站	21	东芳山庄站一	30
洪文站	4	县后站（机场）	13	安兜	22	商检	31
厦大学生公寓	5	市政务服务中心站	14	明发新城	23	斗西路站	32
蔡塘站	6	康乐	15	吕厝	24	古地石社	33
金山站	7	国贸金融中心	16	太薇花园	25	高崎	34
台贸中心	8	思北站	17	林后	26	翔云一路 t3 候机楼	35
嘉庚体育馆站	9	龙山桥站	18	霞梧路口	27	海裕路	36

(续表)

站点名称	编号	站点名称	编号	站点名称	编号	站点名称	编号
武警支队	37	新丰三路口	55	SM城市广场	73	湖里高新技术园	91
文屏山庄	38	软件园	56	思北路口	74	湖明	92
滨南中山医院	39	莲坂北	57	开禾路口	75	枋湖路	93
红星美凯龙总站	40	观音山商务区	58	洪塘	76	莲坂国贸	94
开禾路站	41	岭兜佳园	59	厦大艺术学院	77	思明区政府	95
石头皮山	42	何厝社区	60	百乐园	78	市政府	96
特区纪念馆	43	华美	61	文化宫	79	水岸名筑	97
马垅	44	卧龙晓城站	62	仙岳路口	80	何厝边防派出所	98
金枫园	45	外国语学校瑞景分校	63	中医院	81	湖滨中学	99
仙岳花园	46	湖光路	64	阿罗海城市广场	82	西林云顶	100
集美区政府	47	小东山村口	65	火车站南广场	83	会展中心公交场站	101
妇幼保健院	48	文灶	66	蔡塘学校	84	白果山	102
岳阳小区	49	厦大南门（南普陀）	67	产业园站	85	莲花路口东	103
天地花园	50	火车站（湖东）	68	公园东门	86	吕厝北	104
殿前	51	梅阳花园	69	角滨路口	87	将军祠	105
厦大西村	52	殿前村口	70	湖里大道	88	大湖	106
二市站	53	石鼓路	71	枋湖客运中心	89		
中山公园	54	潘宅	72	莲岳路北	90		

表4-19 以编号表示的通道及人数

通道	人数	通道	人数	通道	人数	通道	人数	通道	人数
1-41	1 230	11-17	313	9-21	213	11-88	181	37-96	161
2-17	1 068	6-1	312	11-1	213	18-2	181	24-49	161
2-21	731	22-61	310	29-67	212	11-57	179	20-85	160
3-17	723	2-62	309	30-17	210	40-89	179	2-79	159
4-17	711	23-63	306	1-62	209	7-2	177	24-25	158
5-52	675	9-11	299	5-74	209	3-14	175	36-97	158
6-11	642	11-6	299	31-75	208	8-90	174	3-98	157
2-53	631	7-11	292	2-76	204	31-61	174	37-75	157
6-21	615	18-53	292	2-77	202	14-53	173	46-68	157
7-17	572	13-6	290	32-21	202	11-7	173	47-28	157

(续表)

通道	人数	通道	人数	通道	人数	通道	人数	通道	人数
1-54	572	13-9	288	2-13	201	6-76	171	48-99	157
8-55	560	22-42	288	9-14	201	41-1	171	4-56	156
6-13	539	24-64	286	17-62	201	13-4	170	12-54	156
6-17	526	2-52	277	2-11	200	7-9	170	2-6	155
9-13	516	11-65	275	7-1	200	2-48	169	15-87	155
1-48	499	8-22	274	33-57	200	13-7	169	45-100	155
2-56	482	24-39	271	12-39	198	13-14	169	29-66	155
3-53	453	18-66	269	8-78	198	1-14	169	9-53	154
6-53	452	7-53	262	34-28	198	12-56	169	4-101	154
10-17	441	6-14	253	13-53	197	42-61	169	1-80	154
7-21	432	6-56	250	4-11	197	14-6	168	17-52	154
11-21	419	11-53	250	2-24	196	14-4	168	49-102	154
3-21	414	17-1	250	1-10	195	11-2	168	24-69	154
12-57	402	1-67	249	12-28	195	8-91	168	50-94	154
13-10	401	14-13	247	10-2	192	18-21	168	3-24	153
3-2	386	13-17	241	11-4	191	43-92	168	51-80	153
2-58	372	25-68	236	3-79	190	14-18	167	39-103	153
14-17	371	10-53	233	12-80	190	24-93	167	16-104	153
15-43	369	1-2	232	35-81	190	40-68	167	2-49	152
14-21	362	9-17	229	6-58	188	44-94	166	6-9	152
8-37	357	4-1	228	13-2	188	10-4	166	14-2	152
16-59	357	26-69	226	9-4	187	24-56	166	49-64	152
7-13	355	11-70	223	36-82	187	38-74	166	24-105	152
17-21	355	20-11	223	5-83	186	30-53	166	15-25	152
18-17	347	8-68	223	24-84	185	40-59	165	40-106	151
4-21	343	27-71	223	25-39	184	45-72	165	9-6	150
19-60	339	24-72	222	9-85	183	2-14	164	7-37	150
20-13	338	17-2	221	37-68	183	4-52	163	4-104	150
2-1	336	28-43	221	38-86	183	25-57	163	3-4	150
3-1	322	7-4	218	30-21	183	39-95	163	20-2	150

(续表)

通道	人数	通道	人数	通道	人数	通道	人数	通道	人数
4-53	320	27-73	216	24-87	182	25-37	162	41-62	150
8-40	318	4-62	214	39-87	182	10-11	161	22-40	150
21-17	314								

采用Python的遗传算法工具箱DEAP计算框架,主要包括以下几个部分:①types,确定所需解决的问题类型和目标函数的数量,同时输入求解问题是最大值还是最小值;②initialization,初始化染色体的基因编码位数、初始值、初始种群数量等基本因素;③operators,确定评价适应度的函数,输入进行选择、交叉、变异等操作的基础参数;④algorithm,遗传算法的主函数,进行运算。

满足收敛条件后,在设定参数下共规划了31条线路,构成了基于各等级稳定客流通道的高频快线网络,平均每条高频快线运载的稳定客流总人数约为981人,具体的线路信息如表4-20所示,线路路径如图4-18所示。

表4-20 高频快线网络的线路信息

线路编号	路径(服务站点)	长度/km	线路编号	路径(服务站点)	长度/km
线路1	9-14-4-1-67	22.36	线路17	10-17-21	8.38
线路2	7-13-2-21	16.36	线路18	2-24-25-37-75	15.50
线路3	9-13-14-18-53	18.63	线路19	13-10-2-58	15.16
线路4	7-1-48-99	13.46	线路20	20-11-6-14-53	24.99
线路5	9-11-7-21	16.70	线路21	14-17-1-10-4-53	24.91
线路6	6-1-41-62	15.53	线路22	3-2-11-65	12.58
线路7	34-28-43-92	10.13	线路23	14-2-13-17	22.55
线路8	6-11-2-53	17.65	线路24	3-24-39-87	7.61
线路9	7-11-1-62	14.41	线路25	18-17-2-6-53	24.11
线路10	6-13-4-21	15.47	线路26	3-1-14-21	17.56
线路11	7-2-1-54	12.18	线路27	20-13-6-17	21.84
线路12	8-22-42 61	8.16	线路28	4-11-21-17-62	22.46
线路13	41-1-2-14-6-21	21.67	线路29	3-14-13-7-17-52	22.08
线路14	13-9-4-62	22.56	线路30	20-2-17	25.00
线路15	18-2-56	5.92	线路31	3-17	6.45
线路16	10-11-4-17	19.46			

行为视角下城市公共交通发展竞争力

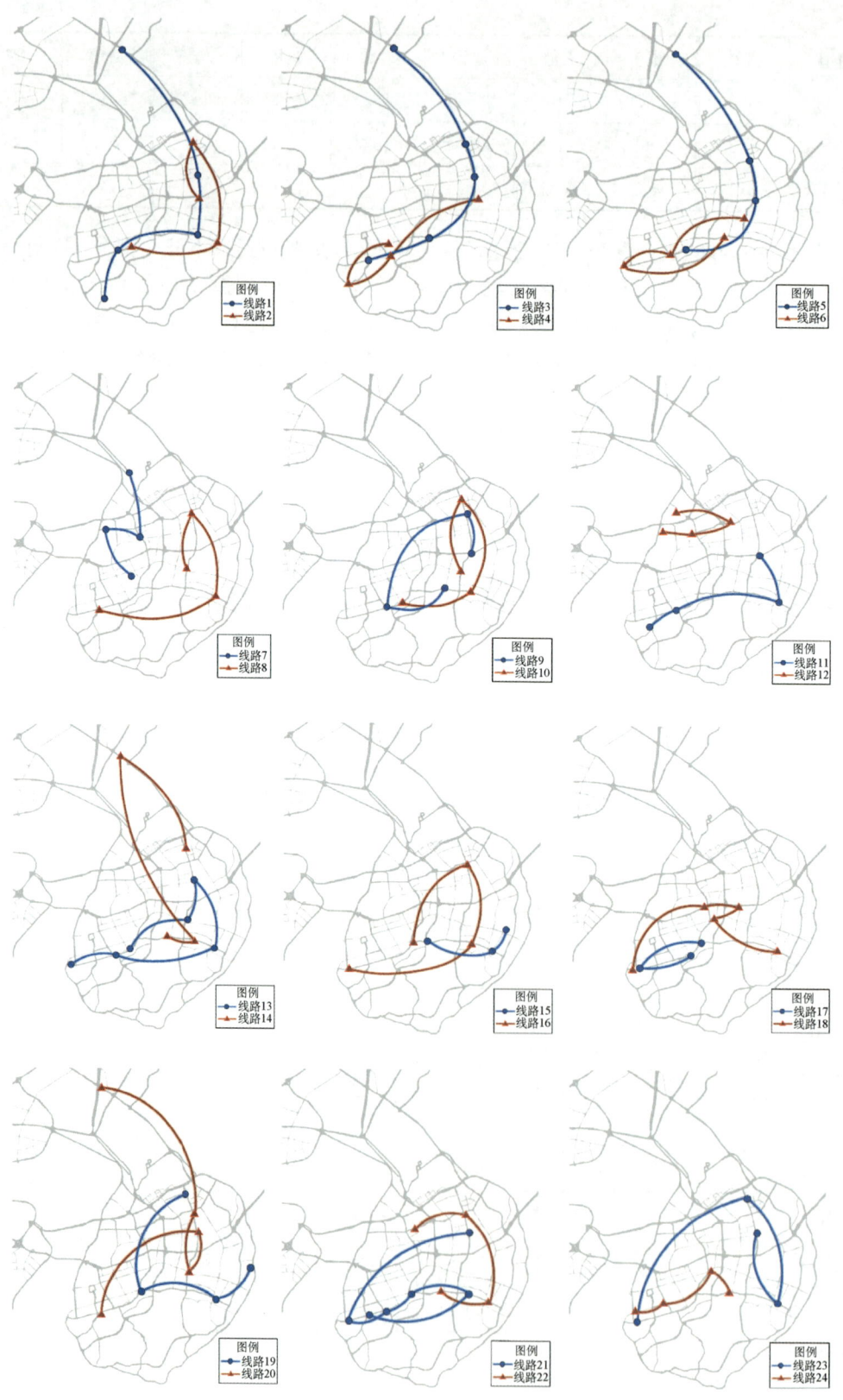

156

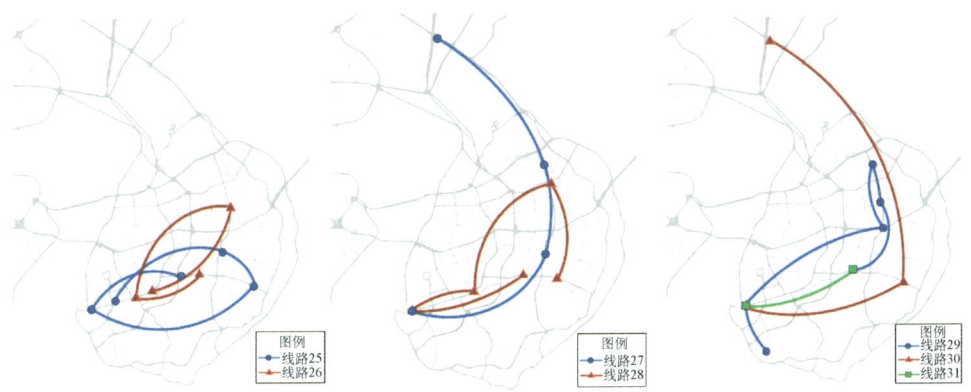

图 4-18　规划线路图

在现有用于分析的厦门市 2017 年 12 月的 307 条公交线路(包括常规公交线路和 BRT 线路)基础上,构建的由 31 条高频快线组成的高频快线网络,是对现有公交网络的补充性优化,主要满足两点之间的稳定性客流出行。

例如,将高频快线 18 路与现存公交线路进行对比分析,其服务的站点有 5 个,分别是"前埔枢纽站""吕厝站""太薇花园站""武警支队站""开禾路口站"。如图 4-19 所示,在现有公交网络中:

图 4-19　高频快线 18 路服务站点间的现有公交线路

(1)"前埔枢纽站"与"吕厝站"之间没有直达的公交线路,乘客可从"前埔枢纽站"附近约 200 m 处的"国贸新城站"乘坐 109 路、651 路或 942 路抵达"吕厝站"。该 3 条线路为常规公交线路,途经的 14 个站点均相同,且站间距较小,为 400～500 m,公交车辆需要在每两个路口间停车 1～2 次,同时线路后半段存在绕行。

(2)"吕厝站"与"太薇花园站"之间可乘坐常规公交 6 路、99 路或 128 路,线路中间共停 4 站。

(3)"太薇花园站"与"武警支队站"之间可乘坐常规公交 24 路、25 路或 103 路,线路中间共停 2 站。

（4）"武警支队站"与"开禾路口站"之间可乘坐常规公交 25 路、118 路、941 路或 954 路。其中，经停最多的是 118 路，共 17 个站点，如图 4-19 两站点间绿点所示，该条线路途经了路网较密的居民区，频繁的上下车也导致公交单次运营时间较长；经停最少的是 954 路，共 11 个站点，如图 4-19 两站点间蓝点所示，该条线路运行在道路等级较高的城市主干路上，较其余 3 条线路开行更快。

高频快线 18 路具有以下特点：

（1）乘客可于前、后两站点间直达，中途无停靠，即高频快线客车从前一个站点载上乘客，运送至下一个站点卸客，再于该站点搭载另一批乘客运送至下一个站点，"点对点、无停靠"的方式保证了乘客出行的舒适度，节约了出行时间。

（2）相较于现有线路，高频快线客车可选择路径最短或路况最好的道路运行，如高架快速路、主干路等，减少绕行距离和出行时间。如图 4-20 所示，"前埔枢纽站"和"吕厝站"间、"武警支队站"和"开禾路口站"间有更快捷的路径。

（3）高频快线 18 路将附近部分客流（"国贸新城站"部分客流）集聚到车站规模较大、设施设备更完善的"前埔枢纽站"，体现出"主动引导"的规划理念，符合资源集约化特性。

图 4-20　高频快线 18 路

根据上述分析结果，结合高频快线网络自身的特点，归纳出其对现有公交服务网络的优化作用，主要表现在以下几个方面：

（1）具有稳定出行规律的乘客可于出行起讫点间无停站式直达。

以图 4-21 为例，根据识别出的稳定客流通道，"妇幼保健院站"和"湖滨中学站"之间，以及"县后站（机场）"和"思北站"之间存在较多稳定出行的乘客。在现有公交网络中，前者两点间规划有常规公交 10 路，途中经停 8 个站点；后者两点间规划有 BRT 快 1 路和快 2 路，途中经停 12 个站点，在这种密集的多站式线路中，车辆频繁停车和启动，不仅影响乘客出行体验，还大大增加了出行时间。而新补充的高频快线能实现以上两点间的无停站式直达，针对性地解决了乘客便利、高效的出行需求。

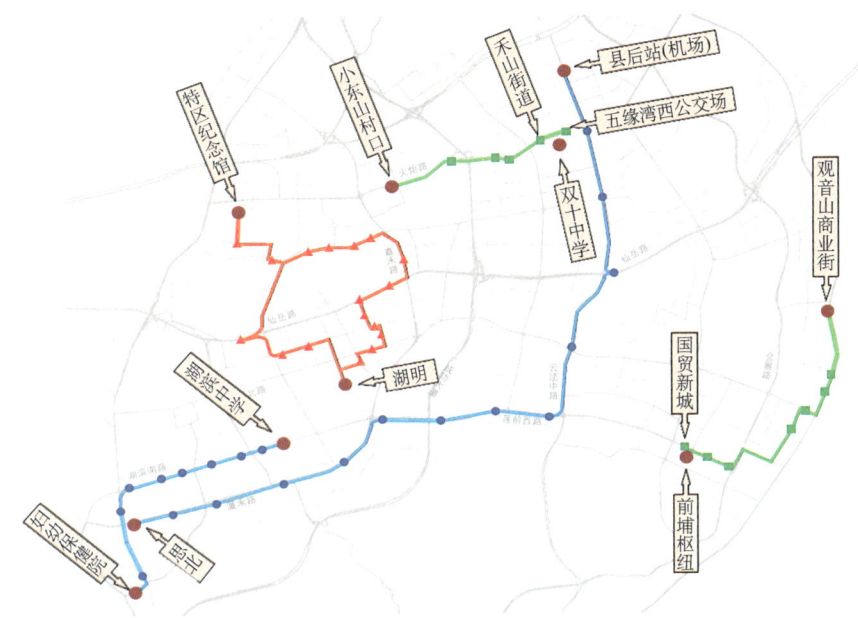

图 4-21 现有公交服务网络存在的不足

（2）站点间的运行线路更优。

以图 4-21 为例，根据识别出的稳定客流通道，"特区纪念馆站"和"湖明站"之间存在较多稳定出行的乘客。但是在现有公交网络中，途经 5 个站点的常规公交 9 路和途经 14 个站点的常规公交 93 路均存在绕行，尤其是 93 路，运行长度是两点间最优路径长度的 2 倍。而新补充的高频快线可以选择两个站点间的最优路线将乘客运送至目的地，节约了出行时间，提高了服务水平。

（3）主动引导乘客集聚，构建集约化运输环境。

以图 4-21 为例，在现有公交网络中，"双十中学站"与"小东山村口站"间没有直达公交线路，乘客可在"五缘湾西公交场站"乘坐常规公交 97 路或者在"禾山街道站"乘坐常规公交 108 路、848 路抵达"小东山村口站"，而高频快线将具有稳定出行规律的乘客集聚到附近车站规模较大、设施设备更完善的"双十中学站"，体现了主动引导的理念，有利于公交资源集约化配置，有利于将更优质的环境提供给高频快线网络服务的乘客。

（4）服务更具针对性和精确性。

高频快线网络是根据稳定客流通道构建的，其客流量存在相对稳定性。与此同时，高频、快速、点对点式的运营为乘客提供了高效便捷的服务，在一定程度上满足了居民集散便利化的出行需求。综合来说，该补充性优化弥补了现有公交网络存在的不足，使服务更具针对性和精确性，不仅推进了公交供给侧结构性改革，也扩大了公交服务的广度。

与此同时，高频快线网络不仅满足了"稳定的公交出行者"的出行需求，提供了针对性和精确性的服务，也能够在一定程度上吸引"普通的公交出行者"，主动引导其增加公交出行频次，提供相较于私家车等其他出行方式更为高性价比的高效服务。而对于"随机的公交出行者"，通过进一步改善衔接高频快线网络的接续公交服务方案和站点空间布局，亦可扩大公共交通对其的影响力。

4.4.4 接续公交服务网络

1. 微循环公交线路

城市微循环公交,也可称为社区公交,适合布设在城市支路上,线路不宜过长,主要功能分为两种:①以接驳功能为主的微循环线路;②以服务社区居民日常出行的微循环线路[24]。为了更好地提供出行"最后一公里"服务,提高公交网络的服务质量和水平,在现有研究的基础上,提出布设衔接高频快线的微循环公交,由于其大多在城市次干路和支路运行,道路等级普遍不高,路幅较窄且转弯半径较小,因此宜采用中巴或者小型车。在服务上:①尽量采用纯电动环保车辆,运行平稳、噪声小;②提供 Wi-Fi 覆盖,保证乘客可以拥有良好的出行体验;③高频率发车、随时调度,完善换乘便捷性,尽量贴近"零时间+零距离"换乘,提高公共交通网络"最后一公里"的服务质量和水平。

与此同时,结合实际情况,可以采用两种微循环公交的服务模式:固定线路型微循环公交和需求响应型微循环公交。

(1) 固定线路型微循环公交。

固定线路型微循环公交是指具有固定站点和既定行驶线路的微循环公交线路,为了更好地服务于稳定客流,提出以下两种设计固定式线路的理念。

理念一:将现有公共交通站点作为微循环线路的站点,以运营路径最短为目标,布设经过这些需求站点的微循环公交线路。

例如,在第 4.4.3 节中规划的多条高频快线均途经"思北站",将乘客集聚在"思北站"统一服务,这不仅契合公共交通集约化运输特征,提升了公共交通的服务功能与运营效率,更体现了"主动引导性"的规划理念。另外,该部分乘客原先的访问站点散落在以"思北站"为中心 1 km 范围内的公交站点,这些现有的公交站点可以作为基础,规划衔接"思北站"的微循环公交。如图 4-22(a)所示是起讫点均在"思北站"的单侧循环式接驳,如图 4-22(b)所示是只有一端在"思北站"的单侧往返式接驳。

理念二:不考虑现有的公共交通站点,以乘客步行时间最短和运营效率最高为目标进行微循环线路规划。

① 将区域进行网格化处理,每块网格代表一个极小的交通小区。

② 将原先每个站点的访问人数按照一定原则分配到交通小区内。

• 以站点覆盖半径为限定范围,根据网格面积在范围内所占的比例,将乘客分配到相应的网格内,如图 4-23 所示。

• 或者,以站点覆盖半径为限定范围,利用 Logistic 回归模型将乘客分配到相应网格内,其概率的计算公式如下:

$$P(k) = \frac{\exp(-d_k^i)}{\sum\limits_{k \in N_S} \exp(-d_k^i)} \quad (4-19)$$

式中,N_S 为范围内网格的数量;d_k^i 为站点 i 与第 k 个网格中心的欧式距离。

③ 以乘客步行距离最短为目标,将每个网格内的乘客全部加载到距离该网格中心最近的路段上。与此同时,考虑到距离接驳目的地越近,乘客越可能直接步行到达,因此可以根

4　城市公共交通服务模式

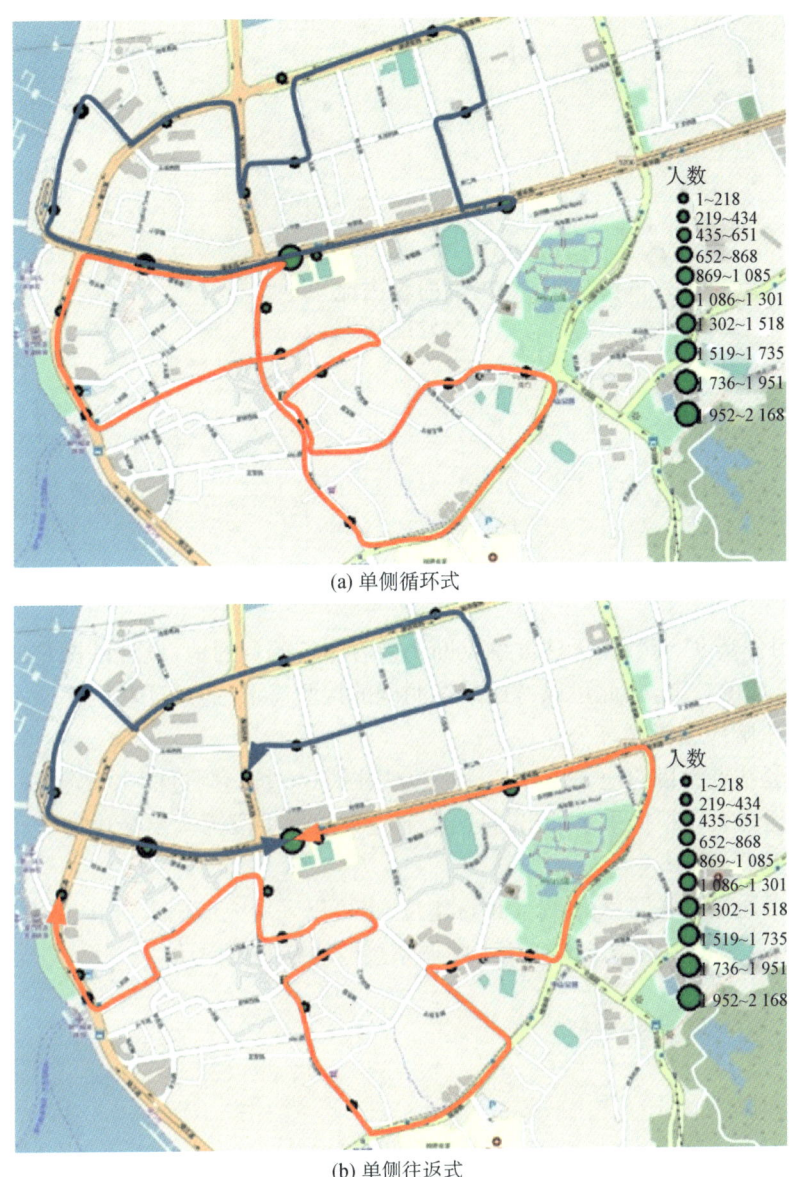

(a) 单侧循环式

(b) 单侧往返式

图 4-22　微循环线路

据网格中心与接驳目的地的距离长短,对加载在路段上的乘客人数进行折减。

④ 布设微循环公交线路时,在保证运营效益的情况下尽量满足路段上乘客的需求。在客流量较少的路段上,只需设置普通的招呼站点即可。

(2) 需求响应型微循环公交。

需求响应型公交在欧美国家已有长足的发展,通常情况下没有固定的线路和时刻表。而在国内现有的研究中,根据不同服务特性,需求响应公交服务可以分为定制公交、校园公交和专车服务等不同类型。定制公交一般具有较为稳定的客流来源,运营线路则相对固定;校园公交和专车服务则分别服务于"多对一"和"一对一"的乘客出行,前者收益率相对较高,后者则花费更高、服务更精准,类似于私家车的"门到门"功能[25]。

161

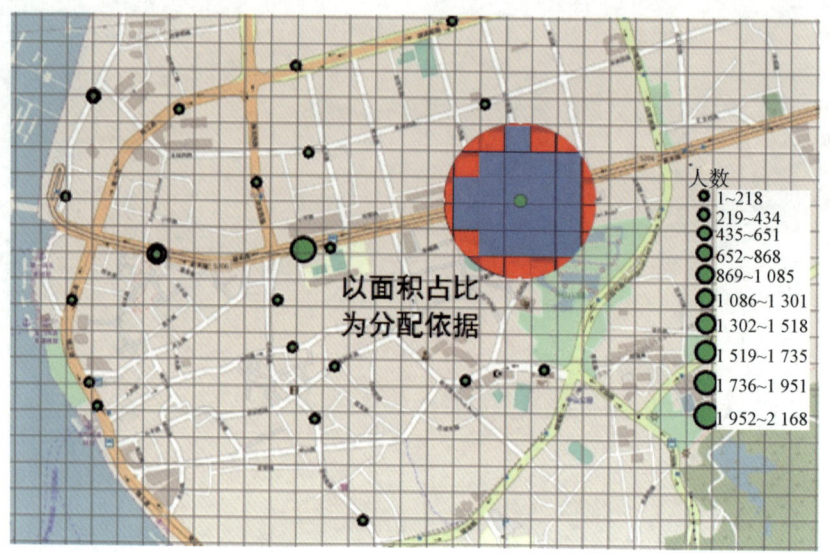

图 4-23　以网格面积占比为分配依据

由于利用公交 IC 卡数据无法准确推断出乘客出行的目的地，设计的固定线路型微循环公交仍有不全面的缺陷，因此可以考虑乘客明确的接驳需求，通过互联网手段主动采集位置信息，规划需求响应型微循环公交：

① 以接驳站点为目的地，乘客可以通过互联网 App 填写附近的出行需求。

② 公交运营公司根据采集的出行信息，通过大数据手段筛选出最优的候车站点和运行路径，进行试运行。

③ 乘客可通过互联网 App 提前预订座位，也可以采用充值刷卡、扫码等手段付费上车，公交运营公司可根据乘客需求的变化不断调整接驳线路的走向。

(a) App提出需求界面　　　　　(b) App预定界面

图 4-24　App 应用界面

2. 共享单车

微循环公交是提供接续服务的最佳选择之一，其运行线路短、发车频次高，很好地缓解了出行"最后一公里"的矛盾。除此之外,共享单车作为城市公共交通微循环方式的组成部分,能够在一定程度上有效完成站点接驳,实现"门到门"服务,同时满足节能减排、低碳环保等绿色出行理念。

目前,衔接高频快线的共享单车布设需要考虑以下问题。

(1) 共享单车服务网点布局。

共享单车服务网点的布局直接影响出行者的便捷程度,基本的服务点应综合考虑周围地区的用地性质、建筑密度、就业岗位及人口分布等:①结合POI点数据和道路GIS数据规划服务点;②结合手机信令数据分析出行轨迹,按照分布密度规划服务点;③通过问卷调查的方式了解出行者需求,综合考虑后规划服务点。

(2) 自行车慢行道建设。

要更好地提供公共自行车接续服务,就必须完善自行车慢行系统的建设,营造良好的"最后一公里"出行环境:①回归人性化设计,体现"以人为本"的理念;②保证骑行网络的连续性和便捷性;③根据使用需求,结合路侧空间条件,合理确定自行车道的宽度和铺设形式;④交叉口应适当保证骑行的安全,如转弯弧度等;⑤自行车骑行量较大的道路应提供与机动车道的硬隔离[26]。

例如,高频快线服务站点"思北站"周围1 km范围的道路网络中,如图4-25(a)所示的非机动车道/自行车道安全系数低,骑行环境不友好。如图4-25(b)所示的非机动车道/自行车道被机动车占据,产生机非混行的现象,完全是"以车为本",对公共自行车的推广存在负面的影响。

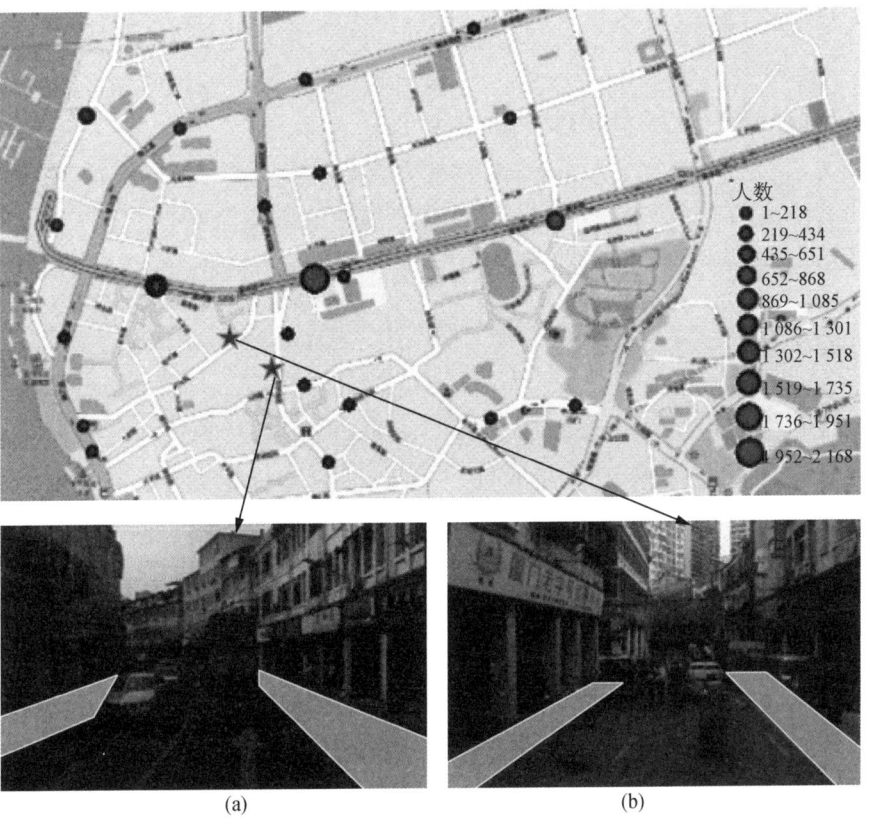

图4-25 非机动车道/自行车道现状问题

(3) 共享单车调度。

共享单车也会出现借车与还车的潮汐现象,特别是在接驳服务点和人口密集的服务点会出现供需不平衡,导致车辆的调度难度提高、部分服务点车辆使用率低等情况。因此,共享单车经营者要加强调度协调,特别是在借车与还车的高峰时期定点安排人手和调度车辆,完善公共交通服务网络的最后一环。

4.5 公共交通站点服务设计

4.5.1 公交站点服务内涵

公交站点是公交系统的重要组成部分,起到了锚固公交网络的作用,也是方式衔接的重要部位。公交站点服务的一个重要目标就是提供充足的空间和合适的设施,在确保站内行人安全性和便利性的同时满足高峰期间的客流需求。

公交站点为出行者提供的服务是公共交通所提供的服务中的一部分,公交站点与周边的设施共同构成了对乘客的服务介质,体现在站点为出行者提供候车空间、候车环境、线路信息等资源,同时出行者能够根据自身感受、对服务的期望等对站点的服务进行反馈,形成服务的正反馈机制。

因此,公交站点的服务是嵌入公交服务模式中的,作为公交服务的一部分为乘客提供到站、候车、离站的空间和信息支持,需要对其进行服务水平的评价并根据反馈结果进行空间环境的改善。

4.5.2 公交站点服务水平评价

1. 模糊评价模型

设评判对象为 P,其因素集 $U=\{u_1,u_2,\cdots,u_n\}$,评价等级集 $V=\{v_1,v_2,\cdots,v_m\}$。对 U 中每一个因素根据评判集中的等级指标进行模糊评判,得到评判矩阵:

$$\boldsymbol{R} = \begin{bmatrix} r_{11} & r_{12} & \cdots & r_{1m} \\ r_{21} & r_{22} & \cdots & r_{2m} \\ \vdots & \vdots & & \vdots \\ r_{n1} & r_{n2} & \cdots & r_{nm} \end{bmatrix} \tag{4-20}$$

其中,r_{nm} 表示 u_n 关于 v_m 的隶属程度。$(U,V,\boldsymbol{R})$ 则构成了一个模糊综合评判模型。确定各因素重要性指标(也称权数)后,记为 $A=\{a_1,a_2,\cdots,a_n\}$,满足 $\sum_{i=1}^{n} a_i = 1$,合成得

$$\overline{B} = A \cdot \boldsymbol{R} = (\overline{b_1}, \overline{b_2}, \overline{b_3}, \cdots, \overline{b_m}) = (s_1, s_2, \cdots, s_m) \tag{4-21}$$

其中,"·"为模糊合成算子,本文采用 $M(\cdot,\vee)$ 算子,其在第一步中采用代数积的方法,用每一个因子的隶属度与权重值相乘,强调了因子的权重值和隶属度对评价值的共同作用。这里采用最长较常使用的 $M(\cdot,\vee)$ 算子,更能突出权数的作用,不会出现模糊运算中取小数丢大数的弊端[27]:

$$s_k = \bigvee_{j=1}^{m}(\mu_j \cdot r_{jk}) = \max_{1 \leqslant j \leqslant m}\{\mu_j \cdot r_{jk}\}, k=1,2,\cdots,n \qquad (4\text{-}22)$$

最后通过对模糊评判向量 S 的分析做出综合结论。这里采用的是加权平均原则,这样可以得到一个综合评价结果,不会偏重于某个因子而给出评分:$u^* = \dfrac{\sum\limits_{i=1}^{n}\mu(v_i) \cdot s_i^k}{\sum\limits_{i=1}^{n}s_i^k}$。

2. 数据收集

(1) 问卷设计。

首先,根据调查研究和理论模型的要求设计问卷,由于要研究影响站点候车服务水平的主要因子和各因子的重要程度,而各个因子是由许多要素构成的,首先需要对要素进行分类和重要度排序。

问卷主要包括以下四个主要部分:受访者基本社会属性、公交候车环境要素对于乘客选择公交出行的重要程度、公交候车环境的现状评价,以及受访者对于改善候车环境后是否会增加公交出行的态度,希望从乘客基本属性、乘客态度和乘客评价三个方面对候车服务进行分析研究。本研究在对公交站点的现场考察和对已有文献进行研究的基础上选取了 22 个因素(表 4-21),基本上可以涵盖影响候车环境的重点。

表 4-21 影响候车环境的因素

编号	定义	编号	定义
因素 1	良好的候车秩序	因素 12	容易辨认公车
因素 2	公交车停靠位置	因素 13	报栏、信息栏
因素 3	照明设施	因素 14	广告牌
因素 4	详细的线路信息	因素 15	详细的交通系统地图
因素 5	遮挡设施	因素 16	外观有吸引力
因素 6	等候座椅	因素 17	商业服务设施
因素 7	卫生条件	因素 18	提高弱势群体服务
因素 8	自行车停放区	因素 19	道路路况和街景
因素 9	没有发生盗窃事件	因素 20	导向标志明晰
因素 10	没有交通事故发生	因素 21	适宜的候车温度
因素 11	实时公车到达信息	因素 22	与他人交流

(2) 数据收集。

研究数据来自在上海进行的常规公交调查问卷,其中对候车环境的调查主要分成两个部分,一部分是乘客对公交候车环境各要素的态度,另一部分是乘客对现状公交候车环境的评价。共收集到 260 份问卷,其中有效问卷为 228 份,占总数的 88.8%。通过对回收问卷的分析可以得出,此次调查中被调查者具有以下统计特征,这些特征在一定程度上说明了数据分析的准确性。

① 被调查对象性别比为男：女＝1∶1.17,说明取样较为客观合理。
② 样本群体较为年轻,主要集中在 35 岁以下,占样本的 58.8%。
③ 学历层次较高,主要为本科,占总被调查人数的 66.6%,说明所调查人群的文化程度较高,从侧面证实了调查的可靠性。
④ 职业分布中,学生比例最大,占样本的 39%;其次是企业职员,占样本的 34%。事实上,学生和年轻上班族也是日常乘坐公交车的主要人群之一,他们对公交行业的服务状况比较有发言权。

(3) 问卷信度分析。

本书中采用 Cronbach α 信度系数法,对问卷的信度进行了检验。通常认为信度系数在 0～1,如果信度系数在 0.9 以上,则表示量表的信度很好,调查中的信度系数为 0.906,说明调查结果是可信的。

3. 模型建立

(1) 确定指标集。

为了分析公交候车环境要素对于乘客选择公交出行的重要程度,采用因子分析法来确定模糊评价的指标集。

首先给出了因子分析的 KMO 和巴特莱特球体检验结果。巴特莱特球体检验的概率 P 值为 0.000,认为相关系数矩阵与单位矩阵有显著差异。同时,KMO 值为 0.907,原变量适合进行因子分析。

表 4-22 显示的是因子分析中的原有变量中总方差被解释的列表。"Total"为特征值,特征值的大小反映公因子的贡献率;"% of Variance"为特征值占方差的百分数;"Cumulative/%"为特征值占方差百分数的累加值;"Extraction sums of squared loadings"为根据特征值大于 0.8 的原则提取的 6 个因子的特征值、占百分数及其累加值。这 6 个因子解释的方差占总方差的 70%,能较为全面地反映大部分信息。

表 4-22 总方差解释

Component	Initial eigen values			Extraction sums of squared loadings			Rotation sums of squared loadings		
	Total	% of Variance	Cumulative /%	Total	% of Variance	Cumulative /%	Total	% of Variance	Cumulative /%
1	8.514	38.702	38.702	8.514	38.702	38.702	3.128	14.216	14.216
2	2.869	13.042	51.744	2.869	13.042	51.744	2.892	13.145	27.361
3	1.191	5.414	57.158	1.191	5.414	57.158	2.841	12.913	40.274
4	0.951	4.322	61.480	0.951	4.322	61.480	2.614	11.883	52.157
5	0.898	4.084	65.564	0.898	4.084	65.564	2.427	11.032	63.189
6	0.877	3.984	69.548	0.877	3.984	69.548	1.399	6.359	69.548

注：萃取方法为主成分分析。

表 4-22 后两列描述了因子提取后和旋转后的因子解。表中有 6 个因子被提取和旋转,

其累计解释总方差百分比和初始解的前两个变量相同,但经旋转后的因子重新分配各个因子的解释原始变量的方差,使得因子的方差更接近,也更易于解释。

表4-23是使用Varimax法进行因子分析后得到的因子负荷矩阵,可以看出调查的与公交候车环境相关的22条因素与得到的因子间的密切程度。可以看出22个要素、6个因子与要得到的站点候车服务水平间存在递进的关系,所以在指标集选取的时候采用了双层指标,建立模糊评价指标集如表4-24所示。由于因子6候车温度由气候情况决定,在我国常规公交站点基本没有温度控制设施的投入使用,故在评价候车服务水平时因子6不予以考虑。

表4-23 旋转因子矩阵

	Component					
	1	2	3	4	5	6
因素1	0.385	**0.468**	0.079	0.386	0.236	0.041
因素2	0.496	0.001	0.078	0.186	**0.568**	0.332
因素3	**0.694**	0.201	0.047	0.148	0.409	0.109
因素4	0.409	0.531	−0.117	0.132	**0.433**	0.005
因素5	**0.673**	0.313	0.024	0.164	0.340	0.036
因素6	**0.718**	0.193	0.369	0.114	0.050	0.163
因素7	**0.698**	0.403	0.008	0.209	0.093	0.144
因素8	0.394	0.189	**0.473**	0.118	−0.083	0.404
因素9	0.204	**0.829**	0.067	0.047	0.046	0.169
因素10	0.343	**0.728**	−0.015	0.195	0.243	0.052
因素11	0.299	0.438	0.103	0.085	**0.570**	0.068
因素12	0.111	0.595	0.043	0.118	**0.584**	0.085
因素13	0.082	0.058	**0.850**	0.127	0.181	0.087
因素14	0.064	−0.034	**0.819**	0.154	0.078	−0.012
因素15	0.160	0.161	0.179	0.186	**0.745**	0.041
因素16	0.136	0.111	0.368	**0.670**	0.180	−0.136
因素17	0.209	−0.036	0.518	**0.606**	0.028	0.063
因素18	0.053	0.311	0.148	**0.640**	0.192	0.181
因素19	0.247	0.045	0.258	**0.742**	0.056	0.137
因素20	0.100	0.304	−0.040	**0.551**	0.385	0.474
因素21	0.202	0.136	0.198	0.104	0.138	**0.832**
因素22	−0.014	0.007	**0.690**	0.259	−0.008	0.137

表 4-24 模糊评价集

评价内容	含义
Component1：站台设施	站台及通往站台路途中是否有照明设施；公交车站是否有遮挡设施；公交车站以及站台周围是否有等候座椅；公交站台及周边的卫生条件是否良好
Component2：站台安全	在站台候车及去站台的路上是否会有偷盗等不安全情况发生；在站台候车是否会发生交通安全事故
Component3：站台线路以外信息提供	站台周边是否有自行车停放的位置；站台是否提供报纸栏、信息栏，公交车站是否有广告牌；在等待车辆时能否和他人交流
Component4：站台美化设施及周边配套	站台的设计是否外观具有吸引力，是否能够表现城市特色；公交车站沿途是否有商业服务设施；站台能否提供弱势群体提供的服务及便利设施；公交站点沿线途中的道路路况和街景（包括树木、雕塑、墙画等增加行人兴趣的设施）是否让人觉得是种享受；通往公交车站的导向标志是否明晰
Component5：线路运行信息	公交车停靠位置是否与所站位置对应；是否有实时公交车到达信息（类似轨道交通的车辆到达信息）牌；公交车线路信息（站点、首末班车时间等）是否详细；公交车站是否提供详细的交通系统地图（包括周边地图和商业设施、换乘信息、线路走向等）
Component6：候车环境温度	候车时环境温度是否适宜

（2）建立权重集。

根据所确定的目标集、因子集与要素集的三层关系，在确定权重集时就需要知道 5 个因子在确定候车服务水平时的权重关系和 22 个要素在确定因子得分时的权重关系，如图 4-26 所示。

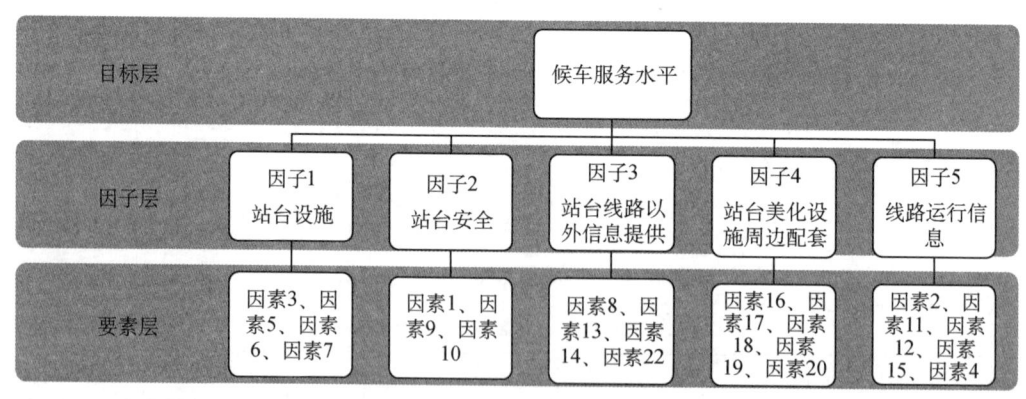

图 4-26 评价指标集

① 因子层权重关系。

在因子分析中根据总方差解释表格中关于 Total 列的描述知道，其为特征值。特征值的大小反映公因子的贡献率：一方面反映了因子所含因素的数量，另一方面反映了因子所含因素的重要性，由此得到如下权重关系：

$$W = \{Component1, Component2, Component3, Component4, Component5\}$$
$$= \{0.23, 0.21, 0.20, 0.19, 0.17\} \tag{4-23}$$

也就是说按贡献度排序,"站台设施"排在首位,它的完善程度可以最大程度地增加乘客的满意度,其次是"站台安全"。这与人们通常认为的人们在候车时最关心的是安全性有一定的不同。贡献度和重要度是两个概念,"站台设施"比站台安全包括的因素更多,所以其贡献较大,这里用贡献度来标定各个因子的权重。其他三个因子按贡献度排序依次是:"站台线路以外信息提供""站台美化设施及周边配套""线路运行信息"。这里发现"线路运行信息"的提供对提高乘客满意度的贡献是较小的,这也与通常的认识有偏差。这和问卷的抽样存在一定关系;此次问卷人数最多的是学生,为119人,占样本52.2%;其次是企业职员,占样本24%。这两部分公交使用者一般都有固定的出行线路,比较熟悉出行时该坐的公交,这会是导致"线路运行信息"权重值较小的原因,也是符合一般常规公交使用人群特征的,从侧面说明了权重分析的准确性。

② 要素层权重关系。

要素层的权重关系主要由被调查者对问卷中各个因素的重要度的打分来获得,数据如表4-25所示。

表4-25 因素权重描述

因子	因素	均值	权重	标准差
因子1:站台设施	因素3	3.83	0.25	0.924
	因素5	3.84	0.26	0.895
	因素6	3.60	0.24	0.947
	因素7	3.81	0.25	0.915
因子2:站台安全	因素1	3.75	0.32	0.967
	因素9	4.01	0.34	0.988
	因素10	4.05	0.34	0.983
因子3:站台线路以外信息提供	因素8	3.36	0.28	0.977
	因素13	3.06	0.26	1.090
	因素14	2.65	0.22	1.158
	因素22	2.88	0.24	1.093
因子4:站台美化设施及周边配套	因素16	3.20	0.18	1.020
	因素17	3.07	0.17	0.979
	因素18	3.61	0.22	1.026
	因素19	3.39	0.20	1.003
	因素20	3.93	0.23	0.967
因子5:线路运行信息	因素2	3.65	0.19	0.956
	因素11	3.94	0.21	0.876
	因素15	3.76	0.19	0.907
	因素4	4.08	0.21	0.921
	因素12	3.94	0.20	0.968

在"站台设施"因子中各因素的重要度差别不大,其中公交车站是否有等候座椅相对来说没那么重要,因为在站台的等车时间一般较短且现状公交站点基本都配有等候座椅,使得等候座椅重要度打分不高。"站台安全"方面,乘客最关心的是是否发生交通安全事故,这和我们通常的认知是符合的。"站台线路以外的信息提供"中,乘客最关心的是是否有自行车停放的位置,这也是公交衔接有待完善的部分,自行车是公交车有效的接驳方式之一,做好自行车泊位的设置可以方便出行,有效提高对公交的满意度。"站台美化设施及周边配套"中,通往公交车站的导向是否明晰重要度打分最高,说明乘客现状寻找公交站点存在困难,导向设施急需改善。实时的公交车到达信息和首末站时间是乘客最需要的线路运行信息,可以作为信息设施设置的重点。

(3)确定评语集。

站点候车服务水平等级参照路段服务水平等级制定的标准,将候车服务水平划分成5个等级,所以在确定评语集时采取五分量表的形式,即{很差,差,一般,好,很好},将对应的站点候车服务水平分为A~E 5个等级。对评语的获取可以采取以下两种方法。

① 专家打分法:由交通专业相关学者,根据现有站台的情况对照22条因素逐一打分。

② 问卷调查法:采取问卷调查的形式,对22条因素进行打分,采用统计分析的方式得到分数。

专家打分法的优点就是工作量小、分数获取快,缺点是受打分者主观因素影响较大。而问卷调查法更能反映公交使用者的真实态度,缺点是工作量大,后期需要大量的统计分析工作。为真实反映公交使用者的真实态度,本书采用了问卷调查的方法获取评语集。

4. 案例分析

对于前面建立的模糊评价模型,可以进行两方面的应用:一是直接从22个因素开始打分,得到站点的候车服务水平,并且可以准确地知道被调查站点候车服务的薄弱环节;二是可以从因子层开始打分,从结果反查要素层,根据因素的权重关系,发现被调查站点候车服务的薄弱环节。这里采用问卷调查的方法来获得评语集,设计了5个问题,从因子层角度对候车服务的现状进行评价,尽可能真实地反映乘客对现状上海公交站点候车服务水平的态度。当需要确定某一站点的候车服务水平时,只需将问卷发放对象限制在被调查站点即可。问卷调查中各因子所对应的问题如表4-26所示。

表4-26 问卷设计

因子	对应问题
站台设施	在公交车站候车让我觉得_____ □1.非常难受,不安全 □2.难受,不安全 □3.一般 □4.舒适、较安全 □5.很舒适、很安全
站台安全	在公交车站候车让我觉得_____ □1.不安全 □2.不太安全 □3.一般 □4.比较安全 □5.安全
站台线路以外信息提供	去公交车站候车能够为生活提供便利和愉悦(如投递信件、放干洗衣服、与他人交流等) □1.很不符合 □2.不太符合 □3.一般 □4.比较符合 □5.很符合

(续表)

因子	对应问题
站台美化设施及周边配套	公交车站周边有_____商业服务设施 □1.几乎没有　□2.很少　□3.一般　□4.较多的　□5.齐全的
线路运行信息	公交车站能够提供_____信息(比如时刻表、地图等) □1.几乎没有　□2.较少　□3.一般　□4.较多的　□5.详细的

对回收的问卷进行统计分析,得到因子各分值的频率分布,得到评价矩阵:

$$\boldsymbol{R} = \begin{bmatrix} 0.043 & 0.264 & 0.583 & 0.072 & 0.017 \\ 0.021 & 0.187 & 0.574 & 0.174 & 0.021 \\ 0.094 & 0.277 & 0.481 & 0.115 & 0.004 \\ 0.013 & 0.234 & 0.638 & 0.081 & 0.009 \\ 0.047 & 0.311 & 0.438 & 0.162 & 0.021 \end{bmatrix} \tag{4-24}$$

$$\overline{B} = A \cdot \boldsymbol{R} = (\overline{b_1}, \overline{b_2}, \overline{b_3}, \cdots, \overline{b_m}) = (s_1, s_2, \cdots, s_m)$$
$$= (0.23 \quad 0.21 \quad 0.20 \quad 0.19 \quad 0.17) \cdot \boldsymbol{R} \tag{4-25}$$

$$\overline{B} = A \cdot \boldsymbol{R} = (0.018\,8 \quad 0.060\,7 \quad 0.134\,1 \quad 0.036\,5 \quad 0.004\,4) \tag{4-26}$$

综合评价的结果为

$$U = \frac{\sum_{i=1}^{5} u(v_i) \cdot S_i}{\sum_{i=1}^{5} S_i} = 2.84 \tag{4-27}$$

参考路段服务水平的制定方式,这里将站点候车服务水平划分成 5 个等级,各等级的分值范围见表 4-27。

表 4-27　候车服务水平等级

候车服务水平	A	B	C	D	E
分值	$4.0 \leqslant U$	$3.0 \leqslant U < 4.0$	$2.0 \leqslant U < 3.0$	$1.0 \leqslant U < 2.0$	$U < 1.0$

因此,被调查对象对所使用公交站点候车服务水平的模糊评价结果是 2<2.84<3,属中等偏上,服务水平为 C,5 个因子的评价中"一般"占的比例最大,其中第三个因子"站台线路以外信息提供"存在问题相对较大,"差"和"较差"占全部调查的 37%。可以看出,被调查对象所使用公交站点的候车服务水平处于可接受状态,还有很大的提升空间。

4.5.3　公交站点尺寸优化方案设计

1. 公交站点分类

这里主要研究常规公交站点的衔接,首先要对常规公交站点进行分类。根据公交停靠站点的设置位置、设置方法和站台形式,公交停靠站有不同的分类方法。

根据公交停靠站设置位置的不同,其可以分为以下三类:

(1) 交叉口上游公交停靠站,也称为近端公交停靠站(near-side bus stops, NS)。指在交叉口上游区域进口道设置的公交停靠站。对于此种停靠站,公交车辆进出站点受交叉口信号灯和进口道机动车辆排队长度的影响与控制。

(2) 交叉口下游公交停靠站,也称为远端公交停靠站(far-side bus stops, FS),指在交叉口下游区域的出口道设置的公交停靠站。

(3) 路段公交停靠站,也称为中端公交停靠站(mid-block stops, MS),指在两个交叉口之间,公交车辆运行、停靠不受交叉口影响的纯路段设置的公交停靠站。

根据公交停靠站设置方法的不同,其可以分为以下三类:

(1) 沿机非分隔带设置的公交停靠站,是指对于三块板和四块板的道路,当机非分隔带宽度满足条件时,站台设置在机非分隔带上的公交停靠站。这是我国许多城市最常见的一种设站形式。

(2) 沿中央分隔带设置的公交停靠站,是指对于两幅路和四幅路,当中央分隔带宽度满足条件时,站台设置在中央分隔带上的公交停靠站。由于我们国家的交通规则是车辆靠右侧行驶,公交车辆的乘客门也都设置在右边,对于正常行驶的公交车辆,如果要在这种停靠站停靠,则必须在左侧车身上设置乘客门,存在一定的技术与安全问题。另外,沿中央分隔带设置公交停靠站时,如果没有设置专门的人行天桥或地下过街通道,乘客需要穿越机动车道才能到达和离开停靠站,这不仅会影响乘客的安全,而且也会影响社会车辆的正常行驶。因此,这种停靠站一般与公交专用道配合使用,适用于道路机动车流量和站点上下乘客量都较小的情况。这种形式的停靠站在我们国家城市中不常见。

(3) 沿人行道设置的公交停靠站。站台设置在人行道上的公交停靠站,公交停靠要占用和穿过非机动车道,容易与非机动车产生干扰,适用于无机非分隔带或机非分隔带不满足设站且非机动车流量不大的道路。

根据公交停靠站站台形式的不同,其可以分为以下两类:

(1) 直线式公交停靠站。直线式公交停靠站是传统的公交停靠站设置形式,它将公交停靠区域直接设置在机动车道上。对于此种形式的公交站点,公交车辆停靠时占用一条机动车道,形成了交通瓶颈路段,由此将会对社会车辆的正常行驶和公交车辆的超车产生很大影响,当路段机动车饱和度较大时甚至会造成交通阻塞。

(2) 港湾式公交停靠站。港湾式公交停靠站是指在公交停靠站处将道路适当拓宽,将公交车辆的停靠位置设置在正常行驶的机动车道之外。以减少公交车辆停靠时形成的交通瓶颈对社会车辆和后到先走的公交车辆超车的影响,保证路段车流的正常运行。

2. 公交站台长度设计

(1) 公交停靠车位通行能力。

公交停靠车位的通行能力与下列因素有关[28]。

① 停靠时间:车辆停靠路边以提供乘客上下车的平均时间,包括开门和关门的时间。

② 清空时间:车辆在乘客完成上下客后加速驶离,清空停靠车位,至下一辆车辆驶入停靠车位所需的最短时间,它包括车辆汇入主线交通前等待空当的时间。

③ 停靠时间波动性:车辆在停靠车位停靠时间的一致性(或缺乏一致性)。

④ 进站失败率：车辆驶达停靠车位时该车位已被其他车辆占据的概率。

结合停靠时间和清空时间，可得到一辆公交车占用停靠车位的平均时间。结合停靠时间波动性和设计进站失败率，可以得到一个运营裕量以确保大多数车辆可以即到即用停靠车位。结合以上两方面，可以得到避免车辆相互冲突的最短车头时距。将一小时换算成秒并除以该最短车头时距，即得到每小时内可使用该停靠站的最大车辆数——公交停靠车位通行能力。

每小时每个停靠车位车辆通行能力为[29]：

$$B_l = \frac{3\,600(g/C)}{t_c + t_d\left(\frac{g}{C}\right) + t_{om}} = \frac{3\,600(g/C)}{t_c + t_d\left(\frac{g}{C}\right) + ZC_V t_d} \quad (4\text{-}28)$$

式中，B_l 为停靠车位车辆通行能力（公交车数量/h）；g/C 为绿信比（有效绿灯时间与信号周期时长的比值，无信号控制的交叉口和公交设施取值为1.0）；t_c 为清空时间（s）；t_d 为平均停靠时间（s）；t_{om} 为运营裕量（s）；Z 为满足期望进站失败率的标准正态变量；C_V 为停靠时间波动系数。

表4-28列出了不同的停靠时间和清空时间的组合下，在进站失败率为25%、停靠时间波动系数为60%且附近没有信号灯清空下停靠车位的最大计算通行车辆数。

表4-28 不同停靠时间和清空时间下最大计算通行车辆数

停靠时间/s	清空时间/s	
	10	15
15	116	100
30	69	60
45	49	46
60	38	36
75	31	30
90	26	25
105	23	22
120	20	20

（2）公交停靠站站位利用率。

绝大多数公交停靠站都属于直线式，当第一辆到达的公交车占用第一个车位时，第二辆到达的公交车就占用第二个车位。每一个新增车位的效率都会较前一个有所降低，主要原因包括以下三个方面：

① 后续车位的利用率低于第一个车位。

② 由于不清楚目标车辆的停靠位置，当目标公交车在道路上寻找车位时，乘客不得不沿车队步行到达目标公交车预期到达的车位。这样耗费的时间就大于乘客在等待处直接上

车的情况。因此,在上车的乘客数相同的情况下,停靠靠后车位的公交车的停靠时间就会长于前段车位公交车的停靠时间。

③ 如果公交车停靠时前后间距很小,并且当公交车之间不易超越时,停靠于后端车位的公交车必须等待前车离开后才可以出站。

不同站位公交站点的利用率如表 4-29 所示。

表 4-29 不同站位公交站点的车辆停靠利用效率[30]

站位排列序号	直线式停靠站		港湾式停靠站	
	利用效率/%	累计有效站位	利用效率/%	累计有效站位
1	100	1	100	1
2	85	1.85	85	1.85
3	60	2.45	75	2.6
4	20	2.65	65	3.25
5	5	2.70	50	3.75

停靠站车位增加带来的通行能力增加还取决于公交车进出站的形式。实际调查表明,对于直线型公交停靠站,公交车以车队形式进出站会更有效率。由 2~3 辆停靠时间相同的公交车组成,一起沿街行驶。公交车队可通过上游交叉口信号控制形成,也可以由特殊的调度方案形成,即在公交线路起点同时发放一个车队组。

表 4-30 给出了公交车以车队方式到达和随机到达时的站点利用率参数。

表 4-30 随机到达和车队到达车辆停靠利用效率[31]

站位排列序号	随机到达		车队到达	
	利用效率/%	累计有效站位	利用效率/%	累计有效站位
1	100	1	100	1
2	75	1.75	85	1.85
3	70	2.45	80	2.65
4	20	2.62	25	2.90
5	10	2.75	10	3.00

由表 4-30 可知,站位越多,公交站点的利用效率越低,尤其是对于直线式停靠站,站位越多,站点利用率下降得就越明显。因此,对站点进行实际设置时,首先要计算出站点理论需要的有效站位数,再根据表 4-30 中对应的数值进行实际站位数的计算。当求得的有效站位数不等于表中数值时,应取表中大于计算结果的有效站位所对应的实际站位数。

(3) 公交停靠站站位数计算。

对于任何公交线路而言,其最大载荷点的公交需求量决定了线路的配车数和发车频率。假设高峰小时,线路 i 最大载荷点的客运能力为 p_{mi}(人/h),公交达到最大荷载点的满载乘客数为 S_{pm}(人/辆),则有

$$f_{pi} = p_{mi}/S_{pm} \tag{4-29}$$

式中，f_{pi} 为线路 i 高峰小时的发车频率(辆/h)。

为了保证公交站点的停靠能力满足线路高峰小时的车辆停靠需求，则公交站点所需要的有效车位数为

$$N = \frac{f_p}{B_l} = \frac{p_m \left[t_c + t_d\left(\frac{g}{C}\right) + ZC_V t_d\right]}{3\,600(g/C)S_{pm}} \tag{4-30}$$

当公交站点有多条线路时，为满足站点高峰小时所有线路的车辆停靠能力，公交站点总共所需要的有效停车位数为

$$N = \sum_i N_i = \sum_i \frac{f_p}{B_l} = \sum_i \frac{p_m \left[t_c + t_d\left(\frac{g}{C}\right) + ZC_V t_d\right]}{3\,600(g/C)S_{pm}} \tag{4-31}$$

(4) 公交停靠站长度计算。

站长的计算是在确定站位的基础上进行的，站点的长度除了取决于站位以外，还受站点与公交车辆类型、站内需要设施等因素决定。对于我国城市公交线路，一般都采用 10～12 m 的单机公交车辆，下面的站长计算就是基于此种车型。

最小希望站点区域长度计算公式如下：

$$l_{\min} = \frac{v^2}{2}\left(\frac{1}{a} + \frac{1}{b}\right) + N \times l_b + (N-1) \times l_g \tag{4-32}$$

式中，N 为停车位数量(个)；l_b 为停站公交车辆的长度(m)；l_g 为站上、下车辆之间的安全距离(m)；v 为正常运行车速(m/s)；a、b 分别为车辆进、出站的加速度(m/s^2)。

对于直线式公交停靠站，公交车辆停靠过程包括减速进站、停车等待、加速前进三个阶段，因此，直线式公交站点区域 L 一般包括公交车加速离站距离 L_{out}、减速进站距离 L_{in} 和公交站台长 L_s 三部分组成，如图 4-27 所示。站长设计主要确定加、减速路段的长度，为满足车辆停靠和站点设施的布置，一般对于单站点其站长最少不应小于 25 m，两个及以上多站位站点应该按照站位数量，每增加一个站位，站长相应增加 15 m。

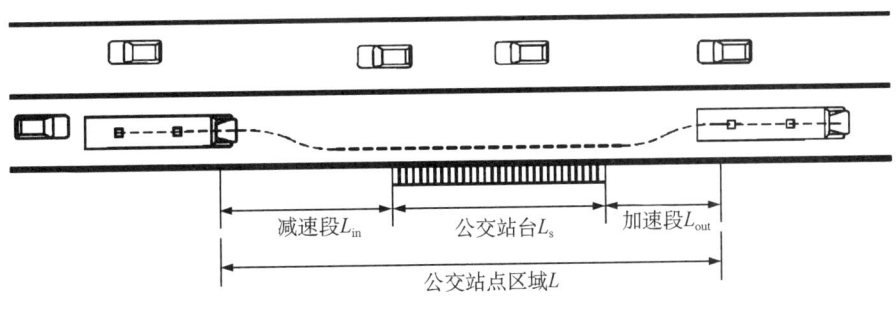

图 4-27 直线式公交站点的站点区域组成示意

对于港湾式停靠站，一个站点至少应该包括车辆驶入和驶出的渐变段、车辆进入减速和驶出加速段以及停靠区域，如图 4-28 所示。

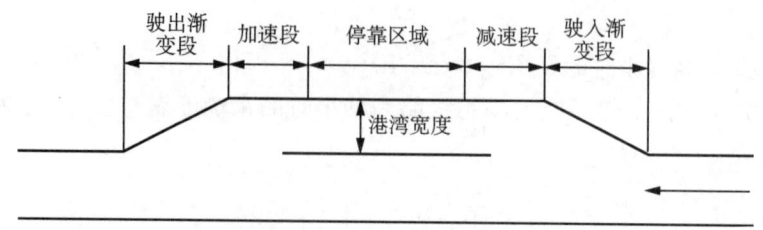

图 4-28 港湾式公交站点的站点区域组成示意

① 停靠区域长度设计。

公交停靠区域长度按照车位数进行计算,公式同直线式停靠站。

② 驶入、驶出渐变段长度设计。

驶入和驶出渐变段的长度应该根据不同等级道路公交运行速度的不同而有所变化,不同路段公交运行速度情况下最适宜的渐变长度推荐值如表 4-31 所示。

③ 减速段和加速段长度设计。

目前,我们国家大部分的港湾式公交停靠站不考虑加、减速段的设计,使得公交车辆不得不在进入港湾之前减速和在驶出港湾以后加速,减速和加速过程在道路上完成必然会对其他直行交通流造成干扰。因此,在道路条件允许的情况下,推荐站点设置加、减速段。计算公式为: $l = V_m^2/(2a)$,V_m 指进入减速段或出加速段时公交车的速度,a 指进入减速段或出加速段时公交车的加速度。

加、减速段长度取值与不同道路等级公交路段运行速度有关,其推荐值见表 4-31。

表 4-31 港湾式停靠站渐变段与加速段推荐值[32]

公交路段运行速度/(km·h^{-1})	加速段长度推荐值/m	减速段长度推荐值/m	渐变段长度推荐值/m
20	10	6	20
30	23	14	30
40	40	25	40
50	65	40	50
60	93	55	60
70	125	75	70

3. 公交站台宽度设计

(1) 公交停靠站宽度设计考虑因素。

分析公交汽车停靠站所需面积或可利用面积的目的是给等待公交车的乘客和往来的行人提供足够的空间。所推荐的计算乘客候车区面积的方法以维持期望的服务水平为基础。根据乘客的流量和可利用空间的大小,车站可以设计得非常简单,例如在宽度最小的人行道上仅设置站牌,也可以设计得较为复杂,如车站的铺装面积较大并且设有候车亭和其他便利设施。

站台宽度由两部分组成,即乘客候车区宽度 b 和站台两侧边沿的安全带宽度 b_1(一般取

0.4 m)。所以路侧式和岛式站台的站台计算公式如下：

侧式站台的宽度 $\quad B_{侧}=b+2b_1 \quad$ (4-33)

岛式站台的宽度 $\quad B_{岛}=2(b+b_1) \quad$ (4-34)

由式(4-34)和式(4-35)可知，站台宽度由候车区宽度决定，公交汽车停靠站乘客候车区的服务区是一个有关候车时间、候车人数和周围环境的函数。一般来说，候车的时间越长，每个乘客需要的候车空间越大。同时，每人需要的候车空间会随时间而变化，比如：乘客在开始候车时可能要求较大的空间，但随着候车乘客的增加，他们也会接受更小的空间。

一般情况下，乘客是陆续进入站台的，乘客分布随时间变化由稀到密，当车辆还未到达时，大部分乘客会在所要乘坐线路的站位附近等候，考虑到部分乘客可能寻找合适的上车位置而产生了站点候车区域的移动，而也是这种移动使得站台站位附近的乘客的分布区域均匀。

（2）排队和等待区域的服务水平。

对于排队和等待区域，确定服务水平的最主要的指标是人均可利用的空间。除了与舒适感有关外，人均可利用空间也与其允许的机动程度有着直接的关系。在密集的人群中，几乎没有空间可作移动，随着人均占据空间的增加，小范围的移动将成为可能。

排队和等待区域的服务水平如表 4-32 所示，这些阈值是依据行人平均占据空间、个人舒适度和人群内部的机动程度确定的。服务水平以人均占据空间和平均间距作为表征。

表 4-32 排队区域的服务水平等级[33]

服务水平	人均占据面积/($m^2 \cdot 人^{-1}$)	平均人间距/m
A	≥1.2	≥1.2
B	0.9～1.2	1.1～1.2
C	0.7～0.9	0.9～1.1
D	0.3～0.7	0.6～0.9
E	0.2～0.3	<0.6
F	<0.2	不定

行人在设施中等待时所期待的服务水平是等待时间、等待人数和等待舒适度的函数。一般来说等待时间越长，每人所需的空间就越大。行人对于拥挤度的忍受程度是随时间变化的。一个人对近距离接触的程度也取决于人群的特性、天气状况和设施的类型。

（3）公交停靠站宽度估算方法。

根据前面所讨论的，公交汽车厅开展的乘客候车面积是以车站要维持的行人服务水平为基础来确定的。对于多数的公共汽车停靠站来说，设计服务水平一般为 C 级、D 级或者更高等级。下面是确定公交汽车停靠站面积的一般步骤：

① 根据期望的服务水平等级，从表 4-32 中选择对应的乘客所需要的平均候车空间。

② 估算车站在给定时间内最大的候车乘客数。

③ 计算有效的候车面积，将乘客平均候车空间乘以最大候车乘客数。

④ 计算所需总候车面积,在有效候车区面积的基础上加上宽为 0.5 m 的缓冲区域。

4. 公交站台高度设计

公共汽车标准地板高度为 600 mm。客门为 2 个台阶,一级踏步离地高度为 350 mm。高地板车辆的地板高度一般为 950 mm,低地板车辆的地板高度一般为 380~420 mm。

公共交通车辆地板高度的设计主要考虑乘客的便利性,以及乘降便利带来的上下客时间和停靠时间的节省。车辆上下客便利性通过低底盘、低入口实现,或者采用高地板和高站台实现水平登车。低底盘化的公交车能节省乘客上下车的时间:地板高度降低 57%,乘客上下车时间可节省 50%。高地板公交车结构坚固,行车稳定性高,座位数较多并可容纳较多乘客,乘客舒适度也更高。

站台的高度应与线路配车相适应,有条件时可满足乘客水平登车的需求,这样不仅可以缩短乘客上下车时间,增加进入公交车辆的舒适性,也可以缩短公交停靠所需时间,增加公交站点的通行能力。

4.5.4 公交站点服务信息优化方案设计

1. 站点服务信息内容分析

已有学者针对公交站点所应提供的服务信息进行讨论,分别通过理论分析、新闻采访、问卷调查等方式归纳总结出理想的公交站点信息服务系统所应包含的内容。

对站点需要服务信息进行归纳可得出公交站点应提供的信息,包括站点的名称、首末班车信息、发车间距、线路路网图、线路沿途换乘信息、周围活动地点信息、周边站点信息、站点所处区域、即将到站的车辆线路和到达时间、车上拥挤状况、路段上的交通状况、天气与时间以及汽车站火车站机场的车次航班信息等[34]。

乘客在不同公交站点处从到达站点至离开站点整个过程中对各类信息的需求情况如图 4-29 公交站点乘客信息需求分析。

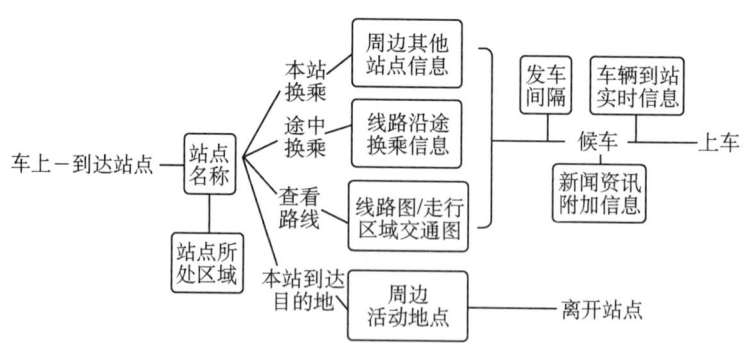

图 4-29 公交站点乘客信息需求分析

2. ECR 方法概述

灰色关联分析、层次分析等方法都可以进行重要度分析,在交通领域以问卷调查的形式得到重要度排序也是较为常见的,但是直接对调查数据进行统计分析往往会忽略一些潜在信息,比如反对意见,这些意见对于确定服务信息重要度有着较大影响。调查结果会出现某项服务信息重要度得分很高,但是意见分歧很大的情况,那么在确定这项服务信息的重要度时就必须考虑到反对意见,这种做法也是偏保守的。

扩大贡献模型(extended contributive rule,ECR)是在 1980 年由 Sawaragi 在简单贡献模型(simple contributive rule,SCR)的基础上提出的。相对于 SCR 模型,ECR 模型能够考虑组内的反对意见。考虑乘客的个人属性、出行属性各有不同,进行选择时会存在意见分歧,使用 SCR 方法只能进行简单排序,而更多地考虑反对意见所得结果会较为谨慎。

ECR 模型在理论上可以描述如下[35]:

$$a_i R^l a_j \quad \text{if} \quad c^l(a_i, a_j) \geqslant 0 \tag{4-35}$$

式(4-35)表示决策者 l 对集团偏好所组成的函数,集团偏好的两个选择项分别为 a_i 和 a_j,a_i 和 a_j 是 c^l 的自变量,$a_i R^l a_j$ 表示决策者 l 对 a_i 的偏好与 a_j 的偏好程度相同或是更多。$c^l(a_i, a_j)$ 可以描述为 c_{ij}^l,这时 c^l 可以理解为决策者 l 的 a_i 对 a_j 的某种偏好程度。假设决策者的数量是 m,公式(4-36)则定义了函数 c^l 及函数 g:

$$a_i R^l a_j \quad \text{if} \quad g(c_{ij}^l, \cdots, c_{ij}^m) \geqslant 0 \tag{4-36}$$

此即为贡献规则,其中,R 表示小组的偏好因素,当 g 为个人偏好 c^l 的总和时,即

$$g(c_{ij}^l, \cdots, c_{ij}^m) = \sum_{i=1}^{m} c_{ij}^l \tag{4-37}$$

式(4-37)即 SCR 模型。a_i 的效用值可用 $u^l(a_i)$ 表示,设 c_{ij}^l 为 a_i 和 a_j 之间的效用差,可得

$$c_{ij}^l = u^l(a_i) - u^l(a_j) \tag{4-38}$$

则 SCR 模型表示为

$$g(c_{ij}^l, \cdots, c_{ij}^m) = \sum_{i=1}^{m} u^l(a_i) - \sum_{i=1}^{m} u^l(a_j) \tag{4-39}$$

将 g 的变量 c_{ij}^l 定义为

$$g(c_{ij}^l, \cdots, c_{ij}^m) = \sum_{i=1}^{m} w^l c_{ij}^l + \lambda \sum w^l \min(0, c_{ij}^l) - m\theta \tag{4-40}$$

式中,g 为集团的偏好度;c_{ij}^l 为决策者 l 的项目 i 对项目 j 的偏好程度;w^l 为决策者 l 的意见的权重;$\lambda(\geqslant 0)$ 为集团内意见一致性的权重值;$\theta(\geqslant 0)$ 为排除有微弱联系的差值。

通过公式(4-40)第二项中的 λ 的取值可得出对 a_i 和 a_j 偏好相等或是更多反对意见的情况。随着 λ 值增大,即使小组偏好程度(第一项的值)相同,在偏好目标中决策者的意见也会被区分开,如果小组意见中反对意见比其他部分所占百分比大,则之前所得的次序关系将被淘汰,而能够重新得到一个偏好次序。

公式(4-40)第三项中的 θ 是对小组成员平均偏好的起始点定义更低的限制。当把偏好程度加以考虑时,偏好一致性比其他因素得分更低,可以就除去偏好联系。ECR 模型的特征是能够用来阐明不同项目之间重要性的不同,并且更多地考虑了组内的反对意见。

3. 常规公交站点信息重要度调查问卷设计

公交站点一般分为枢纽站、终点站和中途停靠站,同时站点所处区域位置不同可能影响

到乘客信息需求,于是将中途停靠站分为商业区停靠站和非商业区停靠站,因此研究中将公交站点分为枢纽站、终点站、商业区停靠站和非商业区停靠站四类,每类选取1~2个站点发放问卷进行调查。

根据文献整理,理想状态下站点中应为乘客提供的信息有:①基本信息,包括站点名称、线路走向、首末班车信息、发车间距和票价;②理想静态信息,包括线路路网图、线路沿途换乘信息、站点所处区域位置、周边活动地点信息、周边站点信息和车辆经过时刻表;③动态信息,包括即将到站车辆线路、与本站距离、到达时间、车上拥挤状况和周边交通状况;④附加信息,包括车站车次、机场航班信息,时间与天气以及新闻资讯等。为了确保调查的设计操作可行性,在最终的问卷中对以上信息进行提炼,将现有站点中已提供的信息去掉,因为此类信息为站点最基本的信息,其重要程度不需要再次确认。另将动态信息和附加信息中一些明显较其他项重要程度差的信息去除,确保问卷不过于烦琐。最终确定问卷中包含8项信息,见表4-33。

表4-33 调查问卷所设问卷项

信息项	不重要	不太重要	中立	比较重要	非常重要
① 发车间隔(车辆经过时刻表)	□	□	□	□	□
② 线路走向及走行区域简明交通图	□	□	□	□	□
③ 公交路网图/沿途换乘信息	□	□	□	□	□
④ 站点所处区域(城市中相对位置)	□	□	□	□	□
⑤ 周边活动地点(景点、学校、商场等)	□	□	□	□	□
⑥ 周边公共交通站点分布及经过线路	□	□	□	□	□
⑦ 即将到站车辆到达时间/到站距离	□	□	□	□	□
⑧ 火车飞机车次航班信息	□	□	□	□	□

(3) 使用ECR模型进行数据分析。

根据SCR方法和ECR方法可知,需计算出各项目间偏好度之和的差值,需计算出每个信息项偏好度得分均值。之后代替等式中的偏好度之和进行计算,得出各项目的重要度排序。对所有有效问卷结果均计算在内,应用SCR算法,各项相减,可得排序与均值大小排序相同,即为

③—⑥—②—①—⑦—⑤—④—⑧

应用ECR算法时,还需计算出反对意见值。分别计算均值相减和反对值的均值,结果见表4-34和表4-35。

表4-34 c_{ij}^l 均值计算

	①	②	③	④	⑤	⑥	⑦	⑧
①		−0.224	−0.265	0.818	0.688	−0.241	0.159	1.418
②			−0.041	1.041	0.912	−0.018	0.382	1.641

(续表)

	①	②	③	④	⑤	⑥	⑦	⑧
③				1.082	0.953	0.024	0.424	1.682
④					−0.129	−1.059	−0.659	1.647
⑤						−0.929	−0.529	0.729
⑥							0.400	1.659
⑦								1.259
⑧								

表 4-35 反对意见均值计算

	①	②	③	④	⑤	⑥	⑦	⑧
①		−0.741	−0.765	−0.318	−0.371	−0.782	−0.577	−0.265
②			−0.559	−0.253	−0.341	−0.677	−0.606	−0.218
③				−0.218	−0.347	−0.612	−0.518	−0.206
④					−0.606	−1.324	−1.088	−0.441
⑤						−1.206	−0.965	−0.400
⑥							−0.482	−0.194
⑦								−0.329
⑧								

将表 4-35 中的数值代入公式(4-40)，取 $\lambda=0.5$，$\theta=0$，计算结果见表 4-36。

表 4-36 ECR算法偏好度计算

	①	②	③	④	⑤	⑥	⑦	⑧
①		−0.594	−0.647	0.659	0.503	−0.632	−0.129	1.285
②			−0.321	0.915	0.741	−0.356	0.079	1.532
③				0.974	0.779	−0.282	0.165	1.579
④					−0.432	−1.721	−1.203	1.426
⑤						−1.532	−1.012	0.529
⑥							0.159	1.562
⑦								1.094
⑧								

根据以上计算得到的偏好度值，应用解释结构模型法（interpretative structural modeling，ISM）进行对各信息项目的重要程度进行分层排序，最终得到各类信息的重要度排名。ISM 是通过关联矩阵描述系统中要素之间的关系，经过进一步计算可得要素之间的间接关系，从而用图形表示出这种关系。

邻接矩阵 A 表示要素间基本二元关系的仿真,矩阵中元素 a_{ij} 定义为

$$a_{ij} = \begin{cases} 1, & g(c_{ij}^l, \cdots, c_{ij}^m) \geqslant 0 \\ 0, & g(c_{ij}^l, \cdots, c_{ij}^m) < 0 \end{cases} \quad (4\text{-}41)$$

式中,$g(c_{ij}^l, \cdots, c_{ij}^m)$ 为集团偏好度,其值对应表 4-36。根据表 4-36 构建邻接矩阵为

$$A = \begin{bmatrix} 0 & 0 & 0 & 1 & 1 & 0 & 0 & 1 \\ 1 & 0 & 0 & 1 & 1 & 0 & 1 & 1 \\ 1 & 1 & 0 & 1 & 1 & 0 & 1 & 1 \\ 0 & 0 & 0 & 0 & 0 & 0 & 0 & 1 \\ 0 & 0 & 0 & 1 & 0 & 0 & 0 & 1 \\ 1 & 1 & 1 & 1 & 1 & 0 & 1 & 1 \\ 1 & 0 & 0 & 1 & 1 & 0 & 0 & 1 \\ 0 & 0 & 0 & 0 & 0 & 0 & 0 & 0 \end{bmatrix} \quad (4\text{-}42)$$

可达矩阵 M,表示要素之间通过任意长的路径可以到达,在这里与邻接矩阵相似,m_{ij} 为 1 则表示 i 不比 j 差,否则相反。经计算得到可达矩阵为

$$M = \begin{bmatrix} 1 & 0 & 0 & 1 & 1 & 0 & 0 & 1 \\ 1 & 1 & 0 & 1 & 1 & 0 & 1 & 1 \\ 1 & 1 & 1 & 1 & 1 & 0 & 1 & 1 \\ 0 & 0 & 0 & 1 & 0 & 0 & 0 & 1 \\ 0 & 0 & 0 & 1 & 1 & 0 & 0 & 1 \\ 1 & 1 & 1 & 1 & 1 & 1 & 1 & 1 \\ 1 & 0 & 0 & 1 & 1 & 0 & 1 & 1 \\ 0 & 0 & 0 & 0 & 0 & 0 & 0 & 1 \end{bmatrix} \quad (4\text{-}43)$$

根据可达矩阵可以列出每个要素的可达集合与现行集合,之后逐层抽取要素,即可得所要求得的要素层次划分。对可达矩阵进行层级抽取后,可得各信息项目的重要程度分层排序为

⑥—③—②—⑦—①—⑤—④—⑧

从 ECR 与 SCR 算法所得的结果可以发现,SCR 算法得到最重要的信息项为第⑥项,次之为第③项,而 ECR 算法得到的最重要的信息项为第③项,次之为第⑥项,其他信息排序相同,这说明③①项组内反对意见较大,并且③⑥、①⑦的重要度进行了交换,说明③⑥、①⑦分别属于相同功能的信息,即通过出行者对信息的处理,"⑥周边公共交通站点分布及经过线路"可以转化成"③公交路网图/沿途换乘信息";"⑦即将到站车辆到达时间/到站距离"可以转化成"①发车间隔"。这说明了站点服务信息存在可替代性,也为站点服务信息的设置提供了改善的思路。

通过以上的排序结果可以得出,不考虑站点性质时,在候车乘客心目中,"③公交路网图/沿途换乘信息"和"⑥周边公共交通站点分布及经过线路"这两项信息非常重要,而"⑤周

边活动地点(景点、学校、商场等)""④站点所处区域(城市中相对位置)"和"⑧火车飞机车次航班信息"三类信息则重要度相对较低。

通过上述方法对不同性质的站点进行了 SCR 和 ECR 两种方法的计算,结果见表 4-37。

表 4-37 不同所在站点出行者对信息重要性评价

枢纽站		商业区中途站		非商业区中途站		终点站	
SCR	ECR, $\lambda=0.5, \theta=0$	SCR	ECR, $\lambda=0.5, \theta=0$	SCR	ECR, $\lambda=0.5, \theta=0$	SCR	ECR, $\lambda=0.5, \theta=0$
③	⑥	⑥	⑥	②③	⑦	⑥	⑥
②	③	③	③		⑥	②	⑦
⑥	②	②	②	⑥	③	⑦	②
①	①	①	⑦	①	②	③	③
⑦	⑦	⑦	①	⑦	①	①	①
⑤	⑤	⑤	⑤	④	⑤	⑤	⑤
④	④	④	④	⑤	④	④	④
⑧	⑧	⑧	⑧	⑧	⑧	⑧	⑧

根据表 4-37 进行简单重要度评价时,枢纽站和非商业区中途站的候车乘客认为"③公交路网图/沿途换乘信息"和"②线路走向及走行区域简明交通图"较重要,而商业区中途站和终点站的乘客认为"⑥周边公共交通站点分布及经过线路"是最重要的。所有站点乘客均认为⑤④⑧项相对来说不重要。而考虑反对意见的评价,发现除非商业区中途站之外,其他站点的乘客均认为⑥是最重要的,而非商业区中途站的乘客认为⑥也较为重要,但"⑦即将到站车辆到达时间/到站距离"信息较⑥项更加重要,这点与我们通常的认识是相一致的,也可以在一定程度上表明考虑反对意见可以得到更真实的重要度排序。且与 SCR 算法相同的是,各站点中⑤④⑧三项信息的重要度相对偏低。

4. 数据分析结果

(1) 枢纽站中的候车乘客认为的信息项目重要程度排序如下:

⑥—③—②—①—⑦—⑤—④—⑧

可知在此类站点中候车的乘客最重视信息⑥,因为大型交通枢纽中乘坐公共交通的乘客有一部分是乘火车或飞机到达此地的,需要进一步选择一种出行方式到达最终目的地。这类乘客非常需要了解此处附近都有哪些站点能够乘坐哪些线路以便制定下一步的路线。而相对来说不太重要的信息是⑤④⑧。由于大型枢纽所处位置已经非常具有代表性,因此站点位置不重要,而很多下了火车、飞机的乘客都比较急于直接到达目的地,因此对周边的活动地点并不感兴趣,而火车飞机航班信息对于下了火车飞机的人来说也不重要。

由于大型交通枢纽处的公交站空间资源比较充足,因此可以在站点中提供较多的信息资源。在提供了基本的必要信息和乘客认为重要的信息的基础上,可以较多地提供附加信息。

(2) 终点站处候车乘客对调查中各项信息的重要性排序如下：

⑥—⑦—②—③—①—⑤—④—⑧

可知终点站处的乘客同样非常需要信息⑥，由于上海现有的公交终点站有很多与周边的其他中途停靠站相分离，因此这一信息可以更好地提示乘客此处可以换乘。另外，由于在调查中发现很多站点提示可以换乘轨道交通但并未指明方位，给乘客带来困惑，因此在提供附近其他站点的信息时应该指明所在位置。此类站点处的乘客也很重视即将到站车辆到达时间/到站距离信息，在终点站处，此信息即为下班车发车时间。由于终点站处这一信息可以做到很准确，因此这一信息的提供能够使乘客掌握需要等待的时间，减少等待的不确定性，进而减少焦虑。

而对于这种站点来说同样是⑤④⑧信息重要度偏低，可见相对于其他信息来说，这三类的价值较低，在条件不允许的情况下可以不放入站点信息服务系统中。由于终点站所能提供的空间资源没有枢纽站大，而且人流也相对较少，因此应控制信息量不可过多。

(3) 商业区候车的乘客对信息调查项的重要度排序如下：

⑥—③—②—⑦—①—⑤—④—⑧

可见商业区的候车乘客同样认为信息⑥最为重要，而对于这类站点的乘客来说信息③重要度次之，说明此处的乘客更需要掌控所在站点在公交网中的位置和能够进行换乘的路线信息。线路走行区交通图和车辆到达时间信息也较为重要。由于到达商业区后，商场等建筑十分显眼，因此周边活动地点等信息重要度相对较低。

由于商业区的站点往往空间并不大，但候车的乘客人数很多，会造成拥挤，这样乘客在看站牌的时候会出现遮挡问题，因此此类站点提供的信息不宜过多，且要清晰。

(4) 非商业区中途停靠站中的乘客对信息重要度的排序如下：

⑦—⑥—③—②—①—⑤—④—⑧

可见对于这类站点的候车乘客来说信息⑦最重要，而周边站点分布与经过线路则次之。由于非商业区中途停靠站处相比于商业区站点周围环境较单一，出行目的比较单一，因此需要明确车辆到达时间。

非商业区中途站除了较大型的换乘站之外，大部分站点占地面积较其他几类站点小，能够用来呈现信息的面积较小，故其中应包含的信息内容相对较少。在站名、线路、首末班车时间等基础信息的基础上，应尽量提供下班车辆到达的时间或距离的实时信息，并在站点中给出周边站点与线路的指引信息，同时提供换乘索引。而在这类站点中有一个特例，即当站点周边有学校、医院等地点时，应该对其方向加以指引。但在此过程中应避免为了盈利而过多地加入不必要的指引信息，信息过多会影响乘客接收有效信息的效果。

5. 公交站点服务信息改善设计

(1) 站台服务信息布置方式。

基于以上对信息重要度的研究可以发现，"⑥周边公共交通站点分布及经过线路"和"⑦即将到站车辆到达时间/到站距离"是不同性质站点所共同看重的。再结合目前上海市普遍采用的公交站点的布置方式，这个给出了服务信息的优化方案，如图 4-30 所示。

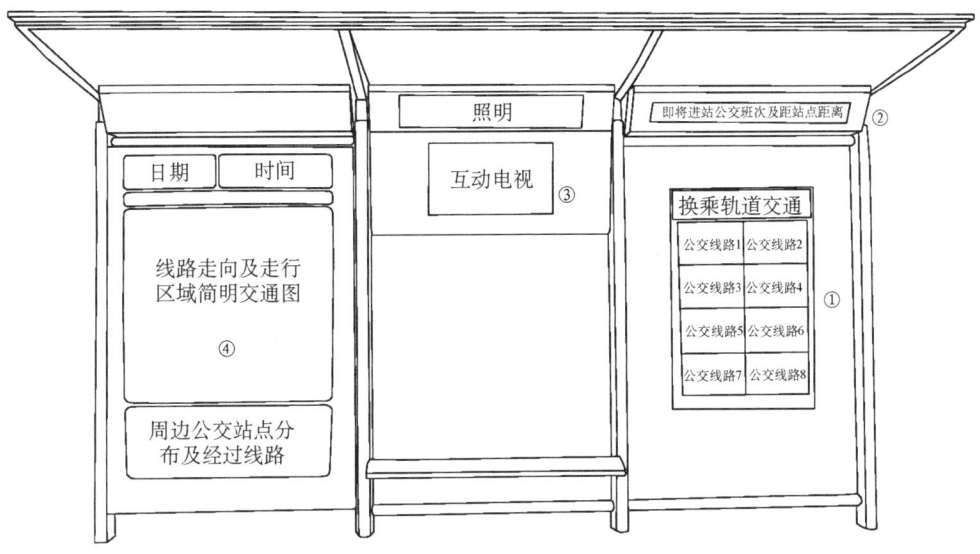

图 4-30 公交站点服务信息优化方案

① 公交线路信息是公交站点必备的基本信息,包含线路走向、途经站点名称、首末班车时间。周边如有轨道交通的还需包括换乘信息。

② 最近一班车的到站距离可以提示使等待该线路车辆的乘客提前做好上车准备,而等待后续车辆的乘客可以继续在座椅或候车区域进行候车。这样就避免了因争抢上车位置而发生的乘客在机动车道等车的情况。

③ 互动电视和公交到站时间的提供方式可以参照地铁。当乘客知道等待线路公交的到站时间后,乘客会以放松的情绪在站点候车,此时互动电视可以提供乘客一些新闻、百科的信息,这样可以大大缩短乘客感知到的候车时间。

④ 无论何种性质的站点,线路走向及走形区域简明交通图都是重要的,结合周边公交站点分布及经过线路的信息,乘客可以很好地做到同站台换乘。

(2) 各类信息的字体大小。

根据人机工程学中的研究,简洁字体比花体字易认,正体字比斜体字易认,细字体比粗字体易认,横向排列字体比纵向排列的字体易认,总之没有装饰的普通字最易认,如最普通的黑体字等。因此站点信息服务系统中可以选择这类字体,尽量减少装饰。

设计时字符的适宜尺寸参照以下公式[36]:

$$H = 0.056D + K_1 + K_2 \tag{4-44}$$

式中,H 为字高(mm);D 为视距(mm);K_1 为照明与阅读条件校正系数,高环境照明情况下,阅读条件好时取 1.5 mm,阅读条件差时取 4.1 mm,低环境照明情况下,阅读条件好时取 1.5 mm,阅读条件差时取 6.1 mm;K_2 为重要性校正系数,一般情况下取 0,重要项目可取 1.9 mm。

一般经验,大写字母的高度至少是阅读距离的 1/200。行越长则所要求的行间距越大,通常要求行间距至少应该是行长的 1/30。

对于站点信息中如线路名、站名这类基础信息,需要保障在一定距离内的人看得清晰舒适,若取 $D=2$ m,可计算得阅读条件好时,字高 H 为 113 mm。而线路经过站点名称和首末班车时间等信息则主要服务于不了解线路的乘客,这些乘客一般会走近站牌查看,因此可以选择较小一些的字体,取 $D=1$ m,则 $H=57$ mm。在实际设计时可以参照这一等式计算,之后根据实际条件,如放置信息内容的面积大小和所需包含的信息容量来调整字体的大小选择。

(3) 不同信息的颜色搭配。

由于光渗效应的存在,即白色(或浅色)的形体在黑色或暗色背景下具有较强的反射光亮,呈扩张性的渗出,使黑底白字的笔画显得更清晰[37]。也就是说,笔画宽度与字高之比在一定范围内(1∶7~1∶40)时,看清黑底白字比看清白底黑字的观察距离更加远。因此,普通的文字信息显示如选择深色背景、浅色文字,其显示效果会较好。参考广州的一种公交站牌与上海火车站处的公交信息板,可以选择青灰色做普通背景色,在其上用白色文字标出线路经过站点名称等信息,或者选择更深的如黑色或墨绿色做背景色,以白色标出更基本的信息,如站点和线路的名称。

无论选择深色或浅色做背景,需要注意的都是文字与背景要有较好的对比度。因为文字是否易读依赖于对比度,即文字与背景的亮度区别,可以说对比度甚至比光照对易读性影响更大。

根据色彩的知觉效应,不同的色彩会产生不同的温暖感,我们通常将红、橙、黄等有温暖感的色彩称为暖色系,把绿、蓝、紫等有寒冷感的色彩称为冷色系。一般来说,高明度暖色系色彩感觉凸出、扩大,称为凸出色或近感色;低明度冷色系色彩感觉后退、缩小,称为后退色或远感色。

色彩的纯度越高越易使人疲劳,一般暖色系的色彩比冷色系的色彩疲劳感强,绿色疲劳感不显著。大量明度差或纯度差较大的色相在一起时更易感到疲劳,因此站牌中的颜色不宜过多。另外,人机工程学实验表明,空间环境相同改变空间色彩,则冷色系、高明度、低纯度的室内空间会显得开放。

因此,如站台空间较大,包含信息内容较多,则整个信息服务系统的背景色可以选择较淡的冷色系色彩。比如有较大面积的路线图、交通示意图时,道路背景可以选择淡淡的蓝色或浅青灰色,其中线路可以依据表 4-38 中的色彩搭配注目感选择(表中,两色彩搭配时黑底黄字最清晰、黑底蓝字最模糊[37]),而具体的站点位置则可以依照常规选择用红色标出。

表 4-38 不同色彩搭配的注目感[37]

注目感高的配色	清晰程度	10	9	8	7	6	5	4	3	2	1
	背景色	黑	黄	黑	紫	紫	蓝	绿	白	黑	黄
	主体色	黄	黑	白	黄	白	白	白	黑	绿	白
注目感低的配色	模糊程度	1	2	3	4	5	6	7	8	9	10
	背景色	黄	白	红	红	黑	紫	灰	红	绿	黑
	主体色	白	黄	绿	蓝	紫	黑	绿	紫	红	蓝

(4) 站牌整体形式选择。

根据上海市的现状,现有站牌的形式主要有三种,即铁皮式、三棱柱式和展板式站牌。

铁皮式站牌面积小、信息少,安放位置较高,乘客查看信息时视角不好,而且晚间缺少照明,但是安装维修都比较方便。不过由于一个铁皮式站牌只能包含一条线路的信息,因此一个站点有多条线路经过时这种站牌设置麻烦。三棱柱式站牌的优点是顶端架牌上写有站点中包含的线路名称和本站站名,字体较大,很清晰,下部三棱柱上写有各线路途经站点名称,较简洁明了,但由于各条线路的信息不在同一平面,乘客查看信息时往往需要不时地围绕柱子走动,在站点人较多时尤其不便,而且这种站牌在晚间同样缺少照明。展板式站牌将站点中进过的各线路的信息集中在同一平面上,较清晰明了,不过所要求的站台设施较复杂,占地较大,因此一些特殊地点可能会出现空间不足的问题。

在一项针对上海市公交站牌的相关调查中,发现乘客最喜欢的公交站牌,有47%的人选择灯箱式站牌,而喜欢铁皮式和三棱柱式站牌的人均未到20%。可见灯箱式站牌的优势是很明显的。而现在出现的替代灯箱式站牌的展板式站牌保留了灯箱式站牌的优点,同时加以改进,因此如果空间条件允许应该设立展板式站牌,而空间条件不允许的站点,可以选择三棱柱式站牌。

展板式站牌另外还有一个潜在的好处,即它有空间可以放置周边地图或线路走行区域交通图。不过现有展板式站牌的照明设施在信息版上方,照明效果并不理想,需要改进。

4.6 多模式复合交通一体化组织与衔接设计

4.6.1 多模式复合交通体系内涵

多模式复合交通理念于20世纪90年代在法国首次提出,在小汽车迅猛增长、公共交通比例基本不变、步行逐渐减少、自行车几乎消失的情况下,法国于1996年颁布了《大气保护和能源合理使用法》,旨在协调各种出行方式的使用,推广污染少、能耗低的出行方式。大部分城市交通出行规划(Plan de Déplacements Urbains,PDU)的编制围绕三个"口号",即发展多模式复合交通及其换乘、"轻型"的慢速交通方式,以及各种道路空间的合理再分配。此后,多模式复合交通体系的规划概念逐渐得到推广。

Doulet[38]论证了城市机动性的关键在于构筑便利的换乘条件,实现多种变通方式互相转换,城市的变通结构应该以各种变通方式交换的场所即换乘点为中心。Georges Amar[39]研究了城市交通的多方式转换与机动性研究的新法则,指出城市交通机动性质量从两个方面衡量:一是它的交通模式或交通方式的多样性,二是"交通方式转换"的发达程度,反映使用者从一种交通方式转换到另一种方式的难易程度。潘海啸[40]提出了基于多模式协调的城市道路交通网络体系,指出城市交通规划必须从单模式的指向向一个多模式的相互支撑的交通体系转变。易伟忠[41]指出多模式的城市综合交通体系是一个有规则指向的多种交通模式叠加、复合的网络系统,包括城市道路网、轨道交通网、公共客运交通网和交通枢纽等。由于各模式、网络系统之间存在较强的互补和衔接关系,可以在较少占用城市资源的情况下,最大程度地提高城市交通效率,改善城市的交通服务水平。

从规划的角度来看,城市交通规划不能看作是一种简单的基础设施建设,也不是资源配置规划、基础设施规划、运输系统规划和政策体系方案的简单集合,而是由上述要素构成的有机整体。经过多年来的探索,认识到解决城市交通难题必须在可持续发展观的科学指导下,努力促进较高的运量成本比、较低的占地和能耗以及相对较少污染的合理交通模式的转变。随着私人小汽车数量的快速增长,应吸取西方发达国家城市交通"放任小汽车发展之路"的教训,必须对交通方式进行诱导管理,建立与现有城市土地资源供应、交通基础设施及环境容量相适应,又能在城市社会和经济活动中起着全局性、先导性作用的交通模式,大城市交通发展目标应定位为"以轨道交通系统为骨架,以常规公交为主体,多种交通方式相互协调的多模式复合交通体系"。

基于以上理念及思想,这里引用多模式复合交通体系的概念构建适合于研究区域的交通体系,其核心内涵可定义为:根据城市空间结构和土地利用特征,针对研究区域的交通需求和设施资源进行交通方式、交通设施的差别化规划、建设和管理,确定符合研究区域交通需求和资源供应能力的交通方式结构,建立合理的交通方式衔接转换系统;注重运用多种手段强化方式转换的引导,尤其是私人交通方式向公共交通方式的转换,不断增强公共交通的竞争优势,逐步引导私人小汽车交通朝着合理使用的方向发展,即在合适的时间与合适的范围内使用,缓解城市交通压力。

多模式复合交通体系的本质表现在它所提供的是一种多功能复合型服务,包括出行决策服务、交通信息服务,交通网络服务和转换衔接服务等,主要支持复合交通方式出行。它是一个完整的服务体系,而不是一个单纯的基础设施系统,所提供的是一种综合交通服务,而不仅仅是一种交通供应能力。因此,多模式复合交通体系的概念在本质上服务于可持续发展交通战略和一体化战略。

4.6.2 多模式复合交通体系结构

本书构建的复合交通体系是以研究基地为中心节点,由交通管理目标区域、交通服务通道及交通方式换乘枢纽等构成的综合交通服务体系。

1. 交通服务通道

交通服务通道以大容量公共交通运输线路为主体,以接驳系统(自行车、步行)为辅助,联合交通引导标志标示系统共同组成,其任务是将其他地区与研究范围之间建立透明、便捷、友善的交通服务通道。

交通服务通道网络的构成为:具有容量大、可靠性高、速度快等特征的轨道交通系统将承担干线通道的职能;常规公交系统将为轨道系统提供支持和辅助的职能;自行车、步行等慢行接驳系统作为通往目的地的灵活补充。

(1) 轨道交通服务通道。

轨道交通网络具有大运量、快速、准时、安全等特点,在整个交通服务体系中应占主体地位,是主要交通服务通道,承担到离目的地区域的大部分流量。

(2) 常规公交服务通道。

常规地面公交网络作为整个城市公共客运交通的基础,具有覆盖面广、方便、灵活的特点,是整个交通服务体系中另一不可或缺的部分。

(3) 慢行接驳服务通道。

轨道交通及地面常规公交虽然为到离目的地区域提供了便捷的交通,但是仍然不能够实现"门到门"服务,这就需要步行及自行车等慢行接驳系统作为通往目的地的灵活补充。

2. 交通方式换乘枢纽

为了实现研究区域内居民快速、安全、高效的出行,应该对其出行过程中需要的交通方式转换枢纽进行合理的配置与调整,确保整个交通系统提供高质高效的出行服务。主要包括两个方面:

(1) 通过公共交通枢纽实现公交方式之间的便捷换乘。

若研究区域内部分公交站点通过的公交线路达10条以上,可以实现常规公交线路内部的方便换乘,其本身就是一个小型的公共交通换乘枢纽;而对于不同公交方式(即轨道交通及常规公交线路)之间的换乘,需要在空间上合理布置轨道交通站点与常规公交站点,提高公交方式间的换乘衔接便利性,避免出行者在换乘时步行距离过长。

(2) 通过P&R或B&R停车换乘枢纽实现私人交通方式向公共交通方式的转换。

多模式复合交通体系的核心思想就是通过不同层次的交通换乘体系和管理手段使得大部分出行者选择公共交通方式到离研究区域,因此需要一个方便衔接、易于转换的换乘枢纽予以支撑。当研究区域位于城市中心区时,由于中心区用地资源有限、停车难等问题突出,难以通过P&R的换乘思想实现出行方式的转换,可以考虑B&R停车换乘枢纽的建设,在轨道交通站及常规公交站点周边设置公共自行车停放处,以自行车方式衔接以到达区域内较远的目的地。

对于多模式复合交通体系构建而言,不同交通方式之间的"转换"衔接、引导私人交通方式向公共交通方式之间的转换是其核心思想及关键环节,因此,合理构建换乘枢纽是构建多模式复合交通系统的关键举措。

4.6.3 多模式交通组织设计理念

交通是联系各种城市活动不可或缺的媒介。在交通服务水平较低的城市,人们在进行多目的、多样化的出行之前首先想到的是交通拥挤、出行时间过长、出行不便利等困难,势必会影响城市的正常发展;而高品质的城市需要高品质、多模式的城市机动性。面向未来的城市交通系统应该使人们的出行成为一种体验城市文明的美好享受,而不应该成为人们正常生活、活动的障碍。因此,在构建多模式复合交通体系以满足人们多样化出行需求的同时,应秉承以下组织设计理念。

1. 为到达区域的出行者提供明确的标志,打造透明交通

区域内的办公、商业等用地会吸引大量的交通到达,为促进区域内停车场及相邻道路的有效利用,应通过多种方式向驾车者提供区域内停车场所处位置、使用状况以及相关道路交通状况等信息。停车场标志是引导驾车者停车的重要手段,是停车诱导信息对外发布的直接体现者,停车诱导系统效果的好坏直接受诱导标志的影响。停车诱导系统良好的效果是通过多层次诱导标志的规模效应来达到的。停车诱导标志可以帮助驾车者了解其所处区域停车场的大致分布情况,诱导驾车者有效、快速地找到停车场,减少其寻找停车场的时间和等待时间,从而减少主要道路的巡游交通量,缓解区域道路的交通拥挤,提高整个交通系统

的效率。因此,在研究区域内构建停车标志标示系统,设立清晰、连贯的停车诱导标志对于打造区域透明交通至关重要。

2. 做好各交通方式间的换乘衔接,提供便捷交通

尽管一些大城市的公共交通数量在不断增加,但是城市交通问题还是不能从根本上得到解决,原因之一在于没有重视各种公共交通工具之间一体化的衔接,从而增加了出行者的换乘次数和换乘时间,使得乘客乘车的舒适、便利、快捷的要求得不到满足,降低了公共交通的吸引力。一体化衔接可以保障城市公共交通系统的高效运转,为乘客提供最安全、便捷、舒适的换乘条件。

每种交通方式都有其特定的使用范围以及约束条件(如公交车的合理出行范围为 2 500 m 以上,而 800~2 500 m 使用自行车效率最高),有效的交通发展战略便是建立一种多模式协调平衡的交通系统,发挥不同交通工具的比较优势,取长补短,衔接匹配。不同的城市、城市内部的不同地区、走廊所适合的交通工具会有所区别。因此,要解决区域动静态交通问题,充分满足城市居民的出行需求,应加强公共交通内部系统之间、私人交通与公共交通系统的换乘接驳,扩大其客流吸引范围,吸引更多的乘客,提高整个交通系统的整体水平,提供便捷的交通服务。

3. 以人为本,低碳出行,创建友善交通

交通的友善体现在两个方面。

首先,交通的友善体现在交通系统对人的友善和体贴,特别是公共交通系统应该具有对人的亲和力,而不是排斥力。以人为本的规划,考虑人的可达性更甚于车辆的移动性,其目的是让出行者不必花过多的出行时间,即可满足其基本需要。同时应提供合理的道路基础设施,保障居民出行的安全、高效,以及良好的乘车、候车环境以提升居民出行的舒适度,尤其是对交通系统中的弱势群体——慢行出行者(包括非机动车驾驶者及行人)。真正实现机非隔离,在降低对机动车通行干扰的同时为慢行出行者营造良好的慢行空间,也能够为行人提供良好的换乘环境。

其次,交通的友善体现在交通系统对环境影响的友善性。以小汽车交通为主导的交通出行方式消耗大量的资源,并且已经成为一个城市和一个国家实现环境可持续发展的主要障碍。倡导友善交通,应强调城市交通的"绿色性",即减轻交通拥挤,减少环境污染,促进社会公平,合理利用资源。此目标可以通过提高中心区小汽车停车收费价格,或其他价格杠杆来调节居民的出行行为,使部分机动车出行者转向公共交通出行,打造良好的交通环境。友善交通理念应该成为现代城市交通规划的指导思想,将友善交通理念注入城市交通规划优化决策之中,这种理念是三个方面的完整统一结合,即通达、有序,安全、舒适,低能耗、低污染。

4.6.4 轨道交通站点一体化交通组织与衔接设计

1. 轨道交通站点多模式交通体系架构

不同的衔接方式具有不同的特点及适应性,在城市交通发展战略中的功能定位也不同,相应的换乘设施设置要求也不同。通过分析轨道交通、BRT、有轨电车、常规公交、微循环公交、城乡公交、慢行交通和小汽车的服务特性,探讨各种接驳方式的功能定位,为多模式交通

体系提供依据。

表 4-39 为换乘方式适应性分析，针对该表的分析，对专用换乘空间的配置可概括如下：
- 轨道交通车站必备非机动车停放场，且实行集中管理。
- 轨道交通车站附近必须设置接驳公交中途站，尽量采用港湾式停靠。
- 交通接驳型车站有条件时需配置公交首末站场；在交通接驳型车站有条件时尽量配置 P&R 停车场或公交场站。

表 4-39　换乘方式适应性分析

换乘形式	适应性
步行换乘	各类车站皆有，特别是大型居住区以及下客客流的主要集散方式
非机动车停车换乘	吸取以往经验，大力倡导的可持续集散方式
公交首末站场	公交首末站场宜在两侧腹地端部布置，主要在综合枢纽型车站及交通接驳型车站设置
公交中途停靠	各类车站均配备，有条件尽量设置港湾
小汽车停车换乘	主要在综合枢纽型车站及交通接驳型车站配置，中心节点站和外围一般站可酌情配置少量
出租车中途停靠	尽量在各类车站配置，宜采用港湾式停靠
出租车停车候客	在综合枢纽型车站需考虑配置，交通接驳型车站配置少量，中心节点站可结合建筑设施配置

构建多模式复合化的交通体系通常需要优先考虑衔接比例高、换乘效率优、资源占用少和综合成本低的交通衔接方式，将这类衔接方式优先安排到距离轨道出入口最近位置，然后其他衔接方式应当与这类衔接方式进行协调设置。因此一般来说，步行、非机动车换乘宜最靠近出入口，其次为公交，最后为出租车和小汽车。

由于站点所处的区位以及服务功能的不同，站点的客流特征、客流出行特征都会有所差异，因此应该结合站点的类型，探讨适宜的一体化交通模式。

（1）站点分类。

轨道交通站点同时表现为两个基本特征：节点和场所。轨道站点是城市交通网络的一个节点，同时也是一个设施集中、有着多样化的建筑物和开放空间的场所。节点代表了其交通功能，场所主要反映了其驻留功能和城市功能。

节点导向的分类标准比较适用于系统层面的轨道交通线网规划，但容易忽略车站与城市的联系，对站点地区的规划与建设特别是土地开发的指导意义不大。场所导向的分类体系更加适用于指导站点地区的土地开发和设施配套。

因此，对站点的分类主要依据其在城市中所处的位置及其周边地区开发功能进行划分。这种分类标准主要为站点地区的规划和建设提供土地开发的导向性，有利于轨道交通与城市、地区开发建设相结合，同时将高效客流转换功能作为站点地区的基本功能，如表 4-40 所示。

（2）各类站点衔接设施配置建议。

根据站点衔接方式及吸引范围，结合地区的交通组织要求，研究各种换乘形式在各类车站的适应性，作为车站换乘设施配置的总体导向，如表 4-41 所示。

表 4-40　轨道站点分类标准

车站分类	车站特征
综合枢纽站	与城市对外交通枢纽结合设置,同时服务于对外交通
交通接驳站	位于线路起终点、线路拐点、区域边界等处,服务范围较广,遍及新市区以外城镇
公共中心站	位于城市的各级中心处,服务于一大片区,以步行和非机动车换乘为主
一般站	其他站点

表 4-41　各类站点衔接设施配置建议

站点类型	设施配置
综合枢纽站	公交首末站场、长途停靠站、P&R 停车场、K&R 停车位、出租车停靠站、非机动车停车场
交通接驳站	尽量配置公交首末站场、公交中途停靠站、P&R 停车场、少量 K&R 停车位、一定量出租车停靠站、非机动车停车场
公共中心站	有条件设置公交换乘枢纽、公交中途停靠站、一定量 P&R 停车场、一定量 K&R 停车位及出租车停靠站、非机动车停车场
一般站	公交中途停靠站、一定量出租停靠站、一定量 K&R 停车位、非机动车停车场

2. 轨道交通站点设施布局与配置

(1) 轨道交通站点的多模式交通换乘设施选址。

① 公共交通接驳设施选址(图 4-31)。

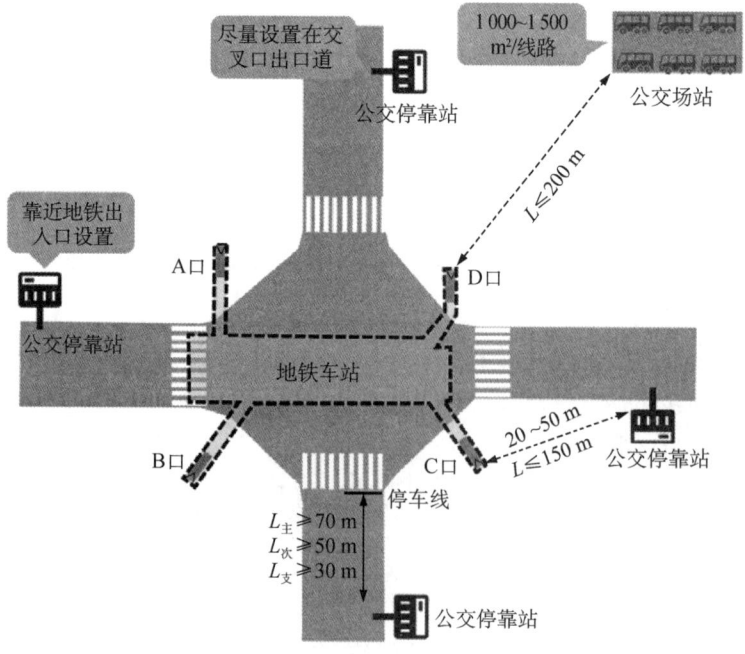

图 4-31　公共交通停车设施选址

公交停靠站应尽量靠近地铁出入口设置,方便乘客换乘衔接,距离宜为 20～50 m,一般情况下轨道站点出入口与公交站台的直线距离不得大于 150 m,当轨道站点所处位置为立交区域或受道路条件限制时,可适当放宽限制。公交停靠站尽量设置在交叉口出口道,与停车线的距离为主干道宜大于 70 m,次干道大于 50 m、支路大于 30 m。

在交叉口进口道设站的宜结合展宽的右转车道进行一体化布置,且不应影响进口道车辆的正常排队,道路条件允许的情况下优先考虑设置港湾式公交停靠站。分设车站时,公交站相距不宜超过 50 m,并做好通往不同公交车站的指示标志和步行系统的衔接。在条件允许的情况下,公交停靠站应集中布置,方便公交线路之间的换乘。当公交线路条数较多时,可根据线路的方向适当分散,但需做好通往不同公交车站的指示标志、完善相应步行设施。优先考虑改造或调整现状公交站台,新建道路或现状道路缺少公交设施的应新增公交站。

若沿线公交线与轨道线重合距离较长,建议道路沿线公交站台结合轨道站点重新梳理,首末站的规划用地面积宜按每辆标准车用地 90～100 m² 计算。若该线路有所配营运车辆少于 10 辆,或所划用地属于不够方正,或地貌高低错落等利用率不高的情况时,宜乘以 1.5 以上的系数,一块板道路上、下行站点宜错开设置,错开距离不小于 30 m。

应结合相关上位规划设置公交场站,轨道站点客流较大的站点周边宜配建公交首末站,公交场站与轨道站距离不宜大于 200 m;公交场站出入口尽量设置在次干道或者支路上,距离交叉口停车线至少 50 m,减少对道路交通的影响;公交场站可结合建筑布置,不单独占地,应尽量靠近车站布置,缩小换乘时空距离,并方便接驳公交线路布设;公交场站面积应与预测衔接客流/衔接公交线路一致,可按每条公交线路占 1 000～1 500 m² 布置。

② 非机动车接驳设施选址(图 4-32)。

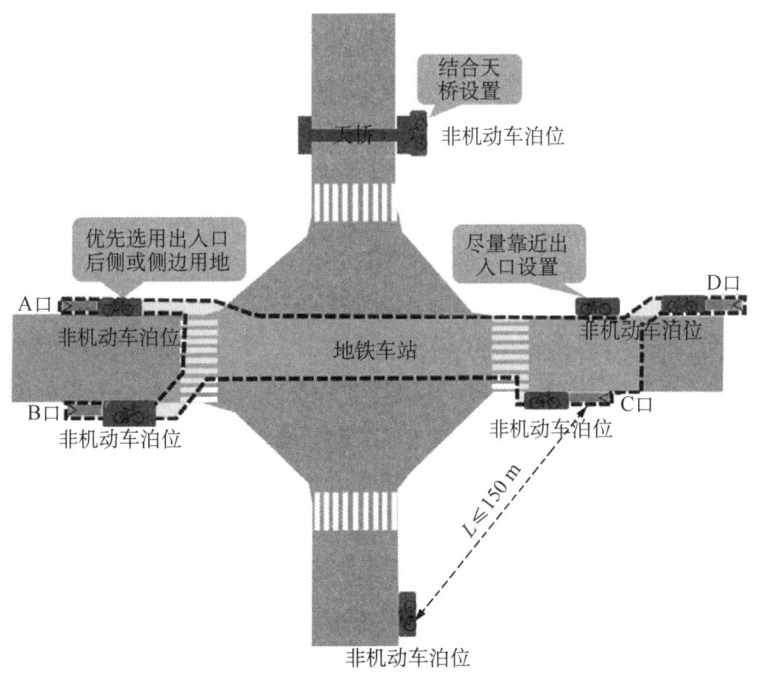

图 4-32 非机动车接驳设施选址

非机动车停车场优先选用出入口后侧或侧边的用地设置，当轨道站点出入口周边用地受限制时可利用行道树池间的道路设施带、人行天桥或高架桥桥下空间等区域设置，公共自行车租赁点和普通非机动车停放点尽量结合设置。

非机动车停车场根据出入口周边用地条件和客流分布特点尽量靠近地铁出入口设置，与轨道站点出入口的直线距离不宜大于50 m，无特殊情况不得大于150 m；非机动车停车场布局结合道路交通条件和交通组织要求，不宜设在城市快速路两侧，可设置在主干路、次干路及支路两侧，方便非机动车流集散；非机动车停车场根据出入口周边用地条件和客流分布特点尽可能采取分散布置方式，以利于各方向的换乘客流。

为便于管理，有人看管的非机动车停车场面积不宜过小；非机动车停车场设计应满足《车库建筑设计规范》(JGJ 100—2015)要求；当绿化带的宽度大于2 m且行道树间隔5 m以上时，可利用行道树停放非机动车。非机动车停车场设置在道路设施或绿化带等划定区域时，不得挤占人行空间，同时需设置指示牌进行非机动车停车的引导。

③ 出租车接驳设施选址(图4-33)。

出租车停车设施的设置以不影响道路交通为前提，应满足以下要求：出租车停靠站应尽量靠近车站出入口设置，与轨道站点出入口的距离不宜大于150 m；出租车停靠站一般设置在交叉口出口道上，距交叉口宜50 m；设置在路段时应选择对交通干扰较小的位置；当出租车停靠站附近有公交停靠站时，应距离公交停靠站至少30 m；快速路、主干路、交叉口上游及转角处、公共汽车站附近不宜设置出租车停靠点；急救站、加油站、消防栓、急转弯、窄桥、桥梁、陡坡、隧道以及上述地点30 m范围内不得设置出租车停靠点。

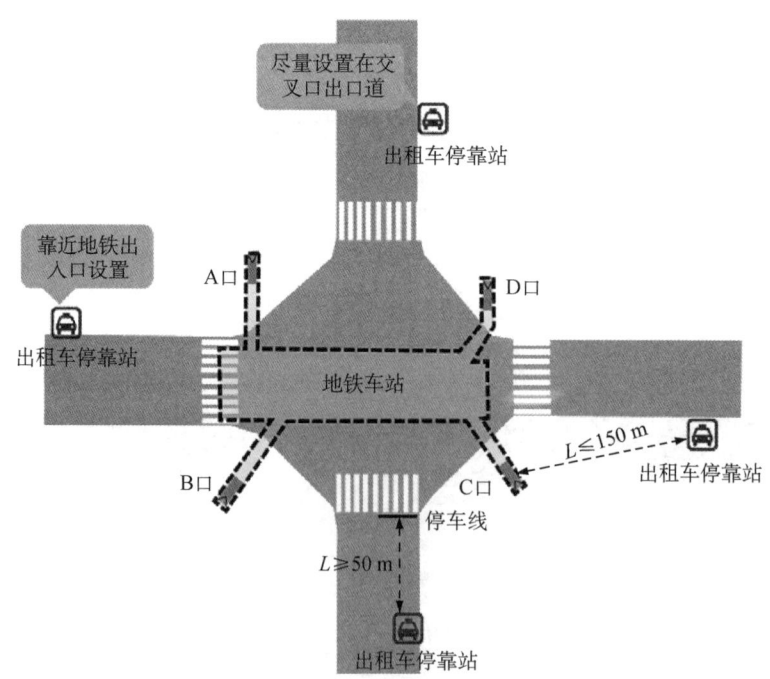

图4-33 出租车接驳设施选址

(2) 轨道交通站点与城市设计衔接。

① 空间一体化设计。

在功能复合化和空间集约化的要求下,轨道交通站点周边的空间发展向地下和空中立体拓展的趋势越来越明显,不同层次的空间需要有效的连接组织,才能形成一体化的整体。在空间整合中,过渡空间起着举足轻重的作用。过渡空间是建筑空间的外部或内部,是兼具城市和建筑空间属性的空间,能够将不同空间有机过渡并融合共存,消解建筑间的绝对独立。按其空间形式可以分为节点型、线型和面状过渡空间。

利用过渡空间整合进行空间整合的总体思路是以面状过渡空间塑造整体的功能核心和交通核心,通过线性过渡空间形成核心之间的联系,由节点型过渡空间完成建筑、轨道交通、城市三个系统的联系与转换。

- 面状过渡空间塑造核心空间。

面状过渡空间中应用比较广泛的有广场和中庭。广场和中庭有一定的空间尺度和空间限定感,具有较强的人流集聚和疏散能力,适宜塑造为交通和各种功能的核心。

广场是重要的开放空间,也是城市中"有意义"的空地,通常作为客流换乘疏散区域和城市公共空间。根据与地面的位置关系,广场可分为地面广场、下沉式广场和上升式广场。在一体化设计中,下沉式广场的运用可以有效地解决地上、地下步行交通的问题,分离交通流。同时可以将车站的出入口、风亭等设施与下沉式广场结合设置,形成一体化的建筑整体。应用下沉式广场时需要结合大阶梯、扶梯、坡道等竖向交通元素实现广场与地面标高的连续过渡与渗透,确保车流和人流的通畅有序。

中庭通常指建筑内部的庭院空间,既具有城市空间的公共性和开放性,又具有建筑空间的围合性,其最大的特点是形成位于建筑内部的"室外空间",是建筑设计中营造与外部空间既隔离又融合的特有形式。利用中庭贯穿地上、地下多个空间层次,结合扶梯、直梯等竖向交通设施,将不同层次的功能空间联系起来,组织立体化空间,引导人流在各层面水平方向和垂直方向发散。

将广场和中庭这样具有公共空间特性的面状过渡空间,设置在多种交通方式的交汇处,能形成具有向心力的换乘核心和步行中心,配合竖向交通设施,承担起各个层面的客流的快速流通转换。

同时,广场和中庭等公共空间作为交通核,不仅能够为周边的各个功能空间提供客流,也是各种功能的核心。根据各种功能的属性,将其围绕核心有机地铺展开来,形成轨道交通与其他各种功能间客流饲喂与反哺的回环,做到出行有服务、商业有人气的双赢。

商业空间是开放性空间到私密性空间过渡的重要环节,能够直接吸引轨道交通客流转换为消费人流,达到以商补路的效果,因此适宜设置于功能核心中,办公、居住空间可通过设置廊道、迂回大厅等建筑手法围绕核心展开。

除了作为核心空间外,广场和中庭能够将室外景观、光线引入室内,很好地塑造室内室外的一体化空间,但是由于广场和中庭具有一定的空间尺度,空间导向感比较弱,因此需要在醒目的位置、交通流集散处设置方位性和说明性标志,帮助使用者形成对整个空间方位的总体认知。

- 线型过渡空间串联核心。

线型过渡空间一般表现为步行通道的形式,以通行功能为主。线型过渡空间如同血脉将不同类型的交通流输送至交通核心,经过交通核的汇聚、缓冲、转换后,再输送到各个目的地。

在一体化设计中,线型过渡空间的设计重点是打造立体化的步行系统,包括地下、地面和空中三个层面。在一体化设计中可以根据站点与周边街区各种建筑地下空间连通的可能性,打通周边的建筑与站点的地下联系,形成四通八达的地下通行网络,但是地下步行空间存在一些原生性的缺点,比如地下空间的密闭感、采光差,并且人在地下空间时由于缺乏自然参照物,容易迷失方向,因此在地下空间中应注重对空间导向性的设计。地下通道也应尽量正交,横平竖直,便于方位记忆。在道路交点处的空间界面采用不同的肌理、色彩进行装饰,或设置标志物,增强空间的可识别性,配合指示标志进行空间引导,同时通过通道的顶界面、灯光、装饰等的设计,引入地下商业,营造亮堂宽敞的环境,避免阴暗逼仄的空间感受。空中步行系统采用高于地面的过街楼或者步行天桥、连廊等将地面层以上的城市设施串联起来,形成独立于地面街道的步行空间系统,应用空中步行系统需要处理好不同高差之间的转换,结合电梯、扶梯等设施方便行人上下。

通过立体化的步行交通与交通核心连接,形成室内外一体化的步行网络,能够保持步行空间的连续性,提高可达性和便捷性,实现流线在水平层面和垂直层面的连续流动。日本和中国香港成功的站点一体化开发离不开立体化的步行系统,例如中国香港奥运站利用空中连廊将原本被道路分割的轨道站点和周边物业连接起来,日本新宿站则通过四通八达的地下通道将商业商务地块和交通核心串联在一起。

- 节点型过渡空间实现空间联系与转换。

节点型过渡空间包括站点出入口和其他各种接口空间。出入口是建筑、轨道交通与城市三大系统的过渡和联系空间,出入口与周边建筑一体化的设计通常有三种形式:迎合式、退让式和开敞式,如图4-34所示。

迎合式衔接是指通过空中连廊、地下通道等方式延伸出入口实现与其他功能空间的结合,这种方式需要注意在衔接处的人流疏散能力。退让式即轨道站点直接处于建筑内部,通过建筑在综合体内部的退让形成接口空间,可以通过出入口与中庭的直接连接实现空间和功能的过渡。开敞式是指站点出入口直接与广场等开敞空间衔接,这种方式出入口与交通核相接,可实现与其他交通方式的快捷换乘。

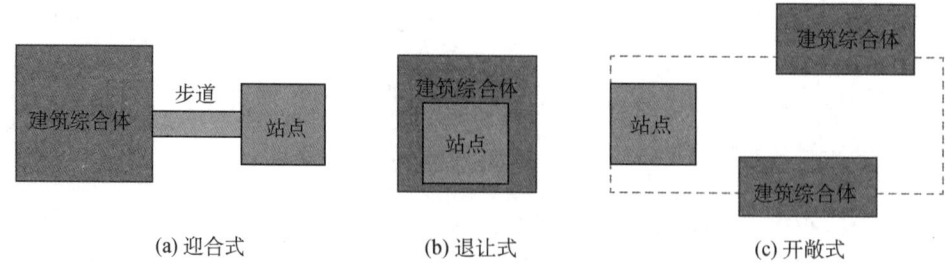

图4-34 出入口与建筑衔接形式

节点型过渡空间的设计重点在于营造与周边环境"和而不同"的效果。"和"是出入口与建筑巧妙结合,延续整体的设计风格,并保证流线的连续通畅;"不同"是要增强节点的可识别性,可以通过设置醒目的标志牌、独特的标志物或设计元素增强节点的可识别性。

② 功能一体化设计。

- 功能联动。

在轨道交通站点一体化设计中,考虑将站点、车辆基地以及综合交通枢纽的地下、地面交通流线合理地组织在一起,从而构成一个立体的空间关系。以区域交通为基础,深层次地开展交通一体化的建筑设计,使大范围的人车系统创建起来。在地下交通大平层或者通道设置一些车行系统,与周围的商业办公建筑的地下停车库连接在一起,这样大部分的交通连接都在地下实现,从而减轻地面的交通压力,地面及地下的交通车辆都可以各行其道、畅通无阻。在轨道交通站点一体化设计中,将地铁的出入口、风亭和冷却塔最大限度地融入商业建筑综合体,这样对于城市的整体影响以及其建筑面积都降到了最低,最重要的是提高了出行的便捷性,也能引入人流,从而达到了人流与开发空间互动的目的,使各个交通体系和各个功能模块很自然地连接到一起。商业业态以及流线的丰富程度,随着人流群体多样化的加大而增多,使整体建筑的开发品质得以提升。地下空间统一考虑区域市政管廊综合设计,提升城市市政在突发情况下的应急能力。

- 总体功能布局。

结合环境心理学,人对不同功能空间的领域性、社会性和私密性的需求不同。而不同功能空间带给人不同的心理感受,因此功能布局的逻辑应该符合人对功能空间的心理需求,在水平方向和垂直方向上的功能组织从由公共性强的空间向私密性强的空间过渡,形成水平方向上圈层式、垂直方向上层叠型的布局。

在水平方向向上,紧邻站点应该优先开发公共性最强的商业、交通等功能,在下一个圈层内主要安排对私密性有一定要求的办公功能,接下来是对私密性要求最高的居住功能。在垂直方向上,公共性强、人流量大的功能应布置在靠近站点的浅地下层和低层,需要有一定独立空间功能的办公、酒店等布置在中高层,地下深层适合开发为地下停车库、设备用房。这样的功能组织模式不仅符合人的心理感受,在垂直和水平方向上从公共性到私密性过渡,同时也能够形成轨道交通与周边物业人流间饲喂与反哺的良性循环,符合竞租曲线,有利于城市空间集约高效利用。

3. 导向标识设置

(1) 总体设计原则。

① 标识内容规范统一、清晰易懂。

轨道站点一体化综合体往往会吸引不同性别、年龄层次和不同国家、地域的人群,因此在设计中要注意标识的国际化和标准化,应采用国家标准与国际上通用的符号。传达的信息准确、清晰、全面,使得其能够普遍适用于不同人群。在内容上应突出主题,减少无用面积和无关内容,提高使用者的识别效率。在语言方面,按照惯例,一般采用母语和英语双语标识,在一些综合的大型枢纽站点,可以增加语言种类。

② 标识形式、风格、内容连续统一。

在标识的组织、设置、构图、手法上,应尽量相似连续,统一同一类型的标识设计风格,反复出现相同或相近的刺激,便于使用者形成比较稳定、完整的认知印象。比如文字的字体、大小、粗细、字距应基本一致。标识的图形根据我国颁布的标志用图形符号进行统一的绘制使用。在色彩处理上,在遵循相关法规和技术标准对不同性质标识的色彩规定的基础上,可以用基色将各类标识统一起来。标识的设计在相关规范的基础上,可以进行一些艺术性的创造,标识设计的风格和建筑空间的风格相协调,并通过单纯、强烈、醒目的色彩,凝练、美观的构图,使标识系统成为站点的装饰,和谐地融入站点环境中。

③ 标识位置设置合理恰当,导向连续。

标识设置的位置应该以流线为基础,标识应该设置于使用者需要的所有场所,并位于能够被人们预测和容易看到的位置,一般为流线的出入口、流线出现转角、流线有交叉的地方、楼梯口处以及其他功能转换的区域,有利于乘客快速准确地辨识标识信息。并且标识设置的高度、角度应尽可能在乘客(考虑坐轮椅乘客)的最佳视野范围内,同一类标识之间的间距应避免使乘客产生不确定的焦虑心理。

(2) 标识设计优化原则。

① 内容优化原则。

- 准确性原则。城市轨道交通车站导向标识的主要功能是引导乘客在车站内的出行。为了保障乘客行径正确,确保导向标识的功能发挥,导向标识应当有相当强的准确性,信息内容的表达必须表述准确并提供真实可靠的信息。

- 易懂性原则。乘客使用导向标识引导行径方向时需要快速准确地识别出导向标识信息。因此,导向标识的信息内容应具备易懂性,标识语言应简练明晰,避免使用乘客长时间无法理解其含义而逗留在导向标识前。

- 层次性原则。单一的导向标识不宜包含太多的信息内容,众多的导向信息应放在多个导向标识中,乘客因为出行模式、所处位置不同,需求的导向信息也不同,这也导致乘客难以在众多导向标识中确认自己所需信息。因此,为了针对不同行为模式、处于不同位置的乘客,导向标识的信息内容设计应注重层次性,信息内容层次分明,让乘客容易获取有用信息。

② 位置优化原则。

- 可见度高原则。为了让乘客能够轻松观察到导向标识,导向标识位置需设置在无遮挡、显眼、可见度高的位置处。导向标识应设置在可见度最佳且可见度高于广告标识的位置,同时处于地下的导向标识应设置成自有光线型,确保导向标识的可视度和清晰度。

- 以乘客流线为基础布置原则。导向标识的服务对象是车站内的乘客,以乘客流线为基础布置导向标识将保障其能最大限度地服务于乘客。导向标识为乘客指示的路线以距离尽可能短、流线方向尽可能变化少为最优原则,同时可以适当增加容错流线,可以让乘客当行进方向错误时依然可以找到目的地。

- 连续性原则。为了避免乘客从导向标识获取的信息链中断,保证乘客行进的连续性及乘客流线的不停顿移动,导向标识的位置设置应满足连续性原则。乘客在向目的地行进过程中,会通过多个需要决策的位置,导向标识的连续性设置可以让乘客顺利通过需要决策位置从而到达目的地。

- 科学性原则。导向标识的高度、文字尺寸大小、布点选择等需要经过科学计算后,确定相应设置值,合理布置。

③ 形式优化原则。
- 规范性原则。导向标识的各个要素是否规范化和标准化直接关系其功能性能否实现。导向标识的规范化主要包括对图形符号、文字与色彩的规范化使用,图形符号、文字与色彩的使用都应符合国际惯例以及国内外相关标准。
- 醒目性原则。为了能让乘客十分容易观察到导向标识,导向标识的设计一定要有非常醒目的视觉效果。较为重要的标识更应让乘客感受到强烈的视觉冲击效果,标识的颜色应足够醒目,文字也应足够大,让人能很容易地分辨,但标识的文字也不宜太大,需注意合适的尺寸。
- 艺术性原则。雷同和平庸的视觉形态导向标识会造成环境记忆的混杂和模糊,从而减弱或失去导向的功能,新颖独特、美观得体的标识导向系统可以对人们造成更强的视觉刺激,从而有效提高人们对信息的反应速度,缩短感知过程、强化视觉记忆。
- 协调性原则。导向标识与其所服务的环境应在气氛、色彩、风格、比例等方面协调统一,协调性原则是导向标识在满足其基本功能的基础上再进行的延伸。

4. 接驳公交优化设计

(1) 常规接驳公交。

城市常规公交系统与城市轨道交通系统一样,拥有庞大的客运量和强大的客运能力,两者间的便捷换乘对整个城市的交通服务水平起决定性作用。

常规接驳公交归纳起来主要有两种:传统接驳公交和定制接驳公交。传统接驳公交即现有使用最广的固定线路式接驳公交,在一定区域内按照固定线路、站点和规定时间营运,这种公交模式不能响应需求的变化。定制接驳公交指的是结合个体出行需求,为出行起讫点、出行时间、服务水平需求相似的人群提供量身定制的公共交通服务方式,公交服务公司根据需求设计出公交线路,并进行定价和乘客招募,在满足一定客流和效益的条件下开通该线路。

常规接驳公交的功能定位包括:辅助轨道交通运行,发挥补充功能;承担轨道交通服务盲区的居民出行和区域内的中短距离出行;通过线路的调整,避免与轨道交通形成竞争,应与轨道交通一体化衔接,注重向轨道交通集散客流。

(2) 灵活型接驳公交。

灵活型接驳公交是指公交线路没有固定的站点和固定的线路,每条公交线路在特定的服务区域内运送乘客的一种公共交通方式。灵活型接驳公交的运行线路与乘客出行分布有关,可以有效减少乘客的步行时间,减少公交线路固定设施的投入。

灵活型接驳公交与需求响应型公交(DRT)有较多相似点,但也存在差异:①DRT 没有固定的线路和时刻表,而灵活型接驳公交的时刻表是确定的;②DRT 是将乘客直接由起始地运送至目的地,而灵活型接驳公交则可以设立固定的换乘点,允许乘客从一条线路换乘至另一条线路。灵活型接驳公交系统与 DRT 相比,适用范围更广。这种运输模式既结合了定点、定线公交的换乘方便性优点,又有 DRT"门到门"运输的特点。

灵活型接驳公交填补了常规接驳公交的一些功能空白,缩短了乘客的步行时间,能较好地解决"最后一公里"问题,为特殊人群更好地服务。

5. P&R停车设施设计

(1) P&R停车场选址。

P&R设施选址的首要原则是吸引客流最大化。因此,P&R应当选择卫星城镇、新城的居住密集区等高换乘需求地区、边缘组团和郊区新城的主干道附近,或者进城辐射性道路和交通走廊规律性拥堵区域,以及出行者起终点间存在物理障碍的地区等。由于P&R设施主要的服务客源为基于家的工作出行人群,P&R设施选址过程中还需要充分考虑该出行需求的高峰时段发生量。

P&R设施作为一项公共建筑要求与周边景观保持协调,与周边的用地性质、区域规划方案协调,使其对周边环境的道路交通的影响实现最小化,提供连续安全的步行换乘通道和安全舒适的停车环境。同时,作为一项永久性设施,P&R设施一经建成便很难改作他用,从投资风险上考虑,尽量选择临时停车设施以便于今后需求发生变化时更换或撤销。此外,P&R设施还应适度弥补停车泊位供需缺口,缓解区域内部停车泊位不足、用地紧张的矛盾,但要注意适量,不要造成增加区域内部停车供给的错觉,以免吸引过多的车辆出行。

换乘枢纽的布局是停车换乘系统规划的重要内容,其目的是满足CBD外围城区居民出行的换乘要求。停车换乘场站的布局选址受到如城市人口及土地利用、P&R设施覆盖区域、换乘点可达性、换乘设施与周边区域的协调性、轨道交通路网结构、换乘耗时与设施负荷标准等多方面因素的影响,在宏观上有如表4-42所示的选址策略。

表4-42 不同区域的选址策略

城市圈层	中心区	外围区	近郊区	远郊区
圈层性质	通勤区	通勤区	通勤区	非通勤区
与城市拥堵区关系	大多位于拥堵区内	通常处于拥堵区边缘	远离拥堵区	远离拥堵区
与市中心距离	10 km以内	10～20 km	20～30 km	30～60 km
此类停车场特点	车辆已经进入拥堵区域,郊区车辆很难开进此类P&R停车场,P&R只有较小的吸引范围,无法发挥拦截小汽车作用	① 覆盖区域广,覆盖距离在郊区方向可达10 km以上;② 此类停车场停车换乘出行,较小汽车出行通常有很大的时间优势,可以最大限度发挥小汽车和轨道交通的速度叠加优势。停车换乘的拦截作用最为明显	① 轨道交通末端停车场通常具有较大的覆盖范围,此类停车场更多的是弥补轨道交通对通勤区域覆盖不足的问题;② 中间站停车场则多分散设置,吸引范围小,周边人口密度低,多起到连接市镇的作用,或是为离散居住区提供出行便利	① 主要解决出行便性问题,停车换乘时间优势不明显,仅有费用上的优势,重点考虑弥补接驳公交服务水平不足问题;② 停车换乘覆盖范围为圆形,最大覆盖半径约6 km,建设成本较低

(续表)

城市圈层	中心区	外围区	近郊区	远郊区
规划建议	此圈层不建议设置 P&R 停车场	① 应考虑市中心的交通需求政策，减少交通拥堵和提高轨道交通吸引力等； ② 应设置在拥堵区的边缘，适当地考虑拥堵区域向郊区蔓延； ③ 选址可综合考虑最大程度拦截进入市中心的车流； ④ 选址要尽可能与高速公路或快速路衔接	① 轨道交通末端站建议设置较大规模的 P&R 停车场，充分考虑轨道交通未覆盖通勤区域的小汽车出行； ② 对于轨道交通沿线离散居住区规划珍珠链式布局的 P&R 停车场（市镇集中区域采用大型离散式布局 P&R 停车场）	① 连接大型市镇的停车场应考虑大型市镇全覆盖。 ② 非市镇区域停车场主要解决周边离散居住区出行方便性问题，应覆盖周边离散居住区
上海典型案例	虹梅路站 P&R 停车场	淞虹路站 P&R 停车场	末端站：沈杜公路站 P&R 停车场； 中间站：上海 9 号线沿线自发形成的 P&R 停车场	金山卫站 P&R 停车场

(2) P&R 停车策略分析。

① 公交优先策略。

优先发展公共交通是适应我国国情的一项基本政策。一般而言，乘客选择 P&R 主要考虑的是出行时间和出行成本的节约。P&R 方式的行程时间一般由三部分组成：小汽车行驶时间、换乘时间和公交行驶时间。其中，换乘时间由步行时间和等候时间决定，与设施规模、设计以及公交线网密度、公交发车频率密切相关；公交行驶时间则与公交运行速度、优先措施等相关。提高公交吸引力的一个根本方法是在现有的交通环境下选择公共交通出行所花费的时间小于自驾车的出行时间，因此，在拥挤的道路上真正能使公交行程时间比自驾车少的唯一途径是设立公交专用道，包括公交导向车道、公交快速道、公交干线车道以及收费口专用车道等。由于公共交通换乘环节多，采取公交优先措施以使公交系统的优势得以体现是十分必要的，而对于小汽车出行者而言，单方面地改善公交服务水平（安全、舒适、放松等）不足以吸引他们放弃原来的交通方式，因此还需要采取相应的限制和激励措施。

② 小汽车限行策略。

P&R 的潜在用户群体是私人小汽车出行者，并且主要是以中心区为目的地的出行者，然而随着城市私家车的增多，势必将会导致城市边缘区域到城市中心区域在高峰时期发生交通拥堵，因此制定相应的限制小汽车使用策略一方面可以缓解城市中心区的交通压力，另一方面也可促进城市公共交通发展。

虽然，小汽车的拥有水平是 P&R 设施存在的前提条件，但是小汽车的限制和管理政策才是 P&R 实施的重要条件。只有当小汽车使用者的出行自由受到一定程度限制时，才有转变出行方式的可能，但是目前，我国还没有一个城市实施限制小汽车使用的措施和对策，甚至连相关方面的研究都很少,国外在这方面的工作是很有成效的,其通过征收高昂的燃油附加税和增加城市中心区域的停车费用来限制城市中心区域的小汽车使用,并获得了良好的效果。

③ 停车场收费差别化策略。

城市中心与郊区 P&R 停车场的收费管理的差别化将促进出行者由自驾车出行方式改变为选择公共交通出行。国外通过对两个区域停车场对比发现,在公交服务水平较好的基础上,当二者的停车收费价格具有一定的差别,且郊区停车场的停车泊位较城市中心停车场充足时,将大大刺激出行者选择停车换乘。通过分析国内部分停车场案例,本书也获得了类似的发现,停车价格是影响出行者选择交通方式最重要的核心因素,其次是停车场的可用性和公交服务水平,因此通过以上调查分析,提出以下差别化停车场收费管理政策来提高城市外围停车换乘比例:

• 提高中心区域的停车管理,实行限区许可制度,对市中心停车进行管制,对进入管制区的私人小汽车收取高额停车费,以减少进入城市中心的车数。

• 实行严格的停车执法管理,改变停车供应,限制城市中心的停车供应数量、改变停车供应的空间分布、缩短停车时间限制以及在特定时间或禁止特定停车者停车,改变停车费水平或结构。

• 对郊区 P&R 停车场实行差价政策,收取少量停车费用或实施一些优惠政策,吸引周边出行者选择停车换乘进入城市中心。

• 可在城市中心停车场上征收一定程度高额税收,用来补贴郊区 P&R 停车场运营费用。

④ 收费方式统一化管理策略。

对 P&R 停车场收费可以采用免费方式或与公共交通系统收费方式相结合的形式。公交 IC 卡和轨道交通使用的年卡也可在 P&R 停车场实行刷卡消费,从而促进 P&R 停车场收费与公共交通收费方式统一化管理,在一定程度上也可促进公共交通的发展。同时也使出行者选择停车换乘的消费简单化,可以更加地刺激出行者选择停车换乘这一出行方式。

⑤ 信息化与安全化管理。

P&R 设施的信息化和智能化是 P&R 管理中的一个重要环节,它是指在出行途中通过可变情报板为自驾车者提供多方位的及时的信息服务,引导小汽车出行者选择最便捷的方式和路径使用 P&R,以提高 P&R 设施的使用效率。其主要分为以下几种方式:

• P&R 信息诱导技术。P&R 信息诱导技术又可分为 P&R 路上诱导信息系统和 P&R 场内诱导信息系统。其中,P&R 路上诱导信息系统主要安装在各 P&R 吸引范围内的主要路线上,向 P&R 使用者提供 P&R 设施的位置或名称,前往 P&R 设施的方向或路线以及 P&R 停车场占用现状等。P&R 路上诱导信息系统提供的信息包括 P&R 设施的位置、P&R 停车场空余车位信息或空/满信息、推荐 P&R 停车场、推荐路径、周边服务设施分布信息等。而 P&R 场内诱导信息系统主要安装在 P&R 设施内易见位置,向 P&R 使用者提供实时公交运营信息、P&R 设施内布局、P&R 使用方法以及相关服务信息等。

• P&R 监控系统。P&R 监控系统的核心是通过摄像、遥感等图像处理设备,监控 P&R 设施内交通流运行的状态和 P&R 停车场内的安全,为 P&R 的管理提供辅助。

- P&R 实时信息发布系统。P&R 实时信息发布系统的核心内容是公布 P&R 设施内存储的基础信息及公共交通系统的各个班次的到达与离开时间。再通过现代通信设备和信息显示设备，发布交通信息，为使用者和管理者提供及时的信息服务，P&R 实时信息的发布，将会有助于公众对于公交运营实时信息的了解，减少公共换乘和等待的问题，方便乘客的换乘。

P&R 的安全化管理在 P&R 运营管理中十分重要，能否为乘客提供一个安全舒适的换乘环境是出行者是否选择停车换乘的前提条件，同时，安全的换乘环境不仅可以提高舒适性还可以促进乘客自觉地爱护公共设施。具体设施设计如下：

- 照明。良好的照明设施不仅可以提高夜间停车场内道路通行安全保障，为司机和行人提供快速、准确及舒适的能见度和视野条件，而且在天黑之后能有效地减少犯罪事件的发生。
- 设施安全性。P&R 设施内的安全保障是存车者十分关注的问题，通常要求 P&R 停车场周围设置栅栏，在进行景观设计时选择低矮的灌木，并提供良好的能见度和视野条件，在围墙和建筑物的角落处应避免视觉盲点。
- 信号标识。P&R 设施内的信号标识通常指安装在固定或移动支撑物上的，用文字或符号传递禁令、警告和指示停车场的特定信息的装置，P&R 使用者通常都是通过这些信号标识来确定 P&R 的方位，从而方便地使用 P&R，良好的信号标识能迅速并直接地引导使用者进入、穿过、离开停车设施，增加 P&R 系统运营的安全性。

本章参考文献

[1] 罗伯特·瑟夫洛.公交都市[M].宇恒可持续交通研究中心,译.北京:中国建筑工业出版社,2007.
[2] 狄宝才.基于城市可持续发展的公交结构模式选择研究[D].石家庄:石家庄铁道学院,2007.
[3] 陈小鸿.城市客运交通系统[M].上海:同济大学出版社,2008.
[4] 张超.面向服务的城市公共汽车交通评价方法研究[D].上海:同济大学交通运输工程学院,2008.
[5] 美国交通运输研究委员会.公共交通通行能力和服务质量手册[M].杨晓光等,译.北京:中国建筑工业出版社,2010.
[6] 武苗苗.城市微循环公交客流特性分析及站点规划方法研究[D].西安:长安大学,2014.
[7] 熊杰.接驳地铁的社区公交微循环系统优化研究[D].北京:北京交通大学,2015.
[8] 张朝栋.社区微循环公交路径优化研究[D].北京:北京交通大学,2017.
[9] 郑汉,张星臣,王志美.混合车型需求响应公交服务定制问题研究[J].交通运输系统工程与信息,2018,18(2):157-163.
[10] Koffman D. Operational experiences with flexible transit services[R]. Transit Cooperative Research Program(TCRP) Synthesis 53, Washington: Transportation Research Board, 2004.
[11] 金凡,张建武.以乘客需求为导向的城市公交服务设计导则[J].城市交通,2009,7(5):62-67.
[12] 黄婷.基于人性化理念的公交服务质量综合评价模型研究[D].重庆:重庆交通大学,2009.
[13] 吉锴.基于出行者需求的公交服务模式研究[D].上海:同济大学,2012.
[14] 赛德尔.公共交通规划与运营:理论、建模及应用[M].关伟等,译.北京:清华大学出版社,2010.
[15] Farewell R G, Marx E. Planning, implementation, and evaluation of OmniRide demand-driven transit operation: Feeder and flex-route service[J]. TRR, 1996, 1557: 1-9.

[16] Ceder A, Prashker J, Stern H I. An algotithm to evaluate public transportation stops for minimizing passenger walking distance[J]. Applied Mathematical Modeling, 1983, 7: 19-24.

[17] 胡华.城市轨道交通与常规公交协调调度理论与方法[D].上海:同济大学,2009.

[18] Wikipedia. Geohash[EB/OL].[2021-10-26].http://en.wikipedia.org/wiki/Geohash.

[19] 梁泉,翁剑成,周伟,等.基于关联规则的公共交通通勤稳定性人群辨识[J].吉林大学学报:工学版,2019,49(5):1484-1491.

[20] 袁敏红.铁路枢纽客运站布局分析及客流通道能力研究[D].北京:北京交通大学,2007.

[21] 张国伍.交通运输系统分析[M].成都:西南交通大学出版社,1991.

[22] 伍艺.客流走廊地面公交运行瓶颈识别与组织优化[D].南京:东南大学,2018.

[23] 范东涛,杨涛.城市交通流主流向两步骤类筛选方法研究[J].中国公路学报,1997,10(4):84-89.

[24] 魏强.基于可达性的城市公交微循环研究[D].成都:西南交通大学,2014.

[25] 郑汉,张星臣,王志美.混合车型需求响应公交服务定制问题研究[J].交通运输系统工程与信息,2018,18(2):157-163.

[26] 上海市规划和国土资源管理局.上海市街道设计导则[M].上海:同济大学出版社,2017.

[27] 李玉琳,高志刚,韩延玲,等.模糊综合评价中权值确定和合成算子选择[J].计算机工程与应用,2006,42(23):38-42.

[28] 美国交通运输研究委员会.公共交通通行能力和服务质量手册[M].杨晓光,滕靖,译.北京:中国建筑工业出版社,2010.

[29] Kevin S J, Levinson H S. TCRP Report 26: Operational Analysis of Bus Lanes on Atrerals[M]. Washington DC: TRB, National Academy Press, 1997.

[30] Javy A, Norman S. Highway Capacity Manual 2000[M]. The TRB National Committee on Highway Capacity and Quality of Service, 2000.

[31] Kevin S J, Levinson H S. TCRP Research Results Digest 38: Operational Analysis of Bus Lanes on Arterials: Application and Refinement[M]. TRB, Washington D C: National Research Council, 2000.

[32] 葛宏伟,王炜,陈学武,等.城市公交停靠站规划设置方法综述[J].现代城市研究,2004,19(11):53-57.

[33] Kittelson and Associates, Inc. TCRP Report 100: Transit Capacity and Quality of Service Manual[M]. 2nd Edition. Washington D C, 1999: 1-13.

[34] 朱锐,张婧姝,李林波.基于ECR模型的常规公交站点服务信息重要度研究[J].交通与运输,2011,27(B12):76-80.

[35] 刘志刚,吴强,朱海燕.基于ECR模型的城市轨道交通服务质量评价研究[J].铁道运输与经济,2008,30(11):54-58.

[36] 吕杰锋,陈建新,徐进波.人机工程学[M].北京:清华大学出版社,2009.

[37] 柴春雷,汪颖,孙守迁.人体工程学[M].2版.北京:中国建筑工业出版社,2009.

[38] Doulet J F. Emergence of mobility services in urban China[J]. Emergence of Mobility Services in Urban China[J]. China City Planning Review, 2010, 4: 30-33.

[39] Amar G. Intermodal Interchange Points[J]. Public Transport International, 1999, 48(1): 38-40.

[40] 潘海啸.上海世博交通规划概念研究——构建多模式集成化的交通体系[J].城市规划学刊,2005(1):55-60.

[41] 易伟忠.构建和谐高效的世博客运交通体系——中国2010年上海世博会园区客运交通规划研究[J].规划师,2006,22(7):54-56.

5 城市公共交通出行服务链

公共交通本质上是一种服务，要提高公共交通的竞争力，应在最大程度上满足出行者的活动需求和心理需求。

城市化和信息化正逐渐改变着城市居民生活习惯。城市空间面临剧烈重构，城市商务圈与各种综合体的涌现为居民日常活动的集聚引导提供了可能。这种活动的集聚性与公共交通的集约化特征恰好吻合，可以更好地延伸公共交通服务空间，将公共交通系统看成是社会活动服务体系的一个组成部分，促进公共交通服务网络与日常活动如商业贸易、娱乐消费之间的耦合，不断提升公共交通运营效率和服务水平，做到有效衔接，联动发展，才能突破公共交通自身属性内容，使出行过程不再是一种单纯的运输，而成为活动的一部分。

一般情况下，公共交通服务只是针对每一次的出行而言，由于割裂了出行与活动的关系，必然会造成出行的非连续性，以及公共交通服务的封闭性特征，从而失去了主动引导居民活动需求来优化出行的功能，使得近年来公共交通线网的建设和优化并不能从根本上吸引更多的人来乘坐，也不能遏制小汽车的发展，如 2014 年上海公共交通与小汽车的出行分担率分别为 17.9% 和 17.3%，而过去 5 年增长率分别为 1.5% 和 5.3%。新城市主义所提倡的 TOD 模式所关注的是城市空间形态发展和土地开发，而忽略了公共交通作为一种出行服务应如何主动引导居民活动需求来优化出行，往往导致了出行距离存在过度被增长的现象。

随着城市空间的不断扩张和出行需求的多样化，对公共交通服务水平的要求也越来越高，由于传统公共交通规划是局限在建成环境和土地利用基础上的取舍，导致了公共交通发展成为一个被动适应的过程。

因此，有学者提出公共交通规划与发展的主动引导性，认为最大化的公共交通服务整合应成为公共交通规划的主要驱动力[1]。2012 年，国务院（国发〔2012〕64 号）明确提出公共交通规划需"引导城市空间布局的优化调整"，"根据城市功能定位、发展条件和交通需求等特点，科学确定公共交通发展目标和发展模式"，这些观点的出现意味着在新的交通环境压力下，城市公共交通发展模式需要进行突破，将规划理念从"被动适应"调整为"主动引导"。

出行通常被认为是由其他日常活动派生出来的一种活动，出行与作为出行目的的活动之间是密不可分的，对于出行者来说，从决定"出门-办事"那一刻起，所有活动与出行都成了一个整体，然而，提供服务的企业或机构很少得到统筹管理，出行者感受到的服务是被动、零散和无序的，整个服务过程效率低、成本高。因此，公共交通在本质上作为一种出行服务，不应仅仅体现在运输方式上，更需要将活动与出行进行综合考量，从更广义的服务人的需求角度进行研究，通过服务来整合各方资源，构建一种公共交通出行服务环境，从而引导居民的日常活动，体现城市整体的综合服务功能与运行效益，为居民的生活提供便利，如与商业综合体结合,将公交线路延伸到综合体里面,为乘客构建无缝衔接的乘降界面等。

因此,公共交通在规划层面不仅要考虑出行本身,也要对出行行为与出行者的活动需求和心理需求进行统一考虑,将出行行为与人们复杂的社会活动、广阔的生活空间和丰富的城市生活结合起来;在经营管理层面也应该突破自身,最终与其他服务提供商形成一个整体,通过服务整合资源,建立公共交通服务出行链,从而为出行者提供一个连续、完整、高品质的服务环境,使出行者使用公共交通出行从决策开始到行程结束的整个过程享受到细致入微的服务。

5.1 服务学基本理论

5.1.1 服务学基本内涵

服务作为一种活动,包括产生活动的一系列要素,如:服务的参与者,即服务提供者和顾客;参与双方的利益关系;以及参与双方交互作用的过程。为满足顾客的需要,服务提供者与顾客有一系列的接触活动,提供者内部也要进行一系列的活动。在服务提供者通过创新服务吸引顾客参与服务的过程中,顾客享受服务带来的愉悦、便利和舒适,而提供者接受顾客支付的货币,二者协同创造价值。顾客对于服务质量的评价取决于顾客的需求、对于服务的期望以及接受服务过程中的实际感受。

服务学(Service Science,Management and Engineering,SSME)是将科学、管理、工程的相关学科知识应用于服务领域的一门新的交叉学科,由服务科学、服务管理和服务工程三大部分组成。其中,服务科学建立服务知识和基础理论;服务管理是对服务过程的统筹和优化;服务工程是应用理论解决实际服务问题的方法。通过研究服务系统的设计与演化、服务价值如何被创造、捕捉和再投资、顾客与服务提供者之间进行价值交换的关系,以及对服务生产率、质量、灵活性、可持续性、创新性等方面进行深入刻画与度量,从而实现改善服务的目标。

1. 服务科学

服务科学旨在分析现实服务世界的现象、数据与信息,并将其转化为服务知识,探寻服务系统的本质规律。服务科学的目标在于建立一套严格的、完备的、理论化的服务模型,从各类服务系统中抽象出其内在的、本质的规律,使服务的提供者和需求者能够深入地理解和认识服务,并采用科学的方法来指导服务系统的设计、构建与运作。

2. 服务管理

服务管理是通过检视创造服务价值的过程并对其进行有效的统筹、优化和改善,从而改善服务提供的质量,提高客户的体验。主要研究内容包括服务战略规划、新服务开发与设计、服务支持设施及其定位、服务接触、服务需求预测、排队管理和服务创新等。

3. 服务工程

服务工程是应用服务知识构造服务系统,以解决实际的服务问题,创造更高的价值,其本质上是一种系统工程。国际商用机器公司(International Business Machines,IBM)对服务工程的定义为:通过发明与应用新技术以改善服务系统伸缩性的方法。Tien 等[2]提出服务系统是一种多学科的方法体系,应从系统全生命周期、控制机制和客户这三个角度来研究服务系统。实际上,服务工程更多的是一种方法论的研究,在顾客服务需求的基础上,创新、设计、建立服务系统,并提供技术支持。

5.1.2 服务学研究方法

研究服务学的前提是将服务的概念系统化,将服务系统看作是一种社会化的技术系统。在这个系统中,服务的提供者与服务的需求者之间按照特定的协议,通过交互以满足顾客某一特定的请求,进而创造价值,彼此之间形成"合作生产"关系。

服务学方法论将数学、信息技术、管理学、工学、计算机科学等学科作为理论支撑,主要由服务模型、服务建模方法、服务系统构建方法、服务性能评价、支撑工具与平台和服务系统实施指南组成。

1. 服务模型

典型的服务模型有服务蓝图模型、结构化服务模型和业务过程模型等。社会化技术服务系统中多采用服务蓝图模型。

基于服务蓝图的建模方法是借助于流程图,通过分解服务组织系统和架构,鉴别用户与服务人员以及服务体系内部的服务接触点;在服务流程分析基础上描述服务传递的各方面,将服务提供过程、员工和顾客的角色和服务的有形证据直观地展示出来;经过服务蓝图的描述,服务被合理地分解成服务提供的步骤、任务和方法,使服务提供过程中所涉及的人都能客观地理解和处理。

服务蓝图是由以下几个部分组成的:

(1) 顾客行为。包括顾客在购买、消费和评价服务过程中的步骤、选择、行动和互动,紧紧围绕顾客在采购、消费和评价服务过程中所采用的技术和评价准则展开。

(2) 服务人员行为。顾客能看到的服务人员表现出的行为和步骤是前台员工行为,这部分主要围绕前台员工与顾客的相互关系展开。

(3) 后台员工行为。发生在幕后,支持前台行为的雇员行为,围绕支持前台员工的活动展开。

(4) 支持过程。包括内部服务和支持服务人员履行的服务步骤和互动行为,覆盖了在传递服务过程中所发生的支持接触员工的各种内部服务、步骤和各种相互作用。

服务蓝图的建模过程一般有以下几步:识别服务过程、识别顾客、从顾客角度描述服务过程、描述前台后台服务人员行为、把顾客服务人员和支持功能相连、有形展示。其中识别顾客,了解顾客对于服务的感知和需求是最重要的。依据上述建模过程,这里选取电子商务作为实例构建顾客网上购物的一般服务蓝图模型,如图 5-1 所示。

图中 3 条水平线将服务蓝图分为四个区域,每条线都有不同的作用。

(1) 交互线:表示顾客与组织间直接的互动。一旦有垂直线穿过互动分界线,即表明顾客与组织间直接发生接触或一个服务接触产生。

(2) 可见线:把顾客能看到的和看不到的服务行为分开,把服务人员在前台与后台所做的工作分开。如图 5-1 中所示,前台人员为快递运送人员,他负责将商品当面送达顾客,二者有接触;而后台的客服人员、商品包装人员等不会和顾客见面。

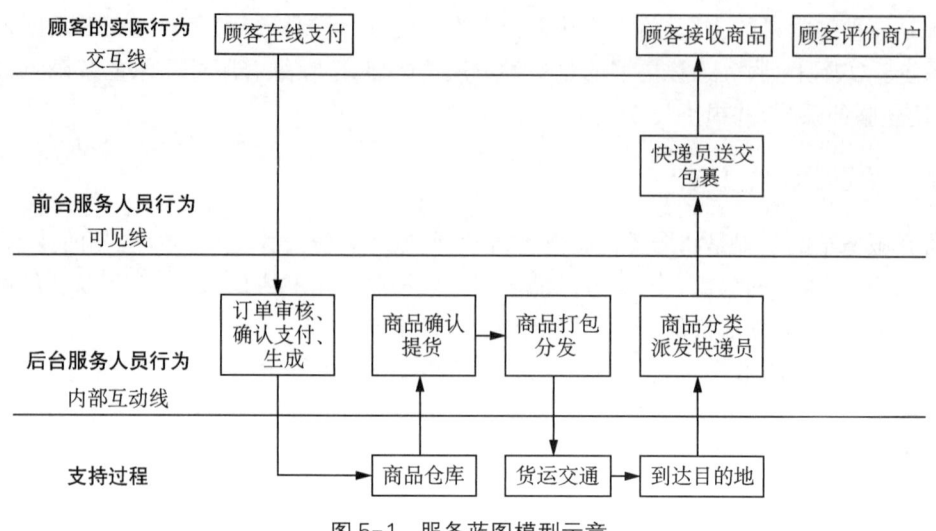

图 5-1　服务蓝图模型示意

(3) 内部互动线：用以区分服务人员的工作和其他支持服务的工作和工作人员，垂直线穿过内部互动线代表发生内部服务接触线。

除此之外，应用于社会技术服务系统中的传统建模方法还有服务流程图建模法、结构化建模方法和动态事件过程链方法。

2. 服务创新

服务创新是一个开发和设计新的服务的过程，是企业根据社会需求，利用内、外部技术条件，对企业资源进行重新组织，推出新服务或者提高原有服务效率的行为。它既包括激进式地创造新的服务类型，也包括渐进式地对于现有服务的重组和改善。

服务创新要考虑到四个基本要素：目标市场细分、新服务概念、运作策略和服务传递系统。在此基础上构建"四维度模型"（图 5-2），揭示各个基本维度之间的相互作用关系，为服务创新提供完整的理论框架，指出创新包含的基本内容和关键所在。

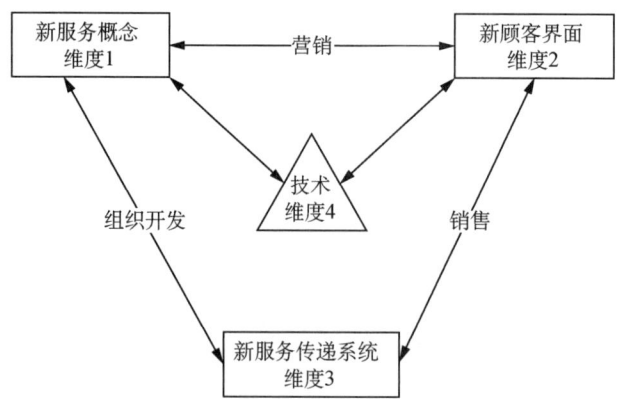

图 5-2　服务创新"四维度"模型[3]

(1) 新服务概念：企业通过对市场需求的扫描和分析发现创新来源，不断地根据市场变化、顾客要求以及竞争者的行为开发新的服务并改进原有服务。

(2) 新顾客界面:包括服务提供给顾客的方式以及与顾客交流、合作的方式。

(3) 新服务传递系统:强调现有的组织结构以及现有员工能力必须适应新服务开发的需要。

(4) 技术:大多数服务都可以通过使用某些技术而变得更为高效。

任何一项服务创新都意味着新的服务概念的形成,同时需要开发一个新的服务传递系统,员工也要改变工作方式和与顾客关联作用方式,并在必要时使用新的技术,因此任何一项服务创新都是上述四个维度的特定组合。

5.2 公共交通出行服务链内涵

5.2.1 服务链理论概要

服务链是在产品供应链概念的基础上发展而来的,因此也常叫做服务供应链,目前尚无明确的定义,可以界定为服务行业内的企业通过向消费者提供全过程服务来最大限度地满足消费者的需求,从而为消费者提供良好的消费环境以及消费过程中的各种服务,它是以现代信息技术、物流技术、系统工程等现代科学技术为基础,以最大限度地满足消费者需求为出发点,把与服务有关的各个方面按照一定的方式组织起来,形成完整的服务闭环[4](图5-3)。

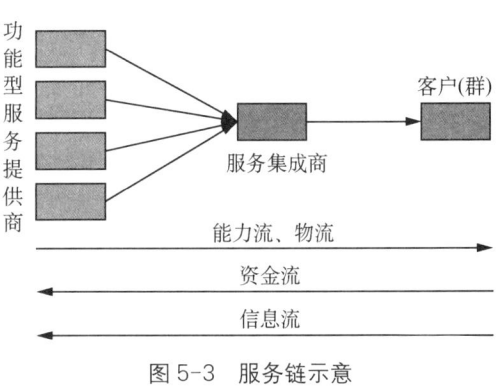

图5-3 服务链示意

虽然服务链由供应链发展而来,但二者有着本质的不同。供应链的目的是增强链内企业的竞争实力,提高各成员的工作效率和经济效益;服务链的目的则是主动地为消费者提供全面的、最优的服务,提高企业对消费者的服务水平。

总的来说,服务链的突出特点是具有主动性、前瞻性、完整性、社会性和对称性[5]。主动性是企业从消费者角度预先准备好各种服务,消费者再根据自己的需要选择服务内容;前瞻性是指服务内容应尽量超越现有服务链体系而使服务具有前瞻性;完整性指服务应该是全方位、全过程与全天候的;社会性是服务链应利用一切可用的社会力量,把与服务有关的企业、机构有机地结合起来,形成完整、高效、低成本的服务网络;对称性是指服务提供者的服务能力与所提供的服务之间应该有严格的对应关系,不允许出现与能力不对称或虚假的现象。

服务链本身是一个较为新颖的概念,目前行业应用主要还是集中在物业、旅游、港口、物流、客运等方面。为了更好地理解服务链,这里对这些应用做一简单介绍。

1. 物业管理服务链

物业服务涉及相当广泛的城市服务和关联产业,能否将自身的服务业务与广泛的关联产业有效集成,将直接影响物业服务商的利益和竞争力,也影响业主的日常生活。建立物业服务供应链,就是为了将与物业有关的各种服务,围绕物业核心企业进行有效地集成与合作,最终实现为顾客定制的物业管理服务产品达到各种效益的最大化。

除了基本物业服务,关联服务还可以包括为业主提供的房屋租售中介代理服务、健身场所及器械的使用服务、社区医疗和保健服务、美容美体服务、教育服务、通信服务、娱乐服务以及零售商业服务等。这不仅有利于物业服务实现多元化,产生新的利润增长点,集成化的服务也极大地方便了居民的日常生活,同时有利于社区文化和特色的形成,增强了居民对社区的依赖感和归属感,形成物业与业主的良好互动关系。

物业管理服务链是以物业管理企业和物业所有人为主体,集房地产企业、供应商企业、特许经营企业、劳务市场以及其他物业管理企业于一体的产业链[6]。

2. 旅游服务链

旅游服务链通常是以旅游经营企业为组织者,通过其与相关服务部门和产业的结合,满足人们日益增多的旅行需求。旅游服务链主要由旅游者、旅游景点、旅行社、交通运输部门、酒店等基本单元协调运作形成的一条以服务传递为主要内容,包括旅游产品设计、生产、组合、销售以及支持旅游者来到旅游目的地并进行各种旅游消费行为的供应链[7]。

旅游服务链包含许多功能不同的企业,如处于核心地位的旅游吸引地以及满足旅游者食宿、交通、娱乐、购物等活动的企业部门和组织,这些都是作为旅游服务链中的直接服务提供商,而旅行社充当了服务链中的服务集成商(图5-4)。

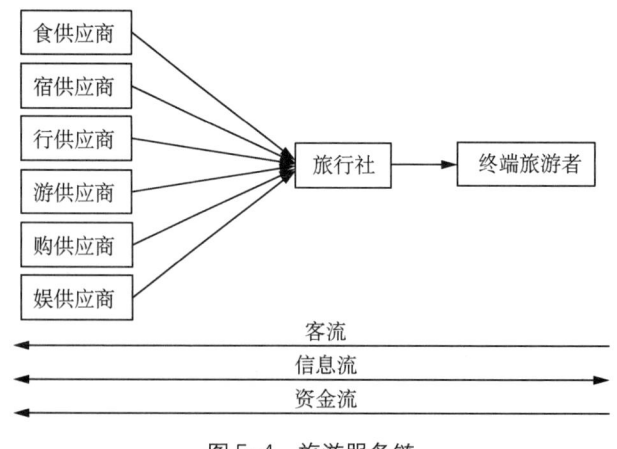

图5-4 旅游服务链

旅游服务链正是将原本互不相干的一些企业通过共同为顾客提供服务而密切地联系在一起。旅行社发挥了整合资源的作用,它使得各个供应商所提供的服务依次组合起来形成一条服务链。

3. 物流服务链

物流服务链是最早引入服务链理念、发展最为成熟的行业应用之一,是在提供专业的物流服务过程中发展起来的,从最早的功能型物流服务供应商发展到物流服务集成商,再发展到链状企业供需合作结构。根据上下游合作特点,物流服务供应链的多级结构如图5-5所示,链上的企业可以分为功能型物流服务提供商和物流服务集成商两类[8]。

4. 公路客运服务链

公路客运服务链是公路客运服务环节的链接,是为让顾客获得满意出行服务的全过程,

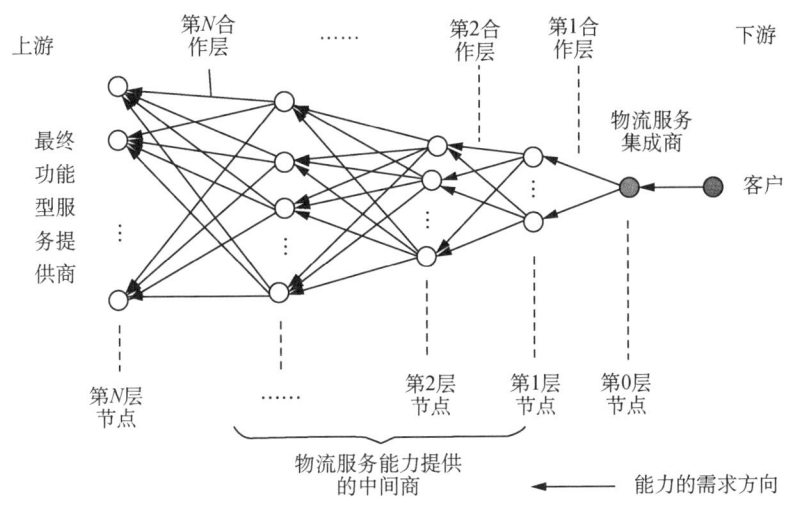

图 5-5 物流服务供应链的多级结构

其中至少包含旅客的出行选择、购票比较、进站候车、检票上车、乘车上路和到站下车,并且客运服务品牌对客运服务链有重要作用[9]。

5. 航空客运服务链

航空客运服务链是航空旅客通过购票、值机、候机、登机、乘机、到达或中转后到达最终目的地的过程,通过实现时空转换而获得的一系列服务,航空公司的服务也围绕服务链的这些环节展开,不断改进各环节所涉及的服务[10]。

5.2.2 公共交通出行服务链本质

要为出行者提供良好的活动和出行服务,公共交通服务企业本身已无法满足需求,需要与活动服务提供商或产业之间进行协调与配合,建构为出行者提供主动服务的完整的服务网络,才能实现公交服务的可持续发展。

公共交通出行服务链,是基于公共交通出行服务网络的,不仅考虑公交出行服务本身,还考虑与出行有关的所有日常活动服务而构建起来的一种面向出行与活动全过程服务的生活体验环境。

作为公共交通系统规划与管理的新理念,公共交通出行服务链的提出旨在达到以下效果:

(1) 社区层面上,通过公交出行服务链的主动引导性,使居民出行活动能够在一定程度上聚集,社区活动不断丰富,日渐充满活力。

(2) 公共交通角度上,日常需求活动的聚集,使公共交通系统的运输集约化特征得以体现,客流需求得到保障,客流量集中且平稳。

(3) 社会层面上,提供不同服务的企业或机构因为人的活动和出行而紧密联系起来,资源因服务而整合,服务目标更加明确,服务衔接更加流畅,经济和社会效益都得到不断提高。

(4) 出行者角度上,人一天的活动安排得到优化,活动效率得以提高,在途时间尽量减少,出行的同时能享受到一体化的、高品质的活动服务,出行者无论从心理上还是习惯上都逐渐将参与的社会活动和良好的公共交通服务联系在一起,这也是公共交通出行服务链所要达到的最终目的。

从这个意义上讲,公共交通出行服务链不仅考虑公共交通出行本身,更注重将出行与人的活动、城市发展、土地利用以及相关企业服务之间的关系进行重构,在城市空间发展与土地利用过程中体现人本的服务思想,呈现给出行者的是在公交出行过程中享受到的一系列有序集合的服务,是一个连续的、无缝衔接的、无处不在的和动态的服务环境,其实现有赖于以公交为主导的、完整的出行服务网络,这种出行服务网络需要按照一定的方法重新构建,是从服务的角度对公共交通规划与发展路径的重新审视和思考,而不是在现有公交网络基础上做简单的完善和补充。

5.3 公共交通出行服务链体系架构

公交出行服务链是为居民公交出行活动所设计的一种"从出行决策开始到出行过程结束的贯穿全程的交通服务"。公交出行服务链倡导整个社会联合起来为人们的出行和活动服务,旨在通过居民出行活动的集聚引导,契合公交的集约化运输特征,来提高出行活动与运输服务的质量,保证公共交通的客流和效益,也为相关产业带来收益。因而,公共交通出行服务链是优化社会公共服务的一种思路,其最终目的是利用公共交通的纽带作用丰富人们的生活,提高人们的生活质量。

公交出行服务链在规划层面强调引导人的日常需求活动,以活动聚集性为出发点构建多活动聚集区;在管理层面强调以人的一日活动过程为服务对象,强调公交企业与关联产业/企业在经营管理方面的优化整合,目的是为出行者提供一个完整、主动的出行服务环境。

5.3.1 公交系统与外部环境的作用关系

城市化和信息化正逐渐改变着城市居民生活习惯,城市功能空间面临剧烈重构,特别是城市商务圈与各种综合体的涌现,为居民活动的集聚引导和集约化的公共交通服务提供了支持。基于出行服务链的公共交通规划,不仅考虑了公共交通服务本身,更注重公共交通与人的活动、城市空间和土地利用等外部环境之间的密切联系(图5-6),是从服务角度对公共交通规划与发展路径的重新审视和思考。

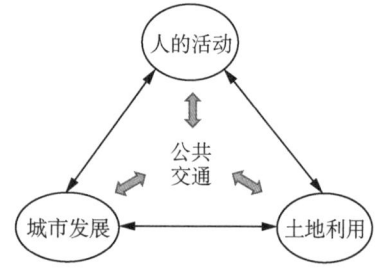

图5-6 城市、活动、土地与公共交通系统的相互作用

(1)城市与土地:提升城市资源的开发效益,引导城市合理地向集约化的用地模式发展,将是政府面临的一项艰巨任务。新城市主义、精明型增长、紧凑型城市开发等都是对可持续发展、高密度开发以及混合土地利用的探索,旨在通过研究土地利用与城市空间的关系,建设更生态、更宜居的城市环境。有限的土地资源与城市空间发展之间的矛盾需要用紧凑有致的土地利用形态和功能复合的空间体系来平衡。

(2)活动与城市:城市是一个集人的休憩、娱乐、餐饮、文化等活动为一体的多层次、多功能的空间,人的活动是构成城市空间的基本元素。人的活动往往影响着城市整体或局部的形态,进而影响城市空间的发展。城市不同地域也因人活动的强弱而出现明显的分区,例如按照商业活动的活跃程度,有城市中心商业区、城市副中心商业区和郊区商业区之分等。

(3) 活动与土地:土地利用形态与人的活动是两相对应的,土地利用形态决定了人们可能从事的活动类型,例如商业娱乐用地类型决定了其所吸引的是购物、休闲等类型的活动;活动需求又反过来刺激了对应用地的开发,例如地铁换乘站中出行者对饰品、充值卡、百货等小商品的购买需求,刺激了地铁站以"即时性"商品为主的零售商业用地的开发。

(4) 交通与城市、土地和活动:首先,交通与城市发展、土地利用的关系密切。一个城市的交通对城市空间的发展有重要影响,交通基础设施的投资与建设是城市空间增长的重要推动力,交通可达性对城市空间形态演化起着决定性作用,交通系统的效率决定了整个城市生产和生活的效率,交通拥堵等交通系统的病症严重阻碍了城市空间的发展。其次,交通与土地利用也相互影响。例如交通系统影响土地的可达性,从而影响土地利用的价格、布局等,土地利用又从规模、密度、布局等方面影响着交通,当前提倡的城市用地功能混合就是针对诸多交通问题的一剂良药。最后,交通出行与人的活动之间是衍生需求与本源需求的关系。出行本身并非一种需求,很少有人会为了出行而出行(散步除外),因此人们的出行总是有其各自的目的,都是为了在其他地点实现某种活动,这就是出行的本质特征。公共交通作为城市交通最重要的组成之一,与以上三者的关系仍然成立。

5.3.2 公交出行服务链的关键规划要素

公共交通出行服务链的实现,首先依托于在规划层面形成完整的服务网络,这个服务网络要求具有公交的集约化特征,能够集中发挥公共交通的优势和效益,因此公共交通出行服务链在规划层面有三个关键要素——多活动聚集区、复合性的公交网络以及人性化的公共交通服务。

多活动聚集区(multi-activities aggregating area,M3A),是将不同的活动目的按照一定规律有机地集聚起来,提供不同服务之间的融合与衔接,以满足出行者对日常主要活动的需求而建构起来的综合性活动区域。多活动集聚区可以简化复杂的出行链,并以集约化的出行特征提升公交服务的效能,促进公交的可持续发展。与传统功能单一的社区结构相比,多活动集聚区具有丰富的用地类型,充分利用了不同空间资源对多样性活动的吸引特征以及不同活动发生时间的差异性,极大地增强了区域的活力,与公交社区有异曲同工之处,但更重要的是它从出行者活动的聚集性、连续性和习惯性出发,不同于以公共交通导向的或者以经济利益为主要目的的混合土地开发。

多活动聚集区具有以下特点:
(1) 聚集多种必要的日常活动,且活动目的间的相关性好;
(2) 相关活动地点之间有良好的贯通性;
(3) 区域用地具有一定的规模和适宜的比例关系;
(4) 区域内外部出行倡导以慢行、公共交通为主要方式;
(5) 活动地点之间存在一定的信息与空间共享。

无缝衔接的公交复合网络是公交出行服务链的核心要素。随着居民机动化出行距离的拉长及多模式出行选择的增加,市民出行将由线路出行向网络出行转变。链式出行过程中任何环节的不满意都可能导致居民放弃公交出行。提高市民"门到门"出行体验,是公交提升吸引力与竞争力的必然选择。交通运输部在《城市公共交通"十三五"发展纲要》中也提出要扩大公交服务的广度和深度,科学规划、调整城市公交线网,加强城市轨道交通、公共汽电车等多种方式网络的融合衔接,扩大线网覆盖范围。因此,公交换乘衔接的精细化设计是提升公交服务水平的核心。

公交复合网络由多层次、多种公共交通出行方式构成,以满足不同等级客流强度、多样化、差异化的公共交通出行需求,而不同公交出行方式之间的无缝衔接是指通过公交网络结构、公交站点布局、步行设施设计等的优化改善,实现公共交通出行一体化服务,为建立紧密的公交出行服务链提供客观空间和环境。

人性化的公共交通服务,是指配合多活动聚集区的公共交通,在可达性和服务品质方面都能充分满足出行者的需求。在公交出行服务链理念中,公共交通对出行者的作用主要有两点,一是活动的主动引导,二是运输的集约化。主动引导作用体现在通过良好的衔接服务和用地可达性,吸引公共交通乘客主动到公共交通沿线固定的活动聚集区活动;集约化运输作用体现在通过良好的服务,使公共交通本身更具吸引力,更好地满足出行者对位置移动的需求,同时减少对于道路交通网络的负荷,促进城市交通的运营效率。

聚集化的活动对出行者本身以及公共交通服务都有重要的作用,如图5-7所示。

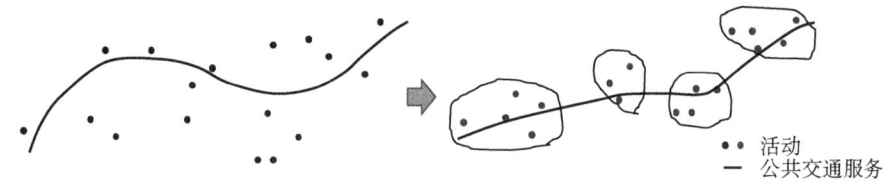

图5-7 从基于分散活动的公共交通服务到基于聚集活动的公共交通服务

可见,当活动由分散变得聚集,公共交通服务也会因此变得更加紧凑,直达性更好,距离活动地点也更加便捷,同时也更容易形成具有特色的活动社区。因此,活动聚集性以及聚集区的建设是提供出色的公共交通出行服务的前提,目前城市综合体的自发建设已经蕴含了活动集聚区的精神实质,如何将其由自发变为自觉,与公共交通形成无缝连接则是规划层面公共交通出行服务链构建的基础。

综上所述,公交出行服务链体系的构建是为了建立一个以公交为载体的紧凑型混合用地的社区——多活动聚集区,并有益于乘坐公共交通的环境,使得聚集性的土地开发能够便利人们的工作与生活,并以良好的出行服务引导出行者自发选择公共汽车和轨道交通,最终实现出行者满意的出行与活动服务过程。

5.3.3 公交出行服务链运营服务一体化

由于出行者出行目的的多样性,除了被动的运输服务外,公共交通对出行者各种需求的响应效率是偏低的。如果把出行者离开家到返回家的一个出行链甚至是人的一日活动链看作是一个整体,而整个社会是其服务提供者的话,与公共交通出行服务密切相关的是规模非常庞大的城市其他服务功能和关联产业,如广告、传媒、文化、社区服务、餐饮、零售、商场和市政等。若能够将这些服务和产业与公共交通服务进行有效的集成,那么将大大提高公共交通的服务质量和吸引力,满足居民出行的多样化要求,提高需求响应效率。

但遗憾的是,现状公共交通作为一种运输服务,并没有与很多服务功能节点和关联产业之间形成紧密衔接和有效集成,因而呈现给出行者的服务只是一种被动的、间断的、封闭的和局部的运输服务。例如一条延伸到某商场的公共交通线路,当公交公司与商场之间没有形成无缝衔接时,顶多是公交公司为保证客源而将站点设在商场附近,或者商场为吸引顾客去迎合公共交通站点选址,然而本质上它们是各自为政、互不干预的。公共交通出行服务链的建设,将会促使商场为满足公共交通乘客的需要而主动提供人性化的服务,如延长商场购物推车使用的距离直到公共交通站点,公共交通也会主动地为乘客免费提供商场的活动信息等。

因此,在经营管理层面,公交出行服务链的构建试图借助管理科学中服务链的理念,将公共交通服务与其他活动服务的服务提供者和关联产业从建设、经营、管理等方面做到统筹规划、联合管理。

根据管理科学及其他行业应用中关于服务链理念的阐述,经营管理层面公交出行服务链的构建思路是:从出行者需求出发,围绕公共交通核心企业将与公交出行有关的各种服务提供方有效地组织起来,通过对顾客流、服务流、信息流和资金流等实行有效的控制,将出行者价值管理、服务流程管理和服务能力管理进行紧密集成,实现以出行者需求为导向的公共交通综合服务产品,达到经济效益、社会效益、环境效益、顾客心理效益的价值最大化,并将其提供给顾客的一个完整的公共交通出行活动服务网络环境。

公共交通出行服务链的实质是指在为出行者提供全方位的公交出行服务过程中,由拥有特定服务能力的若干个功能部门或经营产业,通过一系列相互关联的流程而形成的整体,使出行者的公共交通出行活动顺畅舒适,并达到相应的活动目的。因此,公共交通出行服务链的最终产品是一日活动过程中"所有服务的综合体",它以公共交通运输服务为核心,以活动中享受到的各种服务为主体。服务链的节点分为核心节点和功能型节点,核心节点指以公交企业为主的核心服务企业,功能性节点指以住宅区物业、商场、工厂、写字楼等工作单位,以及以学校、医院、公园等生产或生活性单位为主的重要企事业机构或产业。

在这种一体化的经营管理理念下,核心节点和功能型节点可互利互惠,例如功能型节点能够借助公共交通的便利性减少员工和顾客对私人小汽车停车位的需求,从而更多地将产业投资应用到自身的业务主体上;公共交通可以通过提升与相关功能型节点的配合度,在与小汽车的竞争中保持优势。同时服务链的构建还有利于梳理各部门的关系和权责,防止责任的相互推诿。

5.4 出行活动集聚性研究

5.4.1 机动化带来的城市扩张

随着城市化水平的迅速发展和机动化水平的不断提高,全球范围内众多的大中型城市都面临着城市用地不断扩张的问题。

城市扩张的内涵为城市低密度的发展,居住地远离工作、购物和娱乐场,人们外出活动不得不更多地采用小汽车出行,其特征突出表现为城市用地与城市人口增长的不平衡、城市蛙跳式或散落式发展、郊区商业带的发展以及低密度、单一用途用地在城市边缘的大量扩张。这种城市发展方式引发了一系列由于城市无序蔓延而带来的"城市病",如土地利用率低、交通需求分散、平均出行距离延长、污染和交通拥堵严重、道路交通潮汐现象突出、CBD地区缺乏活力以及公共交通客流不均衡等问题。

根据2010—2019年我国城市统计年鉴,整理以下我国几个典型城市的数据,得到城市扩张情形如图5-8所示。

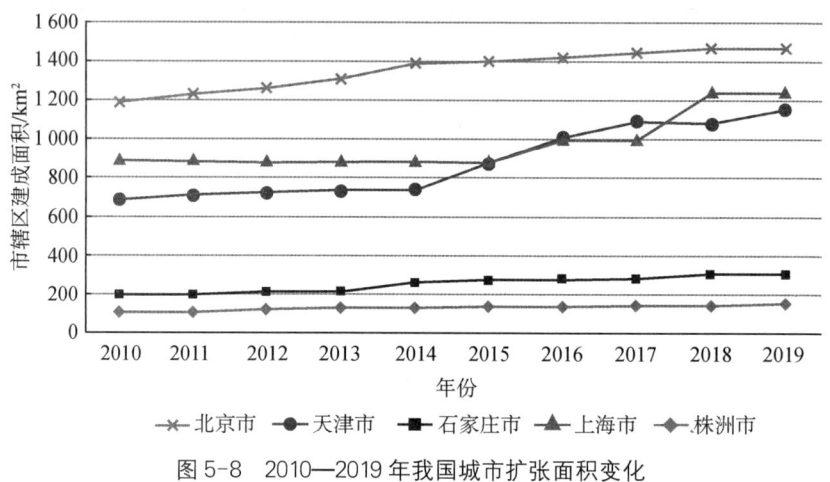

图5-8　2010—2019年我国城市扩张面积变化

可见,不同规模城市近十多年来均有不同程度的扩张,其中尤以北京、上海、天津等大中城市的趋势最为明显。

总之,城市扩张带来的城市功能分散、出行距离增加等问题,呼吁更紧凑的城市发展模式和更集约化的出行方式,这是活动聚集性产生的外在原因。

5.4.2　集中化与分散化的智慧

集中与分散看似矛盾实则是辩证统一的,在城市规划历史上经常交替扮演着主角。集中与分散的相互关系作为城市空间中对立统一的两面,构成了城市空间演化的基本矛盾,而它们的对立与统一又成为城市空间发展的最本质运动[11]。

近些年来,为缓解市中心巨大的人口、用地和交通压力,借鉴国外经验,我国城市分别经历了卫星城发展、单一功能开发区发展、公共交通导向发展以及城市综合体发展等多种多样的、或体现集中、或体现分散、或体现所谓分散的集中等规划思想的有益探索。

如早期卫星城的发展就是一种分散化的智慧,它缓解了城市中心区人口过于集中、高峰期交通瘫痪等"城市病",那时的卫星城功能较为单一,主要是提供居民居住的场所,即所谓的"卧城",大多数居民的工作和文化生活仍留在主城内。现在的工业园区、大型居住社区等仍是这种发展模式。而后,卫星城的发展先后经历了:第二代卫星城——开始有了一定数量的工厂企业和公共设施,居民可以就地工作;第三代卫星城——成为基本独立于主城,具有就业机会的卫星城,其中心也是现代化的;现阶段的第四代卫星城——多为多中心敞开式城市结构,应用高速交通系统把卫星城和主城联系起来,主城的功能扩散到卫星城中去,卫星城逐渐又由分散走向了集中。另外,公交导向开发、城市综合体等的实践,也都是集中化思想的体现。

可见,在城市扩张和土地分散化成为一种不可避免的趋势的同时,混合土地开发和区域功能集中又为这种分散化的趋势提供了很好的解决方案。只不过现阶段我国城市在集中发展过程中还存在一些突出问题,如盲目聚集、开发定位不明确、格局千篇一律以及部分区域功能仍过于单一等。

引用工业区位理论的创始人韦伯在其经典著作《工业区位论》中对于聚集经济的一段话:"聚集经济能够使企业获得成本节约,但聚集经济并不是无条件的,只有把存在着种种内外联系的工业按一定规模集中布局在特定地点,才能获得最大限度的成本,而那种无任何联系的、过渡性的偶然性集合,只会给地区经济发展造成恶果。"[12]与聚集经济一样,寻找"存在内在联系"的功能不同的业态,"按照一定规模"集中布局在"特定地点"才是城市集中发展的要点。

5.4.3 不同城市功能之间的关系属性

城市功能的发展遵循叠加性发展的规律,经历了一个从单一功能到多元功能、从简单功能到复杂功能、从低级功能到高级功能的发展过程。随着城市的发展和完善,原来没有的功能现在产生并发展起来,原来已有的功能在继承下来的同时又得到了进一步的完善,使得现代城市成为一个多元功能的集合体,如政治中心功能、工业中心功能、交通中心功能、市场中心功能、金融中心功能、服务中心功能、信息中心功能、科技中心功能、教育中心功能、文化中心功能以及生活中心功能等[13]。

具体从城市功能空间和建筑空间的角度讲,城市是一个集多种空间功能于一体的区域,它的功能包括居住功能、交通(包括泊车)功能、办公功能、娱乐功能、商业功能、基础设施功能、休憩功能、公共活动功能、自然景观与绿化功能、生产功能和仓储功能等多种类型。城市的这些功能类型之间在紧密程度和渗透程度等方面存在密切的联系,而这些联系正是活动聚集性分析的基础。

关系紧密度主要是指不同城市功能之间直接作用和相互配合的强度。关系渗透度是指不同的城市功能相互之间作用和配合过程中,彼此能够融合与转换的能动性程度。城市功能之间的紧密程度和渗透程度如图5-9和图5-10所示[14]。

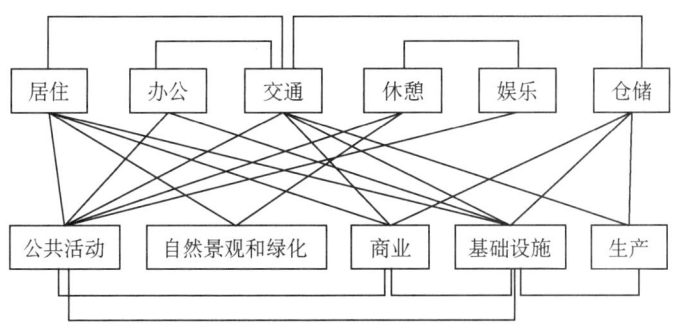

图5-9 城市功能关系紧密程度

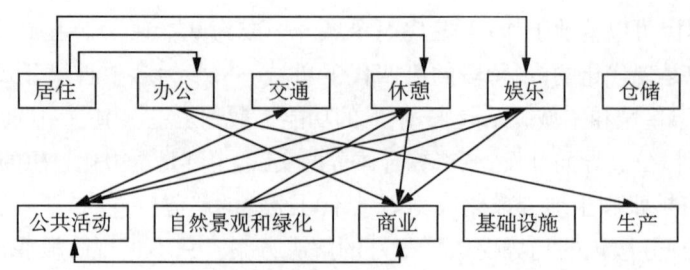

图 5-10　城市功能关系渗透程度

5.4.4　活动集聚性实证分析

分别利用 2010 年攀枝花市居民一日之内全方式出行活动抽样调查的结果和 2015 年杭州市萧山区居民出行调查数据，对居民出行活动的集聚性进行分析。

1. 主要出行活动链类型分析

（1）主要活动链类型分析——以攀枝花市为例。

本次调查采用入户调查方式，调查覆盖攀枝花市的 103 个交通小区，抽样方法为分层抽样调查，各小区抽样率较为均匀，平均抽样率为 5.7‰(＞5‰)。最终获得来自 1 325 户家庭、2 966 位被调查者的有效样本，共收集到 6 506 人次居民出行记录。其中男、女性别比例为 1.04∶1，年龄遍布各个阶段，并以 20～70 岁为主，职业以工厂工人、离退休人员、学生和企业职员为主。

将一天中的不同活动目的按照时间顺序连接起来形成出行活动链。首先对攀枝花市居民的日常出行活动链类型进行分类，活动目的单一的出行链称为简单出行链，活动目的多样的出行则构成复杂出行链。调查显示，攀枝花市居民出行以简单链为主，各主要活动链出行者所占样本比例如图 5-11 所示。

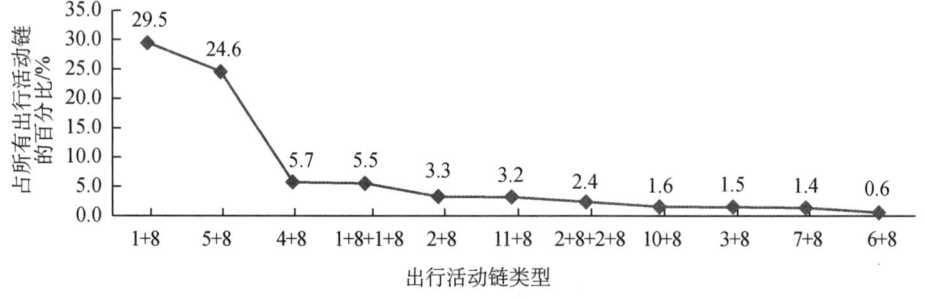

图 5-11　主要出行活动链百分比

横坐标中的数字 1～11 分别代表以下活动目的：1—上班，2—上学，3—公务或业务，4—餐饮休闲娱乐，5—购物，6—接送小孩，7—看病，8—回家，9—回单位(学校)，10—探亲访友，11—其他。显然，"1＋8"(上班＋回家)与"5＋8"(购物＋回家)两类活动链所占比例最大。按照 Bowman[15] 对活动类型的分类(生存型、维持型、休闲娱乐型)，攀枝花市居民的主要活动类型为生存型和维持型，其中上学出行链("2＋8"与"2＋8＋2＋8")较少，仅占到上班("1＋8"与"1＋8＋1＋8")类型的约 1/9，与通常假设的每户两个成人、一个孩子的比例差别较大,主要原因可能是很多家庭的住校学生没有参与本次调查,因此调查中与上学出行活动有关的数量关系可能比实际情况有所偏低。

(2) 活动链类型与个人属性的关系探究——以杭州萧山区为例。

本次调查采用入户调查方式,共收集问卷 5 505 份,初始调查问卷包含个人出行信息、个人信息、户信息三个部分。第一部分为个人出行信息,包括个人每次出行的出发和到达的时间、地点及对应经纬度、出行目的和出行方式等;第二部分为人口统计信息,包括性别、年龄、职业、教育水平和有无驾照等;第三部分为户信息,包括家庭户籍信息、家庭拥有交通工具情况和家庭年收入等。对原始数据进行清洗,剔除不完整的问卷、活动目的地不在研究区域的数据、活动链明显过于复杂(如有超过六种活动的链)且在样本中只出现一次的数据,最终得到 5 384 份有效问卷。

生存、维持、娱乐的活动分类更多的是从活动需求层次出发,对活动功能进行划分。然而,实际上活动空间的功能是相对复合的。一般而言,复合功能的区域可以同时承担生存、维持、娱乐三种功能,从这个角度来说,这种传统活动分类难以对居民不同活动链的空间差异进行解答。因此,考虑到活动的相互联系,研究提出了一种新的出行活动模式分类方法。基于每个活动链的长度,先将活动链分为单活动出行和多活动出行,再依据居民在进行多活动期间是否回过家,将多活动出行进一步分为多活动间断出行(在进行多活动期间回过家)和多活动连续出行(在进行多活动期间没回过家)。最终居民出行活动链被划分为三种类型,如图 5-12 所示。

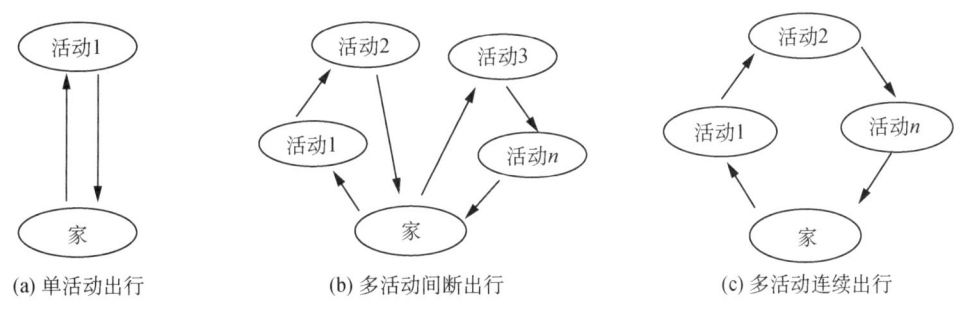

(a) 单活动出行　　　　(b) 多活动间断出行　　　　(c) 多活动连续出行

图 5-12　新型出行活动链分类

在居民出行调查数据处理的基础上进行单活动出行、多活动间断出行和多活动连续出行的统计分析,得到单活动出行 2 673 个、多活动间断出行 1 319 个、多活动连续出行 1 392 个,不同活动链类型样本的个人及家庭特征如表 5-1 所示。

表 5-1　不同活动链类型样本的个人及家庭属性

总出行记录			单活动出行		多活动间断出行		多活动连续出行	
			数量	比例	数量	比例	数量	比例
样本量		5 384	2 673	49.65%	1 319	24.50%	1 392	25.85%
户籍	本地	4 959	2 484	92.93%	1 206	91.43%	1 269	91.16%
	非本地	425	189	7.07%	113	8.57%	123	8.84%

(续表)

	总出行记录		单活动出行		多活动间断出行		多活动连续出行	
			数量	比例	数量	比例	数量	比例
性别	男	2 781	1 376	51.48%	649	49.20%	756	54.31%
	女	2 603	1 297	48.52%	670	50.80%	636	45.69%
年龄	25 岁及以下	570	327	12.23%	129	9.78%	114	8.19%
	26~40 岁	3 029	1 514	56.64%	681	51.63%	834	59.91%
	41~60 岁	1 728	809	30.27%	484	36.69%	435	31.25%
	60 岁以上	57	23	0.86%	25	1.90%	9	0.65%
职业	职员	3 539	1 723	64.46%	850	64.44%	966	69.40%
	企业负责人	840	410	15.34%	172	13.04%	258	18.53%
	学生	195	149	5.57%	26	1.97%	20	1.44%
	公职人员	219	114	4.27%	50	3.79%	55	3.95%
	离退休人员	306	131	4.90%	123	9.33%	52	3.74%
	其他	285	146	5.46%	98	7.43%	41	2.94%
受教育程度	小学及以下	462	201	7.52%	164	12.43%	97	6.97%
	中学(初中、高中)	2 017	1 029	38.50%	536	40.64%	452	32.47%
	专科	2 087	1 076	40.25%	438	33.21%	573	41.16%
	本科及以上	818	367	13.73%	181	13.72%	270	19.40%
有无驾照	有	3 466	1 640	61.35%	804	60.96%	1 022	73.42%
	无	1 918	1 033	38.65%	515	39.04%	370	26.58%
家庭小汽车拥有量	0	836	411	15.38%	232	17.59%	193	13.87%
	1	3 064	1 517	56.75%	779	59.06%	768	55.17%
	大于 1	1 484	745	27.87%	308	23.35%	431	30.96%
家庭年收入	10 万元以下	1 601	869	32.51%	331	25.10%	401	28.81%
	10 万~30 万元	3 146	1 468	54.92%	871	66.03%	807	57.97%
	30 万元以上	637	336	12.57%	117	8.87%	184	13.22%

① 多活动出行链特征分析。

分别获取不同类型出行活动链的属性特征,如样本数量、活动链平均长度、活动链平均出行时耗与平均出行距离、单个活动平均出行时耗与平均距离等,如表 5-2 所示。

表 5-2 各类型活动链属性特征

	单活动出行	多活动间断出行	多活动连续出行	总活动链
样本量	2 673	1 319	1 392	5 384
百分比	49.6%	24.5%	25.8%	100%
活动链平均长度	2.0	4.1	3.4	2.9
活动链平均出行时耗/min	47	76	66	59.1
活动链平均出行距离/km	12.1	15.6	14.9	13.7
单个活动平均出行时耗/min	23.5	18.5	19.4	20.4
单个活动平均距离/km	6.0	3.8	4.4	4.7

从表中可知,约 50%的受访者进行了多活动出行,与单活动出行相比,多活动出行在整个出行链中的出行时耗和出行距离较长,活动链中的单个活动平均出行时耗和平均出行距离要比单活动的少,这意味着,为了在一天内进行更多的活动,居民会尽量在前一个活动地点附近选择下一个活动的目的地,以减少一天的出行时间和距离。在多活动出行中,约 52%为多活动连续出行,与多活动间断出行相比,多活动连续出行的总出行时耗较少,总出行距离较短,但单活动的出行时耗较长,出行距离稍长。这些数据说明,选择多活动连续出行的居民主要使用较快的出行方式,而选择多活动间断出行的居民可能使用较慢的出行方式。不同活动链的出行方式选择如表 5-3 所示。

表 5-3 不同活动链的出行方式选择

主要出行方式	单活动出行	多活动间断出行	多活动连续出行	总活动链
私人机动车(小汽车和摩托车)	44.26%	38.99%	55.09%	45.80%
自行车(包括电动自行车)	38.11%	37.71%	31.04%	35.78%
步行	9.15%	18.75%	10.43%	12.82%
公共交通	7.54%	3.81%	2.74%	4.79%
出租车和其他	0.94%	0.77%	0.69%	0.81%

注:当一段行程由多种出行方式共同完成时,以距离最长的为主要出行方式;当两种方式的距离相等时,以最后一种方式为主要出行方式。

从表 5-3 中可以得出:
• 无论是单活动出行还是多活动出行,受访者都倾向于选择私家车(45.80%),其次是自行车(35.78%)、步行(12.82%)和公共交通(4.79%)。
• 在多活动间断出行中,选择私家车的比例略高于选择自行车的比例,而在其他两类活动链中,选择私家车的受访者明显较多,尤其是在多活动连续出行中。
• 慢行方式(步行和自行车)在多活动间断出行中使用的比例明显高于单活动出行和多活动连续出行,原因是多活动间断出行的平均出行距离较短。

- 选择多活动出行的受访者比选择单活动出行的受访者更少使用公共交通。同样,多活动连续出行比多活动间断出行使用公共交通少。

基于以上研究发现,当需要在一个出行活动链中以更少的时间完成更多的活动时,由于私人机动方式"门到门"运输的便利性,出行者倾向于选择该方式出行,从而形成了一个多活动连续出行链。相比于其他两种活动链,出行者在进行多活动间断出行时更多选择慢行方式,当家距离不同活动目的点较近时,多活动间断出行是减少私家车使用的较好选择。然而,由于空间资源有限以及受家庭经济水平等因素的影响,居住点位置并不是一个容易改变的变量,因此,对分散的活动出行进行空间集聚,并调整公交线路和运营模式以满足出行需求,能够有助于减少私家车的使用。

② 个人属性对活动链选择的影响。

为分析个体属性对单活动出行和多活动出行选择的影响,首先采用卡方检验对个体属性与活动链选择的相关性进行检验,结果表明户籍、年龄、职业、受教育程度、有无驾照、家庭年收入与活动链选择存在相关性,相关分析表明,这6个个体属性之间存在弱相关,适合于回归分析。利用二元Logistic回归模型估计上述个体属性对活动链选择影响的显著性。在该模型中,单活动出行和多活动出行分别用0、1表示,参考类别为单活动出行,结果见表5-4。当显著性小于0.05时,相应的属性变量对活动出行链的选择有显著影响。

表5-4 活动链选择的回归模型参数估计结果

变量		B	Sig.	Exp(B)
截距		0.269	0.451	1.309
户籍	本地	−0.415	**0.000**	0.660
	非本地	—	—	—
年龄	25岁及以下	−0.071	0.823	0.932
	26~40岁	−0.244	0.415	0.783
	41~60岁	−0.109	0.708	0.897
	60岁以上	—	—	—
职业	职员	0.139	0.272	1.149
	企业负责人	0.052	0.716	1.053
	学生	−1.070	**0.000**	0.343
	公职人员	−0.109	0.555	0.896
	离退休人员	0.324	0.064	1.383
	其他	—	—	—
受教育程度	小学及以下	0.197	0.174	1.218
	中学(初中、高中)	−0.160	0.093	0.852
	专科	−0.281	**0.001**	0.755
	本科及以上	—	—	—

(续表)

变量		B	Sig.	$\text{Exp}(B)$
有无驾照	有	0.334	**0.000**	1.397
	无	—	—	—
家庭年收入	10万元以下	−0.011	0.910	0.989
	10万~30万元	0.290	**0.001**	1.336
	30万元以上	—	—	—

回归模型结果显示，拥有本地户籍的居民往往有更多的单活动出行，这可能是因为本地居民多住在离市中心较近的地方，他们可以更方便地完成一些日常活动，而不必在一次出行中安排较多活动。不同年龄段的居民在活动链选择上没有显著差异，老年人进行多活动出行的原因可能是他们有更多的空闲时间，并且随着社会发展，他们的生活也更为丰富。职业对活动链的选择没有显著影响，学生是较为特殊的群体，他们主要从事单一活动的出行链，其概率是其他职业居民的2.915倍(1/0.343)。拥有专科学历的居民相比本科及以上学历的居民更有可能进行单活动出行，其原因可能是他们的工作时间可能更长，工作强度可能更大，几乎没有时间从事其他活动。有驾照的居民由于小汽车的便利性，更倾向于进行多活动出行。此外，家庭年收入在10万~30万元的受访者也倾向于进行多活动出行，其概率是年收入30万元以上人群的1.336倍，这可能是由于他们的工作模式或相对固定的日程表，相反，家庭收入较高的居民可能工作更灵活，日程安排更灵活。

对于进行多活动出行的居民，用同样的方法进一步分析了个体属性对选择多活动间断出行与连续出行的影响。卡方检验结果显示，性别、年龄、职业、受教育程度、驾照、家庭小汽车拥有量、家庭年收入与多活动出行链的选择相关。相关分析表明，这7个个体属性之间相关性较弱，适合于回归分析。在二元Logistic回归模型中，分别以0和1表示多活动间断出行和多活动连续出行，并以多活动间断出行作为参考类别。回归模型的参数估计结果见表5-5，当显著性小于0.05时，相应的属性变量对多活动出行链的选择有显著影响。

表5-5 多活动链选择的回归模型参数估计结果

变量		B	Sig.	$\text{Exp}(B)$
截距		−0.482	0.336	0.617
性别	男	0.045	0.596	1.046
	女	—	—	—
年龄	25岁及以下	0.059	0.896	1.061
	26~40岁	0.271	0.531	1.311
	41~60岁	0.371	0.376	1.449
	60岁以上	—	—	—

(续表)

变量		B	Sig.	Exp(B)
职业	职员	0.900	**0.000**	2.458
	企业负责人	1.106	**0.000**	3.022
	学生	0.953	**0.014**	2.593
	公职人员	0.667	**0.017**	1.948
	离退休人员	0.144	0.583	1.155
	其他	—	—	—
受教育程度	小学及以下	−0.532	**0.009**	0.588
	中学(初中、高中)	−0.420	**0.002**	0.657
	专科	−0.079	0.511	0.924
	本科及以上	—	—	—
有无驾照	有	0.127	0.275	1.135
	无	—	—	—
家庭小汽车拥有量	0	−0.337	**0.026**	0.714
	1	−0.221	**0.028**	0.802
	大于1	—	—	—
家庭年收入	10万元以下	−0.048	0.755	0.953
	10万~30万元	−0.421	**0.002**	0.656
	30万元以上	—	—	—

回归模型结果显示,性别、年龄和有无驾照等变量对居民的多活动出行链选择行为无显著影响。职业方面,与其他职业相比,职员、企业负责人、学生和公职人员具有较高的连续出行概率,这可能是因为他们大多忙于工作或学习,追求时间效率。与有多辆车的家庭相比,无车或只有一辆车的家庭更喜欢多活动间断出行,可能的原因是出行不够便捷,所以他们可能喜欢在家附近完成活动,回家后再出去参加下一个活动。受教育程度方面,中学及以下文化程度的受访者比文化程度高的受访者更倾向于进行多活动间断出行。家庭年收入方面,家庭年收入在10万~30万元的居民,与家庭年收入在30万元以上的居民相比,更喜欢进行间断出行。可以看出,受教育程度较低或家庭年收入较低的人群更喜欢多活动间断出行,这可能与他们居住地的选择有关,他们会选择离工作地点较近的住所或生活便利的地方,以节省出行时耗。

2. 活动集聚空间特征分析

在对杭州市萧山区居民活动链类型与个人属性研究的基础上,从空间角度探究居民不同类型活动链的空间差异,即探究现有建成环境哪些区域的居民多、活动出行多,哪些区域有更多的连续多活动出行,以进一步了解居民的活动需求特征,判断居民出行活动是否可以进行集聚性引导。本次调查中的"集聚"主要是指多活动目的地的空间集聚而非人的空间集聚,故研究重点围绕多活动连续与间断出行进行研究。此外,由于居民出行活动受居住点所在地的影响很大,而且出行活动中有相当的比例是回家,需要对活动目的地进行分类,将居民居住点和非家讫点分类进行研究。

(1) 基于居住点的活动空间分布特征分析。

利用从居民出行调查数据中提取出的 5 384 个居民的居住地经纬度、活动链的总出行时耗、总出行距离,以及活动链长度和活动链类型等数据,并对其进行分析,其中单活动出行 2 673 个、多活动间断出行 1 319 个、多活动连续出行 1 392 个。

将研究区域划分为 18 个交通分析区(traffic analysis zones,TAZ),如图 5-13(a)所示。对不同 TAZ 内的单活动出行、多活动间断出行、多活动连续出行的数量进行统计以进一步探究活动的分布,结果如图 5-13(b)所示。杭州萧山区的主要活动空间集中在 TAZ⑧和 TAZ⑩[图 5-13(b)中粗线方框的区域],TAZ②由于样本量过小,在后续分析中不予以考虑。

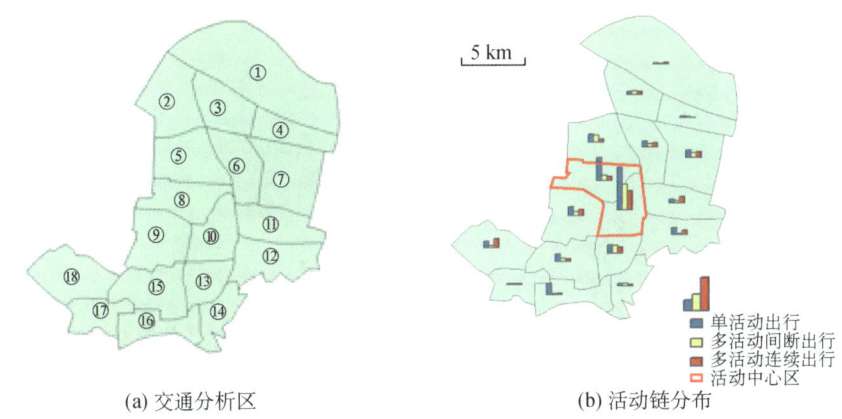

图 5-13 交通分析区划分及活动链分布

研究区域内的所有活动分布如图 5-14 所示。图 5-14(a)~(c)展示了各 TAZ 中所有活动链类型的总出行时耗、总出行距离和活动链长度的分布。由于 TAZ①和 TAZ⑯区内出行的比例较高且大多为小汽车出行,因此出行时耗相对较少,除了 TAZ①和 TAZ⑯以外的大多数 TAZ 具有以下特征:

- 活动中心区的总出行时耗相对较短。
- 随着与活动中心区的距离增加,总出行距离延长。
- 活动链长度随着居住点与活动中心区的距离增加而增加。

研究结果表明,居民出行活动具有明显的向心性,这是因为活动中心区能够提供多样化和完善的服务,满足居民的活动需求。由图 5-14(d)也可得出相似的结论,靠近活动中心区的居民往往更喜欢单活动出行和多活动间断出行,而非多活动连续出行。较外围的区域,居民选择多活动间断出行的比例明显减少,选择多活动连续出行比例明显较多。

(2) 基于活动模式的非家讫点空间集聚分析。

在前述分析数据的基础上提取出所有的非家讫点,共计 9 036 个,其中单活动出行的非家讫点有 2 673 个,多活动间断出行的非家讫点有 2 754 个,多活动连续出行的非家讫点有 3 488 个。

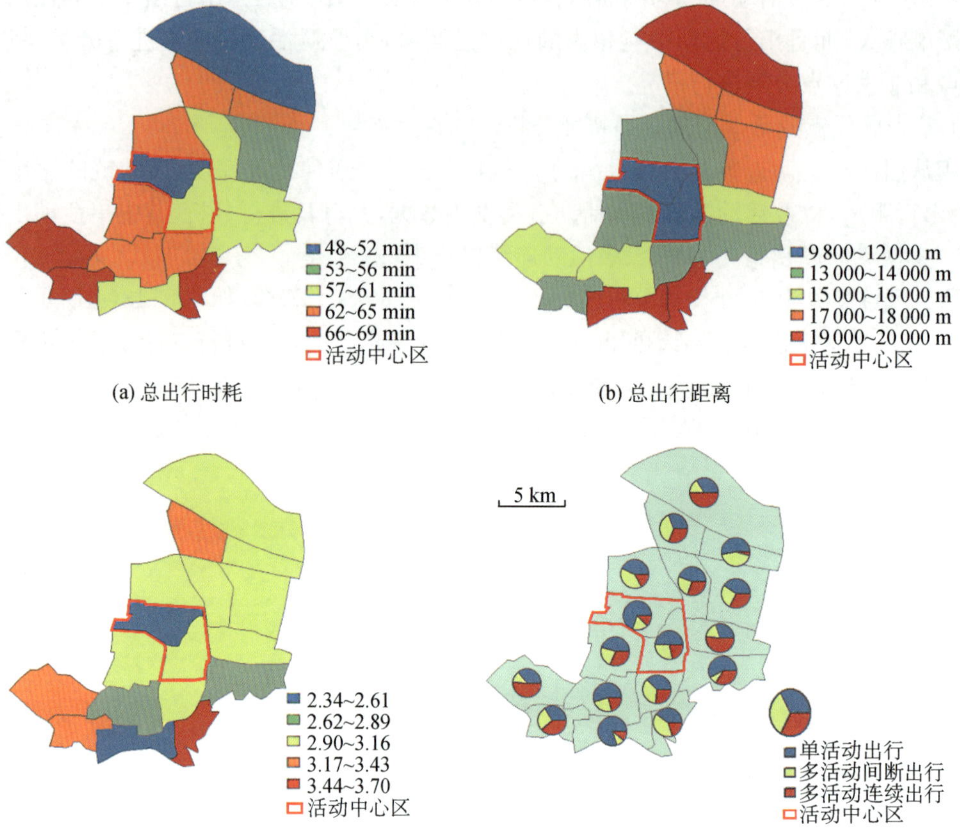

(a) 总出行时耗　　　　　　　　　(b) 总出行距离

(c) 活动链长度　　　　　　　　　(d) 各活动链比例

图 5-14　各交通区的活动特征

对单活动出行、多活动间断出行、多活动连续出行的非家讫点进行核密度计算，进行空间可视化后的结果如图 5-15 所示。由图中可以看出，单活动出行、多活动间断出行、多活动连续出行的非家讫点集聚的空间范围依次缩小，越来越向活动中心区收缩，其密度最高分布在中心半径 600 m 内，且集聚程度按单活动出行、多活动间断出行、多活动连续出行的顺序依次递增。

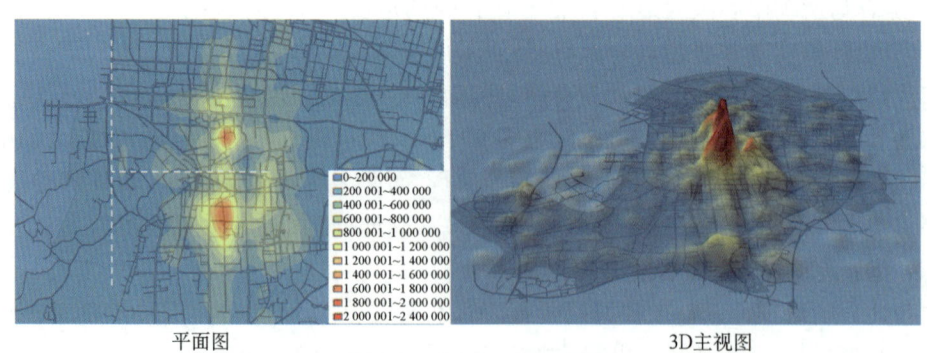

平面图　　　　　　　　　　　　　3D主视图

(a) 单活动出行非家讫点的空间分布

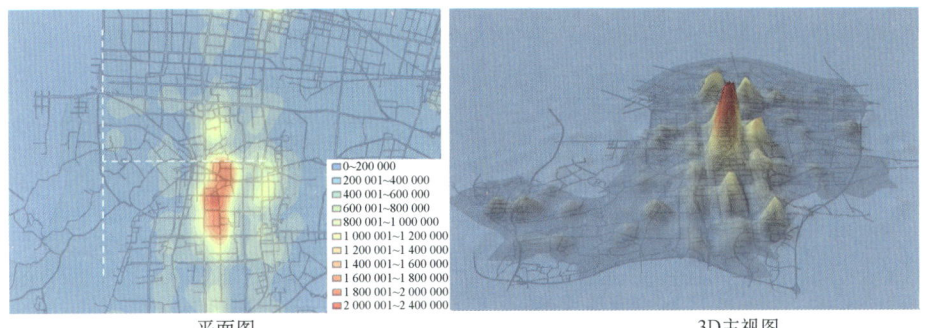

平面图　　　　　　　　　　　　　3D主视图

(b) 多活动间断出行非家讫点的空间分布

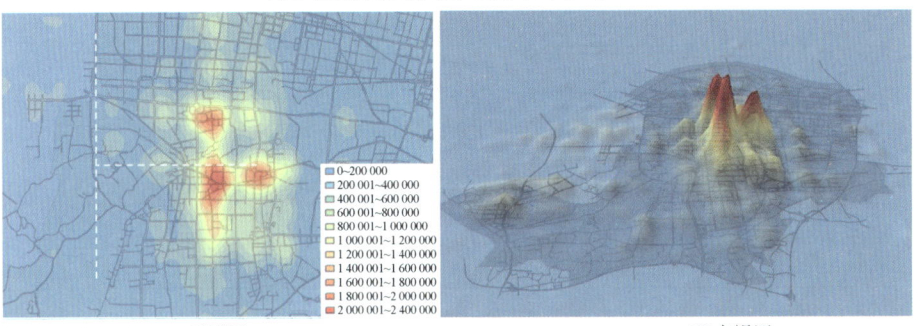

平面图　　　　　　　　　　　　　3D主视图

(c) 多活动连续出行非家讫点的空间分布

图 5-15　不同活动链类型的非家讫点的空间分布

3. 用地性质对活动集聚的影响分析

活动目的体现了人的活动需求，那些聚集了多种活动目的并吸引大量人群的区域，是出行者对整个城市空间布局提出的要求，在前文对居民出行活动链及活动特征分析的基础上，探讨这些活动目的和相应的用地性质中哪些用地类型最可能以及最适合发生活动聚集。

(1) 攀枝花市用地性质对活动集聚的影响分析。

攀枝花市居民最主要的活动目的包括回家、上班、购物、餐饮休闲娱乐和上学等，对不同性质用地上的活动类型进行归纳，结果如图 5-16 所示。

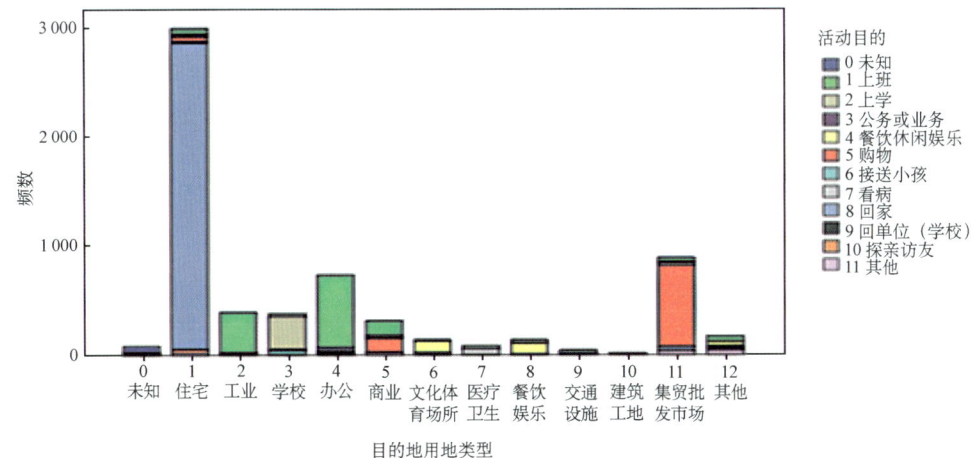

图 5-16　攀枝花市不同用地类型上所分布的活动目的

由图 5-16 可以看出，不同用地类型所对应的活动目的如图 5-17 所示。

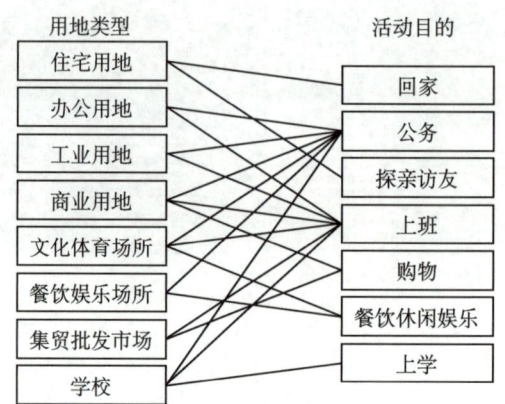

图 5-17　攀枝花市用地类型与活动目的关系

进一步针对所有出行记录分析不同地点所聚集的多种活动目的和用地类型，如图 5-18 和图 5-19 所示。

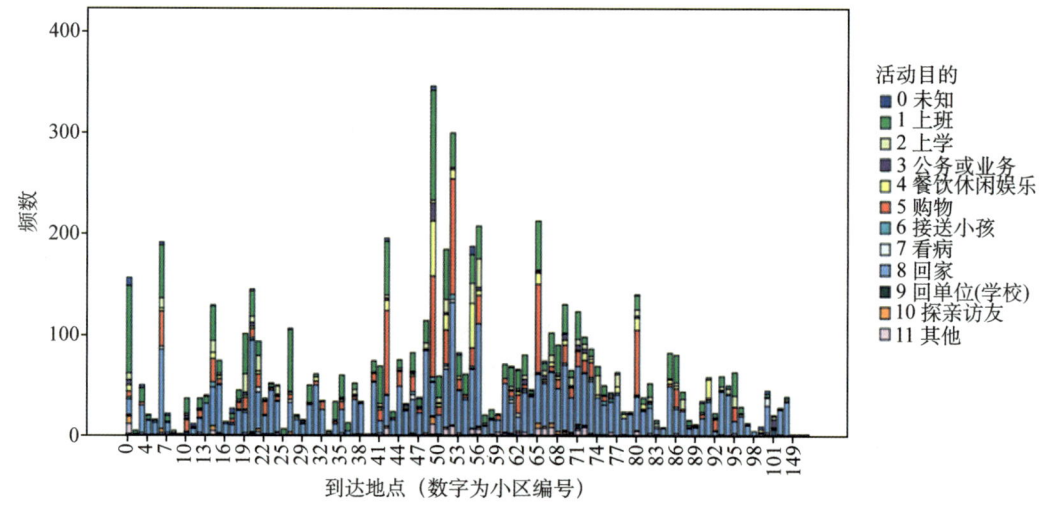

图 5-18　攀枝花市不同交通小区所聚集的多种活动

图 5-18 和图 5-19 中横坐标"到达地点"分别为调查中的攀枝花市的 103 个交通小区，即出行目的地。由图 5-19 可知，与住宅用地最相匹配的是集贸批发市场、办公、学校和工业，后三者均为主要的工作吸引点。集贸批发市场作为日常生活最重要的商业活动场所，与日常生活密切相关。

从图 5-18 和图 5-19 两张图中可以看出：

① 在出行吸引量大（大于 200 人次）的地点，如到达地点编号为 49、52、65、42 的地区，其活动目的和用地类型最为复杂多样，包括上班、购物、餐饮休闲娱乐、公务和回家等，用地类型以大面积的集贸批发市场、大型购物中心、集中的文娱餐饮场所以及办公写字楼为主。

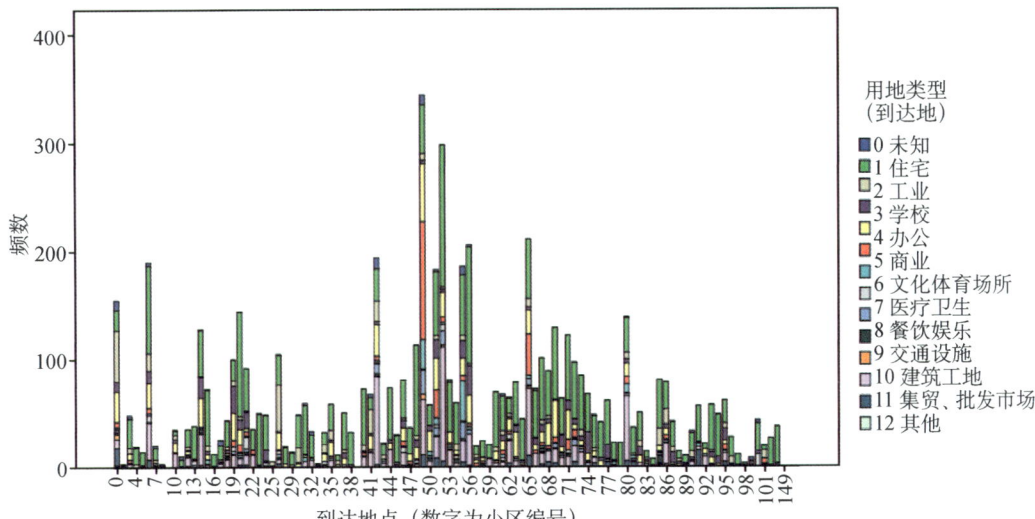

图 5-19 攀枝花市不同交通小区所集聚的多种用地类型

② 在出行吸引量中等(100～200人次)的地点,如到达地点编号为 56、55、6、51、14、19、21、26、80 等地区,其特点是除住宅用地外,常以另外 1～2 种活动目的和用地类型为主,如以学校、工业区或者集贸市场为主。

③ 在出行吸引量小(100人次以下)的地点,其特点是活动目的和用地类型复杂多样,但规模均较小,形成以居住为主的小型生活环境。

(2) 杭州市萧山区用地性质对活动集聚的影响分析。

从前文对杭州市萧山区的居民活动空间聚集特征的分析中可以很容易看出,不同活动出行链的空间分布明显聚集在三个区域,将这三个区域标记为典型区域用于进一步分析,其主要用地位置及编号如图 5-20 所示。三个区域均位于 TAZ⑧ 和 TAZ⑩(活动中心区),其区域内不同出行模式的聚集程度如表 5-6 所示。

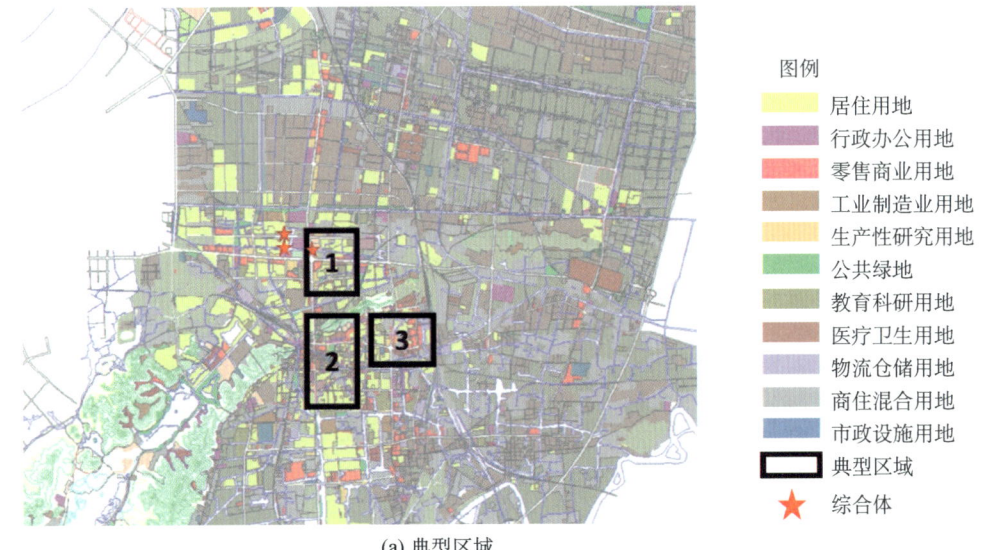

(a) 典型区域

(b) 区域1　　　　　　　　(c) 区域2　　　　　　　　(d) 区域3

图 5-20　典型区域用地特征分析

表 5-6　典型区域内不同出行模式的核密度估计值

区域号	单活动出行	多活动间断出行	多活动连续出行	三种活动链之比
1	1 305 281	985 540	1 280 197	36%：28%：36%
2	1 209 050	1 627 407	1 616 181	27%：37%：36%
3	611 019	990 824	1 480 350	20%：32%：48%

由表 5-6 可知，区域 2 和区域 3 的多活动出行比例相对高于区域 1，区域 3 有较多的多活动连续出行，而区域 2 内多活动间断出行的比例最高。进一步对三个区域的土地利用情况进行分析，从图 5-20 中可以看出，集聚区域的用地类型以居住用地、零售商业用地、商住混合用地以及行政办公用地为主，以医疗卫生用地、教育科研用地、公共绿地为辅。其中，区域 1 及周边 600 m 半径集中了杭州市萧山区目前已有的 5 个综合体中的 3 个，如图中红色五角星；区域 2 功能健全、用地混合，内部及周边有大量的居民区；区域 3 则集中了较多的购物超市、饭店以及娱乐产业等公共设施。三个典型区域的用地特征说明混合用地可以吸引更多的活动，提供了更为连续的出行活动环境，对居民的出行活动有引导作用。

进一步提取杭州市萧山区与综合体相关的出行数据，将出行活动链分为出行不经过综合体、上班在综合体、途经综合体三种，从活动链长度以及活动链时耗两方面对比综合体区域和非综合体区域出行活动的特征差异，结果如表 5-7 和表 5-8 所示。

表 5-7　杭州市萧山区综合体对出行活动的影响比较（活动链长度）

内容	样本数量	总体活动链平均长度（一天中完成的活动数量）	多活动链平均长度（去除单活动出行）
总体	5 384	2.88	3.75
出行不经过综合体	5 119	2.87	3.68
上班在综合体	87	3.03	4.00
途经综合体	178	3.43	3.85

表5-8 杭州市萧山区综合体对出行活动的影响比较(活动链时耗)

类别	时间/min
综合体上班单活动	40.9
综合体上班多活动	73.6(活动链平均长度4)
途经综合体单活动	43
途经综合体多活动	80.3(活动链平均长度3.85)
与综合体有关的总体	45.5

如表5-7所述,在杭州市萧山区上班的居民在综合体和途经综合体的活动链长度明显长于总体平均情况,表明综合体空间吸引了更多的多活动出行。表5-8则显示,相比于途经综合体出行的居民,在综合体上班的居民进行多活动出行时,活动链平均长度长,而出行时耗短。有意思的是,无论是在综合体上班还是途经综合体的多活动,其出行时耗并非单活动出行时耗乘以相应的出行次数,而是比所构成的单活动有很大的节省。因此,尽管综合体所提供的岗位数量有限,但能够整合居民的出行活动,引导居民将间断多活动转化为连续多活动,从而减少居民在出行上的时耗,缓解城市的交通拥挤。

通过对攀枝花市和杭州市萧山区集聚区域用地类型的分析可知,对应居民出行目的的主要用地类型的组合能够吸引到集聚化的出行,也具备了多活动连续活动的环境。

4. POI对活动集聚的影响分析

由前文对用地性质的分析得出用地类型组合可以吸引活动集聚,但土地规划的尺度一般比较粗糙,比如综合体的用地往往都只是用商业服务设施用地来表征,这种单一的表现方式不能体现内部提供的活动服务的多样性,而这些细节在居民进行多活动出行时是非常重要的影响因素。POI(point of interest)数据可以在一定程度上反映土地利用的细节特征[16]。POI是一个某些人认为有用或有兴趣的特定点位置,如餐饮场所、购物、娱乐设施、行政机构、学校、停车场、医院、银行、公司、政府机构和住宅地点等[17]。

在前文分析的基础上,使用杭州市萧山区的POI数据作进一步分析。对杭州市萧山区POI数据进行基本处理,剔除后续分析中意义不大的POI类别,剔除后包括如下几类:餐饮、购物、文体娱乐、行政机构、学校、停车场、银行和公司,剔除的POI主要是公厕、收费站、居住区、酒店、药店和汽修等。

(1) 活动分布与POI分布的空间匹配程度。

为分析活动目的地分布与POI分布之间的匹配关系,首先对非家讫点和POI以600 m为半径进行核密度计算,得到活动目的地与POI的分布分别如图5-21(a)和(b)所示。考虑到POI与活动目的地在数量上不成线性比例,需要进行标准化,以作进一步比较。在核密度估计的基础上,对二者进行栅格重分类处理,并将活动目的地分布与POI分布的密集程度分为了10个等级,结果分别如图5-21(c)和(d)所示。可以发现二者在空间上重合度较高。

利用二者的密度等级,通过减法计算POI的相对密度,比较活动目的地密度和POI密

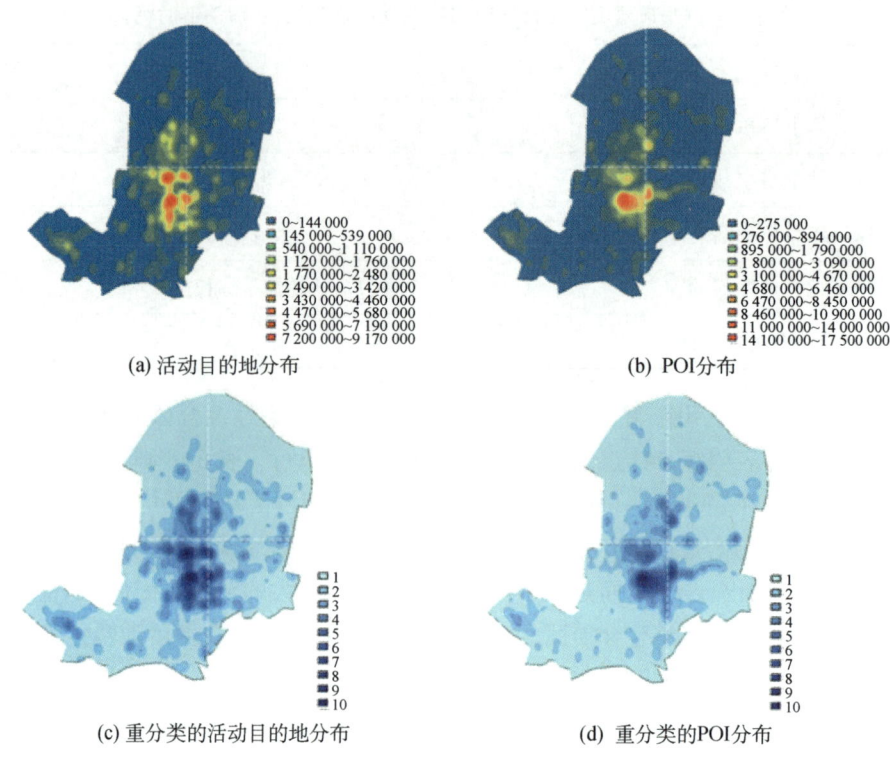

图 5-21　杭州市萧山区活动目的地分布与 POI 点分布对比

度之间的匹配程度,结果如图 5-22 所示。通过聚类分析将阈值设置为 1,对于同一位置的两个网格,如果二者的密度差值在 1 以内,则认为没有差异,若差值大于 1,则存在显著差异。结果表明,91.5%的区域活动分布密度与 POI 分布密度近似匹配,2.0%的区域 POI 分布的相对密度较高,6.5%的区域 POI 分布的相对密度较低,总体上来说活动分布情况和 POI 分布情况基本吻合。

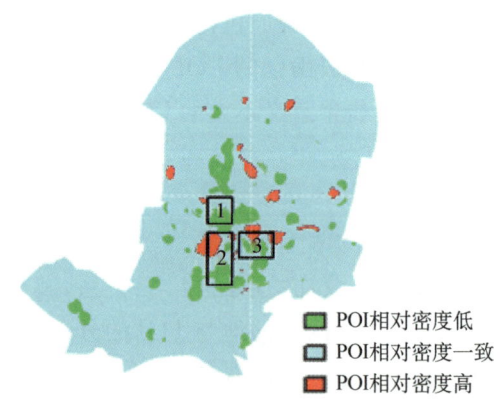

图 5-22　杭州市萧山区 POI 的相对密度分布

通过前文的分析可知,多活动连续出行的目的地主要集中在杭州市萧山区的活动中心区,POI 也相对集中在该区域范围,且经检验各类 POI 在活动中心区的分布较为均匀。本书认为,集聚多活动连续的目的地更能体现 POI 的价值,并将一定数量的 POI 所吸引的活动数量定义为 POI 的效益。图 5-21 和图 5-22 所示的结果表明,若某区域的相对密度较低,POI 的效益则较高,即少量的 POI 可以吸引更多的活动。图 5-22 中的 3 个活动聚集区都包含 POI 相对密度较低的区域,尤其是在区域 1 中,这个结果表明 POI 在空间上的合理分布,如综合体,可以吸引更多的多活动出行,特别是多活动连续出行,综合体通过 POI 在垂直空间上或是水平空间上的整合,大大提高 POI 的分布效率,对居民出行活动有集聚引导的作用。综合来看,POI 的分布对出行活动的聚集有影响,不同 POI 的有效组合能获得更高的效益并为土地利用的整合提供支持,有助于吸引更多的活动从而减少小汽车的使用。

(2) 多活动连续出行非家讫点数量与 POI 分布的关系探究。

合理的 POI 组合能够吸引更多的多活动连续出行。这里指定一个 POI 代表一个活动目的地,则分析结果可以直接反映 POI 的分布对活动模式的影响。为了对影响程度进行量化,并找到合理的 POI 组合,研究运用多元线性回归进行分析,并利用 Arcgis 将杭州市萧山区地块划分为 1 073 个 500 m×500 m 的网格,将每个网格中各类 POI 的数量和居民出行调查受访者的人口统计信息作为自变量,多活动连续出行非家讫点数量作为因变量,构建如下回归分析模型:

$$Z = \beta_0 + \beta x + \alpha y + u \tag{5-1}$$

式中,Z 为多活动连续出行非家讫点数量;x 为不同类型 POI,包括商店、银行、餐饮设施、停车设施和文体娱乐设施;y 为人口统计信息,包括性别、收入、教育水平、活动目的、小汽车拥有量和户籍等;u 为误差项。

变量描述性统计及回归分析结果如表 5-9 所示。

表 5-9 变量描述性统计及回归分析结果

自变量	变量描述	均值 (标准差)	系数 (稳健标准差)
餐饮 POI	餐饮店的数量	7.2 (10.04)	0.11 (0.09)
购物 POI	商店的数量	30.9 (48.77)	0.21*** (0.05)
文体娱乐 POI	文体和休闲娱乐设施的数量	2.6 (3.59)	−1.68*** (0.34)
停车场	停车场的数量	3.1 (4.6)	4.25*** (0.30)
工作 POI	公司和行政机构的数量	8.8 (10.56)	0.36*** (0.14)
银行	银行的数量	4.2 (6.55)	−0.70*** (0.18)
户籍	受访者是本地户籍取 0,非本地户籍取 1	0.07 (0.26)	−3.77* (1.98)

(续表)

自变量	变量描述	均值 (标准差)	系数 (稳健标准差)
性别	受访者是男性取0,女性取1	0.46 (0.50)	−0.01 (1.15)
年龄(参照组：25岁及以下)	26～40岁	0.59 (0.49)	−6.08 (2.12)***
	40岁以上	0.32 (0.47)	−3.31 (2.38)
教育水平(参照组：小学及以下)	中学(初中、高中)	0.33 (0.47)	6.23*** (2.03)
	专科	0.41 (0.49)	5.42** (2.27)
	本科及以上	0.18 (0.38)	4.54* (2.50)
家庭年收入(参照组：10万元以下)	10万～30万元	0.59 (0.49)	4.50*** (1.32)
	30万～50万元	0.12 (0.32)	8.07*** (1.94)
	50万元以上	0.02 (0.14)	−1.44 (4.63)
家庭小汽车拥有量	若家庭有小汽车则取1,否则取0	0.30 (0.49)	1.28 (1.34)
活动目的(参照组:其他)	工作相关	0.45 (0.50)	0.56 (3.32)
	购物	0.40 (0.49)	3.34 (3.36)
	娱乐	0.12 (0.32)	4.76 (3.65)
R^2			0.615
N			1 264

注：* $p<0.05$，** $p<0.01$，*** $p<0.001$。

模型结果表明,购物和工作相关POI与多活动连续出行目的地的数量呈显著正相关,停车设施的增加会导致非家目的地的增加,而餐饮类POI对非家目的地数量的增加没有显著影响。这可能意味着人们在进行餐饮活动时不受到地理限制的约束。有趣的是,文体娱乐类POI和银行会导致活动目的地数量减少,表明当人们进行相关活动时,其他活动相比可能不那么重要,也并不构成他们的主要活动目的。

人口统计变量的系数表明,非本地户籍的受访者在一次出行中的目的地数量与本地户籍的受访者相比较少,而在多活动连续出行中的目的地数量方面,男性和女性之间没有显著差异。年龄低于25岁的出行者会比25～40岁的出行者有更多的活动目的地,然而他们与年龄在40岁以上出行者之间的差异没有统计学意义。与受教育水平在小学及以下的出行者相比,受教育水平较高的出行者往往会有更多的活动目的地。家庭年收入在10万~50万的受访者群体比家庭年收入较低的受访者倾向于访问更多的活动目的地,而有趣的是,家庭年收入最高的受访者群体与较低收入的受访者在活动目的地数量方面并无明显差异。回归模型也表明无论是否有小汽车与活动目的地数量和活动目的并无显著关系。

以上的研究结果为指导居民活动和建设多活动集聚区提供了参考,如果多活动集聚区能与集约化的公共交通协调发展,则可有效减少小汽车使用,有利于城市交通的可持续发展。

5.5 多活动集聚区服务空间设计

5.5.1 不同集聚区的定位及特征

通过对攀枝花市居民活动集聚空间特征与用地性质的分析,攀枝花市的这些小区可以按照出行活动吸引量分为三类,分别为大型活动量区域、中型活动量区域和小型活动量区域。三类区域的特点对比如表5-10所示。

表5-10 三类社区的活动和用地特征

类型	特征	用地	活动	定位
大型活动量社区	功能多样,购物、文娱、餐饮、办公集中,商业气氛浓厚	住宅+集贸批发市场+办公+商业+餐饮文娱	购物+上班+餐饮+娱乐+回家	城市综合活动区域
中型活动量社区	功能专业,有集中的通勤吸引点,以学校或工业区为特征	住宅+工业+办公+集贸 住宅+学校+办公+集贸 住宅+集贸批发市场	上班+商业+回家 上学+商业+回家 购物+回家	特色综合活动区域(教学园、工业园、批发市场)
小型活动量社区	功能较为单一,居住为主,生活气息浓厚	住宅+少量(集贸批发市场+办公+商业+餐饮文娱)	购物+上班+餐饮+娱乐+回家	小型居住社区

根据各区特征,将这三类区域分别定位为城市综合活动区域、特色综合活动区域和小型居住社区。三类区域的交通特征如表5-11所示(每类社区各取三个交通小区为代表,城市综合体社区取49、52、65,特色社区取56、55、6,居住社区取46、86、95,其中各数字均为小区编号)。

表5-11 三类区域的部分交通特征

社区类型	总出行人次	区内出行	区间出行	区内出行所占比例	日活动链平均时间/min	日活动链平均长度[*]
城市综合活动区域	843	128	715	15.2%	55	2.30
特色综合活动区域	574	267	307	46.5%	39	2.23
小型居住社区	215	46	169	21.4%	76	2.09

注:* 活动链平均长度是指活动链中所包含的活动目的,见参考文献[19]。

由表5-11可知攀枝花市最主要的出行活动是工作出行(29.5%)和购物出行(24.6%);由图5-16可知攀枝花市主要的工作用地为办公、工业(主要是煤铁矿),购物用地为集贸批发市场。由此预知,当居住用地和工业、学校、集贸市场相结合时,出行活动对于攀枝花市大多数居民来说是最方便、最经济的。

事实上,结合表5-11可以看出,具有这种特点(居住区内有明显通勤吸引点,如学校、工业、集贸批发市场等)的第二类社区——特色综合活动区域内,居民的日活动出行链平均时间为三个区中最少(39 min),区内出行比例最大(46.5%),活动链的长度仅次于用地复杂的城市综合活动社区(2.23＜2.30)。反映出在特色区域内居民出行需求不仅在区内得到极大的满足,而且获得了最佳的时间效益。

对于城市综合活动区域,由于其用地的复杂性和浓厚的商业气氛,吸引了很多区间出行(84.8%),居民的出行活动链长度最长(2.30),较多的活动也使得活动链平均时间长于特色综合活动区域(55 min＞39 min)。

对于小型居住社区,其功能较为单一,以居住为主,因为缺少工业、商业等的吸引,许多出行依赖区间(78.6%),尽管其出行结构简单(活动链长度2.09),仍导致了较长的出行时间(76 min/日出行活动链)。

总的来说,前两个区域(城市综合活动区域和特色综合活动区域)的突出特点是活动的综合性,显而易见的是这两种综合性的区域开发无论在出行活动链复杂程度(以平均活动链长度为指标,指标越大,说明活动越丰富)还是出行时间消耗(以活动链平均时间为指标,指标越大,说明消耗一天在途中的时间越长)上都比功能单一的居住社区有更大的优势。

显然,特色社区这种类型适合于攀枝花市,是与攀枝花市本身的特点有关的,作为新兴的工业化城市,该市居民出行以上班、购物为主,而上班又以去工业区、购物和去集贸市场为主,因此结合了住宅用地与工厂厂房用地、集贸批发市场用地的"特色性社区",非常适合攀枝花市,与其他两种社区类型相比,其对居民出行活动的优化也有明显的优势。对于不同的城市,其合宜的区域开发类型会有所偏重,例如在一些特大城市,综合活动区域可能会发挥更大的作用。但总的来说,人的出行需求、心理和活动特征是相通的,因此居民出行活动聚集性的存在以及三类区域的划分和特征归类具有普遍意义。

三类不同聚集性的区域与道路设施和交通条件有着密切关系,从公共交通角度上,按照区域不同的规模和特征,所对应的公共交通服务模式也各有不同。以站点衔接为例:规模较大的城市综合活动区域往往与大型交通枢纽相匹配,包括多条轨道交通线路和众多的地面公交换乘线路;中型的特色综合活动区域有时与重要轨道交通站点结合,有时与拥有较多线路的地面公交站点结合,或者二者兼有;小型的居住社区则多与相对便利的地面公交站点相伴。对于没有轨道交通条件的城市,其衔接的公共交通服务模式会相应降低一个层次。

前两类社区的突出特点是综合性强,除居住作用外,经常与办公区、学校或者商业区、娱乐区等混合开发,其中城市综合活动区域以商、娱为主,特色区域以通勤为主。如果从公共交通出行服务链的角度来重新审视这两类社区,它们无疑起到了综合出行活动的目的,缩短服务链空间长度的作用,使得各种不同服务在空间上距离更近,最终起到简化服务链、提高出行经济性的目的,从切合攀枝花城市发展特征来说,更应该加强对于特色社区的规划建设并注重公交的相应发展,这对于攀枝花城市宜居环境的改善是非常重要的。居住社区的用地较为单一,并不符合公交服务对活动聚集性的要求,但这种发展形式也是不可缺少的,至少是在新城建设的初始阶段,新开发地段的居住功能往往是最先发展起来的,理论上也应当属于公共交通出行服务链研究的一个内容,可以作为进一步研究的方向。

两类综合活动区域与一般的城市商业综合体规划理念有所不同,商业综合体是商家的"自发"集合,以营利为目的,而这两类综合活动区域是以顺应人们的出行目的聚集性需求而形成的,是一种"自觉"的聚集行为,二者有着本质的不同。将这种依托于"人的活动聚集性"的区域作为研究对象,是规划层面公共交通出行服务链中多活动目的聚集区的原型。

5.5.2 多活动集聚区设计原则

公共交通出行服务链的构建基础是多活动聚集区和人性化的公交服务建设,其中多活动聚集区结构上是以公交站点为核心的一个区域。倡导"以人为中心"的设计思想,根据人们出行活动的聚集性合理地规划用地,并有机地组织相关的功能单位以不同的服务形式适应出行者不同的活动需求,旨在塑造一个多样、人性、绿色、科学、紧凑的聚集区模式。同时借鉴新城市主义中关于社区开发的原则[19],提出多活动目的聚集区空间的设计思想如下。

(1) 紧凑性原则:有足够的人口密度、容积率和紧凑度,以形成充满活力的活动区域。

(2) 功能多样性原则:社区范围内应布置商场、超市、休闲娱乐活动中心、中小学校以及社区服务、绿化等,同时尽可能多地安排就业岗位。

(3) 适宜步行原则:社区公共活动空间、设施布局以及住宅区中心应该在公交站点步行距离之内,以支持慢行和公共交通的生活方式。

(4) 信息双向畅通原则:从出行者到公交站到社区内其他活动空间,都有畅通的、双向的信息流动,既对出行者提供全方位的服务信息,又能得到出行者及时的反馈。

(5) 服务配合与共享原则:包括公共交通服务在内的各项服务,如公交站点、洗衣店、商场和公园等,实现服务上相互衔接、空间上共享、信息上互通,形成紧凑不可分割的整体。

5.5.3 多活动集聚区基本结构

香港的有关数据[20]显示,早在1992年,在离地铁站仅500 m的范围内就约聚集了全港45%的居住人口。在新界,位于铁路车站附近的8个就业中心内,约有78%的就业岗位,其中商务中心更是高密度地集中在公共交通大型枢纽处。当时香港所拥有的82.2 km的地铁线路中,轨道交通站点500 m范围内涵盖了全港36%的居住人口和50%的就业岗位。

在自由竞争的市场经济体制下,西方布局理论常用地租三角形来分析土地的空间差异及其利用模式[21],如图5-23所示。

图5-23中,△EOP、△FOK、△GOS、△HOR分别代表了商业服务业用地、住宅用地、轻工业用地和重工业用地。地租越高,通常相应的该种类型土地的效益也越大。当然,公共交通沿线土地不仅受到市场经济的作用,还受到政府调控和整体规划的影响,但这种地

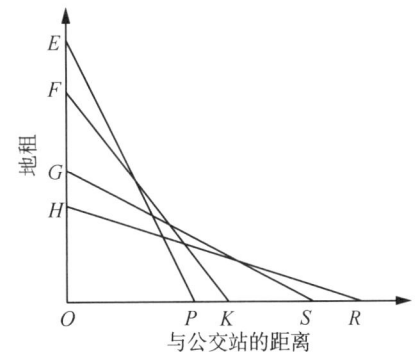

图5-23 不同用途土地的地租三角形

租特征无形中指导着公共交通,尤其是站点附近的土地利用的规划结构,即以制造业、工业包围住宅区,以住宅区包围高密度的商业、办公和服务区。

美国得克萨斯州奥斯丁市 2005 年城市土地管理条例将公共交通站点周边的用地分为了三级,分别是门户区、中间区和过渡区。其中门户区紧邻站台周边的区域,过渡区包括了公交社区的外围地区,每一个站点周边因为土地开发规模的不同,其三级区域的规模也是不同的[18]。

公共交通站点附近的土地开发通常是地租、效益等经济学原理和政府宏观调控共同作用的结果,后者的决策很大程度上也依赖于前者,这就使得不同用地、不同业态的组合很多时候是"自发"而为之,缺少了以人的生活和活动习惯为标杆的"自觉"行为。

综上所述,将公共交通出行服务链中多活动目的聚集区的服务空间基本结构分为三层,分别是门户区(gateway region,GR)、活力区(activity region,AR)和附属区(pertaining region,PR)。其中,门户区主要指公共交通站点所在区域,是本社区与相邻社区沟通的门户,所属服务指的是公共交通与周边重要服务节点之间的衔接服务;活力区指紧邻站点的主要商业、办公、住宅、娱乐、休闲和绿地等活动区域,是聚集区的主要活动中心,所属服务是这些机构、单位、设施或场地所提供的购物、售后、工作、居住、娱乐、餐饮和休憩等相关服务;附属区则是以向活力区提供附属服务为主,主要是配套的零售商业、服务或小型的便利店等。活力区与附属区地理位置上衔接紧密、服务上相互配合,为出行者形成良好的活动空间和一条龙服务。三者的综合称为公共交通出行服务链站点服务区,站点服务区之外的区域称为服务外围区。服务区和服务外围区共同构成了人们的生活空间,如图 5-24 所示。显然城市范围内服务区所占比例越大,表明公共交通出行服务的服务普及程度越高。

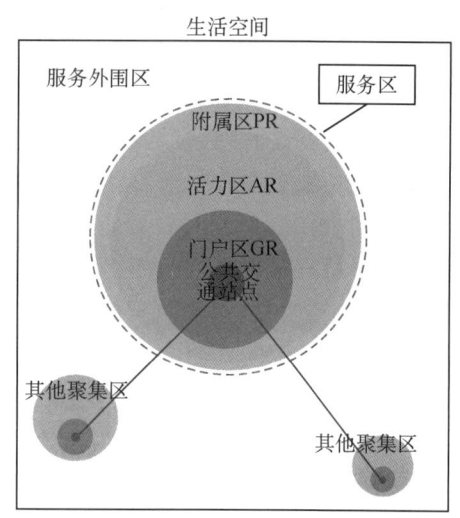

图 5-24 活动聚集区三级服务空间结构

5.5.4 多活动集聚区服务范围

理论上,门户区、活力区与附属区都应分布在公共交通站点的服务范围之内(作为吸引点的公共交通站点是此活动聚集区的核心)。所谓的服务范围,通常是指适宜步行到站的距离。国内外规划界普遍认为 400 m 是一个最适于接驳公交的步行尺度。常见的做法是以公交站点为核心,以 400 m 为半径作圆。值得注意的是,实际的步行衔接范围是基于真实路网的多边形形态的步行集散区,一般来说,步行集散区与理想圆的面积比率与路网形态的良好状态呈正相关[22]。

另外,很多研究认为 400 m 的半径低估了步行交通接驳公共交通的能力,如 Sean O'Sullivan 的研究发现加拿大 Brentwood 站的步行接驳距离平均为 649 m[23],如图 5-25 所示。同时由于公共交通衔接还常以自行车等其他慢行方式实现,学者也对公共交通慢行衔接范围做了研究。熊文[24]提到传统 TOD 覆盖范围形状不够精细、尺度过于保守,他提出轨道慢行辐的概念,将轨道车站实际覆盖区域分为步行辐、理想慢行辐和慢行辐,将步行衔接范围拓展到 800 m,而慢行衔接范围拓展到了 2 400 m。

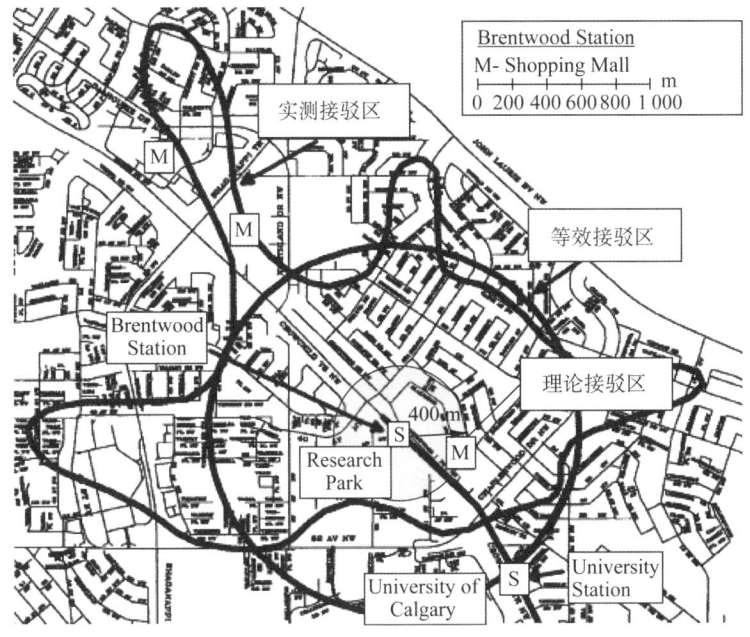

图 5-25　Brentwood 站理论与实测接驳区[23]

轨道交通站点作为大城市多活动聚集区的主要公共交通站点,其实际接驳距离往往超过理论接驳半径。当各层次之间的服务与公共交通形成良好的衔接以后,扩大的接驳范围不仅不会成为出行者的负担,还可能优化社区的慢行空间,通过改善和丰富慢行环境来减少心理距离,增加聚集区的公共交通吸引力。原来只能开车才能实现的活动,由于区域的聚集性和慢行的优化,可改为步行或者骑车[25],如图 5-26 所示,在共享基础设施的同时,提供了更多使用公共交通的机会,也同样减少了能源消耗[26]。

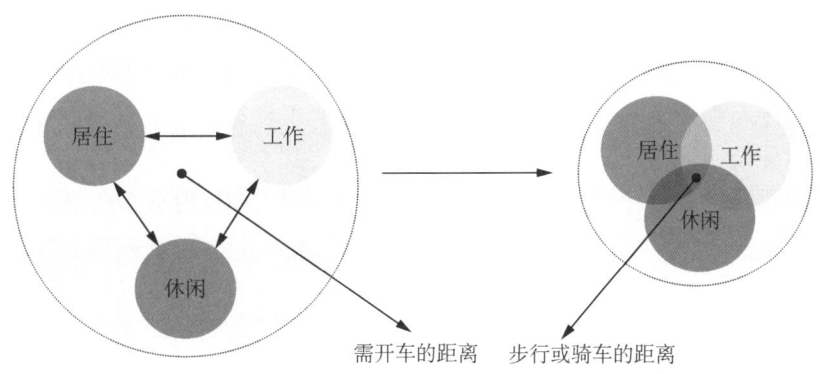

图 5-26　聚集区对出行方式和出行习惯的改善

5.5.5　活动在集聚区的时空共享

1. 时间互补

不同类型的出行活动在一天之中所占据的活动时间各有不同,如图 5-27 所示。当某一区域活动类型单一时，出行容易出现明显的高峰、低谷现象，难以保证均衡的公交客流，从而造成交通资源时而紧张、时而富余，不能得到充分的利用。活动聚集区域由于汇集了多样性的功能，能够起到相互配合的作用，从而平衡出行需求、均衡客流、提高服务质量。

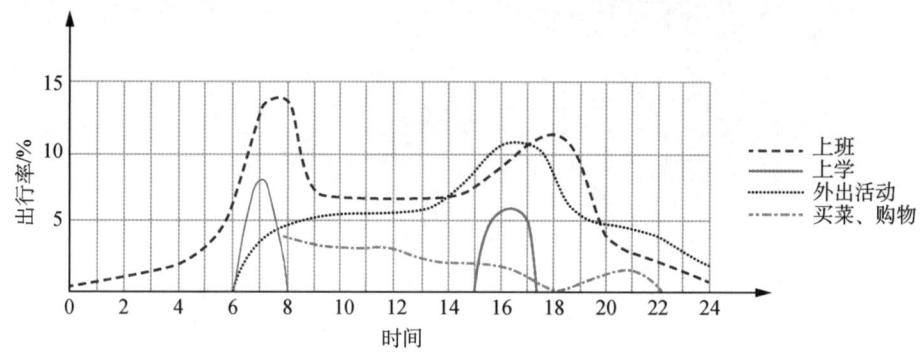

图 5-27　不同类型出行时间

2. 空间共享

（1）竖向立体空间共享。

立体空间在建筑学中是一个较为成熟的理念，它是一种集约化的建筑形式。应用到多活动聚集区服务空间集成上，是包括公共交通空间在内的不同活动区域在竖向空间的构造形式。随着地段的升级、开发规模的扩大，竖向立体空间更加复杂冗繁。可设想的立体结构分为地下和地上两层。

地下层：地下层规划有两个作用。首先，它应该作为公共交通尤其是轨道交通站点所在层，起到联系整个聚集区与相邻外界区域的作用。其次，在稍微远离公共交通站点的地下空间里，各个建筑单体之间可实现地下互通，从而使整个地下层形成连续的、无界的慢行活动空间，这种布局与地下空间开发类似。

地上层：除了建筑单体的多层次立体开发，此处更强调不同服务功能之间的空间共享。其中地理位置上相邻的区域之间，可通过连续的廊道实现共享，而对于不相邻区域之间，则可由天桥等设施起到直线缩短空间距离的作用。例如，中环站是香港重要商业中心区，周边有许多地标性建筑、办公大楼、政府机构及总部等，加之其本身是荃湾线、港岛线以及东涌线和机场快线的重要换乘站，因此，此站每天约有 25 万人次使用，为全系统第三繁忙的车站，通过立体步行系统将 14 个出入口与建筑物、购物中心地下层相连，在内部利用政府大楼、商业宾馆等建筑物大厅和廊道，在外部利用人行天桥等设施形成一个连接站点和相邻服务设施的全天候步行环境，且其中涉及的建筑内的电梯、自动扶梯、厕所等都是对外开放的，沿途商业等也得到了最大程度的开发，如图 5-28 所示。

（2）横向开敞空间共享。

在横向布局上，多活动聚集区强调更加开放化的空间设计，减少不同服务区域之间的物理屏障，从而加强服务的连续性，削弱距离感，增强活动的舒适感，使得原来相对独立的各个闭合服务区域变为以优化的共享空间为联系介质的开放空间，如图 5-29 所示。公共交通也因此形成共享化的交通系统，不再受地理分隔的限制，如图 5-30 所示。

5 城市公共交通出行服务链

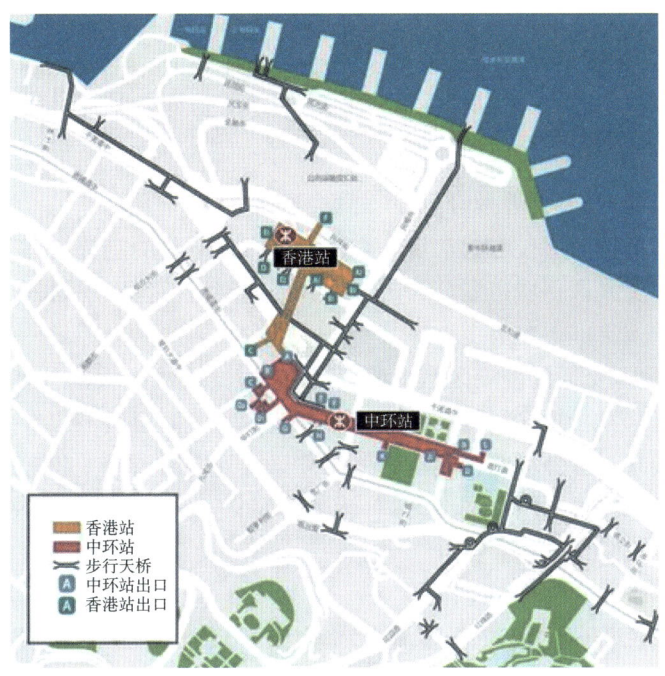

图 5-28 香港中环地铁站周边二层步行连廊系统[27]

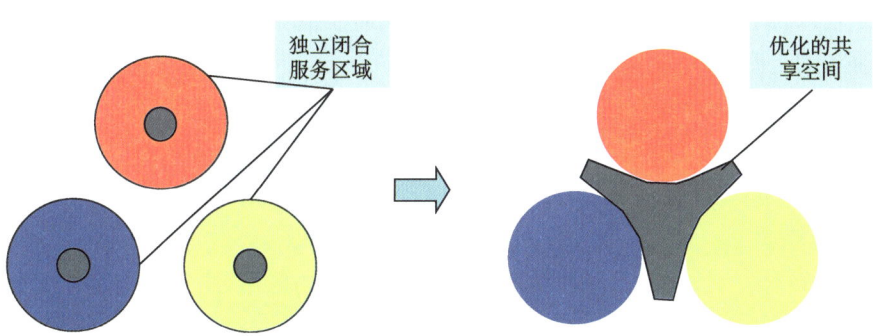

图 5-29 联合的多活动聚集区与优化的共享空间

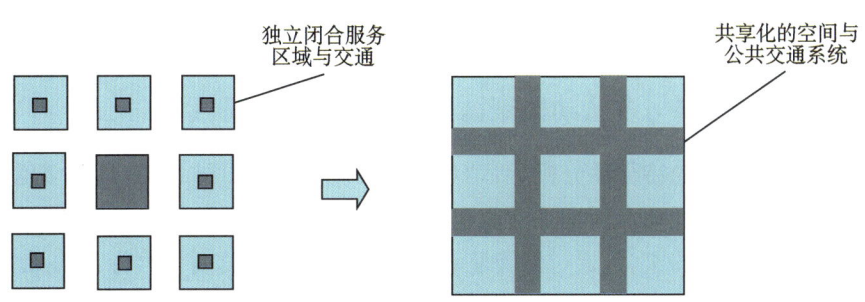

图 5-30 共享的空间与公共交通

5.6 无缝衔接的公共交通复合网络

5.6.1 构建多层次复合公交网络

1. 公共交通与轨道交通融合协同发展

正视轨道交通里程的增长引起常规公交客流常态化下降的趋势,分阶段、分区域促进轨道网与公交网协同发展。将城市划分为内圈层和外圈层进行区别规划。

(1) 内圈层(轨道趋向成熟阶段)。

在内圈层中,轨道交通的发展区域成熟,因此轨道交通承担大部分客流,是客运交通的主体,而常规公交作为轨道交通的补充和延伸,以接驳和中短距离出行为主。

相应的优化策略:一是发挥公交灵活性,为中短距离提供服务;二是对于轨道运力不足区域,利用公交快线,依托专用道网络,弥补运力不足;三是对于热点片区,强化微循环线路覆盖,延伸地铁服务。

(2) 外圈层(轨道集中发展阶段)。

对于外圈层来说,轨道承担主要客流走廊客流,形成公共交通的骨架网络,但由于其还在发展阶段,常规公交仍为公共交通服务的主体。

外圈层的优化策略相对于内圈层,需要更多地考虑服务区域,以及轨道交通与常规公交的结构层次。一是在轨道覆盖空白区充分发挥优势,在次一级的客运走廊中提供高质量公交服务;二是以轨道交通和公交快、干线为骨架线,加强枢纽与居住区客源点之间的公交联系,为辐射状的走廊骨架线集散客流。

2. 微循环公交线路与网约单车错位发展

共享单车已与传统短距离公交形成明显竞争,为实现与共享单车良性共存,按照"1公里步行、3公里自行车、5公里公交车、长距离地铁"的规划原则,主动适应客流变化,形成微循环线发展策略如下:

(1) 运力转移。对于客流降幅明显但公交覆盖完善的区域,主动适应客流变化,在保证有可替代方式的情况下,运力向公交服务薄弱地区转移。

(2) 向枢纽延伸。对于既有短距离公交线路附近有地铁等枢纽的,将公交线路延伸至枢纽站,基于枢纽的客流集散功能,实现市民的接驳出行需求。

(3) 向办公、住宅等客流发生点延伸。对于既有短距离公交线路附近分布有办公、住宅等客流发生点的,沿社区道路串联重要客流发生点,强化公交线路的覆盖功能。

5.6.2 多级公交线网与多活动集聚区的分级布设紧密联系

根据对居民出行活动特征的分析,活动具有集聚效益且可以被引导,具备多活动功能的区域能够聚集大量的单活动出行和多活动出行[28]。考虑城市空间与交通空间的整合,即多活动集聚区与交通空间的整合,通过服务整合及设施整合以主动引导出行者的活动需求,诱导居民向公共交通方式或者慢行交通方式转移。

将多级公交线网的布设与多活动集聚区的分级布设紧密联系,大大发挥公共交通的集约化运输效用,如图 5-31 所示。作为公交干线,其运输任务主要是连接相互间出行需求较多的多活动集聚区,提供一级多活动集聚区与次级多活动集聚区之间的便捷出行服务;公交次干线则是完善次级多活动集聚区之间的相互联系,提升公共交通系统的可达性,使得各区的活动中心能够形成一个相互促进、共同发展的系统;公交支线主要负责将次级多活动集聚区与周边区域的紧密联系,使得任何区域都能尽快集聚到附近的多活动集聚区进行活动,有特定活动需求需要前往远处的多活动集聚区的居民可以在次级多活动集聚区完成换乘,到达其他的多活动集聚区。

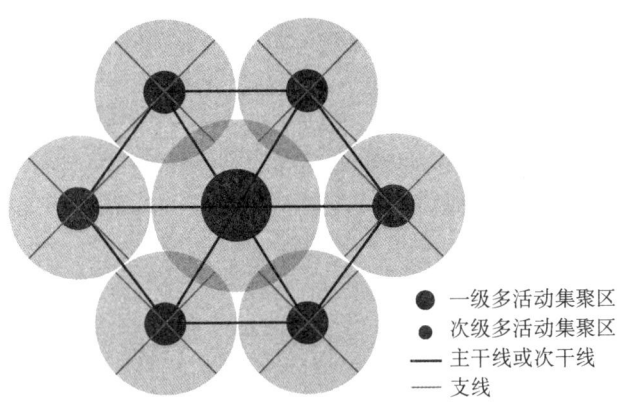

图 5-31 结合多级公交网络的多级多活动集聚区构建

5.6.3 完善公交网络内部衔接

基于大数据对常规公交运营的把握和问题的诊断,提供辅助决策支持,准确把握公交运营现状(客流匹配性、服务准点性、车辆运行效率等),并对其进行预测、诊断、预警,提出可靠、准点、快速、便捷的公交线网和运营调度方案。

借助交通大数据分析手段,对大客流轨道交通站点与周边衔接公交线路匹配性进行综合分析,评估高峰衔接水平,并按如下思路提升公交接驳能力:

(1) 完善地铁站大型公交集散客流点的公交服务设施。对地铁站大型公交集散客流点进行梳理,结合周边用地条件,灵活采用岛式或岸线式设置模式,如果无用地实施条件,按照"近远期"相结合方式(近期利用道路条件设置深港湾公交站,远期通过片区控规调整增加场站设施满足停车和充电功能),完善服务设施,改善中途站集散能力不足,减少列车化。

(2) 依托公交服务设施的完善,同步优化集散公交线网。基于公交客流集散点的公交设施配套,结合集散客流来源,对集散公交线网"长距离过境+中短距离接驳"的线路进行层级划分,并按照客流要求进行优化,提高公交线网与出行需求的匹配性。

(3) 轨道、公交运营数据融合,实现协同调度。通过接入轨道运营调度数据,与公交运营平台融合,实现公交与地铁运营时间的匹配性;同时结合地铁客流到达情况,及时动态优化接驳公交线路发车频次、运力配置,实现始发站的协同调度。

(4) 构建轨道、公交、慢行多方式合一的交通枢纽,通过设置安全、便捷、连续的步行连廊,实现公共交通无缝衔接、高效换乘,促进轨道+常规公交+慢行交通的网络融合。同时,利用建筑设施的融合,实现步行空间与站点空间的一体化,既增加了开放程度和通达程度,避免了人行道空间被站点人为隔断,建筑空间还可遮阳避雨,改善站点候车环境。

5.7 人性化的公共交通服务建设

在公共交通出行服务链中,公共交通是联系各个不同的多活动聚集区的纽带,是服务链实现的媒介。结合多活动聚集区"以人为本"的理念,提出人性化公交服务。人性化公交的内涵是以人的基本生活、心理、行为和需要为出发点的城市公交,本质上也是"以人为本"。总的来说,人性化城市公交的表现和特征是以人为中心,以维护人的生存和发展的权利为准则,以人幸福的身心生活与城市交通发展的和谐统一为尺度,以提高乘客的满足感和满意度为目标的城市公交建设和发展过程,应使人们在城市中以最小的时间和经济成本、最低的身心消耗、最愉快的参与方式去达到出行的目的。

因此人性化的公交服务是一个非常丰富的理念,有许多可以衡量的要素指标,也需要多方面的共同努力才能实现。基于公共交通与多活动聚集区的联系,公共交通服务需要在"可达性"和"服务品质"两个要素指标上满足出行者的心理预期和需求,从而达到引导出行者行为的目的,其中高可达性是公交服务顺利实现的基础,好的服务品质则提高了公共交通对出行者的吸引力。

5.7.1 基于心理需求的公交服务认知

强调以人性化的公共交通服务引导出行者的交通和活动行为,需要注重出行者的真实需求和心理感受,这是由于心理因素在引导出行者行为方面有着非常重要和直接的作用,因此,对出行者的方式选择态度进行探索就显得非常必要。

通过专项调查(调查问卷见附表 B),利用计划行为理论对上海本地出行者使用公共交通的意向和行为进行解析[29],调查共回收有效样本 143 份,其中男女比例为 1.04∶1,年龄以 20～40 岁为主,职业涉及在校大学生和研究生、企业员工、管理人员、公务员以及教师等。对使用公共交通的行为、态度、主观规范等做相关性分析,如表 5-12 所示。

表 5-12 变量间的相关性

变量	1. 公交使用频率	2. 意向	3. 态度	4. 主观规范	5. 描述性规范	6. 知觉行为控制
1. 公交使用频率	1.000	0.601**	0.563**	0.304**	0.397**	0.319**
2. 意向	0.601**	1.000	0.758**	0.491**	0.516**	0.382**
3. 态度	0.563**	0.758**	1.000	0.503**	0.443**	0.459**
4. 主观规范	0.304**	0.491**	0.503**	1.000	0.430**	0.316**
5. 描述性规范	0.397**	0.516**	0.443**	0.430**	1.000	0.335**
6. 知觉行为控制	0.319**	0.382**	0.459**	0.316**	0.335**	1.000

注:** 在置信度(双侧)为 0.01 时,相关性是显著的。

进一步以意向为因变量,以态度、规范、知觉行为控制为预测变量,建立线性回归模型,采用向后筛选策略,先后生成模型 1、模型 2。模型 1 中自变量态度、主观规范、描述性规范和知觉行为控制均被引入,模型 2 则剔除了知觉行为控制变量,如表 5-13、表 5-14 所示。

表 5-13 模型摘要与检验

模型	因变量	预测变量	R^2	Adjusted R^2	F	Sig.	DW
1	意向	(常量)描述性规范,知觉行为控制,主观规范,态度	0.614	0.603	55.33	0.000	—
2	意向	(常量)描述性规范,主观规范,态度	0.614	0.606	74.26	0.000	1.950

表 5-14 模型变量回归系数

模型	预测变量	B	t	Sig.	Tolerance	VIF
1	常量	−0.654	−2.089	0.039	—	—
	态度	0.689	7.951	0.000	0.589	1.697
	主观规范	0.193	2.168	0.032	0.664	1.506
	知觉行为控制	0.016	0.237	0.813	0.761	1.315
	描述性规范	0.243	3.586	0.000	0.672	1.488
2	常量	−0.626	−2.162	0.032	—	—
	态度	0.695	8.505	0.000	0.657	1.522
	主观规范	0.193	2.177	0.031	0.664	1.506
	描述性规范	0.246	3.698	0.000	0.694	1.442

再将对公交的态度与乘客所感受到的灵活、准时、费用、方便、自由、快速、舒适、安全和环保等行为信念做相关分析,如表 5-15 所示。

表 5-15 态度与行为信念的相关性分析

行为信念	灵活性	准时性	经济性	便利性	自由性
态度	0.411**	0.362**	0.057	0.414**	0.448**
行为信念	快速性	舒适性	安全性	环保性	
态度	0.482**	0.322**	0.331**	0.181*	

注:** 在置信度(双侧)为 0.01 时,相关性是显著的;
　　* 在置信度(双侧)为 0.05 时,相关性是显著的。

结论如下:

(1) 人们使用公共交通的行为直接受行为意向的影响,虽然意向不能完全解释公交使用行为。

(2) 人们使用公共交通的意向与其对公共交通的态度、感受到使用公共交通的难易程度以及他人对其选择出行方式的影响等密切相关。人们对于公共交通的态度越积极、受到的主观规范影响越大、知觉行为控制力越强,使用公共交通的意向就越明显,从而实际出行就更倾向于使用公共交通。

(3) 态度和意向变量在很大程度上影响了公交的使用行为。其中意向对行为的解释力最强,而态度对意向的作用最为明显,公共交通服务中的快速、方便、舒适等特性又是影响态度最重要的因素。

由此可知,出行者是否选择使用公共交通出行的行为在很大程度上取决于出行者对公共交通服务所形成的主观态度和使用意向是否积极、良好,而积极、良好的态度和意向又是与公共交通的服务水平密切相关的。因此,要想发挥公共交通对出行者的引导作用,例如引导出行者到活动聚集地的出行行为,就需要充分重视出行者真实的心理需求,包括基本的心理需求和高层次的心理期望。其中,基本的心理需求主要体现在对公共交通高可达性的要求上,而高层次的心理期望可以通过提高服务质量、丰富服务内容来实现。

5.7.2 基于可达性的公交服务引导

公共交通的可达性就是出行者通过公共交通到达吸引点区域的难易程度,它直观地体现了公共交通对出行的满足程度,是最基本、最重要的服务要求之一。针对规划层面公共交通出行服务链的另一要素——多活动聚集区来说,高可达性的公共交通使得出行者到达多活动聚集区更为便捷。

1. 高可达性的公共交通引导人们更多地选择公共交通出行

可达性影响着人们基本的交通出行选择,包括决定拥有多少辆车、利用私人交通还是公共交通到达目的地,以及会有多少次出行等。不同交通方式上的可达性差异对人们的出行方式产生深远影响。

面向大众的、以公共交通为主导的交通模式是实现我国城市交通可持续发展的必然选择。也正是基于此,公共交通出行服务链的理念才特别重视公共交通的可达性和对人的引导作用,使得人们在选择到达吸引点的交通方式时使用公共交通比私人交通更易到达。

2. 高可达性的公共交通对多活动聚集区建设的引导作用

交通可达性影响人们对各种活动地点的选择。对于交通相对可达性较好的地块,应布置能吸引较多交通需求的功能用地,如商业用地;而交通相对可达性较差的地块,则不宜布置金融、商业、娱乐休闲等功能设施。

反过来,多活动聚集区建设也会为公共交通的发展提供便利。多活动聚集区建设需要提高城市土地利用密度,而城市土地利用密度的提高就从外在上要求可达性的提高,大容量的公共交通在迅速满足可达性上比私人交通有更多的优势。同时在多活动聚集区建设时,如若采取减少停车场建设及提高停车收费等措施,也会进一步提高公共交通出行的优势。

因此,高可达性的公交服务与多活动聚集区建设是相辅相成的。

3. 以公共交通高可达性为导向是构建公共交通出行服务链的重要思路

因为公交出行服务链的构建是基于人的活动需求构建的,而公共交通的可达性不仅包括行为的主体(出行者)和公共交通这种交通方式,还包括出行活动的目的和内容,它反映了通过出行过程实现某种目的的满足程度,也可以代表社会公平和公众的意志,这与公交出行服务链中"以人为本"的理念是相符的。

5.7.3 有吸引力的公共交通服务

有吸引力的公共交通需要满足出行者的基本需求和享受需求，与之相对应的是基本服务和享受服务，公交服务应该首先保证基本服务的质量，并创造条件以提升享受服务的数量和质量。

1. 公共交通基本服务

公共交通基本服务是平安送达。这个过程看似简单，实际上涉及公共交通乘车环境和候车环境中的多种服务，如表5-16、表5-17分别列出了常规公交和轨道交通现有常规服务的类型及其服务媒介。

表5-16 常规公交基本服务

发生地点	服务类型	服务媒介
公交站点	站点引导服务	站点引导牌、交通地图
	站台设施服务	遮阳雨棚、座椅、安全护栏、公交站牌、广告牌
	乘车、换乘信息	普通站牌、电子站牌、触摸屏、引导标识、交通地图、个人通信设备、手持上网设备
	衔接服务	公共自行车、接驳公交车
公交车厢内	实体服务	售检票、座椅、扶手、空调、车载电视
	乘车信息	广播、车载移动电视、滚动字幕站节牌、交通地图、个人通信设备、手持上网设备
	安全防盗	监控器、逃生锤、灭火器

表5-17 轨道交通基本服务

发生地点	服务类型	服务媒介
轨道交通站点	站点引导服务	站点引导牌、交通地图
	车站服务	保安和安检、候车室、售票员或机器、座椅、报纸、自动售货机、卫生间、闸机、电梯、屏蔽门、广告牌、电子显示牌、灭火器
	乘车、换乘信息	普通站牌、电子站牌、触摸屏、引导标识、车站广播、交通地图、个人通信设备、手持上网设备
	衔接服务	公共自行车、接驳公交车
轨道交通车厢内	实体服务	扶手、空调、电梯、车载电视
	乘车信息	广播、车载移动电视、滚动字幕站节牌、交通地图、个人通信设备、手持上网设备
	安全防盗	监控器、逃生锤、灭火器

保证公共交通的基本服务质量，是保证公共交通客源和乘客满意度的必要条件。很多调查和研究表明，我国公共交通使用者对公共交通的服务要求仍主要集中在降低票价、增加

车次和提高准点率等方面。因此,人性化的公共交通服务建设首先要以保障这些基本服务为先决条件,否则任何想要提高公共交通分担率的做法都是纸上谈兵。

2. 公共交通服务创新

公共交通的享受服务与基本服务相比,是提高公交竞争力的重要因素。公共交通的享受服务旨在为出行者提供更安全舒适的出行环境和更周到便利的生活服务,使出行者能够产生更愉悦的心理感受。因此,很多城市在公交服务创新上开始行动起来,如表5-18所示。

表5-18 公交服务创新样式

城市	开始时间	创新点
合肥	2010-02	公交手机查询平台
	2010-11	车厢视频监控系统
武汉	2012-01	公交文明排行榜,督促公交企业注重服务质量
重庆	2011	双语报站,介绍途经名胜古迹
广州	2011-09	可在通信、公交、购物等消费领域广泛使用的天翼羊城通
北京、上海	2011-07	利用二维码技术,公交站广告牌变身超市货架,乘客可在等车过程中轻松购物
北京、上海、郑州等	2012	春运期间公交定制服务,开始春运专线,还可组团打电话预约公交服务
沙河	2012-04	企业公交通勤车、学生公交专线

轨道交通的一些创新服务也极大地吸引了乘客的注意力,给乘客带来了文化的体验与出行的便利,在某种程度上提升了公共交通的竞争力。图5-32为国外各种轨道交通创新服务案例。

(a) 东京地铁,行李架

(b) 东京地铁站,行李寄存

(c) 东京地铁,女性专用车厢

(d) 巴黎地铁站,文化壁画

(e) 巴黎地铁站,随处可见的座椅,方便乘客发生意外或需要休息

(f) 巴黎地铁,行李架

(g) 巴黎地铁，公益广告

法国生态联合会组织宣传抵制转基因

(h) 巴黎地铁站，随处可见的弧形吊顶设计，小孩子可自觉走里边，也有利于节省空间

(i) 伦敦地铁，沙发座位

(j) 韩国地铁7号线，菜市场车厢

(k) 瑞典地铁站，如斯德哥尔摩艺术展览馆一般

图 5-32　轨道交通创新服务

毫无疑问,公共交通服务越有特色,越容易成为一个城市独特的地标,也越容易让广大市民接受。当然,提供特色服务的前提仍然是保证好基本的服务,同时不应该以特色服务为由,额外增加出行者的经济负担,只有这样才能充分发挥特色服务的作用,才能让乘客坦然接受,使得乘坐公共交通出行真正成为一种享受,良好的服务能不断提高公共交通的竞争力。

本章参考文献

[1] 潘海啸,任春洋.轨道交通与城市公共活动中心体系的空间耦合关系——以上海市为例[J].城市规划学刊,2005(4):76-82.

[2] Tien J M, Berg D. A case for service systems engineering[J].系统科学与系统工程学报(英文版),2003,12(1):13-38.

[3] 何德旭,夏杰长.服务经济学[M].北京:中国社会科学出版社,2009.

[4] 刘伟华,刘希龙.服务供应链管理[M].北京:中国物资出版社,2009.

[5] 胡正华,宁宣熙.服务链概念、模型及其应用[J].商业研究,2003(7):111-114.

[6] 王刚.物业管理服务链若干问题研究[D].武汉:华中科技大学,2003.

[7] 夏爽.旅游服务供应链的委托代理机制研究[D].南昌:南昌大学,2008.

[8] 刘伟华.物流服务供应链能力合作的协调研究[D].上海:上海交通大学,2007.

[9] 章安庆.服务品牌对发展公路客运服务链的作用[J].交通企业管理,2004(8):21-22.

[10] 贾晓峰.被忽略的关键时刻——航空公司应提供实时航班动态信息服务[J].空运商务,2010(4):14-17.

[11] 朱喜钢.城市空间集中与分散的哲学透视[J].人文地理,2004,19(4):45-49.
[12] 阿尔弗雷德·韦伯.工业区位论[M].北京:商务印书馆,1997.
[13] 孙志刚.城市功能论[M].北京:经济管理出版社,1998.
[14] 董贺轩,卢济威.作为集约化城市组织形式的城市综合体深度解析[J].城市规划学刊,2009(1):54-61.
[15] John L B. The day activity schedule approach to travel demand analysist[D]. Massachusetts Institute of Technology, 1998.
[16] Jiang S, Alves A, Rodrigues F, et al. Mining point-of-interest data from social networks for urban land use classification and disaggregation[J]. Computers, Environment and Urban Systems, 2015, 53: 36-46.
[17] Gan Z, Feng T, Wu Y, et al. Station-based average travel distance and its relationship with urban form and land use: An analysis of smart card data in Nanjing City, China[J]. Transport Policy, 2019, 79: 137-154.
[18] 褚浩然,郑猛,杨晓光,等.出行链特征指标的提出及应用研究[J].城市交通,2006,4(2):64-67.
[19] 王慧.新城市主义的理念与实践、理想与现实[J].国外城市规划,2002(3):35-38.
[20] 郑捷奋,刘洪玉.香港轨道交通与土地资源的综合开发[J].中国铁道科学,2002,23(5):5.
[21] 张晗.西安市地铁沿线土地开发利用研究[D].西安:长安大学,2006.
[22] Schlossberg M, Brown N. Comparing transit-oriented development sites by walkability indicators[J]. Transportation Research Record, 2004, 1887(1): 34-42.
[23] O'Sullivan S, Morrall J. Walking distances to and from light-rail transit stations[J]. Transportation Research Record, 1996, 1538(1): 19-26.
[24] 熊文.城市慢行交通规划:基于人的空间研究[D].上海:同济大学,2008.
[25] 钱云才,周扬.空间链接:复合型的城市公共空间与城市交通[M].北京:中国建筑工业出版社,2010.
[26] Gregg D D,陈贞.美国的密集化和中产阶级化发展——"精明增长"纲领与旧城倡议者的结合[J].国外城市规划,2002(3):2-9.
[27] 薛露露,张倩倩.营造动与静:打造商业中心地铁站立体步行系统,香港与东京的奥秘[EB/OL].[2022-01-10].https://www.wri.org.cn/Hongkong-Tokyo-pedestrian-system.
[28] 殷嘉俊.居民出行活动集聚可引导性特征研究[D].上海:同济大学,2017.
[29] Zhao S, Wu B. Analyzing public transportation use behavior based on the Theory of Planned Behavior: To what extent does attitude explain the behavior？[J]. ICCTP 2011: ASCE.

6 城市公共交通可达性评价

现代城市居民对于公共交通的依赖程度不仅局限于单纯的时间和经济因素,更在于公交设施的属性、公交服务的质量以及获取机会的可能性等。有效引导居民对于公交出行的优先选择,需要交通规划设计者在洞察出行者选择公交出行的本质需求时,能够客观评价公交运营现状水平,找到问题症结所在,并提出具有针对性的改善措施。

交通与城市的一般关系为"交通系统—可达性—城市空间—人的活动—交通系统"循环往复的过程,其中由交通系统衍生出来的可达性问题,在城市空间演化与人的社会活动展开过程中起到了关键性的作用。公交站点不仅是出行者进入公交运输服务系统的门户接口,也是实现公共交通网络内部之间交通转换的重要节点,对于公共交通站点可达性的科学评价将会成为改善公共交通网络与站点的重要决策依据。

6.1 可达性概念

6.1.1 可达性定义

可达性作为一个概念,应用于空间建模和城市规划领域已超过50年,但迄今为止没有形成统一的定义。可达性相关研究诞生于古典的区位论,可以追溯到20世纪20年代,当时它被用于区位理论和区域经济规划。Hansen[1]首次提出了可达性的概念,并将可达性定义为交通网络中各节点之间相互作用机会的大小。自此之后,可达性在城市规划、交通地理、空间分析等多个领域得到广泛的研究,学者们对可达性的理解也随着研究重点和对象的不同而有所差异。

从不同视角观察,可达性可分为物理可达性、狭义可达性与广义可达性。显然,不同的可达性,其影响因子也各有差异,如图6-1所示。

物理可达性侧重于从可达性的机动性因素考虑,往往从城市道路方面去进行可达性评价。

狭义可达性则在物理可达性的基础上,将概念向社会空间延伸,不仅仅探讨可达性的机动性,更将视角放在人们从起点到终点遇到的种种阻碍。

广义可达性则在物理可达性与狭义可达性的基础上,进一步将概念延伸至个人属性,将可达性与人的心理感受相结合,可以被理解为从一个地方到另一个地方的成本的一种度量,并与到达该地方后所获得利益的一种权衡[2]。实际上,"成本"与"利益"在不同的研究领域,其衡量标准也有着不同的含义。在地理学和交通领域,可达性的概念更侧重于出行的"成本",可以用个人出行的能力或费用来衡量,例如:Vickerman[3]认为可达性是指在社会中产生的包括直接源于个体作用与整个社会如交通拥堵、环境污染等副产品作用的必然花费;

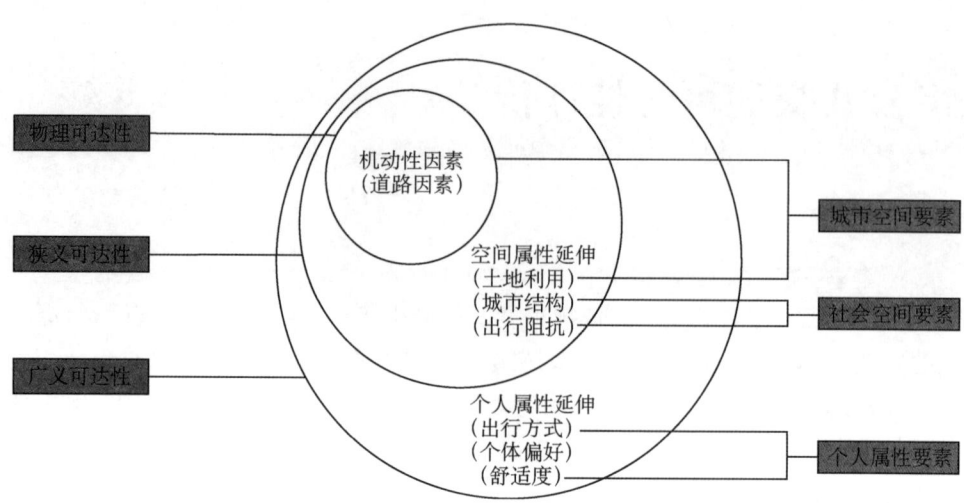

图 6-1 可达性理解延伸以及与三大要素关系

Koening[4]则认为可达性是指在一定的交通系统中,到达某一地点的难易程度。在社会规划领域中,可达性则是指人们使用服务和机会的能力,研究重点在到达后得到的"利益";Weibull[5]认为可达性是指个人参与活动的自由度;Geurs 等[6]则将"出行者通过交通出行实现活动参与的能力"定义为可达性。

在不同的尺度上,学者们进一步将可达性的含义进行细分,用于衡量更具体的对象。杨涛等[7]通过对可达性评价对象的细分,提出了面向生活通勤等刚性出行目的地的可动性指标、面向娱乐等弹性出行目的地的易达性指标,以及包含所有居民总体出行的通达性指标等。Shen[8]将可达性作为衡量城市居民和其产生的社会活动之间的地理关系的指标。Kwan 等[9]将可达性的研究对象分为个体和区域,分别定义个人出行到达目的地的能力和各区域容易到达的程度,称为个体可达性和区域可达性。陈洁等[10]认为可达性有两个层面的理解:一为客观层面(交通运输或通信可达性),即各点之间交通的便捷程度,也就是区位评价;二为主观层面(心理可达性),即按人的意愿产生的对某一空间点或区域的主观选择优先级,并提出可达性分析需要将时空因素和人的心理感受相结合。王继峰[11]总结可达性的研究分为微观和宏观两个层面,微观可达性指出行者接近交通设施的便捷程度,宏观可达性则将范围扩大为出行者利用交通系统到达目的地的难易程度。

在众多关于可达性概念的分析中,其含义均与此三点相关:①交通成本,广义的交通成本不仅指交通费用,还包含时间成本、风险成本和舒适度成本等方面;②端点特性,主要反映的是端点对于出行人群的吸引力;③出行方式,出行方式是出行偏好和出行制约的混合产物,一方面是完全基于主观的、心理因素认知与决策的观点,另一方面则是强调环境因素尤其是社会文化因素决定论的观点。

总结已有研究成果,可以将可达性定义为:行为主体选择不同的出行方式,在交通成本约束下,从给定区位到达活动地点的难易程度。

6.1.2 可达性影响因素

从可达性的定义可以发现,可达性既有时空意义上的可达性,也有社会学、心理学意义上的可达性,其影响因素主要体现在时空阻隔、方式选择和心理感知等三个方面。

1. 时空阻隔要素

可达性具有空间属性,反映了人们在空间实体之间克服距离障碍进行交流的难易程度,因此与空间相互作用和空间尺度等概念紧密相关。同时,可达性具有时间属性,时间是出行中最基本的阻抗度量因素,交通成本在很大程度上依赖于出行时间的花费。由于空间距离表现为现实交通条件下的时间测度,综合考虑到道路上的拥挤、排队、延误等因素,一般评价可达性时更多地采用出行时间来替代空间距离。

2. 方式选择要素

不同的交通方式,其机动性有很大的差别。然而,并不是机动性越大的交通方式其可达性越高,而是因着出行环境的差异而体现出各自的适应性,如对于短距离的出行,由于停车条件的限制,自行车较小汽车的可达性或许更高,因此,对于可达性的评价应该结合具体的出行环境来确定。

一个人对于交通方式选择的能力越大,其可达性水平也越大,因此,较高水平的可达性总是与高质量的生活、满意度以及经济发展等相关联。为了促进社会发展的公平性,在进行社会服务设施(诸如医院、诊所、公园和学校等)的区位确定时,评价不同群体对于这些特定社会服务的接近度是可达性研究应用的重要区域。

3. 心理感知要素

随着可达性研究的深入,人们在关注客观层面的时空可达性基础上,进一步开始关注个体心理因素对可达性的影响。不可否认的是,不同的交通环境对于人的时间感知有着显著的影响,如舒适便利的慢行空间,可以给人带来愉悦的感觉,此时的步行不仅是一种交通方式,更是一种生活体验,相比于嘈杂肮脏的步行环境,时间感知是完全不一样的。不同人的时间价值差异针对同样的出行方式也表现出不同的可达性感知,可达性作为一个综合性的评价指标,同时具有时间意义和社会经济价值,在越来越注重个体移动能力的今天,如何准确量化心理因素成为可达性研究不可忽视的重要问题。

6.2 可达性评价方法回顾

随着人们对可达性概念认识的深化及其在应用领域的扩展,可达性评价方法不断涌现,并且处于不断改进中。由于网络特性、影响因素以及空间尺度等的纷繁复杂,可达性评价方法表现出多样性,常用可达性度量方法主要包括基于设施的可达性度量方法、基于活动的可达性度量方法以及基于个体的可达性度量方法。

6.2.1 基于设施的可达性度量方法

可达性可以在物理基础设施的级别上定义,以一个基础设施与另一个基础设施之间的阻抗来衡量,由此诞生了基于设施的可达性度量方法,该方法主要考虑了交通因素对可达性的影响,以反映交通设施的供给与服务水平。

1. 交通设施规模与运行指标

运行速度、平均出行时间、拥堵水平等常用于评价交通设施运行情况的指标,是交通规划过程中常常考虑的目标之一。运行速度越高、平均出行时间越短、拥堵水平越低,则表明人们利用交通系统能够更便捷地克服空间阻隔到达目的地,即意味着可达性水平越高。如英国在 2010 年交通政策中就明确提出把交通拥堵程度、行程时间作为可达性指标[6]。此外,在公交规划过程中,会以公交线路的数量、公交站点的(300/500) m 覆盖率作为公交可达性的评价指标。

这类指标可理解性强,所需要的数据较少,分析手段成熟,而且不需要进行假设和参数标定。然而,这类指标只能表明地区的设施服务水平,没有体现到达邻近或者更远地区的机会的能力,即无法反映该点在地区中的区位。

2. 空间阻隔模型

空间阻隔法基于图形理论来研究网络节点的可达性,认为可达性计算就是计算空间阻隔程度,如果阻隔程度越低,可达性则越好。类似的可达性指标计算最早可追溯到 19 世纪 50 年代,Stewart-Warntz、Hansen 等人相继提出的计算方法虽然也考虑到了空间阻隔对某个区位可达性的影响,但这些方法主要关注的是区位自身的规模尺寸[12]。

距离法是空间阻隔法中最为简单、直观的可达性度量方法,其中的"距离"可指空间距离、时间距离或经济距离。1971 年,Ingram 提出相对可达性(relativeaccessibility)和综合可达性(integralaccessibility)的概念,并建立了可操作的计算模型。相对可达性反映的是从一个节点至另一个节点的出行空间阻隔,由于不能反映出该点与其他关联点的可达性,遂进一步引入了综合可达性概念,以反映从一个节点至区域中所有节点的空间阻隔,通过计算其空间阻隔的总和或均值作为可达性指标[13],计算公式如下:

$$A_i = \sum_{\substack{j=1 \\ j \neq i}}^{n} C_{ij} \text{ 或 } A_i = \frac{1}{n} \sum_{\substack{j=1 \\ j \neq i}}^{n} C_{ij} \tag{6-1}$$

式中,i,$j=1, 2, 3, \cdots, n$(路网节点数);A_i 为 i 点的综合可达性;C_{ij} 为网络中一点至另一点的空间阻隔,两点间的空间直线距离(距离法)、交通网络距离、出行时耗、货币成本及综合成本等指标表征。

不论是相对可达性还是综合可达性都只给出了一个节点与其他节点之间的空间阻隔,无法表示一个区域的可达性,因此 Allen 等[14]在 Ingram 的基础上根据公式(6-1)推导出了所有点间的空间阻隔,即整体可达性(overallaccessibility),通过整合给定区域内每个点的可达性计算整个区域的可达性。这种计算方式也随之成为一种新的交通可达性度量方法,其标准化公式为

$$E = \frac{1}{n(n-1)} \sum_{i=1}^{n} \sum_{\substack{j=1 \\ j \neq i}}^{n} C_{ij} \tag{6-2}$$

式中,E 为整体可达性,这个指标可以衡量一个区域内各个点之间的连通程度,其余符号与公式(6-1)相同。然而,在实际应用中需要注意两个方面的问题:一是指标 E 对点位数 n 的敏感性,如果需要大量的点位数来获得可靠的可达性度量,那么 E 的计算将会由于需要耗费大量的时间和资金而不切实际;二是该指标反映某个区域整体可达性的能力,尤其是在点位数较少的情况下。这些问题需要在实际的应用背景下具体考虑。

空间阻隔法考虑了个体在交通网络中流动的耗费。在多种成本衡量指标中,空间距离的应用最基础也最广泛,由于其简单直观的特点,常被应用在网络空间格局研究中;时间距离适用于出行效率的评价,可用于网络出行服务、应急响应服务等的评价。然而,这些指标仅从交通本身出发,以节点空间阻隔的难易程度表示可达性,由于没有考虑距离的衰减以及各点的作用力规模等因素,尚不能反映土地利用和交通需求等其他信息。

3. 拓扑法

可达性度量方法一般建立于几何网络之上,在城镇空间体系演变、选址分析与区位评价以及公共交通网络的可达性评价中有广泛的应用,但是在研究区域航空网络、城市地铁站点换乘便捷性、街区以及场馆内部等子空间之间的通视性程度等方面,拓扑距离比几何距离更重要,需要应用基于拓扑网络的可达性度量方法。

拓扑法最初是"图论法"中的一种研究方法,用节点来表示独立的要素,用连接节点的边来表示要素之间的某种特定关系,从而对系统的属性进行分析和评价。在对城市空间系统的研究中,图论被引入用以描述物质空间网络的二维几何特征,并衍生出两种不同的城市空间的图论表示法:原初表示法(primal representation)和对偶表示法(dual representation),分别描述了城市空间系统的度量结构(metric structure)和拓扑结构(topological structure)[15],如图6-2所示。

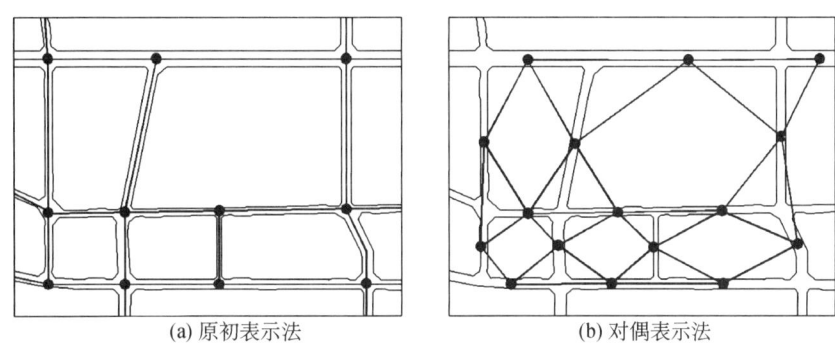

(a) 原初表示法　　　　　　　(b) 对偶表示法

图6-2　原初表示法和对偶表示法(拓扑法)比较

原初表示法是一种对城市物质空间系统的直观性二维描述,这一方法用边来表示街段,用节点表示街段的交叉点也即路口,从而客观地表达了城市空间网络的度量特征,如街段的长度、方向以及交叉点的具体坐标等。对偶表示法后来被广泛地称为拓扑法,是将原初表示法进行反转而衍生出的一种城市空间图论表示法。简言之,之前以边来表达的街段在此被表达为节点,而此处的边则用以表达两个相交的街段之间的某种空间关系,并不直接对应于某种物质空间的要素。对偶表示法所描述的并非城市空间系统实际的几何特征,而是这一几何空间系统的拓扑结构,街段的长度、方向等度量属性在对偶表示法中被丢弃了,取而代之的是作为空间单元的街段之间的某种关系。

拓扑度量法主要用于交通网络中各节点或者整个网络可达性的度量,该方法将实际的网络抽象成拓扑图,只考虑拓扑图中两点的连接性,并不考虑节点间的实际距离,且相连两节点间的距离被定义为是等值的。该度量方法的相对可达性是指两点间的拓扑距离,拓扑距离是指两点间路经的最少线段数,即最短路径。与距离度量法类似,某节点的总体可达性即为该节点到系统中其他所有节点相对可达性的平均值,用来衡量节点在交通网络中的便利程度。根据可达性度量因子计算方式的不同,拓扑度量法可分为矩阵方法和空间句法。

(1) 矩阵方法。

矩阵方法计算可达性通常是运用整体可达性矩阵和最短距离矩阵来计算的。网络的邻接矩阵能够导出整体可达性矩阵。

整体可达性矩阵由网络中的邻接矩阵导出,可达性矩阵 $\boldsymbol{T}=\boldsymbol{C}^1+\boldsymbol{C}^2+\cdots+\boldsymbol{C}^n$,其中 $\boldsymbol{C}$ 表示邻接矩阵,$\boldsymbol{C}^k$ 的元素 C_{ij}^k 表示从点 i 经过 k 步到达点 j 的路径数目。该方法中某节点的相对可达性指标计算公式如下:

$$T_i = \frac{t_i}{\sum_{i=1}^{n} t_i / v} \tag{6-3}$$

式中,v 为网络中的节点数目;T 为可达性矩阵;t_i 为某节点 i 到达所有节点的直接和非直接路径数目总和,$t_i = \sum_{j=1}^{v} t_{ij}$。

最短距离矩阵由网络中的连通性矩阵导出。记最短距离矩阵为 $\boldsymbol{D}$,网络中的节点数量为 v,d_{ij} 表示节点 i 与 j 之间的最短路径。某节点 i 到其他所有节点的最短路径综合为 d_i,$d_i = \sum_{j=1}^{v} d_{ij}$,由此推导出各节点的相对可达性为

$$D_i = \frac{d_i}{\sum_{i=1}^{v} d_i / v} \tag{6-4}$$

(2) 空间句法。

空间句法源于 20 世纪 70 年代,是基于空间句法理论、通过句法软件计算出的句法变量来表达可达性的一种拓扑方法。该方法首先通过空间分割将空间结构转化为拓扑结构,然后运用空间句法基本理论及图论推算句法形态变量。形态变量包括连接值、控制值、深度值、集成度 4 个基本变量。其中深度值是空间句法中最重要的概念,表示从一节点到另一节点的最短路程,它表达的是空间的转换次数,不是实际距离;连接值指与某节点邻接的节点个数;集成度可分为局部集成度和整体集成度,集成度用相对不对称值的导数来表示,以剔除系统中节点数量对"深度值"的影响。

基于空间句法的最大特色就是可以融合个体对环境的心理认知,考虑了心理可达性,对路径的选择具有主动权。相较于矩阵方法,空间句法适用于较为精细的空间尺度,常用于城市尺度下地铁线路、城市道路网可达性分析、城市交通特征与土地利用关系、轨道站点人流分布、园林景观规划、建筑物内部空间等的可达性度量。

拓扑法的优势在于能够简化网络结构,关注关键因素,从而更好地从客观层面分析网络联结特性,在客观地比较多个城市道路网络形态及空间布局的优劣程度时,具有较强的说服力和解释力,广泛适用于以逻辑网络表达的地表现象和个体的可达性度量。然而,由于忽略了分布在空间的活动类型及规模,只是从网络的空间阻隔角度进行计算,应用范围有限。

6.2.2 基于活动的可达性度量方法

基于活动的可达性度量方法不仅考虑设施分布带来的交通阻抗,还考虑了出行活动的空间分布。目前成熟的方法包括累积机会模型、空间相互作用模型、移动搜索法、哈夫模型以及平衡系数法。

1. 累积机会模型

累积机会模型(cumulative opportunity measure)是在距离法的基础上发展而来的,将可达性定义为个体从出发地利用某种交通方式,在一定出行时间、空间或其他出行成本范围内能够接触到的某种机会(如工作、上学、购物和医疗等机会)的数量[16]。在给定的阈值内能够接触到的机会数量越多,可达性越好。在此基础上可根据不同人群进行分类(如种族、收入和性别等特征),比较不同人群对于某一种机会的可达性。在实际应用中经常与等值线法结合进行直观表示,其基本形式为

$$A_i = \int_0^T O(t) dt \tag{6-5}$$

式中,$O(t)$ 为发展机会随出行时间变化的分布函数;T 为预先设定的阈值。

累积机会模型考虑了空间距离的因素,同时也将空间资源的分布纳入其中,能够在一定程度上反映交通与土地利用之间的关系,直观地表示出随着距离增加,机会数量在空间阻隔上的分布。显然,当设定的阈值足够大时,出行者就能接触所有感兴趣的机会,因此,对于不同地区、不同特征人群、不同等级的同类设施,如何选取临界指标(如时间、距离或出行费用等)以及如何确定临界指标数值在实际应用中都是不可回避的问题,如当阈值 T 趋于无穷大时,研究范围内的所有机会都会包括在模型中,从而导致计算结果失去实际意义。此外,值得注意的是,累积机会模型并未考虑度量点和吸引点之间的相互作用及其空间效应随距离的衰减。该模型一般应用于公共设施空间布局的规划和评价,分析出行者在一定时间内可到达的服务设施数量,评价不同区域的设施资源供给情况,绘制区域机动车出行和公共交通出行的等时线,以及分析现状交通网络的空间结构特征等。

2. 空间相互作用模型

空间相互作用模型(spatial interaction model)源于城市与区域研究中的引力模型(gravity model)。法国学者 louis lagrange 在借鉴牛顿万有引力定律的基础上提出了万有潜能(potential)的概念,这一概念被引入区域经济学和人文地理学中后,逐渐发展成为研究空间相互作用的最经典、应用最广泛的模型。而后,Hansen 等人提出采用该模型作为可达性度量的势能模型,现有的可达性度量方法大多基于 Hansen 的原始公式。空间相互作用模型将可达性定义为空间相互作用的潜力,不仅受到两点空间阻隔的负向影响,而且还受到该点活动规模大小的正向影响。这种模型将用地(代表了发展机会或服务设施等城市活动)和交通系统(代表了出行距离、出行时耗等成本)二者有效地结合在一起。空间相互作用法中最具代表性的是势能模型(也称重力模型、引力模型)。

(1) Hansen 势能模型。

Hansen[17]等人将引力模型引入可达性的度量之中,并明确提出其所使用的可达性概念

是指"机会相互作用的潜能,它度量的是机会间相互作用的强度,而不仅仅是相互作用的难易程度"。可达性不仅与两点间的空间阻抗有关,还受到吸引点活动规模大小的影响。Hansen 将这个概念表示为

$$A_{1-2} = \frac{S_2}{T_{1-2}^x} \tag{6-6}$$

式中,A_{1-2} 为 1 区到 2 区从事某种类型活动的相对可达性;S_2 为 2 区的活动规模,如就业岗位、人口数等;T_{1-2} 为 1 区与 2 区之间的出行时间或距离;x 是描述区域间旅行时间对可达性的影响指数,该指数随着出行目的重要程度的增加而减小。

某区的综合可达性指标值是将影响区域中所有点的发展机会在该区域上所具有的势能进行求和,即某区能接近的发展机会的数量:

$$A_i = \sum_j O_j f(C_{ij}) \tag{6-7}$$

式中,A_i 为 i 区的可达性;O_j 为分布在 j 区的发展机会;C_{ij} 为从 i 到 j 的出行时间、距离或费用;$f(C_{ij})$ 为 i 区到 j 区空间阻隔的阻抗函数。

该模型在实际应用时有着更加精细化的改进。一方面的改进是将不同机会和交通工具与不同社会经济水平的人群相匹配;另一方面的改进是阻抗函数的类型,原始模型以牛顿万有引力定律的幂函数为阻抗函数,之后的研究者开始使用指数函数、高斯函数等作为阻抗函数。

Hansen 的势能模型在城市规划研究中有着广泛的应用,但是 Shen 指出该模型只有在至少满足以下两个条件中的一个时,其有效性才能保证:一是现有机会的需求均匀地分布在所研究的区域;二是对获得机会没有能力约束。然而在现实生活中这两个条件很难满足,因为人口、岗位、活动的分布是不均匀的,并且当机会处于非竞争性时不需要具备获取的能力,所以该模型能够在公园、购物中心等这些没有实际能力限制的娱乐和商业设施中取得比较好的效果,但在有能力限制的工作机会中就存在缺陷。

(2) Shen 势能模型。

Hansen 势能模型在度量存在竞争关系的就业机会可达性时只考虑到"供给方",而没有考虑到"需求方"对机会的竞争。Shen[18]在 Hansen 势能模型的基础上,将"需求方"考虑进来,从"供需"两方面全面地考察各区就业机会可达性的大小,并提出多种交通工具的阻抗及效用,全面测算可达性。

Shen 认为在每一组,机会的可达性在一定程度上取决于该机会所在地点的需求潜力。在其势能模型中,首先利用公式(6-8)计算每个地点的需求潜力 D_j,计算中所用的是寻找机会的人数,而不是机会的数量。

$$A_i = \sum_j \frac{O_j}{D_j} f(C_{ij}) \tag{6-8}$$

$$D_j = \sum_k P_k f(C_{kj}) \tag{6-9}$$

式中,A_i 为住在 i 区居民的可达性;D_j 为在 j 区寻找就业机会的潜力;P_k 为 k 区寻找就业机会的居民数量;$f(C_{kj})$ 为 k 区与 j 区空间阻隔的阻抗函数。

该模型仅适用于城市中仅存在一种交通方式的情形,而事实上存在着多种交通方式,每种交通工具的阻抗及效用都不相同,使用的交通网络也不相同。为了比较采用不同交通方式的不同人群的可达性,并利用选择某种交通方式的人数与总人数的比值作为权重,对可达性进行加权计算,使模型更具有普遍性:

$$A_i^v = \sum_j \frac{O_j f(C_{ij}^v)}{\sum_m \sum_k P_k^m f(C_{kj}^v)} \quad (6\text{-}10)$$

$$A_i^G = \sum_v \left(\frac{P_i^v}{P_i}\right) A_i^v \quad (6\text{-}11)$$

式中,A_i^G 为 i 区所有居民的总可达性;A_i^v 为住在 i 区内通过交通方式 v 的可达性;P_k^m 为在 k 区通过交通方式 m 寻找就业机会的居民数;P_i^v 为在 i 区使用交通方式 v 寻找就业机会的居民数;P_i 指在 i 区的居民总数;$f(C_{ij}^v)$ 和 $f(C_{kj}^m)$ 分别指通过交通方式 v 和 m 的交通阻抗函数。

应用该模型计算得到的可达性指标具有几个重要的特征:①可达性指标值没有量纲,结果简单、清晰、易于比较;②可达性指标的期望值或加权平均值等于机会总量与寻求机会的总人数之比。这样在比较可达性时通过计算结果与期望值的比较,便可区分可达性的高低。在就业可达性方面,可达性指标的期望值是工作机会与求职者数量的比值,即就业率,若可达性指标大于就业率,则说明可达性好。

3. 两步移动搜索法

两步移动搜索法(2SFCA)由 Luo 等[19]提出并命名,后来多位学者对该方法进行了进一步的改进。2SFCA 多用于评价城市公共设施的空间可达性,包括医院、公园绿地、学校、就业和公交站点等。其基本思想如下:

第一步:对于每个供给点 j,设定有效搜寻半径 d,寻找半径 d 内的需求点 i,根据各点的服务规模等因素计算供给点的供需比 R_j。

第二步:对于每个需求点 i,寻找半径 d 内的供给点 j,将所有满足条件的供给点的供需比 R_j 赋予权重加和,得到需求点 i 的可达性 A_i。

2SFCA 与空间相互作用模型的基本理念相同,都考虑了研究对象的规模、性质、相互吸引能力及距离阻抗等因素。空间相互作用模型中设施服务能力随距离变化是连续的,采用距离衰减函数表征,而 2SFCA 则基于二分法分段函数进行处理,在阈值内服务能力一致且不变,阈值外的服务不可达。

4. 哈夫模型

哈夫模型(Huff model)最早被提出用于预测城市中的商圈规模[20]。该模型同样建立在重力模型的基础上,不同之处在于其涉及了概率问题,即当区域内有多个消费点可选时,消费者选择某一个点的概率由消费点的设施吸引力和到达该点的出行阻抗决定。随着研究的深入,进一步将消费者选择的概率作为权重修正作用力,将其应用至设施可达性评价领域中。

Huff 模型的特点在于其考虑到了公平因素,该资源是否被利用存在一定的概率而不是非黑即白的,与实际情况更贴合。该模型主要应用在城市公共设施的空间布局可达性分析以及社会公平性分析,逐渐也有学者将其应用到客运站点的空间布局分析中。

5. 平衡系数法

Wilson[21]在1967年提出平衡系数法并用于可达性的评价。平衡系数法基于熵最大定律,改进了传统的潜能模型,假定供给与需求总量处于平衡状态,进而构建单约束引力模型或双约束引力模型用于限制各点位的流量。

平衡系数法很好地反映了现实中的竞争效用,即对于有限的活动,出行者之间存在竞争,同时出行者的数量也影响着活动之间吸引力的竞争。对于商业等一些竞争关系明显的活动,使用该方法计算可达性的准确度更高。另外,由于模型中平衡系数相互关联,该方法的计算过程烦琐,计算量大,需要不断迭代直到收敛,获得最优结果,所以只适用于小范围的评价分析。

交通运输及通信技术的发展使得个人移动能力、城市空间连通性得到了显著提高,而居民活动的发生与空间属性的相关程度有所下降,渐渐地松散耦合于空间属性,城市环境下的空间阻隔也相应地有所减弱。相反,拥堵度、交通设施服务能力等因素的不同,导致了个人活动间的出行成本差异性增高。与此同时,学术界对于个人可达性的研究朝着考察对象的细致化以及更加详尽地模拟个人行为的方向发展着。在这样的趋势下,传统可达性方法就愈发显得不能满足于对个人活动研究的要求,能够将可达性的计算结果精确到每个个体,并且还能考虑个体差异的效用法和时空法应运而生。

6.2.3 基于个体的可达性度量方法

1. 效用模型

效用法(utility measure)源于随机效用理论,从微观经济学的角度将个体的出行行为视为消费行为,认为所有出行终点都使个体拥有一定的效用,个体出行会选择效用最大的终点,并以这种消费行为在交通-土地系统中获得的最终效益作为该个体的可达性水平评价标准。

由于效用法假设所有出现的目的地都直接或间接地赋予出行者一定的效用,人们在出行时会充分对比各区域间的效用差别,选择效用最大的地方作为目标从而安排出行计划,因此,可达性就成了出行选择的最大期望效用。根据这一假定,结合非集计模型的理论,Ben-Akiva和Lerman提出了可达性的效用模型[22]:

$$A_i = E[\max_{j \in D} U_{ij}] = \ln \sum_{j \in D} \exp(V_{ij}) \tag{6-12}$$

式中,A_i为基于效用的可达性指标,采用logsum的形式表示个体i在终点集D中选择效用最大的某一终点;V_{ij}为个体i选择j的效用。

效用法的关键在于确定个体i在吸引点j可能获取的总体效益V_{ij},当总效益减去出行费用或时间之后,即为个体获得的最终效益U_{ij},比较典型的计算方法有Hivex模型和Logistic回归模型。

在可达性测量方法均不同程度地带有主观或者经验主义色彩、缺乏理论支撑的背景下,效用模型借用微观经济学中的消费者理论发展而成[23]。效用模型有严格的理论依据,并且可以利用很多非集计模型的结论,有助于深入的理论探讨。效用模型与时空约束模型不仅考虑了交通因素和社会经济因素,还将可达性水平与个体出行行为直接建立起联系。然而A_i只具有一个相对的概念,多用于边际收益分析的研究中,例如研究城市路网的改善对居民出行及交通可达性的影响。

2. 时空约束模型

人类活动产生于时空环境下,不论何种活动都有与之对应的时间属性,因此时空因素是个人活动研究中的重要内容。在此背景下,将可达性与时空要素结合,时空可达性应运而生。时空可达性的概念不仅强调了时空要素对于理解日常生活的重要性,还表征了时空之间复杂的相互影响及它们对于人类在特定地点活动模式的联合作用,提供了研究人类在时空中的活动与移动模式的重要分析视角。

时空法(space-time measure)也称个体特征模型,用于计算一天中给定时间段内,个体获得特定机会的可达性。从时空地理学的角度,可达性是指从个体角度出发,在特定的时空约束下,形象地采用时空棱柱(space-time prism)刻画个体所能够到达的时空范围,以及相应的活动机会。Lenntrop、Burns、Miller等人对时空棱镜的操作和应用先后进行过研究[24]。Lenntrop提出可利用时空棱柱的体积(代表潜在路径空间,potential path space,PPS)和时空棱柱在二维平面上的投影(代表潜在路径区域,potential path area,PPA)度量可达性。利用时空棱镜的体积大小表示个体的可达性水平,在时间预算下,时空体积越大,个体参与活动的可能性越大,则可达性水平越高,或通过统计时空棱镜在平面投影面积内的诸如商业、娱乐网点数目作为评价的指标(图6-3)。

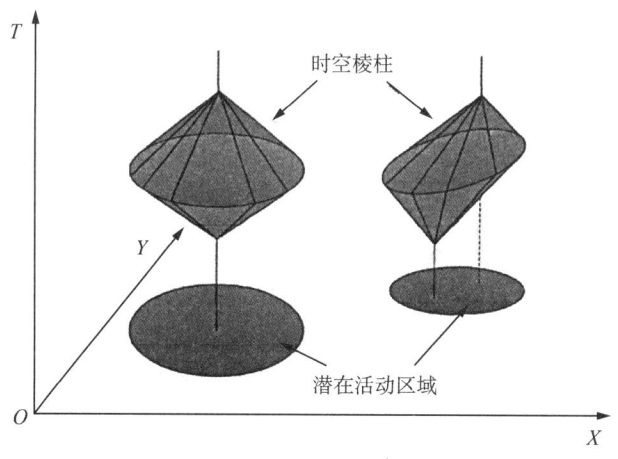

图6-3 时空棱柱及潜在活动区域表示[24]

此外,Kwan[25]提出的基于可行机会集(feasible opportunity set,FOS)的时空约束模型也是比较有代表性的模型。其表达式如下:

$$A = \sum_i W_i I(i), \quad I(i) = \{1 \text{ if } i \in FOS, 0 \text{ otherwise}\} \quad (6\text{-}13)$$

其中,W_i是i小区的活动机会。

效用法和时空法都有很好的理论支撑。效用法具有微观经济学理论基础,可以用于城市尺度下总收益与个体可达性选择的关系研究;时空法具有行为理论基础,既可以应用于区域和国家尺度下的人口迁移模式研究,也常用于城市和城市内部尺度下某个体在时空上产生的位移等可达性研究,通常采用时空棱镜分析方法。此外,还可以根据实际应用需求将时空法与效用法进行结合。然而,这两种方法所需数据量巨大,因此在实际应用中,往往在小片区内展开,若针对群体进行研究,可通过抽样的方法来减少数据量。

6.2.4 可达性评价方法比较

由于网络特性、影响因素以及空间尺度等的复杂性,可达性评价方法也表现出多样性,各种方法的优缺点详见表6-1。随着新兴空间技术的发展,时间地理和行为地理等新领域提供的视角正在完善和丰富着可达性的研究框架。

表6-1 主要可达性评价方法比较

评价方法		涉及因素				针对人群	优点	缺点
		交通因素	土地因素	时间因素	个体差异			
基于设施的可达性度量方法	空间阻隔模型	√		√		群体	公式简单、易于理解;考虑了个体在交通网络中流动的耗费	没有考虑距离的衰减以及各点的作用力规模等因素
	拓扑法	空间联结关系描述				群体	较好体现节点间的空间联系,可以真实再现空间尺度	较少考虑时间、土地利用、人的活动等因素
基于活动的可达性度量方法	累积机会模型	√		√		群体	明确地表示了节点机会;评价等时间、等距离的可达性	阈值难以确定;无法衡量阈值之外的可达性
	空间相互作用模型(势能模型、重力模型)	√	√	√		群体	考虑了两点间空间阻隔的负向影响及该点活动规模大小的正向影响;将用地和交通系统二者有效地紧密结合在一起	无法考虑个体差异
基于个体的可达性度量方法	效用模型	√	√	√	√	群体和个体	理论支撑好:微观经济学理论基础,可以用于城市尺度下总收益与个体可达性选择的关系研究	所需数据量巨大
	时空约束模型	√	√	√	√		具有行为理论基础,可以应用于区域和国家尺度下,也可用于城市和城市内部尺度下某个体在时空上产生的位移等可达性研究	所需数据量巨大

6.3 公共交通站点可达性研究现状

公共交通可达性的评价相较于私人交通方式更为纷繁复杂。因为私人交通方式(步行、非机动车、小汽车)出行方式单一,出行链较为简单,影响因素较少,但对于公共交通,不仅进入公共交通系统的出行方式多种多样,即使在公共交通系统内部,也包含不同线路间换乘的复杂情况,使得研究对象和方向更为广泛,其关注点也逐渐由公共交通本身向公共社区、社会公平性和弱势群体就业等方向转变。

6.3.1 公共交通站点步行可达性研究

围绕公交站点可达性的研究主要集中在站点步行接驳方面,且多面向轨道交通站点。一方面,从影响因素出发对步行的空间可达性进行评价,早在20世纪60年代,德国在发展城市轨道交通的同时,就积极推进城市步行环境的建设,希望通过二者的相互促进,实现城市的高效运转和环境品质的提升。近期,由于能源危机、环境污染与公共健康问题的日益凸显,越来越多的城市开始将改善轨道交通站点地区的步行适宜性作为推动城市生态化、人性化和活力化建设的重要内容,如美国的波士顿(1998)、芝加哥(2009)以及英国伦敦(2004)与加拿大多伦多(2009)先后制定了适宜步行环境设计导则,并收集步行数据以及时了解行人问题。许多学者也纷纷探索相关的科学分析方法与评测标准,如 Park[26] 基于环境影响因素分析了城市不同区域的站点周边步行可达性;Parsons[27] 通过问卷调查分析了华盛顿地区的9类轨道交通站点周边的步行者使用情况;Alfonzo 等[28] 以5个站点地区为例,通过问卷访谈与路径注记的方法推导步行者到达站点的最大步行距离与路径选择的环境影响因素;Schlossberg 等[29] 从街道网络、交叉口和阻抗性交叉口等方面探讨轨道交通站点 400 m/800 m 接驳范围内的步行易达程度;Frank 等[30] 以温哥华地区为例,基于街道衔接、用地类别等因素构建了步行可达性综合评价指标体系;张宁等[31] 将人行道指示标识、服务水平、道路网形式等环境因素转为定量变量,明确轨道交通站点的步行接驳范围;谢晖[32] 将轨道交通站点的时间、拓扑可达性与乘客满意度相结合,建立了考虑乘客满意度的站点心理可达性评价模型。另一方面,多以步行网络为研究对象,采用拓扑结构等方法分析街道网络连通度,评价站点区域的步行网络连续性,如 Kusumo[33] 研究了轨道交通站点周边街道网络对公交出行活动的影响,对多个城市进行分析后,证明具有良好格局的街道网络会提高站点地区的可达性;吴韬等[34] 采用空间句法,构建站点覆盖范围内街道网络的线段模型,综合考虑站点所在街道的全局集成度和站域街道网络的局部集成度,进行站域可达性评价。

显然,在这些站点步行可达性的研究中,对于行人出行感知的考虑仍然不足。在交通领域的研究中,Chen R 等[35] 认为相较于实际出行时间,感知出行时间才是真正影响乘客出行方式选择的参数;王德等[36] 应用语义差别法(semantic differential method)获取行人对街道的主观评价,探寻主观评价与客观指标二者之间的关系,为街道环境的优化提供理论基础;姜洋等[37] 基于公共生活-公共空间法(public life and public space method)对步行环境进行定量评价并提出改善建议。步行环境感知的评价方法更多地考虑了步行者对微观环境的知觉和经验,尽管主观性很强,但结果是贴合行人需求的。总体来看,目前对于乘客出行感知阻抗的研究,缺少对阻抗影响因素的定量分析,出行心理阻抗与各影响因素未形成映射关系,且缺乏与可达性评价的有效交互,在环境物理因素对感知影响的量化分析上存在很大的研究空间。

6.3.2 公共交通网络站间可达性研究

在公共交通网络的空间特征上,研究集中在线路连通性以及站点连通区域可达性。例如 Hadas 等[38]从协调性和连通性两个方面分析了公交网络的性能。这些属性主要与乘客换乘有关,包括乘车、等待和步行时间以及换乘类型。基于这些属性,建立了公交线路连通性测度,作为从连通性角度评价公交线路各分区优劣的工具。陈艳艳等[39]借助 GIS 空间分析功能,从站点和线路两个维度确定评价指标体系,构建区域公交可达性计算方法。Handly 等[40]将公共交通连通度分为站点级连通度和网络级连通度,同时考虑了服务质量,采用广义时间模型和 SAR 模型分别计算连通度和区域可达性。

公共交通网络可达性测度的常用方法是拓扑法。拓扑法能够简化网络结构,客观地分析公交网络的连通水平,其主要有两种形式:一种是空间句法,如 Li 等[41]综合考虑轨道交通和常规公交出行特性的不同,分别采用空间句法中的轴线模型和线段模型对轨道交通网络和常规公交网络的空间可达性进行度量,轴线模型去除了线路本身长度、所处地理位置的影响,更关心乘坐站数及换乘次数,将经过的站点数转化为拓扑深度;线段模型更关心乘坐的时间、道路的拥挤及能否直达,能真实描述线路的空间形态。另一种是复杂网络理论,如余伟等[42]构建了包含地铁和公共交通网络的 Space L 和 Space P 模型,分析了公共交通可达性的变化;黄晓燕等[43]以广州市为研究对象,运用复杂网络理论构建公共交通拓扑网络,分析了地铁的建设对公交可达性的影响;孙荣等[44]利用复杂网络堆积公交线网的拓扑结构进行分析,建立公交可达性复杂网络模型,以南通市为例,计算度分布、聚类系数、站间平均换乘次数及关键点等参数作为可达性指标。

公共交通的内部换乘是造成出行不便的重要因素,因为换乘会扰乱空间、时间和信息因素,改善公交换乘是公交运营规划中最重要的任务之一,通常作为规划过程的目标函数进行建模,或应用在公交衔接调度设计中。随着对个体效用研究的深入,涌现出面向乘客心理在公共交通换乘中的影响的研究,一类是探讨乘客心理的整体作用,另一类是细化讨论乘客感知换乘阻抗的影响因素。

乘客对换乘的心理感知时间通常要比乘车时间长,这是因为换乘不仅要消耗时间,还要消耗体力。当体力消耗达到一定程度时,就会感到疲劳、厌烦,相应的出行阻抗也会增加。换乘造成的感知不便已经被证明会影响乘客在其路径和目的地方面使用公共交通的决定,一般将换乘时间乘以一个大于1 的常数表征乘客换乘时的心理感知时间。钱堃等[45]进一步细化,考虑到不同换乘时间对乘客感知带来的差异,将换乘时间的惩罚系数设定为与换乘步行时间相关的幂函数,改进既有轨道交通路径选择的广义费用模型。也有学者进一步将换乘细化,认为换乘等待时间的重要度高于换乘行走时间,且换乘步行时间比入口和出口步行时间更为繁重[46]。Chowdhury 等[47]基于计划行为理论,解析公共交通使用者感知的换乘阻抗与其使用换乘路线意愿之间的关系,结果表明用户感知可控性和自我效能感越强,其使用换乘路径的意愿越大,且只有性别、公共交通使用频率和当前使用的换乘路径对换乘意向有显著影响。

乘客在换乘过程中会受到多种因素的影响,换乘流线的流畅性、距离的合理性、指引信息的有效性、候车时长等都会作用在乘客的生理和心理感受上,从而影响出行效用。在服务质量方面,出行属性如人身安全、换乘可靠性、行程时间、换乘时间和换乘相关信息,已被证明是乘客对换乘路线感知的关键指标。车站的人身安全被认为是乘客决定使用公共交通的最敏感因素,出行时间被揭示为模式和路线选择的另一个重要决定因素[48]。因此,错过换乘和车辆延误会给用户造成焦虑,且是公共交通服务可靠性问题的主要原因。其他研究表明,需要使用综合信息系统,以减少人们心理上的换乘不便。另外,出行价格和天气也被认为是影响乘客感知换乘阻抗的影响因素。

换乘环境中的具体物理因素也是乘客感知换乘阻抗影响因素的研究热点,如 Navarrete 等[49]的研究表明影响乘客出行换乘意愿的 4 个主要的物理因素为枢纽站换乘、第一个可到达的公交站上车的能力、信息的可用性和自动扶梯的可用性,Chowdhury[50]进一步深入研究了性别在公共交通换乘决策上的影响。

总体而言,当前的公交可达性评价多面向单一交通网络,在多网融合方面的应用仍较少,对不同类型网络上的换乘衔接行为及出行换乘的心理感知考虑仍然不足。

6.4 公共交通站点吸引可达性评价

公共交通站点所能服务的范围直接体现了公共交通线网覆盖能力,它具有两方面的重要意义:①公交站点是公交出行者进入公交运输服务系统的门户,是公交客流的主要吸引设施,是公交系统与其他交通方式联系的窗口;②公共交通站点是公交网络中线路的基本汇集点,是实现公交网络内部换乘的节点。

根据公共交通站点这两方面的特性及可达性对于"出行方便程度"的描述,公共交通站点可达性含义应包含两方面内容:公交站点吸引可达性和公交站点辐射可达性。

公交站点吸引可达性指的是出行者从某一公交站点出发,在特定的出行成本内能够接触到的服务数量。

公交站点辐射可达性指的是在公交网络中,某一公交站点能够到达其他所有站点的便利程度。

根据站点类型的不同,城市公共交通站点又可以分为轨道交通站点和常规公交站点。常规公交站点的直接吸引覆盖范围主要体现在居民通过步行能够到达的区域,其直径大概为站点周边 500 m;轨道交通站点由于吸引强度更大,吸引范围更广,可产生直接吸引区和间接吸引区,即直接覆盖范围内的居民通过步行到达站点,间接覆盖范围内的居民通过非机动车、常规公交、小汽车、出租车等不同的接驳方式到达站点,由于有效覆盖范围会大大增加到数千米,可以称之为全域吸引范围。

显然,对公交站点直接吸引范围进行可达性评价,所建立的方法既适应于轨道站点,也适应于常规公交站点,主要是针对出行者到达站点后的"最后一公里"问题进行探讨,以刻画该站点周边的开发程度及步行环境的建设成效,为站点周边建设的改善提供决策支持;对于公交站点全域吸引范围进行可达性评价,则主要针对轨道站点展开研究,以考察轨道站点的衔接水平和建设环境。

6.4.1　公共交通站点可达性影响因素

公共交通站点可达性影响因素主要包含时空因素、出行者因素、站点因素以及接驳方式。

1. 时空因素

居民生活在时空环境下,何种类型的活动均包含时间属性(如何时发生)及空间属性(如在哪里发生)。当出行者需要前往活动目的地时,由于城市空间结构的限制及自身对行程时间的要求从而产生了时空约束,包括出行距离及时间、活动时长等,是居民出行决策过程中的决定性因素。一般而言,在其他客观因素恒定的情况之下,人们会尽可能地缩短出行距离、减少行程时间、降低出行成本。

2. 出行者因素

出行者因素主要有出行者自身属性和出行者的出行特征。出行者自身属性主要包括性别、年龄、家庭车辆拥有情况、收入和职业等,是影响出行者到达公共交通站点非常重要的因素,尤其对于步行到达站点的出行者影响更加明显。由于不同地区出行者自身特性不同,导致出行者对出行方式的选择偏好也存在一定程度的差异。因此,在站点可达性的研究中应对其加以考虑。

出行者的出行特征包括出行距离、出行时间、出行目的和出行费用等因素。基于效用考虑,出行者一般会优先选择出行时间最短和出行费用最低的交通方式。以轨道交通为例,由于出行距离的长短不同,出行者选择乘坐轨道交通的概率不同,一般情况下,出行距离越长,选择使用轨道交通的概率就越大。同样,不同出行目的对轨道交通的选择倾向也有所差异,通常情况下,在出行高峰期工作出行和上学出行选择轨道交通的情况较多。

3. 站点因素

站点因素主要包括站点自身属性和站点周围环境因素。站点自身属性主要体现在站点在公共交通网络中的节点属性或是功能特征,一般分为中间站、换乘站和首末站。首末站由于一般有空座位,所以出行者在面临与首末站和中间站的距离相近时,更愿意选择到首末站使用公共交通服务。对于出行者来说,换乘站相较于中间站更具有吸引力,换乘站意味着出行者可以选择线路的范围更广,同时更大的站点空间也可以吸引更多的出行者。站点与城市中心区的距离也是一个重要因素,由于城市中心区公共交通覆盖率更高,对出行者而言有更多的选择。另外,良好的站点设计和配套设施建设会使站点更具吸引力。

站点周围环境因素主要指的是站点周边建筑环境。对于站点周边建筑环境,主要包括三个要素:土地开发密度、土地利用多样性和站点与周边建筑的衔接。土地开发密度越高,站点周边就会有更多的人口或者岗位,那么使用公共交通的出行者数量就会相应增加;土地利用的多样性即土地利用的混合度,研究发现,高混合度开发的站点区域更能吸引出行者;站点与周边建筑的无缝衔接,既可更加利于步行,吸引更多的出行者到达公共交通站点,也有利于为建筑商业提供消费者流量。

4. 接驳方式

公共交通作为大运量、集中式的运输方式,难以像小汽车一样,实现门到门的服务,需要和其他方式形成有效衔接,才能提高公共交通的吸引力。其中,常规公交由于吸引范围有限,一般只能吸引其覆盖范围内的出行者通过步行到达常规公交站点;轨道交通由于吸引范围更广,吸引能力更强,可以吸引出行者通过步行、非机动车、常规公交等多种方式到达轨道交通站点。

出行者利用城市轨道交通出行的接驳方式一般为两类:一类是出行者通过步行直接进入轨道交通系统,此类出行者位于轨道交通站点覆盖范围内;另一类是出行者先通过步行以外的其他交通方式(如常规公交、出租车、非机动车等)换乘到轨道交通系统中,此类出行者位于轨道交通站点覆盖范围之外。吸引出行者通过步行方式到达城市轨道交通站点的可接受范围称为站点步行吸引区;吸引出行者通过非步行方式换乘到达城市轨道交通站点的可接受范围称为站点换乘吸引区。站点步行吸引区与站点换乘吸引区通常被称为交通站点广义合理吸引范围[51],如图6-4所示。

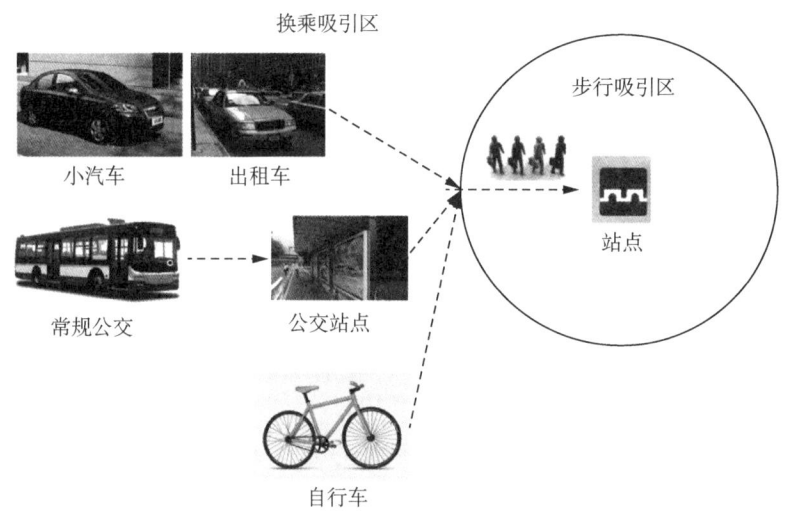

图6-4 城市轨道交通站点的客流吸引类型

本书根据各种接驳方式的技术性能和运行特性将接驳方式分为以下四类:步行、常规公交、机动车(包含出租车、小汽车、单位汽车等)以及非机动车(包含自行车、电动车等)。

6.4.2 公共交通站点直接吸引可达性评价

公交站点直接吸引可达性为出行者从公交站点出发,通过站点周边的步行网络,在特定的出行成本内能够接触到的服务数量。显然,站点直接吸引可达性评价可以用来考察公交出行"最后一公里"的步行接驳水平与站点直接吸引范围内的开发程度。然而,当前这方面的研究一般显得过于复杂,需要大量的数据调查,导致成本过高而难以发挥应有的作用。"环境-行为"理论指出,人的行为和环境之间是存在作用关系的,不能孤立地研究环境,需要关注人的态度和偏好。如果将步行的感知成本映射到客观的物理环境中,建立站点直接吸引可达性评价模型,那么一旦对模型进行了标定,在具体应用时,则可以通过对站点周边外部物理环境的观测来进行相应的评价,快速量化站点与周边服务点衔接的便利程度,并为公交站点周边的建设开发提出针对性的改善措施。

1. 步行感知阻抗关键影响因素确定

站点直接吸引可达性主要影响因素有时空约束因素、出行者个体属性因素以及客观环境因素等。鉴于客观环境的主导地位及稳定性,在诸多影响要素中只对其进行考虑而不失一般性。

(1) 初始指标集建立。

基于马斯洛需求层次理论,将步行环境评价指标从通行、安全、便利和舒适4个维度进行划分,通过文献梳理获得影响站域步行阻抗的初始环境因素18个,如表6-2所示。

表6-2 影响站域步行阻抗的环境因素集

维度	编号	环境因素	维度	编号	环境因素
通行	1	人行道宽度	便利	10	机动车出入口频率
安全	2	人行道与非机动车的分隔方式		11	过街形式
便利	3	指示标识		12	过街次数
	4	道路断面形式		13	临街店铺的性质和密度
	5	人行道坡度	舒适	14	天气
	6	人流量		15	遮阴遮雨设施
	7	人行道拥挤程度		16	景观设计
	8	人行道障碍物		17	灯光设计
	9	人行道出入口的设置位置		18	路面铺装

(2) 关键指标集筛选。

从出行者的角度考虑,这18个因素的影响程度不一,需要根据因素的重要度分析寻找具有共识性的关键因素,此时,受访者的反对意见也就变得非常重要,应当被纳入考虑,因此采用扩大贡献模型(extended contributive rule,ECR)进行重要度分析。

问卷采用李克特五级量表进行设计,通过网上调查方式收集问卷数据。线上问卷增加了跳转题目,当受访者在最近半年内乘坐过公共交通时,才可回答该问卷。调查共收集234份完整问卷数据,进一步从答卷所用时间和选项差异对问卷进行有效性筛选,获得有效问卷223份,有效率为95.3%。问卷男女比例为43∶57,覆盖了经常乘坐公共交通出行的各个年龄段乘客,出行目的以通勤(42.6%)、生活购物(25.1%)为主,具有普适性。对问卷数据进行信效度分析,表明 α 值为0.853,KMO值为0.875,Barlett球体检验中 P 值为0,整体问卷数据具有比较好的内在一致性与良好的问卷结构效度。

根据ECR方法,将反对意见权重设为0.5,计算ECR偏好度,进一步采用解释结构模型法(interpretative structural modelling method)将因素之间的偏好度值转化为关联矩阵,进行因素重要度分层排序如表6-3所示,选择重要度排名前四的因素作为影响行人在起终点与公共交通站点之间步行感知阻抗的关键因素。

表 6-3 步行感知阻抗影响因素重要度排序结果

编号	因素	重要度	偏好度值
11	过街形式(有无红绿灯)	18	6.744
10	出入口设置的频率	16	3.231
4	人行道与非机动车的分隔方式	14	3.935
8	人行道上障碍物的分布	14	3.422
2	机动车道数量及是否有中央分隔带	13	1.166
17	人行道上的灯光设计	13	1.960
3	人行道上的指示标识	12	1.809
18	人行道的路面材料	11	2.626
7	人行道的拥挤程度	10	2.072
15	人行道上的遮阴遮雨设施	10	1.881
9	人行道出入口设置的位置	9	1.251
12	过街次数	8	0.798
6	人行道上的人流量	7	1.020
1	人行道的宽度	5	0.594
16	人行道上的景观设计	4	0.283
13	临街店铺的性质和密度	3	0.126
14	天气	3	0.224
5	人行道的坡度	1	0.000

2. 步行感知阻抗模型建立

基于出行者步行感知阻抗关键影响因素分析,步行感知时间与实际时间的函数关系可以表示为

$$C = f(Time, Cro, Div, Obs, Ent) \tag{6-14}$$

式中,C 为步行感知阻抗;$f(Time, Cro, Div, Obs, Ent)$ 表示关于步行时间、过街形式、行人与非机动车的分隔形式、障碍物的分布、出入口设置频率等变量的函数,即对实际步行时间的修正函数。

(1) 问卷设计与调查。

采用基于选择的联合分析法(choice-based conjoint analysis,CBC)进行问卷设计,在调查中将问题设置为选择题,供调查者在多个方案中选择最易实现的一个,而不是对方案进行排序或打分,可以获得更准确的偏好分析结果。然而,在进行调研时,每一个方案中都涉及多种属性,每一个问题又包含多种方案,信息量较大,受访者易疲劳,因此该方法更适用于涉及 6 个及以下的属性场景设计。

对于步行感知阻抗的关键影响因素,通过文献调研分别确定 4 个水平层次的情景属性

如表 6-4 所示。综合考虑调查成本和可靠性,采用正交设计方法,利用 SPSS 软件生成由 5 个关键影响因素的不同情景属性水平组合成的 16 个情境选项,使得实验次数从 768 次下降到 16 次,有效降低了调查次数。

表 6-4 步行环境的情景属性及层次设定

属性	步行时间/min	过街形式	人行道与非机动车的分隔方式	人行道上每 100 m 障碍物数量/个	每 100 m 出入口设置数量/个
情景属性水平	5	有信号控制人行横道	不分隔	0	0
	8	无信号控制人行横道	部分分隔	0.5	0.5
	12	人行天桥	完全分隔	1	1
	16	人行地道	—	2 个及以上	2 个及以上

每份问卷包含两部分调研内容:一部分是受访者的人口特征,包括性别、年龄、公共交通出行目的、公共交通接驳时间和接驳方式共 5 个题目;另一部分是受访者对于各情景选项任务进行的选择。同时在问卷中增设了陷阱题目,即题目和选项完全相同,但选项顺序相反的 2 道题目,用以筛选问卷的有效性。

采用网上调研方式,通过数据校核共获得有效样本数量共 152 份,样本量共计 1 216 个,足以支撑进一步的模型建立。样本的个人属性特征与公共交通出行特征如表 6-5 所示。

表 6-5 问卷调查样本描述性统计

项目	类别	频数	百分比	项目	类别	频数	百分比
年龄	18 岁以下	1	0.7%	性别	男	66	43.4%
	18~25 岁	31	20.4%		女	86	56.6%
	26~30 岁	47	30.9%	接驳时间	0~5 min	18	11.8%
	31~40 岁	58	38.2%		5~10 min	78	51.3%
	41~50 岁	10	6.6%		10~20 min	48	31.6%
	51~60 岁	3	2.0%		20 min 以上	8	5.3%
	60 岁以上	2	1.3%	出行目的	通勤	79	52.0%
接驳方式	步行	108	71.1%		通学	14	9.2%
	自行车	17	11.2%		生活购物	34	22.4%
	电动车	15	9.9%		休闲娱乐	16	10.5%
	小汽车	8	5.3%		业务出行	9	5.9%
	出租车	4	2.6%				

(2) 模型建立。

基于问卷数据采用 R 语言进行二元 Logistic 回归模型的建立和检验,模型参数标定结果见表 6-6,可以看出,在 95% 的置信水平下,各指标的 t 值均大于 1.96,表明各变量都是显著的;模型 MacFadden R^2 为 0.241,表明模型拟合程度良好。

从参数标定结果来看，出行时间、障碍物数量和出入口数量系数均为负，表明出行者对于这三个变量持消极态度，路径的出行时间越长，障碍物和出入口数量越多，出行者选择该路径的概率越低。相对于信号过街、人行天桥和人行地道，出行者更倾向于无信号过街形式；相对于人非部分分隔和无分隔，出行者更倾向于人非完全分隔的人行道，与实际的出行感知相符。

因此，将出行者认为影响最小的非信号灯过街、人非完全分隔、无有障碍物和出入口的路径组合定义为不会增加出行者出行感知阻抗，即此时的阻抗仅为客观步行时间，计算各指标的时间支付意愿，即各因素相对于出行时间的换算值如表 6-6 所示。结果表明出行者愿意增加 4.21 min 的出行时间来选择每 100 m 减少 1 个障碍物的路径，其他同理，可以获得考虑步行环境关键因素的步行综合成本模型为

$$C = T + 4.40 \times \beta_{cro\_sig} + 6.12 \times \beta_{cro\_over} + 6.25 \times \beta_{cro\_under} + 0.01 \times \chi_{div\_par} + 9.16 \times \chi_{div\_no} + 4.21 \times Obs + 2.92 \times Ent \tag{6-15}$$

式中，C 为步行感知阻抗(min)；T 为实际步行时间(min)；β_{cro_sig}、β_{cro_over}、β_{cro_under} 分别表示路径中有信号灯的人行横道数量、人行天桥数量、人行地道数量；χ_{div_par}、χ_{div_no} 分别表示路径中人非部分分隔的路段长度比例、人非无分隔的路段长度比例；Obs 表示路径中平均每 100 m 的障碍物数量；Ent 表示路径中平均每 100 m 的出入口数量。

表 6-6 模型参数标定结果及各指标支付意愿值

变量	系数	t 值	时间支付意愿
$Time$	−0.158 004	−5.892 3***	—
cro_sig	−0.032 943	−2.596 2**	4.401 838
cro_nsig	**0.662 565**	3.700 0***	
cro_over	−0.304 085	−2.285 1**	6.117 883
cro_under	−0.325 537	−2.136 5*	6.253 652
div_all	**0.483 239**	3.659 7***	—
div_par	0.481 577	3.725 0***	0.010 519
div_no	−0.964 816	−3.726 5***	9.164 673
Obs	−0.665 786	−3.263 9***	4.213 729
Ent	−0.461 692	−2.927 6**	2.922 027

3. 考虑乘客感知的站点直接吸引可达性评价

站点直接吸引可达性为出行者从公交站点出发，通过站点周边步行环境，在特定的出行成本内能够接触到的服务数量。

Sevtsuk 等[52]研究提出，边、节点和建筑是步行可达性计算的三要素，共同构成了步行出行环境，因此，针对站点直接吸引可达性的研究，可以设定起点为公交站点、终点为周边步行可达的 POI、边为站点覆盖范围内的街道网络。POI 主要是指与居民日常生活息息相关的服务设施，包含多种类别，其获取可以通过各类地图 API 接口获取，包含类别、经纬度和名

称等基础信息。

根据站点直接吸引可达性的定义，选择累计机会法进行评价，将在一定出行成本下，步行能够到达的POI点数量作为衡量步行可达性的指标，计算公式为

$$R_i = \sum_{C_{ij} \leqslant C_0} j, \quad i,j \in G \tag{6-16}$$

式中，i、j分别为公共交通站点和POI点；R_i为公共交通站点i的累计机会数量，即站点直接吸引可达性；C_{ij}为公共交通站点i至兴趣点j的出行成本，用步行感知阻抗表示；C_0为公共交通站点i至兴趣点j的步行感知时间阈值；G为城市步行网络。

式(6-16)表明，站点直接吸引可达性由站点周边步行网络联通状态与POI分布等决定。其中，模型中的阈值C_0并不是以公交站点为圆心做的欧几里得距离半径求得的平均时间，而是POI点至公交站点的实际路径上的步行感知时间。它需要考虑步行路径上的实际步行时间、途经交叉口类型、障碍物和出入口的分布等因素。模型的计算原理如图6-5所示。

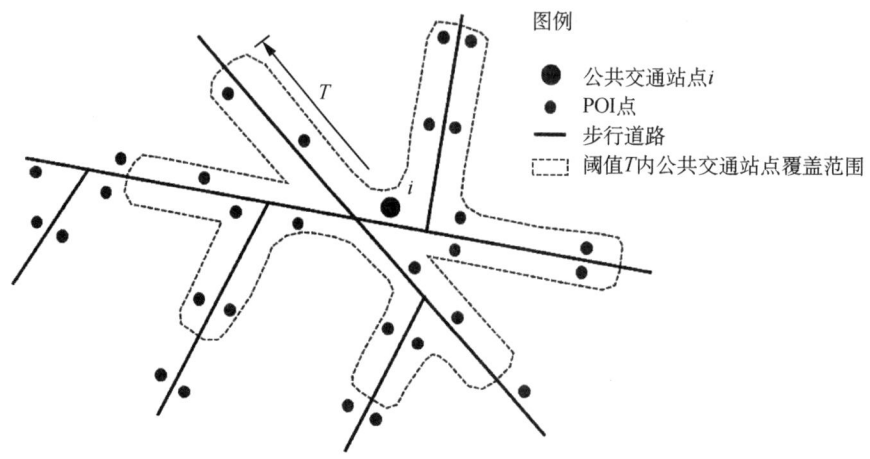

图6-5 公共交通站点站域可达性计算示意

收集公共交通站点周边的步行道路、环境信息和POI信息，通过计算各POI至公共交通站点的步行感知阻抗，作为出行成本代入步行可达性模型计算各站点的直接吸引可达性。

6.4.3 轨道站点全域吸引可达性评价

面向"到达站点不同的接驳方式"，将研究主体"轨道交通站点全域吸引可达性评价"转化为"对不同接驳方式下出行者到达站点难易程度的综合评价"。为了更好地表述并赋予可达性明确的物理意义，可以从效用角度出发，将描述可达性的快捷程度、经济程度、舒适程度分别转化为时间成本、费用成本和疲劳成本，然后将三者的成本累加计算成总的通达成本，从而对轨道站点全域吸引可达性进行定量评价。轨道站点全域影响范围可达性的表达方法如图6-6所示。

图6-6 轨道站点全域影响范围可达性的表达方法

1. 轨道站点全域吸引可达性成本要素

(1) 时间成本因子。

时间成本指的是出行者选择不同的接驳方式到达轨道交通站点所花费的时间,在与不同人群的权重系数相乘之后转化为货币的形式,这里使用时间价值(单位时间的劳动价值)来作为权重系数,通常由一类人群的平均收入换算得到,计为 T_v。对于时间价值 T_v,在交通领域相关的研究中,出行者的时间价值是基于对节约在出行时间合理利用的基础之上的。对于时间价值的计算,通常采用的方法包括生产法、收入法、费用法和收入-费用法等。如果采用收入法进行计算,即用出行者的人均收入除以人均劳动时间,反映出行所占用时间相对于个人的机会价值成本,也就是在出行时间内,出行者因未能工作而损失的劳动价值,其计算公式如下:

$$T_v = \frac{Income}{T_{work}} \quad (6-17)$$

式中,T_v 为出行者的时间价值(元/h);$Income$ 为出行者的个人年收入(元);T_{work} 为出行者的工作时间(h),扣除节假日,按人均每天 8 h 计算。

由于 T_v 的值因出行者的个体特征、职业特征不同而发生变化,所以首先根据职业对出行人群进行划分,然后根据不同职业的收入高低对出行者进行聚类,得到出行者收入的分布特征,统一选取 $Income$ 的取值,对 T_v 进行计算。

(2) 费用成本因子。

费用成本指的是不同的接驳方式选择所需要消费的金钱,其直接形式是货币。一般步行的费用为 0,非机动车的费用为停车费,常规公交和出租车的费用为票价。在广义成本计算中,成本费用的权重一般计为 1。

(3) 疲劳成本因子。

疲劳成本是指不同接驳方式带给出行者不同的舒适度所产生的疲劳感受。由于疲劳成本的计算过于抽象和复杂,且不具有直观性,这里对其进行简化。由于不同的出行方式出行阻抗不同,服务水平不同,带给乘客的不舒适度感受不一样,使得乘客产生不同程度的疲劳,一般采用分级的形式进行评价,每项指标各分 5 级,分值从 1 至 5,分别表示非常好、好、一般、不好、非常不好。其中,1 表示阻抗最小,舒适程度最高;5 表示阻抗最大,舒适程度最低。

不同层面的步行环境要素会对步行者心理产生整合效应,进而影响其时空感知和路径选择[53]。其中,便捷连续的高密度步行网络、方便安全的过街设施、清晰的站点标识指引、舒适的人行道设施和丰富的街道生活以及视觉体验都有利于减少人们步行的疲劳度;机动车(出租车、常规公交)在出行成本较高的同时,舒适度也较高,给出行者提供了较为舒适的出行体验,根据汽车舒适性疲劳方法方面的研究[54],将机动车疲劳成本因子分为振动、噪声、温度和拥挤;考虑到非机动车不存在拥挤,而安全问题却是非机动车出行者非常关注的问题,将非机动车的疲劳成本因子分为振动、噪声、温度和安全。因此,各种接驳方式的疲劳度测量指标如表 6-7 所示,通过问卷调查,首先获得出行者对于客观出行环境各项疲劳度指标的满意度评价和重要度评价,通过归一化处理分别获得各项疲劳指标的满意度标准值和权重系数,再用各疲劳度指标的权重值系数乘以满意度标准值求和,得到不同接驳方式的疲劳强度,然后乘以出行时间,转化为出行者对于出行环境的心理感知时间系数,再乘以不同人群的时间价值,即可以得到不同人群出行者的疲劳成本。

表 6-7 不同接驳方式疲劳度测量指标

直接吸引区	接驳方式	疲劳测量指标			
	步行	便捷性、连续性、安全性、识别性、舒适性、愉悦性			
间接吸引区	接驳方式	路段疲劳测量指标		节点疲劳测量指标	
	非机动车	振动、噪声、温度、安全		停车难易度	停车安全度
	常规公交	振动、噪声、温度、拥挤		等车难易度	站台拥挤度
	出租车	振动、噪声、温度、拥挤		打车难易度	打车环境

经过以上打分,首先获得了出行者对于客观出行环境的评价,不同接驳方式的技术性能和运行特性不同,步行、常规公交、非机动车和机动车出行的疲劳因子量化存在显著的差异。例如,步行出行者会更加关注步行环境、道路网络连通性和景观性等因素,而小汽车出行者对车内的振动、噪声、温度等的影响更加敏感,常规公交出行者更加关注站点的等车容易度以及行程中的车内的拥挤度等因素。通过乘以舒适度权重系数和出行时间,转化为出行者对于出行环境的心理感知时间,再乘以不同人群的时间价值,即可得到出行者的疲劳成本。

2. 轨道站点全域吸引可达性模型建立

根据吸引可达性成本要素的分析,建立可达性成本模型如下:

$$CA_m^i = \sum_n P_{mn}^i \beta_n t_m^i \cdot (1 + \sum_j d_{mj}^i \omega_{mj}) + f_m \quad (6-18)$$

式中,m 为进入方式($m=1$,步行;$m=2$,非机动车;$m=3$,常规公交;$m=4$,出租车);n 为收入群体($n=1$,高收入;$n=2$,中等收入;$n=3$,低收入);i 为站点编号($i=1, 2, \cdots, I$);CA_m^i 为针对站点 i 的第 m 种进入方式出行成本;P_{mn}^i 为使用方式 m 进入站点 i 的出行者百分比;β_n 为收入群体 n 的单位时间价值;t_m^i 为进入方式 m 到站点 i 的平均出行时间;f_m 为进入方式 m 的平均费用成本;d_{mj}^i 为进入方式 m 到站点 i 的各种疲劳指标标准值;ω_{mj} 为进入方式 m 的疲劳指标 j 的权重。

因此,进入方式 m 进入站点 i 的可达性可以按式(6-19)进行计算:

$$A_m^i = \frac{1}{CA_m^i} \quad (6-19)$$

式中,A 表示站点吸引可达性。站点 i 的吸引可达性评价模型如下:

$$A^i = \frac{1}{\sum_m CA_m^i \beta_m^i} \quad (6-20)$$

式中,β_m^i 表示使用进入方式 m 到站点 i 的出行者百分比。

6.5 公共交通站点辐射可达性评价

6.5.1 单一公交网络站点辐射可达性评价

公交站点是公交网络内部相互联系的节点,通过站点辐射可达性的探讨,可以测度通过该站点出行能够到达城市空间的深度和广度,用以表征公共交通网络的空间运营能力,也是公共交通线网规划的基础。因此,对轨道交通站点和常规公交站点分别进行站点辐射可达性分析,可以建立适用于轨道交通站点间的"轴线模型"和适用于常规公交站点间的"线段模型"。

1. 空间句法基本概念

空间句法(space syntax)产生于20世纪70年代末,Hillier及其领导的小组参照语言学定义,用"句法(syntax)"表示构成空间整体的空间分割单元、单元联合体之间的联系以及组合规律和法则,确立空间本体为研究对象[55]。1984年,Hillier等[56]在其著作《空间的社会逻辑》中首先提出了建筑与居民点空间组织的句法理论,认为建筑及城镇的空间布局会对人类活动、社会交往的方式及强度产生影响,并最终成为塑造城市功能的驱动力。在空间句法的逻辑下,城市空间结构和城市功能具有一致性,因此只要找到这种对应关系,便可通过调整城市空间结构(如加密道路网络)达到塑造理想城市功能的效果。一方面,规划师们遵循空间句法逻辑,通过量化的分析手段揭示出城市空间结构规律,从而为城市设计提供技术支撑;另一方面,空间句法以人的运动为基础的模型在一定程度上反映出居民对城市空间的认知规律,符合城市设计满足市民期望的客观要求[57]。此后,学者们开始结合图论的思想,对空间通达性、空间网络格局特征、空间结构与人类活动间的关系等进行了一系列研究,这些研究成果被用于城市诸多方面的分析中。

空间句法的理论基础即"图论法中的对偶表示法",作为一种新的描述现代城市空间模式的计算语言,其基本思想是对空间进行尺度划分和空间分割。空间句法中所指的空间,并不是欧式几何所描述的可用数学方法来表示的对象,而是以拓扑关系为代表的一种关系。空间句法关注的也非空间目标间的实际距离,而是其通达性和关联性。空间句法将空间之间的相互联系抽象为连接图,再按图论的基本原理,对轴线或特征点各自的空间可达性进行拓扑分析,最终导出一系列的形态分析变量。

空间句法的基本原则就是空间分割,即将整个空间系统划分为各组成单元,以此为节点进行相互连接,从而构成连接图。根据应用中的实际情况,将空间整体分割为局部主要有三种方法:凸多边形法、视区分割法和轴线法。

(1) 凸多边形法。

凸状源于数学中的一个概念,借用了欧几里得几何的凸状定义。若连续空间中任意两点的直线都处于该空间中,则该空间即为凸状空间。从认知的角度来说,凸状空间就是可以在其中透视、没有障碍的空间,即在空间内的任意一点都能看到整个凸状空间。

在空间句法中,参与空间句法运算的必须都是凸状空间,不是凸状空间的需要先划分为凸状空间,然后再进行计算。空间句法中将每个凸状空间称为"元素",首先将大空间划分为若干个小的凸状空间,然后把每个凸状空间作为一个节点,根据它们之间的连接关系,转化为图 6-7 中的关系图解,分析该空间系统的组织构件及形态变量。凸多边形法适用于建筑物内部房间或者通道布局的研究。

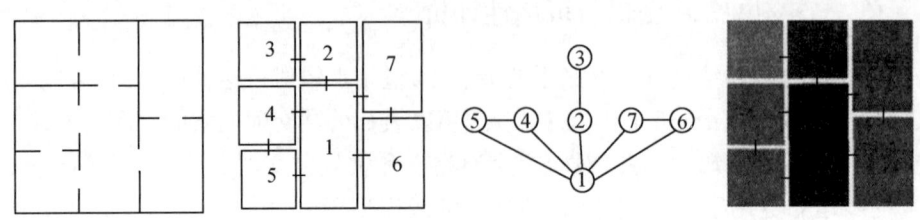

图 6-7 凸状空间及其构型分析

(2) 视区分割法。

视区即人类从空间中某点所能看到的有效区域,它不等同于凸空间,与所处空间界面的形式有关,不完全由实体界面组成,而更多的是由视区多边形的形状所决定。"视区指数"越高,则在城市活动中,空间系统的整体可达性越高。

在空间句法研究中,视区是指空间内某一点在二维平面内的可视区域。因此,视区分割法在分析时首先要在研究范围内选择特征点,特征点一般选择道路转折点或道路交叉口的中心位置,然后根据特征点找出可视区域,再根据各个视区的连通性对空间进行分割,进而导出关系图解,计算得出句法形态变量(图 6-8)。

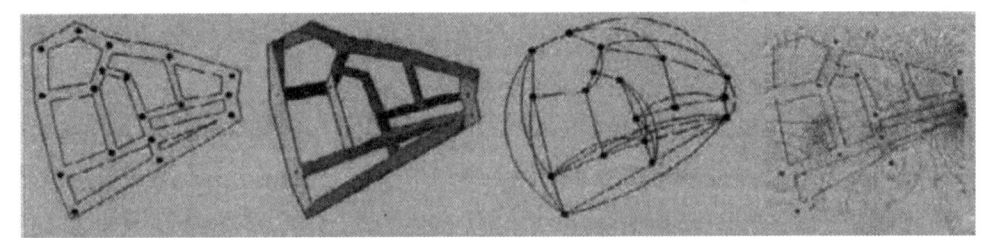

图 6-8 视区分割及其构型分析

视区分割法应用于城市规划设计中,较常见于利用"立面视区"阐述城市中建筑物与城市空间格局的相互关系;利用"钻石形空间视区"分析人们日常生活中的可视区域;或是对建筑物内房间格局进行对比分析等。通过运用视区分割法,能够将定性与定量分析结合起来描述区域子空间对整个空间系统的影响,并能分析研究其在空间系统中的地位和意义。

(3) 轴线法。

轴线即从空间中的一点所能看到的最远距离。每条轴线代表沿一维方向展开的一个小尺度空间,且一维方向的伸展有长有短,变化不定。同时,沿轴线方向行进也是最经济、便捷的运动方式,用轴线可以完成对空间的分割。事实上,每一条轴线不仅代表一条最长的视线,还具有行进、转移和运动的含义,即代表着潜在的移动。潜在的移动一般用"轴线指数"来反映,该数值越大,则代表潜在的移动强度越高,反之,潜在的移动强度越低。

轴线法的基本原则是在整个空间系统中,用最少且最长的直线绘制轴线图。每条轴线代表一个相对独立的子空间,其关系图解由每条轴线代表的节点依据直接可达性原则连接而成(图6-9),由此,依据轴线图可计算出空间系统的句法形态变量。

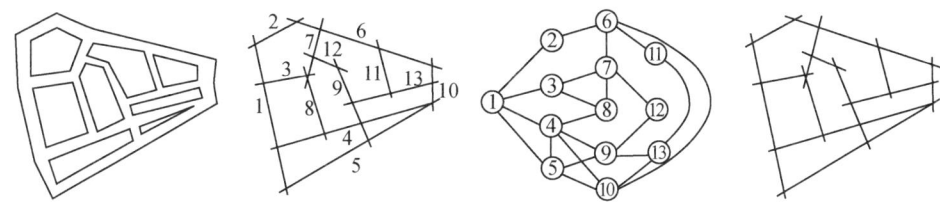

图6-9 轴线分割及其构型分析

轴线法是空间句法中最早也是应用最广泛的分析城市空间网络结构的方法,适用于建筑或者建筑群体比较密集的情况,典型应用包括城市行人和车流量的分析、步行交通模型的构建、犯罪的空间分布、城市网络结构和模式的演变、复杂建筑环境下的空间认知等。

轴线法认为主体的运动由可视范围内的空间引导,因此,利用主体所能感知范围内最长的直线就可以形成空间句法理论分析的基本轴线。同一城市不同时期规划的轨道交通线网也是不同的,同样可以通过城市内部相对连续的轴线结构发掘城市空间的内在发展趋势。可以借助空间句法理论对轨道交通空间结构进行定量分析,并通过基于空间句法的技术模型软件,模拟轨道交通发展规律,探讨城市空间发展特征。

综上所述,凸多边形法适用于建筑物内部房间或者通道布局的研究;视区分割法目前还处于理论探索阶段,相关研究不成熟,实际应用较少;轴线法是大部分空间句法研究中采用的主要方法,应用较为广泛。并且,在轴线模型拓扑关系的基础上,考虑"实际距离及可以进行角度分析"的线段模型也应运而生,受到了越来越多的关注。

基于前面介绍的空间分割方法,可以导出相应的连接图,即把分割的每一部分作为图的节点,节点之间的连接关系取决于它们之间是否相交或相连。根据连接图中节点与节点之间的关系,在关系图解基础上,得出一系列基于拓扑计算的句法变量,并用这些形态变量定量地描述构形,分析空间形态的发展规律和趋势。空间句法的分析单元为由句法轴线及其组合而成的轴线图,其拓扑空间的社会逻辑关系体现在轴线图所蕴含的多种句法变量之中。空间句法模型的句法变量包括连接值、控制值、深度值和集成度等。

① 连接值 C_i。

连接值是一个局部变量,表示系统中与第 i 个空间相交的空间数。在连接图上,连接值表示与第 i 个节点相连的节点数,与邻近区的数目有关。从认知角度来看,连接值表示每一个人站在每个空间所能见到的邻近空间的数目,连接值越高,其空间渗透性越好。

$$C_i = k \tag{6-21}$$

式中,C_i 表示节点 i 的连接值;k 表示节点直接连接的节点数。

② 控制值 $Ctrl_i$。

控制值表示某一空间对与之相交的空间的控制程度。假定研究系统中各节点权重均为1,则节点 A 的相邻节点 B 分配到 A 上的权重为 $[1/(B 的连接值)]$,因此节点 A 从相邻节点分配到的权重即为与节点 A 直接相连的节点连接值倒数和,它表示节点 A 对相邻节点的控制或影响程度。

$$Ctrl_i = \sum_{j=1}^{k} \frac{1}{C_j} \quad (6-22)$$

式中,k 为与第 i 个节点直接相连的节点数;C_j 为第 j 个节点的连接值;$Ctrl_i$ 为控制值,表示一个空间对与之相交空间的控制程度,从某种程度上反映一个空间对其周围空间的影响程度。

③ 深度值 D。

深度值(depth value)表示系统中某一空间到达其他空间所需经过的最小连接数,用 D 表示。在连接图中,它表示某一节点距离其他所有节点的最短距离,此距离并非指真实的测量距离,而是指两点间的通达性。规定两个邻接节点间的距离为一步,则从一个节点到另一节点间的最短路程(即最少步数)就是这两个节点间的深度值,它主要表达空间转换的次数,而不是指实际距离。

④ 平均深度值 MD。

平均深度值(average depth value)指的是系统中某个节点到其他所有节点的最短路程(即最少步数)的平均值,用 MD 表示,某节点的平均深度值大小表示从此节点到其他所有节点需要转换的次数多少,即便捷程度的好坏。

$$AD_i = \frac{1}{n-1} \sum_{j=1}^{n} d_{ij} \quad (6-23)$$

式中,d_{ij} 为节点 i 距离其他所有节点的最小深度值;n 为拓扑关系图中的节点数目。

⑤ 集成度 I 与辐射可达性指标(AI_i)。

如果说控制值表达的是一个空间和与之直接相交的其他空间的关系,那么,集成度(integration)表达的则是一个空间与其他更多空间的关系。根据所考虑的节点情况,集成度分为整体集成度和局部集成度。整体集成度表达的是一个空间与其他所有空间的关系,即所有节点在计算考虑中;而局部集成度则是一个空间与其相邻空间之间的关系,即不是所有节点都在计算考虑之中。实质上,集成度的概念表达了空间智能度的一种度量,集成度越高,可达性越高。

由于平均深度值的大小在很大程度上取决于系统中节点的数目,为了将其标准化,一般采用 RA_i 对平均深度值进行修正,来比较同一拓扑图中不同节点的便捷程度。

$$RA_i = 2(AD_i - 1)/(n-2) \quad (6-24)$$

$$AI_i = I_i = 1/RA_i \quad (6-25)$$

以上这些句法变量是对空间分析研究的定量表示,从不同的角度定量地描述了节点之间、节点与整个结构之间的关系及整个结构的特征。随着空间句法计算软件的优化,其中的大多数句法变量都能够通过句法计算软件直接得到。

2. 轨道交通轴线模型

轴线法的基本原则是在整个空间系统中,用最少数目的长直线绘制轴线图。每条轴线代表一个相对独立的子空间,其关系图解由每条轴线代表的节点依据直接可达性原则连接而成。由此,依据轴线图可计算出空间系统的句法形态变量,并用红色到蓝色不同的颜色反映各条轴线句法变量值的大小,从而分析研究整个空间系统的组构以及空间形态。

空间句法作为一种定量的空间形态分析方法,计算分析软件是计算时必不可少的工具,目前已有不少研究机构研发出各种空间分析工具,比较常用的软件有基于 ArcView 软件的 Axwoman、基于 MapInfo 软件的 Confeego 以及基于 UCL 软件的 Depthmap 等。空间句法的学者认为这种计算机工具的重要性不仅仅在于它的客观性和易读性,还可以凭借这些对空间结构关系的客观描述达到对网络系统的进一步理解。

3. 常规公交线段模型

在辐射可达性的评价方法上,常规公交站点与轨道交通站点存在明显的差异。轨道交通方式准时性较高,且站点和站点之间的运行时间较为接近。乘客在乘坐轨道交通前,一般都会通过一些途径(主要是线路运行图)了解轨道网络的整体形态,并在出行时规划好出行线路,所以轨道交通乘坐者更关心乘坐站数及换乘次数,而对空间的尺度感觉模糊。

常规公交由于在道路上行驶,其行程时间的可靠度受到道路状况的影响,与轨道交通乘坐者主要关心乘坐站数、换乘次数不同,常规公交出行者更关心乘坐的时间、能否直达、经过的城市道路是否拥挤等。这也意味着,常规公交出行者在空间上更为关心线路真实的空间尺度。

所以,仅仅有了轴线模型,还是有局限性的,因为真实的空间尺度信息被隐藏了,但是对于常规公交这种受路网形态、线路长度、站距等空间实际信息影响较大的交通工具,空间真实距离不能被模糊掉,若只是简单地用一条轴线去概括,失之于笼统。如果把不被打断的一段街道看成一个元素参与拓扑计算的话,就会有优势了。因此,一种能够真实描述空间形态的"线段模型"应运而生。

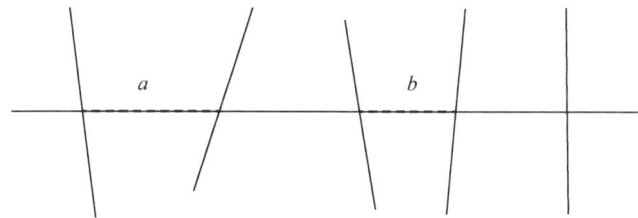

图 6-10 以线段作为参与计算的元素

线段模型的计算采用与轴线模型相同的软件,在 CAD 中制作轴线模型,通过 dxf 格式的文件导入 DepthMapX 中,转换成 Axial Map,再转换成 Segment Map,进行相应的参数计算。

6.5.2 复合公交网络站点辐射可达性评价

在公共交通多模式复合网络发展背景下,不同网络站点间的互联互通与相互衔接是提高公交竞争力的关键因素,需要建立一体化的公交换乘系统,实现各种公交方式的优势互补和无缝衔接。复合网络站点辐射可达性的主要影响因素有时空约束因素、出行者个体属性因素及客观环境等。鉴于评价的客观性与简易操作性,而又不失一般性,主要考虑客观环境对复合网络站点换乘空间衔接水平的影响,这些客观环境包括一次出行过程中公交站点的换乘次数、换乘距离及换乘形式等。通过采用拓扑法,考虑站点在公交网络内的联通作用,从空间结构的角度进行复合网络站点辐射可达性评价研究。

1. 公共交通加权复合网络构建

(1) 调查方案模式设计。

采用基于选择的联合分析法(choice-based conjoint analysis,CBC)进行问卷设计。在调查中将问题设置为选择题,供调查者在多个方案中选择最易购买的一个,而不是对方案进行排序或打分,可以获得更准确的偏好分析结果。在对换乘阻抗的调查中,为了模拟出行者实际面临的选择,调查方案的出行模式设计必须与现实相结合。在实际情况中,出行者对轨道交通的偏好一般高于常规公交。当存在一条轨道交通线路直达的路径和另一条需要换乘常规公交出行的路径时,出行者选择前者的概率极大。因此,在对复合公交网络换乘阻抗的调查中,设计了 4 种出行模式,如表 6-8 所示。

表 6-8 调查问卷中出行模式设计

网络	直达路径	换乘路径	出行比较模式
单纯的常规公交网络	常规公交	常规公交	B－(B1＋B2)
单纯的轨道交通网络	轨道交通	轨道交通	R－(R1＋R2)
含常规公交和轨道交通的复合网络	常规公交	轨道交通	B－(R1＋R2)
	常规公交	常规公交—轨道交通	B－(B1＋R1)

注:在 B－(B1＋R1) 比较模式中,研究表明两种交通方式间的换乘并不存在方向不均衡性,无需考虑二者之间换乘的方向性,即 B－(B1＋R1) 与 B－(R1＋B1) 比较模式中的换乘影响基本相同,因此这里仅考虑一种模式。

各模式对应的路径说明见表 6-9。

表 6-9 调查问卷中不同出行模式的路径说明

模式	路径说明
B－(B1＋B2)	路径 1:直达公交线路 B 路径 2:公交线路 B1 换乘公交线路 B2
R－(R1＋R2)	路径 1:直达轨道线路 R 路径 2:轨道线路 R1 换乘轨道线路 R2
B－(R1＋R2)	路径 1:直达公交线路 B 路径 2:轨道线路 R1 换乘轨道线路 R2
B－(B1＋R1)	路径 1:直达公交线路 B 路径 2:公交线路 B1 换乘轨道线路 R1

出行者在多模式公交网络出行的过程中,在进行出行决策时所考虑的出行时间往往是出行感知时间而非实际出行时间,这种感知成本可以认为是实际出行时间上的一种惩罚,因此出行总时间的构成如图 6-11 所示。

由出行时间总体构成所组成的整体定义为出行感知时间链(perceived journey time,PJT),那么从出发站点至到达站点之间,出行者在公交网络内部的 PJT 可以表达为

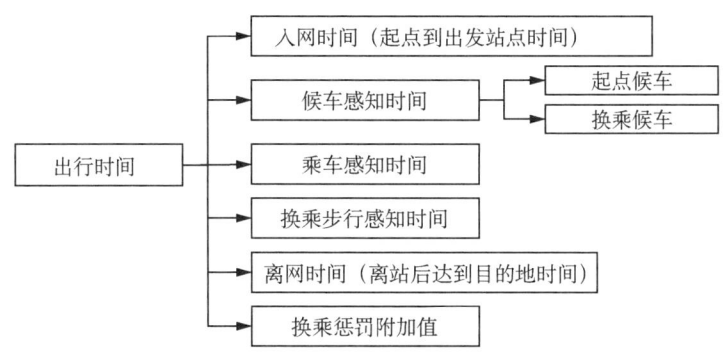

图 6-11 出行时间总体构成

$$PJT = T_{pv} + T_{ptw1} + T_{ptw2} + T_t$$
$$= \alpha_{pv} \cdot t_{pv} + \alpha_{ptw1} \cdot t_{ptw1} + \alpha_{pt} \cdot m_{pt} + \alpha_{ptw2} \cdot t_{ptw2} + P_t \cdot N_t \quad (6\text{-}26)$$

式中，T_{pv} 为车内乘车感知时间；T_{ptw1} 为换乘步行感知时间；T_{ptw2} 为换乘候车感知时间；T_t 为换乘惩罚时间；t_{pv} 为车内实际运行时间；t_{ptw1} 为换乘步行实际时间；t_{ptw2} 为换乘候车实际时间；m_{pt} 为不同线路之间的换乘模式；P_t 为换乘惩罚附加值；N_t 为换乘次数；α_{pv}、α_{ptw1}、α_{ptw2}、α_{pt} 分别为各变量的感知系数。通常以 t_{pv} 变量为基准（即 α_{pv} 值为 1）处理其他项的感知系数。

其中换乘惩罚附加值 P_t，指的是在出行过程中，换乘行为对乘客出行所带来心理负担的量化，与换乘线路、时间等因素无关。同时，在换乘过程中，换乘步行感知时间不仅与实际步行时间 t_{ptw1} 有关，且与换乘模式有关，可以用出行广义费用的度量方式对换乘惩罚附加值和不同换乘模式带来的负担进行量化。

由于主要从规划设计层面对公共交通网络衔接程度进行评价，不考虑候车时间变量，因此在进行调查情景的设计时，将候车时间均等化，只考虑换乘环境的影响，涉及车内乘坐站数、换乘步行时间和换乘模式三类变量。

确定关键因素后，进行属性的设计。针对三种换乘模式分别总结了对应的 5 种换乘方式；参考国内公交出行调查数据，出行者在选择公交出行时，乘坐站数一般在 30 站以内，换乘时间在 10 min 以内，基于最大值的设定对这两个因素分别设计为 5 个水平，如表 6-10 所示。

表 6-10 公交出行换乘变量及属性水平设计

属性	乘坐总站数/站	换乘步行时间/min	换乘模式		
			轨道-轨道（R-R）	公交-公交（B-B）	轨道-公交（R-B）
属性水平	5	1	同站台换乘	同站台换乘	平面广场换乘
	10	3	上下层垂直换乘	枢纽广场换乘	平面街道换乘
	15	5	通道换乘	街道换乘	街道+平面交叉换乘
	20	8	站厅换乘	街道+平面交叉换乘	街道+立体交叉换乘
	25	10	出站换乘	街道+立体交叉换乘	枢纽立体换乘

本书涉及三类变量，分别有 5 个水平。在情景设计方法的选取上，考虑到过多的题目会降低受访者回答的准确度，为了尽可能地减少问题数量，并保证建立模型的有效性，舍弃了分别需要 $5^3=125$ 次试验和 $5^2=25$ 次实验的全面设计法和正交设计法，采用均匀设计法。均匀设计法考虑试验点在试验范围内均匀分布，相比于正交设计可以更大程度地降低试验数量，只需要与属性水平数相等的试验次数，因此在属性水平较多时更为适用。

均匀设计表的形式为 $U_n(5^m)$，其中 m 表示涉及的因素数量，n 表示方案数量，为 5 的倍数。对于轨道-轨道和公交-公交换乘模式，对应选取了 $n=5$ 和 $m=3$ 的均匀设计表；对于轨道-公交换乘，含有 4 个变量，对应选取了 $U_5(5^4)$ 均匀设计表来进行情景组合设计。考虑到各模式的特性，对具体的情景设计进行了相应修改，具体设计见表 6-11。

表 6-11　不同换乘模式的情景设计

换乘模式	情景设计			
	方案编号	公交乘坐站数/站	换乘步行时间/min	换乘方式
"公交-公交"换乘模式	1	10	3	街道+平面交叉换乘
	2	20	0	同站台换乘
	3	5	5	枢纽广场换乘
	4	15	1	街道换乘
	5	25	8	街道+立体交叉换乘
	方案编号	轨道交通乘坐站数/站	换乘步行时间/min	换乘方式
"轨道-轨道"换乘模式	1	10	3	通道换乘
	2	20	0	同站台换乘
	3	5	5	站厅换乘
	4	15	1	上下层垂直换乘
	5	25	8	站外换乘
	方案编号	公交乘坐站数/站	轨道交通乘坐站数/站	换乘步行时间/min	换乘方式
"轨道-公交"换乘模式	1	3	5	5	街道+立体交叉换乘
	2	5	10	1	平面街道换乘
	3	8	3	8	街道+平面交叉换乘
	4	10	8	3	平面广场换乘
	5	12	12	10	枢纽立体换乘

（2）问卷设计与数据调查。

针对表 6-11 不同换乘模式的情景设计，可以确定每个情景中的一条路径选项，然后设计另一条阻抗接近的路径作为第二个选项。由于研究重点在于换乘过程对乘客心理阻抗造成的影响，从空间规划角度进行公交网络耦合程度的评价，不涉及运营层面，因此不考虑车内拥挤程度、票价和候车时间对换乘的影响，在问卷的路径描述中进行说明。同时为了便于

受访者回答,在路径描述中说明出行总时间。例如:

假设您在出行时,有两条路径都可到达目的地,假设每站公交和每站地铁的出行时间相同,两条路径的总票价相同,以下情景您会选择哪一条?

路径1:公交直达,需要乘坐15站(共45 min)。

路径2:公交乘坐3站,地铁乘坐5站,二者换乘步行时间5 min,且需要经过天桥或地道过街,候车时间为0(共29 min)。

问卷内容具体分为两部分:一部分是受访者的个人特征,包括性别、年龄、公共交通出行目的和公共交通出行时间等;另一部分是受访者面对各情景设计方案进行的选择,每个问卷均包含5个出行情景。同时在第二部分增设了陷阱题目,即题目和选项完全相同,但选项顺序相反,用以筛选问卷的有效性。基于4种不同的出行比较模式,设计完成4份问卷,每份13道题目,见附录C。

采用网上调研的方式收集问卷,并对问卷数据进行有效筛选,获得有效问卷805份,有效样本量4 025,问卷有效率66.2%,问卷信效度检验表现良好。经过校核,调查获得的有效样本数量如表6-12所示。

表6-12 4种出行比较模式下收集的样本数量

比较模式	B—(B1+B2)	R—(R1+R2)	B—(R1+R2)	B—(B1+R1)
原始问卷数量/份	301	304	300	311
有效问卷数量/份	179	167	220	239
有效样本量/份	895	835	1 100	1 195

(3) 换乘阻抗模型建立。

问卷中每个情景下均设计了两条出行路径,即每个选择集中只有两个选项,因此采用二元Logit模型进行数据分析。4种出行比较模式的模型拟合优度良好,模型标定的变量都是显著的,且拟合度满足要求,具体情况如下:

在B—(B1+B2)比较模式中,以车内乘坐站数为参考基准,计算其他变量的支付意愿,标定其他变量相对于车内站数的惩罚系数。从标定结果可以看出,换乘步行时间的惩罚系数标准化为0.68,意味着换乘时每步行1 min,心理感知时间相当于多乘坐了0.68站公交;"同站台换乘"的感知阻抗最小,其惩罚系数标准化结果可以认为是0,"街道换乘"相对于"同站台换乘"的感知阻抗,相当于多乘坐一站公交;换乘惩罚附加值为4.31站,说明每换乘一次,乘客的心理负担相当于乘坐4.31站公交,如表6-13所示。

表6-13 B—(B1+B2)模式标定结果

变量	系数	标定值	标准化	t 值
车上站数	α_{pv}	−0.048 651	1.00	−2.111*
换乘步行时间	α_{ptwl}	−0.033 082	0.68	−4.316***
同站台换乘	α_{pt0}	0.069 914	0	3.451**
街道换乘	α_{pt1}	0.021 027	1.00	2.013*

(续表)

变量	系数	标定值	标准化	t 值
街道＋平面交叉换乘	α_{pt2}	−0.029 072	2.03	−1.982*
街道＋立体交叉换乘	α_{pt3}	−0.046 888	2.40	−3.230**
枢纽广场换乘	α_{pt4}	−0.014 981	1.75	−4.566**
换乘惩罚附加值	P_t	−0.209 682	4.31	−2.899**
拟合优度检验	MacFadden R^2		0.27	

在 R－(R1＋R2)比较模式中,换乘步行时间的惩罚系数标准化为0.7,意味着换乘时每步行1 min,心理感知时间相当于多乘坐了0.7站轨道交通;"同站台换乘"的感知阻抗最小,"站外换乘"的感知阻抗最大,相当于多乘坐7.09站轨道交通;换乘惩罚附加值为3.52站,说明每换乘一次,乘客的心理负担相当于乘坐3.52站轨道交通,如表6-14所示。

表6-14 R－(R1＋R2)模式标定结果

变量	系数	标定值	标准化	t 值
车上站数	α_{pvr}	−0.050 49	1.00	−2.917**
换乘步行时间	α_{ptw1}	0.050 519	0.70	1.971*
同站台换乘	α_{pt0}	0.085 446	0	2.031*
上下层垂直换乘	α_{pt1}	0.076 971	0.28	2.526*
站外换乘	α_{pt2}	−0.128 753	7.09	−2.764**
站厅换乘	α_{pt3}	−0.016 303	3.37	−1.432
通道换乘	α_{pt4}	−0.017 361	3.40	−2.759**
换乘惩罚附加值	P_t	−0.177 725	3.52	−3.371***
拟合优度检验	MacFadden R^2		0.18	

在 B－(R1＋R2)比较模式中,轨道交通车上乘坐一站相当于公交车乘坐0.61站,此时换乘惩罚附加值仅为1.51站公交车,明显小于公交线路之间和轨道线路之间的换乘惩罚附加值——4.31站轨道交通、3.52站公交车。该值的变化可以理解为,由于出行者相对于常规公交更倾向于轨道交通出行,导致对于后者换乘的容忍度更高,换乘惩罚附加值降低,如表6-15所示。

表6-15 B－(R1＋R2)模式标定结果

变量	系数	标定值	标准化	t 值
公交车上站数	α_{pvb}	−0.030 22	1	6.370***
轨道交通车上站数	α_{pvr}	−0.018 434 2	0.61	−3.291**
换乘步行时间	α_{ptw1}	−0.022 665	0.75	−6.214***
同站台换乘	α_{pt0}	0.172 446	0	2.012*

(续表)

变量	系数	标定值	标准化	t 值
上下层垂直换乘	α_{pt1}	0.106 971	1.3	1.980*
站外换乘	α_{pt2}	−0.228 753	7.95	−3.182**
站厅换乘	α_{pt3}	−0.023 303	3.88	−5.278***
通道换乘	α_{pt4}	−0.027 361	3.96	−5.044***
换乘惩罚附加值	P_t	−0.045 632 2	1.51	−3.299**
拟合优度检验	MacFadden R^2	0.21		

在 B−(B1+R1) 模式中,"枢纽立体换乘"变量不显著,说明其与基准变量"平面广场换乘"效果无显著区别,因此将二者的标准化感知阻抗均认为是 0。公交车与轨道交通线路之间的换乘惩罚附加值为 3.47 站公交车,如表 6-16 所示。

表 6-16 B−(B1+R1) 模式标定结果

变量	系数	标定值	标准化	t 值
直达公交站数	α_{pvb1}	−0.066 582	1	−3.072**
换乘轨道交通车上站数	α_{pvr}	−0.071 909	1.08	−4.007***
换乘公交车上站数	α_{pvb2}	−0.058 592	0.88	−4.994***
换乘步行时间	α_{ptw1}	−0.040 615	0.61	−5.248***
平面广场换乘	α_{pt0}	0.229 258	0	3.474**
街道+平面交叉换乘	α_{pt1}	−0.158 88	5.83	−5.010***
平面街道换乘	α_{pt2}	0.146 03	1.25	5.496***
街道+立体交叉换乘	α_{pt3}	−0.216 408	6.69	−5.684***
枢纽立体换乘	α_{pt4}	—	0	—
换乘惩罚附加值	P_t	−0.231 040	3.47	−2.371*
拟合优度检验	MacFadden R^2	0.20		

根据前面的分析发现,相较于常规公交车,出行者更倾向于乘坐轨道交通出行,导致对于后者换乘的容忍度更高,换乘惩罚附加值降低,因此,B−(R1+R2) 出行模式的比较意义不大,在进一步以公交车内时间为参照进行系数的标准化过程中不予考虑。将全部出行模式均以常规公交车内时间为参照进行系数的标准化,如表 6-17 所示。

表 6-17 以常规公交车内时间为参照的标准化标定结果

参数		换乘模式		
		B−(B1+B2)	R−(R1+R2)	B−(B1+R)
公交站数	α_{pvb}	1.00	—	1.00
地铁站数	α_{pvr}	—	0.61	—

(续表)

参数		换乘模式					
		B—(B1+B2)		R—(R1+R2)		B—(B1+R)	
换乘步行时间	α_{ptw1}	0.68		0.43		0.61	
换乘形式	α_{pt0}	同站台	0	同站台	0	平面广场	0
	α_{pt1}	街道	1.00	上下层垂直	0.17	街道+平面交叉	5.83
	α_{pt2}	街道+平面交叉	2.03	站外	4.32	平面街道	1.25
	α_{pt3}	街道+立体交叉	2.40	站厅	2.06	街道+立体交叉	6.69
	α_{pt4}	枢纽广场	1.75	通道	2.07	枢纽立体	0
换乘惩罚附加值/站	P_t	4.31		2.15		3.47	

根据支付意愿的含义，可以获得不同换乘方式下站点之间的广义出行阻抗，即公共交通复合网络中的换乘阻抗模型。

对于同线路直达的轨道交通站点之间，阻抗模型为

$$C_r = \alpha_{pvr} \cdot n_{pvr} \tag{6-27}$$

对于同线路直达的常规公交站点之间，阻抗模型为

$$C_b = \alpha_{pvb} \cdot n_{pvb} \tag{6-28}$$

对于不同线路、步行换乘可达的公交站点之间，阻抗模型为

$$C_{t-t} = \alpha_{ptw1} \cdot t_{ptw1} + \alpha_{pt1} \cdot m_{pt1} + \alpha_{pt2} \cdot m_{pt2} + \alpha_{pt3} \cdot m_{pt3} + \alpha_{pt4} \cdot m_{pt4} + P_t \tag{6-29}$$

式中，系数 α_{pvb}、α_{pvr}、α_{ptw1}、α_{pt1}、α_{pt2}、α_{pt3}、α_{pt4}、P_t 的取值根据衔接方式的不同参照表6-17确定；n_{pvr}、n_{pvb} 分别表示轨道交通和常规公交出行的站数；t_{ptw1} 为换乘步行时间；m_{pt1}、m_{pt2}、m_{pt3}、m_{pt4} 分别代表不同的换乘形式，为0-1变量。

(4) 公交站点加权复合网络构建。

这里研究的城市公共交通复合网络中包含了轨道交通和常规公交两种线网，网络规模庞大且复杂。为了简化网络结构，采用 Space L 方法构建复合公交站点拓扑网络（Space L 方法的抽象原则是，公交站点和线路分别对应网络的节点和边。当两个公交站点在同一线路且相邻时，二者之间则存在一条连边，当多条线路经过时，只保留一条连边，避免重复连边带来的复杂性。公交站点网络的构建方式保留了实际公交网络的结构，与现实生活中的认知相近，拓扑结构更为简明）。除了考虑线路相邻站点之间的连接，还要考虑换乘：包括同一站点内部，即不同线路在同名站点处的换乘（如图6-12中的轨道站点③）以及满足换乘条件的不同站点之间的换乘（如图6-12中的轨道站点②和常规公交站点⑥）。以步行路径作为连边，增加站点之间的换乘衔接考量，如图6-13所示。

复合公共交通拓扑网络的构建规则为：

① 默认公交线路上、下行走向相同，选择上行方向数据，将公交网络抽象为无向网络；

② 以站点名称替代站点位置作为站点的标识符，站点名称相同时作为同一站点，名称不同时视为不同站点；

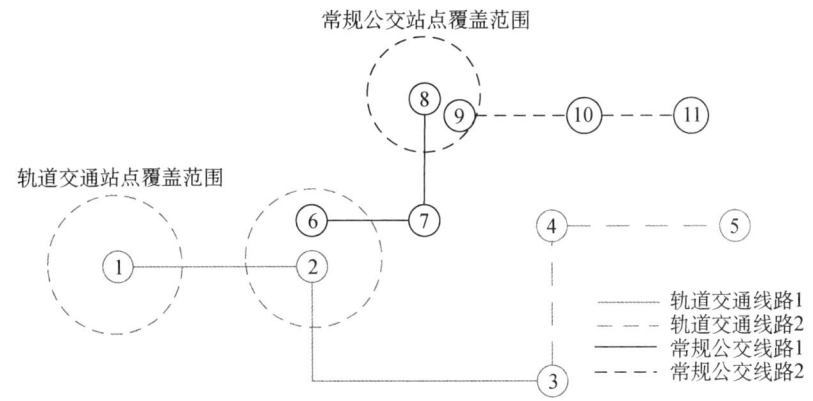

图 6-12 原始公交网络示意

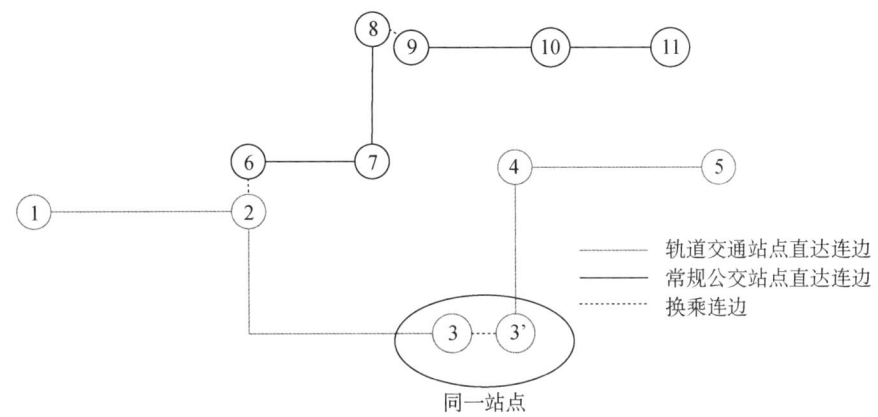

图 6-13 复合公交站点网络示意

③ 公交线路临时调整导致的站点取消、增加等情况不予考虑；

④ 不考虑公交环线，即线路起、讫站点为不同站点；

⑤ 不考虑夜间线路。

基于单一公共交通拓扑网络的构建方法，结合多种换乘模式中阻抗的研究，提出构建复合公共交通拓扑网络的方法：

① 明确网络节点。

以站点为网络节点，考虑同名站点的内部换乘，即当某实际站点有 n 条线路通过时，用 n 个虚拟子站点表示，分别对应 n 条线路。

② 添加节点之间连边。

对于有线路直接相连的相邻站点，直接添加直达连边；虚拟子站点之间存在站点内部换乘，添加内部换乘连边；对于满足换乘条件的不同站点之间，添加外部换乘连边。

《城市综合交通体系规划标准》(GB/T 51328—2018)中规定，城市公共交通不同方式、不同线路之间的换乘时间宜控制在 10 min 以内。由此确定站外换乘连边的添加规则为：当非同名常规公交站点之间步行时间小于 10 min，常规公交站点和地铁站点间的步行时间小于 10 min，即在站点之间建立步行换乘路径连边。

③ 确定连边权重。

在无权网络中，连边之间无法区分，那么对应在公共交通复合网络中，就弱化了轨道交通线路和常规公交线路之间的差异，无法反映二者的特征。同时由于网络中各类连边在出行阻抗上存在明显差别，因此有必要对复合网络中不同类型的连边进行权重定义。

由于网络中各类连边在出行阻抗上存在明显差别，根据公共交通复合网络换乘阻抗模型，对复合网络中不同类型的连边进行权重定义，如图 6-14 所示。

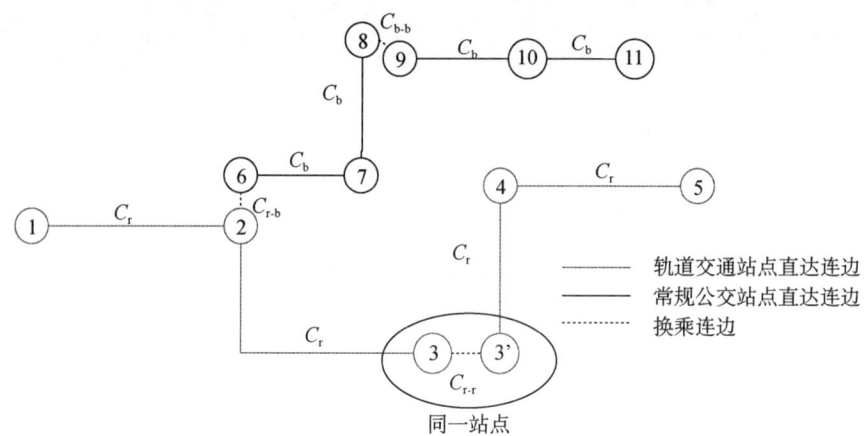

图 6-14 复合公交站点加权网络示意

复杂网络的一个重要参数是路径长度 d_{ij}，指网络中两个节点 v_i 和 v_j 之间的最短距离。与实际空间距离不同，在拓扑网络中该参数表征的是节点之间联系的边的数量或边的权值和。

根据图 6-14 构建考虑换乘的复合公共交通拓扑网络邻接矩阵 $\boldsymbol{A}$，如式(6-30)所示。如果站点间满足换乘条件，则对应连边的权值为考虑换乘步行时间、方式换乘类别的出行阻抗。与二元邻接矩阵不同的是，若两站点之间无法通过直达或换乘到达，矩阵中的值设为 INF，意为无穷大。

$$\boldsymbol{A} = \begin{bmatrix} 0 & C_r & INF & INF & INF & INF & INF & INF & INF & INF & INF \\ C_r & 0 & C_r & INF & INF & INF & C_{r-b} & INF & INF & INF & INF \\ INF & C_r & 0 & C_{r-r} & INF & INF & INF & INF & INF & INF & INF \\ INF & INF & C_r & 0 & C_r & INF & INF & INF & INF & INF & INF \\ INF & INF & INF & C_r & 0 & C_r & INF & INF & INF & INF & INF \\ INF & INF & INF & INF & C_r & 0 & INF & INF & INF & INF & INF \\ INF & C_{r-b} & INF & INF & INF & INF & 0 & C_b & INF & INF & INF \\ INF & INF & INF & INF & INF & INF & C_b & 0 & C_b & INF & INF \\ INF & INF & INF & INF & INF & INF & INF & C_b & 0 & C_{b-b} & INF \\ INF & INF & INF & INF & INF & INF & INF & INF & C_{b-b} & 0 & C_b \\ INF & INF & INF & INF & INF & INF & INF & INF & INF & C_b & 0 \end{bmatrix}$$

(6-30)

基于上述网络构建方法，总结构建步骤如图 6-15 所示。

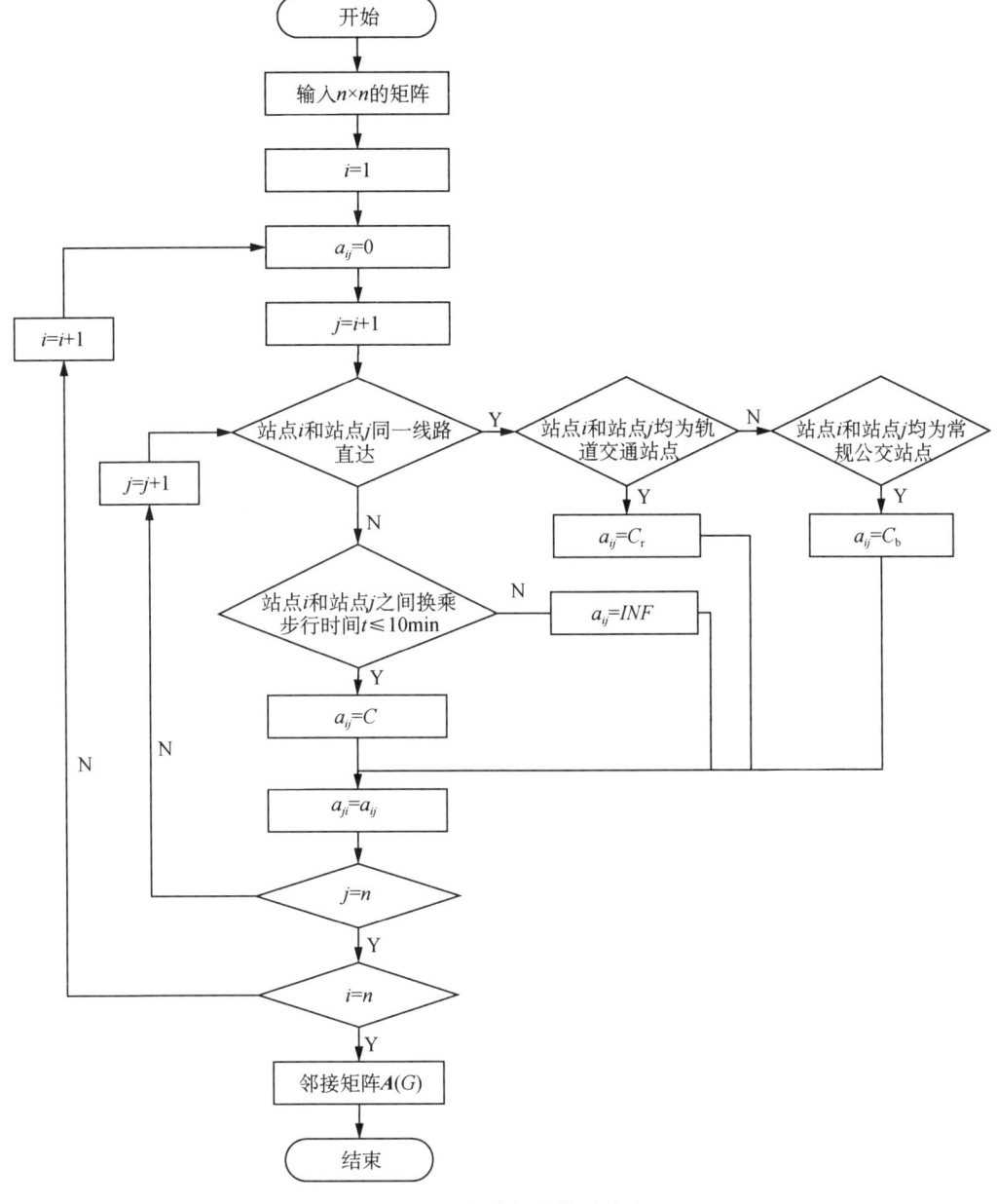

图 6-15 邻接矩阵构建流程

Step 1：遍历公交站点表，列出每个公交站点，包含同名站点，将 n 个公交站点建立一个 $n \times n$ 的矩阵；

Step 2：遍历 n 个站点，基于高德地图 API 获得各站点之间的步行时间和换乘形式矩阵；

Step 3：遍历公交线路表，相邻直达的轨道交通站点 i 和 j 对应的矩阵值 $a_{ij}=C_r$，公交站点则为 C_b，否则执行步骤 4；

Step 4:遍历换乘公交步行距离矩阵,当距离满足换乘条件时,根据步行时间和换乘方式矩阵,确定站点间换乘阻抗 C,矩阵中值为 $\min(a_{ij}, C)$;

Step 5:得到复合公交站点网络邻接矩阵 $\boldsymbol{A}_L(G)$。

2. 复合公交网络站点辐射可达性评价模型

某一公交站点到达网络中其他所有站点的出行路径阻抗越低,可达性越好。定义复合公交拓扑网络中各站点的最短路径指数:

$$D_L(i) = \frac{d_{Li}}{\frac{1}{n}\sum_{i=1}^{n} d_{Li}} \quad (6-31)$$

式中,d_{Li} 为网络中的站点 i 到其他所有站点的路径长度之和;n 为网络中的站点数量。

最短路径指数 $D_L(i)$ 越小,表明该节点与其他站点的联结程度更好,可达性越高。因此用 $D_L(i)$ 的倒数 $AI(i)$ 代表站点 i 的可达性指数:

$$AI(i) = \frac{1}{D_L(i)} \quad (6-32)$$

考虑到所提出的可达性指数计算中需要求解所有站点对之间的路径长度,在具体应用时采用 Floyd 算法通过 MATLAB 软件进行计算,具体步骤如下:

(1) 基于邻接矩阵 $\boldsymbol{A}_L(G)$,采用 Floyd 算法计算节点到其他各个节点的最短距离,获得包含同名站点的最短路径矩阵。

(2) 对同名站点进行合并,针对同名站点,取与其他站点之间可达路径的最小值。例如,站点 B 有 n 条线路经过,则矩阵中含有 n 个虚拟子站点 $\{B_1, B_2, \cdots, B_n\}$,那么,站点 B 与站点 A 之间的最短路径为 $\min\{C_{A\text{-}B1}, C_{A\text{-}B2}, \cdots, C_{A\text{-}Bn}\}$,获得实际站点之间的最短出行阻抗矩阵。

(3) 基于最短出行阻抗矩阵进行计算,获得最短路径指数 $D_L(i)$ 和可达性指数 $AI(i)$,即为各实际站点在公共交通复合网络中的可达性评价结果。

6.6 实证分析

6.6.1 轨道站点全域吸引可达性评价

西安地处中国西北关中平原中部,面积 10 108 km²,常住人口 863 万。南北向 2 号线于 2011 年投入运营,东西向 1 号线于 2013 年投入运营,这两条线在北大街站交汇。2016 年这两条线路的日均客运量约为 130 万人次,还有 4 条线路仍在规划或建设中,图 6-16 为西安地铁网络规划布局。2016 年,2 号线有 17 个车站投入运营,在研究过程中,用 2 号线作为案例来演示站点吸引可达性测度方法的应用,用 6 条地铁线路为案例来演示站点辐射可达性测度方法的应用(表 6-18)。

6 城市公共交通可达性评价

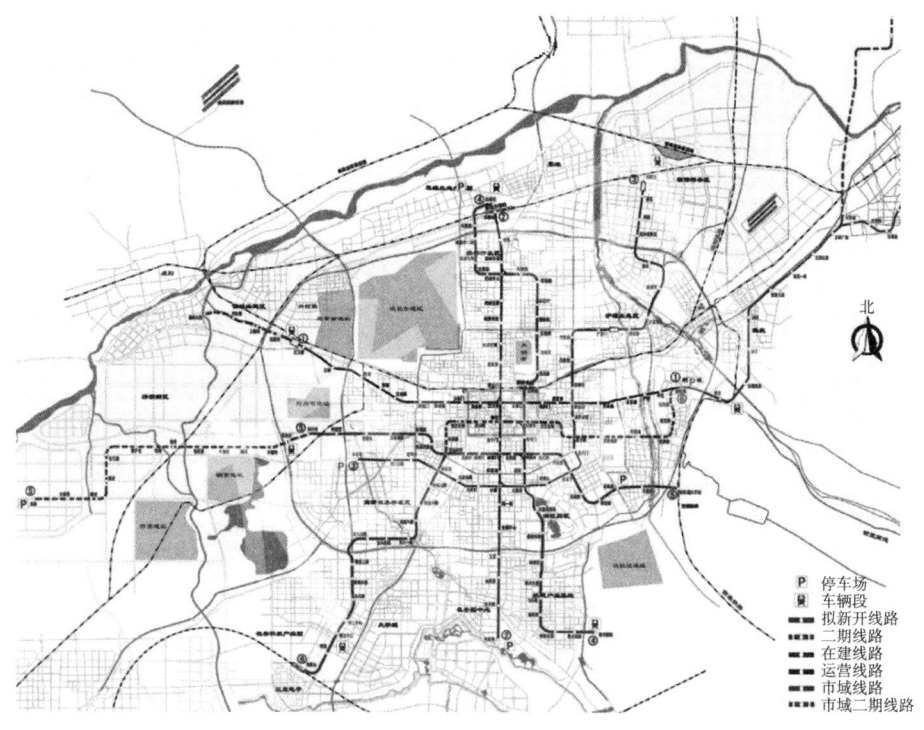

图 6-16　西安短期轨道规划(2006—2018 年)地铁网络布局

表 6-18　西安市近期规划 6 条地铁线路概述

线路名称	站点总数	换乘站个数	始发站	终点站	功能
1 号线	18	3	后卫寨	纺织城	主客运走廊
2 号线	20	5	北客站	韦曲南	主客运走廊
3 号线	24	6	国际港务区	鱼化寨	主客运走廊
4 号线	28	5	北客站	航天产业基地	辅助线
5 号线	20	4	纺织城火车站	和平村	辅助线
6 号线	28	5	纺织城	南客站	主客运走廊

2014 年,西安地铁运营线路有两条,1 号线为东西向主干线,线路长度为 25.4 km,2 号线为南北向主干线,线路长度为 26.8 km,两条线路在北大街站交汇换乘。首条线路 2 号线于 2011 年 9 月通车,2014 年 6 月南段建成通车。

用于评估吸引可达性的数据来自两组调查。

第一组调查是在 2014 年 3 月 22 日和 25 日早高峰所做的问卷调查,目的是了解西安地铁用户的人口统计数据和特点,包括他们的年龄、性别、职业、收入、出发点、最终目的地、旅行时间、上下站点、使用地铁频率以及从出发点到最近站点的连接模式,地铁公司雇佣了 154 人进行这项调查,先期对调查人员进行了必要的培训。在 2014 年 3 月 22 日至 25 日期间,在 1 号线和 2 号线的所有站点部署了 154 名调查助理发放和收集问卷。调查每天在三个时段进行:上午繁忙时间(周末上午9时至11时,平日上午7时至9时)、非繁忙时间(下午1时至4时)及傍晚繁忙时间(周末下午5时至8时,平日下午5时至7时)。

本书仅使用2014年3月24日至25日早高峰时段采集的数据,总共有2700份调查问卷,其中2553份被认为是有效的。有效问卷是指受访者回答了大部分问题,并记录了每周至少两次特定交通方式的出行时间。在2553份有效问卷中,男性占51.6%,女性占48.4%,平均年龄31岁;在年龄分布上,高峰小时乘坐地铁的出行者集中在20~49岁,约占78.5%,主要原因是高峰小时通勤出行的比例较高,同时也由于西安地铁通行时间较短,年轻人更容易接受地铁这种出行方式;约44%的受访者每周至少去4次地铁站。

由图6-17和图6-18可以看出,上班占总出行目的的比例为62%,接下来分别是上学、单位业务及公务等,均为比较稳定的刚性出行。职业分布也与出行目的相互对应,比例最高的为企业单位员工,接下来为服务行业人员、学生和机关事业单位人员等,从出行目的和职业分布可以发现,早高峰的地铁乘客多数为有刚性出行需求的上班及上学一族。

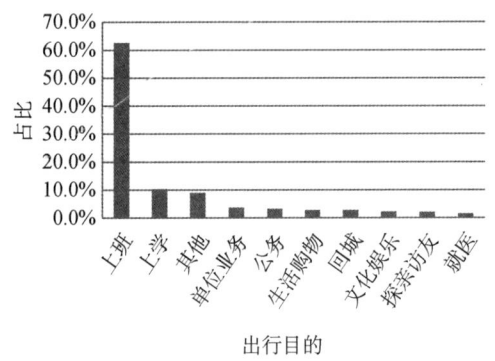 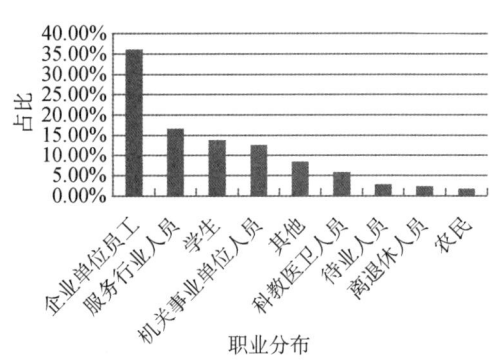

图6-17 西安早高峰地铁乘客出行目的分布　　图6-18 西安早高峰地铁乘客职业分布

由于各站点利用公交车和步行进行接驳的比例均在90%以上,因此,只针对公交车和步行这两种接驳方式对站点吸引可达性进行分析评价。西安地铁2号线站点接驳方式及其分担比例如图6-19所示,各个站点高峰时期4种接驳方式百分比如图6-20所示。

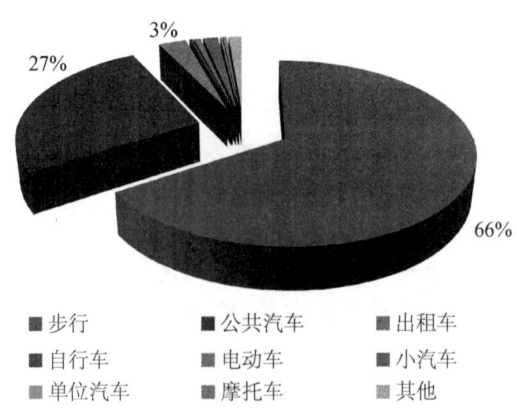

图6-19 西安地铁2号线站点接驳方式及其分担比例

6 城市公共交通可达性评价

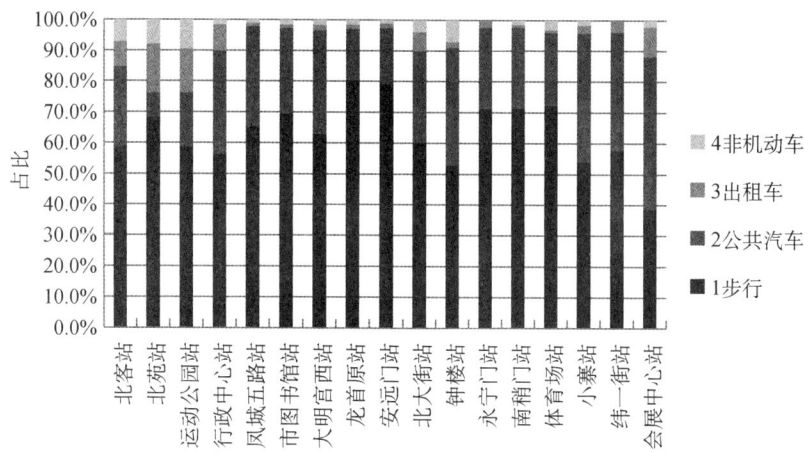

图 6-20 西安地铁 2 号线各个站点高峰时期 4 种接驳方式百分比

对西安市与上海市处于不同区位及不同性质的轨道交通站点接驳方式进行比较(表 6-19),可以发现,无论是在郊区还是市中心,西安市的轨道站点接驳方式均以步行和常规公交为主,二者的总和占整个接驳方式的 90% 左右(图 6-21)。而对于上海市,市区的接驳方式构成与郊区存在显著的差异,嘉定区和松江新城轨道站点换乘方式构成具有明显的郊区特性,主要表现为步行接驳方式比例较低,其主要原因为:郊区的轨道站点密度低,距离居住地较远;而市中心的轨道站点由于密度高,距离工作、购物地点较近,因此以步行接驳方式为主。通过两个城市的比较,可以进一步确定西安轨道交通的乘客主要来源是站点覆盖区域的近距离步行出行的居民与选用公交接驳出行的乘客。西安市各收入人群时间价值分布如表 6-20 所示。

表 6-19 西安与上海轨道交通部分站点接驳方式比较

区位	站点名称	步行	公交	非机动车	小汽车	出租车
郊区	嘉定区(上海)	15.2%	48%	14%	14%	5%
	松江新城(上海)	18.3%	39.1%	22%	7.2%	9.6%
	北苑(西安)	62.9%	11.2%	1.3%	12.5%	4.5%
	凤城五路(西安)	65.5%	31.7%	0.3%	0.0%	0.3%
市中心 (商业枢纽)	人民广场(上海)	61%	21%	—	—	—
	陆家嘴(上海)	57%	39%	—	—	—
	钟楼(西安)	57.4%	31.9%	1.5%	0.6%	1.5%
	北大街(西安)	68.6%	24.9%	1.0%	1.9%	2.6%

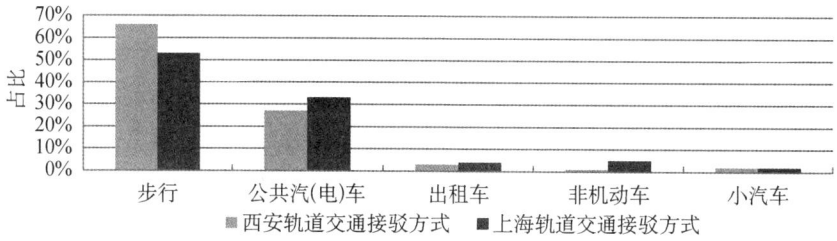

图 6-21 西安市与上海市轨道交通接驳方式比较

表 6-20 西安市各收入人群时间价值分布

群体分类	高收入人群	中等收入人群	低收入人群
收入/(万元·年$^{-1}$)	5 以上	4～5	4 以下
时间价值/(元·h^{-1})	35	25	15

注：数据来源于《西安统计年鉴(2015)》。

第二组调查组织学生于 2014 年 7 月至 9 月进行，主要采用实地问卷调查与网上调查的方式，实地调查时间选择工作日早上 7:00—9:00，网上调查时间不限，目的是收集地铁用户使用步行或公交前往地铁站的出行感受，用于计算出行疲劳成本。对于各种接驳方式的出行者，需保证调查对象选择该方式到达轨道交通站点 2 次及以上的人群，内容包括受访者的个体属性，对接驳方式的单项指标重要度评价和对接驳方式环境指标的感受评价。步行感知问卷采用了 6 个性能指标，如行走路线方便(迂回程度)、连续性(不被十字路口或红灯中断)、安全(人身安全及交通安全)、认知(路标)、舒适性(沿街商业、遮阴设施、环境质量、走道宽度和非法道路占领)和愉悦(卫生和视野)[53]。关于乘坐公交车到地铁站的感受的问卷考虑了乘公交车难易程度(等待时间)、公交车站环境、驾驶平稳性、噪声、温度和公交拥挤程度等 6 个性能指标[58]。每个测度项都采用李克特五分制评分，1 分表示非常满意，5 分表示非常不满意。根据对于步行或乘坐公交车去地铁站的感知影响，受访者还要求对这些测度项的重要性程度在 0 和 10 之间进行打分，以 0.5 分为增减最小值，分数越高表示重要性越高。在每个地铁站分别收集了 15 份步行和乘车问卷。对于每一种连接方式，在 2 号线 17 个站点共获得 225 份有效问卷，将各个指标重要度归一化后，得到步行与常规公交疲劳度指标权重如表 6-21 所示。

表 6-21 各种接驳方式的疲劳度指标权重

接驳方式	指标权重					
步行	便捷性	连续性	安全性	识别性	舒适性	愉悦性
	0.4	0.2	0.15	0.15	0.05	0.05
常规公交	振动权重	噪声权重	温度权重	拥挤权重	等车难易度	站台环境
	0.01	0.1	0.05	0.3	0.35	0.15

在第二组调查的基础上，对步行和乘坐公交车出行感知(疲劳)的满意度得分分别汇总在表 6-22 和表 6-23 中。表 6-22 显示，步行路线的安全性和认可度得分较高(得分越低，疲劳成本越低，满意度越高)，然而连续性、舒适性和愉悦性等得分显示出更高的疲劳值，意味着步行环境有待改善。便利性对很多地铁用户都是可接受的，这意味着他们离地铁站的距离不会太远。然而，十字路口、红灯和移动摊贩给地铁用户带来了负面影响，表 6-22 显示，北大街、南少门、钟楼的步行环境最好，而最后一列的标准化疲劳值表示步行到北客站的疲劳成本较高。然而，对于其他许多车站，评级相差不大，因为 2 号线是西安首条投入运营的地铁线路，大多数车站都经过有着相似良好建筑环境的大型住宅区和繁华商业场所。

表6-22 步行至每个地铁站点的乘客感知评价

站点	便利性(0.4)	连续性(0.2)	安全性(0.15)	认知性(0.15)	舒适性(0.05)	愉悦性(0.05)	整体疲劳度分数	标准疲劳度(＝整体分数/5)
北客站	4.32	4.56	1.61	1.97	2.89	3.48	3.49	0.70
北苑	3.42	3.52	1.78	1.90	2.78	3.54	2.94	0.59
运动公园	2.64	3.62	1.66	1.96	3.08	3.76	2.67	0.53
行政中心	2.66	3.58	1.72	2.07	3.56	3.74	2.71	0.54
纬一街	3.48	3.64	1.44	1.84	3.11	3.45	2.94	0.59
市图书馆	2.55	3.31	1.65	1.95	3.25	3.37	2.55	0.51
大明宫西	2.66	3.78	1.9	2.02	3.21	3.54	2.75	0.55
安远门	2.74	3.24	1.55	2.04	3.09	3.51	2.61	0.52
体育场	3.63	3.37	2.73	1.87	3.61	3.38	3.17	0.63
龙首原	3.58	3.65	2.36	2.06	3.88	3.99	3.22	0.64
凤城五路	3.33	3.89	1.71	1.91	3.23	3.5	2.99	0.60
永宁门	3.32	2.71	2.54	2.07	3.56	3.77	2.93	0.59
小寨	2.86	2.64	1.3	1.42	3.04	3.25	2.39	0.48
南稍门	1.78	2.56	2.49	1.49	2.87	3.02	2.12	0.42
北大街	2.31	2.37	1.18	1.39	2.31	2.91	2.04	0.41
钟楼	2.38	2.86	1.58	1.29	2.86	3.07	2.25	0.45
会展中心	2.62	2.88	1.49	1.86	3.16	3.39	2.45	0.49
均值	2.96	3.30	1.81	1.83	3.15	3.45	2.72	0.54

有趣的是,大多数地铁用户对乘坐公交车的许多感知项给出了中性的评分(3),如表6-23所示。总的来说,乘客们对车内的温度很满意,但他们显然对拥挤和容易上车的条件不满意。可以看出,受访者在乘坐公交车前往地铁站时,疲劳成本普遍较高。

表6-23 乘坐公交车至每个地铁站点的乘客感知评价

站点	驾驶平稳(0.05)	噪声(0.05)	温度(0.05)	拥挤(0.35)	乘坐公交车的便利性(0.35)	公交车站点环境(0.15)	标准疲劳度(＝整体分数/5)
北客站	3.23	3.21	2.87	3.12	3.3	2.6	0.62
北苑	3.14	3.43	2.76	3.43	3.13	2.7	0.63
运动公园	3.43	3.2	3.14	4.14	3.67	3.15	0.74
行政中心	3.15	2.86	3.14	3.23	3.08	2.97	0.62
纬一街	3.34	3.23	3.11	3.12	4.77	4.12	0.77
市图书馆	3.12	3.14	3.23	4.01	3.12	2.66	0.67

(续表)

站点	驾驶平稳(0.05)	噪声(0.05)	温度(0.05)	拥挤(0.35)	乘坐公交车的便利性(0.35)	公交车站点环境(0.15)	标准疲劳度(=整体分数/5)
大明宫西	3.03	2.95	2.14	3.22	3.88	3.66	0.69
安远门	3.34	3.43	2.33	3.65	4.67	3.44	0.78
体育场	3.2	3.17	2.76	3.15	3.68	3.31	0.67
龙首原	2.87	3.03	3.24	4.12	4.87	3.87	0.84
凤城五路	3.12	3.06	2.43	3.87	4.03	3.11	0.73
永宁门	3.36	3.22	2.23	4.89	4.76	3.44	0.87
小寨	3.04	3.23	3.42	4.64	4.12	3.45	0.81
南稍门	3.32	3.17	2.23	4.68	3.18	3.96	0.76
北大街	3.37	3.21	3.18	4.66	3.26	3.85	0.77
钟楼	3.34	3.1	3.22	4.78	4.15	3.03	0.81
会展中心	3.11	3.25	3.16	3.42	3.63	2.97	0.68
均值	3.21	3.17	2.86	3.89	3.84	3.31	0.73

通过对问卷调查的结果分析,发现出行者的步行时间集中于5~10 min,为了更加细致地描述出行时间,对步行时间进行不同出行半径的统计分析。

国内外研究者对步行至交通站点的距离和消耗时间进行调查分析发现,出行者步行去车站的时间一般不会大于15 min,出行距离一般在660 m范围内。杜彩军等[59]通过对北京地铁乘客的调查发现,步行至交通站点的平均时间为9.9 min,出行距离为660 m。因此在对步行时间进行统计的时候,先将步行时间划分为三个等级:660 m 覆盖范围之内,660~1 000 m 覆盖范围之内,1 000 m 覆盖范围之外。然后根据不同半径出行时间的平均值乘以各自的出行人数百分比,得到站点的步行时间。

从第一组调查开始,步行到每个地铁站的旅行时间统计如表6-24所示,也可轻易获得乘坐公共汽车达到每个地铁站的平均行驶时间以及2号线各地铁站各收入群体的百分比,如表6-25所示,因此,可以根据每个收入群体在每个站点的百分比来计算每个连接方式到每个地铁站的总出行时间成本。

表6-24 西安地铁2号线各站点不同半径步行时间一览表

站点名称	站点不同半径出行人数百分比		站点不同半径出行时间/min		站点标准步行时间/min
	$R<660$ m	660 m≤R<1 000 m	$R<660$ m	660 m≤R<1 000 m	
北客站	84.20%	5.30%	8.50	12.50	10.02
北苑站	88.10%	11.90%	6.40	8.70	6.67
运动公园站	97.30%	2.70%	6.50	8.40	6.55

(续表)

站点名称	站点不同半径出行人数百分比		站点不同半径出行时间/min		站点标准步行时间/min
	$R<660$ m	$660\text{ m}\leqslant R<1\,000$ m	$R<660$ m	$660\text{ m}\leqslant R<1\,000$ m	
行政中心站	88.70%	11.30%	5.50	7.60	5.74
纬一街站	86.70%	13.30%	6.90	9.50	7.25
市图书馆站	79.50%	18.20%	5.30	7.50	5.83
大明宫西站	53.60%	43.50%	5.20	7.90	6.57
安远门站	78.50%	17.50%	5.50	6.80	6.03
体育场站	65.90%	29.70%	6.20	9.50	7.55
龙首原站	81.90%	11.60%	6.40	8.30	7.08
凤城五路站	68.30%	22.20%	5.80	7.30	6.76
永宁门站	85.50%	4.90%	5.90	9.30	6.90
小寨站	86.70%	2.20%	6.70	11.30	7.74
南稍门站	60.40%	18.70%	6.00	7.40	7.85
北大街站	71.40%	23.40%	5.70	10.50	7.31
钟楼站	71.60%	16.20%	6.10	12.30	8.67
会展中心站	66.00%	15.00%	7.50	10.30	9.92

在西安，无论乘客的出行距离有多远，有空调的公交车票价均为2元，没有空调的公交车票价均为1元人民币。本书假设公交票价为统一价格——每次1.5元，因此，公交车的车费为1.5元，而步行的费用为零。为了节省空间，表6-25只报告了不同收入群体的百分比、每个地铁站的平均出行时间、每个连接方式的份额以及吸引力可达性结果。

图6-22绘制了2号线17个地铁站的吸引可达性。显然，步行可达性要比公交车可达性好得多，因为乘坐公交车的时间要长得多，而且公交车疲劳要大于步行疲劳。考虑到绝大多数地铁出行者步行前往地铁站，总体可达性主要取决于步行可达性。北客站和会展中心的步行可达性最低，对其结果进行路径分析，由图6-23可以发现，这主要是由这两个站点的步行时间太长导致时间成本过高引起的。值得注意的是，南稍门、北大街、钟楼、小寨和会展中心的步行时间相对较长，但步行疲劳程度相对较小，进一步通过实地研究发现，北大街和钟楼是城市经济中心，会展中心是城市的文化中心，小寨和南稍门是著名的商业区，这些站点有一个相对愉快的步行环境，包括有良好的交通状况，树阴遮盖，以及沿途有许多商店，这在一定程度上改善了步行的单调性，对于提升步行舒适性起到了促进作用，且自行车和摩托车很少停在人行道上等。这与Kaparias等[60]的研究结果一致，即安全区的设置、干燥的表面、良好的照明、树木、植物和座位设施似乎对行人的舒适度有积极的影响。Chen等[61]也提

出增加沿街商业设施可以有效提高步行环境的安全性、舒适性和愉悦性。因此，对于吸引力可达性较低的站点，城市规划者和政府机构可以参照这些站点的步行空间特征，对其他站点进行一定程度的步行空间改善设计来提高步行接驳可达性。例如，进出地铁站的人行道应该是连续的、高度可见的，并且是远离障碍物的[62]。

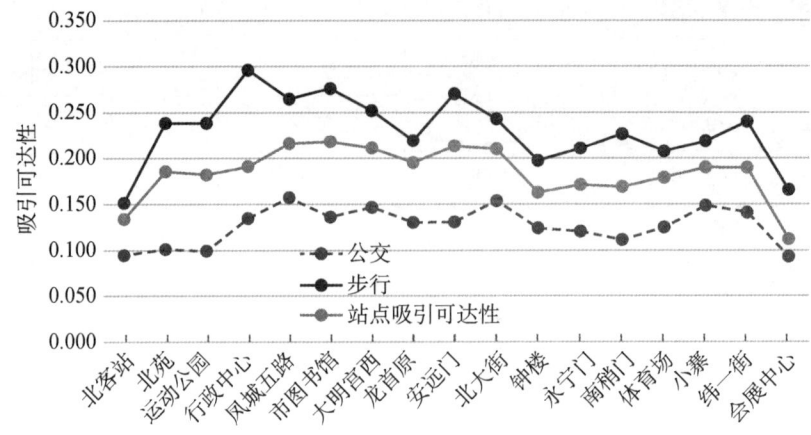

图 6-22　西安市地铁 2 号线 17 个站点的吸引可达性评价

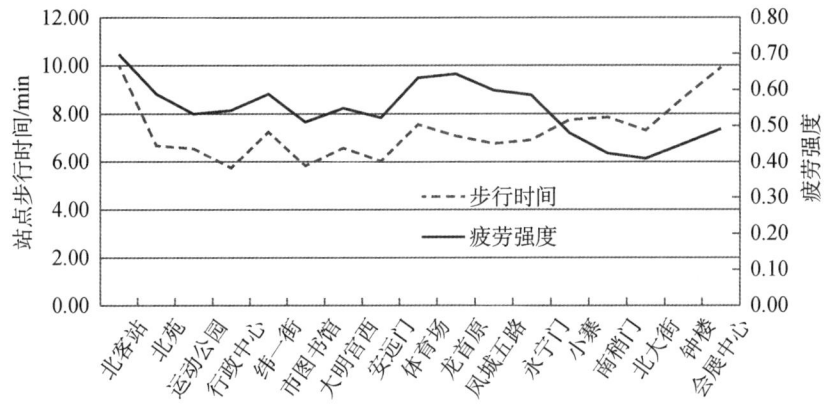

图 6-23　西安市地铁 2 号线各站点步行时间与疲劳强度对比

从表 6-25 可以发现，会展中心、北客站和运动公园站的公交可达性较低，对其结果进行路径分析（图 6-24）可以发现，主要还是由这几个站点的出行时间太长导致时间成本过高引起的。同样有趣的是，相对于出行时间来说，这几个站点的疲劳度反而较低，这可能是因为经过这两个站点的公交运行环境和运营服务水平相对较高，可以作为其他公交线路的借鉴。

从以上的分析可以看出，决定出行疲劳强度的不仅是出行距离和出行时间，舒适的出行环境也起着同样重要的作用，这说明心理感知因素在出行决策过程中是一个不可或缺的重要因素，是交通规划与设计需要重点关注的环节。

表6-25 高中低收入地铁出行者百分比及每个地铁站点吸引可达性

站点	高收入人群占比	中等收入人群占比	低收入人群占比	平均步行时间/min	公交车平均行驶时间/min	步行至地铁方式分担比	公交车至地铁方式分担比	步行可达性[基于式(6-18)、式(6-19)]	公交车可达性[基于式(6-18)、式(6-19)]	整体吸引可达性[基于式(6-18)、式(6-20)]
北客站	23.5%	35.3%	41.2%	10.02	33.92	78%	22%	0.151	0.095	0.134
北苑	22.6%	41.9%	35.5%	6.67	30.44	79%	21%	0.238	0.101	0.186
运动公园	27.7%	44.6%	27.7%	6.55	26.10	78%	22%	0.239	0.099	0.182
行政中心	13.3%	51.6%	35.2%	5.74	23.49	54%	46%	0.296	0.135	0.191
纬一街	11.9%	35.6%	52.6%	6.76	20.88	67%	33%	0.265	0.157	0.216
市图书馆	25.0%	46.4%	28.6%	5.83	18.27	74%	26%	0.276	0.136	0.218
大明宫西	22.4%	38.8%	38.8%	6.57	20.01	73%	27%	0.252	0.147	0.211
安远门	10.4%	63.5%	26.0%	7.08	21.75	82%	18%	0.219	0.130	0.195
体育场	11.8%	67.4%	20.9%	6.03	20.88	75%	25%	0.270	0.131	0.213
龙首原	13.3%	62.5%	24.2%	7.31	15.66	73%	27%	0.243	0.154	0.210
凤城五路	17.9%	55.4%	26.7%	8.67	20.01	64%	36%	0.197	0.124	0.163
永宁门	28.0%	53.6%	18.4%	6.90	18.27	69%	31%	0.211	0.120	0.171
小寨	28.5%	30.0%	41.5%	7.85	23.05	67%	33%	0.227	0.111	0.169
南稍门	9.5%	64.3%	26.2%	7.55	25.23	76%	24%	0.208	0.125	0.179
北大街	11.1%	66.3%	22.6%	7.74	16.53	68%	32%	0.219	0.149	0.190
钟楼	11.1%	44.4%	44.4%	7.25	24.36	62%	38%	0.240	0.141	0.189
会展中心	20.9%	53.0%	26.1%	9.92	32.18	39%	61%	0.165	0.093	0.112

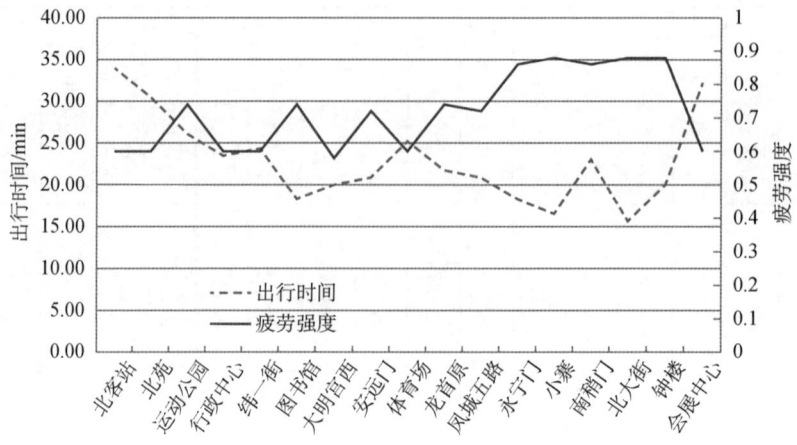

图 6-24　西安市地铁 2 号线各站点公交行程时间与疲劳强度对比

6.6.2　公共交通站点直接吸引可达性评价

嘉定区隶属于上海市，位于上海西北部，总面积 463.55 km²，2019 年末常住人口为 159.6 万人，公交营运线路 115 条，公交线路总长度 1 275.3 km，有公交站点 1 336 个，选取 5 个常规公交站点和 1 个轨道公交站点进行站域可达性的分析，如图 6-25 所示。

图 6-25　嘉定区区位及所选择公交站点分布

1. 步行感知阻抗计算

轨道交通站点覆盖半径取 800 m，常规公交站点取 500 m，对覆盖范围内的所有 POI 点出行感知阻抗进行统计如表 6-26 所示，可以看出各站点的感知出行时间均大于实际出行时间，其中澄浏公路施钱路站点的感知出行阻抗增长超过实际出行时间的 200%，表明该站点周边的步行环境极差。

表 6-26　嘉定区 6 个公交站点出行阻抗分析

时间		博园路于田南路	澄浏公路施钱路	嘉定新城（轨道交通站点）	嘉定中心医院	六里桥	新侯路新郁路
步行感知时间/min	平均值	10.39	13.27	11.02	10.61	15.11	11.59
	最小值	6.62	9.56	4.84	4.93	10.75	4.50
	最大值	14.10	17.30	25.52	15.52	19.40	19.47
步行实际时间/min	平均值	5.98	4.09	6.69	6.17	5.93	6.59
	最小值	2.22	0.40	0.43	0.18	1.57	0.10
	最大值	9.68	8.13	21.10	11.10	10.23	15.07

2. 站域可达性与步行感知阈值分析

对于步行出行，不同的距离带给行人不同的出行体验，对应的评价等级也不同，对应步行感知时间计算各站点的站域可达性如图 6-26 所示。

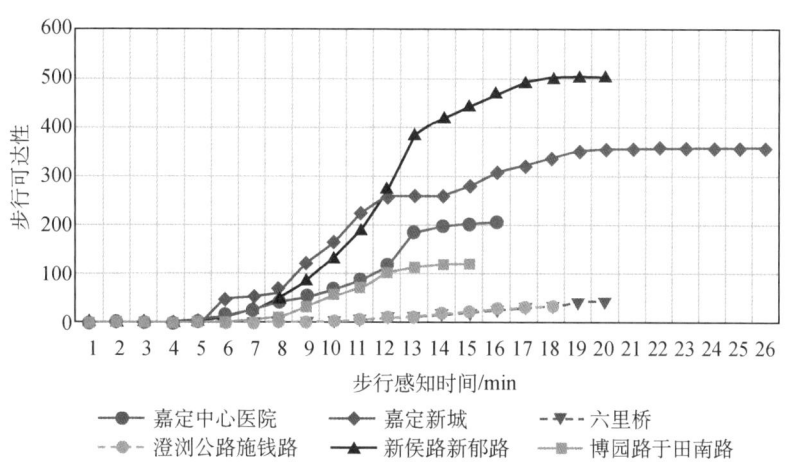

图 6-26　嘉定区 6 个公交站点不同感知时间阈值内的可达性对比

(1) 5 min 可达性。

5 min 的步行时间对于出行者来说是舒适的，但是各站点在 5 min 内可到达的 POI 数量均较低。在绝对数量均较少的情况下，各站点的相对差距不明显。

(2) 10 min 可达性。

当步行感知时间阈值扩大到 10 min 时，各站点的可达性均有所增加，且可达性较好的站点的优势开始凸显，呈快速上升的趋势。图 6-25 中数据表明，在步行感知时间小于 10 min 时，嘉定新城和新侯路新郁路站点的可达性最好，六里桥和澄浏公路施钱路站点的可达性依旧较差，随范围的增加变化缓慢。

(3) 15 min 可达性。

在步行感知时间为 15 min 时，则处于一般可达的状态。该范围内的站点可达性较 10 min 范围内的站点可达性增长明显，尤其是新侯路新郁路站点。可达性较差的六里桥和澄浏公路施钱路站点已与其他站点拉开比较大的差距。

(4) 20 min 可达性。

当步行感知时间达到 20 min 时,虽然仍可以步行到达,但是舒适度会大打折扣。另外从图 6-25 中可以发现,随着时间的增加,步行可达的 POI 机会数量不但增多,且各站点可达性差距越来越显著。但到达一定步行时间后,站点的站域可达性几乎不再增加。常规公共交通站点的步行感知时间阈值为 15 min,而轨道交通的步行感知时间阈值为 20 min。可以看出,各站点覆盖范围内的 POI 步行感知时间几乎全部在该阈值内,与实际相符。当超过该覆盖范围后,出行者大概率不会再选择步行出行。

根据以上几个尺度的站点可达性测度结果可以初步看出,随时间的增长,步行可到达的 POI 机会数量不断增多,可达性差距也越来越显著。大部分的 POI 点距公共交通站点为感知时间 15 min 以内,10～15 min 可达的 POI 数量比例最大。在轨道交通覆盖半径为 800 m、常规公交站点覆盖半径为 500 m 时,感知步行时间阈值为 20 min,这也与以往研究中接驳步行时间阈值在 15～20 min 相吻合。

3. 结合实际环境分析

进一步对感知出行时间与实际出行时间进行对比,获取步行环境对可达性的影响。取影响系数 β,计算公式为式(6-33)。

$$\beta = \frac{R_i}{R_{i实}} \tag{6-33}$$

式中,R_i 为在感知步行时间阻抗下的公共交通站点 i 的步行可达性;$R_{i实}$ 为在实际步行时间阻抗下的公共交通站点 i 的累计机会数量。

影响系数 β 取值为[0,1],其含义为:在相同的时间阈值下,考虑感知时间阻抗可到达的 POI 数量占考虑实际时间可到达的 POI 数量的比例。当步行环境极好,出行者的感知时间与实际时间相同时,比例达到 1,即 β 取值越高,说明步行环境越好。

计算各站点在不同阈值下的步行环境影响系数 β,如图 6-27 所示。

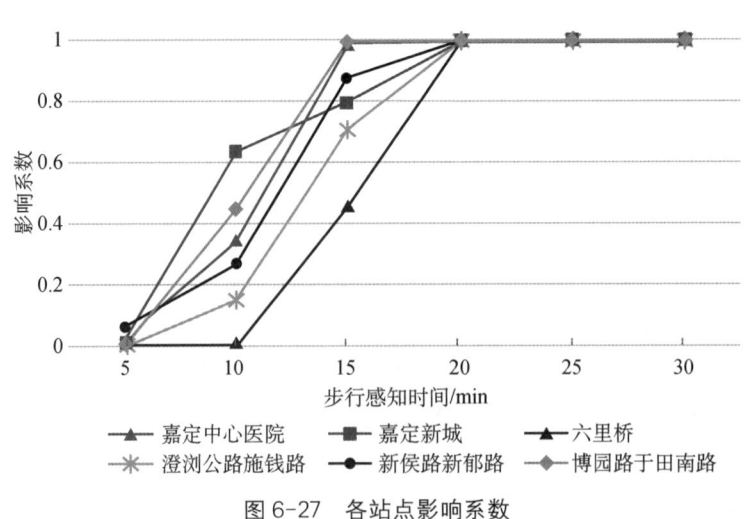

图 6-27 各站点影响系数

从 β 的分布可以看出,当步行阈值为 5 min 时,β 值均较低,说明在该范围内,步行环境对可达性的影响很大。随着步行时间阈值的提高,步行环境对可达性的影响在逐渐降低。具体分析各站点,嘉定新城和博园路于田南路站点周边的步行环境很好,而六里桥和澄浏公路施钱路站点周边的步行环境则较差,这也与上文提到的实际情况相符。结合实地调研,建议对六里桥和澄浏公路施钱路站点周边的道路进行步行环境的设计,主要从明确车道功能、增加人非分隔设施等方面进行改善。

因此,可以看出,在考虑站点周边步行道路的物理环境时,获得的站点站域可达性结果更为精细;同时上述 6 个站点的可达性结果也表明,站域可达性与站间可达性不存在关联,在实际分析时应分开计算和分析。

6.6.3　单一轨道网络站点辐射可达性评价

辐射可达性关注的是一个站点所能达到城市范围的广度和深度,因此,为了全面分析站点辐射可达性,探索同类型车站之间的差异,将地铁车站分为换乘型、首末站和一般型三种类型。西安 1 号线至 6 号线的每一个首末站或换乘站的编号见表 6-27,简化后的地铁网络拓扑图如图 6-28 所示,链路上的数字等于相邻两个节点之间的站点总数加 1。

表 6-27　西安各条线路首末站及换乘站编号一览表

线路	首末站		换乘站		
1	(1)后卫寨	(5)纺织城	(2)北大街	(3)五路口	(4)通化门
2	(6)北客站	(11)韦曲南	(7)行政中心	(10)小寨	
3	(12)国际港务区	(17)鱼化寨	(13)咸宁路	(14)青龙寺	(15)大雁塔
4	(6)北客站	(20)航天产业基地	(18)大差市	(19)李家村	
5	(21)和平村	(22)劳动南路	(23)纺织城火车站	(9)南稍门	
6	(5)纺织城	(24)南客站	(16)科技路	(8)钟楼	

地铁车站拓扑图可以转化为车站间的轴线图。在轴线图中,每个站点都表示为两条相交轴线。考虑到乘客在不同的线路中换乘时,和经过同一条线路的不同站点感受是不同的,遇到的实际阻抗也是显著不同的,因此在线路和线路的换乘站时,通过增加轴线的方式,增加不同线路换乘站点之间的拓扑深度。根据英国空间句法实验室 Chiaradia 等[63]的研究,认为不同线路换乘站点之间的拓扑深度用 3 个拓扑深度衡量比较符合实际,因此,采用 3 个拓扑深度来衡量不同线路站点之间的换乘,在轴线图上表示:不同线路的站点换乘时增加 2 根轴线(图 6-29)。

按照以上表示方法,首先在 AutoCAD 中画好轴线图,然后将其导入软件 Depthmap 中,转化为轴线图(axial map),如图 6-30 所示。

因为在建立轴线图的过程中,规定两条线路之间的换乘用额外的两条轴线连接,所以图中原本相交的线路现在是不连接的情况,需要使用软件中的 unlink(不连接)功能。地铁网络线路图中总共是 14 个换乘点,所以一共有 14 个 unlink 的点,图 6-31 中的小圆圈为 unlink 点。

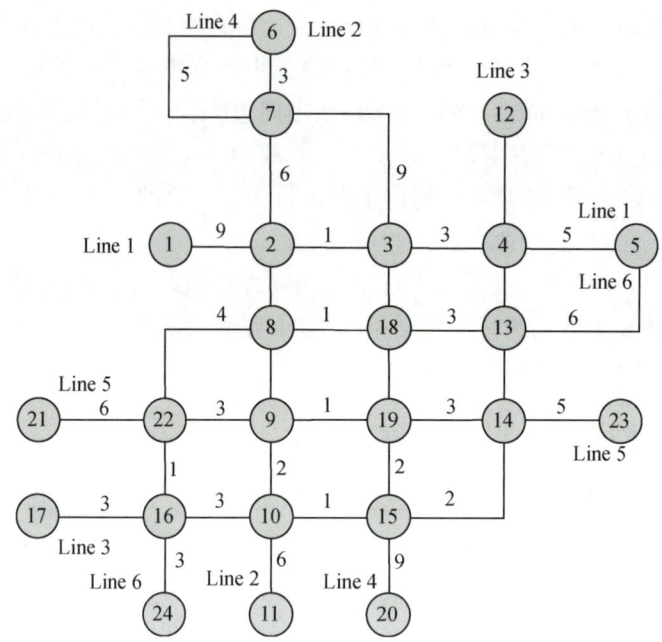

图 6-28　西安地铁网络简化拓扑图

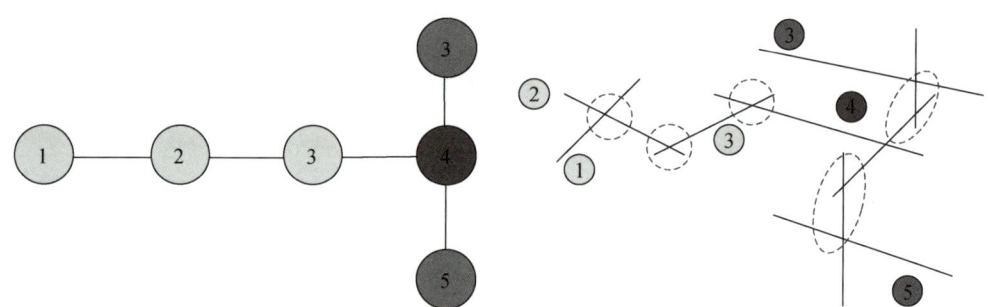

图 6-29　从拓扑图到轴线图的转化

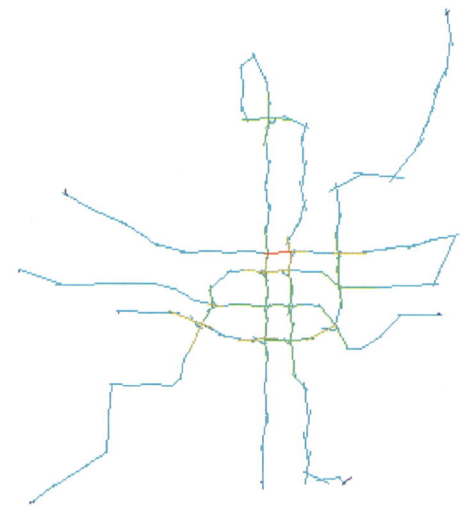

图 6-30　西安地铁网络轴线图

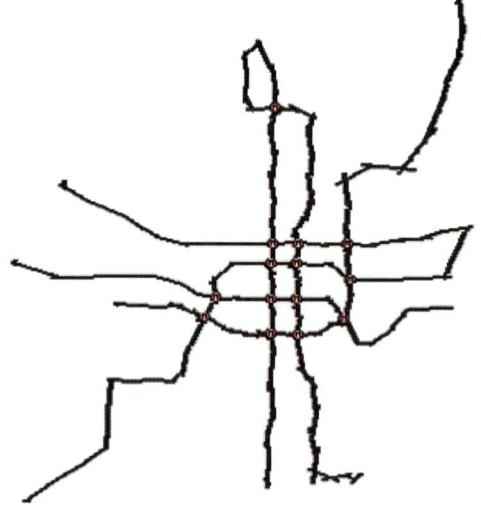

图 6-31　西安地铁网络线路图之轴线图 unlink 点

然后运行软件中的"run graph analysis"功能。

运行完后,首先要检查 Node count(节点连接)参数,Node count 的意思为:从这个元素走出去,一共能够走到几个其他元素。点击 Node count,如果图中所有线条均为绿色,则表示所有轴线都走得通。图 6-32 为 Node count 检验时的显示图,图中所有线路均呈现绿色,表示所有轴线都走得通,可以进行下一步的计算。

使用 Depthmap 软件会生成一个关于句法变量的集成度显示图,其中颜色表示句法变量值的大小。颜色(如红色)越亮或越暖,值越大;颜色越深或越冷(如蓝色),值越小。集成度分为整体集成度与局部集成度,图 6-33 表示了轴线图的全局集成度,从图中可以清晰地看出,越靠近线网中心的地方,集成度越高;越靠近线路的首末站,集成度越低。集成度核心,就是集成度最高的站点,同时也是可达性最高的站点的集合。

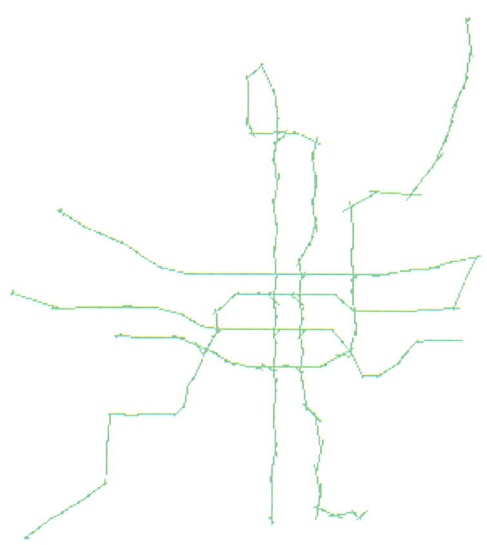

图 6-32 轴线图 Node count 检验

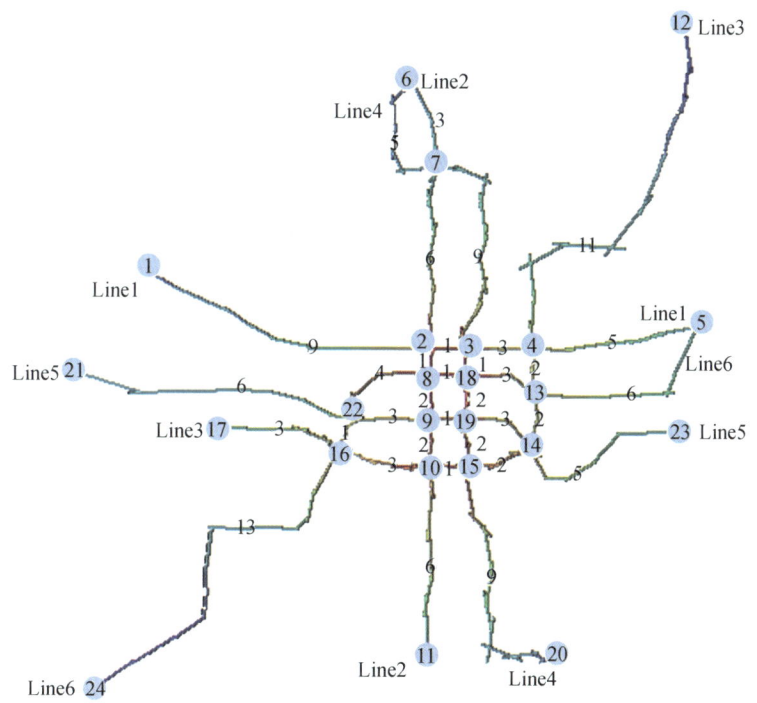

图 6-33 西安地铁网络站点轴线图集成度分布

图 6-34 中的散点图分析了拓扑深度分别为 2、5、6、10、15、20 时,局部集成度与整体集成度的关系。局部集成度与整体集成度的相关性也被称为协同度,即代表了局部可以探知

整体的一种能力。从图 6-34 和表 6-28 中可以看出，当局部集成度为 6 时，局部集成度与全局集成度的相关性为 0.73，当局部集成度为 15 时，局部集成度与全局集成度的相关性为 0.98，几乎呈现完全的线性关系。

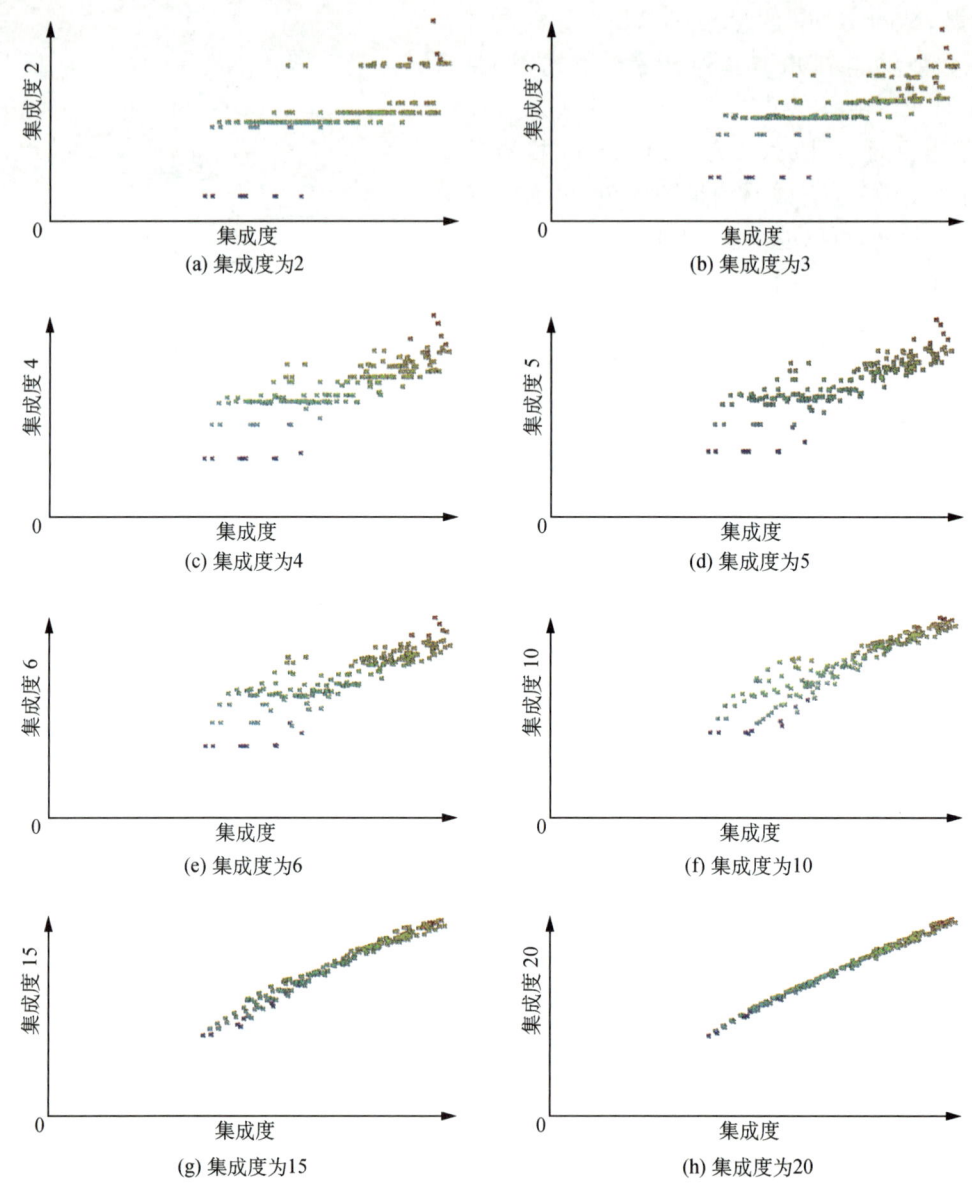

图 6-34　全局集成度与局部集成度散点图

表 6-28　不同局部集成度与全局集成度关系

局部集成度	拟合公式	R^2
2	$y=2.12x+0.288$	0.37
3	$y=1.67x+0.259$	0.53
4	$y=1.49x+0.22$	0.64

(续表)

局部集成度	拟合公式	R^2
5	$y=1.37x+0.19$	0.70
6	$y=1.28x+0.17$	0.73
10	$y=1.12x+0.09$	0.87
15	$y=1.05x+0.04$	0.98
20	$y=0.95x+0.04$	0.99

图 6-35 表示的是轴线图的平均深度值，从图中可以看出，平均深度值的大小呈现中心区域值最小、边缘值最大的形式，与集成度的表现颜色正好相反。这是因为，平均深度值越小的站点，到达线网中其他站点越方便，所经过的站点数越少。平均深度值和集成度都体现了同样的结论：越靠近线网中心区域的站点，到达其他站点越方便；越靠近线网边缘的站点，到达其他站点越不便。

由于辐射可达性更加关注每个站点在空间层面能够到达其他站点的广度与深度，从之前句法变量的分析中，可以定性地得出结论：不同性质站点的可达性差异较大，居于线网中心的换乘站点的可达性明显高于居于线网边缘的首末站点的可达性。因此，为了更加全面地分析站点的可达性，探究相同性质站点可达性的差异，下面将根据站点的节点属性如换乘站、首末站及一般站，分别比较同一类型中不同站点的可达性，以及不同类型间站点可达性的差异。

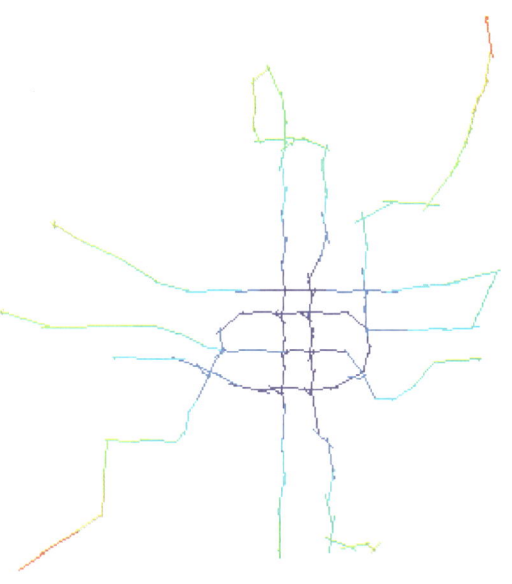

图 6-35 西安地铁网络站点轴线图平均深度值分布

（1）换乘站点站间可达性比较。

由表 6-29 知道，西安可达性较高的换乘站点有大差市、钟楼、五路口和北大街站，可达性值在 9.3~9.9，其次有李家村、大雁塔、南稍门和小寨等站点，可达性值在 9.0 左右。在所有的换乘站点中，行政中心站点的可达性值最低，从拓扑图中也可以看出，因为行政中心站较为远离轨道站点集中区域，所以可达性较低。

表 6-29 西安地铁网络换乘站点可达性一览表

站点类型	站点编号	站点名称	深度值	平均深度值	辐射可达性值
换乘站	18	大差市	1 666	9.69	9.84
	8	钟楼	1 681	9.78	9.74
	3	五路口	1 716	9.98	9.52

(续表)

站点类型	站点编号	站点名称	深度值	平均深度值	辐射可达性值
换乘站	2	北大街	1 744	10.14	9.35
	19	李家村	1 789	10.40	9.09
	15	大雁塔	1 795	10.44	9.06
	10	小寨	1 798	10.45	9.04
	9	南稍门	1 798	10.46	9.04
	13	咸宁路	1 868	10.86	8.67
	14	青龙寺	1 923	11.18	8.40
	4	通化门	1 952	11.35	8.26
	16	科技路	2 018	11.73	7.97
	22	劳动南路	2 083	12.11	7.70
	7	行政中心	2 598	15.11	6.06
		平均值			**8.7**

对比各换乘站点的拓扑图及其所处的区域如图 6-36 所示，可以发现，可达性最高的站点大多位于轨道线网中最核心的区域，这些区域同时也是城市最为繁华的地段，规划年站点的可达性在一定程度上与城市空间发展是相一致的。

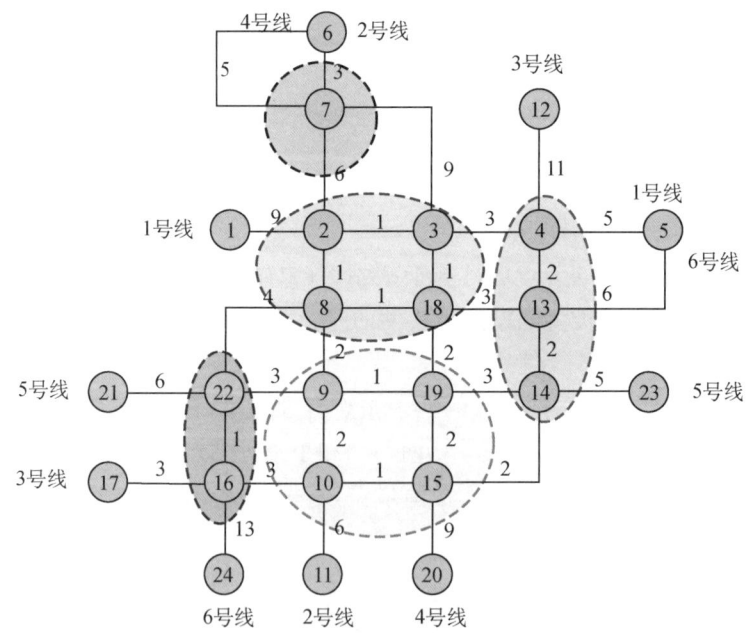

图 6-36 西安地铁网络换乘站点分布

（2）首末站点站间可达性比较。

由表 6-30 和图 6-37 可以看出，首末站点的可达性值从 3～7 不等，根据可达性值的大小可以将站点的可达性划分为 4 类：其中可达性最高的点为鱼化寨站（3 号线）和纺织城站

(1号线);其次为纺织城火车站(5号线)和韦曲南站(2号线);再次为北客站(2号线)、和平村(5号线)、航天产业基地(4号线)和后卫寨(1号线);可达性最差的站点为国际港务区(3号线)和南客站(6号线)。首末站的可达性大小受到其线路延伸度以及距离线网中心拓扑深度的影响:一方面,线路延伸越长,首末站点的可达性越差;另一方面,线路与其他线路的换乘点距离首末站较远,也会影响到其可达性。如何在保持线路延伸度的同时,使得线路的首末站也具有较高的可达性,是线网规划中需要考虑的问题。

表 6-30 西安地铁网络首末站点可达性一览表

站点类型	站点编号	站点名称	深度值	平均深度值	辐射可达性值
首末站	17	鱼化寨	2 461	14.31	6.42
	5	纺织城	2 545	14.80	6.20
	11	韦曲南	2 736	15.91	5.73
	23	纺织城火车站	2 754	16.01	5.69
	6	北客站	3 056	17.77	5.10
	21	和平村	3 152	18.33	4.93
	20	航天基地	3 204	18.63	4.85
	1	后卫寨	3 251	18.90	4.78
	12	国际港务区	3 788	22.03	4.07
	24	南客站	3 984	23.17	3.86
		平均值			**5.16**

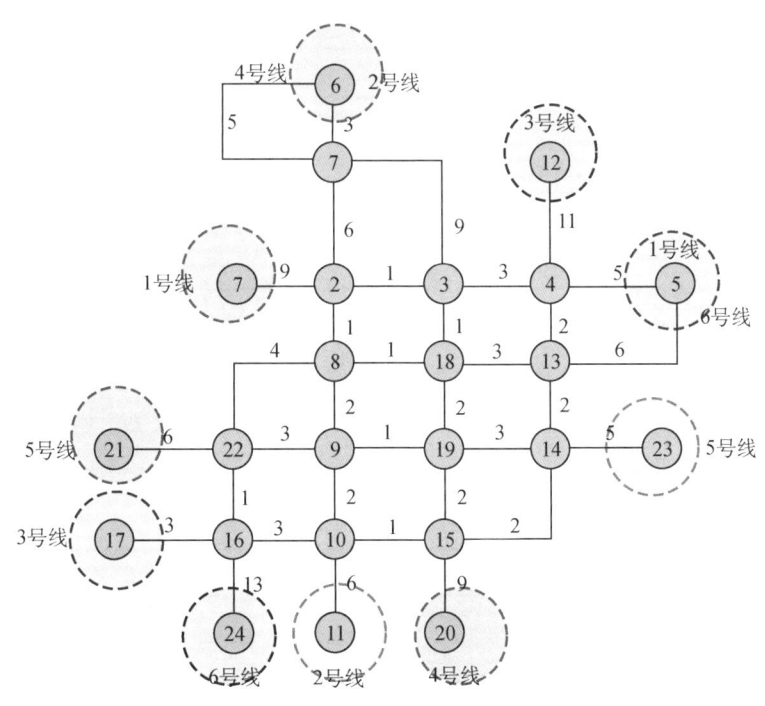

图 6-37 西安地铁网络首末站点位置分布

(3) 一般站点站间可达性比较。

一般站点的辐射可达性评价以 2 号线为例,计算结果如表 6-31 所示。一般站点的辐射可达性范围广泛,取决于它们在网络中的位置和与换乘站的拓扑深度,与网络中各换乘站的拓扑结构和位置相比,高辐射可达性站点大多位于网络核心区,即城市最繁华的区域。一般站点越靠近线路中间,可达性越高;越接近线路端点,可达性越低。然而,当一个换乘站靠近线路的终点时,这种趋势可能会改变。从整体上看,环线将大大提高站点的辐射可达性。例如,东南区域的站点可达性高于西北方向的站点,因此,建议将 3 号线规划为一个环线。

表 6-31 西安地铁网络首末站点可达性一览表

站点类型	站点编号	站点名称	深度值	平均深度值	辐射可达性值
一般站点	202	北苑站	2 912	16.93	5.37
	203	运动公园	2 751	16.00	5.70
	205	凤城五路	2 442	14.20	6.48
	206	市图书馆	2 306	13.41	6.89
	207	大明宫西	2 170	12.62	7.36
	208	龙首原	2 034	11.83	7.90
	209	安远门	1 898	11.03	8.52
	212	永宁门	1 705	9.91	9.59
	214	体育场	1 797	10.45	9.05
	216	纬一街	1 906	11.08	8.48
	217	会展中心	2 068	12.03	7.75
	218	三爻	2 232	12.98	7.14
	219	凤栖原	2 398	13.94	6.60
	220	航天城	2 566	14.92	6.14
		平均值			**7.36**

(4) 不同类型站点站间可达性比较。

从表 6-32 和图 6-38 可以看出,不同类型的站点中,换乘站点的可达性最高,首末站点的可达性最低,一般站点的可达性值分布区间比较广泛,这主要取决于站点在网络中的位置以及距离换乘站点的拓扑深度。

表 6-32 西安地铁网络同类型站点可达性比较

站点类型	可达性最高值	可达性最低值	差值	可达性平均值
换乘站点	9.84	6.06	3.78	8.70
首末站点	6.42	3.86	2.57	5.16
一般站点	9.59	5.37	4.23	7.43

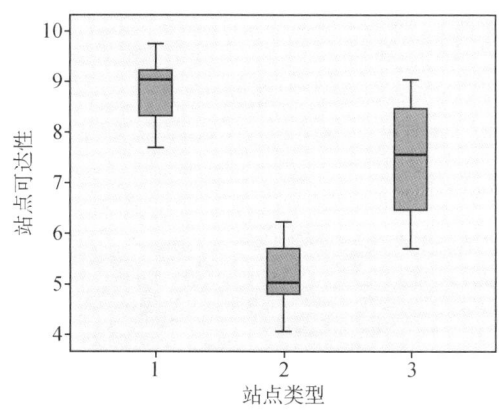

图 6-38 西安地铁网络不同类型站点可达性分布

(注:站点类型中,1代表换乘站点;2代表首末站点;3代表一般站点)

以上利用"空间句法轴线模型"的轨道交通站点辐射可达性评价方法,可以很好地从系统的角度去考虑各个站点所能到达城市范围空间的深度及广度,轴线模型去除了线路本身长度、所处地理位置的影响,只从空间本身去思考,将经过的站点数转化为拓扑深度,很好地诠释了出行者在乘坐轨道交通时更加关心乘坐站数及换乘次数的实际需求,同时也从空间整体及局部翔实地描述了站点的可达性。

站点辐射可达性旨在评价规划网络布局的合理性。轴线模型消除了线路长度和地理位置的影响,只考虑空间本身。因此,利用空间句法产生的轴线模型,了解乘客通过地铁网络从一个地铁站到另一个地铁站的难易程度,为地铁网络优化提供一些建议。研究表明,换乘站的辐射可达性最高,而首末站的辐射可达性最低,一般站点的辐射可达性差异很大,这取决于它们在网络中的位置以及距离换乘站的拓扑深度,一般来说,越靠近线路中间的站点,其可达性越高,越接近线路末端的站点,其可达性越低,因此,建议在3号线采用环线,这将大大提高地铁线路接近终点的车站的辐射可达性。规划中的换乘站辐射可达性与城市空间发展具有一定的一致性。首末站的辐射可达性取决于线路长度和距离网络核心的拓扑深度。一方面,线路越长,首末站的辐射可达性越低;另一方面,由首末站至任何换乘站的距离亦会影响首末站的辐射可达性。在地铁网络规划中,首末站在延长线路长度的同时保持高辐射可达性是一个挑战,一个有效的措施是在靠近线路终点的地方增加换乘站数量。

值得注意的是,在吸引力可达性分析中,只有公交汽车和步行被认为是最常用的两种进入地铁站的接驳方式。然而,共享单车系统在包括西安在内的许多中国城市迅速流行起来,为进入地铁站提供了一种新的有效接驳方式。如果在地铁站提供适当的停车设施,并将安全的自行车路线很好地融入城市道路网络,共享单车系统有可能大大改善现有的吸引力可达性,这也是未来研究的一个重要方向。

6.6.4 单一公交网络站点辐射可达性评价

库尔勒市是新疆维吾尔自治区巴音郭楞蒙古自治州的中心城市,地处南北疆交通要冲,具有优越的地理区位。库尔勒是一个正处在城镇化加速时期的中等城市,也是南疆唯一有铁路、公路和航空运输的交通枢纽城市。

库尔勒市现有公交线路30条,其中市区线路17条,农村线路7条,专线6条,各条线路走向如图6-39所示。对经过市区中心的14条市区线路进行研究,各条线路概况如表6-33所示。

图 6-39 库尔勒市公交线路走向

表 6-33 库尔勒市市区线路汇总

线路编号	公交线路长度/km	站点/个	平均站距/m	投入车辆/辆
1 路	21	46	456.5	28
2 路	10	23	434.8	16
3 路	11	21	523.8	19
4 路	16.7	38	439.5	18
6 路	18.1	45	402.2	14
7 路	13.3	34	391.2	28
9 路	24.4	42	581	30
11 路	22.1	21	1 052.4	12
19 路	11.7	28	417.9	19
20 路	15.5	38	407.9	30
26 路	14.3	34	420.6	34

(续表)

线路编号	公交线路长度/km	站点/个	平均站距/m	投入车辆/辆
28 路	11.2	25	448	17
29 路	21.7	47	461.7	28
101 路	18	40	450	26
市区合计	273.5	550	—	319

根据 2014 年 10 月份对库尔勒公交站点客流量及经过线路数的实地调查，选取较为重要的 23 个站点为研究对象，评价其辐射可达性，各站点概况如表 6-34 所示，各站点的位置如图 6-40 所示。

表 6-34 库尔勒市重要站点概况

编号	站点名称	经过线路	经过线路数总计
1	菜市场	2、6、9	3
2	巴州蒙中	6、9	2
3	医药二级站	19、29	2
4	四运司	3、26、29	3
5	萨依巴格市场	3、19、26	3
6	巴州二中	3、20、26	3
7	巴州宾馆	1、20、101	3
8	交通银行	1、20、101	3
9	州医院	1、19、101	3
10	农二师文化中心	2、3	2
11	德丰商厦	2、3、6、9、26、28	6
12	州体育馆	9、20、26、28	4
13	孔雀市场	1、6、19、101	4
14	华山龙湖苑	28	1
15	团结派出所	19	1
16	兰干路口	1、6、101	3
17	市法院	1、6、101	3
18	市人民医院	1、6	2
19	工行大厦	9、26、28	3
20	塔河管理局	9、26、28、101	4
21	铁克其大门	1、101、26、28、9	5
22	国际汽车城	9、29	2
23	开发区大门	9、29	2

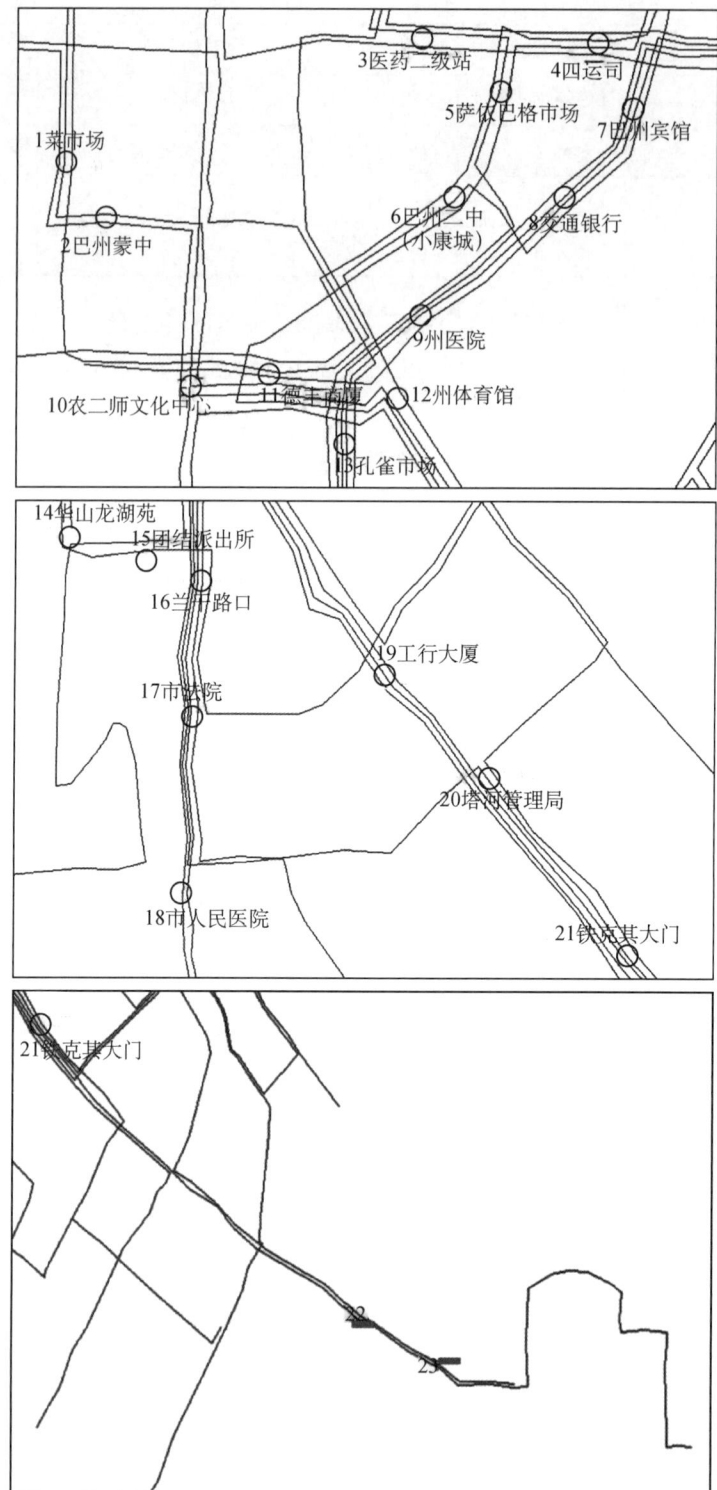

图 6-40 库尔勒市重要站点位置

其中 14 个站点半天内上下客数量如图 6-41 所示,德丰商厦的上下客数量远高于其他站点,德丰商厦地处库尔勒市最为繁华的"金三角"地带,同时作为库尔勒市最重要也是客流量最大的站点,德丰商厦站点的重要性不言而喻;其他站点的客流量大致呈现向城市边缘依次递减的状态。站点的客流量还受到周边土地利用性质、经过线路数等其他因素的影响,空间位置只是其中一个影响因素。

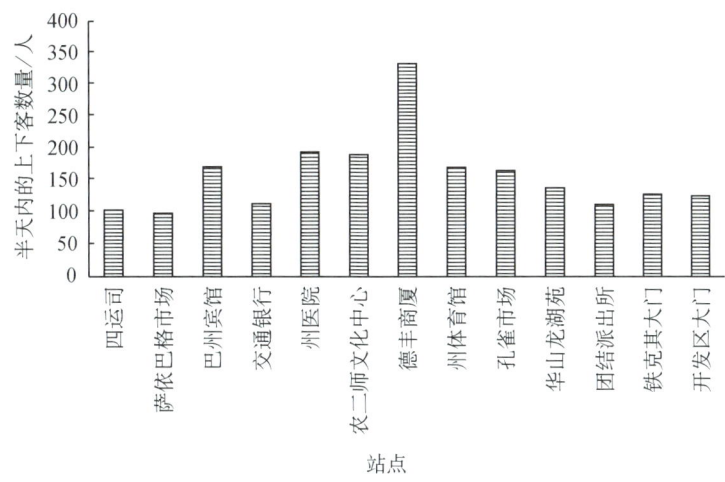

图 6-41 部分站点半天内上下客数量

线段模型的前期建模步骤同轴线模型,也是将各条线路在 CAD 中画好后,导入 Depthmap 软件,因为公交线路存在较多的交叉点,所以也需要使用"unlink"功能,将图上交叉但是实际不相交的线路分开(图 6-42)。处理好前期工作后,将轴线图转化为线段图,即可以得到公交线段模型的各句法变量,常规公交线段模型的集成度如图 6-43 所示。

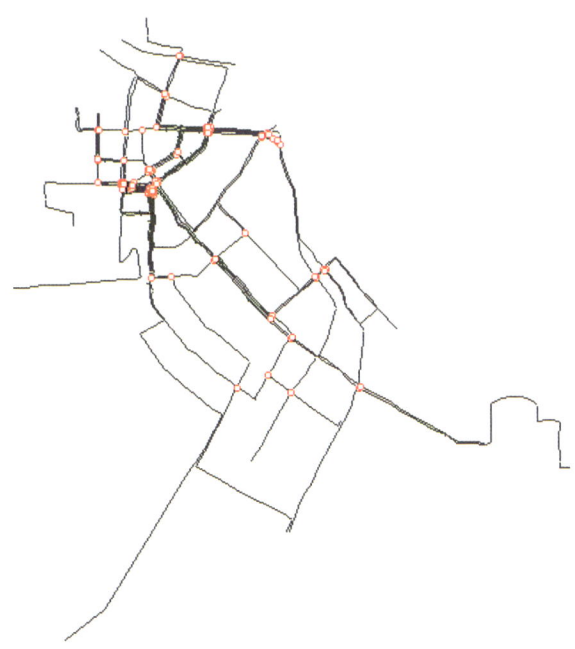

图 6-42 库尔勒市中心区公交线路 unlink 点

图 6-43 库尔勒市中心区公交线路集成度值

由于线段模型考虑了真实的空间尺度,因此可以设置搜索半径,即探究在不同的半径下,各个站点可以到达的元素数。各个站点可以到达的元素数也即站点在不同半径下的总拓扑深度。图 6-44 展示了所选取的 23 个站点在不同的搜索半径(500 m、1 000 m 直到 4 000 m)范围内可以到达的总拓扑深度。

(a) R=500 m

(b) R=1 000 m

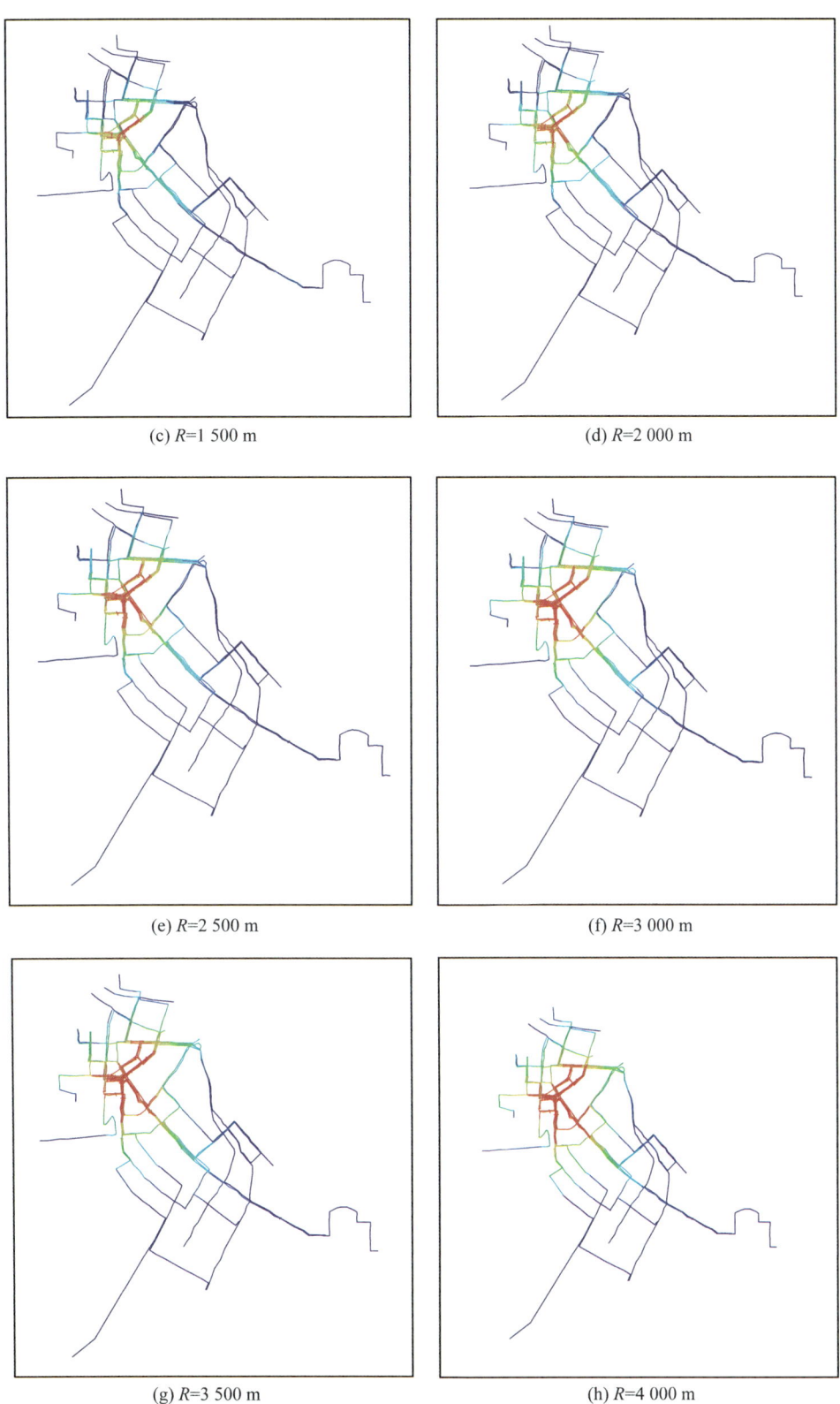

(c) $R=1\ 500\ m$ (d) $R=2\ 000\ m$

(e) $R=2\ 500\ m$ (f) $R=3\ 000\ m$

(g) $R=3\ 500\ m$ (h) $R=4\ 000\ m$

图 6-44　不同半径下的总拓扑深度

由于常规公交站点线段图中包含的元素较多，且集成度可以表达可达性值的高低，这里选用集成度值来表征各个站点的可达性，23 个站点的可达性值如表 6-35 所示，图 6-45 用雷达图的形式更加形象地表现了各个站点的可达性。

表 6-35 库尔勒市重要站点可达性一览表

编号	站点名称	可达性	编号	站点名称	可达性
1	菜市场	105	13	孔雀市场	151
2	巴州蒙中	104	14	华山龙湖苑	127
3	医药二级站	127	15	团结派出所	145
4	四运司	124	16	兰干路口	153
5	萨依巴格市场	136	17	市法院	156
6	巴州二中	150	18	市人民医院	136
7	巴州宾馆	145	19	工行大厦	154
8	交通银行	155	20	塔河管理局	141
9	州医院	167	21	铁克其大门	138
10	农二师文化中心	160	22	国际汽车城	118
11	德丰商厦	162	23	开发区大门	116
12	州体育馆	157			

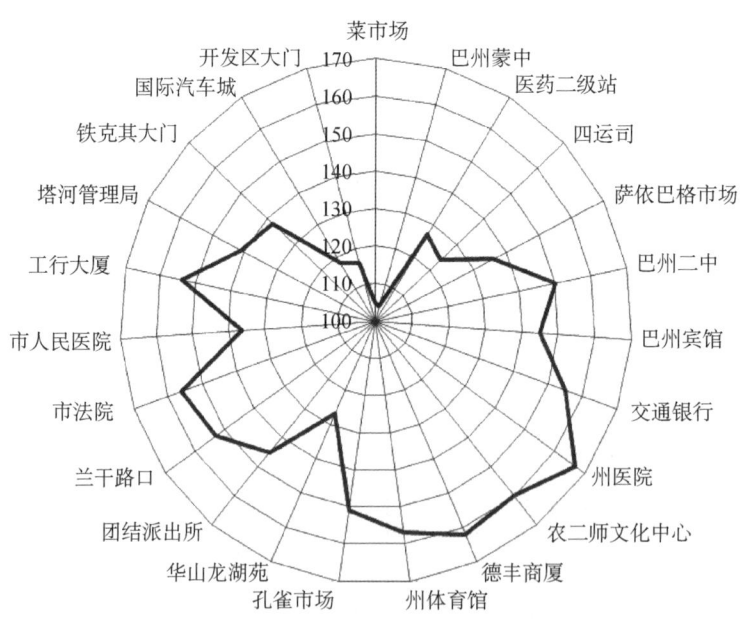

图 6-45 库尔勒市重要站点可达性分布情况

从表 6-35 和图 6-45 可以看出，位于线网边缘的菜市场站、开发区大门站及国际汽车城站的可达性最低，可达性最高的站点集中于州医院、农二师文化中心、德丰商厦以及州体育馆站这些处于市中心的站点。通过仔细对比发现，可达性最高的站点并不是客流量以及经过线路数最多的德丰商厦站,而是州医院站,这体现了州医院站在线网中重要的联结作用。同时结合站点经过线路数分析,有时候可达性较高的站点,如德丰商厦站,经过线路数为 6 条,在实际中,增加了站点可达性的同时,也可能带来了过高的线路重复系数,在线路规划中需要结合实际情况进行调整。

6.6.5 复合公交网络站点辐射可达性评价

基于上海市嘉定区 2017 年 10 月的公交数据,采集区域内部公共交通网络信息,包含 63 条常规公交线路和 2 条轨道交通线路,共 1 253 个常规公交站点和 15 个地铁站点(其中非重复站点为 783 个)。嘉定区所选择公交站点及线路分布情况如图 6-46 所示,基本涵盖了嘉定区所有的内部公共交通线路。

图 6-46　嘉定区所选择公交站点及线路分布

构建公共交通线路与站点信息如表 6-36 所示。

表 6-36　公交线路与站点信息

变量	变量描述	变量	变量描述
站点名	站点名称	站点坐标	站点所在位置的经度与纬度
线路名	公交线路名称	站点性质	地铁或公交
站数	公交车辆运行所经过的站点数	线路长度	公交线路从起点到终点的路径距离
线路 ID	线路 ID 标识	站点 ID	站点 ID 标识

1. 公交加权复合拓扑网络构建

应用公共交通加权复合网络模型构建方法，调取高德地图 API 获得各站点之间步行距离、时间以及换乘方式，进而获得各站点之间的连边权重，构造邻接矩阵，具体如图 6-47 所示，在同一线路上相邻的公交站点之间添加乘车可达连边，在换乘步行时间小于 10 min 的公交站点之间建立步行换乘连边，例如轨道交通 11 号线（迪士尼—嘉定北）的嘉定北站与嘉定 9 路的平城路城北路公交站。当一个站点有多条线路通过时，例如南翔站有轨道交通 11 号线（迪士尼—嘉定北）和嘉定 9 路公交线，则分为两个站点，并在站点之间建立换乘连边。

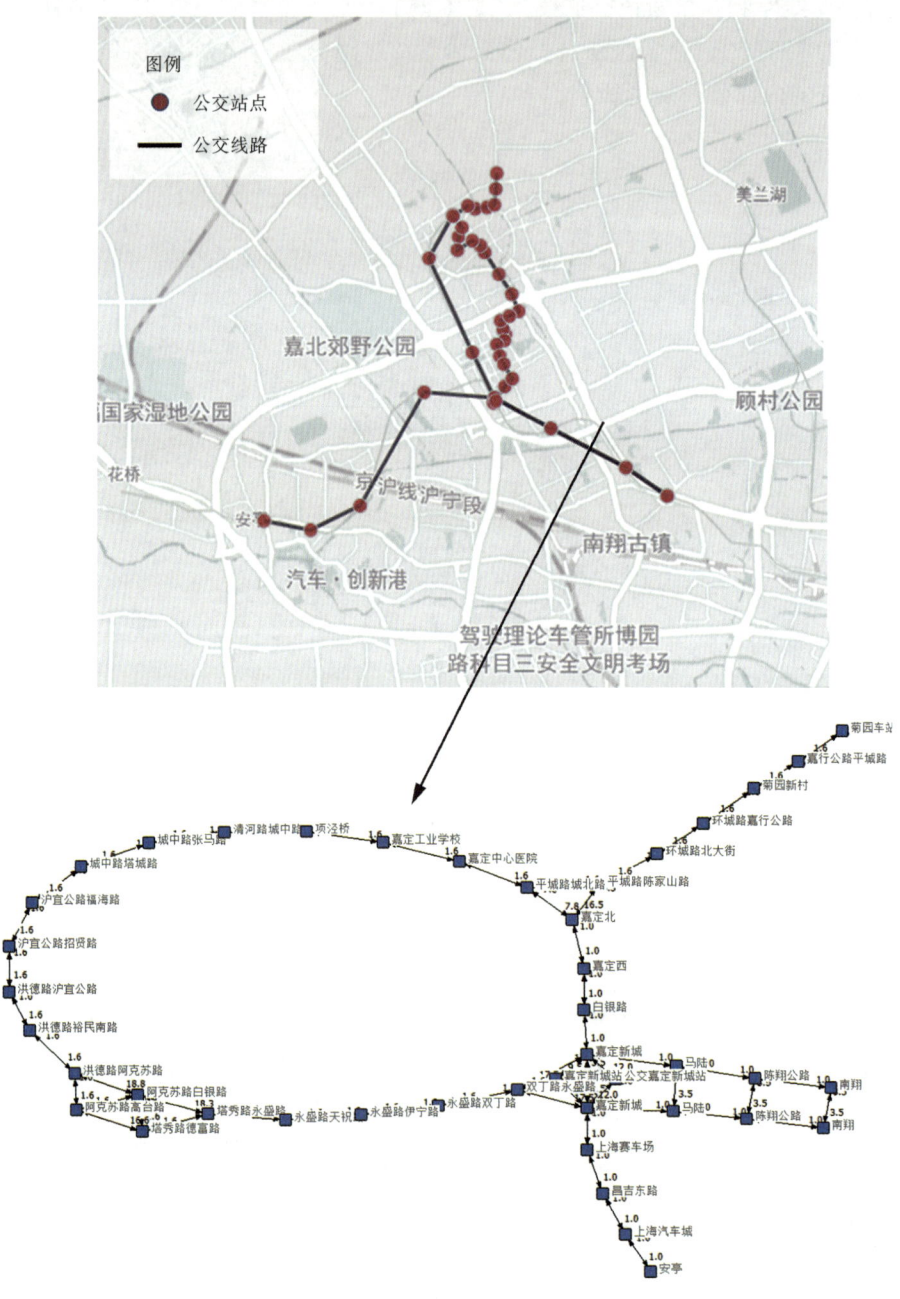

图 6-47 复合公交网络构建示意（以地铁 11 号线和嘉定 9 路为例）

根据邻接矩阵,利用 Ucinet 软件构建包含所有站点的公交复合网络,如图 6-48 所示。

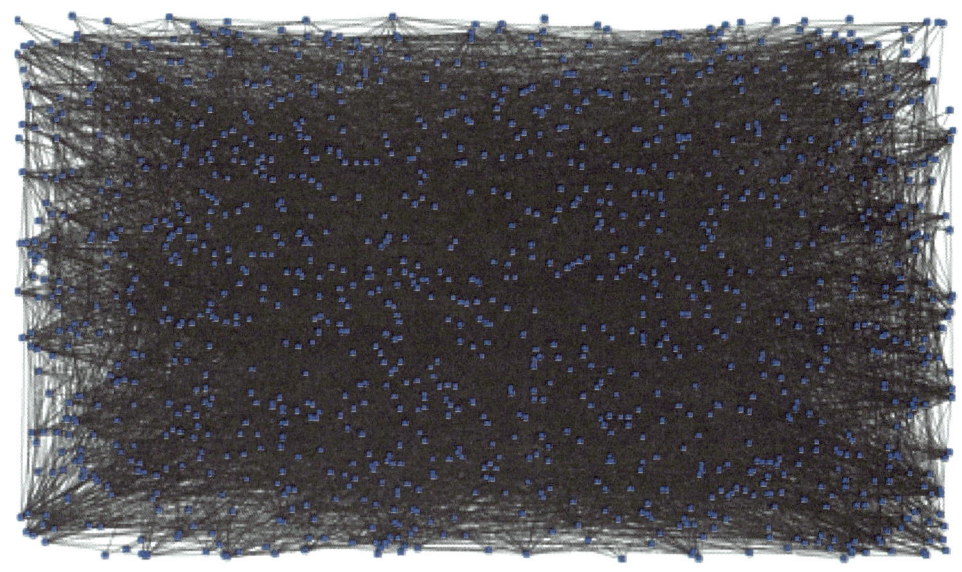

图 6-48　嘉定区公共交通网络拓扑结构

2. 嘉定区公交网络特征分析

(1) 相邻站点数量。

相邻站点数量是指与某一站点直接相连的其他站点的数量,通过拓扑网络中的特征量——"度"来计算。将加权网络进行二值化处理,利用 Ucinet 软件计算网络中与该站点直接相连的其他站点的个数,并不考虑间接相连的点,结果表明该网络中相邻站点数量最大"度"为 61,最小"度"为 1,每个站点平均与 11.16 个站点直接相连(表 6-37)。显然,这个结果明显较大,原因是增加了对换乘步行可达的考量,站点可与周边满足条件的其他线路站点相连,尤其是轨道交通与常规公交线路的衔接更加紧密,强化了网络的结构。

表 6-37　相邻站点数量排名前十的站点

站点名	度	站点名	度
嘉定中心医院	61	城中路清河路	50
嘉定北站	57	公交嘉定北站	47
环城路城北路	57	塔城路城中路	46
城北路平城路(招呼站)	55	桃园新村	43
平城路陈家山路	50	嘉定北	38

(2) 最短路径。

利用 MATLAB 软件实现 Floyd 算法,计算站点间出行最短距离矩阵。公交站点网络中最短路径指的是从某一公交站点到另一个公交站点经过的最少路程。嘉定区公交网络的平均最短路径为 28.2,最大路径为 77.7,表明从网络中的一个站点到达任意其他站点,心理感知上平均要经过约 28 个站。平均最短路径较长,说明嘉定区整体的公共交通网络连通性并不是很高(图 6-49)。

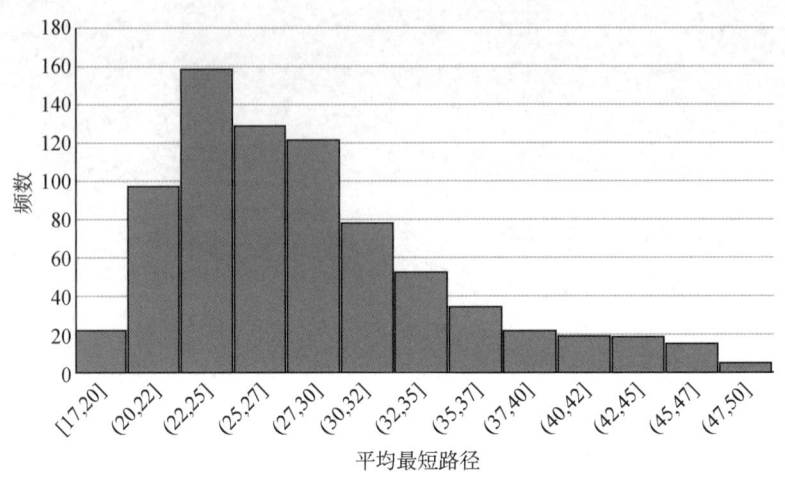

图 6-49　嘉定区各站点平均最短路径分布

3. 嘉定区公交复合网络站点可达性计算

根据式(6-31)和式(6-32)计算嘉定区公共交通系统中 783 个站点的可达性指数 AI,其分布情况如图 6-50 所示,可以发现嘉定区公交站点可达性指数的频率分布服从幂律分布。可达性指数前 10 的站点中有 8 个为轨道交通站点,符合轨道交通出行准时、舒适、可与常规公交衔接的优势,以及乘客出行过程中更倾向于选择轨道交通的心理。两个常规公交站点均可与轨道交通站点衔接,充分显示轨道交通衔接常规公交所带来的服务水平提升作用。

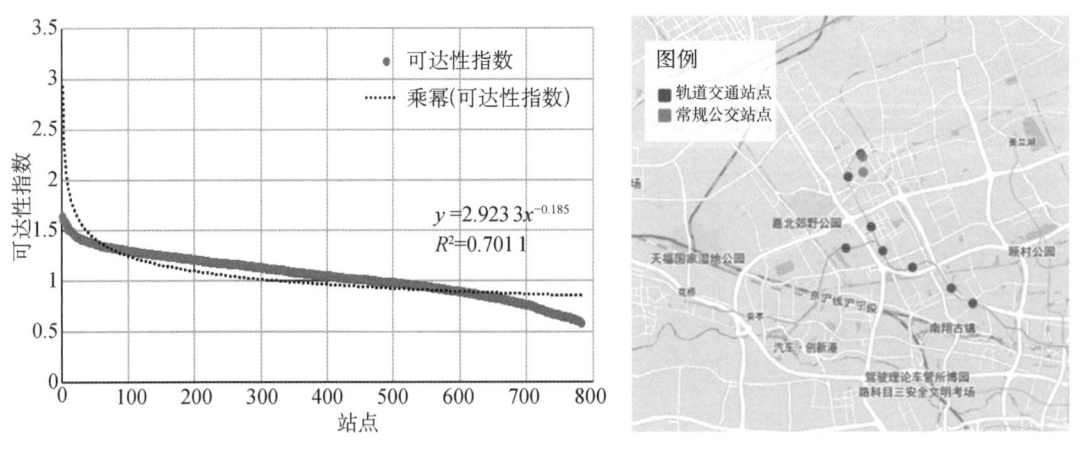

图 6-50　嘉定区公交站点可达性指数函数及前 10 站点空间分布图

进一步分析可达性的热力图 6-51,发现嘉定区的公共交通站点可达性呈现"中心—边缘"的圈层分布特征:可达性的空间分布自线网中心向边缘以不规则圈层的形式逐渐衰减,并且在中心城区外呈现"南高北低"的形态。可达性较高的公共交通站点集中分布在中心城区、西部片区和南部片区,其中中心城区的可达性最好,而北部片区的公共交通可达性较低,因此,在新一轮公交规划过程中,需要充分关注北部地区的公交发展。

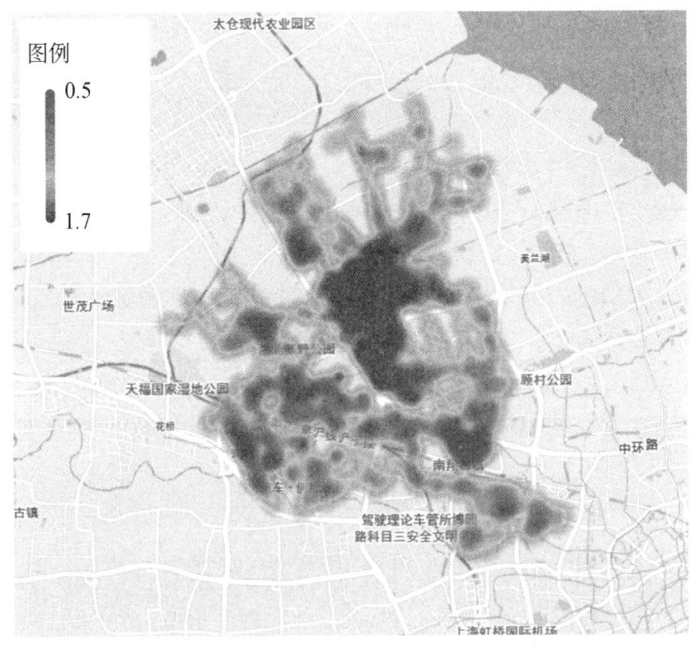

图 6-51 嘉定区公交站点可达性分布热力图

采用半径分形维数进一步探究嘉定区公共交通站点可达性分布的空间规律。假设研究区域是圆形区域且半径为 r,若区域网络的可达性分布具有分形特征,那么 r 与可达性值 $A(S)$ 的关系可以表达为

$$A(r) = C \cdot r^{D_A} \tag{6-35}$$

式中,$A(r)$ 是半径为 r 的区域范围内公共交通站点可达性值之和;C 为常数;D_A 为半径维数,当 $D_A < 2$ 时,代表区域公共交通网络的可达性从中心向外围逐渐递减;当 $D_A = 2$ 时,区域内可达性均匀分布;当 $D_A > 2$ 时,可达性从中心向边缘递增,该中心不具有交通枢纽的特性。因此,在测算中,从区域中心向边缘方向,D_A 越接近 2,表明区域公共交通网络的可达性降低越不明显,即网络结构更完善。

对式(6-35)两边取对数,进行线性回归分析,发现第 4 个点和第 15 个点处存在较明显的拐点,因此,可以将可达性的分布以 $r=4$ 和 $r=15$ 划分为三段区间分别进行回归拟合(图 6-52),各段的线性方程拟合均良好,分形具有明显的统计学意义。第一圈层的 D_A 为 1.73,表明该区域内从中心至外围的站点可达性逐渐降低,但变化程度不明显,公共交通线网较完善,站点可达性均处于较高水平。第二圈层的 D_A 为 0.89,表明该范围内的可达性自中心点向外围逐渐降低,且速率较快,公共交通网络以辐射形为主,多为片区组团与中心城区的连接,可达性分布不均匀。第三圈层的 D_A 为 0.27,可达性降低明显,公共交通站点大多位于区域东南角,需要换乘才能到达。

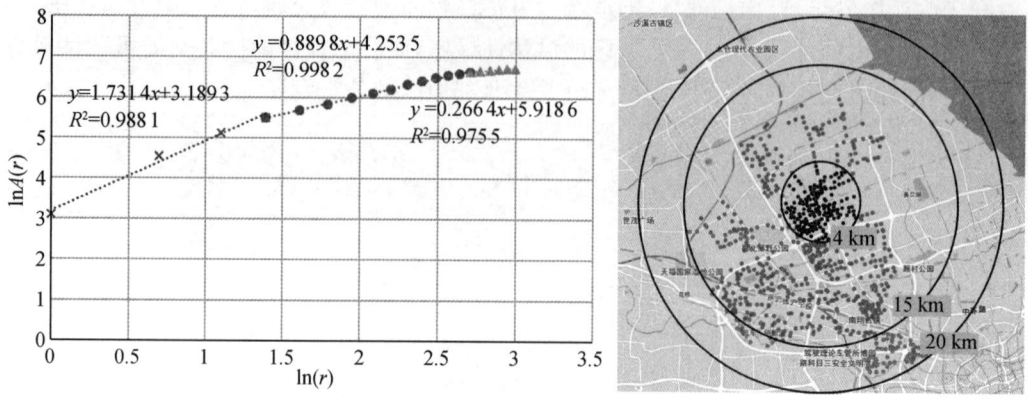

图 6-52 可达性与半径分段拟合关系及可达性圈层划分

本章参考文献

［1］Hansen W G. How accessibility shapes land use[J]. Journal of the American Institute of Planners，1959，25(2)：73-76.

［2］Batty M. Accessibility：In Search of a Unified Theory：SAGE Publications Sage[M] UK：London，England，2009.

［3］Vickerman R W. Accessibility，attraction，and potential：A review of some concepts and their use in determining mobility[J]. Environment and Planning A，1974，6(6)：675-691.

［4］Koenig J. Indicators of urban accessibility：Theory and application[J]. Transportation，1980，9(2)：145-172.

［5］Weibull J W. An axiomatic approach to the measurement of accessibility[J]. Regional Science and Urban Economics，1976，6(4)：357-379.

［6］Geurs K T, Ritsema Van Eck J R. Accessibility measures：Review and applications：Evaluation of accessibility impacts of land-use transportation scenarios，and related social and economic impact[R]. RIVM Report 408505006，2001.

［7］杨涛,过秀成.城市交通可达性新概念及其应用研究[J].中国公路学报,1995,8(2):25-30.

［8］Shen Q. Location characteristics of inner-city neighborhoods and employment accessibility of low-wage workers[J]. Environment and Planning B：Planning and Design，1998，25(3)：345-365.

［9］Kwan M，Murray A T，O'Kelly M E. Recent advances in accessibility research：representation，methodology and applications[J]. Journal of Geographical Systems，2003，5(1)：129-138.

［10］陈洁,陆锋,程昌秀.可达性度量方法及应用研究进展评述[J].地理科学进展,2007,26(5):100-110.

［11］王继峰.基于可达性的交通规划方法研究[D].北京:清华大学,2008.

［12］Pooler J A. The use of spatial separation in the measurement of transportation accessibility[J]. Transportation Research Part A：Policy and Practice，1995，29(6)：421-427.

［13］Ingram D R. The concept of accessibility：A search for an operational form[J]. Regional studies，1971，5(2)：101-107.

［14］Allen W B，Liu D，Singer S. Accesibility measures of US metropolitan areas[J]. Transportation Research Part B：Methodological，1993，27(6)：439-449.

［15］Batty M. Accessibility：In search of a unified theory[J]. Environment and Planning B：Planning and

Design, 2009, 36(2): 191-194.
- [16] Wachs M, Kumagai T G. Physical accessibility as a social indicator[J]. Socio-Economic Planning Sciences, 1973, 7(5): 437-456.
- [17] Hansen W G. How accessibility shapes land use[J]. Journal of the American Institute of Planners, 1959, 25: 73-76.
- [18] Shen Q. Location characteristics of inner-city neighborhoods and employment accessibility of low-wage workers[J]. Environment and planning B: Planning and Design, 1998, 25(3): 345-365.
- [19] Luo W, Wang F. Measures of spatial accessibility to healthcare in a GIS environment: Synthesis and a case study in Chicago region[J]. Environment and Planning B: Planning and Design, 2003, 30(6): 865-884.
- [20] Huff D L. A probabilistic analysis of shopping center trade areas[J]. Land Economics, 1963, 39(1): 81-90.
- [21] Wilson A G. A statistical theory of spatial distribution models[J]. Transportation Research, 1967, 1(3): 253-269.
- [22] Ben-Akiva M E, Lerman S R. Discrete Choice Analysis: Theory and Application to Travel Demand[M]. MIT Press, 1985.
- [23] Koenig J. Indicators of urban accessibility: Theory and application[J]. Transportation. 1980, 9(2): 145-172.
- [24] 陈静云.区域综合交通网络通达性研究[D].北京:北京交通大学,2009.
- [25] Kwan M. Space-time and integral measures of individual accessibility: A comparative analysis using a point-based framework[J]. Geographical Analysis, 1998, 30(3): 191-216.
- [26] Park R S. Improving pedestrian access to transit stations in less walkable environments[J]. Fourth International Conference on Walking in the 21st Century, Portland, Oregon, 2003.
- [27] Brinckerhoff P. Metrorail bicycle and pedestrian access improvements study[Z]. Washington D C: Washington Metropolitan Area Transit Authority, 2010.
- [28] Alfonzo M, Boarnet M G, Day K, et al. The relationship of neighbourhood built environment features and adult parents' walking[J]. Journal of Urban Design, 2008, 13(1): 29-51.
- [29] Schlossberg M, Brown N. Comparing transit-oriented development sites by walkability indicators[J]. Transportation Research Record: Journal of the transportation research board, 2004, 1887(1): 34-42.
- [30] Frank L D, Sallis J F, Saelens B E. The development of a walkability index: Application to the neighborhood quality of life study[J]. British Journal of Sports Medicine, 2010, 44(13): 924.
- [31] Zhang N, Dai J, Zhang X. Walking affect area of rail transit station based on multinomial logit model[J]. Urban Mass Transit, 2012, 15(5): 46-49.
- [32] Xie H. Research on accessibility of urban rail transit stations considering passenger satisfaction[D]. Beijing: Beijing Jiaotong University, 2020.
- [33] Kusumo C. Railway stations, centres and markets: Change and stability in patterns of urban centrality[J]. ProQuest Dissertations Publishing, 2007.
- [34] WU T, YAN J. Accessibility measurement and evaluation of urban rail transit stations: An application in tianjin[J]. Geography and Geo-Information Science, 2020, 36(1): 75-81.
- [35] Chen R, Mahmassani H S. Travel time perception and learning mechanisms in traffic networks[J]. Transportation Research Record, 2004, 1894(1): 209-221.

[36] Wang D, Zhang Y. Study of street space perception in shanghai based on semantic differential method [J]. Journal of Tongji University(Natural Science), 2011, 39(7): 1000-1006.

[37] Jiang Y, Xie J, Yu J. Pedestrian transportation system planning in urban traditional business districts: A case study of Jiefangbei business district, Chongqing[J]. Urban Transport of China, 2014, 12(4): 37-45.

[38] Hadas Y, Ranjitkar P. Modeling public-transit connectivity with spatial quality-of-transfer measurements[J]. Journal of Transport Geography, 2012, 22: 137-147.

[39] 陈艳艳,魏攀一,赖见辉,等.基于GIS的区域公交可达性计算方法[J].交通运输系统工程与信息,2015,15(2):61-67

[40] Handley J C, Fu L, Tupper L L. A case study in spatial-temporal accessibility for a transit system[J]. Journal of Transport Geography, 2019, 75: 25-36.

[41] Li L, Ren H, Zhao S. Two dimensional accessibility analysis of metro stations in Xi'an, China[J]. Transportation Research Part A: Policy and Practice, 2017, 106: 414-426.

[42] 余伟,马健霄,张永辉.地铁对城市公交网可达性的改善研究[J].交通运输系统工程与信息,2011(1):121-125.

[43] Huang X, Zhang S, Cao X. Spatial-temporal evolution of Guangzhou subway accessibility and its effects on the accessibility of public transportation services[J]. Progress in Geography, 2014, 33(8): 1078-1089.

[44] 孙荣,鲁凤,魏明.基于复杂网络的公交线网可达性特征分析[J].物流工程与管理,2019,41(5):150-151.

[45] Qian K, Chen Y, Mao B. Route choice behavior for urban rail transit considering transfer time[J]. Journal of Transportation Systems Engineering and Information Technology, 2015, 15(2): 116-121.

[46] Guo Z, Wilson N H M. Assessing the cost of transfer inconvenience in public transport systems: A case study of the London underground[J]. Transportation Research Part A, 2010, 45(2): 91-104.

[47] Chowdhury S, Ceder A. A psychological investigation on public-transport users' intention to use routes with transfers[J]. International Journal of Transportation, 2013, 1(1): 1-20.

[48] Preston J. Barriers to passenger rail use: A review of the evidence[J]. Urban Transport of China, 2012, 32(6): 675-696.

[49] Navarrete F J, Ortúzar J D D. Subjective valuation of the transit transfer experience: The case of Santiago de Chile[J]. Transport Policy, 2013, 25: 138-147.

[50] Chowdhury S. Role of gender in the ridership of public transport routes involving transfers[J]. Transportation Research Record: Journal of the Transportation Research Board, 2019, 2673(4): 855-863.

[51] 李丽群.城市轨道交通客流竞争理论与方法研究[D].镇江:江苏大学,2012.

[52] Sevtsuk, Andres, Michael Mekonnen. Urban Network Analysis: A New Toolbox for Measuring City Form in ArcGIS[C]. In Proceedings of the 2012 Symposium on Simulation for Architecture and Urban Design, 2012: 1-10.

[53] 陈泳,何宁.轨道交通站地区宜步行环境及影响因素分析——上海市12个生活住区的实证研究[J].城市规划学刊,2012(6):96-104.

[54] Li P, Li Z, Li Q. Study on the method for evaluation of automobile comfortable[J]. Journal of Agricultural Mechanization Research, 2005, 6: 103-104.

[55] H, B. Space syntax. Environment and Planning B: Planning and Design,1976,3(2):147-185.

[56] H B, H J. The Social Logic of Space[M]. Cambridge University Press,1984.

[57] 古恒宇,黄铎,沈体雁,等.多源城市数据驱动下城市设计中的空间句法模型校核及应用研究[J].规划师,2019(5):67-73.

[58] Li P L, Li Z C, Li Q. Research on the evaluation method of automobile comfort.[J]. Agric. Mech. Res;2005,6:103-104.

[59] 杜彩军,蒋玉琨.城市轨道交通与其他交通方式接驳规律的探讨[J].都市快轨交通,2005(3):45-49.

[60] Kaparias I, Bell M G H, Miri A, et al. Analysing the perceptions of pedestrians and drivers to shared space[J]. Transp. Res. Part F: Psychol. Behav,2012,15(3):297-310.

[61] Chen Y, He N. Analysis of walkable environment and influential factors in rail transit station areas: case study of 12 neighborhoods in Shanghai[J]. Urban Plann.Forum,2012 6:96-104.

[62] Galiza R, Charles P. Improving rail station access in Australia[J]. Project Number: R1.133. Project Name: Station Access. CRC for Rail Innovation, Brisbane,2013.

[63] Chiaradia A, Moreau E, Raford N. Configurational exploration of public transport movement networks: A case study, the London Underground[C]. 2005.

7 城市公共交通感知服务评价

感知服务评价主要从乘客的角度来考察公共交通的服务状态,从满意度评价和感知服务质量评价两个层面展开。

顾客满意度与感知服务质量作为服务水平评价的两个重要维度,存在着一定的联系与区别。早期的一些研究中曾直接将顾客满意度评价等同于对感知服务质量的评价[1,2],或是认为二者含义不同,但可通过函数进行转换[3]。Sureshchandar 等[4]通过数值分析,得出了满意度评价与感知服务质量评价数据并不完全对应的结论,明确了二者间存在着一定的区别与联系;徐娴英等[5]以餐饮业样本数据为基础,从期望视角分析顾客满意度与感知服务质量间的区别,发现对感知服务质量评价影响较大的是核心属性期望和重要属性期望,对顾客满意度评价影响较大的是附加属性期望,也证明了即使是顾客的感知服务质量,也不能完全等同于顾客满意度。

这些研究虽然并没有完全解析出顾客满意度和感知服务质量间的作用关系,但可以证明顾客满意度和感知服务质量是两个不同的概念,有各自的形成机理,二者间也存在着一定的联系和相互影响。因此,在具体实践过程中,应明晰二者的区别与联系,选择适合的模型方法进行评价。

7.1 感知服务评价理论

感知服务质量与满意度是不同的概念,相应地其评价理论与模型也互不相同。感知服务质量评价模型包括 PZB 服务质量差距模型和 SERVQUAL 评价模型。顾客满意度的理论主要是期望先验理论,评价模型包括顾客满意度指数模型、KANO 模型、重要度-满意度模型以及层次分析法等。

1982 年,克里斯廷·格罗鲁斯最早提出了顾客感知服务质量的概念,即顾客期望的服务质量与顾客实际接受的服务质量之间的差异;论证了服务质量从本质上讲是一种感知,是由顾客的服务期望与其接受的服务经历比较的结果。服务质量的高低取决于顾客的感知,其最终评价者是顾客而不是企业。

7.1.1 PZB 服务质量差距模型

PZB 服务质量差距模型是基于三位学者 Parasuraman、Zeithaml 和 Berry 提出的恰当服务和理想服务概念而建立起来的感知服务质量评价方法[6]。该模型认为服务组织可能存在的缺陷会使顾客的预期服务和感知服务之间存在差距,这是一种评价服务质量差异的模型(gaps model),该模型建立的目的是探究服务质量问题产生的可能根源,以问题为导向帮助服务提供者改进服务质量。

Parasuraman、Zeithaml 和 Berry 对服务质量概念做了探索性的定性研究[7]。通过对 4 种服务业务(小额银行业务、信用卡业务、证券经纪业务及产品维修业务)的管理人员进行深度访谈和对其消费者进行焦点小组访谈,获得对以下 4 个问题的深度见解。

问题 1:服务企业的管理者认为服务质量的关键属性是什么?提供高质量的服务面临什么样的问题和任务?

问题 2:消费者认为什么是服务质量的关键属性?

问题 3:消费者与服务提供者的观点是否存在差异?

问题 4:是否可以将二者的观点通过模型结合起来,并从消费者的角度理解服务质量?

通过对这些问题的访谈,他们发现尽管有些关于服务质量的看法是针对特定行业的,但是各行业间普遍存在着共同点,并且企业管理者与消费者的观点存在着差距,从而建立服务质量差距模型(图 7-1),寻找可能存在的差距及影响差距的因素。

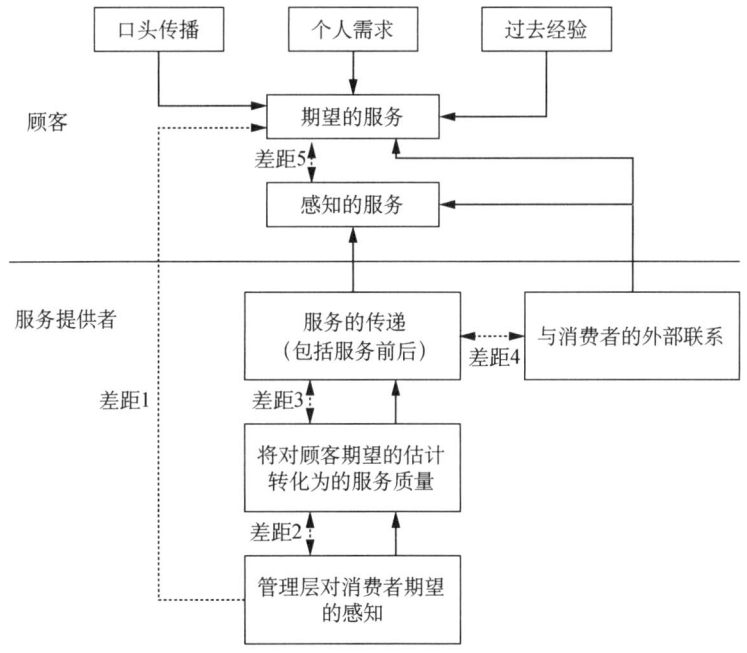

图 7-1 PZB 服务质量差距模型[7]

模型中涉及的概念包括期望服务、感知服务和顾客差距,含义如下。

(1) 期望服务:期望服务是由顾客过去的实际经历、个人需求以及口碑沟通共同确定的,同时也受到服务提供者营销传播活动的影响。

(2) 感知服务:感知服务是指顾客所体验、经历的服务,它是公司一系列内部决策和内部活动的结果。

(3) 顾客差距:顾客期望的服务与顾客感知的服务之间的差距,是差距模型的核心。

模型中的横线将模型分为两部分:上半部分包括了与顾客有关的内容,下半部分与服务提供者有关,二者都是服务参与者。模型中定义的 5 个差距分别如下。

① 差距1：质量感知差距，是顾客期望的服务质量与服务提供者所预期的顾客感知服务质量之间的差距。该差距是指服务提供者不能准确地了解顾客服务预期。导致该差距的关键因素为：缺乏市场调研、需求分析信息不准确；管理层与顾客间缺乏充分交流，未作需求分析；由于管理组织层次过多导致信息传递中途歪曲失真或中断等。改善服务质量差距1的关键在于企业管理者和员工能否理解顾客需求并提供个性化的服务。该差距体现出服务质量具有可理解性的特征。

② 差距2：质量标准差距，是服务提供者对顾客期望的认识与其本身所能提供的服务质量标准之间的差距。导致该差距的原因主要是服务提供方管理层没有将服务质量问题列为企业的首要问题，服务计划工作出现问题。具体表现为管理层对服务质量计划缺乏充分的支持，之前的可行性研究不充分，缺少目标制订、计划管理水平低下、计划错误或不完备等。缩小服务质量差距2的关键是服务提供者应做到所提供的服务标准与所认知的顾客期望服务一致，设立明确的目标并标准化。由此可以看出服务质量具有设计性的特性。

③ 差距3：服务传递差异，是服务质量标准与服务传递之间的差距。该差距主要是由于服务生产与传递过程没有按照企业所设定的标准来进行所产生，主要原因有：即使制定了服务标准并与顾客期望契合，但质量标准过于复杂和僵硬，不易执行；服务工作人员的角色模糊或冲突，服务人员不胜任；缺乏合理的监督体系；员工绩效与硬件设施的控制无法标准化；服务运营管理水平低下；缺乏有效的内部营销；等等。因此，减少服务质量差距3的关键在于改变管理体系或加强雇员培训，使服务的生产与传递按照企业所设定的标准去执行，由此可以看出服务质量具有执行性的特征。

④ 差距4：市场沟通差距，是服务传递与外部沟通之间的差距。该差距是由服务提供者在市场宣传中所做出的承诺与自身实际提供的服务不一致而产生，主要原因一是市场沟通的计划执行不力，二是服务提供者在通过广告或其他宣传活动时出现浮夸倾向或过分许诺，提高了消费者心中对该服务所能提供的期望。当服务提供者提供的服务质量与其所宣称的结果不一致时，二者间的差距就会产生，这既与服务提供者宣称的真实度有关，也与顾客的认知水平有关。服务方所采用的媒体广告或其他宣传方式与顾客的沟通会影响顾客期望，企业只有做到服务承诺与实际提供的服务一致，与外部顾客进行有效沟通，提高市场营销传播计划管理，建立更好的计划程序和更严格的监督管理体系，耐心倾听顾客的陈述并用顾客易于理解的语言进行营销传播，是缩小差距4的关键，也由此可以看出服务质量具有沟通性的特性。

⑤ 差距5：感知服务质量差距，是顾客期望服务与其所感知的或实际体验的服务质量之间的差距。该差距可能是由于顾客对所能接受到的服务期望过高所导致，也可能是由于前4个差距存在而造成的。因此，差距5是前4个差距的函数。一般认为，顾客对于服务的期望高于感知，由此可以看出服务质量具有体验性的特征。

在此基础上，模型的设计向动态化方向发展，对感知服务质量的评价更加多样化。

7.1.2 SERVQUAL 评价模型

SERVQUAL 是基于 PZB 模型建立起来的顾客感知服务质量评价模型。PZB 模型从定性的角度分析了服务质量，提出了服务质量五维度（有形性、可靠性、响应性、保证性和移情性)的观点,并设计了包括 5 个方面、22 个问项的调查表(表 7-1),最终产生一个精练的评价模型即 SERVQUAL 评价模型[8]。

服务质量五维度分别为:

(1) 有形性(tangibles):包括实际设施、设备以及服务人员的外表等。

(2) 可靠性(reliability):指可靠地、准确地履行服务承诺的能力。

(3) 响应性(responsiveness):指服务者为顾客着想并迅速提高服务水平的愿望。

(4) 保证性(assurance):指员工所具有的专业知识、礼节礼仪以及表达出自信与可信,使顾客信赖的能力。

(5) 移情性(empathy):关心顾客并能够为顾客提高个性化的服务的能力。

表 7-1 SERVQUAL 量表

要素	组成项目
有形性	1. 有现代化服务设施
	2. 服务设施具有吸引力
	3. 员工有整洁的服装和外表
	4. 公司的设施与他们所提供的服务相匹配
可靠性	5. 公司对顾客所承诺的事前都能及时地完成
	6. 顾客遇到困难时,能表现出关心并提供帮助
	7. 公司是可靠的
	8. 能准时提供所承诺的服务
	9. 正确记录相关的服务
响应性	10. 不能指望他们告诉顾客提供服务的准确时间※
	11. 期望他们提供及时的服务是不现实的※
	12. 员工并不总是愿意帮助顾客※
	13. 员工因为太忙以至于无法立即提供服务,无法立即满足顾客的需求※
保证性	14. 员工是值得信赖的
	15. 在从事交易时顾客会感到放心
	16. 员工是礼貌的
	17. 员工可从公司得到适当的支持,以提供更好的服务
移情性	18. 公司不会针对不同的顾客提供个别的服务※
	19. 员工不会给予顾客个别的关怀※
	20. 不能期望员工会考虑顾客的利益※
	21. 公司没有优先考虑顾客的利益※
	22. 公司提供的服务时间不能符合所有顾客的需求※

注:1. 采用 7 分制给问卷计分,1 表示完全不同意,7 表示完全同意。中间分属代表不同程度。
2. ※表示对这些问题的评分是负的,在分析前需转为正值。

SERVQUAL 是从定量的角度,以差别理论即顾客对服务质量的期望与顾客从服务组织实际得到的服务之间的差别为基础,对服务质量进行评价。SERVQUAL 评价模型完全建立在顾客感知的基础上,具体内容由两部分构成:第一部分包含 22 个项目,衡量顾客对于被调查服务内容的期望;第二部分包括 22 个度量消费者对被评价服务的感受的项目。将这两部分的结果进行比较可得到五维度中各项目的"差距分值",并将其作为判断服务质量水平的依据。差距越小,服务质量的评价就越高。模型概念图如图 7-2 所示。在种类繁多的服务质量评价方法中,SERVQUAL 是非常重要和普遍适用的典型方法。

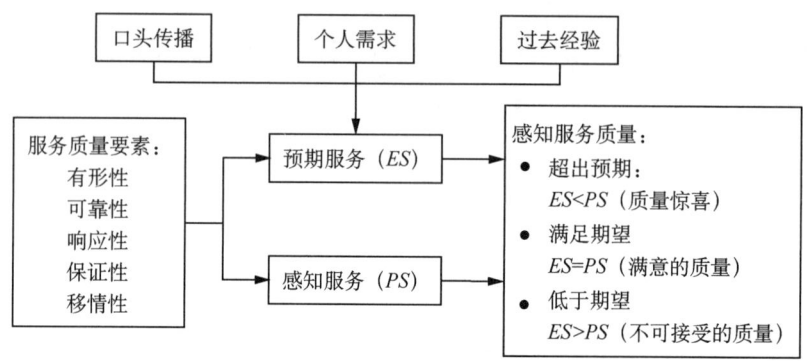

图 7-2 SERVQUAL 评价模型

SERVQUAL 评价模型的公式如下[9]:

$$SQ = \sum_{i=1}^{k} W_i (E_i - P_i) \tag{7-1}$$

式中,SQ 代表对于评价指标 i 的服务质量评价;k 表示评价指标总数;W_i 表示评价指标 i 的权重;P_i 表示顾客对评价指标 i 的实际感受;E_i 表示顾客对评价指标 i 的预期。

PZB 分别在 1991 年和 1994 年对 SERVQUAL 进行了改进和拓展,纳入了理想服务和适当服务的概念,由 7 级评级尺度增加为 9 级,但是量表的维度和测量指标基本没有变化。

7.1.3 SERVPERF 评价模型

1992 年克洛宁和泰勒在 SERVQUAL 的基础上提出了 SERVPERF 评价模型,这是一种基于绩效感知的服务质量度量方法。SERVPERF 模型在其测评的维度和测量指标上与 SERVQUAL 是一致的,然而,克洛宁和泰勒认为虽然对服务绩效有预期,但是并不构成他们的"服务质量感知",因此摒弃了 SERVQUAL 模型中的期望部分,根据顾客对服务质量实际的感知绩效进行服务质量评价,而不是 SERVQUAL 中采用的期望与实绩的差距比较法[10]。其理论依据在于顾客感知服务质量是一种态度,是期望的函数,而这一次的态度又是以前态度和满意度的函数,因此如果采用顾客期望与实绩之间的差距来衡量顾客感知满意度,则不可避免地重复计算了期望,因此采用单一的顾客感知作为变量更为合理。并且在研究中克洛宁和泰勒认为,由于价格或服务的可获得性等非质量因素可能会限制顾客购买质量最好的产品或服务,因此企业在服务质量管理中应更加关注如何提高顾客的整体满意度,而不仅仅是关注服务质量。

作为两种在服务质量评价中广泛使用的方法,很多学者对 SERVQUAL 和 SERVPERF 模型的优劣比较进行过很多的实证研究。普遍的结论是两种方法的量表对评价结果一致且均具有较高的变异解释能力以及信度和效度,但 SERVPERF 在变异解释能力(表示模型中全部观测指标可以被潜在变量解释的百分比,变异解释能力越高表示测量指标的测量误差越小)、信度和效度上优于 SERVQUAL[11, 12]。

值得注意的是,上述评价模型是基于顾客感知服务质量的评价,而不是基于顾客满意度。感知服务质量是与服务品质相关的总体评价,而满意度与具体的交易有关。在 PZB 进行的访谈中,尽管有些顾客对于某一次服务是满意的,但仍然认为服务企业的服务质量是低的[11]。还有部分美国学者的研究表明,当顾客可选择多个产品或服务时,如果无法选择其最喜爱的产品或服务而不得不选择别的替代品,那么即使替代品的感知价值超过了顾客本身的期望,顾客也很可能不会感到满意[13]。这种情况恰好也说明了服务质量与顾客满意度是不同的概念,评价模型难以互通。

顾客满意度长期以来是国内外质量领域和经济领域关注的热点。许多研究者从不同的角度认识和分析满意度。顾客满意度是一个抽象的心理概念,因此基于心理学的差距理论成为认识顾客满意度的主流方式。顾客在消费前会形成对产品或服务的预期标准,通过消费后的实际绩效与预期的比较产生差距,根据差距的大小与方向表示顾客是否满意及满意的程度。

7.1.4 期望失验理论

期望失验理论(expectancy-disconfirmation theory,EDT)源自社会心理学和组织行为学,由 Oliverzai 提出的期望差距发展起来,成为后续研究满意度的基础。

Oliverzai 最早将顾客期望引入满意度分析[14],认为顾客的满意度是消费者在一次消费行为中所产生的暂时性、情绪性反应,以顾客消费前的期望为标准,与消费后的绩效表现所达到的一致性程度,也即顾客满意度是顾客期望与期望差距的函数,是顾客是否会再度消费的参考[15]。"失验"则是对顾客消费前的期望与消费后的绩效表现进行比较的结果,即当实际绩效等于期望时,无失验产生;当实际绩效大于期望时,会产生正向的失验;当实际绩效小于期望时,会产生负向的失验[16]。进一步研究发现,顾客不满意是顾客产生抱怨的主要原因,同时发现负向的期望失验导致不满意、不满意导致抱怨的因果关系。

与期望失验理论相关的还有以下 4 种满意度研究理论[17]。

(1) 类化理论。

类化理论(assimilation)中主要的理论是认知失调理论(cognitive dissonance theory)[18]。认知失调理论由 Festinger 在 1957 年的《认知失调论》一书中提出。该理论着重探讨的是个体的态度和行为等的认知成分不一致的问题。在 Festinger 的原意中,"认知"是一个人意识到的一切,可以是一个人对自己的行为、心理状态及人格特征的认识,也可以是对外部客观事物的认识。"失调"是当个体的两种认知既相互有关而又不一致时出现的一种令人不愉快的心理状态。认知失调一般有两种方式,一种是逻辑上的不一致,而另一种是态度与行为之间的不一致,比如一个人有这样的两种认知:"抽烟能导致肺癌"和"我经常抽烟",那么这个个体就会体会到认知失调。

在顾客满意度研究中应用的是态度与行为之间的不一致。顾客对产品的期望与实际的产品绩效之间的差异，使顾客产生认知失调。在发生认知失调后，一般顾客会对产品绩效进行调整，通过改变态度来降低自身的感受差距，减轻或解除这种不协调的心理状态。

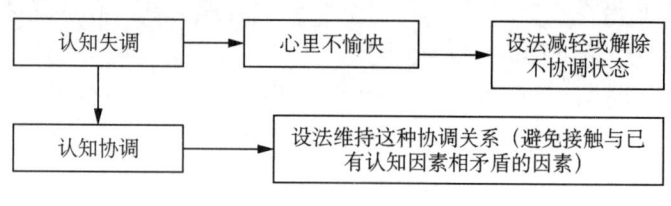

图 7-3　认知失调理论框架

(2) 对比理论。

对比理论（contrast theory）源于心理学理论，多位学者在该领域进行了研究。Cardozo 等[19]提出顾客的期望与服务绩效之间有差距和对比的关系，并引用 Harry[20]的观点——若顾客收到的产品低于其期望时，顾客会扩大实际绩效与其预期的差距，而带来更低的满意度评价。Oliver 等[21]的研究则发现，当顾客感受到的服务绩效低于期望时，顾客对产品的评价会比实际情形更低，同样的情况也发生于另一端，即当服务绩效高于期望时，顾客的评价会更高。

(3) 类化-对比理论。

结合类化理论与对比理论，Hovland 等[22]提出类化-对比理论（assimilation-contrast theory），认为当顾客对产品或服务的预期与实际绩效产生差距时，顾客的反应不会直接符合类化理论或对比理论，而是会在心里存有接受域与拒绝域。如果差距在接受域范围内，顾客会进行类化程序以缩减差距；反之，若差距在拒绝域范围内，顾客会进行对比程序以夸大差距。

(4) 一般否定理论。

一般否定理论（generalized negativity）由 Carl 和 Aronson 于 1963 年提出，与上述几种理论不同，该理论认为当顾客的期望与服务绩效存在差距时，无论差距大小如何、产生差距的原因是什么，顾客均对该产品或服务采取一致性的否定态度。

7.1.5　顾客满意度指数模型

差距理论是顾客满意度指数（customer satisfaction index, CSI）构建的基本理论基础。CSI 着重从质量方面反映社会经济运行状况，是度量和评价消费质量和国民经济运行质量的一个有效指标。瑞典、美国等国家率先建立起适应本国的 CSI 模型，随后，意大利、新西兰和加拿大等也采用了 CSI 这一新型宏观经济指标，在几个重要的行业形成了各自的顾客满意度指数模型。中国吸收了瑞典、美国和欧共体等用户满意指数测评模型的优点，结合中国消费者行为的实际特点也构建了中国顾客满意度指数模型（China customer satisfaction index，CCSI）。

1. 瑞典顾客满意度晴雨表（SCSB）

1989 年，瑞典率先构建了顾客满意度晴雨表（sweden customer satisfaction barometer,

SCSB),模型中所指的顾客满意度是一种累积的满意度,指的是顾客对某一产品或服务迄今为止的全部消费经历的整体评价,而不仅是对某一次具体交易的满意度。SCSB 模型如图 7-4 所示。

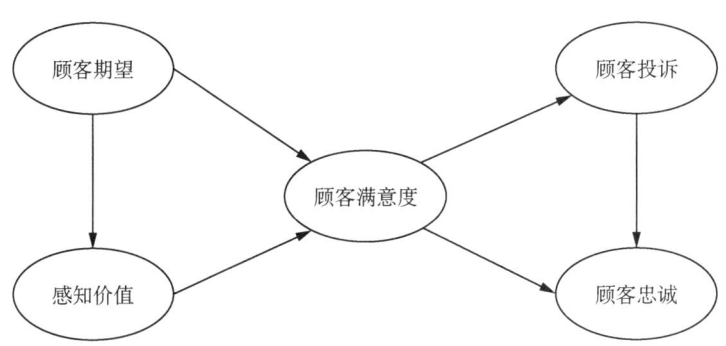

图 7-4　SCSB 模型

该模型有顾客期望和感知价值两个基本的前导变量:顾客期望是指顾客预期将会得到何种质量的产品或服务,这是一种"将会的预期(will expectation)",而不是"应当的预期(should expectation)",即该产品或服务应该达到何种质量水平的预期,顾客会通过以往的消费经验、广告宣传和口碑等对预期进行合理的调整;感知价值,即商品或服务的质量与其价格相比,在顾客心中的感知定位,一般感知价值越高,顾客满意度也随之提高[23]。感知价值由相对于价格的质量评判和相对于质量的价格评判两个变量来测度。

在 SCSB 模型中,将顾客抱怨作为满意度的结果,将顾客忠诚度作为模型的最终变量。顾客抱怨是指当顾客对某一产品或服务不满意的情感态度。当顾客产生抱怨时,一般会通过停止消费产品或服务,或者直接向服务提供方表示自己的不满。顾客忠诚度是指顾客重复购买某一特定产品和服务的心理趋势,不论其价格的变动及促销强度等因素的变化,可以作为顾客保留和企业利润的指示器[24]。

减少顾客抱怨的途径是提高服务满意度,而服务满意度的提高,更容易获得忠诚的客户。在这三种关系中,服务企业的抱怨处理系统起着重要作用。从顾客抱怨到顾客忠诚的方向和大小可表明产品或服务组织的顾客抱怨处理系统的工作成果,如果测评得出顾客抱怨到顾客忠诚之间的关系为正,则意味着组织通过良好的抱怨处理系统将不满意的顾客转化为忠诚顾客,反之则意味着这些对组织不满的顾客极有可能流失掉。

SCSB 模型推出后,在实践中也受到了质疑:价值感知对满意度的影响是必然的,但价值因素和质量因素相比,哪方面更重要呢? 由于顾客对不同产品和服务的质量感知是有差别的,如果在模型中加入质量感知变量,那么如何来衡量呢? 等等。

2. 美国顾客满意度指数(ACSI)

在 SCSB 模型的基础上,Fornell 总结出了顾客满意度指数(customer satisfaction index,CSI),并提出了美国顾客满意度指数(American customer satisfaction index,ACSI)模型[25]。ACSI 模型增加了感知质量这个变量,认为顾客的满意程度是由顾客对服务质量的期望、对质量的感知以及价值感知共同决定的,感知质量侧重于单纯的质量评判,而感知价值偏重于价格因素方面的评判,通过比较它们对顾客满意的影响,可以比较明确地分辨出顾客满意的源头出自何处，是质量致胜还是成本领先，从而使管理者可以采取相应的管理措施。

ACSI 模型以顾客行为理论为基础选取了 6 个结构变量（隐变量），即"顾客期望""感知质量""感知价值""顾客满意度""顾客抱怨"和"顾客忠诚度"。

其中顾客满意度是最终的目标变量，"预期质量""质量感知"和"价值感知"是顾客满意度的原因变量；"顾客抱怨"和"顾客忠诚度"是顾客满意度的结果变量。ACSI 模型的整体结构便是基于这个因果关系建立起来的。关系链始于影响顾客满意度的前因，终于顾客的抱怨和忠诚度。这样的因果关系使得 ACSI 模型具有预测性，该模型不仅可获得对服务企业所提供的产品或服务的评价，还可以对未来前景做出预测。

但是结构变量无法通过直接测量得到，因此每个结构变量又包含一个或多个可以由顾客直接测评的观测变量。每个结构变量（隐变量）可由若干个观测变量来测量，通过测量模型来计算隐变量的分值。如隐变量"预期质量"可由观测"总体的期望值""对可靠性的期望"和"对定制化的期望"这三个显变量计算得到。如图 7-5 所示，ACSI 模型结构包含结构变量之间的相互关系以及每个结构变量对应的观测变量。

ACSI 模型提出后，其测评方法也在不断演进，现在一般采用 10 分制对多重指标打分，并利用偏最小二乘法 PLS(partial least square)来分析结构方程模型。PLS 是一种多因变量对多自变量的回归建模方法，能够比较有效地解决模型中变量间的多重相关性问题。PLS 的基础是方差结构分析，采用回归的方法对模型的内部关系和外部关系进行优化，使内部关系（隐变量之间的关系）和外部关系（隐变量与其观测变量之间的关系）的残差达到最小。

ACSI 模型科学地利用了顾客的消费认知过程，能客观反映出消费者对服务质量的评价，也能对满意度变化所带来的影响进行判断。并且，模型在不同服务领域行业中都有其适用性，可应用于国家整体满意度、部门满意度、行业满意度和企业满意度 4 个层次。

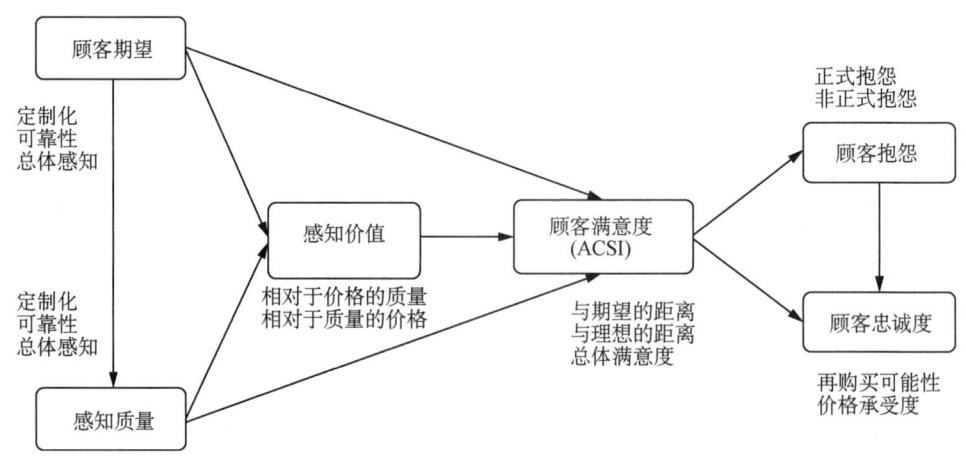

图 7-5　ACSI 模型[26]

3. 欧洲顾客满意度指数（ECSI）

在 ACSI 的基础上，欧洲顾客满意度指数（European customer satisfaction index, ECSI）做出了一些改进（图 7-6）。考虑到欧洲各国投诉机制完善的特点，ECSI 去掉了 ACSI

模型中顾客抱怨这个潜变量,将顾客抱怨变量归纳到服务感知质量中,同时,增加了另一个对顾客期望、顾客满意度和顾客忠诚度产生影响的潜变量——企业形象(它是指顾客记忆中和组织有关的联系,这些联想会影响人们的期望值以及满意度的判别),使模型能够更符合当地特征。在模型的度量上,将感知质量这个变量也细分为产品质量评价和服务质量评价两部分,并且顾客忠诚度的度量拓展为顾客推荐企业或产品的可能性、顾客保持的可能性、顾客重复购买时是否会增加购买量这三个指标。

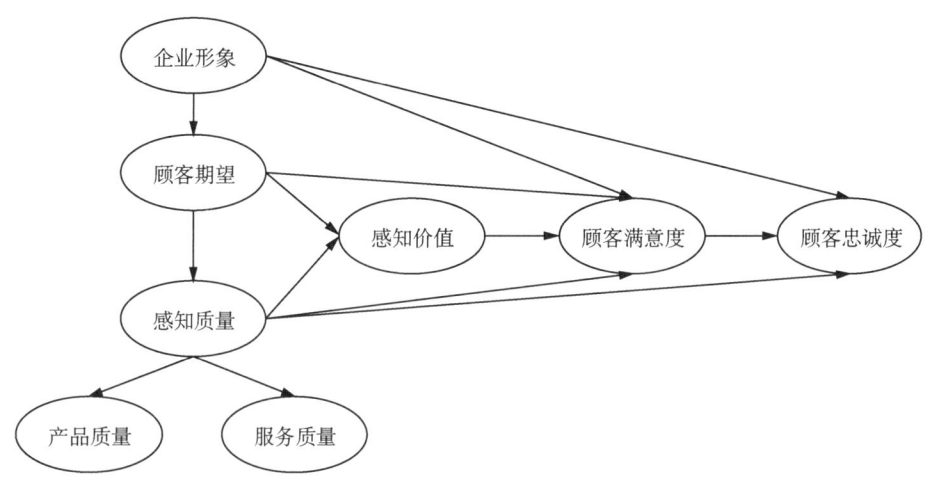

图 7-6　ECSI 模型

4. 中国顾客满意度指数(CCSI)

1999 年,中国质量协会和清华大学企业研究中心开始探索中国的顾客满意度指数模型,吸收了瑞典、美国和欧共体等顾客满意指数测评模型的优点,结合中国消费者行为的实际特点构建起了 CCSI。从 2003 年起开始对中国的多个行业进行顾客满意度的测评工作,并且每年发布各行业主要品牌的用户满意度指数测评结果。

CCSI 模型结合了消费者心理学理论、行为理论和质量评价理论,借鉴瑞典、美国和欧共体等顾客满意指数测评模型,选取顾客满意度、品牌形象、预期质量、感知质量、感知价值和顾客忠诚度作为 6 个结构变量。模型仍以因果关系为基本结构,品牌形象、预期质量、感知质量和感知价值是顾客满意度的原因变量,顾客忠诚度则是顾客满意度的结果变量,顾客满意度是最终要得到的目标变量。

模型中品牌形象通过品牌特征显著度和总体形象两个观测变量测评;预期质量通过顾客化预期质量、可靠性预期质量、服务预期质量和总体预期质量 4 个观测变量测评;感知质量由顾客感知质量、可靠性感知质量、服务感知质量和总体感知质量 4 个观测变量测评,与预期质量的观测变量相对应;感知价值通过给定价格下的质量和给定质量下的价格两个观测变量来测评;顾客满意度通过 4 个观测变量来测评,它们是顾客的实际感受同预期质量的比较、顾客购买的产品品牌同同类其他产品品牌的比较、顾客的实际感受同顾客心目中理想产品的比较,以及顾客对该品牌产品的总体满意度;顾客忠诚度通过两个观测变量测评,一个是重复购买的可能性,一个是保留价格,即对价格变化的承受能力[27]。

CCSI 模型结构如图 7-7 所示。

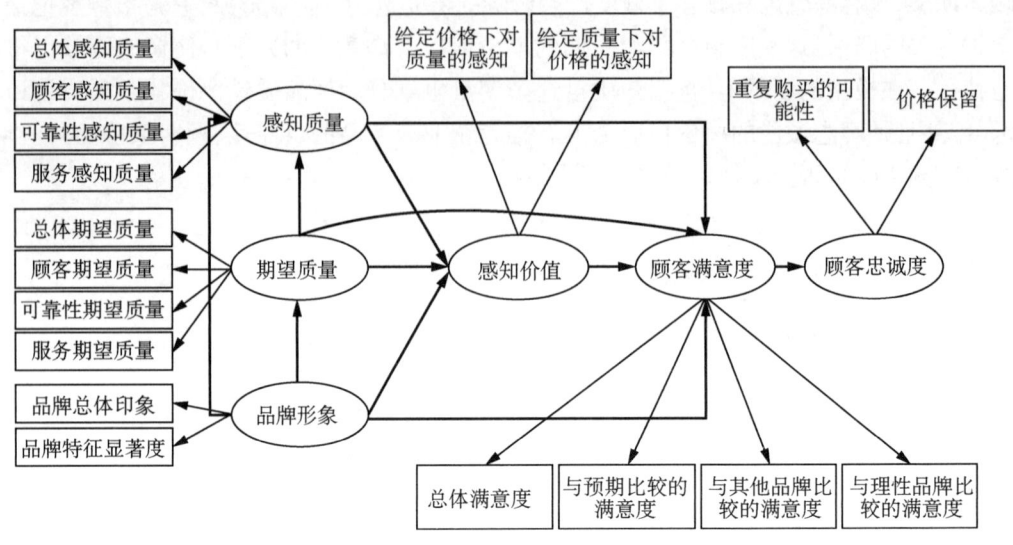

图 7-7　CCSI 模型

顾客满意度指数模型为结构方程模型形态,考虑了满意度与其他变量之间的关系,所形成的标准体系也可方便不同研究对象间的比较,但是模型结构非常复杂,模型系数估计需要大量的实验数据,标定过程不易实现,且其对服务质量中的具体影响因素并无详尽的解释。此外,顾客满意度指数模型是以商业服务领域顾客行为为基础建立的,对于不同经济环境、不同行业的研究对象来说,该模型的适用性和稳健性并没有得到很好的证明[27],因此,在交通行业进行应用时需要做进一步的研究。

7.1.6　KANO 模型

KANO 模型是由东京理工大学狩野纪昭(Noriaki Kano)教授建立的,用于对用户需求进行分类和分级排序。KANO 模型以分析用户需求对用户满意度的影响为基础,体现了产品性能和用户满意间的非线性关系。KANO 模型将需求划分为必备型需求、期望型需求和魅力型需求三种最普遍的需求类别,以及无差异需求、反向型需求两种可能的需求类别[28],如图 7-8 所示。

必备型需求指产品或服务应该具有的特性,对这类需求顾客不会过多地表述,因为他们认为这是必须有的产品特性或服务功能。在产品生命周期建设阶段,必备型需求是主流需求,它关系着产品的正常使用,因此也是项目团队实现的重点。这类需求不满足时容易导致顾客的强烈不满

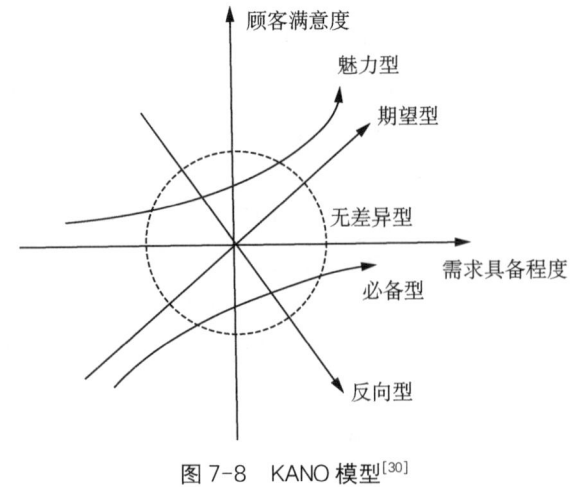

图 7-8　KANO 模型[30]

意,而满足后的满意度却不会有较大幅度的提升。

期望型需求指顾客对产品或服务有具体的期望要求,但并不是"必须"产品属性或服务行为。这种类型需求的实现率与顾客满意度一般同步增长。如果产品或服务未能满足客户期望,顾客会产生失望,而产品或服务达到顾客期望越多,顾客越感到满意。

魅力型需求代表企业提供了超出顾客预期的产品特性或服务,即使没有提供这类需求中的服务,顾客也不会产生失望或抱怨,但它的实现会使顾客感觉兴奋和惊喜,产生非常满意的感知,从而提高顾客的忠诚度。这类需求可以是一个产品的核心竞争力,它能够快速拉开和竞争对手的距离,让产品独具一格。这类质量特性即使重要度不高也会激起顾客的购买欲望。

在产品生命周期成长阶段,企业应全力以赴满足顾客基本需求,在此基础上开始进行用户体验建设,尽力为顾客提供期望的产品属性或服务行为,通过提供顾客喜爱的额外服务或产品性能,提升顾客满意度,使企业更具竞争力。

无差异型需求是用户觉得可有可无的功能,实不实现都无所谓。此类需求的实现并不能给产品带来好处,应该尽量避免。

反向型需求是用户觉得碍事的功能,不加还好,加上反而画蛇添足,此类需求也应该尽量杜绝。

随着社会经济的发展,特别是技术的进步,各种需求的定性并非一成不变,随着体验的深入,"魅力型需求"有可能演变成"期望型需求","期望型需求"可能演变成"必备型需求"。譬如手机的视频聊天功能,在 3G 时代是"期望型需求",到 4G 时代则演变成了"基本型需求"。

KANO 模型的一个重点是识别出每一个特定的质量要素所归属的需求类型。对于这个问题,狩野纪昭教授提出一种结构型客户问卷法。在进行相应的问卷调查中,需要将用户的功能需求收集起来,罗列出清单,对每个需求设计两道问题,两道问题为正反提问。例如,对于"公交站点有下一班车辆到站时间提示功能"的需求,设计的问题为:

[问题 1] 若公交站点有下一班车辆到站时间提示功能,你的感受是( )。
A. 非常喜欢　　B. 理应如此　　C. 无所谓　　D. 勉强接受　　E. 很不喜欢

[问题 2] 若公交站点没有下一班车辆到站时间提示功能,你的感受是( )。
A. 非常喜欢　　B. 理应如此　　C. 无所谓　　D. 勉强接受　　E. 很不喜欢

通过问卷调查,可以确定每个用户的需求类型,根据需求类型的百分比则知该需求功能的需求类型排序。如果为了更加直观地看到分级结果以及对同类需求的优先级进行排序,可以对数据进行进一步计算,确定 Better-Worse 系数,结合四象限绘制散点图。

KANO 模型作为一个典型的定性评价模型,能帮助企业了解顾客需求,找到改进产品功能的切入点。然而,其并不能做到量化的满意度测量,仅适用于评价前的辅助研究工作。

7.1.7　重要度-满意度模型

重要度-满意度模型又称四分图模型,是一种偏定性研究的评价模型,它通过二维矩阵将被评价的每项指标的顾客满意度和指标重要性(权重)放在同一层面分析,并归类进划分好的四个区域内,根据指标所处于的区域,可以为企业制定相应的对策,模型结构如图7-9所示[33]。

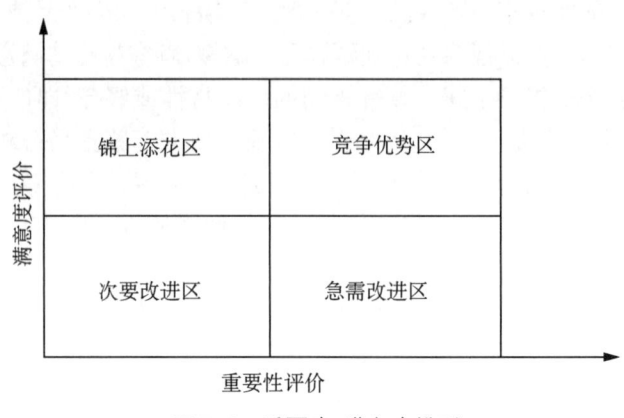

图7-9 重要度-满意度模型

竞争优势区是顾客认为重要且表示满意的指标,代表了企业优势竞争力的体现,应继续保持并发扬;急需改进区意味着这些因素对顾客来说是重要的,但是顾客对这些指标不满意,是企业急需加强改进的方面;锦上添花区指顾客的满意度大于重要度,可以适当减少对这些指标的关注,保持现有水平即可;次要改进区表示顾客评价不高但顾客感知也不重要的指标,可以考虑在急需改进区指标完成后的次要改进。

重要度-满意度模型直观明了,计算分析也较为简便。在我国大多数企业中广泛使用。但是它仅单纯研究满意度,并没有考虑到顾客感知和顾客期望对满意度的影响,对于各指标重要度的确定方法也有待进一步优化。模型中各种指标由调查人员和企业制定后由顾客进行评价得出评分,这种做法使得评价表中可能会忽视顾客关注和重视的因素而仅包含企业所重视和关注的指标,不利于企业发现和解决问题。另外,该模型评价使用的是具体的评价指标,随研究对象不同,评价指标间也存在差异,导致不同评价对象间可比性较差。

7.1.8 层次分析法

层次分析法(the analytic hierarchy process,AHP)是一种多目标决策方法,该方法主要是将复杂系统的思维过程数量化,将主观判断为主的定性分析定量化。层次分析法简单灵活、可操作性强,有很广泛的应用,尤其是在管理决策领域及其他一些无法确定函数关系的问题中应用广泛。虽然它并不是一种专门用于顾客满意度评价的理论模型,但可以作为一套测评体系应用于顾客满意度测评。

层次分析法的第一步工作是确定评价指标体系,利用对影响顾客满意度的不同因素进行聚类分析,提取关键指标,再一层层递进将关键指标分解为隶属的指标层,直至将关键指标分解为顾客可以直接测评的指标。下一步就是指标权重的确定。通过建立指标间两两比较的关系矩阵,一般由专家进行打分,然后从下至上,计算一层指标相对于上一层指标的权重,最后按照指标间的层级隶属关系,计算总目标的评价结果。在顾客满意度的测评中,确定测评指标及权重后,再结合顾客评分结果,计算得出顾客满意度水平。

图 7-10 是较常用的评价顾客满意度的指标体系。基于这个指标体系，企业在应用中可结合实际对指标层次和个数进行增减。

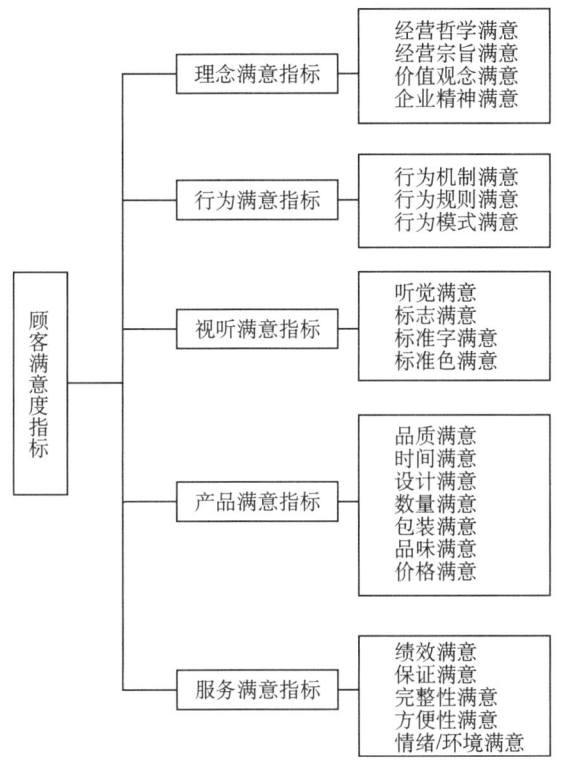

图 7-10　顾客满意度指标体系[33]

虽然层析分析法操作灵活，适用性广，但是在顾客满意度的评价中，与满意度-重要度模型存在类似的缺陷，即单纯研究满意度，并没有考虑到顾客感知和顾客期望对满意度的影响，仅仅比较适用于微观的具体企业的顾客满意度评价，宏观层面不同地域、不同行业对象间的可比性较差。

通过对上述服务质量和满意度评价模型的总结梳理，可以发现各评价方法基本都是基于以顾客期望作为比较基准的差距理论，再通过一定的量化方法进行评价。然而，期望的定义在二者间存在差异，在服务质量中顾客期望是顾客认为服务业者应该(should)提供的服务而不是将会(would)提供的服务；顾客满意度中的期望则是顾客以过去的平均绩效为基准，对服务业主将会(would)提供的服务的预测，这一点从 SCSB 模型中有所体现。还有一个不同在于感知服务质量是比较顾客消费前期望的服务与消费后感知到的服务之间的差距，而满意度是比较顾客消费前的期望与实际得到的服务之间的差距。

7.2　公共交通感知服务质量评价

美国交通运输研究委员会(Transportation Research Board，TRB)出版的第二版《公共交通通行能力与服务质量手册》(*Transit Capacity and Quality of Service Manual*，2nd edition)中给出了公共交通服务质量的定义"从乘客的角度出发,通过客观量测或者主观感知所得出的对公共交通服务的整体评价",一方面突出了乘客对公交服务质量评价的核心作用,另一方面也指出了对公共交通服务质量的测度、评价可以从客观和主观两个层面上加以实施。换句话说,公共交通的服务质量主要表现为乘客在利用公交出行中所表现或得到的物质质量和精神质量。所谓"物质质量"是指公交运行过程中所达到的运营水平;而"精神质量"则是指乘客在乘坐公交出行过程中对公共交通的从心理或者精神上感受到的服务质量水平。进一步说,公共交通的服务质量可以从主观质量和客观质量两方面进行明确的区分:公交主观服务质量又可以分为预期服务质量和感知服务质量,是乘客对于公交服务的主观感受,是服务的客观特征在乘客心中的映射,受乘客本身的好恶和观点的影响,不同于公交系统的覆盖率、安全行驶里程、平均运行速度等客观(产出)指标。事实上,由于容易观察和量测,公交服务的客观指标在诸多公交服务质量的评价指标体系中表现得尤其明显。

公共交通服务质量主要包括舒适、便捷、时效、可靠、自由、经济和安全等方面的建设或感知水平,可以通过考虑客观和主观度量来进行评估[31]。公交服务质量(transit service quality)基本上还是遵循绝对赋值的评价原则,即给各种不同的服务指标进行计数或是打分,然后通过统计方法分析各个指标的优劣,以此来判断公共服务方面存在的问题,如技术参数指标评价、满意度评价、忠诚度评价以及综合评价等[32-36],其优点是能在一定程度上反映出公交服务的运营水平。然而,从出行行为角度而言,由于涉及人的因素,就变得相对复杂,因为出行者面临不同的活动和交通条件会产生不同的交通需求,并产生不同的出行心理,从而导致出行行为和出行选择的差异,反映在服务指标方面,主要体现了出行者在出行过程中对公交服务状态的感知情况,是乘客的服务期望与实际服务质量之间的差异,对其进行深入的测度,可以从出行者的体验真实地反映出不同公交服务项目所存在的问题,从而提出具体富有针对性的改善策略。

7.3 公共交通乘客满意度评价

满意度是一种情感反应,公交满意度主要取决于乘客对服务质量的多属性感知情况[37],是乘客对行程感知与期望比较后喜不喜欢的态度[38]。显然,满意度评价与具体的研究对象和评价主体有直接的关系。由于公共交通基本上是一种出行服务,因此获得较高的乘客满意度是政府和监管机构不可或缺的任务。

以往的许多研究都将注意力集中在影响乘客满意度的因素上,例如 Hensher 等[39]建立了多项 Logit(MNL)模型来量化影响乘客满意度的因素。Khandker 等[40]通过结合潜变量模型和 MNL 模型确定了影响人们选择公共交通而非其他出行方式的关键因素。Tyrinopoulos 等[41]使用因子分析和有序 Logit 模型来分析基于公共交通服务感知的顾客满意度的可变性。Castillo 等[42]提出了一种综合方法,用于量化总体满意度评价与特定服务方面评价之间的关系。Oña 等[43]运用结构方程模型(SEM)揭示了潜在影响指标与公共交通服务水平之间的关系。Mouwen[44]强调了乘客满意度、城市环境和公共交通服务之间的相互作用,总结了对乘客满意度产生更大影响的驱动因素,并证明乘客个人特征的差异也会对满意度评价产生影响。

在评价方法上，Wu 等[45]分析了公共交通服务的特殊性和乘客满意度评价的主观心理特征，并构建了一个组合模型，该模型将层次分析法和模糊评价法结合起来进行满意度评价。延伸到城市轨道交通领域，Fan 等[46]将城市轨道交通服务质量与乘客满意度的交集归纳为乘客可感知的服务质量，并提出了一种基于 BP 神经网络的评价模型。Celik 等[47]提出了集成统计分析、二型模糊逻辑模型和 VIKOR 算法等新型评价框架，用以评估伊斯坦布尔的城市轨道交通网络的乘客满意度。随后，Aydin 等[48]将乘客进行分类，结合梯形模糊集合和 Choquet 积分，以模糊分析的方法来评价城市轨道交通乘客满意度；Shen 等[49]通过满意度指数来量化乘客满意度，并构建了用于城市轨道交通乘客满意度评价的 PLS-SEM 模型。然而，相关研究表明，对于顾客满意度评估这样一个高度不确定的问题，因果关系的直接线性化并不一定能反映变量之间的客观规律[50]。

在顾客满意度评价中，最大的挑战是建立一套合理、科学的指标体系。一般来说，建立满意度评价指标集有三种方法：①美国顾客满意度指数模型[51]；②通过文献[52-54]梳理；③根据研究对象的特点进行主观判断[55-57]。这三种方法均是研究者基于对文献的理解或是经验来进行指标选取，由于在很大程度上夹杂了评价者自身的主观性，因此在不同研究中有着较大的差距，也缺少从乘客角度的考量，较难适应日益发展变化的城市交通发展现状。与此同时，满意度评价模型中的 CSI 模型是基于商业服务背景来开发的，而城市公共交通并非以盈利为目标，具有一定的公共性和独特性，CSI 模型在城市公共交通领域的适用性仍然存疑，在具体应用时需要根据实际情况进行适当的调整与优化。总之，对于城市公共交通的乘客满意度评价，评价方法必须简洁明了并具有可扩展性，应首先考虑乘客的特点，明确界定评价的内容，然后在指标权重赋权过程中尽可能避免主观影响，同时应考虑社会经济发展导致一些指标含义的变化和新指标的出现对满意度评价带来的影响。

7.4 实证分析

7.4.1 基于差距模型的公共交通服务感知质量评价

1. 出行者心理需求分析

需求产生心理，心理支配行为。在马斯洛需求层次理论的基础上衍生出的出行者心理大致可以分为安全心理、愉悦心理、被尊重心理和时效心理。四大心理共同作用，影响出行行为，如安全心理没有得到满足，出行者处于惶恐与不安之中，不会有愉悦之感；而出行过程遭受不尊重的对待也会影响愉悦的心情等。因此，分析不同心理的作用机理是构建面向需求的公交服务之基础。面向需求的公交服务应当以"乘客为中心"作为指导原则，针对出行者的心理需求制定公交服务的目标，创新现有公交服务，向出行者提供更高质量的服务，从而在与其他出行方式的竞争中获胜，也是对交通运输部《城市公共交通"十三五"发展纲要》中加强公交供给侧结构性改革、提升服务的针对性和精准性要求的积极响应。

公交服务指标根据不同类别有很多，这里结合出行者心理需求，在既有客源服务质量要素分析的基础上[58]，筛选出四大公交服务目标：舒适性、便捷性、可靠性和安全性，与出行者的心理需求对应起来(图 7-11)。四大公交服务指标可以进一步细化为适应出行者心理需求的公交服务质量指标,涵盖了公交服务系统中的公交服务设施、公交信息、公交运营、公交服务人员以及公交附属服务等(表7-2)。

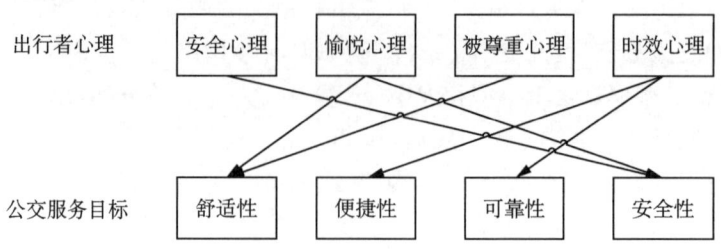

图7-11　出行者心理特征与公交服务目标对应情况

2. 公交服务质量差距模型

公交作为一种服务,同样面临了出行者期望服务与实际感知服务的差异,具体到各种不同环节,与PZB服务质量差距模型并无二致,因此,参照PZB模型,结合出行者心理需求分析,建立公交服务质量差距模型(图7-12),一致认为影响顾客期望的服务质量的因素包括口头传播、个人需求、过去的经验和与提供者的外部联系,并定义了5个差距:①乘客的服务质量期望与公交企业所感知的乘客期望之间的差距;②公交企业所感知的乘客期望与其本身所定的服务目标之间的差距;③公交企业所定服务目标与公交服务环境之间的差距;④乘客期望与公交实际服务环境与之间的差距;⑤乘客期望与其所感知的服务质量之间的差距。

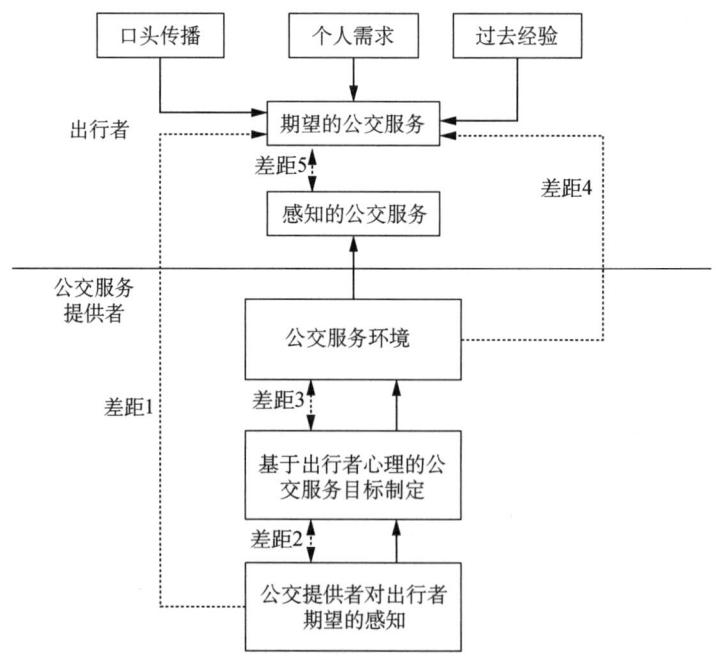

图7-12　公交服务质量差距模型结构

以所确定公交服务四大目标为前提,参照SERVQUAL量表,提出公交出行者感知服务质量的量表(表7-2)。

表 7-2 公交服务 SERVQUAL 问项表

目标	序号	公交服务质量问项
舒适性	1	乘车时不拥挤,有座位
	2	候车排队有秩序,无混乱、拥挤的现象
	3	车辆内部干净、整洁,座位、扶手等设施完善
	4	车辆到站信息及时、准确
	5	候车车站干净、整洁,站台、座位、遮雨棚等设施完善
	6	公交线路信息提供完善,无错误信息
	7	公交司机、售票员服务有礼貌,乘客反馈意见有效处理
	8	公交车司机驾驶车辆平稳
便捷性	9	公交服务运营时间长,有夜班车
	10	候车时间不长
	11	到站或离站步行距离不长
	12	乘坐公交换乘次数少
	13	公交站点设置公共自行车、出租车扬招点等接驳交通
	14	换乘信息提供完善
	15	等待换乘车辆时间不长
	16	换乘距离不长
可靠性	17	首末班车时刻信息可靠,乘客可以放心等待
	18	公交车辆准点到达
	19	公交车辆保养良好,行驶中途不会发生故障
	20	驾驶员按照规定线路行驶,不会过站不停
安全性	21	乘车时不会发生偷抢事件
	22	乘车时不会和其他乘客发生冲突、口角,甚至打架
	23	公交司机驾驶车辆速度合适,不飙车
	24	乘车时不发生交通事故

3. 出行者需求模型选择

对于个性化的出行需求分析,一般选择基于效用理论的离散选择模型,本书主要基于服务质量差距模型探讨服务提供者所提供的各种服务距离出行者的期望有多大,并在此基础上考察哪些因素影响出行者选择公交服务,而具体选择何种出行方式本书不作考虑,因此,选择二项 Logistic 回归模型,以"公交出行频率 y"为因变量,"0"代表不选择公交出行,"1"代表选择公交出行,同时,为克服 IIA 特性所带来的偏差,在计算效用函数时将出行者社会经济属性代入模型,因此,自变量为"性别 x_1""年龄 x_2""个人收入 x_3""出行时间 x_4"以及"舒适性 x_5""便捷性 x_6""可靠性 x_7""安全性 x_8"。

设有自变量 $X_1, X_2, \cdots, X_n$,则二项 Logistic 回归函数表达为

$$P(Y=1\mid X_1=x_1,\cdots,X_n=x_n)=\frac{\exp(\alpha+\beta_1x_1+\cdots+\beta_nx_n)}{1+\exp(\alpha+\beta_1x_1+\cdots+\beta_nx_n)} \quad (7-2)$$

4. 问卷设计与数据收集

运用PZB服务质量差距模型概念，以公交服务目标为基础设计公交服务质量调查问卷。问卷采用封闭式结构，由三部分组成：第一部分是出行者公交服务质量期望调查，共24个题目，选择分数1～5分代表非常低～非常高；第二部分是公交服务质量实际情况调查，题目和第一部分题目相同，只是选择分数代表了对于现实感知服务质量的满意程度，1～5分代表非常不满意～非常满意，且每一道题项之前有个"（　）"，被调查者对于每道题目所提到的服务质量重要度进行打分，1～5分代表非常不重要～非常重要；第三部分是出行者个人基本信息调查，包括了社会属性信息和出行特征信息。

调查时间为2015年11月4日—11月7日，调查地点分布在上海市轨道交通11号线支线（上海汽车城—江苏路）、上海市五角场商业圈和人民广场商业圈。本次调查意在调查影响通勤出行者选择公交服务的因素，因此，被访问者的出行目的限定为通勤出行，出行方式不限。问卷现场发放，填完立即回收，共发放350份问卷，回收350份，回收率100%；有效问卷301份，有效回收率为86.0%，其中男性占比52.16%，18～40岁占比89.04%，月收入2 000～10 000元占比74.75%，运用SPSS 18.0软件对问卷进行信度分析，Cronbach α 为0.930，说明量表内在信度很好，调查结果可接受。

5. 数据分析

分别计算公交服务目标和公交服务项目的权重，再利用式(7-1)即可获得公交服务质量指数，显然，质量指数越大，表明该项服务质量与乘客的期望相去越远，因此越需要改进，计算结果如表7-3所示。

表7-3 公交服务质量平均分数计算结果

服务目标	服务质量分数	题目编号	服务质量分数	服务目标	服务质量分数	题目编号	服务质量分数
舒适性	0.47	1	0.27	便捷性	0.46	9	0.21
		2	0.26			10	0.23
		3	0.16			11	0.20
		4	0.19			12	0.20
		5	0.18			13	0.21
		6	0.16			14	0.21
		7	0.20			15	0.22
		8	0.21			16	0.21
可靠性	0.19	17	0.35	安全性	0.18	21	0.39
		18	0.42			22	0.31
		19	0.31			23	0.32
		20	0.31			24	0.26

从公交服务项目的角度分析,第 18 项和第 21 项服务分数较高,表示服务差距较大,出行者对于这两项服务不满意。第 18 项为"公交车辆准点到达",第 21 项为"乘车时不会发生偷抢事件",反映出出行者对于公交服务的准点性和车内财产安全比较不满,公交服务应当针对这两方面重点改善。

从公交服务目标的角度分析,公交服务的舒适性和便捷性的分数较高,说明出行者对于这两方面较为不满。公交服务的提供者需要重点改善这两项目标。

运用 SPSS 18.0 软件对于数据进行二项 Logistic 回归,软件选用的模型表达式为式(7-2),方法选用"向前:条件",计算在步骤 3 得到最佳效果,经过自变量筛选,"年龄""出行时间"和"便捷性"最终进入模型,而其他自变量被剔除(表 7-4)。最优模型的似然比卡方为 211.58,对应的 P 值为 0.025,小于 0.05 的显著性水平,拒绝所有回归系数都等于 0 的原假设,因此认为模型整体是显著的。Cox-Snell R^2 统计值为 0.505,Nagelkerke R^2 统计值为 0.677,二者均大于 0.500,该模型的拟合优度较高,参数估计被接受。

表 7-4 Logistic 回归模型中的变量

参数		B	S.E.	Wald	df	Sig.	Exp(B)
步骤 3[a]	年龄	-0.471	0.166	8.020	1	0.005	0.624
	出行时间	0.439	0.152	8.305	1	0.004	1.551
	便捷性	-0.415	0.187	4.911	1	0.027	0.661
	常量	2.101	0.662	10.060	1	0.002	8.172

注:[a] 在步骤 3 中输入的变量是便捷性。

基于以上统计表格可以得出最终选择公交服务出行的概率方程为

$$P(Y=1)=\frac{\exp(2.101-0.471x_2+0.439x_4-0.415x_6)}{1+\exp(2.101-0.471x_2+0.439x_4-0.415x_6)} \quad (7\text{-}3)$$

式(7-3)表示通勤出行者选择公交出行的概率,自变量的变化会影响概率数值的变化,从而说明这些因素决定着通勤出行者是否选择公交出行,其中属于公交服务目标的变量即通勤出行者真实的公交需求。从本次调查可以看出,通勤出行者对于公交服务目标中的便捷性需求较大,进一步分析服务项目质量指标,发现换乘时间和候车时间的服务质量差距是偏大的,再加上出行时间变量进入概率模型中,意味着对通勤出行者选择公交出行影响最大的因素还是时间,如何针对缩小通勤出行者的公交出行时间就成为首要的公交服务改善目标。值得关注的是,尽管舒适性的服务质量指数偏大,但是并没有进入公交服务影响模型,按照马斯洛需求层次理论,也许在基本的需求都没有很好地得到满足的时候,舒适性这一高层次的需求对于通勤者的出行选择来说影响并不是很大,这进一步意味着减少出行时间、提高公交服务的便捷性是上海"十三五"公交供给侧结构性改革的重中之重。

6. 结论

采用服务质量差距模型对公交的服务质量进行评价,由于差距模型给出的是实际服务与乘客期望的差异,因此更具有现实意义。在服务目标层面可以发现公交所提供的服务与乘客的需求期望相差较大的质量服务目标,从而为公交改善策略提供明确的方向,如舒适性和便捷性是"十三五"时期上海公交服务改善的基本方向,而便捷性更是公交供给侧结构性改革的重中之重;在服务项目层面,则能揭示公交服务存在的具体问题,为近期改善提供明确的切入点,如提高"公交车辆准点到达"和保证"乘车时不会发生偷抢事件"等。

本书只对公交服务质量差距模型中的差距 5 进行了研究,然而,公共交通服务质量体系是一个系统工程,真正的公交服务措施的制定与创新,也需要对其他方面差距研究的支持。

7.4.2　基于结构方程模型的地铁站点满意度评价

轨道交通在城市交通系统中起着至关重要的作用,具有巨大的社会效益和经济效益。提高服务质量,满足乘客需求以维持客流是轨道交通可持续发展的关键。目前,地铁站点评价体系基本上是以规划为导向的,但是面向规划的方法难以反映实际运营状况。有效的评价体系应该是以用户为导向的,即通过用户的体验来判断服务的质量并确定改进方向。因此,通过乘客满意度评价来确定影响地铁服务质量的关键因素,是提高地铁服务质量的重要手段。

这一部分将地铁站点作为研究对象,在进行乘客满意度评价的过程中,采用结构方程模型进行乘客感知质量、感知价值、乘客期望、乘客满意度、乘客抱怨和乘客忠诚度之间的关系分析,以明确乘客满意度的影响因素并进行指标赋权,从而实现乘客满意度的"溯源"分析。

1. 地铁站点乘客满意度评价方法

（1）满意度评价模型建立。

参考现有文献,结合地铁服务的特点,本节将 ACSI 与 CCSI 相结合,建立了地铁车站乘客满意度概念模型,如图 7-13 所示。

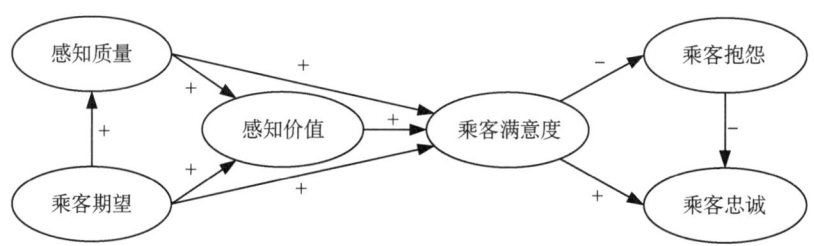

图 7-13　乘客满意度评价概念模型

乘客期望是一个外生的潜变量,感知质量、感知价值、乘客满意度、乘客抱怨和乘客忠诚度是内生的潜变量。模型中"＋"和"－"信号分别表示正相关和负相关。每个潜在变量的含义如下:

① 感知质量是指乘客在接受服务时对地铁站点服务质量的实际感受;

② 乘客期望是指乘客在出行前对地铁站点服务质量的一种心理期待;

③ 感知价值是指乘客在体验地铁服务后对票价产生的实际利益的主观感受;

④ 乘客满意度是指乘客对地铁站点服务的总体满意度的评价,也是乘客对地铁站点服务的感知质量和感知价值的综合考虑评价结果;

⑤ 乘客抱怨是指当乘客对地铁站点服务的实际感受不能满足乘客的期望时,会产生抱怨;

⑥ 乘客忠诚度是指乘客在体验到满意的服务后,长期选择在该站点乘坐地铁。

(2) 评价指标赋权。

结构方程可以反映变量之间的关系,路径系数表示自变量对因变量的贡献,即各指标对总体满意度的影响程度,从这个意义上讲,这种影响程度反映了不同变量对于结果变量的重要性,可以用于表示权重。与传统的客观赋权方法相比,结构方程模型由于对各变量间的关系及作用机理有着比较深刻的剖析,能更准确地反映各指标与总体满意度的相关性,在确定权重时更为合理。因此,可以通过对路径系数进行归一化处理的方法获得各指标对结果变量的权重。

(3) 基于云模型的评价流程与方法设计。

① 云模型的基本概念和数字特征。

为了解析语言值的模糊性、随机性及二者的关联性问题,实现定量数值和定性语言之间的相互转换,可以运用云模型理论来处理不确定知识的定性定量转换[59]。

设 U 为一定量论域,x 为 U 内的定量值。论域 U 所对应的定性概念 C 对于任意一个 x 都存在一个有稳定倾向的随机数,其含义是 x 对 C 所表达的定性语言的隶属度 μ,隶属度 μ 在论域上的分布称为云,每一个 x 称为一个云滴,用数学语言描述为

$$\mu:U \to [0,1]; \forall x \in U; x \to \mu(x) \tag{7-4}$$

云的数字特征可以产生云滴,经过一定数量的累积汇聚为云,从而实现从定性到定量的映射,主要通过期望 E_x、熵 E_n 和超熵 H_e 这三个数值来表示,记为 $C=G(E_x, E_n, H_e)$。其中,期望 E_x 表示对定性概念的基本确定性度量,即这个定性概念最具代表性的数值或样本;熵 E_n 为定性概念的不确定性度量,它反映了云滴中可被期望概念接受的确定度大小和云滴的离散程度;超熵 H_e 是熵值的不确定性度量,它可以体现定性概念被普遍接受的程度,即认知的共同程度较高,则超熵较小,反之则较大。

② 云模型的基本算法。

由于云模型实现的是定性概念和定量指标间的相互转换,因此对应的也分别存在正向云发生器法和逆向云发生器法两种方法[63]。

a. 逆向云发生器法。

(a) 计算云滴样本的均值 E_x 和方差 S^2;

(b) 计算云滴样本的熵 E_n:

$$E_n = \sqrt{\frac{\pi}{2}} \times \frac{1}{N} \sum_{i=1}^{N} |x_i - E_x| \tag{7-5}$$

(c) 如果 $S^2 - E_n^2 \geqslant 0$,则进行步骤(e),否则进行步骤(d);

(d) 删除样本中离期望最近的 s 个样本点(当样本总数 $\leqslant 100$ 时,$s=1$;当样本总数 > 100 时,$s=0.01 \times N$),并取 $N=0.99 \times N$,再次计算方差;

(e) 计算云的超熵 H_e:

$$H_e = \sqrt{S^2 - E_n^2} \tag{7-6}$$

(f) 输出云滴的数字特征 (E_x, E_n, H_e)。

b. 正向云发生器法。

(a) 生成一个以熵 E_n 为期望值、超熵 H_e 为标准差的正态分布随机数 E'_n；

(b) 生成一个以期望 E_x 为期望值、E'_n 为标准差的正态分布随机数 x；

(c) 计算该云滴的确定度：

$$\mu = e^{-(x-E_x)^2/(2E_n'^2)} \tag{7-7}$$

(d) 将 x 作为具有确定度 μ 的该定性概念的一个云滴；

(e) 重复 N 次上述步骤,直至产生 N 个云滴。

③ 满意度评价方法与流程设计。

根据云模型原理,将整个满意度评价指标体系作为论域,把每位乘客作为一个云滴,所有乘客对所有指标评价综合结果所形成的云团整体特征即反映了城市轨道交通的乘客满意度,据此对满意度评价方法流程设计如下：

步骤一：确定因素集。

已建立的城市轨道交通乘客满意度评价指标体系共包括 6 个维度、24 个指标,如表 7-5 所示。

步骤二：确定评价集和评价云。

评价集为实际调查中各个定性评语属性所形成的集合,如果实际调查中有 g 个不同程度的满意度定性评语,则评价集 V 的表示形式为

$$V = \{V_1, V_2, \cdots, V_g\} \tag{7-8}$$

式中,$V_1, V_2, \cdots, V_g$ 分别对应 g 个不同程度的满意度定性评语。

如果满意度定性评语的下限和上限分别为 $t_{\min}$、$t_{\max}$,根据其双边约束的评语范围区间来求解评价集中每个程度满意度评语的云数字特征[60,61],并利用正向云发生器法求得满意度评价云,生成正态评价云图,将模糊的评价集转化为实际的满意度评价标尺。云数字特征的具体计算公式为

$$E_x = \frac{t_{\max} + t_{\min}}{2}, \quad E_n = \frac{t_{\max} + t_{\min}}{6}, \quad H_e = k \tag{7-9}$$

式中,k 为根据模糊程度而确定的常数,常取 0.1。

步骤三：构建结构方程模型确定权重集。

基于满意度调查数据,采用 SEM 对所建立的模型进行拟合、修正和评价,确定最优的满意度评价模型。进一步对优化模型的路径系数进行归一化,分别确定各级指标的权重。

步骤四：确定评价结果云。

以实际调查数据为基础来计算各指标实际的云数字特征,利用逆向云发生器法,生成指标集的对应云参数矩阵 $\mathbf{Z}$ 如下：

$$\mathbf{Z} = \begin{Bmatrix} c_{11} \\ c_{21} \\ \vdots \\ c_{61} \end{Bmatrix} = \begin{Bmatrix} E_{x11}, E_{n11}, H_{e11} \\ E_{x21}, E_{n21}, H_{e21} \\ \cdots\cdots \\ E_{x61}, E_{n61}, H_{e61} \end{Bmatrix} \tag{7-10}$$

根据求得的权重集 W 和指标云参数矩阵 Z，城市轨道交通乘客满意度评价的结果云模型表述为

$$C = W \times Z \tag{7-11}$$

由于该运算过程涉及云参数和常规参数间的混合运算，根据云模型的运算规则结合模糊运算规律，各项云参数的具体计算过程如下：

$$E_x = \sum E_{x_i} w_i, \quad E_n = \sqrt{\sum (E_{n_i}^2 w_i)}, \quad H_e = \sum H_{e_i} w_i \tag{7-12}$$

据此，可计算出各个维度的评价云和整体乘客满意度的综合评价云。

步骤五：比较与评价结果确定。

利用正向云发生器将综合评价云模型 C 生成正态云，并与评价云图比较，根据正态云在评价云图中所处的云图范围和形态，可以归纳出相应的评价结果，或将每个维度、每个指标的评价结果云模型生成正态云，在评价云图中进行比较评价，或将不同的城市轨道交通线路评价生成的综合评价云放置在一起进行比较，判断乘客在线路满意度评价、评价模糊性和共识度等方面的差异。

2. 地铁站点乘客满意度评价指标建立

在顾客满意度评价中，指标的选择往往夹杂了评价者自身的主观性，因此在不同研究中有着较大的差距，也缺少从乘客角度的考量。

值得注意的是，Eboli 等从乘客角度进行了一项服务质量研究，通过引入满意度和重要性的差异来考虑乘客的观点，以克服客户满意度指数（CSI）计算中缺乏异质性的问题，但对于评价指标的选择，只考虑了现有的服务质量属性，如路线和服务特征、服务可靠性、舒适性、清洁性、票价、信息、安全和安保、人员、客户服务和环境保护[62]。随着城市轨道交通的快速发展，一些指标含义的变化和新指标的出现将使原有的评价指标体系不适用。对于乘客满意度评价指标来说，能较全面地反映城市轨道交通服务现状，且乘客能准确感知、方便理解的指标才具有评价的实际意义。此外，目前还不清楚西方国家发展的顾客满意度理论、结构和指标集是否适用于其他地区[63]。对这些指标的有效性和可靠性至关重要的是，用来衡量顾客满意度和相关结构的模型和方法随着时间的推移不断学习、适应和改进[64]。因此，在我国城市轨道交通背景下，建立乘客满意度评价指标体系具有重要意义。

城市轨道交通本质是一种出行服务，主要由票务服务、导乘服务、行车服务、问询服务和应急服务等一系列活动所形成，在多方面对乘客满意度产生影响，因此，满意度评价指标体系包含了多个维度的若干评价指标。根据评价指标体系适用性和科学性的原则，在传统文献分析的基础上，先归纳总结出初始评价指标体系；并借鉴社会学深度访谈法从中筛选出具有代表性、可靠性、易认知区分的基本评价指标体系；再进行问卷设计和实际调查，运用临界比值法、整体信度检验法、探索性因子分析法等对初始指标体系进行逐步筛选，以构建乘客可以真实感知、客观辨识的城市轨道交通乘客满意度评价指标体系。

首先遵循评价指标体系的实用性和科学性原则，在文献分析过程中总结出 40 个基本指标，并通过社会学深度访谈法筛选出一套具有代表性、可靠性和易识别性的初步评价指标。进一步通过问卷收集乘客对于初始指标对满意度评价影响的判断。因此，在问卷中使用了

5级李克特量表,其中"1"表示"非常不重要","5"表示"非常重要"。问卷由49个问题组成,对应40个初始评价指标和基本乘客信息项。

通过在网上发放问卷,共收集问卷222份,其中206份有效,问卷有效率为92.8%,符合统计要求。对于指标较多的潜变量"感知质量",进一步采用临界比法、可靠性试验、因子分析等方法,从识别性、总体可靠性、代表性和现实意义等方面对调查数据进行分析。将感知质量的35项初评指标降为22项,分为舒适、效率、便捷、准时和特色5个维度,以反映乘客的真实感知质量。对于感知价值、乘客期望、乘客满意度、乘客抱怨和乘客忠诚度,只有一个维度。地铁站点的乘客满意度评价指标体系见表7-5。

表7-5 地铁站点乘客满意度评价指标体系

变量	维度	问题含义	编号
感知质量	舒适	站内温度是否适宜	Q1
		站内通风情况、空气质量	Q2
		站内卫生情况	Q3
		站内拥挤情况	Q4
		站内引导、换乘等标识位置	Q5
		楼梯数量、位置、宽度	Q6
		安检设施数量、速度	Q7
		站内换乘通道设置位置、长度	Q8
		站外换乘导向标识	Q9
	效率	自动售票机、充值机数量及位置	Q10
		进出站闸机	Q11
		进出站大件行李闸机	Q12
		人工服务台数量、位置	Q13
		出入口数量、位置	Q14
	便捷	支付方式多样性	Q15
		ATM、自动贩卖机等便民设施的数量、位置	Q16
		站内广播提示准确、及时	Q17
	准时	站内候车时间	Q18
		站外周边空闲停车位数量	Q19
		站外周边共享单车的可获得情况	Q20
	特色	站内灯光颜色、亮度情况	Q21
		站内顶棚、地板、墙面的装修设计	Q22
感知价值		地铁服务质量的性价比	PV
乘客期望		乘客对地铁服务的总体预期	PE

(续表)

变量	维度	问题含义	编号
乘客满意度		地铁服务的总体满意度	PS
乘客抱怨		地铁服务投诉频率	PC
乘客忠诚度		将来是否仍然愿意在这个车站乘地铁	PL

3. 问卷设计与数据调查

本案例以上海地铁人民广场站点为研究对象。人民广场站点位于上海市黄浦区人民广场，是地铁1号线、2号线和8号线的交汇处。该站有18个出入口，且是1号线和2号线之间唯一的换乘站，每天承担大量的客流。

（1）调查问卷设计。

问卷的设计基于上述建立的地铁站点评价指标体系，同时严格遵循问卷设计的简明性、适应性、目的性和针对性原则。

问卷共分为三个部分：满意度调查、个人背景信息和出行信息。第一部分主要是对指标体系中的显变量进行评价。对于感知质量，该部分的问题旨在收集乘客对各种指标的服务感受，问卷中使用李克特5级量表，其中"1"表示"非常不同意"，"5"表示"非常同意"，以衡量受访者对特定正面陈述的认可程度。对于其他潜变量，问卷则侧重收集乘客的认知度，例如对于乘客满意度，问卷中用"1"表示"非常不满意"，"5"表示"非常满意"。第二部分考察了乘客的个人特征，包括性别、年龄、收入和教育程度等。第三部分是地铁乘客乘坐地铁的频率和时间。

（2）数据调查与检验。

问卷调查于2019年3月12日—3月14日通过在线和现场调查相结合的方式进行。在在线调查中，增加了一个筛选部分，以确认被调查者在本月内在人民广场站乘坐过地铁，现场则采用随机抽样的方法选择该站点的乘客进行调查。

在这项调查中，共收集了260份问卷。排除11份不完整或随机回答的无效问卷，最后对239份有效问卷进行了验证，满足95%的置信水平和6%的相对误差要求。同时符合要求最小样本量为200，以将偏差降低到任何类型的结构方程评估的可接受水平[65]。有效问卷占总样本的91.9%，满足有效回收率的要求。从表7-6被调查者基本特征的描述性统计可以看出，样本分布合理。

表7-6 问卷样本个人特征分布

特征	类别	频次	频率/%	特征	类别	频次	频率/%
性别	男	118	49.37	年龄	41～50岁	23	9.62
	女	121	50.63		51～60岁	11	4.60
年龄	<18岁	3	1.26		>60岁	7	2.93
	18～25岁	97	40.59	乘坐地铁频率	每周5次以上	75	31.38
	26～30岁	61	25.52		每周3～5次	87	36.40
	31～40岁	37	15.48		每周1～2次	38	15.90

(续表)

特征	类别	频次	频率/%	特征	类别	频次	频率/%
乘坐地铁频率	每月1~3次	20	8.37	职业	公务员	13	5.44
	每年1~11次	19	7.95		教师或医生	42	17.57
拥有小汽车	是	152	63.60		普通职员	63	26.36
	否	87	36.40		普通工人	25	10.46
月收入	<3 000元	64	26.78		个体经营者	18	7.53
	3 000~6 000元	54	22.59		其他	27	11.30
	6 001~10 000元	69	28.87	教育程度	初中及以下	13	5.44
	10 001~15 000元	31	12.97		高中/中专/技校	34	14.23
	15 001~30 000元	12	5.02		大学专科/本科	157	65.69
	>30 000元	9	3.77		硕士及以上	35	14.64
职业	全日制学生	51	21.34				

为了检验问卷的信度，采用Cronbach α 系数法进行分析。结果表明，各二级指标的 α 一致性系数均大于0.7，总体 α 一致性系数均大于0.9，说明问卷的总体信度较高，具有较好的一致性和稳定性。在效度检验中，KMO值为0.932，显著性为 $P<0.01$，非常适合因子分析。因子分析的结果也表明，各指标的共性均远大于0.4，说明各指标问题对乘客满意度的影响是显著的，问卷是有效的、可靠的。

4. 数据分析

基于问卷数据，对预设的乘客满意度评价模型进行了拟合和修正，得到了最优的结构方程模型，如图7-14所示。由于没有达到统计上显著的水平，"乘客期望"变量被删除。感知质量对应5个二级指标，与感知价值一起，对乘客满意度有正向影响，而乘客抱怨对乘客满意度有负向影响。图7-14显示了潜变量之间以及潜变量和显变量之间的标准路径系数。

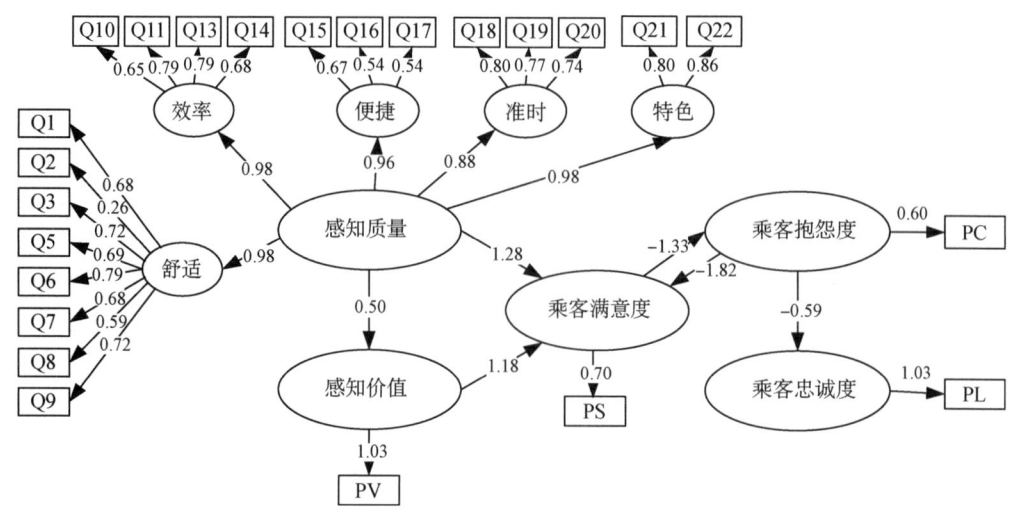

图7-14 乘客满意度最优模型

在优化模型中，NC 为 2.38，CFI 为 $0.859>0.8$，GFI 为 $0.823>0.8$，$RMSEA$ 为 $0.076<0.08$，拟合效果良好[66]。此外，路径系数被归一化，分别计算各一级、二级、三级指标的乘客满意度权重，结果如表 7-7 所示。

表 7-7 评价指标体系的权重集

因变量	一级指标	权重	二级指标	在一级指标内权重(W)	三级指标	在二级指标内权重(W)
乘客满意度	感知质量	0.384	舒适	0.205	Q1	0.133
					Q2	0.051
					Q3	0.140
					Q5	0.134
					Q6	0.154
					Q7	0.132
					Q8	0.115
					Q9	0.140
			效率	0.205	Q10	0.222
					Q11	0.272
					Q13	0.272
					Q14	0.234
			便利	0.202	Q15	0.381
					Q16	0.311
					Q17	0.308
			准时	0.184	Q18	0.347
					Q19	0.334
					Q20	0.319
			特色	0.204	Q21	0.484
					Q22	0.516
	感知价值	0.242			PV	1.000
	乘客抱怨	−0.374			PC	1.000

根据云模型理论，为了保证误差小于 0.01，选取云滴数 $M=2\,000$ 生成一个正向云。在问卷设计的基础上，确定评价集 $V=\{$非常不满意(1分)、较不满意(2分)、一般(3分)、较满意(4分)、非常满意(5分)$\}$后，进一步推导出各评价基准云参数：非常不满意(0.5, 0.167, 0.10)，较不满意(1.5, 0.167, 0.10)，一般(2.5, 0.167, 0.10)，较满意(3.5, 0.167, 0.10)，非常满意(4.5, 0.167, 0.10)。

进一步利用逆向云生成方法，生成指标集对应的云参数矩阵。同时，结合得到的权重集

W，将人民广场站乘客满意度综合评价结果的云参数计算为 $C(3.640,1.070,0.145)$。最后，感知质量各级指标评价结果的云参数见表7-8。为了更直观地对结果进行分析，使用正向云生成器方法将结果云 C 生成一个正向云，在基准云中显示如图7-15所示。图7-16显示了感知质量中各二级指标对应的评价结果云。

表 7-8 各评价指标的云参数

三级指标	E_x	E_n	H_e	二级指标	E_x	E_n	H_e	一级指标	E_x	E_n	H_e
Q1	3.703	1.088	0.227	舒适	3.766	1.142	0.172	感知质量	3.833	1.099	0.203
Q2	3.042	1.149	0.270								
Q3	3.711	1.064	0.199								
Q5	3.833	1.006	0.368								
Q6	4.017	1.217	0.078								
Q7	3.607	1.315	0.035								
Q8	3.753	1.049	0.265								
Q9	3.967	1.231	0.028								
Q10	3.695	1.093	0.166	效率	3.893	0.903	0.250				
Q11	3.983	1.174	0.290								
Q13	3.958	1.266	0.205								
Q14	3.900	1.021	0.491								
Q15	4.038	1.080	0.325	便利	3.761	1.077	0.207				
Q16	3.732	0.998	0.221								
Q17	3.448	1.152	0.046								
Q18	3.770	1.324	0.170	准时	3.770	1.245	0.153				
Q19	3.623	1.188	0.127								
Q20	3.925	1.220	0.163								
Q21	3.996	1.151	0.288	特色	3.970	1.142	0.227				
Q22	3.946	1.133	0.169								
PV	3.439	1.118	0.115					感知价值	3.439	1.118	0.115
PC	3.569	1.009	0.102					乘客抱怨	3.569	1.009	0.102

如图7-15所示，人民广场站点的正向云计算结果在"较满意"和"非常满意"之间，但更接近"较满意"，表明该站的乘客满意度是可接受的。然而，评价结果云的跨度远大于基准云的跨度，这意味着乘客对站点服务的满意度存在较大的认知差距。此外，评价结果云的离散度和厚度远大于基准云，说明不同的乘客群体对评价结果没有达成共识。总体评价结果表明，上海地铁人民广场站的服务水平基本满足乘客的期望需求，但仍有很大的改进空间。

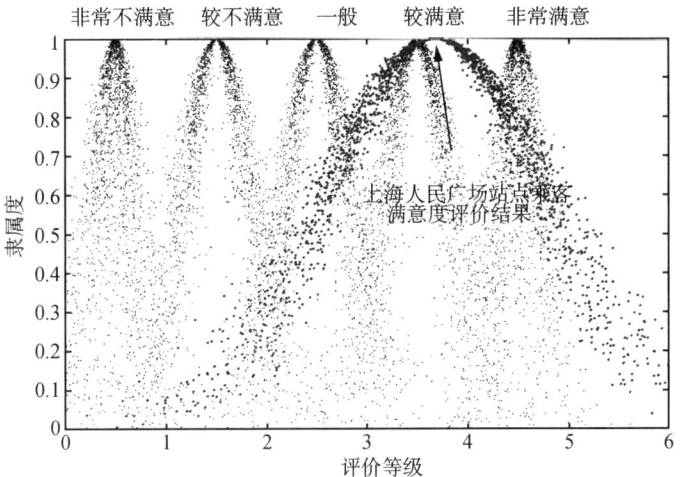

图 7-15 上海人民广场站点乘客总体满意度评价的结果云图

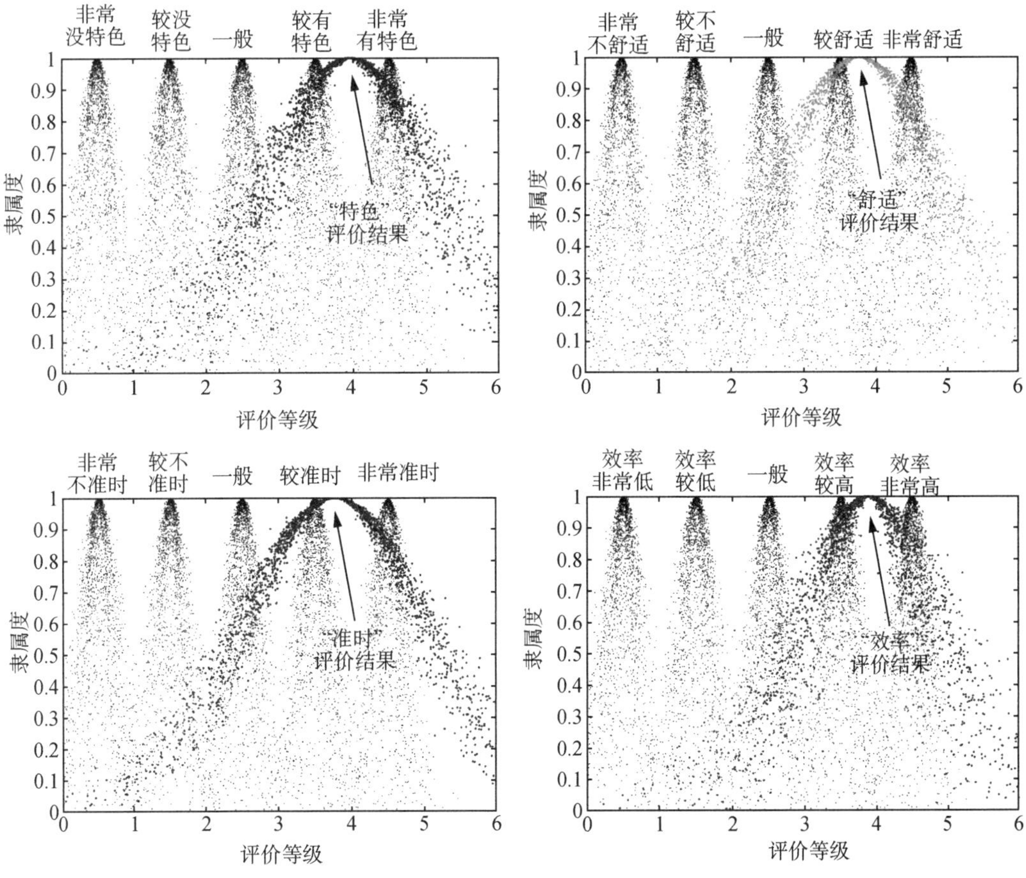

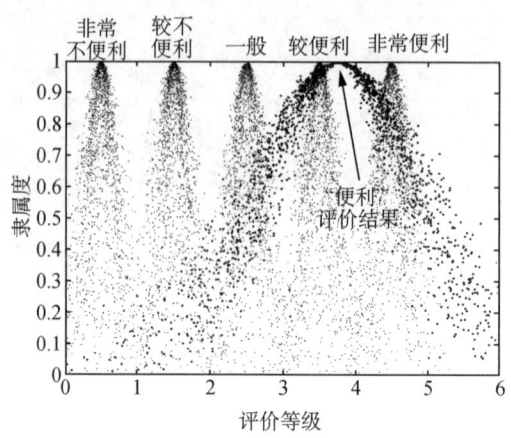

图 7-16　感知质量评价的结果云图

为了提出提高站点乘客满意度的措施，进一步对感知质量进行分析。结合表 7-8 和图 7-16 的分析可以发现，二级指标的 E_x 值差别不大，均在"较认同"和"非常认同"之间。对于评价结果具有很强一致性的二级指标，即云层的分散性和厚度都比较小的指标，可以直接对其进行改进。例如，对于"舒适度"维度，表 7-8 的结果表明，乘客满意度的评价更接近"较舒适"，乘客满意度的认知差距较小，表明大多数乘客认为人民广场站在"舒适"服务方面是令人满意的，因此可以通过直接改善指标来提高这一维度的评价。其中，通风与空气质量（Q2）评价结果偏低，E_x 值仅为 3.042，结合人民广场站的基本情况，其线路运行寿命长，站点通风和温控设备的性能可能老化。因此，建议运营商的首要任务是及时对通风设备进行维护、维修和更换，以尽可能提高这一评价结果低、认同度高的指标，有效提高地铁站点的乘客满意度水平。而对于共识较弱的二级指标，则需要进一步分析差异，有针对性地改进。例如，对于"效率"指标，分别分析了低评分（<12）和高评分（>16）被调查者的特点。认为效率低的人群中，80% 以上是 30 岁以下的年轻人，70% 以上的人在高峰时段乘坐地铁，而这两类人群中认为效率高的比例分别为 60% 和 50%。因此，可以考虑在高峰时段增加出入站闸机的数量，以提高效率。同样，也可以对其他二级指标进行同样的分析，并提出相应的改进建议。

5. 结论

地铁作为城市最重要的公共交通类型之一，在促进城市发展和居民出行方面发挥着至关重要的作用。随着生活水平的提高，乘客对地铁服务的要求也在不断提高。因此，达到较高的乘客满意度水平对管理机构来说至关重要，有必要在乘客满意度评价的各个方面提供方法指导，为有效的评价提供理论基础。

从乘客感知角度出发，提出了一种地铁站点动态评价的方法。首先通过调查筛选出初始指标集，然后利用结构方程模型，在概念模型的基础上，根据变量之间的关系确定指标权重，进一步建立基于云模型的乘客满意度评价模型，最后，以上海地铁人民广场站为例进行乘客满意度评价应用。结果表明，提出的方法能够有效地衡量地铁站点的乘客满意度水平，不仅可以得到乘客的总体满意度水平，而且可以得到乘客评价的一致性程度，从而通过直接或进一步区分乘客特征来提高指标的服务质量,提高地铁站点的服务水平。

在未来的研究中,需要对乘客特征与评价结果的相关性进行深入的分析,以确定不同特征乘客的分层评价。通过量化不同客流群体与满意度的关系,准确定位满意度评价较低的群体特征,可以实现更精细化的管理和优化,更好地提高地铁站点的服务质量。

本章参考文献

[1] 郑贵荣.服务质量的模糊综合评价研究[J].北京信息科技大学学报(自然科学版),1998(3):16-23.

[2] 尹峰,李枫.公共交通服务水平的模糊评价[J].上海交通大学学报,2000(S1):100-104.

[3] 科特勒,菲利普.营销管理:分析,计划,执行和控制[M].上海:上海人民出版社,2000.

[4] Sureshchandar G S, Rajendran C, Anantharaman R N. The relationship between service quality and customer satisfaction-a factor specific approach[J]. Journal of Services Marketing, 2002, 16(4): 363-379.

[5] 徐娴英,马钦海.基于期望视角的感知服务质量与顾客满意度区别研究[J].数理统计与管理,2012,31(5):863-870.

[6] Parasuraman A, Zeithaml V A, Berry L L. Quality counts in service[J]. Business Horizons, 1985(28): 44-53.

[7] Parasuraman A, Zeithaml V A, Berry L L. A conceptual model of service quality and its implications for future research[J]. Journal of Marketing, 1985, 49:41-50.

[8] Parasuraman A, Zeithaml V A, Berry L L. SERVQUAL: A multiple-item scale for measuring consumer perceptions of service quality[J]. Journal of Retailing,1988,64(1):12-42.

[9] 刘满凤,黎志成.顾客满意度的测评[J].统计与决策,2002(7):11-12.

[10] Mesut A, Mehmet T, Sabahattin T. Examining patient perceptions of service quality in Turkish hospitals: the SERVPERF model[J]. Total Quality Management and Business Excellence,2020,31(3-4).

[11] Cronin J J, Taylor S A. Measuring service quality: A reexamination and extension[J]. Journal of Marketing, 1992, 56(3): 55-68.

[12] 方宇通.顾客感知服务质量评价方法的实证比较:对SERVPERF和SERVQUAL的再探讨[J].宁波工程学院学报,2012,24(4):53-57.

[13] Swan J E, Martin W S, Trawick I F J. Compensatory satisfaction: An ethnography of avoiding disappointment and producing satisfaction in birding [J]. Journal of Consumer Satisfaction Dissatisfaction and Complaining Behavior, 2003, 16.

[14] Oliver R L. A cognitive model of the antecedents and consequences of satisfaction decisions[J]. Journal of Marketing Research, 1980, 17(4):460-469.

[15] Oliver R L, Bearden W O. The role of involvement in satisfaction processes[J]. ACR North American Advances, 1983.

[16] Anderson Ralph E. Consumer dissatisfaction: The effect of disconfirmecl expectancy on perceived product performance[J]. Journal of Marketing Research, 1973, 10: 38-44.

[17] 洪政仁.宅配服务之顾客满意度研究:以台中市都会区为例[D].台湾:朝阳科技大学,1992.

[18] James J. Advertising, Cognitive Dissonance and Learning[M]//Consumer Choice in the Third World. London: Palgrave Macmillan, 1983: 101-119.

[19] Cardozo, Richard N. An experimental study of customer effort, expectation, and satisfaction[J]. Journal of Marketing Research, 1965, 24: 244-249.

[20] Harry H. Current trends and issues in adaptation-level theory[J]. American Psychologist, 1964, 19: 26-38.

[21] Oliver, Richard L, Wayne S D. Response determinants in satisfaction judgements[J]. Journal of Consumer Research, 1988, 14: 495-507.

[22] Hovland C I, Harvey O J, Sherif M. Assimilation and contrast effects in reactions to communication and attitude change.[J]. The Journal of Abnormal and Social Psychology, 1957, 55(2): 244-252.

[23] Anderson E W, Fornell C, Lehmann D R. Customer satisfaction, market share, and profitability: findings from sweden[J]. Journal of Marketing, 1994, 59: 53-66.

[24] 刘新燕,刘雁妮,杨智,等.构建新型顾客满意度指数模型:基于SCSB、ACSI、ECSI的分析[J].南开管理评论,2003,6(6):52-56.

[25] Fornell C, Johnson M D, Anderson E W, et al. The american customer satisfaction index: Nature, purpose, and findings[J]. Journal of Marketing, 1996, 60(4): 7-18.

[26] Claes,刘金兰,康键,等.美国顾客满意度指数[J].管理学报,2005(4):495-504.

[27] 中国质量协会和清华大学中国企业研究中心.2003年中国各行业主要品牌用户满意指数测评结果(一)[J].中国质量,2003(5):20-24.

[28] 张新安,田澎.顾客满意度指数述评[J].系统管理学报,2004,13(4):289-294.

[29] 陈波波.基于KANO模型的质量评价研究[D].北京:北京邮电大学,2008.

[30] 罗正清,方志刚.常用客户满意度研究模型及其优缺点分析[J].贵州财经大学学报,2002(6):14-17.

[31] Hassan M N, Hawas Y E, Ahmed K. A multi-dimensional framework for evaluating the transit service performance[J]. Transportation Research Part A: Policy and Practice, 2013, 50(2): 47-61.

[32] 宋晓梅.常规公交网络运行可靠性多层次评价模型与算法[D].北京:北京交通大学,2010.

[33] 魏华.城市公交服务质量与可靠性评价研究[D].西安:长安大学,2005.

[34] 白玉方.公交竞争力影响因素研究[D].上海:同济大学,2012.

[35] 张超.面向服务的城市公共汽车交通评价方法研究[D].上海:同济大学,2008.

[36] 金宁.公共交通乘客满意度测评理论及实证研究[D].吉林:吉林大学,2009.

[37] Eboli L, Mazzulla G. A methodology for evaluating transit service quality based on subjective and objective measures from the passenger's point of view[J]. Transport Policy, 2011, 18(1): 172-181.

[38] Oliver R L. Measurement and evaluation of satisfaction processes in retail settings[J]. J. Retail, 1981, 57: 25-48.

[39] Hensher D A, Stopher P, Bullock P. Service quality—developing a service quality index in the provision of commercial bus contracts[J]. Transportation Research Part A, 2007, 37(6): 499-517.

[40] Habib N K, Kattan L, Islam T M. Model of personal attitudes towards transit service quality[J]. Journal of Advanced Transportation, 2011, 45(4): 271-285.

[41] Tyrinopoulos Y, Antoniou C. Public transit user satisfaction: Variability and policy implications[J]. Transport Policy, 2008, 15(4): 260-272.

[42] Castillo J M D, Benitez F G. A methodology for modeling and identifying users satisfaction issues in public transport systems based on users surveys[J]. Procedia-Social and Behavioral Sciences, 2012, 54: 1104-1114.

[43] Oña J D, Oña R D, Eboli L, et al. Perceived service quality in bus transit service: A structural equation approach[J]. Transport Policy, 2013, 29(3): 219-226.

[44] Mouwen A. Drivers of customer satisfaction with public transport services[J]. Transportation Research

Part A,2015,78:1-20.

[45] Wu R, Zhai D, Xi E, et al. Evaluation model of satisfaction degree for urban public transit service[J]. Journal of Traffic and Transportation Engineering, 2009, 9(4):65-70.

[46] Fan Q, Pu Q, Yin C. Comprehensive evaluation of passenger service quality for urban rail transit based on passengers' perception[J]. Urban Mass Transit, 2013, 16(11):49-52.

[47] Celik E, Aydin N, Gumus A T. A multiattribute customer satisfaction evaluation approach for rail transit network: A real case study for Istanbul, Turkey[J]. Transport Policy, 2014, 36(36):283-293.

[48] Aydin N, Celik E, Gumus A T. A hierarchical customer satisfaction framework for evaluating rail transit systems of Istanbul[J]. Transportation Research Part A: Policy and Practice, 2015, 77:61-81.

[49] Shen W, Xiao W, Wang X. Passenger satisfaction evaluation model for urban rail transit: A structural equation modeling based on partial least squares[J]. Transport Policy, 2016, 46:20-31.

[50] Jones T O. Why satisfied customers defect[J]. Journal of Management in Engineering, 1996, 73(6):11.

[51] Johnson M D, Gustafsson A, Andreassen T W, et al. The evolution and future of national customer satisfaction index models[J]. Journal of Economic Psychology, 2001, 22:217-245.

[52] Aydin N, Celik E, Gumus A T. A hierarchical customer satisfaction framework for evaluating rail transit systems of Istanbul[J]. Transportation Research Part A: Policy and Practice, 2015, 77:61-81.

[53] Mouwen A, Rietveld P. Does competitive tendering improve customer satisfaction with public transport? A case study for the Netherlands[J]. Transportation Research Part A: Policy Pract, 2013, 51:29-45.

[54] Nathanail E. Measuring the quality of service for passengers on the hellenic railways[J]. Transportation Research Part A: Policy and Practice, 2008, 42(1):48-66.

[55] Roman C, Martin J C, Espino R. Using stated preferences to analyze the service quality of public transport[J]. Int. J. Sustain. Transport, 2014, 8(1):28-46.

[56] del Castillo J M, Benitez F G. Determining a public transport satisfaction index from user surveys[J]. Transportmetrica, 2013, 9(8):713-741.

[57] Tyrinopoulos Y, Antoniou C. Public transit user satisfaction: Variability and policy implications[J]. Transportation Policy, 2008, 15:260-272.

[58] Li L, Xiong J, Dong Z, et al. Exploring the factors affecting current transit passengers' loyalty by structural equation model: Case study of Shanghai, China[P]. TRB 92nd Annual Meeting, USA: Washington D C, 2013.

[59] 李德毅,杜鹢.不确定性人工智能[M].2版.北京:国防工业出版社,2014.

[60] Wang D, Liu D, Ding H, et al. A cloud model-based approach for water quality assessment[J]. Environmental Research, 2016, 148(7):24.

[61] 李琳琳,路云飞,张壮,等.基于云模型的指挥控制系统效能评估[J/OL].系统工程与电子技术,2018,40(4):815.

[62] Eboli L, Mazzulla G. A methodology for evaluating transit service quality based on subjective and objective measures from the passenger's point of view[J]. Transportation Policy, 2011, 18:172-181.

[63] Eboli L, Mazzulla G. A new customer satisfaction index for evaluating transit service quality[J]. Journal of Public Transportation, 2009, 12(3).

[64] Johnson M D, Gustafsson A, Andreassen T W, et al. The evolution and future of national customer satisfaction index models[J]. Journal of Economic Psychology, 2001, 22: 217-245.

[65] Kline R B, Santor D A. Principles and practice of structural equation modelling[J]. Canadian Psychol, 1999, 40(4): 381-396.

[66] Wen Z L, Hau K, Herbert W M. Structural equation model testing: Cutoff criteria for goodness of fit indices and chi-square test[J]. Acta Psychologica Sinica, 2004, 36(2): 186-194.

8 城市公共交通发展政策

由于城市公共交通发展涉及城市整体规划、财政、法制和管理等多个环节,城市公共交通发展政策必然是各部门协同作战,促进公共交通可持续发展的政府指导性文件,包含了长远的城市公共交通发展战略、公共交通发展规划和近期的公共交通行动计划。

然而,目前在城市公共交通发展政策方面,依然存在着两个关键问题:

一方面,城市政府对公共交通发展政策研究的战略性认识不足,更多地停留在技术政策层面。

另一方面,城市公共交通政策研究涉及公共交通、公安、财政、城建和规划等许多部门,而城市公共交通规划作为政策的主要体现主要由城市规划部门委托,城市公共交通规划编制人员关注的重点无疑会侧重于公交设施的规划建设,考虑难免不够周全,会造成其他部门的被动局面。

这两个问题的存在使得城市公共交通政策一直没有发挥其应有的指导作用,公共交通政策往往等同于公交网络的优化与公交发展的规模建设等,很容易导致城市公共交通发展的失衡和无序。

产业的发展往往也发端于政策的支持与否。可以说有什么样的政策就有什么样的产业,比如当1994年国家将汽车产业作为国家支柱产业的政策出台后,我国的汽车产业经历了前所未有的发展,汽车保有量截止至2021年已达3.02亿辆,是1994年941.95万辆的102.8倍,政策的促进作用是显而易见的。

公共交通作为城市交通可持续发展的根本路径,对于城市交通拥挤与环境的改善具有举足轻重的作用。法国巴黎市政府于20世纪60年代初提出了"公交优先"的理念,成为世界上最早提出优先发展公共交通的城市。此后很多城市与国家开始相继介入,2004年我国建设部出台了《建设部关于优先发展城市公共交通的意见》(建城〔2004〕38号文),2006年又出台了《关于优先发展城市公共交通若干经济政策的意见》(建城〔2006〕288号),2012年国务院出台了《国务院关于城市优先发展公共交通的指导意见》(国发〔2012〕64号)。在国家政策的指导下,很多地方政府也出台了相关的政策对本地的公交优先发展给予支持,大大促进了我国公共交通事业的发展。尽管如此,在社会经济快速发展的情况下,个人机动化对公共交通发展依然造成了很大的冲击,为更好地引导城市交通健康有序地发展,需要进一步对公共交通发展政策进行深入研究,充分认识到政策背后的逻辑与政策实施的着力点以满足社会发展的要求,迎接公共交通发展过程中面临的诸多挑战。

8.1 城市公交发展政策基本概念

8.1.1 政策的基本概念

政策是国家执政党及其他政治团体为了实现一定历史时期内的社会政治、经济和文化目标所采取的政治行动或所规定的行为准则,它是一系列谋略、法令、措施、办法、方法及条例等的总称。政策具有4个基本功能:①管制功能。通过制约、禁止政策对象行为来实现,如条文规定使政策对象不能、不愿、不敢超出规范,这是积极性管制功能,在政策对象发生违反规范的行为时,受到相应的惩罚,这是消极性管制功能。②导向功能。政府依据特定的目标,通过政策对人们的行为和事物的发展加以引导,有直接和间接两种形式,有正向引导和负向引导两种作用。③分配功能。政府需要站在公正的立场上,用政策来调整现实的利益关系。④调控功能。是指政府运用政策,在对社会公共事务所出现的各种利益矛盾进行调节和控制的过程中所起的作用,有直接和间接两种形式,有积极和消极两种作用。

政策根据所指示的方向和所要实现目标的综合性程度,分为总政策、基本政策和具体政策。总政策是一个国家或地区带有全局性、根本性、决定社会发展基本方向的政策,包括总路线、总方针、总纲领、总任务及基本路线等,主要用来解决价值、方向和程序等纲领性的问题,为所有政策提供价值评判的标准,是其他各种政策的出发点和归宿,如以经济建设为中心、坚持改革开放、民主集中制等。基本政策是国家对于关系国家全局利益的某一领域、某一方面的工作所规定的主要目标和任务,即通常所说的基本国策或大政策,如科教兴国政策、可持续发展政策等,侧重于目标陈述,具有权威性、广泛性、稳定性和系统性。具体政策是针对特定而具体的公共政策问题所做出的政策规定,表现为一系列的行动步骤和行动方案,要求有对应的部门或机构来具体实施,且实施效果是在经验基础上可以直接观察到并可以评价的,如美国为了支持公交发展所制定的冰茶法案、联邦资助法案等,德国的《有关公共客运法》和法国的《城市交通法》,中国到现在还没有相应的公交方面的法律,但有一些支持公交优先发展的行政条例,从行政到法律,我们还需要努力。

8.1.2 公共交通基本属性

1. 经营二重性

城市公共交通行业作为城市生产的第一道工序和完全开放的社会共享资源,其经营活动具有鲜明的二重性:既是生产企业,又含公益性质,是一种准公共产品。作为企业,城市公交企业作为市场主体需要核算自身运营成本及运营收入,以经济利益最大化为运营目标;同时作为公益事业,需要针对所有城市居民提供公共服务,维护弱势阶层利益,保障弱势群体的出行。因此,公交线路需要根据社会需求组织运营班次,线路规划和票价制定受政府控制,一些冷僻线路即使亏损严重,公交企业仍旧不能将其关闭,公交行业需要承担相当的社会责任。

2. 公共垄断性

我国公交行业多采用直接授权模式经营,存在公共垄断性,体现在公交服务主要由国家或地方政府所有的公交公司提供。公交行业的内禀特性决定了该行业需要采用公共垄断的模式来促进公交行业的发展,缓和公交运营二重性的矛盾。城市公交行业采用公共垄断模式的理论基础体现在以下三方面。

(1) 公交行业具有规模经济性质。

规模经济是指产品的平均成本随产量的增加而不断下降的情况。在存在规模经济的产业中,规模大的企业具有成本优势,更有利于节约资源。对于城市公共交通而言,如果采用公交客运量作为计量单位,在公交固定成本不变的情况下,公交服务的平均成本将随着客运量的增加而不断降低。

相比其他行业,公共交通行业的公共事业功能还为其具有规模经济的性质提供了另一种解释。公交服务中,乘客还需要支付时间这种稀缺资源,包括等待时间、乘车时间和换乘时间等。随着公交企业规模的扩大,公交网络的覆盖面也将扩大,且公交发车频率将降低,乘客需要支付的时间会减少。因此,从这个方面来讲,公交行业存在规模经济。

(2) 公交系统的整合与网络优化。

网络特性产业中,一个优化的网络结构可以显著降低成本。公交服务指标体系中,需求的网络依赖性以及生产技术上的密度经济是两个重要的指标。公交行业的密度经济是指在既有的公交网络条件下,提高公交系统客运量可以降低平均运营成本。因此,在票价一定的条件下,公交网络的整合性越高,乘客对公交网络内某条线路的需求量就越大,进而公交企业获得密度经济的可能性就越大。

(3) 交叉补贴与社会公平。

城市公交作为城市一项重要的公共服务功能,应该兼顾到社会公平性。公共垄断的优势在于:①市民可以要求公交企业按照非营利性的模式运营;②公交企业可以内部获得"交叉补贴",即用盈利线路的盈余来抵补亏损线路的损失。

8.1.3 公共交通发展基本定位

什么样的定位必然导致什么样的政策,并最终导致什么样的结果。

对于任何一个社会来讲,公共交通的主体性绝对是社会性而不是经济性,因此,公共交通的定位应该是社会服务行业,因为它关系的不仅仅是老百姓的日常生活需求,更是关系到政府与民众的相互关系问题,涉及社会的稳定与安定团结。因此,补贴公交是任何一个政府都极为关注的问题。

当然,说公共交通是社会服务行业并非要否定其市场性,也即否定企业的经营行为,实际上,这只是从不同的角度对公交进行的思考,二者并行不悖。

公共交通的市场性只是体现在公交企业在进行公交经营过程中要发挥自己的主观能动性,而不能一味地依赖政府的补贴,应该时刻关注公交市场的变化,通过现代企业管理制度,在既有的政策扶持下,不断地提高公交服务能力,满足社会发展的需求。

因此,把公共交通完全推向市场是一种不负责任的行为,而对公交完全进行补贴则是一种行政不作为,唯有在既有社会条件下,以社会服务为主体,以市场行为为补充方能反映公共交通的实际情况,对于公交发展的政策设计来说,应该注意到如何兼顾这种本质性的要求。

8.1.4 公共交通发展政策定义

城市公共交通发展政策是指公共交通领域的产业政策,隶属于交通政策,而交通政策又属于经济政策的一种。当前对于产业政策的定义尚未形成共识,例如:英国经济学家阿格拉和日本经济学家下河边淳定义产业政策是有关产业的一切政策的总和;日本经济学家小宫隆太郎认为产业政策是为了弥补市场机制的缺陷而由国家采取的补救政策;我国学者周叔莲则认为产业政策是国家系统设计的有关产业发展,特别是产业结构演变的政策目标和政策措施的综合。综合上述观点,产业政策可以认为是一个国家为了全局和长远利益,根据本国产业发展的客观要求,主动运用各种经济、手段和政策工具,从而改善产业关系、维护产业运行、促进产业发展,最终实现资源有效配置的一系列政策措施的总和[1]。

进一步根据产业政策的定义,可以将公共交通发展政策定义为:为了促进公共交通运输业的发展,并使其充分发挥基础产业的作用,在一定城市交通发展战略指导下,城市政府部门制定的用以指导、约束、协调和保障城市公交发展的一系列政策措施的总和。具体而言,政府通常会制定相应的政策来干预和影响公共交通产业和市场:在经济层面,干预往往以控制市场准入、准出、价格和服务行为规范等来实现;在社会层面,干预往往以维护社会和公共利益为目标,通过制定公共交通安全、环境保护和人工劳动保护法等规范实现。

8.1.5 公共交通政策制定原则

城市公共交通政策的制定必须结合城市发展的固有特征来进行,能反映出城市经营的基本理念和未来公共交通发展的基本趋势,同时,政策的实施应该具有很强的操作性。

1. 应该促进城市合理布局的形成

作为城市发展动脉的公共交通系统,在进行规划时应该深刻考虑区域的空间形态特征,从而建立便捷高效的富有层次性的公共交通体系,通过长短兼容、主干协调、多样化并蓄的策略来支撑各种城市空间功能的可持续发展。

2. 应体现以人为本的经营理念

公共交通本身就是服务大多数人的交通方式,在规划过程中深刻考虑到如何以多样化的公共交通方式来满足多样化的出行需求服务,以积极的财政补贴政策来鼓励支持百姓的公共交通出行,以积极的激励保障机制来稳定公共交通运营者队伍,多层次、多角度体现以人为本的服务精神,既要满足百姓的利益诉求,也要响应一线运营者的呼声,更要反映整个城市的精神面貌,使便捷、高效、畅通的城市出行特征能打动每一个人的心。

3. 应该积极引导小汽车的出行和公交的磅礴发展

几乎无一例外的城市发展经验证明,城市要继续保持良性发展,必须采用集约化的空间运行机制,用公共交通来取代单一的机动化出行。交通运输资源是有限的,而出行需求是无限的,在有限与无限之间要找到平衡必须用集约化的手段,因此在制定公共交通政策时一定要抑制小汽车的出行,把道路空间尽可能多地让给公共交通。首尔市在 2004 年进行公交改革时就深刻认识到这一点,其目标之一就是要在 2006 年把当时占据道路面积 84% 的小汽车出行降低到只占据道路面积 0.9%,其政策的倾斜力度不可谓不大。

8.2 公共交通发展政策借鉴

8.2.1 国外典型城市公交发展政策

1. 新加坡的公交发展政策

新加坡拥有健全的立法来保障公交优先政策的顺利实施。1971年,新加坡政府批准通过了概念规划方案(即环形规划),指出必须在小汽车和公共交通的使用上保持理想的平衡状态。为此,新加坡采取了两种关键措施:改善公共交通服务的拉动政策与限制小汽车的发展推动政策[2],同时给予一定的财政补贴政策。

(1) 拉动政策——改善公共交通服务。

新加坡始终坚持大力发展轨道交通,不断扩展轨道线网,截至2021年已有轨道里程203 km,轨道站点122座。同时注重改善公共交通的基础设施:采用先进的公交车辆,设置公交专用道;改善公共汽车站、出租车站及轻轨交通等乘客候车设施,为居民提供舒适的换乘环境;大力推崇无缝衔接的交通服务,使不同交通工具之间的换乘距离控制在合理的步行范围内,真正实现出行便捷;此外,政府实施公交一票制,有效地促进了不同交通方式的兼容性以及公共交通系统的一体化发展。

(2) 推动政策——限制小汽车的发展。

一方面是车辆拥有的限制政策:在财税配套政策上,增加小汽车购买时的相关税费,包括关税、车辆注册费、注册附加费以及为了鼓励旧车淘汰而执行的优惠注册附加费。在车辆配额制度上政府直接管制小汽车的供应数量。1990年引入了小汽车限量系统,要求每辆车都要有一个有效期为10年的拥车证,可以通过每个月的密封投标抽签获得。

另一方面是车辆使用的限制政策:从1975年开始,新加坡引入世界上第一个区域行车许可证制度。1991年新加坡开始实施周末小汽车使用计划,使用者只有出示一张日行车许可证,才可在周末规定以外的时间驾车出行。1995—1997年,道路收费被引入市中心的3条主要高速公路,早高峰期间通过该路段的车辆,必须出示相应的缴费许可证。1998年开始实施电子道路收费制度,采用高峰时间收取高通行费、非高峰时间分阶段降低收费的方法,以分散车辆的拥挤高峰。此外,还征收高昂的燃油税及其附加税来限制小汽车的使用。在停车方面,新加坡有一些私人停车场,大多数不设在街道旁的泊车位都属于政府且收费很高,以限制小汽车的使用。

(3) 财政补贴政策。

新加坡的公共交通财政补贴政策更注重组合的观念。政府负责出资建造交通设施,乘客则要为公共交通的运营付费,同时运营商根据其提供的服务水平和PTC提供的票价结构来提取分红。这样的观念听起来就是如果乘客需要更高质量的服务就必须支付更多的费用。

财政补贴遵循以下原则:

① 票价必须符合实际并且需要经常进行评估以适应现实花费的增加;
② 提供的服务、所创的盈利至少能满足自身的运营;

③ 对于设施的扩建和现有设施的更新必须合理。

票价的提高必须通过公共交通委员会(Public Transport Council,PTC)的许可。PTC会一直通过以下准则来维护公众的利益：

① 票价的制定必须公正,过程必须细化；

② 票价的提高不可以影响到邻近的区域,新票价的实施只在有此服务的地区；

③ 因票价提高而带给运营商的回报必须在PCT认为可接受的范围内。

政府会为交通项目出资,但是项目必须至少有资金可以维持最初的运营。这也就是让市场去决定让哪些项目进行下去。对于一些高投入的项目这点尤为重要,比如MRT、LRT或者SURS。

2. 东京的公交发展政策

经过多年建设,东京逐步完善了首都圈国铁JR线、私营铁路线、区部地铁线轨道交通主体网络和地面公交体系,使城际间的联系变得十分容易。以国铁、私铁、地下铁道等轨道交通为主、公共汽车为辅助的线交通系统,以及出租车、私家车、自行车、步行等面交通系统,构成了东京整个立体公共交通系统。东京圈整个公交系统中国铁年运送乘客量为54.5亿人次,私铁为49.8亿人次,地下铁道为26.8亿人次,公共汽车为19.7亿人次[3]。可以看到,东京的公共交通系统中以轨道交通最为突出。东京的公共交通政策包括以下三个方面。

(1) 大力发展轨道交通,制定推行公交优先的拉动政策[4]。

日本对铁道及城市轨道交通的发展十分重视,制定了许多相关优惠政策:向交通投资者发放地铁建设费补助、联络新城区的铁道建设费补助、铁道建设公团私铁利息补助以及大城市交通线利息补助;发放债券、允许申请无息或低息贷款;不同阶段出台铁道用地免征租税或部分减免税等税制优惠政策。在对个人补贴政策方面,日本所有的雇员每月都可以从他的雇主那里领取最高达500美元的免税通勤补贴,而个人驾车的通勤者却只能根据自己的通勤距离拿到这一金额的15%。政府鼓励人们选择公共交通出行。

(2) 市场化运作模式实现双赢。

东京地区2 000多千米的城市铁路网多数由大型企业财团投资建设。城市铁路和公交系统的运营给铁路企业带来了一定的收益,但更大的利润来自投资铁路而产生的沿线土地增值。东京在公共交通与城市联合开发中采用的独特的企业化方法实现了双赢的效果,公共部门和私营财团双双受益。这种由城市财团主导的城市铁路与郊区土地联合开发的东京模式不容忽视。

(3) 限制小汽车发展的推动政策。

通过各种汽车税严格控制小汽车的拥有:对生产厂家征收产品税,对购买小汽车的用户征收汽车拥有税、汽车年度登记税以及按车辆自重征收的附加税。对于个人而言,只有出具一份住处的路外停车位证明才能够注册小汽车;对于公车的保有量也受到严格限制,官员大多数乘坐公共交通上下班,以此减少小汽车的数量。

小汽车的使用也受到诸多限制:在税费方面,通过抬高燃油税的价格来限制小汽车的使用;在道路使用方面,所有市区和城际高速公路都是收费的;在停车方面,东京采取高昂的停车费用,一般停车场每月的费用相当于一个普通职员收入的十分之一,在中心区和繁华的地段采用停车咪表制度收费更是昂贵,同时加大了乱停车的惩罚力度,取得了显著的效果。

3. 伦敦的公交发展政策

伦敦的公共交通系统十分发达,包括公共汽车、有轨电车、地铁、道克兰轻轨及泰晤士河水上交通等多种交通方式。其中轨道交通采用多层次、多类型的交通模式,地铁与城郊铁路共轨也很常见,既能实现线路资源共享,又有利于提高城市周边旅客进入市区的换乘方便性。在伦敦市区,公共交通出行比例达到了72%,在伦敦大都市区范围内,公共交通占总出行比例的38%[5]。好的管理体制以及协调的推拉政策使得伦敦的公共交通发展态势良好。

(1) 公共交通经营主体及管理机构的合理转变。

伦敦市公共交通的经营主体经历了政府—企业—企业主管、政府监督的过程:20世纪30年代,公共交通由政府全面管理;1985年,颁布《交通法》实现了公共汽车公司私有化,由企业完全管理,公共交通市场实现自由竞争,在此期间公共交通占客运市场比例有所下降;到2000年,伦敦市市长提倡发展大运量的公共交通系统,经营管理方式变为企业主管、政府监督。

伦敦公共交通管理机构在经历了伦敦客运局、乘客交通委员会、伦敦运输执行委员会以及伦敦交通署几个阶段后,到1984年成立了区域交通局全面负责公共交通的管理工作,其主要任务是决定公共汽电车运营线路及停靠站的设置与建设、轻轨交通的发车间隔和地铁的服务标准,负责制定票价和管理牡蛎卡。2000年成立的交通服务顾客委员会保持与公共交通调度员的经常性对话,评估公共交通站点的增设或关闭的可行性及实施时间,监督伦敦公共交通政策的全面落实。

(2) 优先发展公共交通的拉动政策。

首先,在道路规划上保证公交优先:英国城市市区内道路主要分为A级(主干路)和B级(次干路)两类,在绝大部分A级道路和小部分B级道路上均设有公交车道。根据流量不同,公交专用道的运行时间存在差异。其次,运用智能化交通提升公交运行准点率:交管部门可以通过道路监控设施将路况及时反馈给公交车驾驶员,保证驾驶员及时获悉交通运行状况;最后,乘客可以根据站点的电子屏信息判断车辆位置,避免盲目等车。

(3) 中心区停车管理及拥挤收费政策限制小汽车的使用。

在伦敦,控制市中心区办公场所停车泊位的供给,提高中心区停车场的收费标准,与此同时在城市外围国铁、地铁车站周边建设大型停车场,免费或者收取很少的停车费,鼓励人们通过换乘公共交通工具上下班,减少高峰期间的道路交通量。成功实施中心区交通拥挤收费政策,让小汽车为之产生的污染、拥挤、噪声及能量耗损付费,提高小汽车出行成本,并将收费所得用于交通建设投资,改善公交运营水平,降低常规公交票价,完善服务设施,增加公共交通服务中的残障设施等。

4. 库里蒂巴的公交发展政策

巴西库里蒂巴是一个发展中国家的中等规模城市,通过周密设计的城市规划,成功将城市用地与交通系统紧密结合在一起,独创了公交发展的典范——BRT系统。BRT系统由390条线路、2 000辆车构成,每天客运量超过210万人次,其中49万人次来自大库里蒂巴邻近地区,390条线路覆盖了库里蒂巴市的1 100 km道路,公共汽车日行驶里程为38 000 km。工作日75%的通勤出行依赖公共交通,平时公交出行比例达47%,年人均公共交通出行次数为 350 次[6]。库里蒂巴公共交通系统的强力发展得益于其先进的公交政策,在发展伊始就获得了良好的发展态势。

(1) 在城市规划层面上确定公共交通系统的优先发展地位。

1965 年,库里蒂巴市在形成新版城市总体规划时,将城市公共交通纳入总体规划的范畴一起考虑,更加强调交通的目的是满足人的出行而不是机动化的出行,要保留和加强市区核心和发展轴线,反对小汽车穿城而过的行为,因此,构建大容量的快速公交系统成了首选的交通发展模式。这就要求城市土地开发、公共交通服务和城市道路的功能分类都能够紧密地结合在一起,在相应的交通政策指引下,实现"沿发展轴线建立公交专用道"的土地利用规划目标,使商店、工作场所和住宅之间交通便利,最终建设一个创新、集成的公交网络体系。

同时库里蒂巴将把公共交通和步行者放在最优先的地位。自行车和步行区是公路网和公共交通系统这个整体中不可分割的一部分。库里蒂巴市大力兴建自行车道,甚至不惜占用机动车道。库里蒂巴市中心设有大面积的步行区,这些步行区处在市中心商业区,又位于整合公共交通系统的总枢纽换乘站附近,步行区呈现一片繁荣景象。

(2) 市场化的管理体制以及运营与票制分离的经营模式。

目前,库里蒂巴城区和郊区的所有公交线路由 10 家私营企业运营,统一由政府管辖的城市化股份有限公司(URBS)进行监管。URBS 主要负责制定时刻表和运营标准,监督私人运营是否合格,规划新的线路和服务,维护换乘站等工作。票制系统则由一个整合的公交系统基金会负责,采用运营与票制分离的经营模式:不同公交公司的车辆只管在线路上行驶,车票由基金会统一发售,票款由票务公司统一收管,最终各运营车辆按营运里程分配盈利。这样不同的公交公司可以形成服务联盟,车辆不会因为等客而延误,也不会因为少客而慢行,减少了车辆间的恶性竞争,扫除了公交运营的一些痼疾,提升了公交服务的效能。

(3) 支持公共交通优先发展的"推拉"政策。

一方面,实行鼓励性的经济补贴政策吸引出行者乘坐公共交通出行。巴西规定人均收入的 20% 应用于支付交通费,但员工实际的公交出行费用不应超过可支配收入的 6%,6%~20% 的费用,应该由雇主提供。尤其是在那些低技术、低收入的工作群体中,公共交通津贴普遍存在[7]。另一方面,采用积极的停车政策来限制小汽车的使用:市区内的停车位很少,即使有停车位也只允许短暂停车,路外停车场多数为私有的且停车价格十分昂贵。

5. 蒙大拿州的公交发展政策

随着汽车工业的发展,美国在交通发展上分别经历了有轨电车、公共汽车、小汽车占优势的三个阶段。美国的城市布局和生活方式已决定了美国把整个国家建在四个汽车轮子上。但是,随着交通公害、能源危机的增加,美国也在逐步改变城市交通方式。历届政府都对复苏公共交通作过努力,早在 20 世纪 60 年代,政府颁布了公共交通法,引导大城市交通向大容量快速轨道转化。到了 80 年代,又有环境保护法的规定,要求相应发展公共交通代替小汽车出行,但代价巨大。每年 60 亿美元以上的投资用于公共交通建设,也只能解决 1.5%~2.0% 的小汽车乘客量,所以收效甚微,短时期难以改变现状。交通的每况愈下,促使美国政府反省过去的增建和扩大道路系统的交通发展战略,采取相应措施解决目前的难题。除了加大投资改善交通运输条件以降低事故率、减少堵车之外,美国政府还积极倡导公共交通。

(1) 为了鼓励少用私车,美国的环保部门和交通部门出台了一系列鼓励政策。例如政府部门对愿意搭乘公交车的人员给予额外的车票补贴,对愿意组合乘车的人给予免费停车、免交过桥费用以及享用特殊快车道的优惠待遇。

(2) 美国在大量从事轨道交通系统投资的同时,努力改进公共巴士的服务质量,提高运行速度和舒适度,以吸引更多的乘客,改善城市交通环境。近年来,在美国一些大城市实施的快速公共汽车交通(BRT)就是美国为改进公共巴士服务质量所进行的大规模的工作,该项目已在美国各大中城市如波士顿、夏洛特、丹佛、哈特福德、火奴鲁鲁、迈阿密、奥尔巴尼、芝加哥、洛杉矶、路易维尔和匹兹堡等地方开始实施。

以蒙大拿州公交政策为例进行说明。

(1) 支持并促进公共交通的使用,该政策共包括以下6项措施。

措施1:支持当地教育部门或推进公共交通的机构大力宣传公共交通。

措施2:确保高速路的建设以解决公共交通的需求。

措施3:转移高速路建设的资金为本地政府要求的交通运输使用。

措施4:协调国家、城市和交通系统建设的规划和实施。

措施5:继续协助相关部门建设运输系统以满足未来的交通需求。

措施6:利用公共交通管理系统为运输系统信息发布的监测和报告提供信息。

(2) 保存现有城市间的公共交通服务并鼓励发展新的公共交通服务,该政策包括以下5项措施。

措施1:促进其使用,提高连通度,为城际公共交通乘客的服务提供资金。

措施2:使用 TransADE 的资金支持提供在城际巴士方面的服务。

措施3:完善公共交通设施的质量(提高公共交通的吸引力,需要与火车、机场和城际巴士一同完成)。

措施4:与铁路合作,利用已有的铁路设施来提高公共交通的便捷性。

措施5:确保在保存和扩建客用轨道服务时,蒙大拿州的利益问题会被有关增加铁路服务的国家决策解决。

(3) 努力通过便利的跨机构投资来改善面向乘客和交通弱势人群(老人、儿童、低收入者和残疾人)的交通服务,主要有以下3项措施。

措施1:加强州机构和地方投资者在企业合并投资方面的合作。

措施2:利用 TransADE 的资金作为媒介去促进合作,避免重复的投资,更好地使用现有设施,提高现有公共资金的使用效率。

措施3:继续致力于与公共服务机构的合作,使得为乘客提供更加方便的服务。

(4) 找出并实行在蒙大拿州可行的交通需求管理的措施。

措施1:继续加强与大都市规划机构和城市区域的合作,加入有关需求管理的内容。

措施2:与州内的机构保持合作,为州政府形成交通需求管理的程序。

措施3:鼓励实施乡村合乘。

6. 苏黎世的公交发展政策

苏黎世市是苏黎世州171个自治市的其中一个。在19世纪时,州议会定义了居住结构的指导原则是:紧凑集中的居住模式配以较好的公交可达性。1988年制定公共交通法并规定有关运输供给部门提供高质量的公共交通服务,主要提供给至少有 300 名居民的连续发展区域。高质量意味着在 400 m 的范围内必须有一个巴士或有轨电车的站点,或者在 750 m 范围内至少有一个铁路站点,同时要满足至少每小时都有车辆到达。苏黎世的公共交通具有很高的社会信誉,即使是银行总裁或是政府官员都在使用公共交通。其成功的原因可以归纳为以下几点:

(1) 基础设施的不断完善是基础。

(2) 基于动态控制系统的交通管理,交通运输的效率是关键,目标是运输更多的人,而不是更多的运输工具。

(3) 停车空间管理为交通政策提供更有效的支持。最有效的方式是管理私人的停车空间:停车法令强制控制新建建筑物的停车位,而不像以前那样提供尽可能多的额外停车位。如果该地段有优质的公共交通,就会有更多的土地会保留出来提供下一步的规划使用。

(4) 良好的居住环境:在居住区实行交通宁静管理,车速限制在 30 km/h 以下。

(5) 为行人和自行车使用者提供良好的交通环境:步行完成了公共交通出行链的开始和结束部分。每一个公交乘客同时也是行人,所以站点的候车区和到站的过程都必须有吸引力。实际上如果让行人感觉到到站或者换乘的过程都不够便利,这肯定不利于提高公共交通的使用率。

(6) 机动性管理方面的软政策。

(7) 网络服务和阶段性的政策:管理工程的全体人员都必须确定所有的政策都在为同一目标服务。即使是很小的决策,无论它是关于公共交通还是私家车,抑或是停车政策,都必须满足整个计划。

(8) 交通的支柱是可持续发展的政策。

7. 巴黎的公交发展政策

巴黎公交系统由地铁、市域快线(RER)、区域铁路(transilien)、有轨电车(tramway)、和地面公交(bus)共同组成,日均运量约为 1 100 万人次,公交出行占总出行比例高峰可达 83%,在小汽车高度普及的城市,公交由于其自身优势,得以在与小汽车的竞争中脱颖而出,得益于先进的公交优先发展政策。

长期以来,法国政府把城市公交优先发展作为基本政策以法律形式给予保障,相继颁布了一系列法律,以《城市交通法》《空气清洁法》《大气保护和能源合理使用法》和《城市振兴协作法》最为重要,强调机动性需求与保护环境和健康之间的平衡,要求在城市道路空间资源分配上应给予公交充分的优先地位,通过制定城市交通出行规划,将城市规划、住宅、交通纳入一体化框架以解决交通问题。

1996 年 12 月,巴黎大区颁布了一个具有法令性质的文件《城市交通规划(PDU)》。PDU 强调用地和交通规划的相互影响,但并非技术型规划,主要结合当前城市发展问题和挑战确定政策目标,明确具体措施,提出跨部门、跨学科的政策工具包,形成事后及时评估和动态反馈。PDU 的特点是:发展多模式交通及其换乘,充分考虑"轻型"的慢速交通方式,以及关注政策实施过程中的制度创新及公众参与。

公共交通实行市场准入和公共资源配置的基本制度,公交委员会通过政府购买服务方式选择运营企业并签订合同,将公交服务标准、运营里程计价模式等内容形成契约予以执行。公交基础设施建设由政府投资,交给地区公交委员会或地方政府管理,运营公司负责经营。城市公交发展资金一般来自乘客、企业、地方政府和国家等4个方面,由地区公交委员会统一管理和分配。

8. 墨西哥城的公交发展政策

墨西哥城市中心区人口密度大于18 000人/km^2,居住了全国21%的人口。私人小汽车迅速增加,道路交通非常拥挤。对此,政府采取了积极的交通政策:大力发展公共交通;实行公共交通低票价政策;扩建和改造道路网,实行单向交通;限制私人小汽车的增长;提高公共交通的运载能力;重视交通安全,强化交通管理。

为保证公共交通的发展,墨西哥城加大了公共交通投资力度。每年从市政建设费中提出37%用于公共交通建设,最高时达44%(1984年),这些费用中,国家占54%,市政府占40%,企业自筹6%。

墨西哥城的规模目前还在不断扩大,城市交通问题依然存在,但它大力发展公共交通的政策为居民的城市生活提供了有力的保证,为其经济快速发展创造了有利的条件。

8.2.2 国外城市公交发展政策总结

从上述公交政策案例中可以看出一些典型的公交城市在公交政策的制定上有着许多共性,所制定的政策可以从以下几个方面进行理解。

1. 投资政策

方便的营运环境、法治体制、自由贸易及公平开放的金融网络,是公交城市发展的前提。投资大体可分为建设和运营两块,比如蒙大拿州提出在城市高速路完善项目的初期考虑公共交通,减少了昂贵和复杂的街道和高速路的建设,并使用TransADE的资金支持城际巴士方面的服务。运营方面例如东京铁路网多数由大型企业财团投资建设,城市铁路和公交系统的运营给铁路企业带来了一定的收益,同时投资铁路而产生的沿线土地增值获得更大的利润。公共交通的建设需要政府的出资,但是不同的投资方式会给政策和公交公司带来不一样的影响,将公交的运营市场化,形成促使公交高效发展的经营模式。

2. 价格政策

价格政策包括了票价的制定政策和对公交出行票价补贴的有关政策,例如新加坡有十分严格的票价补贴政策。除了制定合理的票价以外,很多城市通过增加职工公交交通费用的补贴来鼓励出行者使用公共交通,例如:巴西法律建立了一个标准,人均收入的20%应用于支付交通费用,员工实际支付的公交出行费用不应超过可支配收入的6%,6%~20%的费用应该由雇主提供;日本所有的雇员每月都可以从他的雇主那里领取最高达500美元的免税通勤补贴等。

3. 管理政策

除了兴建地铁及道路保持交通顺畅外,高效的交通管理是关键。交通管理方式在很大程度上会影响运输策略的成效,智能交通运输系统、运输资讯系统、交通管理架构等新科技更能使现有的交通运输设施发挥更明显的效果。新加坡通过公交优先改善其行驶时间,比如在交通信号灯上给予其优先。鼓励使用 GPS 技术来提高公交的运行效率。苏黎世为公共交通的车辆提供最大程度的信号优先。根据这个原则,有轨电车和巴士需要的不是很长的绿灯时间,而是当它到达交叉口时都可以得到通行权。苏黎世信号优先的原则使公共交通有了很大优势。交通管理的目标应该是运输更多的人,而不是更多的运输工具,效率才是关键。

4. 慢行改善政策

慢行的改善政策在一些发达国家越来越受到重视,这些国家意识到完善的公交网络必须配以舒适的出行环境才可能吸引更多的人选择公共交通方式出行。苏黎世提出为行人和自行车使用者提供良好的交通环境:步行完成了公共交通出行链的开始和结束部分。每一个公交乘客同时也是行人,所以站点的候车区和到站的过程都必须有吸引力。自行车和步行区是公路网和公共交通系统这个整体中不可分割的一部分。库里蒂巴市中心设有大面积的步行区,这些步行区处在市中心商业区,又位于整合公共交通系统的总枢纽换乘站附近,步行区呈现一片繁荣景象。

5. 限制小汽车政策

随着汽车工业的发展,很多国家决定将未来设定为小汽车交通的时代,但是美国的经验告诉我们这会导致交通公害、能源危机的增加。总结各主要公交城市对于限制小汽车的相关政策,可以归纳为以下几点:

(1) 通过停车设施的管理控制小汽车的使用。如在日本,任何人想注册小汽车,都必须出具一份在其住处拥有一个路外停车位的证明等。

(2) 收取较高的车辆首次登记税、车辆牌照费及燃油税。如在新加坡,采用较高的车辆首次注册税、注册附加费、车辆牌照费及燃油税等。

(3) 道路拥挤收费,分时段、分路段进行收取。如新加坡使用道路拥挤收费的方式,优化道路空间,使得道路保持在自有流状态。

8.2.3 国内典型城市公交发展政策

1. 香港的公交发展政策

香港成功建立了多种交通方式协调发展的公共交通体系,主要包括铁路、有轨电车、轮渡、缆车、巴士、小巴和的士等多种方式,以铁路为骨干、专营巴士为主体、非专营巴士为辅助,线路密集、种类繁多、功能互补;发车频率高,车体先进、整洁。现代化、多元化的交通体系为乘客提供了可靠、舒适、快捷的服务,公共交通系统具有较大的吸引力,公交出行达到90%。先进的公交政策主要表现在以下三方面。

(1) 城市规划和功能布局优先考虑公共交通发展。

为了使香港有限的道路创造出最大的效益,将"公共交通优先"确定为香港交通运输的基本政策之一。香港的交通被看作是城市管理运作的血脉,在城市规划和功能布局中,总是首先考虑解决好交通问题,做到公交先行或同行。在发展新市镇和建设大型住宅区时,基本选择在铁路沿线地区密集开发,尽量使出行者不需转乘其他交通工具步行到达地铁站,以减少交通流量。

(2) 成功实施市场化运作模式效果显著。

特区政府强调市场运作的优势，公交企业全部为私营机构，政府不提供任何形式的直接补贴等资助，公交企业全部采用市场化的运营模式。但在首期登记费、牌照费和燃油税、建设场站、密集开发铁路沿线土地等方面，政府会给予公交公司间接补贴。香港的公交公司都进行多元化经营，除做好公交运营外，按商业原则同时经营房地产、购物、物业等服务，这种多元市场化经营的经济效益往往超过公交运营所得，因此公交不需要政府的直接补贴但仍然可以实现盈利，这是香港地铁的一大亮点。

(3) 限制小汽车发展的推动政策。

在小汽车拥有限制方面，主要采取税务措施，包括征收首次登记税以及每年按照排气量大小缴纳车辆牌照费。在小汽车使用限制上，征收燃油税、隧道桥梁费、拥挤收费及电子道路收费等调节小汽车的使用量；在有足够公交配套的地方采取停车位供应的政策来调节，以住所泊车位的供应调节小汽车的拥有率，以非住所泊车位调节车辆及道路使用率。完全由市场调节的停车费十分昂贵，把私家车的年增长速度有效控制在2%左右。此外，香港还会严格限制公务车的使用，在出入口设计、道路使用和交通管理等方面，特区政府不给公务车任何特权，最大限度地减少公务车对城市交通的负面影响。

2. 上海市的公交发展政策

上海在《上海市城市交通白皮书》中提出的目标是要建成协调运营的公共客运服务系统。公共客运的各种方式将根据不同的功能定位，合理分工，紧密衔接。轨道交通作为城市交通的主体，发挥大容量、快速交通的优势，主要承担中长距离的出行；公共汽电车作为城市交通的基础，发挥覆盖面广的优势，主要承担中短距离的出行，并为轨道驳运服务；出租车作为城市交通的补充，发挥灵活服务的优势。

在《上海市城市交通白皮书》中提出的政策主要包括两个方面：

(1) 公共交通优先政策。

从上海特大型城市的特点出发，按照公众利益优先和效率最优原则，实施公交优先，即优先保证合理的公交用地，优先保证公交资金投入，优先保证公交高效运营，优先保证公交的换乘方便。通过积极的引导，不断提高公交方式出行比重，稳步提高交通机动化水平，发挥慢行交通短距离出行和接驳公交的功能，逐步形成以公共交通为主、个体交通为辅的交通模式。

(2) 交通区域差别政策。

即要求：中心区依托大容量轨道交通网络为主体的公共交通，完善道路等级配置，控制机动车流量，公交方式与个体机动方式出行人次之比为3∶1；外围区以地面公交和轨道交通为主导，加快建设快速路，适度放宽小汽车等个体机动方式的使用，公交方式与个体机动方式出行人次之比为2∶1；郊区重点建设高速公路网，鼓励小汽车的拥有和使用，推动城市空间有序扩展，公交方式与个体机动方式出行人次之比为1∶1。

3. 北京市的公交发展政策

北京市第一部交通发展纲要《北京交通发展纲要(2004—2020)》明确提出要全面建成适应首都经济和社会发展需要、满足全社会不断增长和变化的交通需求，以及匹配首都和现代化国际大都市功能的新北京交通体系,以人性化为服务宗旨、一体化为基本构架、集约化为发展模式、信息化为依托、法制化为保障,进行交通可持续发展,并提出五大基本政策。

(1) 交通先导政策:坚持城市交通基础设施适度超前、优先发展,充分发挥交通建设对城市空间结构调整的引导和支持作用。

(2) 公共交通优先政策:从城市可持续发展要求出发,兼顾公平与效率,整合交通设施资源,在规划、投资、建设、运营和服务等各个环节,坚持设施用地优先、投资安排优先、路权分配优先以及财税扶持优先等。

(3) 差别化区域供给政策:旧城区将基本维持现有路网格局,重点发展以地铁和地面公交为主的公共客运体系,通过停车控制及必要时的拥挤收费等策略对小汽车交通实行从紧管控;在旧城以外的中心城将优先发展以轨道交通和快速大容量公交为骨干的公交系统,根据道路资源和环境容量对小汽车实行适度调控政策;在新城和郊区城镇优先发展公交服务网络,同时要为小汽车交通提供相对较为宽松的使用空间。

(4) 小汽车交通引导政策:对小汽车交通在行驶区域、行驶时段及停车服务等方面实行差别化调控管理,确保市区道路系统维持适当的服务水平。

(5) 交通产业市场化政策:进一步深化城市交通投融资体制改革,构筑政府投资、企业自筹、社会投资等多元化主体的投资体系,拓展投资渠道、盘活存量,引进增量,不断扩大交通建设投资规模,协调公众与投资者的利益,引入市场竞争。

4. 株洲市的公交发展政策

株洲市在公交发展上开启了一系列首创性的典范,例如:1994 年,株洲市成为湖南省第一个推行无人售票改革的城市;1996 年组建了全国第一个跨省联合式公交企业,通过"市场运作、财政兜底"机制,对公交优先予以保障;2004 年,成为全国首个批量投入纯电动出租车和率先启用运营城市新能源充电站的城市;2007 年,在湖南省率先出台了优先发展城市公交的实施意见;2011 年,成为全国首个电动公交城。

在公共交通发展政策方面提出了八大策略:

(1) 投资策略。政府必须重视和加大对公交发展的投入,促进公交市场的多元化投资环境建设,引导社会资金投入公交设施建设;明确规定公交投资的回报率,促进公交的可持续发展,在经营上将投资与经营分离,加强投资者对公交运营的监督;政府通过资金政策性补贴,来保障城市的低收入阶层和老、幼等出行能力较弱人群享受城市公交公益性服务。

(2) 规划和建设策略。建立以公共交通为导向的城市土地开发模式(TOD);公交专用道、公交设施的设计与建设必须列入道路建设与城市改造计划中;城市交通管理计划、措施、政策的制定切实贯彻"公交优先"的原则;在场站用地的取得上,政府提供优惠政策;结合城市发展的规模、用地资源条件、经济发展的阶段以及国家技术生产的能力,在适当的时候可结合远景策略研究新交通系统选择的必要性和可能性。

(3) 政府客运交通管理改革与市场引导策略。政府应担负起公益事业的全部责任与义务,体现社会的公平和福利。

(4) 引入公交竞争和竞争管理策略。引入竞争机制,实现客运交通一体化及政府与市场行为的分离。

(5) 鼓励乘公交出行策略。政府应制定对自行车等私人交通工具向公共交通转化的实施规划、计划和技术经济政策,进一步降低株洲市居民出行中非公共交通的出行比例。鼓励公交出行,限制中心区不必要的私人交通和其他非公交车辆的出行。

(6) 重视城市公共交通的衔接策略。

(7) 引进公共交通需求管理策略。

(8) 强化土地开发与公共交通协调发展。

针对以上每一条策略提出相应的实施措施,亮点在于"体现社会的公平和福利",以及鼓励公交出行,限制中心区不必要的私人交通和其他非公交车辆的出行。

5. 成都市的公交发展政策

成都市在对未来土地利用与交通发展的前景分析和战略研究的基础上,依据城市客流走廊变化特点,以城市客流走廊和换乘枢纽为规划重点,提出城市公共交通专用道、公交换乘枢纽和运营场站布局的近、远期规划方案,并结合用地发展和客运需求提出城市轨道交通线路网络调整建议和公共交通系统升级的发展策略,以推行城市的TOD发展模式。同时对于公交优先提出以下几点政策:

(1) 公交财政资金投入政策。从2007年起,对公交的投入纳入市财政预算。由政府统筹安排的公交发展资金主要用于加大对公交场站建设和公交车辆新增更新购置的投资、公交科技进步的投入、公交公益性服务和政府指令性服务项目的补偿等。

(2) 公交税费政策。从公交企业征收的城市公用事业附加费实行先缴后返,专项用于发展公交事业;对符合其他税费优惠政策条件的公交企业给予相应的税费优惠。

(3) 公交供地政策。对于按照规划实施的城市公交场站建设,按公益事业用地政策在出让地价和出让方式上给予支持;对于地铁建设,由政府在地铁沿线选择并划定地块,为地铁公司配置一定数量的经营性土地的出让收益用于支持地铁项目的可持续发展,土地的征用和出让按相关法规办理。

(4) 公交车辆更新政策。鼓励公交车辆换档升级,对国家第一阶段排放标准的老旧柴油车进行淘汰更新,从政府性财政资金中给予贷款贴息,对政府指令开行的公交线路车辆和新型车辆购置给予政府性财政资金补贴。

(5) 公交科技政策。政府支持公交科技进步,对GPS调度系统、电子站牌系统及出行信息服务系统等智能化交通技术的投入给予专项资金补助。

(6) 公交票价政策。对在城市道路固定线路上行驶或在各区(市)县域内开行的公交客运实行低票价政策。调整公交票价,既要考虑企业经营成本,更要考虑市民的承受能力和优先发展公交的政策取向。建立公交企业经营成本评价制度和政策性亏损评估制度,对公交企业因实行低票价政策造成的政策性亏损,经审计、财政和物价部门审定核实后由政府安排资金按年度给予政策补贴。公交企业要加强成本管理,降低营运费用,在政府投入及各项补偿、补贴、税费优惠政策到位的基础上,保持相对于其他交通方式的低成本优势,不断巩固实行低票价的成本基础。

(7) 公交公益性服务政策。城市公交企业(包括国有、合资、外资及民营)有责任承担社会公益性服务(包括按规定实行的老年人、残疾人、军人免费乘车,学生和成人优惠乘车等)和政府指令性任务。对公交企业承担社会公益性服务和政府指令性任务所增加的支出,经公交主管部门审核后由政府安排资金按季度给予专项经济补偿。

6. 深圳市的公交发展政策

深圳市提出的公交发展重大政策与措施主要包括以下几点：

（1）重组公交企业，逐步推进公交区域专营。按照公交发展一体化和适度竞争的总体要求，加强市场准入管理，积极引导、稳步推进公交企业重组，逐步实施公交区域专营。

（2）大力推进轨道与常规公交的整合，构建多模式、一体化的公交线网。根据多模式公交的发展定位，结合公交客流需求，构建功能明确、层次清晰、结构合理的一体化公交线网。

（3）建设大运量快速公交系统，完善公交专用道体系，实施公交路权优先。

（4）加强公交枢纽、场站等基础设施的规划建设，建立完善的公交换乘枢纽体系，为构建多模式、一体化的公交网络提供设施平台。

（5）加强营运监管，改善营运服务。建立适应于公交区域专营模式下的行业监管与约束机制，改善营运服务，提高营运效率。

7. 汕头市的公交发展政策

汕头市的公交规划中，将政策法规保障体系设计作为一项专项报告进行研究，主要从政府决策层面和行业管理层面对政策进行规划，具体如下：

（1）政府决策层面。明确政府职能，加强宏观管理；确立优先发展公交的政策；给予公交企业一定的财政补贴和收费减免，扶持大容量的大公交发展；实行并逐步完善公共大公交专营政策；在资金筹措、线路布设和站场建设等方面扶持大公交的发展，给予大公交以优先的道路通行权，下大力气提高公交分担率；引导和促进公交企业在科学管理和技术提高上进行发展；结合城市环保工作的推进，充分发挥大公交污染小、事故率低的优点，并提倡清洁能源的使用；政府应对公交企业的发展给予一定政策上的支持和法规上的保障。这些优惠政策措施主要表现在投资融资政策、税费和补贴、经营政策以及技术支持政策4个方面。

（2）行业管理层面。建立并完善公共交通市场制度。通过建立完善的市场法规体系及市场管理机制，形成统一、开放、竞争、有序的市场环境，在保证公交服务满足城市客运系统需求的前提下，使公交企业的效益能够持续稳定地增长，实现公交行业的健康发展。

值得一提的是，汕头市的公交政策规划还从政府决策层面、行业管理层面、公交服务模式三个方面的政策保障角度提出近期和中远期的实施建议。同时还明确提出汕头市"禁摩"的重要性，并提出相关措施。

8.2.4 国内城市公交发展政策总结

1. 投资政策

投资政策是保证公交优先的重要方面，很多城市都明确地提出这一点，通过总结主要包括以下几方面：

（1）建立"公共交通发展基金"，筹措来源可以通过多种渠道，用以支持公交改革和发展。

（2）法规上政府应该出台一定的投资保障法规，根据城市基本建设投资比例和增长幅度来确定适当的城市公共交通的投资比例和增长幅度。

（3）投资来源上以政府财政为主，以银行信贷为辅，筹集社会资金和利用外资，在社会集资上可以通过发行股票、募捐资金来盘活企业资产。

（4）对公交在生产经营和购买车辆设备上所需的资金,政府给予低息贷款。同时还应积极为公交开辟其他低成本融资渠道,有利于公交的持续发展。

2. 价格政策

通过总结发现,对于价格政策方面涉及的城市较少,这方面做得较好的城市为汕头市,它制定的票价政策是为稳定票价而制定的补贴政策,这些补贴政策主要涵盖以下情况：

政府指令开设并统一票价的低客流量线路,以及必须经过高额收费隧道、桥梁等路段的线路；公交企业进行技术改造、购置高等级车辆；公交企业给予军人、老、弱、残的乘车优惠而造成的亏损；承担救灾或特定任务造成的亏损；按国家规定应给予公交企业的补贴等。

3. 慢行改善政策

在我国公共交通发展规划中,若将电动自行车和摩托车另计,对于慢行改善政策涉及得少之又少。

4. 限制小汽车、摩托车政策

上海与北京均提出了限制小汽车出行需求的政策。上海小汽车发展经历过三个过程：从最初的"限制发展小汽车",到"有控制地发展小汽车",再到"适度发展小汽车"。从规划文件中也可以看出对于小汽车的限制主要是限制其出行需求。

对于摩托车限制的主要措施包括以下两点：

（1）空间上实施道路使用需求管理。通过道路收费、地区禁行、市中心增收停车场附加费等措施,限制非公交车车辆进入中心地带,限制摩托车使用道路,鼓励市民使用公共交通车辆。

（2）时间上对车辆使用进行管制。主要通过错时上、下班的方法缓解高峰时段交通量的积聚,以及采用单、双号行驶法和信号灯配时设置延误来限制摩托车辆。

8.3 城市公共交通发展管理

8.3.1 政府内部间行政管理机制

1. 我国公共交通行政管理机制

自新中国成立以来,我国城市公共交通管理机制进行了多次改革,大体历程如表8-1所示。

表8-1 城市公共交通管理机制改革历程[8]

时期	管理机构	职能分工
新中国成立初期	交通部门	中央及直属市的车辆行驶由市政府管理,长途汽车由公路机关管理,省级下属城市的车辆管理由省公路机关办理
1949年至80年代初期	公安部、交通部、农机监理部	39个城市公共汽车安全由公安机关负责,其余由交通部门负责。上路行驶的拖拉机管理由农机监理部负责
80年代初期至1985年（公交垄断阶段）	公安部、交通部、农业机械部	各省、自治区、直辖市人民政府驻地城市、旅游城市以及原由公安部门鉴定车辆的城市其交通指挥、维护集团秩序等工作,均由公安部门负责；其余地区的机动车及驾驶员牌证管理由交通部门负责；拖拉机由农业机械部门负责

(续表)

时期	管理机构	职能分工
1985—1992年（经营权改革阶段）	交通部、公安部	确定了全国城乡道路交通由公安机关统一管制的体制，道路交通安全管理职能由交通部转到公安部
1993—2005年（公共交通市场化）	交通部、公安部	公安部负责管理全国道路交通安全和交通秩序
2006年至今	住建部、公安部	由城市建设司对城市道路建设和城市公共汽车实施行业管理；由交通管理局对路面交通、交通安全实施管理

就国家而言，城市公共交通管理的相关事宜主要由负责城市交通规划和城市客运管理的住建部和负责路面交通和安全管理的公安部共同进行管理，下属城市建设司和交通管理局分别负责相关职责。

对于地方层面，相应的管理机构更为繁杂，主要包括市/区政府、市建委（也统管市规划）、市交委、市规划、市公安交警支队以及各种交通细化部门，例如机场、港口、铁路、公路等分别对应不同的机构负责，相应的管理体制也更为复杂。

我国城市交通管理体制目前主要有三种模式，如表8-2所示。

表8-2 我国城市交通管理体制模式[9]

内容	模式一	模式二	模式三
体制模式	由交通、市政、城建和公安等部门对交通实施交叉管理	实行城乡道路运输一体化管理	"一城一交"综合交通管理模式
职能分工	交通局负责公路运输、公路和场站规划建设以及水路交通运输的行业管理；市政公用局负责城市公交和城市客运出租汽车的管理；市城建部门负责城区的道路规划与建设；市公安交通部门负责交通安全管控	市交通局除负责公路规划建设和水路运输管理职能外，还对公路运输、城市公交和室内出租车统一管理；市公安交通部门负责交通安全管控	市交通委员会是市政府组成部门，负责交通运输规划、道路和水路运输、城市公交、出租汽车的行业管理，并负责对城市内的铁路、民航等其他交通方式的协调；市公安交通部门负责交通安全管控
典型特点	由于部门管理分头领导、职能交叉、分工不明，因而政出多门、政令冲突	实现了交通部门对交通的管理；整合了道路运输资源，但不具备对城乡交通统一战略、统一规划、统一政策和统一建设的职能	实现了道路运输管理的一体化，但在交通基础设施的建设养护方面尚未形成集中统一管理
代表城市	南京、福州、昆明、南宁、成都、杭州等	沈阳、哈尔滨、乌鲁木齐、西宁、长沙、兰州等	北京、广州、重庆、深圳、武汉等

也有城市结合城市公共交通发展状况提出管理体制改革，例如天津市成立天津市客运交通管理办公室，内设综合处、出租汽车管理处、公共汽车管理处、法规处以及稽查执法大队5个职能部分，对公共交通管理采取分级管理。上海市提出"三制"改革，即首先是票制改革，取消月票，实行普票；其次是机制改革，优化财政补贴，实现良性循环；最后是体制改革，实行多家经营，形成竞争格局等。

2. 现行公交管理机制存在的问题

现行的公共交通管理机制虽然是经过一系列的改革而形成,但是从当前运行效果来看,仍然存在一定的问题,体现在中央政府与地方政府之间以及管理部门之间[8]。

一方面,我国的公共交通管理机制虽然在不断改善,但是对于中央和地方来说,并未形成统一的管理主体,缺乏统一的城市公共交通管理模式和管理体系。在国家层面上,国内城市公共交通的管理主要由住建部和公安部负责,相关的还涉及发改委、财政部、国资委等;但是从省级层面看,是由政府明确将城市公共交通的行政管理权力授权给交通运输部门;在城市层面上,有些城市的城市客运管理职能由于分属不同管理部门而造成混乱状况。从国家到省级到城市,由于公共交通的管理主体并不一致,导致相关政策和管理措施在落实中对接困难,效率低下。另一方面,目前我国中央政府与地方政府的合作机制不健全,没有法治化的合作关系和合作形式,在组织人事、利益分配、决策和监督、明确权力和职能的分配等方面出现众多问题。

另外,城市公共交通是一个复杂的大系统,包括交通安全、公共服务的提供、建设和使用,财政,基础设施的规划,土地开发,票价设定和改革,交通路线的规划,投资以及环保等多方面,必须高度协调统一。部门分割、多头管制、职责不清、政出多门是目前城市公共交通管理体制存在的主要问题,如城市市政府规定要办理营运手续,必须由建委、公安局、发改委、交通局按运营情况、乘车需求等进行科学测算并提出意见,且在报备政府审批后才能从事经营活动。在经营者进入市场后,由交通局、建委、物价局、公安局负责政府管理工作。这种城市公共交通运营企业属多个行政部门管理的体制,虽然多个部门互相监督配合是个优势,但是这种管理体制却使得职能交叉、政令冲突、职责划分不清,政府管理效率低下、成本升高。

3. 国内外公交管理机制借鉴

(1) 法国公交管理机制。

法国城市公共交通管理体制以"城市交通管理委员会(AOTU)"为管理机构、"城市交通服务区(PTLJ)"为权责范围、"城市交通税(VT)"为资金来源,三者相互支持,构成了法国地方化的城市公共交通建设与管理机制的基础。

法国城市公共交通的组织以"城市交通服务区"为基本单位进行组织。在1973年之前,服务区划分参照的是各相关市镇的行政区域范围,在1973年后改为涉及公共交通网络覆盖的区域。由于服务区的划分与行政区没有直接关系,因此由各相关市镇市议员组成的"城市交通管理委员会"将城市交通网络的建设与管理实务从市镇政府事务中分离出来,独立实施管理,成为区域范围内城市公共交通的最高领导机构和决策机构。

(2) 美国公交管理机制。

美国城市公共交通的管理机构是各市公共交通局,负责城市公共交通管理、规划、建设及停车场管理等。美国公共交通的投资体制由各级政府分担,不管公交企业亏损如何,都依据既定的议案给予优厚的政策补贴。

美国国家层面最高的管理机构是美国联邦政府交通部,下设公路总署、公共交通总署、民航总署、铁道总署和海运总署等。各州政府有交通委员会,下设州政府交通厅和航运委员会、公共交通事业委员会。区域性政府设交通委员会、公共交通委员会和铁道管理委员会。

地方政府设交通局、公共工程局、公共交通局和民航港务局等。

(3) 日本公交管理机制。

日本城市公共交通管理体制中,国家层面由运输省和建设省共同管理,运输省负责规划和经营管理,建设省负责交通设施的建设、投资和审批。

地方城市分设建设局、城市规划局和交通局。建设局主要负责道路和河流的修缮及管理,管理城市再开发,以及其他与基础设施相关的业务;城市规划局主要负责有关交通规划等政策的制定;交通局主要负责市内交通体系的基础设施建设和运营。其资金来源分别由国家拨款、地方政府拨款和银团贷款三部分组成。

(4) 新加坡公交管理机制。

新加坡的公共交通由交通部下辖的路上交通管理局(LTA)管理,主要负责对交通基础设施进行规划、建设、管理,并制定政策。除政府管理部门外,还有一个公共交通委员会(PTC),负责监督新加坡的公共交通,保护乘客利益,督促经营者遵守各项规定。

(5) 中国香港公交管理机制。

香港城市公共交通主要采取专利经营的模式。特区政府主管交通事务的部门是运输署。凡与交通有关的全部归运输署统一协调和管理。这种集中统一的管理体制,避免了政出多门、互相推诿的弊端,而且在规划与管理上全面衡量、通盘考虑。此外,与交通有关的机构还有交通咨询委员会和交通审裁处。咨询委员会就重要的运输政策和问题,向行政长官和行政会议提供意见。委员会有委任成员 21 名,包括主席和 3 名官方成员,辖下设有交通投诉组。交通审裁处是根据《道路交通条例》设立的,主席和成员全部由公众人士出任。市民如不满运输署署长就车辆登记与发牌、签发出租汽车许可证和客运营业证以及指定车辆测试中心等方面所作的决定,可向交通审裁处提出上诉。

公共交通由企业按市场经济原则经营,政府不投资。在票价方面不实行福利政策,而采取成本加合理利润的商品价格,但当局对此进行严格控制。

4. 行政管理机制改善要点

(1) 中央与地方管理机制的改革。

首先,需要科学地界定中央与地方管理的权限与范围。科学整体划分中央和地方职能、职权、角色定位,坚持总量分割、权责对等、集权和适当分权相结合的方式对中央和地方权限相对合理划分[8]。中央政府和地方政府需要明确各自在城市公共交通行政管理机制中的作用和地位,中央政府以决策为主,提供全国性事务管理、公共交通政策调控等宏观管理职能,而地方政府以服务为主,进行地方性的市场监管、服务评价管理和社会管理等工作。充分发挥中央政府的决策能力和地方政府的参与积极性。

其次,需要对中央与地方的关系规范化和法治化。建立健全的法律法规体系,对中央和地方政府的职责权限进行法律层面的说明,通过法治建设来避免事务交接协调不畅的问题出现。

(2) 建立结构清晰、职能分明的现代化城市公共交通管理机制。

现代化的交通管理机制最本质的体现是政策制定、执行和设施建设。三大职能分工明确、部门分明、管理高效。协调的管理机构、健全的行政管理和执法体系的建立有利于政令及时地传达和准确地执行,提高城市公共交通管理的效率。为此,公共交通发展管理必须首先从职能机构入手,需要建立符合城市交通发展趋势的公交发展模式,并构建相应的职能管理机构,各司其职,才能使公交发展走上健康快速的发展道路。

8.3.2　政府与市场之间的管理模式

"通常意义上的规制,是依据一定的规则对构成特定社会的个人和构成特定经济的经济主体的活动进行限制的行为。"[10]经济学家植草益认为,在存在自然垄断的信息不对称问题的领域,为了防止无效率的资源配置发生和保证需求者的公平利用,政府机关用法律权限,通过认可和许可等各种手段,对企业的准入、退出、价格、服务质量、投资和财务会计等有关行为加以管理。

1. 市场准入机制

公交市场准入机制,主要是指运用公交市场系统组成要素之间的相互作用,推动公交公司作为市场主体进入公交市场系统的过程和方式。

(1) 公交市场运营特征。

许多学者一直提议实行公交经营权的专营,郭少锐[11]认为"公交企业的特殊性,要求必须为其提供一个稳定的经营环境,才能得以稳步发展,西方国家以及中国香港的成功经验都已充分证明了这一点","政府为城市公共交通这一特殊行业提供一个良好的经营环境,并同时给予一系列的优惠政策和扶持措施",而"公交企业通过改善经营管理,减轻对国家的依赖,渐次将公交企业引导入市场经济的发展轨道"。专营与原先的垄断最大的不同就在于,专营是由政府通过投标或综合评价,选定一家公交企业在一定区域或一定线路上实行公共交通的独家经营,其他非专营企业不得参与竞争。而且,政府在特许经营授权时,必须与企业签订严格的协议,规定双方的权利、义务以及违约惩罚。同时通过法规把制度结构与各方面的激励联系起来,使企业得到有效规范,并获取应得利益。很明显,这种体制更适合现代城市公交业发展的需求。

(2) 公交市场准入机制的分类。

对于公交线路经营权的授予主要有行政审批、特别授予和招投标等方式,在市场化条件下,行政审批方式往往容易造成线路经营能力与拥有之间的扭曲,因而不再适应公交市场发展的需要,特别授予一般只是在特定条件下行使,因而,公交线路经营权的授予不可置疑地趋向于以招投标的形式授予,这是市场化条件下竞争的选择。

(3) 公交线路经营权招投标方案设计原则。

公交市场招投标方案的制订基本上按照一般招投标文件来设计,具体细则需结合当地的具体实际情况,这里不作具体阐述,只是在公交线路经营权招投标方案的设计时需要遵循以下一些基本原则[12]。

原则1:公交市场招投标一般应该面向全社会所有获得运营资格的运营商。

原则2:投标方应该具备由当地政府部门核准的公交运营资格。

原则3:通常的合同期限为5年,但是可以根据情况将期限设定为3~7年不等。

原则4:招标合同按照质量指标来进行评估,包括车队质量、运营资历、管理资质、建议票价和可获取的财务资源等方面。

原则5:要明确公交运营模式,并确定公交补贴基本方式。

原则6：招标合同要明确各自的权利和义务，特别是退出机制所涉及的风险责任由谁承担的问题。

2. 市场退出机制

市场经济是效率经济，就整个社会而言，是通过企业之间的市场竞争——优胜劣汰来促进社会资源的有效配置。市场是双向开放的，有进有退，通过不断的动态调整，才能保持其活力。市场经济还是效益经济，就单个企业来说，市场效益往往是通过风险报酬实现的。这就要求投资者增强风险意识，谋求理性的投资效益，有了完善的市场退出机制，就可以增强企业的投资风险意识，并且在投资失误、经营难以为继的情况下及时退出，以避免更大的损失。市场经济又是法治经济，就是要通过法律法规约束企业行为，规范市场主体的活动。通过法律建立完善的市场退出机制，有利于规范市场主体的生产经营活动，开展公平有序的市场竞争，改善市场主体结构，提高企业的内在质量，确保社会主义市场经济健康有序地运行[13]。

（1）公交市场退出机制基本构成。

公交市场退出机制，主要是指运用公交市场系统组成要素之间的相互作用，推动公交公司作为市场主体退出公交市场系统的过程和方式。公交市场既有的利益格局给公交企业的退出带来了巨大的障碍，如退出援助机制缺失障碍、国有企业历史包袱沉重以及相关制度不完善障碍和地方政府与公司治理结构缺陷障碍等。完善的市场退出机制是需要通过一系列的制度建设来保障的，这些制度包括市场退出的标准、方式、程序和科学的保障制度，前者需要立法来规范和统一，后者一般通过建立保障基金的方式来实现。

（2）建立健全的退市标准。

退市标准需要从定性和定量两个方面来进行界定，以符合当前经营状况和市场情势的要求。定性属于宏观方面的内容，容易操作；对于定量，可以建立公交企业营运服务综合考评标准来进行考核，并以考核结果来设定退出标准范围。

考核可以从服务水平、营运秩序、安全管理、社会评价和营运管理5个方面进行，在5大类指标下又设有18个小指标进行具体的操作（图8-1）（浦东新区"浦路管客〔2005〕17号文"），由于每个指标对于目标层的权重有所区别，为了更加有效地反映出测评效果，采用层次分析法进行指标排序，然后在进行考评打分时进行加权平均，这样就能够比较全面、客观、公正地反映出公交企业运营的基本情况。

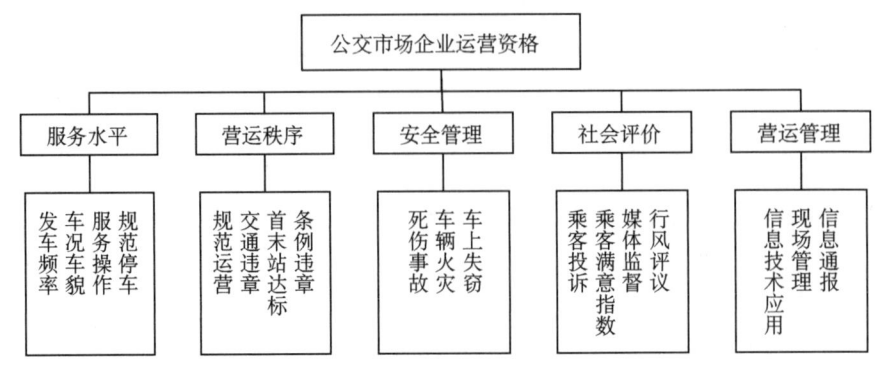

图8-1 公交市场企业运营资格体系

（3）营造企业的退出空间。

公交公司退出可有多种选择方式：一是自动退出，如破产、解散而退出市场；二是被动退出，如公司适用退市标准被强制退市；三是主动退出，考虑公司自身发展，通过企业并购与重组在一定的范围内退出市场。上述方式中，公司采取哪种方式要根据企业的经营战略、经营状况决定，但对退出机制而言，必须给公司提供选择的空间。

从当前公交企业发展情况来看，应该加强主动退市机制的建立来解决公司的经营问题，借助并购重组改善经营，提升企业的内在质量，只有在非一般情况下才考虑采用自动退出和被动退出方式，这样才符合市场经济演进的基本规律。营造退出空间需要解决的另一个问题是如何从不同层次的市场上有序退出，如企业只对某些线路经营不善，那么就从这些线路上退出，但作为市场主体，公交公司还是可以活跃在自己善于经营的部分市场上，从这个层面上讲，政府在进行监管时必须从线路的层面进行考核评定。由于公交公司的退出直接涉及广大职工和投资者的切身利益，需要采取审慎态度，保证公司有序退出。

（4）制定退出操作规程的原则。

透明度高、可操作性强的操作规则是退出机制必须完成的重要使命。这一规程要体现如下三个原则：

一是审慎原则。由于企业特别是上市公司退出涉及职工、债权人和投资人等各方面利益关系，所带来的影响具有传导快、范围广、作用大的特点，有必要通过审慎处理，使利益相关者有心理准备，缓解所承受的压力。

二是疏导原则。当企业面临退出风险时，应通过加大信息披露的力度，避免社会各种矛盾进一步激化，同时给企业一定的宽限期限，使之提出有效的整改方案，实施拯救。在宽限期内仍无法达到条件的方可令其退出。这样有利于保护债权人和投资人以及职工的利益，有利于企业改善经营、提高内在质量。

三是效益原则。退出机制谋求的是优胜劣汰、促进社会资源有效配置，但对于有的企业来说，必须具体问题具体分析，不能简单地"一退了之"，特别是现有阶段情况下，许多企业担负了诸多的社会责任，退出机制需要尊重历史，谨慎对待[13]。

（5）建立健全的退出援助制度。

必要的援助制度是退出机制得以完善的基本保障，这可以在相关利益人受到损害时给予提供相应的帮助以帮其渡过难关，稳定社会。特别是目前公交市场主体比较复杂的情况下，这一点尤为重要。

公交市场退出援助制度主要有：

① 设立产业调整援助基金，援助企业的退出和产业的转型。

政府可设立特定的公共交通调整援助基金，利用该基金对公交市场退出的企业予以援助，具体方式为：

- 当企业封存和淘汰车辆设备，并进行新投资时，可采取特别折旧率；
- 可给予优先或优惠贷款甚至贷款贴息，也可给予一定的资金补偿；
- 可采取政府向企业"购买"旧设备然后将其废弃，即所谓的"收购报废"方式；
- 公交调整援助基金还可以用作职工再就业培训费用和待业救济金等。

② 对企业员工失业和再就业制定特别政策。

政府需要制定一些特别的处置措施来帮助退市企业的员工进行安置。具体的措施有：
- 由政府设立或资助职业介绍机构和职业培训机构；
- 录用调整行业失业职工的企业，可以享受政府补贴，补贴的方式是针对再就业职工而不是企业，也就是按照再就业职工工资的某一比例在一定时期内予以补贴；
- 雇佣特定行业失业职工达到一定比例的企业，还可享受贷款、税收方面的优惠；
- 延长失业保险和增加失业补助金额等。

8.3.3 政府与公众之间的管理模式

城市公共交通的服务主体是市民，但中国市民并没有或是很少参与公共交通规划建设和运营中，这既有制度和国情的因素，也有传统思想的影响，如公众参与意识不强，很多市民对是否要参与规划、怎样参与规划、参与的内容等知之甚少[14]。几个专业人士对公共交通的理解很难完全代表普通民众对公交的切身体验。因此，构建符合我国国情的城市公共交通公众参与机制是必要和急需的[15]。

建立城市公共交通公众参与机制，既是减少城市公共交通决策失误的重要制度保障，也是公众参与城市公共交通管理，行使知情权、监督权和参与权的权益保障。

1. 公众参与原则

建立城市公共交通规划公众参与机制的目的是推进和规范公众参与城市公共交通事业，从而确保各项工作决策的科学性、合理性和公正性，通过有程序、有方法、有保障地参与，提高公众的参与主动性。为达到这种目的，建立公共交通公众参与机制必须遵循以下基本原则[16]：

(1) 适应性原则。

没有一劳永逸的制度，制度的建立是为了迁就现实，公共交通公众参与机制的构建与运行也不例外，因此建立公共交通参与机制，适应性是最基本的原则。一是机制建设，要与社会环境相适应，使这种机制能够符合社会心理和民众沟通方式，使机制的建设能够落到实处，而不是一种摆设；二是机制建设，要与公共交通规划和运营特点相适应，民众的需求和意愿能够在公交规划建设运营中表现出来，从而使公共交通服务更能满足民众的出行要求；三是机制建设，要与城市公共交通发展各阶段相适应，即不仅适用于公共交通发展的某一阶段，还需根据公共交通的规划期、建设期和运营期的不同内容与特点发挥有效的作用。

(2) 系统性原则。

就城市公共交通公众参与机制本身而言，它既包括政府、公交企业、市民等相互联系的层次体系，又包括机制要素、运行机制、保障机制及其各自构成方面组成的结构体系。系统性原则要求我们在建立城市公共交通公众参与机制时，要从整体、全局、联系和发展的角度出发，既要注重各个组成部分，又要重视各个组成部分之间的相互关系。

(3) 民主性原则。

城市公共交通公众参与机制的建立过程也是不断扩大民主的过程，是切实保障公众权益的过程，这就要求所建立的机制要有利于具体落实公众的知情权，这是保障公民的合法权益不受侵害的前提条件；这种机制要有利于公众合理、公平地参与城市公共交通工作，切实保障公众的参与权和决策权,有利于公众对政府和公交企业的全程监督,充分实现公众在公众参与机制中的监督权,真正做到政府、公交企业与公众在参与过程中的良性互动。

(4) 科学性原则。

作为对公众参与城市公共交通管理工作的客观反映和需求,城市公共交通公众参与机制必须符合城市公共交通的本质要求、运行特点和发展趋势。因此,在建立该机制的过程中,既要对机制内部各要素的作用与相互关系做出合理安排,又要充分考虑机制与外部条件的相互作用,顾及公众参与城市公共交通工作的客观规律,实现参与机制的广泛性、便利性、公正性,真正落实公众的城市公共交通权益。

2. 公众参与机制构成

城市公共交通公众参与机制包括机制要素、运行机制和保障基础三部分(图8-2)。

(1) 公众参与机制要素。

参与机制要素是城市公共交通管理公众参与机制运行的基础,主要包括参与者、组织者和工作程序三大要素,三者功能的有机结合与有效运行使公众参与城市公共交通规划建设管理工作能够正常展开。

参与者是机制要素的主体,不仅仅是指市民,还包括相关的政府部门、公交企业、非政府组织以及涉及的各方面的专家等,分别代表社会不同群体的立场和利益。参与者的选择要充分考虑普遍性和代表性。

组织者是整个公众参与活动的组织机构,也是公众进行参与活动的直接管理者,对城市公共交通公众参与机制的运行起着组织、指导、协调与控制的作用。在公共交通不同的建设阶段,相应的组织机构也不尽相同。

工作程序是机制要素的核心,是沟通机制得以展开的平台。科学合理的工作程序能够保证公众对城市公共交通工作的参与,明确组织者的工作职责,也使得公众各项权益得到具体落实。

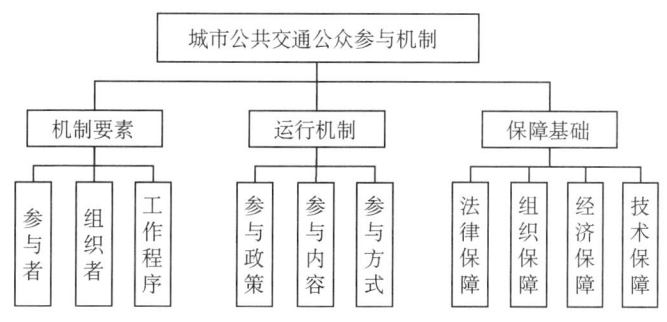

图 8-2 城市公共交通公众参与机制结构

(2) 公众参与运行机制。

运行机制是开展公众参与的关键,为公众参与城市公共交通的规划、管理畅通了渠道。公众通过规划建议、规划听证、建设监督及运营评价等手段参与城市公共交通决策制定和全程监督城市公共交通管理等工作,知道参与什么、怎样参与、如何监督,使组织者清楚工作内容和如何进行有效的组织,从而分别对参与者、组织者的活动以及工作程序给予规范性的指导。由于在城市公共交通建设不同阶段沟通机制的内容有所不同,运行机制可通过各种具体参与方式来实现,现阶段在我国主要的参与方式有通过媒体发布公告,实地调查访谈形式,召开各种会议如咨询会、座谈会、论证会、听证会等。

(3) 公众参与保障基础。

保障基础是运行机制实施的保证。保障基础主要是通过有效合理的法律保障、组织保障、经济保障和技术保障等措施,保障公众参与城市公共交通管理运行机制的顺利实施和公众在城市公共交通建设、运营与使用中的权益。

在我国现行的关于城市交通立法中,对公众参与公共交通建设的内容、方式等未做出明确规定。《城市公共交通条例(草案)》中只是提出要将公众意见纳入城市公共交通规划和运营阶段中去。美国、德国相关的法律中对公众参与对象和规划的公示形式做出了详细的规定[17,18]。法律保障公众在城市公共交通公众参与机制中的主体地位,健全的法规体系能够为公众创造良好的参与条件。

在组织保障方面,要大力发挥各种政府组织和非政府组织的力量。长期以来,我国对公众参与的认识仅限于"个人"的参与,而缺乏非营利机构、企业、社区等非政府组织的参与。这种势单力薄的公众参与是很难发挥实质性作用的[19]。美国、德国建立小区规划办公室,专为政府的规划处提供信息和资料,并且作为市民向政府表达的渠道和政府向市民发播信息的渠道,为市民提供规划技术。我国也可以发挥公交行业协会的纽带作用,使其成为开展公众参与活动的组织者。从我国自身特色出发,还应充分发挥人民代表大会的代议作用,公众通过市人民代表或政协委员对城市公共交通发展提出建议。

3. 公众参与管理框架

城市规划分为10个阶段,依次为社区价值评价、目标确定、数据收集、准则设计、方案比较、方案优选、规划细节设计执行、规划修批、贯彻完成和信息反馈[20,21]。不同规划阶段公众参与的作用是不同的。同样,基于城市公共交通规划期、建设期和运营期三个阶段的不同特征,进一步分析讨论每一阶段公众参与的主体、方式及内容,如表8-3所示。

表8-3 不同阶段公众参与机制的内容[20]

建设时期	参与主体	参与方式	公众参与的主要内容
规划阶段	政府主体、规划师、专家、市民及社区组织	公交发展市民委员会、民意调查、公告、宣传手册、座谈会、听证会及论证会等	1. 城市公共交通需求分析与调查; 2. 参与城市公共交通规划方案的设计与制订; 3. 城市公共交通规划的审批
建设阶段	政府代表、建设单位代表、利害人及专家	公告、上访及座谈会	1. 对建设阶段相关交通影响和环境问题提出建议; 2. 监督建设单位公交建设工作; 3. 对公交建设中出现的问题及时反馈,减少矛盾发生的可能性; 4. 参与城市公共交通建设项目竣工验收
运营阶段	政府代表、公交企业及市民	访问调查、民意测评	1. 城市公共交通运行质量管理与评议; 2. 公交企业运营服务质量评议与考核; 3. 公共交通监督管理与行政问责制度; 4. 公共交通投诉受理与处理

本章参考文献

[1] 王杰,徐庆利.交通运输政策概论[M].大连:大连海事大学出版社,2015.
[2] 冯立光,曹伟,李潇娜,等.新加坡公共交通发展经验及启示[J].城市交通,2008(11):81-88.
[3] 高云胜.浅析东京都市圈的公共交通系统[J].北方交通,2009(3):130-132.
[4] 王婧,李林波,吴兵.公交优先发展政策的关键要素研究[J].交通与运输,2013,28(H12):118-121.
[5] 顾煜,叶春明.大伦敦交通体系[J].交通与运输,2010(2):15-17.
[6] 杨涛,过秀成,张鉴,等.库里蒂巴一体化公共交通系统[J].城市交通,2009(5):35-41.
[7] 罗伯特·瑟夫洛.公交都市[M].宇恒可持续交通研究中心,译.北京:中国建筑工业出版社,2007.
[8] 李陈昕.我国城市公共交通管理体制改革研究[D].湘潭:湘潭大学,2015.
[9] 何朝平.城市公共交通管理体制研究[D].西安:长安大学,2006.
[10] 植草益.微观规制经济学[M].北京:中国发展出版社,1992.
[11] 郭少锐.深圳公交:在变革中求突破[J].运输经理世界,2005(8).
[12] 李林波,陈川.城市公共交通发展中准入与退出机制建设[J].城市公共交通,2006,4:13-17.
[13] 卢东斌.完善社会主义市场退出机制[EB/OL].[2021-9-25].http://www.chinareform.org.cn/cirdbbs/dispbbs.asp?boardID=2&replyID=325&ID=239&skin=1.
[14] 陈易.公众参与中的若干问题[J].城市问题,2002(1):61-64.
[15] Jorge Cesar Figueredo. Public Participation in Transportation[D]. Florida: University of Central Florida, 2005.
[16] 吴兵,董治,李林波.城市公共交通规划中的民众参与问题研究[J].山东交通学院学报,2008,16(2):32-35.
[17] 黄瑛,龙国英.建构公众参与城市规划机制[J].规划师,2003,19(3):56-59.
[18] 罗小龙,张京祥.管治理念与中国城市规划的公众参与[J].城市规划汇刊,2001(2):59-62.
[19] 吴茜,韩忠勇.国外城市规划管理中的"公众参与"[J].城乡建设,2000(12):37-38.
[20] 陈志诚.国外城市规划公众参与及借鉴[J].城市问题,2003(5):72-75.
[21] Karen Bickerstaff. Transport planning and participation: The rhetoric and realities of public involvement[J]. Journal of Transport Geography, 2002, 10(1): 61-73.

9 城市大公共交通系统建设愿景

城市交通是城市赖以正常运行的基础,更是经济社会得以生存的血脉。交通条件一旦恶化,人们生活就难以得到满足,城市产业结构难以顺利调整,城市也就无法继续发展下去,所以说城市发展的命脉在于交通。城市交通发展模式在经历了几番起伏之后,已开始向公共交通发展的方向回归,这种回归在某种程度是迫于交通拥挤的现实,但同时也是先进技术和城市高度发展下对于和谐社会发展观的一种理性回应。目前,交通拥挤已经成为很多城市发展难以逾越的瓶颈,尽管各种技术和策略在不断涌现,然而问题依然很严峻,很多问题的出现已经不仅仅是纯粹的工程技术问题,更主要的是它已经涉及社会经济和文化的范畴。实际上,交通出行本身并不是一种内在需求,而是一种衍生需求,也就是说没有谁会为了出行而出行,出行总是有目的的,这是出行的本质特征,如果注意不到这一点,那么一切的努力终究起不到实际的作用,只有跳出交通来看交通,才能从根本上去把握问题的实质并从根本上去立意,这才是解决交通问题的正确方向。

9.1 城市大公共交通系统内涵

城市大公共交通系统是从根本上去把握公共交通问题的实质并提出相应策略的新构思,在对其进行深入探讨之前有必要对交通的本质作一个重新的认识。

交通者,其象为交(交互),其旨为通(沟通),强调人们在实物与信息方面的交流,其根本要素和特征在于客观主体存在的人及其交互性,离开了人,无所谓"通"与"不通",没有交互性,则丧失了交通内涵徒具运输的旨趣。交通是人类超越地理隔离而实现理想交往的行为方式,具体表现为不同地域、不同主体之间有着明显双向性的实物(包括人和物)和信息交流。从这里可以看出,除了主体间超越地域的实体运输,主体间超越地域间的信息体交流如文字、图片、数据、声音等的传递也属于交通的范畴,这种认识有助于人们把公共交通从纯粹的运输概念中提升出来,其重要性在于:

(1) 有助于人们深刻了解城市公共交通的真实底蕴,从而对城市公共交通新的发展方向形成共识。

(2) 有助于人们形成大公共交通的概念,克服目前公交发展中实体交通与信息交通相分离和交通需求与其他需求不相协调的做法,从人的总体需求出发,去营造良好的公共交通建设人文环境,并使各种公共交通形式在结构上尽可能优化,在布局上尽可能协调,从而减少公共交通资源的浪费,提高公共交通的整体效益。

大公共交通系统的建立旨在突破平常的公共交通概念,在更深刻和更本质的层面上去把握公共交通的实质,并反映出在其规划和建设过程中必须贯通的基本理念,从根本上立意,树立标杆,循序渐进,为城市公共交通的健康发展奠定坚实的基础。

大公共交通系统主要分为三大部分:公共交通文化体系、公共交通运输体系和信息交通体系(图9-1)。公共交通文化体系是非技术性的层面,但它是构成大公共交通系统的本质性要素,它渗透到整个系统的每一部分和分支,并在其他任何要素的行动中发挥出影响力,支配着大公共交通系统功能效益的整体涌现程度。公共交通运输体系和信息交通体系隶属于技术性的层面,要依靠现代技术来解决交通中出行交通和信息交流的需求。由于出行交通是一种衍生需求,是人们在社会经济文化活动中所派生出来的,与信息交流在很大范围内具有相互替代性,因而公共交通运输体系和信息交通体系之间乃是相互补充、相互促进的关系,其合理的结构必将给城市交通的发展带来全新的活力。

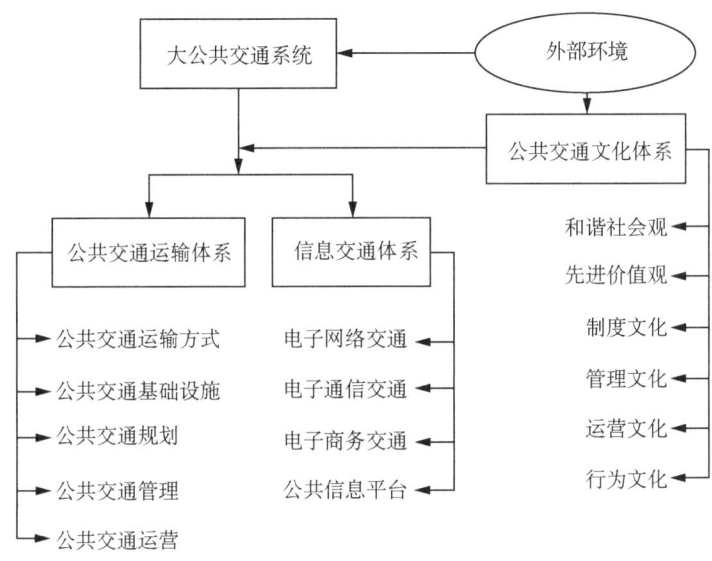

图 9-1 城市大公共交通系统结构体系

9.2 城市公共交通文化体系

文化是文明背后的灵魂和核心,是人的自觉能动性与创造性,是支配人们生活方式的内在依据,是社会普遍的精神特质。文化是一个"文而化之"的过程,"刚柔交错,天文也。文明以止,人文也。观乎天文,以察时变。观乎人文,以化成天下"(《易·贲卦·彖传》)。显然,文化不是一种静态或实体,它是人们面对现实生活的境界、悟性、思维、想象力和创造力,是人对自己有限性的超越。一个文明体系的崛起总是由内而外的过程,大公共交通系统也不例外:先有文化精神的孕育、理念的产生、制度规划的建立;其次是技术操作体系的优化,交通秩序的变革和健全;最后才是大公共交通系统的繁荣。

人们在讨论社会转型或者说起文明的变迁时,往往主要是从紧迫的形势、激烈的挑战和必然的趋势等外部环境上去考虑问题,却忘记了文化的作用,看不到个人内心和民族意识里文化对生活方式的支配,也就摸不到文明变迁的脉搏。

这种专注于外部环境的考量必然会导致技术的极端崇拜和对发达国家经验的盲目推

崇,在思想上表现为激进,在行动上则表现为模仿,而不能从根本上去探究是什么样的因素在决定问题的走向,结果往往是画虎不成反类犬,投入挺大,收获颇小。

公共交通文化的建设旨在帮助人们树立一种全新的交通意识,从根本上认识到交通的实际需求以及交通问题产生的本质原因,在诸多的利益冲突中达到一种协调和共识,从而在交通出行行为决策中做出合理的判断,同时也为规划者进行有效决策提供强有力的支持。

公共交通文化体系主要由6个部分组成:和谐社会观、先进价值观、制度文化、管理文化、运营文化和行为文化。

和谐社会观与先进价值观是全社会应该传承发扬的一种社会精神特质,制度文化与管理文化是政府应该率先营造、规范与标榜的一种行为准则,运营文化是企业应该积极倡导践行的内在要求,行为文化是每一个公民在出行过程中必须履行的社会举止规范,管好自己,当下即是。

和谐社会观主要体现了一种"我为人人,人人为我"的互利互惠精神,在公共交通上则表现于它摒弃了人作为自我个体所固有的一种排他性,用一种和平、自由、温情与浪漫的气氛缓释人们久已尘封的心灵,而再现出新时代人性的风采。公共交通为人们提供了一种自由交流的场所,为了体现其自由的特质,在站场和枢纽规划时应该引入终极关怀之理念,从人性的根本入手,运用现代的技术来营造一个良好的空间环境,而不是仅仅体现出现代技术的冷峻和高傲。

先进的价值观是现代人最需具备的一种精神特质,时代的进步本应赋予人们更多的自信,然而在一个竞争和欲望追逐的环境中,人们很容易迷失自己,似乎变得更加"脆弱",表现在公共交通领域则是对于这种交通方式的一种排斥,认为乘坐公交是一种有失身份的表现,其结果便是对于个体交通的盲目追求。2005年笔者在汕头市进行公共交通调查时发现一件耐人寻味的事,其下属澄海区公共交通的发达程度在全国来说也该是一种典范,因为在其349 km^{2}的土地上,各乡镇的交通覆盖率达到100%,而建制村(当时称为行政村)的公交覆盖率也达到了90%以上,公交营运线路总长达到412 km,这是一个相当完备的公交网络。然而,公交的实载率却在不断下降,究其原因,是在经济发展后,人们逐渐认为没有摩托车是一种很不体面的事,而有了摩托车后,又觉得没有小汽车是一件没有志气的事,这种追求向上的精神固然值得肯定,但具体到实践中表现出的攀比心态,则丧失了原本积极的特质,在客观上导致对公交市场的强大冲击和对于资源的多重浪费。在一个出行相当方便的区域尚且如此,对于出行相对不便的城市来说公共交通又怎能得到良好发展呢,这应是公交市场在公共交通优先理念兴起20来年并没有蓬勃发展反而呈现萎缩态势的根本原因之一。

和谐社会观和先进价值观无疑构成了公共交通文化体系的重大背景,在这种大背景下各种其他组成要素相互交织,共同演进,而能进步到一个什么样的层面,则在很大程度上取决于大背景是否具有一种强大的张力和支撑力了。

制度的兴起源于一种理念,先进的制度必须依赖于先进的理念。第二次世界大战以后,法国迎来了一段高速发展的黄金时期,经济快速发展给法国民众带来了丰富的物质财富,全社会个人消费能力不断提升,家庭汽车拥有量得到迅猛增长,到20世纪70年代,车均拥有量达到了每千人300多辆,城市交通压力巨大。第一次石油危机爆发后,法国经济出现滑坡,民众家庭收入不断下降,促使法国从政府到民间开始反思之前的发展政策,第一次提出了以"公交优先"为导向的城市交通发展理念和思路,到21世纪,法国已经建立了完备的公共交通网络体系[1]。2004年中国政府正式提出"公交优先"的发展理念,并相继出台了一系列关于促进公共交通快速发展的政策性文件,如《关于优先发展城市公共交通的意见》(2004年)、《关于优先发展城市公共交通若干经济政策的意见》(2006年)、《关于城市优先发展公共交通的指导意见》(2012年)等,可是时间过去了将近20年,中国的公共交通不仅没有得到应有的发展,反而在不断萎缩,其中既有因小汽车和摩托车发展带来的冲击,也有因自身服务水平难以满足出行需求所带来的制约,然而这些都只是表象。一种制度能否建立起来并行之有效,必须先形成一种共同的理念,然而共同理念的形成并非朝夕能就,首先需要大背景文化环境的支撑,然后是在各种利益的冲突中进行协调,而后才有共同理念的形成,这是一个渐进的过程,因此这里不能有任何实用主义和急功近利的思想。制度是大多数人共同意志的体现,认识不到这一点,再好的制度也无法行之有效。

管理文化的一个重要特质乃在自我特色,也就是能否立足根本,因地制宜。不同的城市有不同的发展方式,有不同的生活背景,也有不同的自我行为偏好,这种情况下,作为管理者来说,必须从实际出发,然后有所创新、有所突破,而不能盲目地沿引发达城市所谓先进的管理方式而放弃了自我的特征,即使学习也是一个吸取的过程而不是抄袭与模仿,否则无异于邯郸学步皆不是了。在管理上人们常常遇到的一种情况就是"一管就死,一放就乱",原因何在?并不是民众难于管理,乃在于人们把目光过多地专注于外部环境而疏略了自身的条件与资源。管理必须体现自己的特色方能具有生命力,在某种程度上可以说,管理是自己的事情。

运营文化是公共交通在运营过程中造就的一种意识和精神特质,拓展开来就是对于运营模式、绩效考核、交通方式、服务模式和站场设置等一系列相关因素的文化认同和文明构建。公共交通运营的过程就是与乘客直接接触的过程,在一次具体的出行中乘客的感受将在很大程度上影响他未来出行的方式选择,因此,运营文化不仅仅要体现对于企业业绩和员工的关怀,更应体现对于乘客的人本主义关怀,现在许多国家在公交场站和地铁处设置文艺长廊,在公交过程中播放经典名曲就是这种关怀的一种体现。公共交通是一项关乎社会利益的事业,将其完全推向市场是一种不负责任的行为,其运营需要更多地体现一种关怀而不是利润。

行为文化直接的指向是对出行者交通行为的要求,对于我国来说,一个最大的交通行为问题就是乘客上车争先恐后,无论车厢里拥挤不拥挤,有空座位还是没有空座位,反正就是要挤。有位国外学者曾问,上海的很多道路信号交叉口上都站着这么多穿制服的人(交通协管员)是干什么的?是啊,有了交通信号灯,为什么还要协管员?然而,这就是目前城市步行交通的基本出行状态,并延伸出一个特定的说法——中国式过马路,尽管这个说法显得过于武断[2],但还是折射出交通管理上的痛点和难点。一种不健康的出行行为习惯导致的往往不仅是资源的浪费、生命的抢夺,更有人们心理状态上永久的伤害。

公共交通文化体系的建设是实现未来公共交通和谐发展远景的基础,是一个宏远的目标,也是一个具体的目标,更是一个渐进的过程,需要任重而道远。

9.3 城市公共交通运输体系

城市不断发展的态势与城市空间资源有限性之间的摩擦、可持续发展战略与不断恶化的城市环境之间的矛盾使得人们逐渐认识到城市公共交通发展的重大意义,然而对于如何发展公共交通事业,大家却各执一词。尽管公交优先发展策略已经实施了十几年,我国的公共交通运输体系还很不完善,在很多时候,人们的认识往往还停留在多建道路设施、多建大容量交通以及多引进高新技术等方面,效果总是在短期内产生,然而现状却得不到有效的改善而使问题呈现此起彼伏的态势。随着城市化进程的加快,交通个性化需求不断增长,社会老龄化和社会福利事业的发展也对公共交通系统提出越来越高的要求,城市公共交通系统正面临着重大结构调整。

公共交通运输体系可分为5个子系统:公共交通运输方式、公共交通基础设施、公共交通规划、公共交通管理和公共交通运营[3]。

5个子系统又分别由许多要素构成(图9-2),各要素之间彼此建构,相互协调,并在不同的组织结构中带来不同的效应,需要从系统的角度出发,把有限的城市空间资源和时间资源进行最优化利用,利用集成整合的系统思想,把分散的私人交通、个体交通和集团交通以公共交通为核心有机地统一起来,利用技术的、经济的、政策的力量来构建一个优美流畅的交通环境。

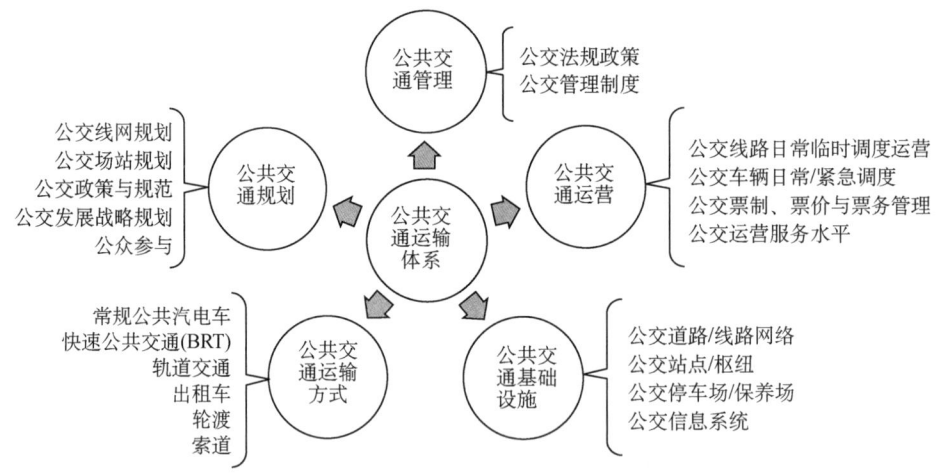

图9-2 公共交通运输体系结构

然而,在公共交通系统实际的发展过程中,对于5个子系统往往是各有侧重而偏之偏颇,演变的结果不是行动中的冒进,就是沿袭中的保守。因此,如何在实际发展过程中对系统中各个组成要素进行相互衔接与协调以发挥整体涌现效应,便成为当前公共交通发展过程中迫切需要解决的问题,这对城市整个公共交通体系是否能和谐发展将起着关键性的作用。城市的可持续发展是永恒的主题,而城市时空资源的有限性,要求必须从系统协调的高度出发统筹规划,对公共交通系统进行系统分析以指导未来的建设,才能在越来越拥挤的城市里构建一个和谐通畅的交通环境以支撑经济发展的需要和人们对健康生活的需求,使城市公共交通系统在现代城市发展中承担起应有的重任。

9.3.1 公共交通运输体系特征

城市公共交通运输体系具有以下特征：

(1) 城市公共交通运输系统需要满足供需上的平衡，以服务于社会经济发展为主要目的。

(2) 城市公共交通系统不再追求单纯意义上的个体效益，而要注重不同运输方式间的协作发展。

(3) 城市公共交通系统发展的深层原因不仅在于它属于一个技术层面，更大程度上它属于文化的范畴，其持续发展的动力必须建立在健全的交通文化体系上，其中人本思想的建立无疑是重要的一环。

(4) 城市公共交通系统注重对外部环境影响和反馈的研究，研究方法已经从单纯的工程技术角度发展到系统工程理论的应用。

(5) 城市公共交通系统的发展不再是单个子系统的任意规划与发展，而是各子系统相互协调、和谐共构的过程，任意一个子系统的变化必须以其他子系统为参照系。

(6) 城市公共交通系统研究最终提出的不仅是详尽的实施方案，而且是战略性的发展意见，因此政府部门的决策对城市公共交通系统的实施环境影响很大。

9.3.2 公共交通运输方式

城市公共交通的运输方式一般分为常规汽电车、BRT、轨道交通、出租车、轮渡和索道等。不同运输方式所服务的对象与环境有所差别，如：常规汽电车对于地面的中短途出行是极其方便的；BRT 交通则是在出行速度与容量方面对常规汽电车交通的一种升级，在道路资源许可的条件下，可以在一定程度上满足中长距离的快速出行；轨道交通一般置于地下或是高架上，可以极大地节约地面道路资源，同时由于其通行的经济、快速、可靠与大容量使得其在城市长距离交通中具有绝对的优势；出租车具有舒适、私密、便捷的运行特征，特别是其门到门的服务方式，使其成为小汽车的最佳替代方式，特别是网约出租车的出现，进一步满足了出行者的多样化需求；轮渡与索道是在特殊环境下不可替代的公共交通方式，需要根据具体的地理环境进行设置。这些公共交通方式由于各自的运行特性，在一定程度上起到了相互补充与促进的作用，由于又存在一定的功能交叉，不可避免地存在一定的竞争关系，这对于提升交通服务水平、优化交通出行环境具有重要意义，要积极加以利用与引导，从这个意义上讲，采用何种公共交通模式来主导城市公共交通的发展，要根据城市的形态特征、用地规模、道路环境、气象条件和社会经济等要素进行综合考虑，因地制宜，统筹发展，才能在最大程度上满足出行者的多样化出行需求，建构宜行的公共交通出行环境。

表 9-1 不同交通方式的建设与运营特征比较

方式	建造成本	建设周期	运营成本	运能	服务对象
地面公交	单个停车站 15 万元左右	几个月至几年不等	单车成本 5 万~10 万元/年	单向运能 100 人次/h 左右	城市内部出行

(续表)

方式	建造成本	建设周期	运营成本	运能	服务对象
有轨电车	一般在1亿~2亿元/km	2.5年左右	单位客运成本一般在10元左右;单位千米的年运营费用100万~500万元不等	单向运能为0.5万~1.3万人次/h,一般不超过1万人次/h	主要服务于城市中心区域的中短距离交通,承担轨道交通、地面公交的接驳交通
BRT	2 000 万~1亿元	一条20 km长的快速公交线路建设周期为1年左右	单位客运成本10元以上	单方向运输能力为1.5万~3万人次/h	适用于市中心以外且密度相对较低的地区
轨道交通	5亿~8亿元/km	一条轨道交通系统的建设周期一般为3~6年	单位客运成本20元以上	单方向输送能力在3万~6万人次/h以上	城市中心的中短距离出行
出租车			出租车单车月成本5 000元		中心城区收入较高的人群
轮渡	几百万元	一年以上	10万元左右		
索道	150 m索道20万~100万元,客运索道80万~100万元	比较灵活,几个月至几年不等	小型滑索几十万,客运索道百万至千万元,大型景区的客运索道最高可达6 000万元	500~2 000人/h	交通不便的山区、景区旅游观光等

9.3.3 公共交通基础设施

公共交通基础设施是公共交通得以正常运行的载体,是公共交通发展过程中的硬件资源投入,一旦形成很难更改,因此在规划建设过程中应予以足够的重视,切不能为了赶工期而急就,需要走可持续发展的路径。常规公交线路一般是在现有道路上展开的,线网的结构既依赖于居民出行的日常活动规律,也受限于道路的建成环境,更要处理好与小汽车发展的关系,因此无论是优化公交线网,还是建设公交专用道路,都要立足于现实环境,从用地环境与需求服务两个层面展开讨论,以获得更优的方案。至于轨道线路,其构成了城市的骨架网络,是公交基础设施建设中影响最为深远的举措,需要与城市的交通走廊进行完全的耦合,且与城市的总体规划方向保持一致。

公交站点或枢纽,是公交流量交换的交通节点,更是居民出行的生活门户,这是对公交站点/枢纽传统认知的突破,有助于更好地理解公共交通的社会发展作用,为创新公交发展模式做好思想上的准备。对于日常出行而言,公交站点应该成为解决日常基本需求的生活场地,如简单的交流、日常的消费和物资的购买等,如果站点功能并不能满足进一步的需求,则通过公交站点门户进入城市更为广阔的空间中获取需求的满足,从这个意义上讲,在进行公交站点规划建设时,其选址与布局需要与周边用地紧密结合起来,其功能设计需要深入考虑居民的日常需求特征,这样不仅可以极大地方便居民的日常需求,更能节约大量的出行成本,从而缓解城市交通的压力。

计算机与通信技术的发展促进了公交信息系统的建设,自动驾驶的出现更是对信息系统的建设提出了更高的要求。公交信息系统赋能公交发展,一方面不断提升了规划与运营的管理决策能力,改善了规划运营环境,提升了效能;另一方面不断消除信息不对称带来的出行障碍,极大地改善了居民出行的便利性。因此,公交信息系统的作用将会变得越来越重要,由于信息技术的迭代更新非常快,其发展也必将是一个不断优化调整的过程,需要结合实际的需求审慎推进,促进公交信息系统的生态化发展。

公交停车场是专用停车场,尽管其用地是政府划拨,但在城市用地资源空前紧张的情况下,公交停车场/保养场的用地也不一定能得到充分满足,甚至会出现紧缺的状况,因此,对于公交停车场/保养场的建设,需要突破传统用地制度的约束,与商业开发结合起来,在不影响公交停车场/保养场用地功能与规模的同时,允许一定程度的商业开发以促进其发展,获得双赢的格局。

公共交通基础设施的投入很大,且社会经济的发展更是在不断提出新的需求,因此公交基础设施的规划建设需要纳入城市总体规划中,形成生态化的发展态势。

9.3.4　公共交通规划

公共交通规划是对城市公交发展做出的制度安排,主要针对城市的公共交通发展做出战略性的顶层设计与策略性的方案计划,具体涉及公交线网、公交站点、公交场地的布设与优化,以及公交组织结构、公交运营管理、公交发展制度保障等措施。公共交通是一种大众出行方式,规划建设的目的是更好地服务居民的出行需求,满足人们追求美好出行体验的向往,因此在规划过程中需要加强公众参与,充分吸纳公众的意见。

规划是一种前瞻性的制度安排,更是现实环境的产物,因此公共交通规划的理念与方法总是与其发展阶段相对应。在公交发展的初期,交通拥挤并未出现,公共交通规划理念是以有限的公交资源尽量满足人们的出行需求,因此,规划的目标在于提升公交线网服务的覆盖率和出行一次性到达比例,尽量为人们提供充足的线路与站点,以满足人们的出行需求,其本质上走的是"工程路径"。大量的投入取得巨大的成就,截至 2021 年,我国城市公共汽电车超过 70.94 万辆,其中纯电动车 41.95 万辆,占比达 59.1%,全国公交专用道总里程达 18 263.8 km,均位居全球第一,共有 51 个城市开通轨道交通运营线路,运营里程超过 8 730 km,开通城市数量、运营里程均位居世界第一。城市公共交通年客运量超过 990 亿人次。然而,过于期望依靠发展公交专用道、智能公交调动和优先控制技术来提升公交的服务能力,而忽视了出行与活动的关系,在构建公交出行服务网络时,不能从城市功能空间与活动空间有效关联的视角对公交出行的时空分布特征进行理解,必然容易陷入被动应对的局面,随着城市功能空间的重构与出行的多样化,这种规划理念带来的边际效应会逐渐递减。

不同的活动往往需要通过交通来实现时空的互换,由于活动的多样化和分散化不利于具有集约化特征的公交运输,因此公交发展的第一个理念变革应该从"被动适应"走向"主动引导",即在城市用地再开发过程中体现交通先行的理念,通过城市功能空间的"相对集聚"主动引导居民日常活动[4]。研究表明大部分居民出行活动具有一定的集聚可引导性特征[5],即通过自觉的城市综合功能空间的构建,可以引导人们的集聚性出行活动。因此,从居民活动这一社会化视角提出优化城市空间结构、土地利用、公交线路和站点分布与居民活动的相互关系,来建构集约化的公交出行环境是城市公共交通发展的基本趋势[6]。

自 TOD 模式出现以来,美国政府开始高度重视公共交通系统与土地利用的协调[7],然而,其本质还是基于工程建设对于土地开发的考虑,由于忽略了对于居民活动与需求的满足,导致国内在 TOD 建设方面成效甚微。因此,公共交通发展的另一个理念变革必须从"工程导向"向"服务导向"转变,加强城市功能空间与交通网络关系的研究,通过资源整合构建一体化公共交通运营服务环境,不断满足居民出行的多样化服务需求。

公共交通发展要"引导城市空间布局的优化调整"(国发〔2012〕64号),因此城市公共交通规划要摆脱就交通论交通的局限,从交通的供给管理、需求管理转向城市空间管理,通过城市功能空间重构来主动引导居民日常活动,减少不必要的长距离出行[8],同时注重系统分层结构及结构间的换乘与衔接,构建公共交通出行服务网络,不断提升公共交通服务水平,促进城市交通的可持续发展。

9.3.5 公共交通管理

公共交通管理是政府对于公共交通发展资源的调配、运营秩序的建立以及运行规范的监管,是政府对公共事务的一种意志体现。公共交通发展资源的调配主要通过市场与计划两种方式进行,因此,公共交通的属性定位非常重要。研究表明,公共交通作为一种交通运输服务,属于准公共产品,从这个意义上讲,将公共交通完全交给市场就是一种不负责任的懒政行为,而将公共交通完全按计划经济的模式进行管理,则会造成公共交通服务水平的低下及运营的难以为继。城市公共交通管理部门应当根据城市公共交通规划、城市发展和公众出行需要,合理确定城市公共交通的运力资源,及时开辟或者调整城市公共交通线路,实行特许经营,依法确定从事线路运营的城市公共交通企业。公共交通运营秩序的建立是政府部门对于公共交通市场运营状态的一种期许,为规范城市公共交通客运活动、保障运营安全、提高服务质量、促进公共交通事业健康有序发展而兴起的一种制度。城市公共交通管理部门应当与从事线路运营的城市公共交通企业签订线路运营服务协议,主要规范公共交通客运服务质量、票制票价、设施设备维护和安全保养等活动。公共交通运行规范的监管是政府利用强制手段对公共交通服务行为的约束,城市公共交通管理部门应当根据线路运营服务协议和服务规范,定期对城市公共交通企业进行现场运营督查、服务质量评价等,是对运营企业与乘客利益与安全的保障。

管理是一种现在进行时,在某种程度上是一种对规划的实施,既要脚踏实地,又要高瞻远瞩。公共交通管理涉及管理机制、票制和体制等,需要通过转变政府职能,完善行业管理,达到破除市场垄断,尊重市场规律,重视公益性的目的。目前,我国城市交通管理体制主要有以下三种模式:一是由交通、城建、市政及公安等部门对城市交通实施交叉管理的传统管理模式;二是由交通部门对城乡道路运输实施一体化管理的模式;三是"一城一交"综合交通管理模式。三种模式各有利弊,但都不能达到统一规划与管理的目的,也没有形成一个完整的城市公共交通管理体系,相比较而言,单一的管理机构、健全的行政管理和执法体系的建立有利于政令及时地传达和准确地执行,有利于提高城市公共交通管理的效率。

现代化城市公共交通管理体系的主要内容是建立政策制定、执行、设施建设三大职能分工明确、部门角色分明、联络密切、高效协调的管理体制,如城市公共交通政策制定、公共交通组织、公共交通优先信号控制等统一由运输主管部门负责;城市道路及交通设施的建设和维护统一由路政主管部门负责;路面执法(交通秩序及营运行为)统一由警务部门负责。此外,城市公共交通管理、公安、气象等部门应加强沟通协作和信息共享,及时发布路口、气象等预警信息。

良好的公共交通管理要能敏锐洞察现实需求,在资源条件与政策环境的约束中找到符合自身发展特点的组织架构和运营模式,又要把握行业发展态势,及时转变管理理念,将新的技术与需求导入管理过程中,实现管理的与时俱进,上海市的三轮公共交通改革则是一个自我扬弃与更新的过程,充分反映了公共交通管理的现实性与时代性。

9.3.6 公共交通运营

公共交通运营是公共交通运输企业从事客运服务的一切活动的总称,主要包括客流调查、运输调度、维修保养、节能减排和安全环保等。为了实现科学合理的调度,公共交通企业应该做好日常客流调查的工作,对客流的规律与特征进行分析,为车辆调度的精细化管理提供决策支持,特别是在客流需求波动性大、需求多样的情况下,科学合理的调度方式是公共交通能够高效、快捷、可持续地为乘客服务的关键。尽管站场的选址建设是政府管理部门的主体责任,但公共交通企业的意见也是非常重要的决策依据,特别是在强调公众参与的规划过程中,公共交通企业应该根据自己的经验与对客流规律特征的把握,对公共交通各种场站的选址与建设工作提出合理化的建议,从而尽可能降低运营与维修成本。城市公共交通企业应当落实城市公共交通安全生产主体责任,建立健全企业安全管理制度,保障安全经费投入,定期开展安全检查和隐患排查,增强突发事件防范和应急能力。

随着社会经济的发展,公共交通的方式开始变得更加多样化,除了定点定线定班的传统公共交通运营模式,还有需求响应型服务、可偏固定路线服务和公共交通定制服务等运营模式,不同的运营模式带来了不同的管理措施,对于公共交通企业来说,需要根据市场的变化进行相应的服务调整,以满足日益多样化的需求构成了企业可持续发展的挑战,公共交通企业需要在确保运营成本控制的条件下,不断探索新的业务模式,以提升公共交通发展的竞争力,因此,加强客流数据收集与分析能力,把握客流的需求特征,通过互联网的赋能细化公共交通市场,成为城市公共交通企业未来发展的主要竞争手段。

9.4 城市信息交通体系

交通的主要目的在于出行和信息的沟通,实际上,大部分的出行也只是为了相互间信息的一种有效沟通,如果在不出行的状态下能够实现信息的交流,那么就可以减少相当一部分的出行,从而有效地缓解交通拥挤,信息时代信息高速公路的建立和普及无疑为信息交通的兴起提供了一个契机。

信息交通体系主要应该由电子通信系统、电子网络系统、电子商务系统和公共信息平台四部分构成(图9-3)。

这四个系统本身自成体系,其功能侧重点也就有所不同,它们共同协调来满足人们对于信息交流的需求。电子通信系统主要解决人们之间即时信息的传递和沟通以协调彼此的状

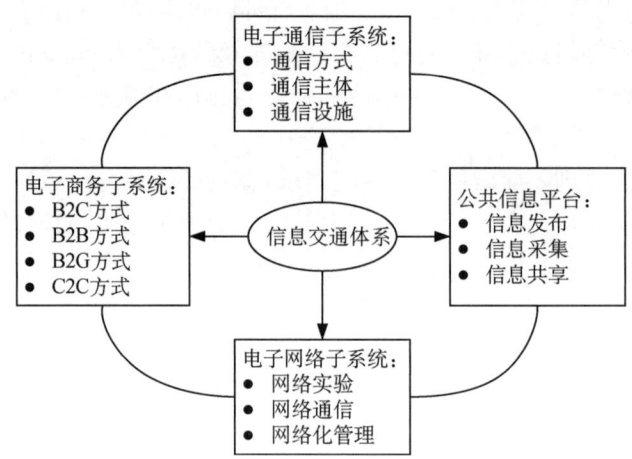

图 9-3 信息交通系统结构

态;电子网络系统主要是为人们提供基于互联网的一种协作方式,包括网络实验、网络通信以及网络化管理等;电子商务系统主要是面对商业对象和消费群体,为他们提供商务与配送方面的信息、沟通和认证;公共信息平台是一个社会性的公共资源,面向全体社会成员进行信息整合和发播,为人们提供尽可能多的信息资源,解决人们日常事务的信息传递和沟通,如网上办事等。

信息交通主要是通过信息的传递和确认来满足人们日常的一些基本需求,从而替代一些纯粹为获取信息而产生的出行。目前,网上办事、在线订票、网上订购和远程教育等信息交通的兴起已经为人们出行的简化提供了极大的便利,所以说,信息交通与公共交通处于同等重要的地位,它们之间在某种程度上具有相互替代性,在未来城市交通规划建设中必须给予充分的认识和重视。

9.5 城市大公共交通系统构建分析

城市大公共交通系统从根本上体现了人们交通的目的和意义,也从根本上揭示了目前交通问题产生的根源,那就是公共交通文化的缺失和公共交通规划的非系统性,同时也指出信息交通的兴起必将极大地缓解城市交通拥挤并为城市交通的发展带来新的生机。因此,大公共交通系统的构建意义重大,它无疑是未来城市交通发展的主要方向。

然而,城市大公共交通系统的构建实施并非一蹴而就,这是一个循序渐进的过程:

(1) 公共交通文化的建设乃是从根本上立意,企图在利益冲突明显的公交领域里通过协调和教育形成一种先进的共识来促成公交和谐环境的生成,因而其建设过程必将是缓慢而艰难的,唯其如此,也就显示出其影响之深远。此外,处在这么一个思想繁杂、物欲并重的时代,还必须注意到外在环境的许多不良因素对公共交通文化的建设所将产生的不利影响。基于此,一方面树立恒久忍耐、持续发展的理念要从点滴做起,另一方面,要普及交通文化的教育,不妨从小学生开始抓起。

(2) 目前的公共交通规划要从系统分析的角度出发,统筹规划,因地制宜,体现出人文关怀的色彩和气质,这样,规划才不会千篇一律地带着浓厚的纯技术气息而缺乏生机和效率。比如,在以往的一些关于公共交通规划发展的论文中,不少作者经常强调目前亟待解决的公共交通问题主要在于如何盘整现状,通过对现有公共交通线网进行调整优化以适应广大群众的出行需求,其实那只是研究的方向而不是公交发展迫切的现状需求。

(3) 对于信息交通的建设,不仅仅是设施上的问题,更主要的是民众、各社会单位和政府部门认识上的问题,只有大家认识到其重要意义,把许多能够通过信息高速公路解决的问题放到网络上去,才能发挥信息交通的效果。

总而言之,城市大公共交通体系的实施实在是一个复杂而艰难的过程,它体现的是一种和谐发展和文化渗透的内涵,而不是硬件方面的简单模仿与堆砌。当然,高效率的交通服务更不是先进技术所能完全涵盖的,它是整个交通运输产业乃至地区和国家综合实力与社会文化的体现,特别需要来自政府部门的重视和支持,在全社会倡导这样一种理念,并把这种理念通过各种途径灌输下去,在各种利益冲突中进行协调和组织,始克有济,这样,未来城市交通方能走向可持续发展的和谐道路。

本章参考文献

[1] 王元仁.公交优先发展战略下的我国城市公共交通立法研究[D].济南:山东大学,2014.
[2] 李林波.关于"中国式过马路有多囧"的讨论[J].凤凰周刊·城市,2013(2):54.
[3] 李林波,王靖阳.城市公共交通系统之系统分析[J].山东交通学院学报,2006,14(1):35-39.
[4] 郭亮,贺慧.城市交通结构优化与土地利用模式相关性的比较[J].城市规划学刊,2009(5):77-82.
[5] 殷嘉俊.居民出行活动集聚可引导性特征研究[D].上海:同济大学,2017.
[6] 陈映雪,甄峰.基于居民活动数据的城市空间功能组织再探究:以南京市为例[J].城市规划学刊,2014(5):72-78.
[7] Calthorpe P. The next american metropolis: Ecology, community and the American dream[M]. Princeton Architectural Press,1993.
[8] 诸大建.超越公交优先的短出行城市[N].第一财经日报,2013-11-20(C4).

附录 A 公交出行者公交忠诚度调查表

一、居民出行意愿及公共交通服务质量调查

您去上班,需要乘坐公共汽车的时间约为_____分钟,需要乘坐轨道交通的时间约为_____分钟。请针对您乘坐时间最长的公共交通方式,回答以下问题。

您是否认同下列说法?"认同度"共分为 5 个等级,数字越大表示越认同。请根据自己的感受在合适的选项下面打钩"√"。

编号	居民出行意愿调查	认同度				
		1	2	3	4	5
CL1	我愿意乘坐公共汽车/地铁去上班					
CL2	我愿意推荐他人乘坐公共汽车/地铁去上班					
CL3	上班时,即便有其他的交通方式供我选择,公共汽车/地铁仍然是我的首选					
CL4	在工作地点和家庭住址不变的情况下,我准备长期乘坐公共汽车/地铁去上班					
CL5	我会推荐他人上班时乘坐公共汽车/地铁					
CL6	上班时,相比于其他交通方式,我更加喜欢乘坐公共汽车/地铁					
CS1	总的来说,我对公共汽车/地铁提供的服务质量很满意					
CS2	乘坐公共汽车/地铁去上班,我感受到的服务质量与自己期望的服务质量相符					
CS3	乘坐公共汽车/地铁去上班,我享受到了自己想要的出行服务					
CA1	我非常希望可以开车去上班					
CA2	与公共汽车/地铁相比,开车去上班可以使我享受到更高质量的出行服务					
CA3	我很喜欢开车,喜欢驾车的感觉					
CA4	我喜欢开车去上班给我带来的巨大成就感					
SC1	对我来说,购买小汽车的费用很高					

附录 A 公交出行者公交忠诚度调查表

(续表)

编号	居民出行意愿调查	认同度				
		1	2	3	4	5
SC2	对我来说,开车去上班的费用很高(如燃油费、停车费等)					
SC3	对我来说,要适应开车去上班会花费我较大的时间和精力					
SC4	我担心出行方式的转变(从公共交通到小汽车)会打乱我原有的日常生活安排					
SC5	我担心开车去上班其实没有自己想象得那么方便,可能会有意想不到的不便之处					

编号	公共交通服务质量	认同度				
		1	2	3	4	5
TIM1	我对乘坐公共汽车/地铁时所需的换乘时间很满意					
TIM2	公共汽车/地铁的发车频率较高,我对等车时间很满意					
TIM3	我对公共汽车/地铁的行驶时间(车内时间)很满意					
TIM4	公共汽车站点/地铁站点距离我的出发地很近,到站所花费的时间较短					
COF1	我感觉公共汽车/地铁的车内设施完善,环境良好,温度适宜					
COF2	公共汽车站台/地铁站台设施完善(有座椅、遮雨棚等),等车很舒适					
COF3	我乘坐公共汽车/地铁时,车辆行驶很平稳					
COF4	我感觉司乘人员穿着得体,服务态度很好					
COF5	公交公司对乘客的意见能够及时给出答复					
COF6	售票员、司机、站台的服务人员对乘客的询问能够耐心地解答					
REL1	我乘坐公共汽车/地铁时,它们到站很准时					
REL2	我乘坐公共汽车/地铁时,在到达站点前,能够及时、准确地报站					
REL3	当运营线路或运营时间发生变化时,公交公司能够及时通知公众					
REL4	公交线路的查询系统正常,信息更新及时					

(续表)

编号	居民出行意愿调查	认同度				
		1	2	3	4	5
SAF1	我对公共汽车/地铁内的治安很放心,不会担心财产是否安全					
SAF2	我对公共汽车/地铁的运行安全很放心,司机的驾车技术和处理紧急事件的能力很好					
SAF3	我在站台等车时感觉很安全					
REL5	天气情况不会影响到公共汽车/地铁的服务质量					
COS1	我觉得公交票价合理					
COS2	我觉得公交的换乘优惠很有吸引力					
COS3	对我来说,上下班乘坐公共汽车/地铁所支出的费用很高					
COV1	我觉得乘坐公共汽车/地铁时,换乘很方便					
COV2	公共汽车/地铁的车内、站台能够提供充足的信息满足我的需求					
COV3	公共汽车/地铁的运营时间符合我的需求					
FRE1	乘坐公共汽车/地铁时,我可以很舒服地读书看报					
FRE2	乘坐公共汽车/地铁时,我可以很自由地打电话,与朋友聊天					
FRE3	乘坐公共汽车/地铁时,我可以很好地休息					

二、出行者基本信息调查

本分部问题涉及您的基本信息,请根据实际情况在合适的选项前打钩"√"。

1	您的性别	□男 □女
2	您的年龄	□17 岁以下 □18～25 岁 □26～40 岁 □41～54 岁 □55～60 岁 □61～69 岁 □70 岁及以上
3	教育程度	□初中及以下 □高中 □中专 □大专 □本科 □研究生及以上
4	月均收入	□2 000 元及以下 □2 000～4 000 元 □4 000～6 000 元 □6 000～10 000 元 □10 000 元以上
5	您的职业	□外来务工人员 □企业管理人员 □企业员工 □教师 □行政办公人员(公务员、事业单位等) □个体商人 □其他
6	您未来 2 年内是否有购买小汽车的打算 □有 □没有	
7	您是否有驾照 □有 □没有	

附录 B 计划行为理论调查表(公交车调查表部分)

一、请选择您认为最恰当的词语将句子补充完整,请在合适的选项前打钩。

1. 最近半年内,中长距离(6 km 以上)出行时,我使用公交车的频率是_____。 □90%~100%(几乎总是) □70%~90%(经常) □40%~70% □0%~30%(有时) □0%(从不)
2. 我认为公交车出行是一种_____出行方式(对公交车出行整体的态度)。 □比较糟糕的 □不太好的 □一般 □比较好的 □非常好的
3. 我认为公交车在我的日常生活中_____。 □几乎没有用 □用处不大 □一般 □比较有用 □非常有用
4. 我_____使用公交车出行。 □非常不乐意 □不太乐意 □一般 □比较乐意 □非常乐意
5. 我打算以后_____公交车的使用。 □尽量减少 □适当减少 □保持不变 □适当增加 □尽量增加
6. 对我来说重要的那些人,他们会_____我使用公交车出行。 □非常不支持 □不支持 □中立 □支持 □非常支持
7. 我的大多数同事(或同学)_____使用公交车。 □极少 □较少 □一般 □经常 □几乎总是
8. 当需要出行时,我自己完全可以决定是否乘坐公交车。 □完全不可以 □不可以 □中立 □基本可以 □完全可以
9. 我的行为是否与周围同学或同事的行为一致对我来说_____。 □不重要 □不太重要 □一般 □比较重要 □非常重要
10. 乘坐公交车对我来说_____。 □很困难 □比较困难 □一般 □比较容易 □非常容易

二、对于以下陈述,您是否同意?它对于您选择出行方式来说是否重要?请在合适的选项前打钩。

11. 我觉得使用公交车,不能灵活地安排出行时间。 □完全不同意 □基本不同意 □一般 □基本同意 □完全同意
12. "能够灵活出行",对我来说_____。 □不重要 □不太重要 □一般 □比较重要 □非常重要
13. 我觉得使用公交车,一般都能在预计的时间到达目的地。 □完全不同意 □基本不同意 □一般 □基本同意 □完全同意
14. "按时到达目的地",对我来说_____。 □不重要 □不太重要 □一般 □比较重要 □非常重要

(续表)

15. 我觉得使用公交车,总的出行费用比较低。 　　□完全不同意　　□基本不同意　　□一般　　□基本同意　　□完全同意 16. "出行费用高低",对我来说＿＿＿＿。 　　□不重要　　□不太重要　　□一般　　□比较重要　　□非常重要	
17. 我觉得使用公交车出行比较方便。 　　□完全不同意　　□基本不同意　　□一般　　□基本同意　　□完全同意 18. "能够方便地出行",对我来说＿＿＿＿。 　　□不重要　　□不太重要　　□一般　　□比较重要　　□非常重要	
19. 我觉得使用公交车,能够自由利用在路上的时间。 　　□完全不同意　　□基本不同意　　□一般　　□基本同意　　□完全同意 20. "能够自由利用在路上的时间",对我来说＿＿＿＿。 　　□不重要　　□不太重要　　□一般　　□比较重要　　□非常重要	
21. 我觉得使用公交车,可以比较快速地到达目的地。 　　□完全不同意　　□基本不同意　　□一般　　□基本同意　　□完全同意 22. "快速到达",对我来说＿＿＿＿。 　　□不重要　　□不太重要　　□一般　　□比较重要　　□非常重要	
23. 我觉得公交车不够舒适。 　　□完全不同意　　□基本不同意　　□一般　　□基本同意　　□完全同意 24. "旅行舒适",对我来说＿＿＿＿。 　　□不重要　　□不太重要　　□一般　　□比较重要　　□非常重要	
25. 我觉得公交车出行比较安全(包括行车安全、抢盗事件等)。 　　□完全不同意　　□基本不同意　　□一般　　□基本同意　　□完全同意 26. "安全出行",对我来说＿＿＿＿。 　　□不重要　　□不太重要　　□一般　　□比较重要　　□非常重要	
27. 我觉得使用公交车是一种低碳行为,能够减少对资源、能源和环境的危害。 　　□完全不同意　　□基本不同意　　□一般　　□基本同意　　□完全同意 28. 出行方式"是否节能环保",对我来说＿＿＿＿。 　　□不重要　　□不太重要　　□一般　　□比较重要　　□非常重要	